GB
한길그레이트북스

인 류 의 위 대 한 지 적 유 산

GB
한길그레이트북스

인류의 위대한 지적유산

마루야마 마사오

현대정치의 사상과 행동

김석근 옮김

한길사

GB
HANGILGREATBOOKS

인류의위대한지적유산

現代政治の思想と行動

——

丸山眞男

——

Translated by
Kim Seog Gun

GENDAI SEIJI NO SHISO TO KODO by Masao Maruyama
Copyright (c)1964 by Masao Maruyama
Original Japanese edition published by Mirai-Sha
Korean translation rights arranged with Mirai-Sha
through Japan Foreign-Rights Center

마루야마 마사오

1944년 평양 신병훈련소에 입대했던 마루야마 마사오는 1945년에 히로시마의 육군선박사령부에 다시 입대했다. 그는 암호교육을 받은 후 참모부 정보반에 배속되었다.

이와나미서점에서(1955년 3월)
대학으로 돌아온 그는 사상의 과학연구회, 20세기연구회, 민주주의과학자협회, 헌법문제연구
회 등에 참여해 활발한 사회운동을 전개했다. 그는 시대를 이끌어간 행동하는 지식인이었다.

자택 서재에서(1959년)
마루야마 마사오는 마루야마학 내지 마루야마정치학으로 불리는 독특한 학풍을 수립했다. 대표작 『일본정치사상사연구』 『현대정치의 사상과 행동』은 영어로 번역되어 널리 읽혔다.

만년의 마루야마 마사오(1989년)
뒤에 보이는 것은 소라이의 편지 족자. 일찍이 그는 오규우 소라이를 중심으로 에도시대 사상사
의 전체적인 흐름과 구도를 그려냈다. 오규우 소라이는 그의 사상사 연구의 출발점이었다.

2 · 26사건

1936년 2월 26일 육군의 일부 과격청년장교들이 쿠데타를 일으켰다. 이 사건으로 일본의 정당정치는 종지부를 찍고, 거국일치라는 이름하에 국가총동원 전시체제로 돌입하게 된다. 이 사진은 그들에게 투항을 권유하는 애드벌룬.

중일전쟁의 확대
1937년 9월 상해 북쪽지역을 공략하는 일본군. 7월 7일의 노구교사건에서 2개월이 채 지나기
도 전에 전투는 화북에서 화중까지 확산되었다. 일본은 중국 침략의도를 이미 1931년 만주사
변에서 드러낸 바 있다.

군국주의 일본의 전모
앞의 한 단 높은 곳에 히로히토 천황이 서서 육해군의 장교들을 거느리고 있다. 군사연습이
끝나고 찍은 것.

1946년부터 동경재판이 열렸다. 11개국의 재판관에 의해서 주요 전범자들이 재판을 받고 있다.

일본의 양심적 지식인들은 자국의 군사대국화 경향을 비판해왔다.

옮긴이 **김석근**(金錫根)은 연세대학교 정치외교학과를 졸업했다.

한국학중앙연구원 한국학대학원에서 박사학위를 받았으며,

도쿄대학 법학부 정치학과 대학원에서 연구했다.

19세기 말 서구 세계와 동아시아의 만남을 전후한 시기의

정치적 사유에 대한 탐색과 더불어 번역 작업을 하면서,

지금은 아산서원(ASAN ACADEMY)에서 동양·한국정치사상을 강의하고 있다.

옮긴 책으로는 한길사에서 펴낸 마루야마 마사오의 『현대정치의 사상과 행동』

『일본의 사상』을 비롯해 『전중과 전후 사이 1936~1957』 『문명론의 개략을 읽는다』

『충성과 반역: 전환기 일본의 정신사적 위상』 『일본정치사상사연구』가 있다.

이밖에 『천황제 국가의 지배원리』(후지타 쇼조),

『일본근대사상비판: 국가·전쟁·지식인』(고야스 노부쿠니),

『근대 일본사상 길잡이』(가노 마사나오), 『역사정치학』(시노하라 하지메),

『주자학과 양명학』(시마다 겐지), 『일본사상사』(모리모토 준이치로) 등이 있다.

GB
한길그레이트북스

인류의위대한지적유산

마루야마 마사오

현대정치의 사상과 행동

김석근 옮김

한길사

『현대정치의 사상과 행동』• 차례

●변혁시대를 산 한 지성인의 양심과 저항
─마루야마 마사오의 『현대 정치의 사상과 행동』

"나는 마루야마 마사오 선생이 일본의 다양한 전문분야의
지식인들에게 '공통의 언어'를 제공해주었다고 생각합니다."
─오에 겐자부로(노벨문학상 수상 작가)

1.

마루야마 마사오! 일본에서 유학했거나 일본 사회에 대해 관심을 가지고
있는 연구자들에게 그의 이름은 전혀 낯설지 않다. 그의 존재는 이미 '상식'
이 되어 있다. 그들에게 그에 대해서 말하는 것은 어쩌면 넌센스에 속하는
일인지도 모른다. 그들은 그의 학문과 사상에 대해서 충분히 인지하고 있
으며, 또 그들의 서가에서 그의 책 한 권쯤은 어렵지 않게 발견할 수 있다
고 해도 지나친 말은 아닐 것이다.

그러나 '우리 사회' 전체로 볼 때 그의 학문과 사상은 그다지 알려져 있지
않다. 이제서야 그의 대표작들이 번역되어 소개되고 있는 단계이니까, 조
금 알려지고 있다고나 할까. 이는 우리 사회가 일본에 대해 가지고 있는 관
심과 열기에 비하면──지난날의 베스트셀러들을 떠올려보는 것으로 충분
하다──, 정말이지 기묘한 상황이라 하지 않을 수 없다. 심지어 지금도 가
벼운 읽을거리로서의 일본은 유행을 타는 반면, 순수학술 분야, 특히 사회

과학에서는 거꾸로 일본이라서 애써 외면하거나 폄하하는 경향마저 없지 않다. 마루야마 마사오 역시 그가 단지 일본인이라는 이유만으로, 우리 사회에서 제대로 평가받지 못하고 있는 듯하다.

그러면 대체 마루야마 마사오는 누구인가, 과연 어떤 사람인가. 여기서 그의 자세한 개인적 이력을 늘어놓고 있을 여유는 없다. 그것은 이 책의 저자 소개와 연보를 일독하는 것으로 충분하다. 우리는 다른 식으로 물어야 한다. '대체 왜 마루야마 마사오인가' '우리에게 무슨 의미가 있는가.'

마루야마 마사오를 언급할 때면, 흔히 '일본의 대표적인 정치학자' '전후 일본의 최고의 정치사상사학자' '일본정치사상연구에 새로운 영역을 개척한 사람'이라는 상투적인 구절이 동원되곤 한다. 실제로 일본의 정치학을 근대적인 학문으로 확립시킨 것으로 평가받는 그의 정치학은 그 자체로 '마루야마정치학'으로 불리고 있다. 허나 그것만으로는 충분하지 않다. 오에 겐자부로가 적절하게 지적했듯이, 그는 "일본의 다양한 전문분야의 지식인들에게 공통의 언어를 제공해주었다." 그의 관심은 정치학 영역을 일찌감치 넘어섰으며, 보다 넓은 의미에서 '마루야마학'과 '마루야마학파'를 형성하고 있다. 생각건대 그가 일본학계에서 차지하고 있던 위상을 가장 잘 나타내주는 말은 '마루야마 텐노오(天皇)' '학계의 텐노오'일 것이다. 일본 사회에서 천황이 차지하고 있는 절대적인 구심점과도 같은 역할을 바로 학계에서 했다는 식의 비유이다.

그에 못지 않게 중요한 또 하나의 사실은 그가 상아탑에 파묻혀서 한가로이 책장만 넘기고 있던 백면서생은 아니었다는 점이다. '전후 일본에 우뚝 솟아 있는 지성' '언제나 시대와의 격투 속에서 일본 근대의 질을 묻고, 민주적인 사회의 확립에 온 힘을 쏟아온 사람' '실천적인 발언자' '전후를 대표하는 어피니언 리더'로 지칭되고 있듯이, 그는 자기 시대를 온 몸으로 부딪혀간 실천하는 지식인이기도 했다. 그는 50년대에 민주주의과학자협회, 평화문제담화회 등의 설립에 참여하여 전면강화 운동을 적극 추진했을 뿐만 아니라 60년대의 반안보투쟁에 많은 영향을 끼쳤다. 그는 그런 사회운동의 정신적·이론적 지주였던 것이다. 그렇다고 해서 그가 극단적인 이데올로기에 몰입하거나 극단적인 투쟁으로 빠져든 것은 아니었다. (그는 무엇보다도 그것들을 경계해 마지않았다.) 그는 진보적인 지식인의 대명사였다. 영국의『타임스』지는 그를 가리켜 'radical liberal'이라 했다.

지금 이 자리에서 그가 일생 동안 구축한 학문과 사상, 그리고 다채로운 사회활동에 대해서 일괄적으로 말하는 것은 불가능하다(『마루야마 마사오 저작노트』라는 제목으로 책 한 권이 나왔을 정도니까). 또 굳이 그렇게 해야 할 이유도 없다. 다만 여기서는『현대 정치의 사상과 행동』의 저자로서의 그를 이해하기 위해서 필요한 최소한의 정보, 그리고『현대 정치의 사상과 행동』이 어떤 성격의 책이며, 또 어떤 내용을 다루고 있는가 하는 점을 거칠게나마 일별하는 정도에서 멈춰서고자 한다.

2.

마루야마 마사오의 학문과 사상을, 그리고 논단에의 화려한 등장(텐노오의 탄생!)을 이해하기 위해서라도, 우리는 잠시 그의 젊은 시절(1940년대)로 떠나야 한다. 흔히 그러하듯이 그의 경우에도 젊은 날의 진한 경험이 그의 사상과 인생행로를 결정(혹은 예언)해주었다고 할 수 있다. 그의 젊은 날은 학문에 대한 순수한 열정과 치열한 삶으로 요약된다. 그것은 그의 트레이드 마크처럼 되다시피한 '사상적 고투(苦鬪)'의 예비단계, 아니 그 첫 마당에 다름아니었다.

"전후 일본의 문화적 체통을 전 세계에 과시한 역작이며, 천재의 혜지가 번득이는 걸작"(김용옥)으로 평가받고 있는『일본정치사상사연구』를 통해서 우리가 읽을 수 있는, 세 편의 정채로운 논문은 정확하게는 1940~44년에 걸쳐서 씌어진 글들이다. 그러니까 26세에서 30세 사이에 쓴 것이다. 내용은 차치해두고서라도 "일본어, 독일어, 한문, 카키쿠다시, 소로오로분,

소화해내기 어려운 고유명사들의 나열……" 등이 그 글들을 특징짓고 있다. 그의 글쓰기 자체가 일본문화의 절충주의적 성격과 수준, 아니 그것도 최고 수준의 것을 반영하고 있다. 그는 젊은 나이에 동·서양 언어의 장벽을 자유롭게 넘나들면서 일본정치사상사연구에 새로운 영역을 개척했다. 오규우 소라이(荻生徂徠, 1666~1728)라는 에도시대 사상가의 저작을 치밀한 독일의 사회과학적 방법론으로 분석해냄으로써 일본의 '근대성'의 뿌리를 밝히는 독자적인 학풍을 성립시켰고 일본학계의 스칼러십을 전 세계에 과시했던 것이다.[1]

그런데 중요한 것은 그런 작업을 통해서 "시국적인 주제를 비시국적으로 접근하는" 다소 현실과 거리가 있는 방법을 통해서, 그 당시의 시국에 대한 비판을 시도하고 있었다는 점이다. 그것은 마치 양날을 가진 칼과도 같았다. 한편으로는 중국과는 달리 일본에서는 '근대'가 내재적으로 준비되고 있었다는 것을 실증적으로 보여주려고 했으며, 다른 한편으로는 당시 '근대의 초극(超克)'으로 불리는 보수우익들의 시류에 영합하는 전체주의 논리와 국수주의적 주장에 대해서 예리한 비판을 가하고자 했다. 그것은 외형상으로는 에도시대의 사상사를 다룬 논문이었지만, 내면적으로는 위세를 떨치고 있던 파쇼적인 상황에 대한 일종의 '사상적 저항'이었던 것이다.

그러나 그 역시 당시의 일본 상황으로부터 완전히 자유로울 수는 없었다. 이미 막바지에 접어들고 있던 태평양전쟁과 군국주의 일본은 그를 그냥 내버려두지 않았다. 1944년 7월의 어느 날 '공부에 열중하고 있던' 그에게 엽서 한 장이 날아들었다. 총동원령 앞에서 그렇다고 해서 예외일 수는 없었다. (그러나 토오쿄오대학 법학부 교수 중에서 징집당한 사람은 마루야마뿐이었다.) 훗날 그는 젊은 날의 사상적 저항과 치열한 삶을 다음과 같이 회고하고 있다. 조금 길긴 하지만, 그의 인간적인 면모를 여실히 느낄 수 있기에 인용해보기로 한다.

1] 이에 대해서는 『일본정치사상사연구』(통나무, 1995), 특히 해제를 참조할 것.

1944년 당시 『국가학회잡지』의 편집장이었던 오카 요시타케(岡義武) 교수의 발의(發意)에 의해 '근대 일본의 성립'이라는 주제의 특집이 기획 되었는데, 제3장은 바로 그 중의 한 편으로 집필되었던 것이다. (그런 기획 자체에도 시대의 흐름에 대해 은근히 저항하려는 의도가 담겨 있었 다.) 이 논문이 제1장, 제2장에 비해서 상식적인 의미에서의 정치사상사 에 보다 가까우며, 거꾸로——좋건 싫건 간에——방법론적으로 나의 개인 적인 창의(創意)를 발휘할 수 있는 여지가 가장 적었던 것은 그것이 원 래 특집호 속의 '분업'에 기초한 작업이었기 때문이다. 메이지 이후의 내 셔널리즘의 형성을 근대적 국민주의로부터 관료적 국가주의로의 변모라 는 시각에서 사상사적으로 더듬어본다는 것이 원래 내가 생각했던 것이 며, 따라서 원래 제목도 「국민주의이론의 형성」이었다. 그런데 (제3장) 본론의 전주(前奏)에 지나지 않는 토쿠가와 시대 부분을 한참 쓰고 있는 도중에, 1944년 7월 초 갑작스레 나에게 소집 영장이 날아들었으며, 신 병 훈련을 받기 위해서 나는 아득히 먼 한국의 평양으로 가게 되었다. 이 논문의 서술이 바쿠후 말기까지 다루고 거기서 중단되어 있는 것은 그 때문이다. 소집 영장을 받고서 신쥬쿠(新宿)역을 출발하기까지 아직 일 주일간의 여유가 있었으므로, 나는 집을 나서기 직전까지 원고를 정리하 는 데 집중하고 있었다. 내가 펜을 휘갈리고 있던 방의 창밖에서는 나의 '출정'을 전송하기 위해서 히노마루 기(旗)를 손에 들고 잇달아 찾아오는 이웃사람들에게 나의 돌아가신 어머님과 결혼한 지 겨우 3개월밖에 안 된 아내가 세키한(팥밥의 일종)을 만들어 대접하고 있었다. 그 광경은 지금까지도 마치 어제 있었던 일처럼 뇌리에 떠오른다. 만약 이 논문의 어조에 어딘지 감상적인 부분이 있다면, 그것은 아마도 그런 긴박한 상 황 하에서 쓰어졌다는 점과 전혀 관계가 없지는 않을 것이다. 1944년 7 월이라는 시기에 군대에 들어간다는 것은 살아서 다시 학구적인 생활로 되돌아오리라는 기대를 거의 가질 수 없는 절박한 상황이었다. 나는 이 논문을 마치 '유서'라도 되듯이 남겨두고서 떠났다.

−『일본정치사상사연구』, 「영어판 저자서문」, 한글판, 69~70쪽.

전쟁, 징집영장, 결혼한 지 3개월밖에 안된 아내, 그리고 나이든 어머님, 언제 맞게 될지 모르는 죽음의 이미지가 한데 어울리면서 자아내는 절박한 상황! 그에게 남겨진 일주일이라는 짧은 시간, 그 시간을 어떻게 보내는 것이 가장 효율적이었을까. 그는 집을 나서기 직전까지 원고를 쓰고 있었으며, 그것을 마치 유서처럼 남기고 떠났던 것이다.

1945년 8월 15일! 마침내 지루한 전쟁은 끝났고, 일본은 패배했다. 원자폭탄이 가공할 만한 위력을 떨쳤으며, 천황은 자신이 신이 아니라 '인간'이라고 선언했다. 당시 히로시마(廣島)에서 이등병으로 복무하고 있던 그는 원자폭탄이 떨어진 지점에서 그리 멀지 않은 곳에 있었다. (엄밀히 말해서 그 역시 원폭피해자였다.) 다행히 그는 살아서 다시금 캠퍼스로 돌아올 수 있었다(1945년 9월).

한편 충격 속에서 패전을 맞은 일본 사회는 마치 자신도 모르고 휩싸였던 '광기'(狂氣)에서 문득 깨어난 것처럼 모든 것이 낯설기만 했다. 사회 전반에 걸쳐서 뭐라고 꼬집어 말하기 어려운 좌절감과 혼돈이 팽배해 있었다. '도대체 우리가 왜 그랬을까, 무엇이 우리로 하여금 그렇게 만들었을까' 하는 답을 찾기 어려운 의문이 떠나지 않았다. 자신들이 왜 그런 행위를 했는지 심지어 자신들조차도 이해할 수 없었던 것이다.

바로 그때, 암울한 현실과 그것의 암영(暗影)이 짙게 드리워진 사상계에 마치 혜성과도 같이 나타난 한 사람의 지성이 있었으니, 그가 바로 마루야마 마사오였다. 연구실로 돌아온 그는 「근대적 사유」라는 글에 뒤이어, 1946년 5월 『세계』지에 「초국가주의의 논리와 심리」[2]라는 짤막한 글을 기고했다. 그런데 결코 길지 않은 그 글이 지난날 일본의 파시즘과 군국주

---

2) 이 논문은 이와나미서점에서 전후 50년을 기념하여 펴낸 『세계주요논문선 1946~1995 : 전후 50년의 현실과 일본의 선택』(1995)에도 실려 있다. 『세계』는 1945년 12월 창간되었다.

의 체제가 가진 메커니즘과 그 속에서 의식하지 못하면서 살고 또 행동했던 자신들의 심리상태를 너무나도 명쾌하게 설명해주었다. 일본의 지식인들과 논단은 자신들이 한 행위와 심리상태를 비로소 이해할 수 있게 되었다. 그로 인해 일본의 논단은 신선한 충격과 동시에 잃어버리고 있던 희망을 되찾을 수 있었다. 정확한 현실 진단은 곧 일본 사상계가 나아가야 할 길과 방향 그리고 비전의 제시로 이어질 수 있기 때문이다. 그는 일본의 내셔널리즘과 파시즘, 그리고 군국주의 체제에 대한 비판과 분석을 담은 글들을 잇달아 발표했으며, 그것은 그의 학문의 주요한 한 부분을 차지하게 되었다.

①에도(江戸)와 메이지(明治)시대 사상사 연구, ②일본 파시즘에 대한 분석과 비판, 이와 더불어 그의 학문과 사상의 또 하나의 축을 이루고 있는 것은 바로 ③순수 정치학적인 주제들에 대한 진지한 탐구에 다름아니다.[3] 다른 분야가 워낙 스포트라이트를 강하게 받다보니 순수 정치학 분야는 상대적으로 다소 은은해 보일는지도 모르겠다. 그러나 역자는 그를 한 사람의 탁월한 정치학자, 그리고 일본만이 아닌 세계적인 학자로 만들어주고 있는 밑바탕은 바로 보편적인 주제들에 대한 통찰력이라 생각하고 있다. 그의 학문의 출발점은 역시 정치학이었다. 그는 인간과 정치, 권력과 도덕, 지배와 복종, 정치권력 같은 정치학의 핵심 주제들을 화두로 삼아 자신의 생각을 끊임없이 공글려왔다.

이와 관련하여 기억해두어야 할 점은 그가 일반적인 주제에 대한 통찰에 머물러 있지 않고 한 걸음 더 내디뎠다는 것이다. (이것은 사상사 연구와 파시즘 연구에도 그대로 해당된다.) 『현대정치의 사상과 행동』 제3부 제1장 「과학으로서의 정치학」이란 글에서 감지할 수 있듯이, 그는 일본의 정치학 내지 정치학의 일본화 다시 말해서 '일본정치학'의 정립에도 크게 기

---

3) 그 외에도 『일본의 사상』(한길사, 근간)에서 볼 수 있듯이, 그의 관심은 문학, 문화비평 영역에까지 미치고 있다. 그런데 그것을 하나의 독자적인 영역으로 인정하기에는 역시 조금 망설여진다. 역시 '사상사' 연구에 포섭될 수 있다는 이유 때문이기도 하다.

여했다. 단적으로 말해 그는 자신만의 독특한 개념들, 예컨대 '무책임의 체계'(無責任の體系), '작위'(作爲)와 '자연'(自然), '부챗살 유형'과 '문어항아리 유형', '이다라는 것'(であること)과 '하다라는 것'(すること), '잇달아 일이 전개되어가는 흐름'(つぎつぎになりゆくいきほひ)과 같은 개념들을 만들어냈다. 그것은 메이지시대 이후 학문의 수입에 열중해온 일본의 아카데미즘에서 극히 예외적인 경우에 속하는 것이었다. (이런 측면 역시 한국의 정치학에 시사하는 바가 크다.) 그런 연유로 해서 "이번의 마루야마 마사오의 전집 출판은, 마루야마정치학의 개념을 넘어서는 개념을 구축하라고 하는, 나를 포함한 연구자들에게 보내는 '하늘의 목소리'일는지도 모른다"는 발언에 대해, 나름대로 공감할 수 있다(1995년 10월 13일자 『주간 독서인』에 실린 사쿠라이 테쯔오(櫻井哲夫)의 글에서).

물론 그의 학문적 경향과 사상에 대해 비판이 없는 것은 아니다. 아무리 '학계의 텐노오' '마루야마 텐노오'라 할지라도——그런 명명 자체가 지극히 일본적이라는 서구학자의 논평에 역자는 전적으로 동의한다!——, 그가 비판과 도전으로부터 완벽하게 면제되어 있는 것은 아니다. 그럴 수도 없고, 또 실제로 그러지도 않았다. 그 자신부터 바라지 않았다. 그는 자신의 생각과 비판이 절대적인 것이라고 주장하지 않았다. 아마 그렇게 주장했다면 그가 가진 매력은 그다지 강렬하지 않을 것이다. 심지어 (속류) 마르크스주의가 일본의 지성계를 휩쓸 때조차도, 자신은 마르크스주의로부터 많은 영향을 받았지만 완전히 공감할 수 없으며 일정한 거리를 두고 있다는 입장을 분명히 밝혔다. 그는 또 자신이 영향을 받은 서구의 지적인 흐름에 대해서도 숨김없이 밝히고 있다.[4] 전후(戰後) 일본의 복잡하고 어려운 상황 속에서 자신의 생각을 분명한 어조로 말할 수 있는 솔직함은 큰 용기라 하지 않을 수 없다. 그러면 그의 입장은 구체적으로 어떤 것인가. 다음과 같

---

4) 이에 대해서는 다음 기회에 논하기로 한다. 우선은 『일본정치사상사연구』와 『현대정치의 사상과 행동』의 「영어판 서문」을 참조할 것.

은 발언에서 그의 입장을 엿볼 수 있다.

나는 자신이 18세기 계몽정신의 추종자이며, 인간의 진보라는 '진부한' 관념을 여전히 고수하는 사람이라는 것을 기꺼이 자인한다. 내가 헤겔체계의 진수(眞髓)로 본 것은, 국가를 최고도덕의 구현으로 찬미한 점이 아니라, '역사는 자유의 의식을 향한 진보'라는 그의 생각이었다. 설령 헤겔 자신이 아무리 '계몽철학'에 비판적이었다 할지라도……
  ─『현대정치의 사상과 행동』, 「영어판 서문」.

입장이 분명한 만큼, 찬사 못지 않게 많은 비판과 반박이 이루어졌다. 당연한 것이지만 비판과 반박 없이는 발전을 생각할 수 없다. 비판과 반박이 없다는 것 자체가 훨씬 더 심각한 문제일 것이다. 아무튼 그의 말과 행동 자체가 일본 지성계의 주목을 끌었다는 것, 그것을 둘러싸고 치열한 논의가 전개되었다는 사실, 그리고 그에게 공감하건 하지 않건 간에 많은 사람들이 그의 업적을 여전히 연구의 출발점으로 삼거나 아니면 비켜갈 수 없는 연구성과로 받아들이고 있다는 점, 그런 점들이 더 의미있고 중요한 것이 아닐까. (우리 사회에 과연 그런 업적이 있는가?) 그래서 그와 그의 글들은 여전히 살아 있으면서, 누구에게나 좋은 대화와 사색의 상대, 그리고 다시 읽을 만한 가치가 충분히 있는 텍스트군이 되어주고 있는 것이다 (1995년 10월 13일자 『주간 독서인』의 '마루야마 마사오' 특집 참조). 지금도 논의의 대상이 될 수 있는 충분한 이유를 가지고 있다는 것, 그것은 바로 현대의 고전이 될 만한 이유에 다름아닐 것이다.

3.

위에서 말한 대로 역자는 ①에도와 메이지시대 사상사 연구, ②일본 파시즘에 대한 분석과 비판, ③순수 정치학적인 주제들에 대한 진지한 탐구를 그의 학문을 구성하고 있는 세 개의 주요한 축으로 파악하고 있다. 이들 중에서 둘째와 셋째 축, 다시 말해서 독일·이탈리아 파시즘과의 비교를 토대로 하여 이루어지고 있는 일본 파시즘에 대한 치밀한 분석과 일반 정치학의 핵심 주제에 대한 지적인 통찰력을, 우리는 그의『현대정치의 사상과 행동』에서 읽을 수 있다.

그런데『현대정치의 사상과 행동』은 뭐라고 쉽게 정의할 수 없는 그런 책이라는 점부터 지적해야 할 것이다. 굳이 표현하자면 여러 측면에서 '특이하다'고 할 수밖에 없는 그런 책이다.

우선 그 책의 형식적인 것 —다시 말해서 그 책이 담고 있는 내용이 아니라—, 말하자면 그 책 자체가 그려온 궤적부터가 특이하다. 그 책이 세상에 첫선을 보인 것은 1957년의 일이었다(보다 정확하게는 1956~57년도에 걸쳐서). 그 때는 상·하 두 권짜리였다. 그런데 1964년 상·하 두 권을 한 권으로 묶은 증보판이 나왔다. 그 과정에서 작은 논문 두 편이 빠지고, 다시 세 편의 글(제1부에 하나, 제3부에 둘)이 덧보태졌다. 그 증보판으로 카운팅해서(1964년 5월 제1쇄) 1996년 8월 현재 150쇄를 찍고 있다. 32년에 150쇄니 평균해서 일년에 거의 5쇄 가량 찍은 셈이다. 화려한 베스트셀러는 아니라 할지라도 꾸준히 팔리는 스테디셀러임에는 분명하다. 게다가 1956~57년도에 나온 상·하 두 권짜리까지 포함시킨다면야! 결코 쉽지 않은 이 책에 스테디셀러라는 딱지를 붙이는 것은, 아마 정확한 표현이 아닐 것이다. 역시 팔린다보다는 읽힌다는 개념으로 파악해야 하지 않을까. 저자 역시 "이 책이 예상 외로 넓은 독자들에게 읽혀서, 특히 학계와 '논단'에 인연이 없는, 다양한 계층의 열성적인 독자들을 갖게 된 것보다 더 나의 마음을 격려해준 것은 없었다"(「증보판 후기」)라고 토로하고 있다.

한마디로 말해서『현대정치의 사상과 행동』은 현대 일본을 이해하기 위해서는 반드시 읽어야 할 책으로 자리잡고 있다. 지난날 그리고 현재, 일본의 대학생, 지식인들 중에서 그의 생각에 동의하건 하지 않건 간에 이 책을

읽지 않은 사람을 찾아보기 어렵다고 해도 지나친 말은 아닐 것이다. 그것
은 『현대정치의 사상과 행동』 추보(追補)'라는 부제를 가진 책, 즉 『후위의
위치에서——「현대정치의 사상과 행동」 추보』(未來社)가 1982년에 출간된
사실이 뒷받침해준다고 하겠다.

또한 이 책은, 아니 보다 정확하게는 이 책의 일부는 오래 전에 영어로도
번역되었으며, 그 영어판 역시 증보판이 나왔다. 그러니 서구세계에서 일
본을 알고자 하는 독자들의 많은 사랑을 받았으며, 지금도 그렇다고 할 수
있다. 보다 깊은 사정을 살피자면, 대략 이러하다. 상·하권으로 나온
1957년도 책의 일부가 영어로 번역되어 *Thought and Behavior in
Modern Japanese Politics*라는 제목으로, 1963년 옥스퍼드대학출판
부에서 출간되었다. 영어판에는 원래의 제목(『현대정치의 사상과 행동』)과
는 달리 '일본'이라는 단어가 분명하게 들어 있다. 이는 (저자 자신이 아니
라) 모리스(I. Morris)가, 서구의 독자들이 일본을 이해하는 데 긴요하다
고 생각되는 논문들을 뽑아서 영어로 번역한 데서 기인한다. (번역 작업에
는 그 외에 몇 사람이 더 참여했다.) 그러나 한글번역본에서 확인할 수 있
듯이 저자 자신은 반드시 일본에 국한시키지 않았으며, 굳이 말한다면 제1
부가 일본을 다루고 있다고 하겠다. 1969년 옥스퍼드대학출판부(뉴욕 지
부)는 영어판을 페이퍼백으로 출간하면서, 새로이 논문 두 편(「헌법 제9조
를 둘러싼 약간의 고찰」과 「현대에서의 정치와 인간」)을 덧붙여서 증보판
을 내놓았다.[5]

이처럼 체형과 옷매무새를 바꿔가면서 그것도 아주 오랫동안 사랑을 받
고 있는 책도 그리 흔치는 않을 것이다. 그러면 무엇이 이 책을 그렇게 만
들었을까. 다시 말해서 어떤 구성과 내용을 다루고 있길래 그렇게 주목을
끄는 것일까.

5] 「현대에서의 정치와 인간」은 증보판, 따라서 한글판에도 수록되어 있지만, 「헌법 제9조를 둘러
   싼 약간의 고찰」은 수록되지 않았다. 그 논문은 『후위의 위치에서——「현대정치의 사상과 행
   동」 추보』(未來社, 1982)에 수록되어 있다.

저자 스스로 「구판(舊版) 후기」에서, 이 책이 "다양한 동기와 사정이 얽혀서 그 모습을 갖추게 된 것"이며 "하나의 목적의식에 의해 만들어진 산물은 아니라는 것"을 분명하게 밝히고 있듯이, 마음먹고 일관되게 쓴 그런 책은 아니다. 정확하게는 자신이 발표했던 글들을——제2차세계대전 이후 16년 동안에 쓴 글들을——한데 모아 편집한 책이다. 그러나 '아무 생각없는 그런 편집은 없다.' 그가 편집에 담고 싶었던, 아니 담은 뜻은 과연 무엇일까. 역시 그의 목소리를 직접 들어보는 것이 좋을 것이다.

전후(戰後)의 나의 사상이나 입장의 대체적인 흐름이 가능한 한 문맥적으로 분명하게 드러나도록 배려하면서, 그와 동시에 현대 정치의 제문제에 대한 정치학적인 접근이란 어떤 것인가 하는 개략적인 설명을 폭넓은 독자들에게 소개하여, ……일본에서의 정치학의 '안'과 '밖'의 교통의 극심한 격리를 다소라도 다리놓아보자는 대단히 의욕적인 뜻이 편집 속에 담기게 되었던 것이다.
　　　－『현대정치의 사상과 행동』, 「구판 후기」.

나는 이 책 속에서, 시민의 일상적인 정치적 관심과 행동의 의미를 '재가불교'주의('在家佛敎'主義)에 비견했는데, 같은 비유를 학문, 특히 사회과학에 대해서도 언제나 그렇게 생각하고 있다. 나를 포함하여 학문을 직업으로 하는 학자·연구자들은 이른바 학문 세계의 '승려'들이다. 학문을 고도로 발전시키기 위해서, 승려는 점점 더 승려로서의 수련을 쌓아가지 않으면 안된다. 그러나 종교와 마찬가지로, 한 국가의 학문을 짊어지는 힘은, 즉 학문에 활력을 불어넣어주는 것은 오히려 학문을 직업으로 하지 않는 '속인'(俗人)의 학문 활동이 아닐까. 내가 부족하면서도, 이 책에 실린 논문에서 의도했던 것은 때때로 오해되고 있듯이 학계와 저널리즘의 '다리놓기'가 아니라, 학문적 사고를 '승려'들의 독점으로부터 조금이라도 해방시키는 데 있었던 것이다. 그런 의미에서, 나로서는 앞으로도 특히 학문을 사랑하는 비직업학자들로부터의 편달과 솔직한 비판을 기대하고 또 바라 마지않는 바이다.
—『현대정치의 사상과 행동』, 「증보판 후기」.

앞에서 말한 대로, 그는 전후 일본 논단에 혜성과 같이 나타나 사상계를 이끌어가고 있었다. 그런 만큼 그의 사상이나 학문적 입장 그 자체가 이미 사람들의 관심거리였다. 그는, 생각하기에 따라서는 부담스러울 수도 있는 (?) 그런 시선을 의식하면서, 오히려 학문적인 사유와 영역을 일반 대중들에게 과감하게 열어보이고자 했던 것이다.

이같은 그의 입장은 이 책이 취하고 있는 구성과 밀접하게 관련되어 있다. 그는 자신의 논문에 대해서, 언제 썼다는 연대기적 자료 외에 일일이 자세한 '해설'과 부연설명까지 덧붙이고 있다. 「추기」(追記)와 「보주」(補註)가 그것이다. 그래서 우리는, 왜 그런 논문을 쓰게 되었는가에 대한 설명, 전후 사정, 그리고 자신의 느낌 같은 것을 생생하게 들을 수 있다. 심지어 지난날 좌담회에서 한 발언 중에서, 그 테마와 관련된 것들을 끌어와서는 자신의 입장의 세세한 것까지 설명하고 있다. 이런 파격적인 구성은, 보기에 따라서는 마치 교주가 신도들에게 자신의 교시를 알아듣기 쉽게 해주는 것 같아서 혹 기분 나쁘게 비칠는지도 모르겠다. 혹시 그렇다면, 그것은 결코 그의 본래 의도가 아니라고, 자신있게 말할 수 있다.

한 사람의 병사(이등병)로부터 토오쿄오대학 정치학과 조교수로 복귀한 후, 그가 일본사회에 대해 터트린 제1성은 앞에서 보았듯이 초국가주의(超國家主義)에 대한 비판이었다. 그는 계속해서 일본의 내셔널리즘, 파시즘 등에 대한 비판적인 글들을 내놓았으며, 바로 그 글들이 이 책의 주요 부분을 이루고 있다. 그렇게 한 것은, 그에 의하면 "전쟁 이후에 사회과학 전 분야에서 작업을 시작한 사람들에게서의 학문적인 출발점이며, 그것은 동시에 시민으로서의 사회적 책임감에 대한 실천적 응답이기도 했다"(「영어판 서문」). 그는 전쟁 이전, 그러니까 에도시대의 정치사상 관계 논문을 쓰면서도, 시대의 암울함에 비판의 고삐를 늦추지 않았다. 시국적인 학문의 대상이었던 일본 사상사에 대해서 비(非)시국적인 접근을 시도하면서, 그것을 통해서 당시의 파쇼적 상황과 그것에 추수하는 국수주의와 어용논리에 저항했던 것이다. 해서 우리는 그의 비판을 전전(戰前)의 비판과 관련시켜서, 그리고 그 연장선 위에서 이해할 필요가 있다. 그럴 때 비로소 '현재'에 대한 비판과 높은 목소리의 참된 의미가 제대로 울려퍼질 수 있다.

그는 전후의 일본사회에 대해서 '생리학적인 접근'보다는 '병리학적인 접근'을 취했다. 대상은 일본의 정치와 사회, 나아가서는 학문이나 문학 세계에까지 미치고 있다. 게다가 그의 목소리는 차라리 고발하는 어투의 그것에 가깝다. 그가 의도했던 것은 "보다 넓은 의미에서의 일본 문화의 성격을 검토하고, 일본인의 일상의 행동과 사고과정 —의식적으로 품고 있던 이데올로기만이 아니라, 나아가 특히 일상생활의 행위 속에서 단편적인 방식으로 나타나는 무의식적인 제 전제가 제 가치도 포함하여 —을 분석하는 것"이었다(「영어판 서문」). 요컨대 일본인의 사유와 특성 그 자체를 대상화시키려 한 것이다. 일본정치의 특이함, 그리고 그것을 규정하고 있는 문화 패턴의 특이함을 너무나 당연한 것으로 여기고 있어서 스스로 의식하지 못하고 있는 일본인들에게 직설적으로 들려주고자 했던 것이다. 낯설게 만들기! 그의 분석이 법적이고 제도적이고 형식적인 것들에 대해 주목하기를 거부한 것은 극히 자연스러운 일이었다.

이같은 일련의 작업을 통해서 그는 일본사회의 치부를 드러내 보이려고 했다. 그와 동시에 당시 지식인사회를 휩쓸다시피한 속류 마르크스주의의 범람에 저항하려고 했다. 그는 보다 넓고 또 다양한 접근으로 발전시키려고 했던 것이다. 그는 그것을 가리켜 '두 주제의 대위법(對位法)적인 합성'이라 부르고 있다. 당연한 것이지만, 그런 작업은 말처럼 쉽지는 않다. 더구나 그가 취한 방법은 인간적으로 많은 적들을 만들어낼 수 있었으며, 또 실제로 그랬다. 그는 어느 쪽에도 속하지 않고서 모든 것들에 대해 비판의 칼날을 휘둘러댔다. 인간적인 방패막이 되어줄 수 있는 어떤 당파성도 거부했던 것이다. 예컨대 다음과 같은 발언이 그것을 말해주기에 충분하다.

　이 책의 독자들은 진보적, 혁명적, 반혁명적, 반동적이라는, 독자들에
게는 이미 익숙하지 않은 그런 단어를 쓰고 있다는 것을 알게 될 것이다.
나 자신에게서도, 만약 내가 오늘날 다시 쓴다고 한다면 그런 용어를 조
금 더 적게 사용할는지도 모르겠다. 그러나 나는 역사에서 되돌리기 어
려운 어떤 흐름을 식별하려는 시도를 아직은 버리지 못하고 있다. 나에
게 르네상스와 종교개혁 이래의 세계는, 인간의 자연에 대한, 가난한 사
람의 특권자에 대한, '저개발측'(undeveloped)의 '서방측'(West)에 대
한 반항의 이야기이며, 그것들이 순차적으로 모습을 드러내고, 각각 서
로 다른 것을 불러내어, 현대 세계에서 최대규모로 협화음과 불협화음이
뒤섞여 있는 곡을 만들어내고 있는 한가운데 서 있는 것이다. 우리는 이
들의 혁명적 흐름을 추진하는 '진보적' 역할을, 어떤 하나의 정치적 진영
에 선험적으로(a priori) 귀속시키는 경향에 대해서 경계를 게을리해서
는 안된다. 우리는 또 무언가 신비한 실체적인 '힘들'의 전개로 역사를 해
석하려는 시도에도 마음을 써야 할 것이다. 그렇지만 우리가 언어의 선
동(propaganda)적 사용에 싫증이 난 나머지, 인간 능력의 한층 더 높
은 성장을 배태하고 있는 그런 사건과, 인간의 역사의 '시계바늘을 거꾸
로 돌리는' 의미밖에 가지지 않는 사건을 분별하는 일체의 모든 시도를
체념해버린다면, 그것은 정말 덧없는 일이 아닐까.
　　─『현대정치의 사상과 행동』, 「영어판 서문」.

역자는 그의 입장을 비판적인 지식인이 걸어야 할 고독한 길이라 부르고
싶다. 그는 자신이 선택한 길을, 다시 말해서 자신의 길을 아무런 후회없이
기꺼이 걸었던 것이다. 우리가 이 책의 행간에서 만날 수 있는 것은 전후의
일본사회를 대표하는 한 지성인이 고독하게 걸어간 지적인 행로(行路)에
다름아니다.

4.

마루야마 마사오, 그는 죽는 순간까지 치열한 삶을 살았다. 그는 병(폐결핵)을 앓고 그 후유증에 시달리면서도 저술활동을 계속했다. 침대 곁에 산소호흡기를 가져다놓고서 글을 썼다고 한다. 『'문명론의 개략'을 읽다』(1986), 『충성과 반역』(1992) 등이 그런 사투(死鬪)의 증거물이다. 또한 그는 (1994년 2월부터 12월까지) 자필로 쓴 「병상보고」(病狀報告)를 복사해서 지인(知人)들에게 보내주기도 했다. 96년 3월에는 『야노 류우케이 자료집』(矢野龍溪資料集) 제1권의 서문을 썼으며, 경제사학자 오오쯔카 히사오(大塚久雄, 1907~96)가 사망했을 때에는(7월 9일) 병상에서 구술로 조사(弔辭)를 쓰기도 했다.

1996년 8월 15일, 일본이 패배한 지 만 51년째 되는 날, 마루야마 마사오는 세상을 떴다. 그 날은 그의 어머니의 기일(忌日)이기도 했다. (1945년 8월 15일, 그녀는 군대에 있는 아들을 그리워하면서 조용히 눈을 감았다.) 『아사히신문』은 그의 죽음에 대해 이렇게 보도하고 있다.

전후를 대표하는 대표적인 지식인의 한 사람으로서, 정치학과 정치사 상사 분야에서 독창적인 방법론을 구축한 일본학술원 회원이자 토오쿄오대학 명예교수인 마루야마 마사오 씨가 15일 오후 7시 5분 간장암으로, 토오쿄오 내의 병원에서 사거했다. 82세. 유족의 요청으로 밀장(密葬)이 끝난 후에 공표하게 되었다. 고인의 유지에 따라 장의(葬儀)·고별식은 행하지 않으며, 26일 오후 1시부터 신쥬쿠의 천일곡회당(千日谷會堂)에서 그를 추모하는 모임이 개최된다. 유족은 처(妻) 유카리(ゆか里)씨.
―『아사히신문』1996년 8월 19일자.

그의 학문과 사상을 아는 사람이라면, 그가 자신의 죽음의 날로서 너무나도 잘 어울리는 그런 날을 택했다는 지적에 고개를 끄덕일 것이다. 그는 자신의 마지막 길마저도 상징적으로 만든 셈이다.

그의 죽음이 전해지자 언론은 뒤늦게 추도하는 대담을 하는 등 예우를 다했으며, 그의 사상과 학문을 기리는 모임이 열리기도 했다. (한국의 신문에도 간략하게 보도되었다.) 『미스즈』(みすず) 1996년 10월호(제427호)는 그의 추도 특집을 꾸몄다. 평소 가깝게 지내던 동료, 후배, 제자는 물론이고 서구의 일본학 연구자, 동양학자, 그리고 그의 책을 영어, 독어, 불어로 번역해 소개한 쟁쟁한 학자들이 생전의 그를 추억하면서 명복을 빌었다.[6]

"마루야마가 서거함으로써 일본은 그 지적 리더의 한 사람을 잃어버리게 되었다"(Marius B. Jansen). 그렇다. 하지만 그를 만날 수 있는 방법이 전혀 없는 것은 아니다. 무엇보다도 "제2차세계대전 이후 일본의 역사(戰後史)의 하나의 자료"(「증보판 후기」)이자 동시에 "전쟁과 그 이후의 여파가 빚어내는 거센 물결과 성난 파도의 시대에 그 청년시절을 살았던 한 일본인의 지적 발전의 기록"(「영어판 서문」)이기도 한 『현대정치의 사상과 행동』을 통해서 우리는 젊은 날의 그를 만날 수 있다.

1997년 3월 5일
김석근

6] 역자 역시 「마루야마 마사오의 삶과 사상을 생각함──그의 부음에 부쳐서」라는 글을 쓰기도 했다. 『일본의 사상』(한길사, 근간)에 「부록」으로 실려 있다.

●일러두기−1

1. 이 책은 저자가 제2차대전 이후 발표한 정치학 내지 현대 정치의 제 문제에 관련된 주요한 논문들을 모은 것이다. 증보판(增補版)을 간행하면서, 상·하 두 권을 한 권으로 묶는 〈合本〉 외에, 구판(舊版) 후기에 말한 것과 같은 편찬 취지를 규준(規準)으로 삼아 세 편의 논문을 새로이 실었으며, 그 대신 구판 상권에 있는 비교적 짧은 글 두 편을 제외시켰다.

2. 목차에 있는 것처럼, 주요한 테마에 따라 세 부로 정리했는데, 각 논문을 배분한 것은 그저 편의를 위해서 그렇게 한 것이며, 내용적으로는 다른 부에 걸쳐져 있는 경우가 적지 않다.

3. 각 부문 내에서의 논문 배열은 집필한 시기의 선후(先後)에 따랐으며, 각 논문의 끝에 그 연도만을 덧붙였다. 발표된 장소, 연월(年月)은 추기(追記) 속에 나와 있다.

4. 추기 및 보주(補註)는 모두 이 책에 수록할 때에, 덧붙인 것으로 구판에는 부문별로 붙였지만, 증보판에서는 권말(卷末)에 일괄적으로 처리했다. 본문 중에서 원주(原註)와 보주(補註)의 번호를 구분하기 위해, 전자는 〔원주1〕〔원주2〕……로 하고, 후자는 〔보주1〕〔보주2〕……로 표시했다.

5. 증보판에 새로이 실은 논문에 대한 추기는 물론 새롭게 덧붙여진 것인데, 구판의 추기에 대해서는 합본(合本)에 따르는 기술적인 변경 외에는 거의 그대로 살렸으며, 거기에 새로이 덧붙인 부분은 그 취지를 분명하게 했다. 그것은 추기에도 논문적인 성격의 그것이 포함되어 있어서, 오늘의 시점에서 다시 대폭적인 손질을 한다는 것은, 이 책 자체의 자료로서의 의미를 손상시킨다고 생각했기 때문이다.

●일러두기-2

1. 이 책은 마루야마 마사오(丸山眞男, 1914~1996)의 『增補版 現代政治の思想と行動』(未來社, 1964, 第1刷 : 1996, 第150刷)을 온전한 우리말로 옮긴 것이며, 1995년 4월에 나온 책(第148刷)을 대본으로 삼았다.

2. 우리말 표기를 원칙으로 하고, 이해를 돕기 위해 필요하다고 생각되는 경우 괄호 속에 한자를 덧붙였다. 예 : 통수대권(統帥大權), 종전(終戰). 그리고 우리말로 풀어쓰고 이해를 돕기 위해 한자표기가 필요하다고 생각되는 경우에도 ( )속에 한자를 덧붙였다. 예 : 본질이 드러나는(本質顯現的), 자유자재로운(變轉自在).

3. 사람이름, 지명과 같은 고유명사의 경우 일본에서 읽는 것을 우리말로 적고, 그 표기는 최영애-김용옥 표기법(C-K 시스템)에 따랐다. 그리고 처음 나온 곳에서 괄호 안에 원어를 덧붙였다. 예 : 우가키 카즈시게(宇垣一成), 스가모(巢鴨), 히노마루(日の丸). 그러나 이미 우리에게 너무나 익숙한 단어는 어색함을 피하기 위해 역시 우리말로 읽는 쪽을 택했다. 예 : 대동아공영권(大東亞共榮圈), 통제파(統制派).

4. 책이름인 경우에는 『 』로, 편명이나 독립된 글 그리고 논문의 경우에는 「 」로 표기했다. 우리말로 읽고 괄호 속에 원어를 덧붙였다. 예 :『일본국가주의운동사』(日本國家主義運動史), 「군벌의 계보」(軍閥の系譜). 다만 괄호 안에 묻혀 있는 경우와 각주에서는 지나친 번거로움을 피하기 위해 원어 그대로 노출시키기도 했다.

오랜 요양생활 동안 나에게
따뜻한 원조와 격려의 손길을 뻗쳐주신 분들께
감사의 마음을 담아
이 보잘것없는 책을 바칩니다.

제1장

초국가주의의 논리와 심리

1.

　일본 국민을 오랫동안 예종적(隷從的)인 상황에 몰아넣었으며, 또 전세계에 대해서 제2차세계대전으로 몰고갔던 이데올로기적 요인은 연합국에 의해 초국가주의(超國家主義) 또는 극단국가주의(極端國家主義)라는 이름으로 막연하게 불리고 있는데, 그 실체가 과연 어떤 것인가 하는 점에 대해서는 아직 충분히 규명되지 않은 것 같다. 거기서 주로 문제가 되고 있는 것은 그런 초국가주의의 사회적 · 경제적 배경이며, 초국가주의의 사상구조 내지 심리적 기반의 분석은 일본에서도 외국에서도 본격적으로 다루어지지 않고 있는 것으로 보인다.

　왜 그런가 하면, 그 문제가 너무 간단하기 때문이라고 할 수도 있고, 또 거꾸로 너무 복잡하기 때문이라고 할 수도 있다. 너무 간단하다는 의미는 그것이 개념적 조직을 가지지 않으며, '팔굉위우'(八紘爲宇)라든가 '천업회홍'(天業恢弘)과 같은 이른바 절규적인 슬로건의 형태로 표현되어 있어 진지하게 다룰 만한 가치가 없는 것처럼 생각되기 때문이다. 예를 들면 나치 독일이 어쨌거나 『나의 투쟁』(*Mein Kampf*)이나 『20세기의 신화』(*The Myth of the Twentieth Century*)와 같은 세계관적인 체계를 가지고 있던 것에 비하면, 그 점은 확실히 현저한 대조를 이루고 있다. 그러나 일본의 초국가주의에 그같은 공권적(公權的) 기초가 결여되어 있었다고 해서 그것이 곧 이데올로기로서 강력하지 않았다는 것을 의미하지는 않는다. 그것은 오늘날까지 일본 국민 위에 열 겹 스무 겹의 보이지 않는 그물을 펼쳐놓고 있었으며, 심지어 지금도 국민들이 그런 속박으로부터 완전히 해방되지 못하고 있다.

국민의 정치의식이 오늘날 볼 수 있듯이 낮은 것은 결코 단순한 외부적인 권력조직 때문만은 아니다. 그런 기구(機構)에 침투하여 국민의 심적인 경향이나 행동을 일정한 구덩이로 흘러가게 하는 심리적인 강제력이 문제인 것이다. 그것은 이렇다 할 만한 명백한 이론적인 구성을 갖고 있지 않으며, 또 사상적 계보도 다양하고 복잡한 만큼 그 전모를 파악한다는 것은 무척이나 어려운 일이다. 그러기 위해서는 '팔굉위우'적인 슬로건을 머릿속에서 데마고기(Demagogie)라고 단정해버리지 말고, 그런 다양한 단편적인 표현이나 현실의 발현 형태를 통해서 그 밑바닥에 숨어 있는 공통된 논리를 찾아내는 작업이 필요하다. 그것은 무엇보다도 뼈아픈 우리들의 과거를 특별히 들추어내고자 하는 가학적인 취미는 단연코 아닌 것이다. 무릇 "새로운 시대의 개막은 언제나 기존의 현실 자체가 어떠한 것이었는가에 대한 의식을, 싸워서 얻는 가운데 있는 것"(라살레)이며, 그런 노력을 게을리하게 되면 국민정신의 참된 변혁은 끝내 이루어지지 않을 것이다. 그리고 무릇 정신의 혁명을 가져다주는 혁명이야말로 바로 그런 이름에 어울리는 것이다.

이하에서의 논의는 그런 의미에서 문제의 해답보다도 오히려 문제의 소재와 그 폭을 제시하려는 하나의 토르소(torso)에 지나지 않는 것이다.

2.

무엇보다도 일본 국가주의가 '초'(超, ultra)라든가 '극단'(極端, extreme) 과 같은 형용사를 앞에 달고 있는 까닭은 어디에 있는가 하는 것이 문제가 된다. 근대국가는 국민국가(nation state)로 불리고 있듯이, 내셔널리즘 (nationalism)[역주1]은 오히려 그 본질적 속성이었다. 그처럼 일반적으로 근대국가에 공통된 내셔널리즘과 '극단적인' 그것과는 어떻게 구별되는 것 인가. 사람들은 곧바로 제국주의 내지 군국주의적 경향을 들 것이다. 그러 나 단지 그것만이라면 국민국가가 형성되는 초기의 절대주의 국가는 예외 없이 노골적인 대외적 침략전쟁을 행하고 있으며, 이른바 19세기 말의 제 국주의 시대를 기다리지 않는다 하더라도 무력적인 팽창 경향은 끊임없이 내셔널리즘의 내재적 충동을 이루고 있었다고 해도 좋을 것이다. 일본의 국가주의는 단순히 그러한 동기가 더 강력하였고, 발현된 방식이 더 노골적 이었다는 것 이상으로 대외팽창 내지 대내적 억압의 정신적 원동력에서 질 적 차이를 찾아낼 수 있다는 점에 의해서 비로소 참된 울트라적 성격을 띠 게 되는 것이다.

유럽의 근대국가는 카를 슈미트(Carl Schmitt)가 말하고 있듯이, 중 성국가(中性國家, Ein neutraler Staat)라는 점이 하나의 큰 특색이다. 바꾸어 말하면 그것은 진리라든지 도덕과 같은 내용적 가치에 관해서 중립 적인 입장을 취하며, 그러한 가치의 선택과 판단은 오로지 다른 사회적 집 단(예를 들면 교회) 내지 개인의 양심에 맡기고, 국가 주권의 기초를 그러 한 내용적 가치로부터 사상(捨象)시킨 순수하게 형식적인 법 기구 위에 두 고 있는 것이다. 주지하듯이 근대국가는 종교개혁에 뒤이은 16, 17세기에

[역주1] 내셔널리즘은 한국에서는 주로 '민족주의'로 번역되고 있는 것 같다. 그러나 그것이 갖는 의미는 국민주의·민족주의·국가주의 등으로 다양하게 번역될 수 있으며, 실제로 마루야마 는 『일본정치사상사연구』에서 '국민주의'라는 표현을 택하고 있다. 이 책에서는 지은이의 표 현대로 내셔널리즘으로 표기하기로 했다.

걸친 오랜 기간 동안의 종교전쟁의 한가운데서 성장했다. 신앙과 신학을 둘러싸고서 끝없는 투쟁은 마침내 각 종파로 하여금 자신들 신조의 정치적 관철을 단념하게 만들었으며, 다른 한편으로 왕권신수설을 내세워서 자신의 지배의 내용적 정당성을 독점하려고 한 절대군주도 치열한 저항에 직면하여 점차로 그 지배근거를 공적인 질서의 보지(保持)라는 외면적인 것으로 이행하지 않을 수 없게 되었다. 그리하여 형식과 내용, 외부와 내부, 공적인 것과 사적인 것이라는 형태로 지배자와 피지배자 사이에 타협이 이루어지고, 사상·신앙·도덕의 문제는 '사적인 일'로서 그 주관적 내면성이 보증되고, 공권력은 기술적인 성격을 지닌 법 체계 속에 흡수되었던 것이다.

그런데 일본은 메이지(明治) 이후 근대국가의 형성과정에서 그와 같은 국가주권의 기술적·중립적 성격을 표명하려고 하지 않았다. 그 결과 일본의 국가주의는 내용적 가치의 실체라는 것에 어디까지나 자신의 지배근거를 두려고 하였다. 바쿠후(幕府) 말기에 일본에 온 대부분의 외국인들은 하나같이 그 나라가 정신적 군주인 미카도(천황)와 정치적 실권자인 쇼오군(Tycoon, 將軍)의 이중통치 하에 놓여 있다는 점을 지적하고 있지만, 유신(維新) 이후의 주권국가는 후자와 기타의 다른 봉건적 권력의 다원적 지배가 전자를 향하여 일원화하고 집중화함으로써 성립되었다. '정령(政令)의 귀일(歸一)'이라든지 '정형일도'(政刑一途)로 불리는 그같은 과정에서 권위는 권력과 일치하였다. 그리고 그것에 대해 내면적 세계의 지배를 주장하는 교회(敎會) 세력은 존재하지 않았다.

그후 자유민권운동이 화려하게 대두했지만, 그런 민권론에 대해서 "육군과 경시(警視)의 위세를 좌우에 두어 늠름히 아랫사람들 위에 군림하여 민심을 전율하게 하려는 정부 관료들의 항쟁은, 진리나 정의의 내용적 가치의 결정을 다투었던 것이 아니라 위로 군권(君權)을 정하고 아래로 민권(民權)을 제한한다"는 말에서도 알 수 있듯이, 오로지 개인 내지 국민의 외부적 활동의 범위와 경계를 둘러싼 다툼이었다. 무릇 근대적 인격의 전제인 도덕의 내면화 문제가 자유민권론자들에게 얼마나 가볍게 처리되고 있었는가 하는 것은, 자유당(自由黨)의 선봉장 코오노 히로나카(河野廣中, 1849~1923)가 자신의 사상적 혁명의 동기를 말하고 있는 글에 잘 나타나 있다. 그때 결정적인 영향을 끼쳤던 것은 역시 밀(Mill)의 『자유론』인데, 그는

　　말 위에서 그것을 읽게 되자 그때까지 한학(漢學)이나 국학(國學)을 배워서 걸핏하면 양이(攘夷)를 외쳐온 종래의 사상에 하루아침에 커다란 혁명이 일어났으며, 충과 효라는 도리를 제외시키는 것만으로도 종래 지니고 있던 사상이 나뭇잎이나 먼지처럼 무너짐과 동시에 인간의 자유와 권리를 중시해야 한다는 것을 알게 되었다(『河野磐州傳』上卷. 강조는 마루야마).

라고 말하고 있다. 주체적 자유가 확립되는 과정에서 제일 먼저 대결해야 할 '충'과 '효' 관념이, 거기서는 처음부터 참으로 간단하게 고려에서 '제외' 되고 있으며, 나아가 그것에 대해서 어떠한 문제성도 느끼지 않고 있는 것이다. 그와 같은 민권론이 얼마 후 그것이 처음부터 수반한 '국권'론 속에 매몰되는 것은 필연적이었다. 그리하여 그 항쟁을 통해서 개인의 자유는 결국 양심에 매개되지 못했으며, 따라서 국가권력은 자신의 형식적 타당성을 의식하는 데까지 이르지 못했다. 그리고 제1회 제국의회(帝國議會)의 소집을 눈앞에 두고서 「교육칙어」(敎育勅語)가 발포되었다는 것은 일본국가가 윤리적 실체로서 가치 내용의 독점적 결정자라는 것을 공공연하게 선언한 것이었다고 해도 좋을 것이다.
　과연 얼마 지나지 않아 메이지 사상계를 꿰뚫고 흐르는 기독교와 국가교육의 충돌 문제가 바로 그 「교육칙어」를 둘러싸고서 뜨거운 논쟁을 불러일으켰던 것이다. '국가주의'라는 단어가 그 무렵부터 빈번하게 등장하기 시작했다는 것은 의미심장하다. 그 논쟁은 청일전쟁과 러일전쟁이라는 거국적인 흥분의 파도 속에 휘말려 그 모습을 감추게 되었지만, 거기에 잠재되

어 있던 문제는 결코 해결된 것이 아니었다. 그것이 정리된 것처럼 보인 것은 기독교도측에서 끊임없이 그 대결을 회피했기 때문이었다. 올해(1945년) 초반의 조칙(詔勅)에서 천황의 신성(神性)이 부정되는 그날까지, 일본에서 신앙의 자유는 애초부터 존립의 기반이 없었던 것이다.

신앙만의 문제는 아니다. 국가가 국체(國體)에서 진선미(眞善美)의 내용적 가치를 점유하는 곳에는, 학문도 예술도 그러한 가치적 실체에 의존하는 길 외에 달리 존립할 수 없다는 것은 너무나도 당연하다. 게다가 그런 의존은 결코 외부적 의존이 아니라 오히려 내면적인 그것이다. 국가를 위한 예술, 국가를 위한 학문이라는 주장의 의미는 단순히 예술이나 학문 나름의 국가적 실용성의 요청만은 아니다. 무엇이 국가를 위한 것인가 하는 내용적인 결정을 '천황 폐하와 천황 폐하의 정부에 대해서'(「官吏服務紀律」) 충성의 의무를 지니고 있는 관리가 내린다는 점에 그 핵심이 있는 것이다. 그러면 "내면적으로 자유이며, 주관(主觀) 속에 그 정재(定在, Dasein)를 가지고 있는 것은 법률 속에 들어와서는 안된다"(헤겔)는 주관적 내면성의 존중과는 반대로, 국법(國法)이 절대가치인 국체로부터 흘러나오는 한, 자신의 타당성의 근거를 내용적 정당성에 기초지움으로써 어떠한 정신영역에도 자유자재로 침투할 수 있는 것이다.

따라서 국가질서의 형식적 성격이 자각되지 않은 경우, 일반적으로 국가질서에 의해서 포착되지 않는 사적인 영역이라는 것은 본래 전혀 존재하지 않는다는 것으로 된다. 일본에서는 사적인 것이 단적으로 사적인 것으로 승인된 적이 전혀 없었던 것이다. 그 점에 대해서 『신민의 도』(臣民の道)의 저자는 "일상적으로 우리가 사생활이라 부르는 것도, 필경 신민의 도(道)를 실천하는 것이며, 천업(天業)을 떠받드는 신민이 해야 할 일로서 공적인 의의를 갖는 것이다……. 그리하여 우리는 사생활에서도 천황에게 귀일(歸一)하여 국가에 봉사한다는 생각을 잊어서는 안된다"고 하고 있는데, 그런 이데올로기는 어느 것도 전체주의의 유행과 더불어 나타난 것이 아니며 일본의 국가구조 그 자체에 내재되어 있었다.

따라서 사적인 것은 곧 악(惡)이거나 악에 가까운 것으로서, 어느 정도
의 꺼림칙함을 끊임없이 수반하고 있었다. 영리(營利)라든지 연애와 같은
경우, 특히 그러하다. 그리고 사적인 일의 사적인 성격이 단적으로 인정받
을 수 없는 결과는 거기에 국가적 의의를 어떻게 해서든 연결시키고, 그렇
게 함으로써 꺼림칙함의 느낌으로부터 구원받으려고 하는 것이다. 나쓰메
소세키(夏目漱石)의 『그 이후』(それから)에, 다이스케(代助)와 (그의) 형
수가

    "대체 오늘은 또 무슨 꾸지람을 들으셨어요."
    "글쎄 무슨 얘기를 들었는지, 잘 모르겠어요. 그러나 아버지가 국가사
    회를 위해서 정말이지 온갖 힘을 다 쏟는 데에는 정말 놀랐어요. 어쨌거
    나 열여덟 살 때부터 오늘에 이르기까지 모든 정성을 다 쏟고 있으니."
    "그러니까, 그 정도가 되신 거 아니예요."
    "국가사회를 위해 온 힘을 다해서, 돈이 아버지만큼 모인다면, 나도
    힘을 다할텐데"(강조는 마루야마).

라는 대화를 나누는 부분이 있는데, 소세키의 그같은 통렬한 야유를 당한
다이스케의 아버지는 일본 자본가의 전형이 아닐까. 그리고 「번영으로 가
는 길」(野間淸治)과 국가주의는 서로 손에 손을 맞잡고 근대 일본을 '약진'
시킴과 동시에 부패시켰다. '사적인 일'의 윤리성이 자신의 내부에 있는 것
이 아니라 국가적인 것과의 합일화에 있다는 이같은 논리는 한번 뒤집어보
게 되면 국가적인 것의 내부에 사적인 이해가 무제한으로 침입하는 결과가
되는 것이다.

3.

국가주권이 정신적 권위와 정치적 권력을 일원적으로 점유하는 결과, 국가활동은 그 내용적 정당성의 규준(規準)을 자체 내부에 (국체로서) 지니고 있으며, 따라서 국가의 대내적·대외적 활동은 어떤 국가를 넘어서 있는 하나의 도의적 규준에는 따르지 않는다는 것으로 된다. 이렇게 말하면 사람들은 곧바로 홉스(Hobbes)류의 절대주의를 떠올릴는지도 모른다. 그러나 그것과 이것은 확연하게 구별된다. "진리가 아니라 권위가 법을 만든다"(It is not the truth that makes laws, but authority)는 홉스의 명제에서 권위란 그 속에 모든 규범적 가치를 내포하지 않는 순수의 현실적 결단이다. 주권자의 결단에 의해서 비로소 시비와 선악이 정해지는 것이며, 주권자가 이전부터 존재하고 있는 진리 내지 정의를 실현하는 것은 아니라는 것이 리바이어던(Leviathan)의 국가인 것이다. 따라서 그것은 법의 타당성 근거를 오로지 주권자의 명령이라는 형식성에 얽매이게 함으로써 도리어 근대적 법실증주의로의 길을 열었다. 예를 들면 프리드리히(Friedrich) 대왕의 프러시아 국가라 하더라도 역시 그런 홉스적 절대국가의 적통(嫡流)이며, 거기서 정통성(Legitimität)은 궁극적으로 합법성(Legalität) 속에 해소되어 있는 것이다.

그런데 일본의 국가주권은 앞에서 말한 그대로 결코 그와 같은 형식적 타당성에 만족하려고 하지 않는다. 국가활동이 국가를 넘어서 있는 도의적 규준에 따르지 않는 것은, 주권자가 '무'(無)로부터의 결단자이기 때문이 아니라 주권자 자신 속에 절대적 가치가 체현되어 있기 때문이다. 그것이 '동서고금을 통해서 언제나 진선미의 극치'로 간주되기 때문이다(荒木貞夫, 『皇國の軍人精神』, 8쪽). 따라서 여기에서의 도의는 그런 국체의 정화(精華)가 중심적 실체로부터 동심원을 그리면서 세계를 향하여 퍼져나가는 데에서만 성립되는 것이다. "대의(大義)를 세계에 편다"고 할 경우, 대의는 일본국가의 활동 앞에 정해져 있는 것도 아니며, 그후에 정해지는 것도 아니다. 대의와 국가활동은 언제나 동시에 존재하는 것이다. 대의를 실현하기 위해서 행동하는 것이지만, 그것과 더불어 행동하는 것이 곧 정의로 간주되는 것이다. '이긴 쪽이 좋다'는 이데올로기가 '정의는 이긴다'는 이데올로기와 미묘하게 교착되어 있는 점에 일본의 국가주의 논리의 특질이 드러나고 있다. 자체가 '진선미의 극치'인 일본제국은 본질적으로 악을 행할 수 없기 때문에, 어떠한 포악한 행동도 어떠한 배신적인 행동도 허용되는 것이다!

이러한 입장은 또 윤리와 권력의 상호이입으로서도 설명될 수 있을 것이다. 국가주권이 윤리성과 실력성의 궁극적 원천이며 양자의 즉자적 통일인 곳에서는 윤리의 내면화가 이루어지지 않기 때문에, 그것은 끊임없이 권력화로의 충동을 지니고 있다. 윤리는 개성의 깊은 곳에서부터 우러나오는 것이 아니라 오히려 곧바로 외적인 운동으로 다가오게 된다. 국민정신총동원과 같은 것이 거기서의 정신운동의 전형적인 모습인 것이다.

앞에서 말한 기독교와 「교육칙어」의 문제로부터 신토오제천고속설(神道祭天古俗說),[역주2] 오자키 유키오(尾崎行雄, 1859~1954)의 공화(共和)연설을 거쳐 천황기관설(天皇機關說)[역주3]에 이르기까지, 일단 국체가 논의되기만 하면, 그것은 곧바로 정치문제가 되고 정치적 대립으로 이행되었다. '국체명징'(國體明徵)은 자기비판이 아니라, 거의 대부분 언제나 다른 것을 압도하기 위한 정치적 수단의 하나였다. 그것에 대해서 순수한 내면적 윤리는 끊임없이 '무력함'을 선고받았으며, 나아가 무력하기 때문에 무가치한 것으로 간주되었다. 무력하다는 것은 물리적으로 사람을 움직이게 할 힘이 없다는 것이며, 그것은 윤리나 이상(理想)의 본질상 그러한 것이다. 그런데 윤리가 그 내용적 가치에서가 아니라 오히려 그 실력성에서, 바

[역주2] 신토오는 옛날에 하늘에 제사를 지내던 옛 풍습에 지나지 않는다는 주장. 일본의 고유한 국체의 원천으로서의 신토오를 상대화시키는 의미를 갖는다.

[역주3] 국가의 통치권은 법인(法人)인 국가에 속하며 천황은 국가통치의 권능을 갖는 최고의 국가기관이라는 헌법해석상의 학설.

꾸어 말하면 그것이 권력적 배경을 갖는가 아닌가에 의해서 평가되는 경향이 있는 것은 필경 윤리의 궁극으로서의 자리가 국가적인 것에 있는 것에 다름아니다. 그런 경향이 가장 잘 발현된 것은 국제관계의 경우이다. 예를 들면 다음과 같은 구절을 보라(강조는 마루야마).

우리 일본의 결의와 무력적인 위엄은 그들(주요 연맹국을 가리킨다－마루야마)로 하여금 어떠한 제재도 가할 수 없게 만들었다. 우리 일본이 탈퇴하자마자 연맹의 정체는 전세계에 폭로되었으며, 독일도 같은 해 가을 우리의 뒤를 이어 탈퇴했다. 그후에 이탈리아도 역시 에티오피아 문제에서 기회를 포착하여 탈퇴한다는 통고를 했으며, 국제연맹은 완전히 이름뿐인 것으로 되어버렸다. 그리하여 우리 일본은 1931년 가을 이래, 세계 유신의 진두(陣頭)에 큰 걸음을 내딛어온 것이다(『臣民の道』).

여기서는 연맹이 제재를 가할 힘이 없는 것에 대한 노골적인 조소와 반대로 '기회를 포착한' 이탈리아의 교묘함에 대한 암암리의 칭찬이 전체의 기조를 이루고 있다. 연맹의 '정체'나 이탈리아의 행동 같은 것은 어떤 내재적인 가치에 의해서가 아니라 오로지 그 실력성과 임기응변의 교묘함과 졸렬함에 의해 비판받고 있는 것이다. 그것이 '교학'(教學)의 총본산인 문부성(文部省) 관료의 도의관(道義觀)에서의 또다른 측면이었던 것이다. 더욱이 윤리가 권력화됨과 동시에 권력 역시 끊임없이 윤리적인 것에 의해서 중화되면서 나타나고 있다. 공공연한 마키아벨리즘의 선언, 소시민적 도덕의 대담한 유린의 언어 등은 일찍이 일본의 정치가들의 입에서 새어나온 적이 없었다. 정치적 권력이 그 기초를 궁극의 윤리적 실체에 의존하고 있는 한, 정치가 갖는 악마적인 성격은 그런 것으로 솔직하게 승인될 수 없는 것이다.

그 점 역시 동과 서는 예리하게 나뉜다. 정치는 본질적으로 비도덕적이고 잔인한(brutal) 것이라는 생각이 독일인 속에 잠재되어 있다는 것을 토마스 만(Thomas Mann)은 지적하고 있는데, 그같은 압축적인 인식은 일본인에게는 불가능하다. 여기서는 진리와 정의에 어디까지나 충실한 이상주의적 정치가가 결핍되어 있음과 동시에 체사레 보르자(Cesare Borgia)의 대담함과 뻔뻔함 역시 찾아볼 수 없다. 조심스러운 내면성도 없으며, 노골적인 권력성도 없다. 모두가 시끌시끌하지만, 동시에 모두가 소심해하고 있다. 그런 의미에서 토오조오 히데키(東條英機, 1884~1948)는 일본적 정치의 상징이라 할 수 있다. 그리고 그와 같은 권력의 이른바 왜소화는 정치적 권력에 머물지 않으며, 무릇 국가를 배경으로 한 모든 권력적 지배를 특징짓고 있다.

예를 들어 제2차세계대전에서 포로학대 문제를 보기로 하자. (전장에서의 잔혹행위에 대해서는 조금 별개의 문제로 뒤에서 언급한다.) 수용소에서의 포로에 대한 구타 등에 관한 재판보고서를 읽고, 기묘하게 생각되는 것은 피고들이 거의 대부분 이구동성으로 수용소의 시설 개선에 힘썼다는 것을 역설하고 있는 점이다. 나는 그것을 반드시 그들의 목숨을 구하기 위한 궤변만으로 생각하지는 않는다. 그들의 주관적인 의식에서는 확실히 처우 개선에 힘썼다고 믿고 있음에 틀림없다. 그들은 처우를 개선함과 동시에 때리기도 하고 차기도 한 것이다. 자혜로운 행위와 잔혹한 행위가 아무렇지도 않게 공존할 수 있다는 점에서, 윤리와 권력의 미묘한 교착현상을 볼 수 있다.

군대에서의 내무반 생활 경험이 있는 사람들은 이같은 사정을 알 수 있을 것이다. 그들에게서의 권력적 지배는 심리적으로 강한 자아의식에 기초하고 있는 것이 아니라 오히려 국가권력과의 합일화에 기초하고 있는 것이다. 따라서 그런 권위에 대한 의존성에서 벗어나서, 한 사람의 개인으로 돌아왔을 때의 그들은 그야말로 약하고 애처로운 존재인 것이다. 그러므로 전범(戰犯) 재판에서 쯔찌야(土屋)는 새파래졌으며, 코지마(古島)는 울었으며, 그리고 괴링(Hermann Göring)은 크게 웃었다. 괴링과 같은 오만하기조차 한 넉살좋고 대담함을 보여준 사람이 유명한 스가모(巢鴨)의 전범용의자 중에 과연 몇 사람이나 있을까. 같은 학대라 하더라도 독일의 경우처럼 많은 포로의 생명을 온갖 종류의 의학적 실험재료로 삼는 것과 같은 냉철하고 '객관적인' 학대는 적어도 일본의 학대의 '전형적인 것'은 아니다. 독일의 경우에는 물론 국가를 배경으로 한 행위이기는 하지만, 학대자와의 관계는 오히려 '자유로운' 주체와 사물(Sache)의 그것에 가깝다. 이에 반하여 일본의 경우는 어디까지나 우월적 지위의 문제, 즉 궁극적 가치인 천황(天皇)에게 상대적으로 가깝다는 의식인 것이다.

더욱이 그같은 궁극적 실체에 가까운 정도라는 것이야말로, 개개의 권력적 지배만이 아니라 전체 국가기구를 운용해가고 있는 정신적인 원동력에 다름아닌 것이다. 관료들이나 군인들의 행위를 제약하고 있는 것은 적어도 일차적으로는 합법성의 의식이 아니라 더 우월한 지위에 있다는 것, 즉 절대적 가치체(價値體)에 더 가까운 존재라는 것이다. 국가질서가 자신의 형식성을 의식하지 않은 곳에서는 합법성의 의식 역시 결여되지 않을 수 없다. 법은 추상적인 일반자(一般者)로서 지배자와 피지배자를 같이 제약한다고는 생각할 수 없으며, 오히려 천황을 장(長)으로 하는 권위의 계서제(hierarchy)에서의 구체적인 지배수단에 지나지 않는다. 그러므로 준법이라는 것은 오로지 아랫사람에 대한 요청인 것이다.

군대내무령(軍隊內務令)의 번잡한 규칙의 적용은 상급자로 가면 갈수록 느슨해지고, 하급자로 갈수록 더 엄격해진다. 형사소송법의 검속·구류·예심 등의 규정이 다름아닌 제국(帝國) 관리들에 의해서 가장 노골적으로 유린되고 있다는 것은 잘 알려진 바이다. 구체적인 지배관계의 유지·강화만을 생각하고 있으며, 그것을 위해서는 준법은커녕 법규의 '구절 따위'에 사로잡히지 말라는 것이 거듭 검찰관계자들에 대해서 훈시되었던 것이다. 따라서 거기서의 국가적·사회적 지위의 가치규준은 그 사회적 직능보다도 천황으로부터의 거리인 것이다. 니체(Nietsche)는 '거리의 파토스'(pathos der Distanz)라는 것으로 모든 귀족적 도덕을 특징짓고 있는데, 일본에서는 '비천한' 인민과는 떨어져 있다는 의식이 그만큼 최고가치인 천황에 가깝다는 의식에 의해서 한층 더 강화되어 있었던 것이다.

이리하여 '황실의 울타리'라는 것이 귀족들의 긍지이며, (천황이 친히 통솔하는 군대라는 것의 근거가 되는) 통수권의 독립이 군부의 생명선이 된다. 그리고 지배층의 일상적 모럴을 규정하고 있는 것은 추상적인 법 의식도, 내면적인 죄 의식도, 민중의 공복(公僕) 관념도 아니다. 그와 같은 구체적이고 감각적인 천황에 대한 친근감의 결과, 거기에 자신의 이익을 천황의 그것과 동일화시키고, 자신의 반대자를 곧바로 천황에 대한 침해자로 간주하는 경향이 자연히 배태되는 것은 당연한 일이다. 한바쯔(藩閥)[역주4] 정부의 민권운동에 대한 증오 내지 공포감에는 확실히 이러한 의식이 잠재되어 있었다. 심지어 그것은 오늘날까지, 모든 특권층 속에 여전히 흐르고 있는 것이다.

4.

직무에 대한 긍지가 횡적인 사회적 분업의식보다도 오히려 종적인 궁극적 가치에 대한 직속성(直屬性) 의식에 기초하고 있다는 것으로부터 생겨나는 다양한 병리 현상은, 일본의 군대가 모범적으로 보여주었다. 군은 모든 교육방침을 다 동원하여 그런 의미에서의 긍지 양성에 집중했다고 해도 좋을 것이다. 그것은 먼저 "군인은 국민의 정화(精華)로서 그 주요 부분을 차지하고 있다"(「軍隊敎育令」)라고 하여 군을 국가의 중추부에 두었다. 군인의 '민간'인(!)에 대한 우월의식은 어김없이 그 황군(皇軍) 관념에 기초하고 있다. 게다가 천황에 직속되어 있다는 것으로부터 단순히 지위적 우월이 아니라 모든 가치적 우월이 생기는 것이다.

예를 들어 아라키 사다오(荒木貞夫) 남작(男爵)에 의하면, "군대출신자

[역주4] 메이지유신 때 공을 세운 藩 출신 유력자들이 만든 파벌.

는 흔히 지나치게 정직하다는 평가를 받곤 하는데, 이같은 비평의 이면에
는 일반 사회의 도덕 수준이 군대 내의 그것과 상당한 차이가 있어서, 군대
출신자들이 현실 사회생활에서 많은 어려움을 느끼게 된다는 것을 말해주
고 있다"(『皇國の軍人精神』, 51쪽. 강조는 마루야마)고 하며, 따라서 군인
에게는 "일반 사회 정신을 정화하여 군대정신과 혼연일치가 되도록 노
력"(52쪽)하는 것이 요청된다고 한다. 그런데 일본 국민은 제2차세계대전
에서, 아라키 남작과는 완전히 정반대의 의미에서 군대내의 도덕수준과 일
반 사회의 그것 사이에 '상당한 차이가' 있다는 것을 알게 되었다. 또 군의
관 대위로 오랫동안 소집되어 있던 어떤 친구의 말에 의하면, 군대 의학의
학문적 수준은 대학을 포함하여 모든 '민간' 의학의 그것보다 훨씬 더 높다
는 것이 거의 대부분의 군의관들 사이에 통설이었다고 한다. 이것도 물론
그 진지한 병리학자에 의하면 사실은 정반대였다. 그리고 그와 같은 자기
중심적인 긍지의 고양(高揚)은 군(軍) 대 민간 사이에 있을 뿐만 아니라,
군대 그 자체의 내부에도 일어나게 된다.

　예를 들면 『작전요무령』(作戰要務令)에 "보병은 군의 주병(主兵)으로서,
모든 병력들의 협동의 핵심이 되어" 운운하는 구절이 있다. 나는 조선에서
교육소집을 받았을 때, 거의 매일처럼 그것을 암송해야만 했다. 어느 상등
병이 "어떤가, 보병은 군의 주병이라구, 군에서 가장 위대하다구, 군의 주
병이라구, 군이라고 한 이상 육군만이 아니라 해군도 포함된다구" 하면서
질책하던 소리가 아직도 귀에 생생히 남아 있다. 물론 그것은 본인도 정말
그렇게 생각하고 있었던 것은 아니지만, 그런 표현 속에 군대교육을 꿰뚫
고 있는 하나의 심적인 경향성이라는 것을 역력히 엿볼 수 있다. 그리하여
부대는 다른 부대에 대한, 중대는 다른 중대에 대한, 내무반은 다른 내무반
에 대한 우월의식을 부채질당함과 동시에, 또 하사관은 '졸병근성'으로부터
의 이탈이, 장교에게는 '하사관 기질'의 초월이 요구되었다.

　전쟁중에 군의 악평을 끝도 없이 높아지게 한 바로 그 나쁜 독선의식과
분파주의(sectionalism)는 그러한 기반 위에서 싹트게 되었다. 오직 군

대만이 아니라 일본의 관청 기구를 일관되게 흐르고 있는 그와 같은 분파주의는 흔히 '봉건적'(feudalistic)이라 성격짓지만, 단순히 그것만은 아니다. 봉건적 할거성은 각자 자족적·폐쇄적 세계에 틀어박히려는 데에서 배태되지만, 그와 같은 분파주의는 각 분야가 각각 종적으로 궁극적 권위에 직접 이어지고 있다는 사실에 의해 가치지워지고 있다. 그러한 결과 자신은 궁극적 실체와 합일화하려는 충동을 끊임없이 내포하고 있기 때문에, 봉건적인 그것보다 훨씬 더 활동적이고 침략적 성격을 띠게 되는 것이다. 스스로는 어디까지나 통수권이란 요새에 의거하면서, 총력전이라는 이름 하에 국가의 모든 영역에 간여하려고 한 군부의 동향이 무엇보다도 좋은 증거이다.

그리하여 모든 국가질서가 절대적 가치체인 천황을 중심으로 하여 연쇄적으로 구성되고, 위로부터 아래로의 지배의 근거가 천황으로부터의 거리에 비례하는, 이른바 가치가 점차적으로 희박화되는 곳에서 독재(獨裁, dictatorship) 관념은 오히려 생겨나기 어렵다. 왜냐하면 본래의 독재 관념은 자유로운 주체의식을 전제로 하고 있는데, 여기서는 대체적으로 그같은 규정되지 않은 개인이라는 것이 위로부터 아래에 이르기까지 존재하지 않기 때문이다. 모든 인간 내지 사회집단은 끊임없이 한쪽에서 규정되고 있으면서 다른 쪽을 규정한다는 관계 위에 서 있다. 전시하의 군부 관료의 독재라든지 전횡이라는 것이 크게 문제가 되고 있지만, 여기서 주의해야 할 것은 사실 혹은 사회적 결과로서의 독재와 의식으로서의 독재를 혼동해서는 안된다는 것이다. 의식으로서의 독재는 반드시 책임의 자각과 결부되는 것이다. 그런데 그같은 자각은 군부에도 관료에도 결여되어 있었다.

나치스의 지도자는 제2차세계대전에 대하여 그 원인이 어떻든 간에 개전(開戰)에의 결단에 관한 명백한 의식을 가지고 있었음에 틀림없다. 그런데 일본의 경우는 그 정도의 큰 전쟁을 일으키면서도 나야말로 전쟁을 일으켰노라는 의식이 지금까지는 그 어디에도 보이지 않는 것이다. 왠지 모르게 무엇인가에 짓눌리면서, 국가 전체를 온통 전쟁의 와중으로 몰아넣었다는 이같은 놀라운 사태는 무엇을 의미하는가. 일본의 불행은 과두세력에 의해서 국정이 좌우되고 있었다는 것만이 아니라 과두세력이 그야말로 사태에 대한 의식이나 자각을 가지고 있지 못했다는 점에서 두 배로 늘어났던 것이다. 각각의 과두세력이 피(被)규정적 의식밖에 가지지 못한 개인에 의해 성립되어 있음과 동시에 그 세력 자체가 궁극적 권력으로 될 수 없으며 궁극적 실체에 대한 의존 하에서, 게다가 각각 그것에의 근접을 주장하면서 병존한다는 상황─어느 독일인이 지적했던 병립하는 국가(Das Land der Nebeneinander)─이 그런 주체적 책임의식의 성립을 어렵게 만들었다는 것은 부정할 수 없다.

제81회 의회의 중의원 전시행정특례법위원회에서 수상의 지시권 문제에 대해 키타 소오이찌로오(喜多壯一郎)로부터 그것은 독재로 보아도 좋은가 하는 질문을 받은 토오죠오 수상이

혼히 독재정치라고 하는데, 그 점에 관해서 명확하게 해두고 싶다……. 토오죠오라는 자는 하나의 초개(草芥)와 같은 신하일 뿐이다. (그 점에서는) 여러분도 하나 다를 것이 없다. 다만 나는 총리대신이라는 직책을 부여받았을 뿐이며, 그 점이 다를 뿐이다, 폐하의 빛을 받아서 비로소 빛난 것이며, 폐하의 빛이 없었더라면 마치 돌멩이와도 같은 존재였을 것이다. 폐하의 신임이 있고, 그 자리에 나아가 있기 때문에 그처럼 빛난 것이다, 그 점이 이른바 독재자라 칭하는 유럽의 군주들과는 그 취지를 전혀 달리하고 있다(1943년 2월 6일 『마이니찌신문』 속기. 강조는 마루야마).

라고 답하고 있는 것은 그야말로 일찍이 없던 권한을 장악했던 수상의 말인 만큼 매우 암시적으로 들린다. 거기에는 위에서 말한 궁극적 권위에 대한 친근함에 의해 득의만만한 우월의식과 동시에 그런 권위의 정신적 무게를 여실히 머리 위에 느끼고 있는 한 사람의 소심한 신하의 심경이 정직하

게 토로되어 있는 것이다.

그러나 그런 자유로운 주체의식이 존재하지 않으며 각자가 행동의 제약을 자신의 양심 속에 지니지 않고 보다 상급자(궁극적 가치에 가까운 사람)의 존재에 의해 규정됨으로써 독재 관념 대신에 억압의 이양(移讓)에 의한 정신적 균형의 유지라고 할 수 있는 현상이 발생하게 된다. 위로부터의 억압감을 아래로 자의적으로 발휘하여 순차적으로 이양되어감으로써 전체의 균형이 유지되고 있는 체계인 것이다. 그것이야말로 근대 일본이 봉건사회로부터 물려받은 가장 큰 '유산'의 하나라고 할 수 있을 것이다. 후쿠자와 유키찌(福澤諭吉)는 "개벽(開闢)의 첫머리부터 이 나라에서 이루어져온 인간들 사이의 정해진 법칙"인 권력의 편중이라는 말로 교묘하게 그런 현상을 설명하고 있다.

위 아래의 명분이 분명하고 그 명분과 더불어 권리와 의무를 달리하고 있어서, 무리함을 당하는 사람도 한 사람도 없고 또 무리를 행하는 사람도 한 사람도 없다. 무리하게 억압하거나 또 무리하게 억압당하여, 이쪽을 향하여 굽히면 저쪽을 향하여 어깨를 펼 수가 있다……. 앞에서의 치욕은 뒤쪽의 유쾌함에 의해 보상받기 때문에 불만족을 평균하여…… 마치 서쪽 이웃에서 빌린 돈을 동쪽 이웃에게 독촉하는 것과도 같다(『文明論之槪略』 卷5).

여기서도 사람들은 곧바로 군대생활을 연상할 것임에 틀림없다. 그러나 그것은 일본의 국가질서 구석구석에까지 내재되어 있는 운동법칙이 사실상 군대에서 집중적으로 표현되었을 따름이다. 근대 일본은 봉건사회의 권력의 편중을 권위와 권력의 일체화에 의해 정연하게 조직했다. 그리고 일본이 세계의 무대에 등장함과 더불어 그 '억압의 이양' 원리는 다시 국제적으로 연장되었던 것이다. 메이지유신 직후에 타올랐던 정한론(征韓論)이나 그후의 대만 파병 등은 바쿠후 말기 이래 열강의 중압을 끊임없이 피부로 느끼고 있던 일본이 통일국가 형성을 기회로 일찌감치 서구 제국주의의 소박한 모방을 시도한 것으로, 거기에 '서쪽 이웃에서 빌린 돈을 동쪽 이웃에게 독촉'하려는 심리가 흐르고 있다는 것은 부정할 수 없을 것이다.

생각건대 메이지 이후 오늘날까지의 외교 교섭에서 대외강경론은 언제나 민간에서 나오고 있다는 점도 시사적이다. 그리고 우리는 제2차세계대전에서 중국이나 필리핀에서의 일본군의 포악한 행동거지에 대해서도, 그 책임의 소재는 어떻든 간에 직접적인 하수인은 일반 사병이었다는 뼈아픈 사실에서 눈길을 돌려서는 안될 것이다. 국내에서는 '비루한' 인민이며 영내에서는 이등병이지만, 일단 바깥에 나가게 되면 황군(皇軍)으로서의 궁극적 가치와 이어짐으로써 무한한 우월적 지위에 서게 된다. 시민생활에서, 그리고 군대생활에서 압박을 이양해야 할 곳을 갖지 못한 대중들이 일단 우월적 지위에 서게 될 때, 자신에게 가해지고 있던 모든 중압으로부터 일거에 해방되려고 하는 폭발적인 충동에 쫓기게 되는 것은 전혀 이상하지 않은 것이다. 그들의 만행은 그런 난무(亂舞)의 슬픈 기념비가 아니었을까(물론 전쟁 말기의 패전 심리나 복수심에서 나온 폭행은 또 다른 문제이다).

5.

초국가주의에서 권위의 중심적 실체이며, 도덕의 근원이기도 한 천황은 그렇다면 이같은 상급가치에의 순차적 의존의 체계에서 유일한 주체적 자유의 소유자란 말인가. 근세 초기 유럽의 절대군주는 중세 자연법에 기초한 지배적 계약의 제약으로부터 해방되어 스스로를 질서의 **옹호자**(Defensor Pacis)로부터 그것의 작위자(Creator Pacis)로 높아졌을 때, 그야말로 근세사에서 최초의 '자유로운' 인격으로 출현했다. 그러나 메이지유신에서 정신적 권위가 정치적 권력과 합일되었을 때, 그것은 단순히

'진무(神武) 천황이 창업했던 옛날'로 되돌아간 것이었다.

천황은 그 자신이 궁극적 가치의 실체라고 할 경우, 천황은 앞에서 말한 그대로 결코 아무것도 없는 데서부터 가치를 만들어낸 사람은 아니었다. 천황은 만세일계(萬世一系)의 황통(皇統)을 이어받고, 황조(皇祖)·황종(皇宗)의 유훈(遺訓)에 따라 통치한다. 흠정(欽定) 헌법은 천황이 주체적으로 제작한 것이 아니라 바로 '통치의 홍범(洪範)을 소술(紹述)'한 것이었다. 그리하여 천황도 역시 무한한 옛날로 거슬러올라가는 전통의 권위를 등뒤에 짊어지고 있는 것이다. 천황의 존재는 그러한 선조들의 전통과 떼놓을 수 없으며, 황조·황종과 더불어 일체가 됨으로써 비로소 위에서 말한 것과 같은 내용적 가치의 절대적 체현으로 받아들여진다. 천황을 중심으로 하고 그로부터의 다양한 거리에서 모든 백성들이 서로 돕는다는 것을 하나의 동심원으로 표현한다면, 그 중심은 점(点)이 아니라 실은 그것을 수직으로 꿰뚫는 하나의 종축(縱軸)에 다름아니다. 그리고 중심으로부터의 가치의 무한한 유출은 종축의 무한성(천양무궁(天壤無窮)의 황운(皇運))에 의해 담보되어 있는 것이다.

이렇게 해서 바야흐로 초국가주의가 그려내는 세계의 모습은 그 전모를 드러내게 되었다. 중심적 실체로부터의 거리가 가치의 규준이 된다는 국내적 논리를 세계로 향해 확대할 때, 거기에서 '세계의 모든 국가는 각각 그 자리를 얻게 한다'는 세계정책이 나오게 된다. 모든 나라의 종주국인 일본에 의해서 각 국가들이 신분적 질서 속에 위치지워지는 것이 세계평화이며, "천황의 무한한 위엄이, 그 빛이 세계 모든 나라에 미치게 되는 것이 세계사의 의의이며, 그러한 빛이 미치는 것은 바로 황국(皇國) 무덕(武德)의 발현으로 달성되는 것이다"(佐藤通次, 『皇國哲學』). 따라서 모든 나라를 균등하게 제약하는 국제법 같은 것은 그런 절대적 중심체가 존재하는 세계에서는 존립의 여지가 없으며, "일본의 길에 입각한, 무한한 위엄의 빛이 전세계에 미치게 되면, 국제법 같은 것은 있을 수 없다"(『中央公論』 1943년 12월호, 좌담회 「卦難の學」)고 하게 된다. 야마다 요시오(山田孝雄) 박사

는 건국신화의 현재성을 주장하여,

2600년 전의 사실이 그것을 둥글게 잘라내면 중심의 연륜(年輪)으로
존재하고 있다……. 그러므로 진무(神武) 천황 시대에 있었던 일은 옛날
이야기가 아니라 현재에 존재하고 있는 것이다(『中央公論』1943년 9월
호, 「神國日本の使命と國民の覺悟」).

라고 했다. 그야말로 '종축(시간성)의 연장이 원(공간성)의 확대'라는 초국
가주의 논리의 교묘한 표현이라고 해야 할 것이다.

'하늘과 땅의 무궁함'(天壤無窮)이 가치의 타당한 범위의 끊임없는 확대
를 보장해주고, 거꾸로 '황국무덕'(皇國武德)의 확대가 중심가치의 절대성
을 강화시켜간다. 이런 순환과정은 청일전쟁·러일전쟁으로부터 만주사변
·중일전쟁을 거쳐 태평양전쟁에 이르기까지 나선형을 그리며 고조되어갔
다. 일본 제국주의에 마침표가 찍힌 8월 15일은 동시에 초국가주의 전 체
계의 기반인 국체가 절대성을 상실하고 비로소 처음으로 자유로운 주체가
된 일본 국민에게 그 운명을 넘겨준 날이기도 했던 것이다

● 1946년

제2장

일본 파시즘의 사상과 운동

1. 머리말

제게 주어진 제목은 「일본 파시즘의 사상과 운동」이라는 것이지만, 저는 결코 그런 문제에 대해서 결정적인 결론을 내릴 만한 자격이 있다고 생각하지 않습니다. 무언가 파시즘의 본질을 단번에 알 수 있는 그런 조감도 같은 것을 지금부터의 이야기에서 기대하신다면, 반드시 실망할 것이므로 그전에 미리 말씀드려둡니다. 이처럼 짧은 시간에 당치도 않은 거대한 문제를 다루어야 하기 때문에 이야기가 도그매틱하게 되는 것을 피하기 위해서 문제를 처음부터 가능한 한 한정시켜두고자 합니다.

먼저 파시즘을 분석할 경우 메커니즘으로서의, 즉 국가기구로서의 파시즘과 하나의 운동으로서의 파시즘이라는 것을 일단 구분할 수 있을 것입니다. 제가 지금부터 이야기하려고 하는 것은 주로 후자, 즉 운동으로서의 파시즘과 그 운동이 담고 있는 사상에 관해서입니다. 일본의 파시즘을 전면적으로 해명하려면 국가기구에서의 군부나 관료의 지위, 그 사회적 기초, 그리고 그런 세력과 일본의 독점자본과의 얼키고 설킨 관계가 어떤 식으로 이루어지고 있는가 하는 것을 구체적·구조적으로 분석하지 않으면 안되겠습니다만, 그런 것은 도저히 제가 감당할 수 없는 것이기에 말씀드릴 수가 없습니다. 물론 그 문제와도 관련시켜 나가겠지만, 주요한 역점을 파시즘 운동 쪽에 두기로 한 것입니다. 그리고 사상이라는 것도 여기서 파시즘 운동과 직접 관련이 있는 사상을 다루는 것이며, 운동과 비교적 관련이 없는 파시즘적인 사상을 일반적으로 다루는 것은 아닙니다. 예를 들면 학계나 저널리즘에서의 파시즘적인 언론을 하나하나 다룬다거나 하는 것은 여기서는 문제삼지 않을 것입니다. 이른바 파시즘 운동과 밀접하게 관련되어 있는 사상만을 다루고자 합니다.

다음으로 문제에 대한 접근방식으로서 미리 말씀드려두고 싶은 것은 일본 파시즘을 말할 경우, 무엇보다 파시즘이란 무엇인가 하는 것이 문제가 됩니다. "자네는 갑작스레 일본 파시즘을 말하지만, 과연 일본에 본래의 의미에서의 파시즘이 있었는가. 일본에 있었던 것은 파시즘이 아니라 실은 절대주의가 아니었나, 자네가 말하는 파시즘의 본체는 대체 무엇인가" 하는 의문이 먼저 제기될 것이라 생각합니다. 그 점에 대해서도 저는 나름대로의 해답은 가지고 있습니다만, 여기서 그것을 먼저 제시하는 것은 피하기로 하겠습니다. 그런 것을 말하게 되면 자연히 파시즘 일반론이 되어버립니다. 파시즘에 대해서는 여러 가지 규정이 있습니다만, 그런 문제를 여기서 다시 되풀이할 여유는 결코 없습니다. 여기서는 불명확하기는 하지만, 먼저 상식적인 관념으로부터 출발하기로 하겠습니다.

우리는 근래 십 몇 년 간의 시대를 파쇼시대라 부르고 있습니다만, 우리가 보통 사용하고 있는 그같은 상식적인 관념과 내용을 전제로 하여 현실적인 분석을 해두는 동안에 점차로 일본 파시즘의 규정이 점점 더 분명하게 되는지―혹은 거꾸로 점점 더 알 수 없게 되는지 이야기해보지 않으면 알 수 없습니다만―어쨌든 그런 방법을 취하고 싶습니다. 그래서 파시즘에 대한 추상적인 규정은 여기서는 하지 않겠습니다. 그런데 이런 식으로 보게 되면, 다시 "그런 파시즘 운동과 사상의 연구는 어느 쪽인가 하면 부차적이지 않은가, 오히려 국가기구와 사회구조에서의 파시즘 분석이야말로 가장 필요한 것이 아닌가" 하는 의문이 제기될는지도 모르겠습니다. 그것은 대체적으로 타당한 것이며 우리의 마지막 목표는 전체 구조로서의 파시즘에 있는 것입니다만, 그러기 위해서는 이른바 제도론만이 아니라 그와 동시에 전체 구조의 계기를 이루는 파시즘 운동을 일단 분석하는 것이 불가결한 전제로 떠오르게 되는 것입니다. 특히 국가기구로서의 일본 파시즘은 일단 8·15로 붕괴되었습니다만, 그렇다고 해서 장래의 우리 일본에 파시즘 운동이 일어나지 않을 것이라고 확실하게 단언할 수는 없습니다. 그렇다면 과연 과거의 파시즘 운동의 특질을 우리는 장래의 문제와 비교하기 위해서라도, 분명하게 짚어둘 필요가 있다는 것입니다.

2. 일본 파시즘 운동의 시대구분

서두가 길어졌습니다만 먼저 일본 파시즘 운동의 전개과정이라는 것을 어떻게 생각하면 좋을까, 그 대략적인 시대구분부터 말씀드리면, 대체적으로 일본에서의 파시즘 운동의 발전은 세 단계로 나눌 수 있지 않을까 하고 생각합니다.

제1기는 준비기로서 대체로 1919~20년, 바로 제1차세계대전이 끝난 무렵부터 만주사변 무렵에 이르는 시기로 그것을 '민간에서의 우익운동 시대'라고 해도 좋을 것입니다.

제2기는 성숙기로서 1931년의 만주사변 전후부터 1936년의 유명한 2·26사건에 이르는 시기입니다. 이 시기는 단순히 민간운동으로 있던 운동이 구체적으로 군부세력의 일부와 결탁하여 군부 파시즘 운동의 추진력이 되어, 점차로 국정(國政)의 중핵을 차지하게 되는 과정입니다. 이 시기에는 또 3월사건, 금기(錦旗)사건 등의 미궁에 빠진 사건부터 혈맹단(血盟團)사건, 5·15사건, 신병대(神兵隊)사건, 사관학교사건, 아이자와(相澤)사건, 그리고 마지막으로 2·26사건 등 세간을 깜짝 놀라게 한 파쇼의 테러리즘이 잇달아 발발한 시기로서, 그것을 급진 파시즘의 전성기라 부를 수 있을 것입니다.

제3기는 조금 길어서 2·26사건 이후 숙군(肅軍)이 이루어지는데, 그 숙군의 시대로부터 전쟁이 끝나는, 이른바 8·15까지의 시대입니다. 이 시기는 '일본 파시즘의 완성시대'라고 할 수 있을 것입니다. 어쨌거나 군부가 바야흐로 위로부터의 파시즘의 노골적인 담당자로서, 한편으로는 관료·중신(重臣) 등 반봉건적인 세력과 다른 한편으로는 독점자본 및 부르주아 정당 사이에 불안하지만 연합지배체제를 만들어낸 시대입니다.

그런데 이같은 3단계를 통한 파시즘 운동의 발생과 발전의 사실적인 경과를 여기서 말씀드리고 있을 시간은 도저히 없으므로 그것은 다른 논저, 예를 들면 키노시타 한지(木下半治)의 『일본국가주의운동사』(日本國家主義運動史)라든지 최근 『중앙공론』(中央公論)에 연재되고 있는 이와부찌 타쯔오(岩淵辰雄)의 「군벌의 계보」(軍閥の系譜)와 같은 것을 읽어주시기 바랍니다.[보주1] 단지 저는 일본 파시즘 운동의 발전을 위와 같이 구분한 근거에 대해서 조금 덧붙여두고자 합니다.

먼저 제1기는 흔히 일본이 만주사변을 경계로 하여 파시즘 시대에 들어섰다고 합니다만, 모든 면에서 보아 만주사변이라는 것 앞에 상당한 파시즘 준비기가 있었습니다. 예를 들어 이른바 우익단체의 형성을 보더라도, 메이지 초년에 생겨난 현양사(玄洋社)나 그 흐름을 잇는 흑룡회(黑龍會)를 일단 별개로 치면, 파시즘 운동에 가까운 단체의 발생은 1919~20년 무렵부터 급격하게 늘어나고 있습니다. 때마침 제1차세계대전 후 데모크라시의 주장이 만연되면서 그 데모크라시의 주장이 러시아혁명의 영향을 받아 급격하게 급진화하였고, 또 그와 동시에 대전 후 경제계의 변동을 계기로 노동쟁의와 소작쟁의가 갑작스레 고양되었습니다. 그와 같은 상황을 배경으로 하여 이른바 적화(赤化, bolshevization)에 대항하는 운동이 다이쇼(大正) 말기에 속출하게 되는 것입니다.

예를 들면 1918년에는 대정적심단(大正赤心團), 황도의회(皇道義會), 1919년에는 대일본국수회(大日本國粹會), 관동국수회(關東國粹會), 1920

년에는 적화방지단(赤化防止團), 1925년에는 대일본정의단(大日本正義團)이 생겨났습니다. 이들은 각각 뉘앙스는 다르지만 어느 것이나 모두 좌익운동에 대한 직접적인 대항을 추구했습니다. 흑룡회라든지 혹은 그 흐름을 잇는 낭인회(浪人會) 등과 더불어 주로 빈번히 일어나는 파업에 대해 그것을 분쇄하거나 혹은 좌익계의 노동조합·농민조합 내지는 수평사(水平社)에 대한 폭력적 습격을 행하였습니다. 다만 그들 단체들은 적극적인 국내 개조의 프로그램을 갖고 있지 못했으므로, 파시즘 조직이라기보다는 단순한 반동단체라고 하는 쪽이 더 나을는지 모르겠습니다. 그 구성원들도 주로 기성 정당의 원외단(院外團) 등에서 많이 가담하고 있습니다.

재미있는 것은 그 중심인물에 토건업자가 많다는 것인데, 예를 들면 대화민노회(大和民勞會)의 창립자 카와이 토쿠사부로(河合德三郞), 대정적심단의 모리 겐지(森健二) 등은 모두 토목업의 업주로서 현재의 토건업자의 동향과 같이 생각해보면 퍽이나 암시적입니다. 그들이 내걸고 있는 강령에도 순봉건적 성격이 농후한데, 예를 들면 대일본국수회는 "이 회는 의기(意氣)로써 일어나며 인협(仁俠)을 본령으로 하는 집단이다"고 했으며, 대일본정의단은 "오야분(우두머리)은 어버이와 같고 코분(부하)은 자식과도 같으며, 코분끼리는 한 집안의 형제이다. 오야분이 명하는 것은 물불을 가리지 않으며, 형제는 서로 친하게 지내며 서로 돕고 또 서로 예의를 잊어서는 안된다"고 하고 있습니다.

그러나 보다 본래의 파시즘에 가까운 운동 역시 그 시기에 발족하고 있습니다. 예를 들면 일본 파시즘의 교조라고 할 수 있는 키타 잇키(北一輝)가 오오카와 슈메이(大川周明)·미찌카와 카메타로오(滿川龜太郞)와 더불어 유존사(猶存社)를 만든 것은 1919년입니다. 그후 2·26사건의 사상적 배경을 이룬 키타 잇키의 『일본개조법안』(日本改造法案)은 그 유존사의 이른바 『나의 투쟁』(Mein Kampf)이었던 것입니다. 유존사의 강령에는 '혁명일본의 건설' '개조운동의 연락' '아시아 민족의 해방' 등을 내걸었으며, 앞의 그룹과 같은 단순한 반(反)적화운동에 머물지 않고, 국내개조와 국제

적 주장을 한 덩어리로 묶는 본래의 파시즘 이데올로기가 분명하게 나타나
게 되었습니다.

　그후 얼마되지 않아 오오카와 슈메이와 미찌카와 카메타로오는 키타 잇
키와 대립하게 되어 야스오카 마사아쯔(安岡正篤)나 니시다 미쯔구(西田
稅) 등과 같이 1924년 행지사(行地社)를 조직했습니다. 이 유존사·행지
사의 계통에서 훗날 많은 우익단체들이 생겨나게 되는 것입니다. 우익단체
중에서 큰 힘을 차지하고 있던 건국회가 아카오 빈(赤尾敏)이 중심이 되
고, 쯔쿠이 타쯔오(津久井龍雄)·아쯔미 카쯔(渥美勝) 등에 의해서 조직된
것도 1926년입니다. 훗날 신병대사건의 아마노 타쯔오(天野辰夫)나 마에
다 토라오(前田虎雄)도 가담하게 되었습니다. 회장은 우에스기 신키찌(上
杉愼吉)이며, 토오야마 미쯔루(頭山滿)·히라누마 기이찌로오(平沼麒一
郞)를 고문으로 추대하고 있습니다.

　건국회는 강령에서는 산업의 국가적 통제를 주장하여 어느 정도 반(反)
자본주의적인데, 그것은 제1기·제2기에서의 우익단체의 공통된 특질이
며, 그중에서 건국회는 오히려 반자본주의이지 않은 쪽입니다. 실제 활동
이 어떠했는가 하면 무산정당과의 투쟁에 주력하고 있었습니다. 당시는 물
론 공산당이 지하에 잠복해 있었습니다만 공산당과 가장 가까운 노선을 취
하고 있던 노농당(勞農黨)과 일본노동조합전국평의회(日本勞動組合全國評
議會)에 대한 투쟁에 주력했으며, 메이데이 박멸 등에 활약했습니다. 그렇
게 유력한 단체는 아닙니다만 앞에서 말한 우에스기 신키찌 박사와 타카바
타케 모토유키(高畠素之)의 경론학맹(經論學盟) 역시 그 무렵 조직되었습
니다. 그것은 정치운동보다도 다분히 연구단체의 색채를 띠고 있었습니다
만, 어쨌든 당시에 지도적인 지식인들이 만든 것이라는 점에서 주목됩니다.

　그외에 이와다 후미오(岩田富美夫)의 대화회(大化會, 1920)도 간과할
수 없습니다. 이런 식으로 이미 1918~19년 무렵부터 우익단체의 명료한
생장(生長)을 볼 수 있는 것입니다. 게다가 그것만이 아니라 만주사변 후
에 빈번하게 일어난 급진 파시즘의 다양한 움직임도 사변 이전부터 이미

상당히 구체화되어 있었다는 점을 주의하지 않으면 안됩니다. 1930년에 하마구찌(浜口雄幸) 수상을 토오쿄오역에서 암살한 사고야 도메오(佐郷屋留雄)는 혈맹단 단원이며, 사변 이후의 혈맹단 사건과 관련시켜서 파악해야 할 사건입니다. 그리고 청년 장교 중심의 쿠데타로 이미 만주사변이 터지기 반년 전에 이른바 3월사건――그것은 미궁 속에 파묻혀버렸지만 코이소(小磯)·타테가와(建川)·나가타 테쯔잔(永田鐵山) 등 당시의 혁신장교들이 계획의 중심이 되고 비밀결사 '사쿠라카이'(櫻會)에 결집한 육군 급진파와 오오카와 슈메이 등 민간우익이 행동을 담당하여 우가키(宇垣) 대장을 옹립하여 군사정부를 세운다는 음모인데――이 있으며, 그것은 미수로 끝났다고는 하지만 그 영향은 5·15사건, 2·26사건으로 계속 이어집니다.[보주2] 만주사변은 일본의 파시즘을 결정적으로 촉진시킨 계기가 되었음에 틀림없습니다만, 파시즘 운동이 만주사변 이후에 갑작스레 일어난 것이 아니라는 점은 아무쪼록 주의하지 않으면 안되는 것입니다.

다음으로 제2기는 만주사변부터 2·26사건까지인데, 이 시기는 시대로서의 하나의 전체성을 보여주고 있다는 점에서 새삼스레 설명하지 않아도 될 것으로 보입니다. 준비기에 축적된 급진 파시즘의 에너지는 국내에서의 공포와 국외에서의 만주사변·상해사변의 발발, 국제연맹의 탈퇴 등에 의한 국제적 위기의 절박감이라는 양면의 압력에 의해 이 시기에 집중적으로 폭발하게 됩니다. 파시즘이라는 문제가 국민들 앞에 크게 클로즈업된 것은 뭐니뭐니해도 바로 이 시기이며, 파시즘 운동을 고찰하는 우리의 목적으로 볼 때 가장 중요한 시대입니다. 우리가 다루어야 할 자료도 자연히 이 시대의 그것이 가장 많습니다. 제1기에서 아직 호기심과도 같은 색채를 벗어나지 못했던 우익운동은 군부, 특히 청년장교와 연결되어 급격하게 정치적 실천력을 발휘하기에 이릅니다.

그런 의미에서 우익운동사에 있어 한 시대의 획을 긋는 것은, 1931년에――만주사변 직전입니다만――결성된 전일본애국자공동투쟁협의회(全日本愛國者共同鬪爭協議會)와 대일본생산당(大日本生産黨)의 탄생입니다. 여기에서 처음으로 분산적이었던 우익운동을 보다 통일적인 정치세력으로 만들려는 움직임이 분명한 형태를 띠고 나타났으며, 또한 파시즘 운동이 단순히 좌익운동에 대한 반동이라는 소극적인 것으로부터 벗어나 하나의 사회운동으로서의 성격을 드러내게 되었습니다. 전일본애국자공동투쟁협의회에 대한 상세한 설명은 생략하겠습니다만 종래의 유존사 계통, 경론학맹 계통과 현양사 계통을 합쳐서 하나로 만들려는 데 목적이 있었습니다. 생명은 짧았지만 얼마 후 그 방향은 1932년에 생겨난 신무회(神武會)에 의해 이어져가게 됩니다. 신무회는 오오카와 슈메이를 회장으로 하고 관서지방의 재벌 이시하라 코오이찌로오(石原廣一郞)의 자금에 의해 광범한 우익분자를 흡수하고, 군부측의 지원도 얻어서 상당히 화려한 활동을 했다는 것은, 여러분들이 알고 계시는 그대로입니다.

후자의 대일본생산당은 흑룡회가 중핵이 되어 주로 관서지방의 우익단체를 흡수하여 생겨난 단체로서, 특히 그 하부조직에 노동조합을 가지고 있다는 점에서 종래의 낭인적 우익운동으로부터 전진했음을 보여주고 있습니다. 신병대사건이 압도적으로 생산당 계열 사람들에 의해서 일어났다는 것은 그 당의 실천성을 보여준 것입니다.

제2기의 파시즘이 비교적 가장 '아래로부터의' 요소를 띠고 있었다는 점은, 앞의 전일본애국자공동투쟁협의회와 같은 이름을 (우익조직에) 붙이는 방식에서도 엿볼 수 있으며, 예컨대 그 강령을 보더라도 "우리는 산업대권의 확립에 의해 자본주의의 **타도**를 도모한다"고 분명하게 선언했으며, 또 대일본생산당도 '망국적 자본주의 경제조직의 **근본적 개폐(改廢)**'라든가 '금융기관의 국가관리'라든가 '노동권의 확보'라든가 '경작권의 확립'과 같은 항목을 내걸고 있습니다. 물론 그런 주장과 운동의 사회적 의미는 완전히 별개의 문제입니다. 그들은 마치 전투자 파쇼나 나치스의 **초기** 단계에서 볼 수 있는 반자본주의적 강령과 같은 의미를 지니고 있습니다만, 어쨌든 간에 그런 급진적인 프로그램이나 표현이 제3기가 되면 **프로그램으로도** 나타나지 않게 되는데, 이는 거꾸로 제2기에서의 파시즘 운동의 성격을 말해주는 것이 아닌가 생각됩니다.

그것과 관련하여, 이 시기에서 두번째로 현저한 현상은 무산정당 내부로
부터의 파시즘 운동입니다. 그 선구를 이룬 것은 사회민중당(社會民衆黨)
내부에서의 아카마쯔 카쯔마로(赤松克麿) 등의 국가사회주의 운동이며, 얼
마 후 아카마쯔 일파는 1932년 4월 사회민주당의 카타야마 테쯔(片山哲)
·마쯔오카 코마키찌(松岡駒吉) 등 사회민주주의파와 분열하여 코이케 시
로오(小池四郎)·히라노 리키조(平野力三) 등과 함께 국가사회주의신당준
비회를 조직했습니다. 그와 동시에 전국노농대중당(全國勞農大衆黨)에서
도 마쯔타니 요지로오(松谷與二郎) 등이 만주사변을 적극적으로 지지하려
는 움직임을 보여주었으며, 얼마 후에 아키 사칸(安藝盛)·이마무라 히토
시(今村等) 등 옛 투사들이 탈당하여 아카마쯔·히라노 등과 합류하여, 일
본국가사회당(日本國家社會黨)을 결성하게 되었습니다.

그리고 그 운동과 병행하면서 미묘하게 대립한 것은 시모나카 야사부로
오(下中彌三郎) 등의 움직임인데, 이들은 사사이 이찌로오(佐佐井一郎)·
콘도오 에이조(近藤榮藏)·아마노 타쯔오(天野辰夫) 등과 더불어 신일본
국민동맹(新日本國民同盟)을 만들었으며, 콘도오 세이쿄오(權藤成卿)·카
노코기 카즈노부(鹿子木員信) 등을 고문으로 추대했습니다. 순수우익 계통
과 사회주의 계통의 합류가 그들 면면에서 나타나고 있습니다. 합법 무산
정당 중에서 그같은 극단적인 파쇼화에 반대한 사람들은 이른바 삼반주의
(三反主義, 반자본주의·반파시즘·반공산주의)를 내걸고 통일전선을 만
들었으며 사회대중당으로 대동단결하게 되었습니다. 그러나 얼마 후 그 내
부에도 아소오 히사시(麻生久)·카메이 칸이찌로오(龜井貫一郎) 등 군부
와 접근하려는 움직임이 나타나 파시즘 운동의 파도는 점차 무산운동의 내
부에 침윤해 들어갔던 것입니다.

이 시기에 세번째 움직임으로서 주목해야 할 것은 재향군인과 관료를 주
체로 하는 정치세력의 결성입니다. 이것 역시 자세하게 말씀드릴 여유는
없습니다만, 재향군인의 움직임으로는 1932년 타나카 쿠니시게(田中國重)

대장을 중심으로 결성된 명륜회(明倫會)가 가장 현저한 것으로서, 예의 미노베 타쯔키찌(美濃部達吉) 박사의 기관설(機關說) 문제 때 크게 활약했습니다. 그리고 토오토오 료쿠(等等力) 중장 등이 히라노 리키조가 이끄는 일본농민조합(日本農民組合)과 결합하여 1933년 결성한 황도회(皇道會)도 같은 의미에서 무시할 수 없는 단체입니다.

관료 그룹이 중심이 된 움직임으로는 뭐니뭐니해도 히라누마 남작의 국본사(國本社), 야스오카 마사아쯔의 금계학원(金鷄學院) 및 신관료가 중심이 된 국유회(國維會) 등의 이름을 들 수 있을 것입니다. 이런 단체는 그자체가 명확한 이데올로기를 가진 정치단체라고 할 수는 없습니다만, 군부·관료·재계에서 각각 지도적 지위를 차지하고 있는 인물들이 모였기 때문에 지배계급 내부에서의 횡적인 연계가 자연히 강화되어, 제3기에서 위로부터의 파시즘의 제패를 준비하는 데 적지 않은 역할을 했다는 점은 부정할 수 없는 사실입니다.

그런데 이처럼 이 시기에는 우익단체의 화려한 대두를 볼 수 있으며, 그 가운데서 혈맹단, 신병대사건, 5·15사건, 2·26사건 등의 관계자들이 많이 배출되어 사회적 이목을 끌게 되었으나, 결과적으로는 이들 우익운동이 하나의 강력한 노선으로 결집하는 것은 끝내 성공하지 못했습니다. 전일본애국자공동투쟁협의회, 국난타개연합협의회(國難打開聯合協議會, 1932), 국체옹호연합회(國體擁護聯合會, 같은 해 연말), 일본국가사회주의전국협의회(日本國家社會主義全國協議會, 1933), 애국운동일치협의회(愛國運動一致協議會, 1933) 등 우익운동을 대동단결시키기 위한 시도가 반복해서 이루어졌지만 언제나 오랫동안 지속되지 못했으며, 그 정도로 객관적인 정세에 힘입으면서도 이합집산을 되풀이하여 끝까지 서로 배격했던 것입니다. 그것은 이데올로기적으로 말하면 국가사회주의적 동향과 순(純)일본주의적 동향의 분열이라 할 수도 있으며, 또 그것을 실천운동의 조직론의 대립으로 표현하면 대중조직론과 소수선량론(少數選良論)의 대립이라고 할 수 있을 것입니다. 그러나 보다 깊은 원인은 더 근원적인 곳에 있다고 생각합니다. 이 문제는 다시 뒤에서 말씀드리기로 하겠습니다.

다음은 제3기로 그것은 2·26사건에서부터 태평양전쟁의 종말까지입니다. 이 마지막 시기를 한 단계로 잡는 것은 너무 시간이 길고 또 지나치게 막연하다고 생각할는지도 모르겠습니다. 확실히 국가기구로서의 파시즘을 문제삼을 경우에는 이 시기가 가장 중요하며, 중일전쟁, 유럽전쟁, 일·소 조약, 일·독·이 군사동맹, 태평양전쟁과 같은 일본의 운명을 결정한 국제적 대사건이 국내체제의 파시즘화에 하나하나의 기원을 만들었습니다. 그 사이에 이른바 코노에(近衛)신체제운동이라든가 토오죠오(東條) 익찬선거(翼贊選擧)와 같은 메르크말(Merkmal, 기호)로서의 의의는 말할 것도 없이 매우 중대합니다.

그럼에도 불구하고 운동으로서의 파시즘을 중심으로 하여 생각할 경우에는, 역시 2·26사건이라는 것이 가장 커다란 분수령을 이루고 있습니다. 왜냐하면 2·26사건을 계기로 하여 이른바 아래로부터의 급진 파시즘 운동에 마침표가 찍힌 일본 파시즘화의 도정(道程)이 독일이나 이탈리아처럼 파시즘 혁명 내지 쿠데타라는 형태를 취하지 않는다는 것이 여기서는 분명하게 정해졌기 때문입니다. 따라서 그 이후의 진전은 다양한 지그재그는 있어도 결국은 기존의 정치체제 내부에서의 재편성이며, 오로지 위로부터의 국가통제의 일방적 강화과정이라 할 수 있습니다.

다만 신체제운동은 그 점이 조금 문제가 되긴 하지만, 그것이 국민 재조직으로서 그래도 다소나마 아래로부터의 요소를 대표하는 것처럼 보인 것은 성립 당초의 아주 짧은 순간이었으며, 갑작스레 구(舊)세력의 반격을 당해 주지하듯이 익찬회가 개조되고 관제적·형식적인 것으로 되어버린 것입니다. 그러므로 태평양전쟁 이후의 이른바 토오죠오 독재는 정치적 자유를 거의 영점까지 끌어내린 그 노골성에서 일찍이 없던 시대였습니다. 하지만 그런 식으로 되는 조건은 이미 그 이전에 완전히 갖추어져 있었으므로 파시즘화의 진전이라는 점에서는 양적인 발전에 지나지 않으며, 그 이전의 시기와 각별히 질적인 차이는 없다고 해도 좋지 않을까 하고 생각합니다.[보]

주3) 토오쬬오 독재의 기억이 우리들에게 너무 생생하기 때문에, 그 역사적 단계로서의 의의를 과대평가할 위험에 빠지기 쉽습니다. 그것을 주의하지 않으면 분명한 파시스트가 종전 후 단지 토오쬬오에 반대했다는 것만으로 민주주의자와 같은 얼굴을 하고 나타나게 될 때, 그에 대한 민중의 비판의 눈을 흐리게 만들어버리는 결과가 됩니다.

이제부터 그와 같은 파시즘 운동의 분석에 들어가게 됩니다만, 우선 처음에는 상부구조의 문제, 즉 일본 파시즘 운동의 이데올로기적 특질부터 살펴보고, 점차로 그 사회적 담당자라는 식으로 문제를 파고들어가 보려고 합니다.

3. 이데올로기적 특질

파시즘 운동이 지닌 이데올로기가 이데올로기로서 특히 고양된 것은 앞에서 말씀드린 제1단계와 제2단계입니다. 제3단계가 되면 파시즘은 현실의 국가기구와 일체화되었던 것인데, 거기서는 이미 운동으로서의 파시즘이 주류일 수 없었습니다. 파시즘 운동이 파시즘적 이데올로기를 내세우고, 정치·경제·문화의 모든 영역에 걸친 '혁신'을 요구하면서 나타나게 된 것은 제1기와 제2기입니다. 일본 파시즘의 대표적 문헌도 이 시대에 많이 나오고 있습니다.

따라서 이하에서도 이 시대의 파시즘 운동이 내걸고 있던 이데올로기가 자연히 고찰의 주요 대상이 되는 것입니다.

다만 그럴 경우에도 시간 관계상 여기서 그런 파시즘의 이데올로기를 하나하나 망라하여 말씀드리는 것은 생략하겠습니다. 그것은 일본 파시즘 운동도 세계에 공통된 파시즘 이데올로기의 요소를 당연히 가지고 있기 때문입니다. 예를 들면 개인주의적·자유주의적 세계관을 배격한다든가, 혹은 자유주의의 정치적 표현이라 할 수 있는 의회정치에 반대한다든가, 대외팽창의 주장, 군비확충이나 전쟁에 대한 찬미적 경향, 민족적 신화나 국수주의의 강조, 전체주의에 기초한 계급투쟁의 배척, 특히 마르크스주의에 대한 투쟁과 같은 모멘트——이들은 모두 독일이나 이탈리아의 파시즘과 공통된 이데올로기이므로 특별히 그런 점을 하나하나 논할 필요는 없을 것으로 생각됩니다. 또 그런 구체적인 주장의 근저에 걸쳐 있는 방법론적 근거에 대해서도 동서의 파시즘에는 아주 많은 공통점이 있습니다. 예를 들면 오오카와 슈메이는 자본주의와 사회주의에 대해서 다음과 같은 비판을 가하고 있습니다.

자본주의와 사회주의의 싸움은 주의(主義)의 싸움이 아니라, 같은 주의 위에 서 있으면서 오직 그 주의의 실현 범위에 관한 싸움이다. 실현 범위의 싸움이란 무엇인가 하면, 순수한 자본주의의 경우에는 물질적 부(富)의 소유를 소수의 사람들, 즉 자본가 계급으로 불리는 사람들 사이에 한정시키고 있으며, 사회주의의 경우에는 물자적인 부를 다수의 노동자들에게 나누어주고 싶다는 것인데, 한쪽은 좁은 범위에 다른 한쪽은 큰 범위에 그들이 가장 좋아하는 것을 소유하게 하려는 것이다. 이리하여 물질에 아주 대단한 가치를 두고, 경제에 최대한의 가치를 두기 때문에 물질적 향락이 인간의 본래의 행복이며, 따라서 인간의 목적은 물건을 많이 소유하는 데 있다고 하는 점에서도, 이들 양자는 같은 생각을 가지고 있는 것이다(『日本及日本人の道』).

따라서 또

물질을 인격보다 상위에 두는 사상을 바꾸지 않으면, 자본주의적 경제제도를 쓰러뜨리고 사회주의적 경제제도로 바꾸어 보더라도 아무런 좋은 일을 기대할 수가 없다(위와 같음).

대체적으로 이와 같은 비판을 하고 있습니다. 이런 비판의 방식, 즉 자본주의도 사회주의도 모두 물질주의라는 동일한 지반 위에 서 있으므로 사회주의는 현대문명의 폐단을 진실로 구제할 수 없다는 것, 사회주의나 마르크스주의는 자본주의와 한 통속이라는 것 ─ 이런 비판 방식은 나치나 이탈리아 파시즘의 이데올로기가 거의 대부분 이구동성으로 말하고 있는 것과 너무나 흡사합니다. 그리하여 파시즘 이데올로기가 물질주의에 대해서 높이 내세우는 '이상주의' '정신주의'야말로 실상은 대중의 눈을 사회기구의 근본적 모순으로부터 돌리게 하고, 현실의 기구적 변혁 대신에 인간의 머릿속에서의 변혁, 즉 사고방식의 변혁으로 메우려고 한다는 의미를 지니고 있는 것입니다. 파시즘이 애초에 약간의 반자본주의적 색채를 띠고 나타나면서도 결국 독점자본에 봉사하는 역할을 수행한 이데올로기적 근거는 이런 곳에 숨어 있는 것인데, 그런 점은 아무래도 일본 파시즘에 특징적인 것이라고 할 수는 없으므로 이 이상 더 들어가는 것은 피하기로 하겠습니다. 그리고 여기서는 파시즘이 일반적으로 지니고 있는 특질은 제외시키고, 일본의 파시즘 이데올로기에서 특히 강조되고 있는 점은 어떤 것인가를 두세 가지 살펴보고자 합니다.

첫째로 가족주의적 경향을 들 수가 있습니다. 가족주의라는 것이 특히 국가 구성의 원리로서 높이 내세워지고 있다는 것. 일본의 국가구조의 근본적인 특질이 언제나 가족의 연장체로서, 즉 구체적으로는 가장(家長)으로서의, 국민의 '총본가'(總本家)로서의 황실과 그 '적자'(赤子)에 의해 구성된 가족국가로 표상(表象)된다는 것. 게다가 그럴 경우 예를 들면 사회유기체설처럼 단순히 비유로 말해지고 있는 것이 아니라, 보다 더 실체적인 의미를 지닌 것으로 생각되고 있었다는 것. 단순히 이데아로서 추상적 관념으로서가 아니라 현실에 역사적 사실로서 일본국가가 고대의 혈족사회의 구성을 그대로 보존·유지하고 있다는 식으로 주장되고 있다는 것. 그것이 특히 일본 파시즘 운동의 이데올로기에서의 커다란 특질입니다. 이같이 가족국가라는 생각, 그것으로부터 생기는 충효(忠孝) 일치의 사상은 일찍이 메이지 이후의 절대국가의 공권적 이데올로기였습니다. 아무래도 파시즘 운동의 독점물은 아닌 것입니다만, 정치운동의 슬로건으로서의 '국체'(國體)[보주4]를 강조하는 파시즘 운동에서, 그 이데올로기가 일관되면서 강하게 전면에 나서고 있다는 것은 뭐라고 해도 독일·이탈리아 등의 파시즘에서 볼 수 없는 특질이며, 그것은 일본 파시즘의 사회적인 존재양태를 규정할 만한 중요한 모멘트입니다. 구체적인 예로서는 이루 다 헤아릴 수 없을 정도로 많지만, 예컨대 일본촌치파동맹(日本村治派同盟)의 서기장 쓰다 코오조오(津田光造)는 다음과 같이 말하고 있습니다.

일본의 가족주의에는 사회의 기조(基調)가 서양 근대의 문명국가들에서 볼 수 있는 것처럼 개인의 권리 주장에 놓여 있지 않고, 실로 가족이라는 전체에 대한 봉사에 놓여져 있는 것이다. 가족은 사회에서 하나의 독립된 생명체, 혹은 생활체로서 그 자신 하나의 완전 세포이다. 개인은 그 완전 세포의 일부분 혹은 한 요소에 다름아니다……. 이런 가족주의의 연장·확대가 곧 우리들의 국가주의가 아니면 안된다. 무릇 우리들의 국가주의는 이런 가족의 민족적 결합체에 다름아니기 때문이다. 이런 민족결합체로서의 국가의 원수, 그 가장, 그 중심, 그 총대표는 곧 천황이다(『日本ファッショの現勢』).

촌치파동맹은 본래 뒤에서 말하는 바와 같은 향토적·농본적 색채가 짙으므로 특히 가족주의를 강조하는 이유도 있습니다만, 그러나 다른 한편으로 가장 중앙집권적 색채가 강하고 또 가장 유럽적 국가주의의 냄새가 나는 키타 잇키의 『일본개조법안』(日本改造法案)에서도 역시 일본은 "유기적이고 분리할 수 없는 하나의 대가족"이라는 것을 말하고 있어서, 그 점은 일본 파시즘의 전체에 공통되고 있습니다. 역시 나치에도 이와 비슷한 관념이 있습니다. 민족공동체(Volksgemeinschaft)라는 관념인데, 그것은 가족 원리의 단순한 연장이라고는 결코 생각할 수 없습니다. 피와 땅(Blut

und Boden)이라는 것도 어디까지나 가족적 관념이 아니며, 분명히 공적
·정치적 관념입니다. 따라서 지도자로서의 히틀러도 가장이나 족장은 아
니며 역시 공(公, public)의, 공적인(öffentlich) 지도자(Führer)로서
생각되고 있습니다. 이런 식으로 가족주의가 특히 강조되고 있다는 것은
뭐라고 해도 일본 파시즘 이데올로기의 한 특질이라고 하지 않으면 안됩니
다. 일본의 파시즘이 '아래로부터의' 운동으로서는 결국 성공하지 못했던
것도 이런 측면과 관계가 있는 것입니다. 이 점에 대해 좀더 말씀드리고 싶
지만, 아직 여러 가지 말씀드리고 싶은 것들이 많으므로 생략하기로 하겠
습니다.

다음으로 일본 파시즘 이데올로기의 특질로서 농본주의적 사상이 대단한
우위를 차지하고 있다는 점을 들 수 있습니다. 그 때문에 본래 파시즘에 내
재되어 있는 경향인 국가권력 강화와 중앙집권적인 국가권력에 의해 산업
·문화·사상 등 모든 면에서 강력한 통제를 가하게 되는 그러한 것들이,
거꾸로 지방 농촌의 자치에 주안점을 두어 도시의 공업적 생산력의 신장을
억누르려는 움직임에 의해 저지당하는 결과가 되어버리는데 이것이 하나의
커다란 특색입니다. 예를 들면 오오카와 슈메이——우익에서도 가장 서구
적인 교양이 농후한, 이른바 버터 냄새가 나는 사람이지만——가 키타 잇키
와 결별한 후에 조직한 행지사(行地社)의 강령 중에도, "외국을 숭배하는
병에서 생긴 모방 가운데 하나인 상공업 본위의 자본주의적 경제정책을 배
격하고 농본주의의 산업입국책을 세우는 것은 지극히 당연한 일"이라 했으
며, "중앙집권에서 지방분권으로, 의회중심에서 자치본위로, 도시편중에서
농촌진흥으로"를 주장하고 있습니다.

한편에서는 점점 더 천황을 중심으로 한 절대주의적 국가권력을 강화시
키고, 국권적인 것을 강화해가려는 움직임과 동시에, 다른 한편으로는 일
본이라는 관념의 중심을 국가가 아니라 향토적인 것에 두려는 경향이 강하
게 내재되어 있습니다. 이 점은 우익에서 다시 둘로 나뉘고 있습니다. 오히
려 고도의 공업적 발전을 긍정하고 거기에 국가적 통제를 가하려고 하는

사고방식과 그것을 정면에서 부정하고 농촌에 중심을 두려고 하는 순(純)농본주의적 사고방식을 가진 일파가 그것입니다. 그리고 많은 우익에게는 이 양자가 서로 혼재되어 있는 것입니다. 그중에서 가장 순수하게 향토적인 것을 대표하는 사람은 아마도 5·15사건으로 일약 각광을 받았으며, 1932~33년 무렵의 농촌자구운동의 사상적 배경을 이룬 콘도오 세이쿄오(權藤成卿)일 것입니다. 그의 『자치민범』(自治民範), 『농촌자구론』(農村自救論)에 나타난 생각은 철저한 향토주의로서, 심지어 반(反)국가주의의 태도조차 보여주고 있습니다.

무릇 국가의 통치에는 예로부터 두 종류의 방침이 있다. 그 하나는 생활의 자치에 맡겨두고 왕은 그저 의범(儀範)을 보임으로써 좋은 감화를 미치는 데 머무는 것이다. 다른 하나는 모든 것을 왕 스스로 맡아서 총괄하며 모든 것을 처리하는 것이다. 전자를 자치주의라 이름붙일 수 있다면, 후자는 국가주의라 이름붙일 수 있을 것이다. 우리 일본의 건국의 주지(主旨)는 오로지 전자의 주의에 의한 것으로 동양 고대의 성현들의 이상은 모두 여기에 있었다(『自治民範』後編 第2講).

국가주의란 무엇인가? 그것은 국가라는 하나의 집단 범위의 지역을 긋고, 다른 경제적 내지 군사적 침해를 방어하고, 또는 그 집단지역에서의 경제·군사의 힘으로 다른 지역을 제어하는 데 목적을 두는 것이다. 따라서 국가라는 집단의 권위를 빛내기 위해서는 민중을 흙과 나무로 삼고 공비제조기계(公費制造機械)로 삼아, 그 모든 조직을 통치상의 편리에 두고 질서 규정 하에 민중을 주조(鑄造)한다는 취지로써, 그 지배자는 절대적인 권위를 장악하고 모든 관공리들을 특수 지위에 두고, 희생심을 최고의 도덕으로 삼아 모든 사상의 발현을 막아야 할 필요가 생긴다. 상세하게 그 사리를 탐구해 들어가면 이른바 국가주의라는 것과 자치주의라는 것은 완전히 성격을 달리하고 있다(위와 같음).

메이지 이래의 그같은 중앙집권적 국가주의에 희생이 되었던 농촌이 이제 불황과 침체의 밑바닥에서 허덕이고 있습니다.

이런 불안·위구(危懼)의 현상 가운데서, 한층 더 불안과 위구가 심한 곳이 바로 농촌이다. 일본에서 농촌은 나라의 기초이며, 습속의 근원이다. 현재 우리 농민은 총인구의 과반을 차지하고 있으며, 또 전체 국토의 대부분은 그들의 손에 의해 이용되고 있으며, 국민의 주식(主食)은 물론, 공업원료와 상업물자의 대부분 역시 농민들의 힘에 의해 산출되고 있다. 그런데 토오쿄오시를 비롯해 지방도시의 확장은, 농촌과의 균형을 파괴하고 크고 높은 건물들이 점차로 멋있고 근사함을 보여주게 되었지만, 상공업의 쇠퇴와 더불어 도처에서 수지가 맞지 않아서, 온갖 어려움 속에 있는 것은 대체 무슨 조짐일까. 우리가 오늘날 지방자치의 정황으로부터 정당정치의 추이와 문무관의 기강 등을 살펴보고 자세히 과거를 돌이켜보면, 저 프러시아식 국가주의를 기초로 하고 있는 관치(官治)제도의 폐쇄성이 이런 변형 현상을 만들어냈다는 것을 분명하게 알 수 있다 (『農村自救論』).

조금 상세하게 인용해본 것은, 여기서 향토적 농본주의의 입장에 선 반(反)관적, 반도시적, 반대공업적 경향을 가장 선명하게 대변하고 있기 때문입니다.[보주5] 이에 대해서 콘도오 세이쿄오가 내세우는 이상국가는 프러시아적 국가주의와 반대로 향토를 기초로 한, 아래로부터의 계서적인 국가 구조입니다. 그렇기 때문에 그는 '국'(國, nation)이라는 관념에 대해서 '사직'(社稷)이라는 관념을 대립시키고 있는 것입니다. 거기서는 일종의 '농본무정부주의'적 색채조차 느낄 수 있습니다. 예컨대 "세계가 모두 일본의 판도 하에 들어오게 되면, 일본이라는 국가라는 관념은 불필요한 것으로 될 것이다. 그렇지만 사직이라는 관념은 제거할 수가 없다. 국가란 하나의 나라(國)가 다른 나라와 더불어 있을 경우에 사용되는 말이다. 세계 지도의 색깔을 구분하는 것이다. 사직이란 사람들의 공존의 필요에 부응하며, 먼저 향읍(鄕邑)의 집단이 되고, 군(郡)이 되고 도시가 되어, 한 나라를 구성하게 되고, ……각 나라들이 모두 그 국경을 철거한다 하더라도, 인류로서 존재하는 한 사직의 관념은 줄어들거나 없어지지 않는 것이다"(『自治民範』, 위와 같음).

이것은 가장 순수한 농본주의입니다만, 이 정도는 아니라 하더라도 반도시적, 반공업적, 반중앙집권적 경향은 일본의 파시즘에 많건 적건 간에 내재되어 있습니다. 아니 그것은 메이지 이래의 일본주의 내지 국권주의운동의 일관된 전통이라고 할 수 있을 것입니다. 이미 일본에서의 최초의 국수주의운동이라 할 수 있는 1887년 초반의 미야케 세쯔레이(三宅雪嶺) · 시가 쥬우코오(志賀重昻) 등의 일본주의에서도 완전히 같은 생각이 나타나고 있습니다. 예컨대 시가 쥬우코오는 1888년 그들의 기관지 『일본인』(日本人)에서 쿠로다(黑田) 수상에게 보내는 글 속에서 다음과 같이 말하고 있습니다.

귀하의 시정 방침에 관해서 바라고 싶은 것은 다른 것이 아닙니다. 말씀드리자면 장차 일본의 국시(國是)를 『국수보존지의』(國粹保存旨義)로 선정해달라는 것입니다……. 생각건대 이런 것들은 귀하 역시 본래부터 알고 있는 것이지만, 다만 제가 바라는 것은 관직 중 휴가나 공직을 물러나신 후, 귀하가 사냥개를 데리고 산과 들에서 사냥하거나 하는 일이 있으면, 하스다(蓮田) 혹은 코가(古河) 정거장에서 내려, 지방 인민들의 참상을 한 번 봐달라는 것입니다. 귀하의 감상은 그곳에 이르러 과연 어떠할는지요. 일본 전국의 재정 능력은 모두 토오쿄오에 모여들어 토오쿄오는 점점 더 번화하게 되고 지방은 점점 궁핍해지고 있어서 토오쿄오의 일본이지 일본의 토오쿄오가 아닙니다……. 그러는 동안에 우쯔노미야 후쿠시마(宇都宮福島) 등 현청(縣廳) 관아가 있는 곳에 이르게 되면, 역시 그것을 작은 토오쿄오로 삼아 그 현 혹은 주(州) 내의 재정 능력은 모두 그곳으로 모여드는 것이나 다름없으며, ……그러므로 일본국은 실로 하나의 큰 토오쿄오와 수십 개의 작은 토오쿄오로 겨우 성립되는데, 이 것을 없애버리면 또 일본이 아니게 됩니다……. 불행하게도 토오쿄오의 화려함은 지방의 쇠퇴와 정비례하는 것으로 되어 있습니다. 지방 전반의 백성들의 부가 쌓여야 국가가 비로소 부유해지고, 국가가 부유해야 군사력이 비로소 강해지는 것인데, 지방 백성들의 힘이 지극히 궁핍해지는데 그러고서도 국가가 부유할 것을 기대하고, 국가의 부가 보잘것없는데 군사력이 강하기를 바라는 것과 같은 것은, 그야말로 꽃과 열매 그리고 본(本)과 말(末)을 뒤집어놓은 것이라 해야 할 것입니다.

이렇게 해서 그들은 중앙과 지방의 발전의 불균형을 비판하고, 한바쯔(藩閥) 정부의 프러시아적 국가주의에 반대하며, 농촌진흥과 민주함양을 주창했던 것입니다. 그들이 배격하는 '서구화주의'(Europeanization)의 실체적 내용은 바로 국가권력에 의한 위로부터의 급격한 자본주의화에 있었던 것이며, 논지가 구구절절 콘도오의 주장과 서로 상응하고 있다는 점에 주의해야 할 것입니다. 일본자본주의의 발전이 시종일관 농업부문의 희생 하에 이루어졌으며, 또 국권과 결부된 특혜 자본을 추축으로 하여 신장되어왔기 때문에, 공업의 발전도 현저하게 파행적인 것으로 되었습니다. 그 때문에 메이지 이후 그런 급격한 중앙의 발전에 뒤떨어진 지방적 이해를 대표한 사상이 끊임없이 위로부터의 근대화에 대한 반발로서 나오게 되었습니다. 그런데 그런 전통이 파시즘 사상에도 흘러들어가고 있었다는 것은 매우 중요한 점입니다. 이 점을 러시아에서의 나로드니키 사상과 비교해보면 매우 흥미롭다고 생각합니다. 물론 이같은 농본주의적 경향은 우익 가운데서도 다양한 뉘앙스가 있습니다. 가장 그런 색채가 옅으며, 가장 중앙집권적인 국가통제를 철저하게 밀고나간 것은 아마도 키타 잇키의 『일본개조법안』(日本改造法案)일 것입니다. 그것은 순수하게 중앙집권적이며, 강대한 천황의 권력을 중심으로 하여 정치경제기구의 강력한 변혁을 주장

하고 있습니다. 그 내용은 하나하나 말씀드리지 않겠습니다만, 천황 대권
(大權)을 발동해서 일시적으로 헌법을 정지시키고, 의회를 해산하고, 국가
개조 내각 하에서 쿠데타를 단행, 개인의 사유재산의 한도를 백만 엔으로
하고 그 초과액을 국가에 몰수하고, 토지소유도 시가(時價) 십만 엔을 한
도로 하여, 자본금 천만 엔 이상의 기업을 국유화하고, 그것을 은행성, 항
해성, 광업성, 농업성, 공업성, 상업성, 철도성 등의 소관(所管) 하에 경영
하게 한다는 것입니다. 그것은 무엇보다도 중앙집권적인 국가사회주의적인
색채가 짙은 것입니다만, 이런 것은 우익사상 중에서는 오히려 예외라고
해도 좋을 것입니다. 콘도오 세이쿄오와 더불어 5·15사건의 유력한 사상
적 배경을 이루고 있는 타찌바나 코오사부로오(橘孝三郎)의 사상을 보더라
도, 『일본애국혁신본의』(日本愛國革新本義)에서 이렇게 말하고 있습니다.

　　모두 다 알고 있듯이 지금 세상에는 속되게 말하면 무엇이든지 토오쿄
오의 세상인 것이다. 그런 토오쿄오는 나의 눈에는 불행하게도 세계적
런던의 분점과 같은 것으로밖에 비치지 않는다. 어쨌거나 토오쿄오가 저
렇게 이상하게 비대해짐에 따라, 그러면 그럴수록, 농촌 쪽은 짜부라진
다는 사실은 아무리 해도 부정할 수 없는 사실이다. 그리고 지금만큼 농
민들이 무시당하고 농촌의 가치가 망각된 적도 없을 것이다.

거기에 역시 콘도오와 공통된 격렬한 반중앙적, 반도시적인 심정이 흐르
고 있습니다. 타찌바나는 흙과 연결되어 있는 생활을 다음과 같이 찬미하
고 있습니다.

　　머리에 찬란한 태양을 이고 발이 대지를 떠나지 않는 한 인간 세상은
영원하다. 인간들이 동지와 동포로서 서로 감싸안고 있는 한 인간 세상
은 평화롭다…… . 그러면 흙의 근로생활이야말로 인생 최초의 근거지가
아니고 무엇이겠는가…… . 사실상 '흙을 망치게 하는 모든 것은 다 망한

다'……. 실로 농업을 근본으로 삼아 국가는 비로소 영원할 수 있는 것인데, 일본에서 그처럼 중대한 일은 특히 그러지 않을 수 없는 것이다. 일본은 과거와 현재 또는 미래를 막론하고, 흙을 떠나서는 일본일 수 없는 것이다(『日本愛國革新本義』).

일종의 톨스토이주의와 비슷한 전원(田園) 찬미를 보여주고 있습니다. 물론 타찌바나의 입장은 콘도오만큼 철저한 반(反)도시, 반상공업주의는 아니며, 다른 한편으로는 기계적인 대공업을 인정하고 있습니다.

나는 결코 기계적 대공업 또는 대상업을 무시하라고 하는 것은 아니다. 요는 다만 기계적 대산업으로 하여금, 후생경제원칙 위에서 국민공동자치사회적 신일본건설이라는 큰 목적을 위해서 통제하고 관리하라고 말하는 것이다. 그와 동시에 기계적 대산업을 기계적으로 연장·확대하고 함부로 그 생산능력을 세계적인 것으로 만듦으로써, 곧바로 우리들이 기대하는 것과 같은 새로운 사회를 만들고, 새로운 문화를 일으키고, 그리고 세계사적 대전환(大回轉)을 꿈꾸는 것과 같은 위험천만한 생각이 가장 심한 경우로 떨어지는 그런 일을 해서는 안된다고 주장하는 것일 뿐이다(위와 같음).

여기서 마지막 구절은 마르크스주의적 사회주의를 말하고 있는 것입니다. 이에 대해서 타찌바나가 주장하는 이상사회는 '왕도(王道)적 국민협동자치조직'이며, 어디까지나 지방분권을 기초로 한 공동체 국민조직이라는 것에 의해 산업을 통제하려고 하는 것으로서, 이른바 키타 잇키형과 콘도오 세이쿄오형의 절충이라 할 수 있을 것입니다. 이런 절충적인 태도가 파시즘에 공통되어 있다는 점에서, 이 점이 파시즘의 주장을 매우 비논리적이고 공상적인 것으로 만들고 있는 것입니다.

예를 들면 '대일본생산당'의 건설 강령을 보면 이렇게 씌어져 있습니다.

사회주의적 개조방침이라는 것은 자본주의적 중앙집권조직을 부정함
으로써 사회주의적 중앙집권조직을 수립하려고 한다. 그것이 자본주의
위에 서 있는가, 사회주의 위에 서 있는가의 차이는 있지만, 그 내용이
중앙집권이라는 점에는 변함이 없다. 이런 의미에서 대일본생산당의 정
책을 꿰뚫고 있는 건설의 대방향은 자치주의의 철저함에 있다고 믿는다.
자치주의라고 해도 결코 국가중앙기관의 완전한 무력화를 의미하는 것
은 아니다. 국가통제를 중요시하면서도 통제를 위한 강대한 중앙집권의
형태를 취하지 않는 것이다. 자치주의의 묘미(?-마루야마)는 실로 여
기에 있다……. 그리고 대일본생산당은 무정부주의적 자유주의 경제제
도에 대해서는 단호하게 부인하는 태도를 보여주고 있다……. 따라서 대
일본생산당은 자치주의를 채용하는 한편 동시에 그것과는 전혀 모순되
지 않는 정도의 국가통제주의를 채용한다(『改造戰線』第8號).

알 것 같기도 하고 모를 것 같기도 한 설명입니다만, 이런 모습이 일본
파시즘의 표준형일 것이라 생각합니다. 왜냐하면 세계적으로 파시즘이 공
통되게 가지고 있는 경향이라 할 수 있는 강력한 권력의 집중과 국가통제
의 강화를 향한 지향이, 일본의 경우에는 농본이데올로기에 의해 굴절되었
기 때문에 그런 복잡한 모습을 드러내게 된 것입니다. 그러나 그런 농본이
데올로기의 일본 파시즘에서의 우월적 지위는 결코 단순히 파시스트의 관
념적인 로맨티시즘에 머무는 것이 아니라 그야말로 절실한 사회적 기반을
가지고 있었다는 점을 잊어서는 안될 것입니다.

일본의 파시즘 운동이 앞에서 말씀드린 것처럼 1930, 31년 무렵부터 급
속하게 격화되었던 가장 중요한 사회적 요인은, 1929년에 시작된 세계공
황이 일본에서는 특히 농업공황으로서 최대의 맹위를 떨친 데에 있습니다.
일본 자본주의를 덮친 공황이 구조적으로 가장 약한 농업부문의 최대의 중
압이 되어 나타난 것은 당연한 일입니다. 1930년에는 이른바 풍작 기근으
로, 10월의 정기미(定期米) 시세는 16엔대까지 하락했으며, 생사(生絲)는

같은 해 6월에 670엔이라는 1897년 이래 가장 싼 가격을 보이게 되었습니다. 동북(東北)지방 농민들의 말로 표현할 수 없는 궁핍한 모습이 매일신문 지상에 보도된 것은 아직도 우리의 기억에 생생하게 남아 있습니다. 파시즘 운동의 급진화, 1931년 이후 잇달아 일어난 우익테러리즘이 바로 이러한 농촌의 궁핍을 직접적인 배경으로 하고 있다는 것은 새삼스레 말할 것까지도 없습니다.

예를 들면 그 선구를 이룬 혈맹단의 코누마 타다시(小沼正)도, 이노우에(井上) 장상(藏相)을 암살한 직후, 담당관의 취조에 대해서 "농촌의 궁핍을 차마 볼 수 없었다, 그것은 전(前) 장상이 한 방식이 나빴기 때문이다"라고 진술하고 있습니다(『東朝』, 1932년 2월 10일). 5·15사건의 논고 중에 피고의 사상을 말한 부분에도 "지배계급에 속하는 현재의 정당, 재벌 및 일부 특권계급은 모두 부패하고 타락하여 서로 결탁하여 사리사욕·당리당략에 몰두하며, 국방을 경시하고, 국정을 문란하게 했다. 그 때문에 국가의 위엄을 실추시키고, 안으로는 국민정신의 퇴폐, 농촌의 피폐, 중소상공업자의 궁핍을 초래하게 되었다"고 했습니다. 그리고 국내문제로서는 맨 먼저 농촌의 피폐를 들고 있습니다. 특히 그것이 육군의 이른바 청년장교를 급진화시킨 직접적인 동기였다는 것은, 그들에게 중소지주 내지 자작농 출신이 많았다는 것, 그리고 군대의 정예라고 생각할 수 있는 자들이 농민 특히 동북(東北)지방 농민들이었다는 점에서 쉽게 이해할 수 있는 것입니다. 5·15사건의 육군측 피고 고토오 아키노리(後藤映範)는 공판정에서 다음과 같이 말하고 있습니다.

농촌의 피폐는 지각이 있는 사람들의 마음을 아프게 만드는 씨앗이며, 어촌 역시 그러하며 중소상공업자들 역시 그러하다……. 군대 중에서도 농촌 출신은 소질이 좋으며, 동북 농촌 출신은 황군(皇軍)의 모범이다. 출정 병사들이 생사의 기로에 서 있으면서, 그 가족이 배고픔에 울 것을 걱정해야 하는 것은 정말 위험한 일이다……. 재벌은 거대한 부를 움켜쥐고 있으면서 동북의 가난한 사람들을 얕보고 사욕을 마음대로 채우고 있다. 한편 동북의 가난한 사람들의 나이어린 소학교 학생들은 아침도 먹지 못하고 학교에 가고 집에서는 썩은 감자를 갈아서 먹고 있는 그처럼 가난한 상황이다. 이를 하루라도 더 방치해두면 하루 더 군대를 위험에 두는 것이라 생각했다.

이는 급진파시즘의 사회적 기반을 여실히 보여주고 있습니다. 실로 토쿠토미 소호오(德富蘇峰)가 적절하게 말했듯이 "농촌은 육군의 선거구"였던 셈이며, 농촌의 궁핍이 정치적 진출에 대한 중대한 충동을 육군에게 안겨주었던 것입니다.

그런데 일본의 파시즘에서 그처럼 농본이데올로기가 매우 우세했다는 것──이것은 다른 한편에서 파시즘의 현실적인 측면으로서의 군수생산력의 확충, 군수공업을 중심으로 하는 국민경제의 재편성이라는 현실의 요청과 분명히 서로 모순됩니다. 그래서 파시즘이 관념의 세계로부터 현실의 지반으로 내려감에 따라서 농본이데올로기는 환상(illusion)으로 변해가는 것입니다. 그것이 우익세력, 특히 군부의 이데올로기의 비극적인 운명입니다. 예를 들어 제69회 의회에서 무라마쯔 히사요시(村松久義) 의원은 이런 질문을 던지고 있습니다.

넓은 의미의 국방의 필요에서 이를 관찰하건대, 농촌 문제가 급히 해결되어야 한다는 것은 말할 것까지도 없습니다……. 우리는 비상시국에 대응하기 위한 군사비의 팽창은 본래 그 필요한 한도 내에서 그것을 인정하는 데 그다지 인색하지 않았으며, 또 우리가 항상 협찬을 해온 바이지만, 문제는 그 결과에 있는 것입니다. 이렇게 말하는 것은 군수품의 성격으로 보아 중공업에 의존해야 하는 부분이 크기 때문에, 경비는 주로 상공업 방면으로 흘러나가 군수공업을 번창하게 하며 나아가서는 경기를 파행적으로 만들게 됨으로써 부와 자본의 대도시, 거대 상공업자 편재(偏在)의 원인을 형성하게 되었습니다. 앞으로 점점 더 국방비 증가가 예상되고 있는 오늘날, 군수비가 부의 도시집중을 가져다준다는 사실을 인식하고 나서 그것을 바로잡기 위한 수단을 강구하지 않으면 군사비의 팽창은 점점 더 농촌을 피폐하게 만들고 넓은 의미의 국방을 취약하게 만들 수 있는 모순에 빠지게 될 것으로 믿습니다. 군은 먼저 이 점에 관해서 군사비가 부와 자본의 대도시, 거대 상공업자 편재를 조장하고 있다는 사실을 인식하고 있는지 아닌지, 만약 그것을 인식하고 있다면 그것을 어떻게 바로잡아 넓은 의미의 국방을 달성할 것인가에 대해서 확신 있는 답변을 해주기를 희망하는 바입니다. 운운(『의회속기록』에 의함. 이하 마찬가지).

이에 대해서 테라우찌(寺內) 육군상은 답변하여 말하기를,

농촌의 궁핍에 대해서는 넓은 의미의 국방상의 견지에서 군으로서도 많은 관심을 가지고 있습니다……. 현재로서는 군대의 소재지, 그리고 군수품의 제조공장의 소재지 등의 관계로 인해 군수비의 사용이 도시에 집중되는 경향이 있다는 것은 인정합니다만, 공업발달의 현상태에서는 역시 어쩔 수 없는 일이라고 생각하고 있습니다. 그렇지만 군으로서는 예산의 운용에서 다소의 불리함과 불편함을 무릅쓰고서 농촌의 궁핍구제, 중소공업자의 기여(寄與)에 노력하고 있습니다(강조는 마루야마).

상당히 힘든 답변을 하고 있습니다. 그러나 군부의 이같은 주관적 희망에도 불구하고, 현실은 점점 더 반대 방향으로 달려가게 되었습니다. 군수 공업의 발전에 따라서 그 부담이 점점 더 농촌으로 이전되었다는 것, 게다가 그런 우수한 장정들의 공급지인 농촌에 대한 과도한 중압은 현실의 문제로서 군으로서도 그냥 내버려둘 수 없는 문제였습니다. 그런 모순에 대한 숨기기 어려운 불안,──그것이 줄곧 토오죠오 시대까지 꼬리를 물고 이

어졌습니다. 한참 내려가서 1943년 제81회 의회의 「전시행정특례법안」 (戰時行政特例法案) 위원회에서 하네다 부시로오(羽田武嗣郎) 위원이 "군수공업에 의해 농촌의 노동력이 없어져서 황국 농촌이 위태롭게 되는 것은 아닌가" 하는 질문을 했습니다. 이에 대해 토오죠오 수상은 다음과 같이 답변하고 있습니다.

저는 이 점에 대해 실로 고민하고 있습니다만, 한편으로는 어떻게 해서든지 4할의 농촌인구를 유지해가고 싶으며, 그것을 저는 국가의 기초라고 생각하고 있습니다. 농업 본위에 입각하고 있지만——그러나 다른 한편으로는 특히 전쟁을 중심으로 하여 공업이 신장되어갑니다……. 이런 조화에 대해서는 실로 곤혹스럽습니다만, 곤혹스럽더라도 나는 농촌 인구의 4할 확보라는 것을 견지해가고 싶습니다……. 그러나 생산을 올리지 않으면 안됩니다. 이런 조화를 점차적으로 이루어 나갈 것입니다. 더구나 거기에는 한결같이 일본적으로 가족제도를 파괴하지 않도록, 그리고 양쪽의 조화를 적절하게 취해가는 것이 필요하다고 생각하고 있습니다. 그러면 이상(理想)대로 해나가고 있는가 하면 그렇다고 할 수는 없습니다. 그것은 급속히 생산확충을 해야 할 필요가 있어서 큰 공장을 여기저기에 세우고, 따라서 거기에는 전문적으로 종업원이라는 사람들이 농업에서 벗어나 그쪽으로 들어가지 않으면 안되게 되었기 때문입니다. 그래서 바람직한 방향으로 가지 못하고 있지만 점차로 일본적으로 적절히 조화를 이루어가는 방법이 없다고는 생각하지 않습니다. 저는 그런 방법이 있다고 생각합니다(위와 같음).

이런 고심참담한 답변 가운데 일본 자본주의의 구조적 특질과 생산력 확충의 절대적 요청의 모순, 일본적 가족제도의 지반으로서의 농촌을 일찍이 그런 예가 없던 총력전의 성난파도 속에서 지켜나가려고 하는 지배층의 고뇌와 심사숙고가 집중적으로 표현되어 있습니다. 이 문제는 당연히 일본의 농업경영방식, 농업생산력 문제가 서로 얽히게 되는 것인데, 중요한 것은 농본이데올로기가 역사의 무자비한 진전과 더불어 적극적인 의미에서는 환상(illusion)이 되고, 현실과 점점 더 유리되어감과 동시에 다른 한편 소극적으로는 공업노동자들에 대한 후생시설에 대한 배려를 끊임없이 체크한다는 역할을 하게 된 것입니다. 이것은 매우 중요한 점이며, 바로 이 점이 일본과 나치스 독일의 파시즘 사이의 결정적인 차이라고 생각할 수도 있을 것입니다.

물론 나치스도 '피와 땅'(Blut und Boden)이라는 말이 말해주듯이 농민을 매우 중시했으며, 세습농지법 등에 의해서 토지에 농민들을 고착시키려 했습니다. 그러나 뭐니뭐니해도 나치스는 그 이름이 말해주듯이 노동자당(Arbeiterpartei)이며, 나치스가 가장 정력을 쏟았던 것은 노동자 계급을 어떻게 해서든 사민당과 공산당 세력의 영향으로부터 떼어내어 그들을 어떻게 나치스화하는가 하는 것에 있었던 것입니다. 그런 의미에서는 농민들 쪽은 이른바 본래적으로 나치스 운동의 일익을 형성하고 있었습니다. 그러나 노동자를 나치화시키는 것은 매우 어려웠으며, 나치스에서는 그런 노동자들을 주지하듯이 노동전선(Arbeitsfront)으로 조직해서 이른바 즐거움을 통한 힘(Kraft durch Freude)과 같은 회유정책에 의해서 나치즘의 담당자로 만들기 위해 무엇보다도 노력했으며, 또 고심했던 것입니다.

그런데 일본의 파시즘 이데올로기에서는 노동자는 시종일관 소공업자나 농민들에 비해서 경시되고 있었던 것입니다. 비교적 '아래로부터의' 급진 파시즘 운동에서 이미 그러했습니다. 위에서 인용했던 5·15사건의 논고에서도 "농민의 피폐, 중소상공업자들의 궁핍"만을 말하고 노동자 계급에 대해서는 언급하지 않았습니다. 제2기에서의 군부 이데올로기를 전형적으로 표현해주고 있는 팸플릿 『국방의 본래 의의와 그것의 강화를 제창함』(國防の本義とその强化の提唱, 1934년 10월)——예의 "싸움은 창조의 아버지, 문화의 어머니이다"라는 명문구로 시작되며, 의회에 크게 문제가 되

었던 팸플릿입니다만——을 보더라도 "국민생활에 대해서 현재 최대의 문제
는 농·산·어촌을 구제하는 것이다"라고 하고, '도시와 농촌의 대립'이라는
도식으로 문제를 내놓고 있습니다. 물론 이들 문서의 작성자가 고의로 공
업노동자들을 언급하지 않았던 것은 아닐 것입니다. 국민생활의 궁핍을 말
할 경우에는 당연히 노동자 계급도 포함시켜서 생각하고 있었음에 틀림없
습니다만, 모두 한결같이 농민과 중소상공업자들만을 말하고 있는 점에 그
들의 의식 속에 프롤레타리아트가 차지하고 있는 비중의 낮음을 엿볼 수
있는 것입니다.

　2·26의 지도자 무라나카 코오지(村中孝次)의 수기에 "쇼오와(昭和)유
신도 병졸과 농민과 노동자의 힘으로써 군벌 관료를 분쇄하지 않으면 이루
어지지 않는 것이라는 점을 깨닫지 않으면 안된다"(『無題錄』)고 한 것은,
변혁의 주체에 구체적으로 언급하고 있는 보기드문 예인데, 거기서조차 노
동자는 최하위에 자리하고 있습니다. 파시즘의 관념의 세계에서 이미 그러
합니다. 그러니 현실의 정치체제에서는 그런 경향이 훨씬 더 노골적으로
드러나고 있습니다. 전시중에 노동자의 후생시설이, 예를 들면 나치스에
비해서조차 비교도 안될 정도로 빈약했다는 것은 알고 계시는 그대로입니
다. 게다가 중요한 것은 공업노동자의 평가, 정신적·육체적 방면에서의
향상의 가능성이라는 것에 관해서 뿌리깊은 비관주의(pessimism)가 시
종일관 일본의 파쇼적 지도층 속에 깃들어 있었던 것입니다.

　예를 들면 앞에서 말한 전시행정특례법안위원회(제81회 의회)에서, 카
와카미 조오타로오(河上丈太郎) 위원은

　　농촌이 강한 병사들의 원천이라는 것에 반대하지 않습니다만, 공장이
　강한 병사들의 원천이 아니라고 하는 것에 그럴 만한 약점이 있다고 한
　다면, 그것은 바로잡지 않으면 안됩니다……. 과거에는 농촌과 도시라는
　것은 대립적인 생각을 가지고 있었습니다만, 이것은 역시 타파하여 농촌
　도 강한 병사를 배출하고, 공장으로부터도 강한 병사가 배출될 수 있다

는 식의 정책 방안을 채택하는 것이, 나는 앞으로 필요하지 않을까 하고 생각합니다.

라고 했습니다. 이에 대해 토오죠오 수상은 긴 답변을 하고 있는데, 거기서

농촌의 강한 병사, 공장의 강한 병사, 이는 이상(理想)으로서는 그렇게 하지 않으면 안됩니다. 다만 제가 말씀드리는 것은 유감이지만 오늘날까지의 현황은 공장 쪽의 자제들이 체격으로나 다른 무엇을 보더라도 농촌의 자제에 미치지 못합니다. 이렇게 말씀드리면 화를 내실지 모르겠지만, 정신상태로 보더라도 아무래도 농촌 쪽이 더 건실합니다. 저는, 이것은 부정할 수 없다고 생각합니다. 일본의 공장 종업원이라는 것은 그만큼 현재의 상태로는 어쩔 수가 없습니다……. 요컨대 농촌도 강한 병사, 공장도 강한 병사, 이를 목표로 하여 모든 시책을 강구한다고 하는 것은 귀하께서 말씀하신 그대로입니다. 물론 그런 방식으로 나아가고 싶지만 현재 상태로서는 유감스럽게도 아주 거리가 멀다는 것 또한 사실입니다.

라고 했습니다.

이 답변에 일관되게 흐르고 있는 색조는 공업노동자에 대한 비관적인 견해입니다. 특히 농본이데올로기가 공장노동자를 적극적으로 이해하는 방향에 제동을 걸고 있다는 것도 알 수 있습니다. 그것이 나아가서는 징용공(徵用工)의 취급 방식, 즉 숙사, 급여의 놀랄 만한 정도의 열악함, 게다가 그것에 대한 무관심이 되어 나타나고 있는 것입니다. 그것은 곧 징용공의 대량적인 불량화를 가져다주었습니다. 그리고 그것을 커버하는 것은 관념적인 격려연설과 엄벌주의(嚴罰主義)의 적절한 배합이었습니다.

이 점에 관한 일본 파시즘과 독일 파시즘의 차이는 구체적으로는 일본의 '산보운동'(產報運動)과 나치스의 '즐거움을 통한 힘'(Kraft durch

Freude)의 차이로서 분명하게 나타나고 있습니다.[보주6] 물론 나치스가 노동자의 자주성이나 자발성이라는 것을 그 근본적인 생각 속에 지니고 있었다는 것은 아닙니다. 노동자들에게 휴가를 주어 일 년에 한 번씩은 자동차여행을 시켜줘 즐겁게 해주었다는 것도, 결국은 그런 즐거움을 부여해줌으로써 현실에서의 억압기구로부터 눈을 돌리게 한다는 점에 의미가 있었습니다. 그것은 어떻든 간에 노동자 계급에 대한 배려의 치밀성, 복리후생시설에서 두 파시즘에 어떠한 차이가 있었는가 하는 것은 좀처럼 비교가 안될 정도입니다. 물론 그것은 일본과 독일의 자본축적의 정도라는 것도 관련되어 있습니다만, 중요한 것은 급여를 잘 주고 싶어도 유감스럽지만 줄것이 없다는 의식이 노동자들에 대해서는 그렇게 절박하지 않았으며, 특히 징용공의 경우 등은 그런 열악한 대우가 어쩐지 당연시되고 있는 측면이있었습니다. 여기서 농본이데올로기의 하나의 반영을 볼 수 있는 것입니다. 물론 주의하지 않으면 안되는 것은 농본이데올로기가 유일한 원인은아니라는 것이며, 보다 근본적으로는 두 나라에서의 프롤레타리아트의 힘의 차이가 작용하고 있다는 점입니다. 파시즘 체제에 선행한 민주주의의강도가 파시즘 내부에서의 민주적 분식(粉飾)의 정도도 결정하는 것입니다. 나치스의 경우에는 뭐라고 해도 11월혁명의 경험이 있으며, 이미 바이마르민주주의의 세례를 거치고 있다는 점이, 일본의 경우와 결정적인 차이를 가져다주었던 것입니다.

일본 파시즘 이데올로기의 세번째 특질로서는, 이른바 대아시아주의(大亞細亞主義)에 기초한 아시아 제 민족의 해방이라는 문제가 있습니다만, 그것에 대해서는 깊이 들어가지 않기로 하겠습니다. 일본 파시즘 속에는자유민권운동 시대로부터의 과제인 아시아민족의 해방, 동아시아를 유럽의압력으로부터 해방시키려는 동향이 강하게 흘러들어가 있습니다. 게다가그것이 거의 불가피하게 일본이 유럽 제국주의에 대신하여 아시아의 헤게모니를 장악하려는 사상과 서로 얽혀버리게 된 것입니다(동아협동체론(東亞協同體論)에서 동아신질서론(東亞新秩序論)으로의 전개를 보라). 일본이 어쨌든 간에 동양에서 최초로 근대국가를 완성하고 '유럽의 동점(東漸)'을 막아낸 국가라는 역사적 지위로 인해, 일본의 대륙발전 이데올로기에는 시종일관 동아시아해방이라는 측면이 붙어다니고 있습니다. 물론 세월이 흐를수록 그런 측면은 제국주의 전쟁의 단순한 분식(粉飾)이라는 의미를 강화해가게 됩니다. 그러나 그런 측면이 완전히 소멸되어버린 것이 아니라는 것은 현재 버마나 인도네시아에 어떤 일이 일어나고 있는가 하는 것을 주의해보면 알 수 있을 것입니다. 이것은 장래의 문제로서 곰곰히 생각해보지 않으면 안되는 점이라 생각합니다.[보주7]

4. 운동형태상의 특질

일본의 파시즘 이데올로기는 나치즘이나 이탈리아 파시즘에 비해서 대체로 이상과 같은 특징을 가지고 있는 것으로 생각됩니다. 다음으로 일본의 파시즘 운동의 운동형태에 어떠한 특질이 있는가 하는 것을 말해보려고 합니다. 먼저 생각나는 것은 일본의 파시즘이 군부 및 관료라는 기존의 국가기구 내부의 정치세력을 주요한 추진력으로 하여 진행되었다는 것, 이른바 민간의 우익세력은 그것 자체의 힘으로 신장되어간 것이 아니라 오히려 앞에서 말한 제2기에 이르러 군부 내지 관료세력과 연결되면서 비로소 일본정치의 유력한 인자가 될 수 있었다는 것입니다. 이 점은 이탈리아의 파쇼나 독일의 나치스가 물론, 각기 그 국가의 군부의 지원은 받았지만 어쨌든 간에 국가기구의 바깥으로부터, 주로 민간적인 힘의 동원에 의해서 국가기구를 점거했던 것과 현저하게 다릅니다.

그러나 그것은 나중에 일본 파시즘의 진전의 역사적 특징을 다룰 때 말씀드리기로 하고, 여기서는 이른바 급진 파시즘 운동—혈맹단에서 2·26에 이르는—의 운동형태에서 볼 수 있는 현저한 특질을 말씀드리고자 합니다. 그것은 그런 운동의 실천적 담당자가 끝가지 대중적 조직을 갖지 못하고, 또 대중을 조직화하는 데 큰 열의도 보이지 않고 오히려 소수의 '지사'(志士) 운동으로 시종일관했다는 것입니다. 일본의 파시즘 운동에 얽혀 있는 하나의 영웅주의, 즉 '지사' 의식이 그 운동의 대중화를 억제했던 것입니다.

예를 들어 타찌바나 코오사부로오는 『일본애국혁신본의』(日本愛國革新本義)에서 이렇게 말하고 있습니다.

특히 여기서 힘주어 말해 여러분들에게 진지한 감명을 주고 싶은 것은, 이같은 국민사회적 혁신은 단지 구국제민(救國濟民)의 대도(大道)를 하늘의 뜻에 따라 걸어갈 수 있는 지사 그룹에 의해서만 개척될 수 있다는 중대한 일입니다……. 그러한 중대한 일을 오로지 목숨으로써 개척하고야 마는 그런 지사는, 말할 것도 없이 어느 경우에나 그 숫자가 많을 수가 없는 것입니다. 그러나 하늘의 뜻에 따라 선발되고 하늘의 뜻을 행할 수 있는 지사가 각 층에 산재(散在)하고 있다는 것도 사실입니다.

혁신을 부르짖는 자는 먼저 몸을 국민에게 바치고 일어서지 않으면 안 됩니다. 구국제민의 대도에 단지 죽음으로써 받드는 지사 그룹만이 혁신의 국민적 대행동을 이끌어갈 수 있으며, 국민대중은 또 그같은 지사들을 따를 뿐입니다……. 그리하여 일본의 현상황에 비추어 볼 때, 무엇보다도 먼저 여러분과 같은 군인층에서 그런 지사를 찾아내는 수밖에 없는 것입니다. 그리고 거기에 호응하는 사람들은 누구보다도 농민들입니다……. 감히 여러분의 깊은 사려와 무쇠 같은 결심을 바라지 않을 수 없는 까닭입니다.

이렇게 해서 타찌바나는 그렇지 않아도 '거리의 파토스'(the pathos of distance)가 강한 군인층의 지사 의식을 부채질했던 것입니다.

그리고 그런 사고방식이 기저에 깔려 있었기 때문에 자연히 운동은 소수의 관념적 이상주의 운동으로 전개되어, 광범한 대중을 운동으로 조직화하고 동원한다는 방향을 취하지 않았습니다. 그리고 그것이 동시에 일본 파시즘 운동의 현저한 공상성(空想性)·관념성·비계획성이라는 특징과 결합되어 있었던 것입니다. 지사가 앞장서서 파괴행동을 하면 그 후에는 어떻게든 될 것이라는, 이른바 신화적인 낙관주의(optimism)가 끊임없이 급진 파시즘 운동을 지배하고 있습니다. 예를 들면 혈맹단의 중심인물인 이노우에 닛쇼오(井上日召)의 사상을, 판결이유서는

　　낡은 조직제도를 폐기하는 것은 파기, 즉 부정, 새로운 조직제도를 수립하는 것은 건설, 즉 긍정이며 게다가 파괴 없이는 건설은 있을 수 없으며, 궁극적인 부정은 즉 참된 긍정이기 때문에, 파괴가 곧 건설이며 둘이 아닌 한 덩어리이다.

라고 했습니다. 닛쇼오 스스로도 공판에서

　　나에게는 체계적으로 정리된 사상은 없다고 보는 것이 좋을 것이라 생각합니다. 나는 이치를 초월해 있으며 오로지 직감에 따라 움직이고 있습니다.

라고 해서, 파괴 후의 건설에 대한 이론을 갖는 것을 의식적으로 거부하고 있습니다.

　그리고 5·15사건은 최초의 비교적 조직적인 급진 파시즘 폭동이며, 봉기 준비에 대해서는 상당히 치밀한 계획을 세우고 있습니다. 예를 들어 해군측 제1기 계획을 보면, 먼저 제1조는 수상 관저와 마키노(牧野) 백작을 습격한 후 토오고오(東郷) 원수를 옹립하여 계엄령을 선포하고, 제2조는 공업클럽과 화족(華族)회관을 습격한 후, 콘도오 세이쿄오를 옹립하여 수상 관저에 들어가 국가개조 작업에 임한다. 제3조는 정우회(政友會), 민정

당(民政黨) 본부를 습격한 후 혈맹단원을 형무소로부터 구출한다는 식으로 비교적 상세하게 계획을 세우고 있습니다. 그러나 도대체 구체적으로 어떠한 개조를 할 것인지는 콘도오 세이쿄오를 브레인으로 한다는 것 외에는 전혀 분명하지 않습니다. 이 점 코가(古賀) 중위의 법정 진술에서는

　우리는 먼저 파괴를 생각했다. 우리는 건설의 역할을 하려고 생각하지 않았다. 다만 파괴하면 누군가가 건설의 역할을 해줄 것이라는 전망은 있었다. 따라서 지도 이론 같은 것은 알지 못하지만, 먼저 계엄령을 선포하고 군사정부를 수립하는 것을 생각했다. (중략) 1930년 12월 고(故) 후지이(藤井) 소좌와 함께 쿠마모토(熊本)에 계신 아라키(荒木) 중장을 방문했을 때, 그분은 야마토타마시이(大和魂)로 국운(國運)을 타개하지 않으면 안된다고 말씀하셨다. 그때 아라키 중장에 대해 신뢰와 존경심을 갖게 되었다. 그리고 1932년 육군 이동으로 당국의 주요한 자리, 즉 헌병사령관이나 경비사령관은 아라키 계열로 보충되었으므로, 우리가 계엄령이 선포될 만한 그런 상태로 밀고가면, 아라키 육상을 수뇌로 하는 군사정부가 수립되고 개조 단계에 들어갈 것이라 믿었다(1933년 7월 26일, 『東朝』 석간).

라고 말하고 있습니다. 역시 "우리는 그저 파괴만 하면 된다, 뒷일은 어떻게든 된다, 누군가가 건설해줄 것이다"라는 생각에서, 군사정부 수립까지의 계획이 고작이었던 것입니다.

　더구나 이 점에서 해군측 피고와 육군측 피고 사이에 견해의 차이가 있어, 육군측은 해군측의 계엄령에 의한 군사정부 수립이라는 것조차 생각지 않고 있었습니다. 예를 들면 이시제키 사카에(石關榮) 후보생은 "해군은 계엄령을 예상하고 있다고 했지만, 우리는 기꺼이 죽음을 맞이할 생각이었으므로, 해군과 같은 결말을 예상하지 못하고 있었다"라고 진술하고 있습니다. 관념성의 정도가 한층 더 심해지고 있습니다. 비슷한 특징을 신병대사

건에서도 엿볼 수 있습니다. 그것은 애국근로당의 아마노 타쯔오(天野辰夫)·마에다 토라오(前田虎雄)나 대일본생산당의 카게야마 마사하루(影山正治)·스즈키 젠이찌(鈴木善一) 등이 중심이 되고, 육군에서 야스다 테쯔노스케(安田銕之助) 중좌, 해군에서 제2항공 사령(司令) 야마구찌 사부로오(山口三郎)가 가담하여 계획된 폭동으로, 결국 미수로 끝났습니다. 그런데 그 제1차 계획이라는 것을 보게 되면, 1933년 7월 7일 오전 11시를 기해서 3,600명을 동원하고, 먼저 공중폭격 담당자(야마구찌 중좌)가 비행기 위에서 수상관저, 마키노 사택, 경시청(警視廳)에 폭탄을 투하하고, 격문을 살포하고, 지상부대의 경시청 습격과 때를 맞추어 궁성 앞에 착륙하여 지상부대에 합류한다. 지상부대는 그것을 몇 대로 나누어, 일대(一隊)는 권총, 일본도(日本刀)를 가지고 수상 관저를 습격하여 각료들 중의 생존자를 살해하고, 일대는 마찬가지로 마키노 사택을, 일대는 스즈키(鈴木) 정우회 총재 및 와카쯔키(若槻) 민정당 총재를, 일대는 일본공업구락부, 사회대중당 본부를 각각 습격하고, 일대는 시중의 총포화약점에 난입하여 무기와 탄약을 탈취하고, 주력부대는 경시청을 습격한 후에 일본권업은행을 점거하고, 거기서 농성하여 프로파간다를 벌이면서 마침내 시(市)의 모든 경찰대와 교전을 벌여 죽음을 맞이한다는 것이었습니다. 제법 머리를 쓴 계획이지만, 마지막은 역시 죽음으로 끝나게 되어 있으며 전투 과정에만 계획성이 발휘되고 있다는 점이 눈에 띕니다.

마지막으로 2·26사건, 이것은 가장 대규모에다 가장 계획적인, 일본의 폭동(Putsch)으로서 보기 드물게 조직성을 갖춘 급진 파시즘 운동입니다. 그 폭동은 논고나 판결문에 의하면 키타 잇키의 『일본개조법안』(日本改造法案)의 플랜을 실현하려고 생각했던 것 같은데, 궐기한 장교들은 하나같이 이를 부인하고 있습니다. 예를 들면 무라나카 코오지(村中孝次)는 『단심록』(丹心錄, 옥중수기)에서 "우리는 유신(維新)이란 국민의 정신혁명을 제일 중요하게 여기며, 물질적 개조를 그것 다음으로 여기는 정신주의를 견지하려 한다"는 입장에서 "우리의 동지들이 정치적 야심을 품거나 혹

은 자신의 가슴 속에 그리는 형이하의 제도·기구를 실현하고자 망상(妄想)하
여 이 거사를 일으켰겠는가"라고 했습니다. 그리고 "건설없는 파괴란 무모
하지 않은가" 하는 질문에 대해서 "무엇을 건설이라 하고 또 무엇을 파괴라
하는가……. 삿된 것을 깨부수는 것(破邪)은 곧 바른 것을 드러내는 것(顯
正)이니, 삿된 것을 깨부수는 것과 바른 것을 드러내는 것은 언제나 둘이
아니며 한 덩어리로서 사물의 안과 밖(表裏)이니, 간악한 자들을 토벌하는
것과 유신이 어찌 다른 것이겠는가"라고 하여, 앞에서 말한 이노우에 닛쇼
오와 같은 '논리'로 귀착하고 있습니다. 그리고 "진실로 대의(大義)를 밝혀
서 사람의 마음을 바르게 하면, 어찌 황도(皇道)가 흥기하지 않음을 걱정
하랴" 하는 후지타 토오고(藤田東湖)의 「회천사시」(回天史詩)의 한 구절은
많은 2·26사건 피고들에 의해서 한결같이 궐기목적으로 인용되었습니다.
그런 유신 지사(志士)의 정신과의 대조에서, 3월사건 이후의 군사정부 수
립 계획이나 국가개조 계획 내지는 나가타(永田)·토오죠오 등 통제파(統
制派)의 히틀러식·독일식 통제를 입이 닿도록 통렬하게 꾸짖고 있습니
다.[보주8]

이런 식으로 급진파쇼의 운동형태는 공상적·관념적이었습니다. 그것은
2·26사건에서 1,600명이나 되는 병력을 동원하면서, 결과적으로는 나이
든 몇 사람의 목을 치는 데 그쳤다는 점에 가장 잘 나타나고 있습니다. 이
점이 또 일본의 파시즘과 독일의 그것과의 현저한 차이를 이루고 있습니
다. 이데올로기적으로 바쿠후 말기 지사적인 쿠모이 타쯔오(雲井龍雄)류의
중세주의(Medievalism)가 강력하게 잔존하고 있던 결과 운동형태에도
그것이 나타나게 된 것입니다. 일본의 파시즘에서는, 민주주의는 정면으로
부정됩니다만, 나치스에서는 그렇지 않았습니다. 바이마르적 민주주의는
부정하지만, 민주주의 일반은 부정하지 않았습니다. 오히려 나치스의 생각
으로는 바이마르적 내지는 영미적 민주주의는 유대적 금권(金權)주의이며,
자신들 쪽이 참된 독일적 민주주의라 했던 것입니다. 물론 그러한 어투는
미야자와(宮澤) 교수의 말을 빌리면 "독재정치이론의 민주적인 치장"에 지

나지 않습니다만, 어쨌든 간에 민주주의처럼 꾸미지 않으면 안되었다는 점에 민주주의가 독일에서도 이미 그 뿌리를 국민적 기반 위에 내리고 있었다는 것을 말해주고 있습니다.

히틀러는 융커(Junker) 일부에 있던 왕정(王政)주의에 심히 반대했으며, 철저한 공화주의자였습니다. 『나의 투쟁』(Mein Kampf)에는 왕조적 애국주의와 조국과 인민을 사랑하는 애국주의를 엄격하게 구별하고, 국가권력을 국가권력이기 때문에 숭배하는 경향을 마치 개와도 같은 숭배라고 비웃고 있습니다. "국가가 인간을 위해서 있는 것이지, 인간이 국가를 위해서 있는 것은 아니다"라고 말하고 있는데, 이러한 인식은 어쨌든 부르주아 혁명을 거치지 않고서는 당연한 것으로 되지 않는 것입니다. 이것은 당연히 나치스 운동에 처음부터 현저한 대중적 성격을 부여해주었습니다. 역시 『나의 투쟁』에서 "종래의 범게르만주의는 이데올로기로서는 훌륭했음에도 불구하고 대중조직을 가지지 못했기 때문에 실패했다"고 말하고 있습니다. 이런 식으로 나치스에서는 대중을 조직화하고 그 조직의 에너지에 의해서 정치권력을 탈취했던 것인데, 일본의 '아래로부터의' 파시즘 운동은 결국 끝까지 소수 지사의 운동으로 끝났으며 몹시 관념적·공상적·무계획적이었다는 것, 그것이 일본 파시즘의 운동형태에 나타난 현저한 경향입니다. 물론 신화적 요소나 선량(選良)의 사상은 파시즘 사상에 공통되지만, 그 정도의 차이에 거의 질적인 차이가 있다고 생각합니다.

5. 사회적 담당자의 특질

그러면 이제 일본 파시즘 운동의 사회적 담당자라는 점에서는 어떤 특질을 볼 수 있는가 하는 것이 문제가 되겠습니다. 군부·관료가 파시즘의 추진력이었다는 것은 말할 것까지도 없습니다만, 여기서는 그런 좁은 의미가 아니라 보다 넓은 국민적인 측면에서 어떠한 사회계층이 파시즘의 진전에 적극적으로 공감을 나타냈는가 하는 문제입니다.

파시즘이라는 것은 어디에서나 운동으로서는 소(小)부르주아계층을 기반으로 하고 있습니다. 독일이나 이탈리아에서는 전형적인 중간층의 운동이었으며, 인텔리겐치아의 대부분도, 물론 예외는 있습니다만, 적극적인 나치즘·파시즘의 지지자였습니다. 일본에서의 파시즘 운동도 거칠게 말하면 중간층이 사회적인 담당자가 되었다고 할 수 있습니다. 그러나 그 경우에 조금 더 깊은 분석이 필요하지 않을까 하고 생각합니다. 일본의 중간계급 혹은 소시민계급이라 할 경우에 다음의 두 유형을 구별하지 않으면 안될 것입니다.

첫번째는, 예를 들면 소(小)공장주, 마을 공장의 공장장, 토건청부업자, 소매상점 주인, 대목수, 소지주 내지 자작농 상층, 학교 교원, 특히 소학교·청년학교의 교원, 동사무소의 관리나 직원, 기타 일반 하급관리, 승려, 신관(神官)과 같은 사회계층이다.

두번째 유형으로는 도시의 샐러리맨 계급, 이른바 문화인 내지 저널리스트, 기타 자유지식직업자(교수라든가 변호사) 및 학생층——학생은 매우 복잡해서 첫번째와 두번째로 양분되는데, 우선 여러분 학생들은 첫번째 유형에 속하겠지요. 우리가 파시즘 운동을 볼 경우에 이같은 두 유형을 구별하지 않으면 안됩니다.

일본의 경우 파시즘의 사회적 기반을 이루고 있는 것은 바로 전자입니다. 두번째 그룹을 본래의 인텔리겐치아라고 한다면, 첫번째 그룹은 의사(擬似)인텔리겐치아 내지 아(亞)인텔리겐치아라 부를 수도 있는데, 이른바 국민의 소리를 만드는 것은 이런 아인텔리겐치아 계급입니다. 두번째 그룹은 우리 모두가 거기에 속합니다만, 인텔리는 일본에서는 물론 명확하게 반(反)파쇼적 태도를 끝까지 관철하고 적극적으로 표명한 사람은 비교적 적으며, 대부분은 파시즘에 적응하고 추수(追隨)하기는 했지만, 다른 한편 결코 적극적인 파시즘 운동의 주장자 내지 추진자는 아니었습니다. 오히려 기분상으로는 전체적으로 파시즘 운동에 대해서 혐오의 감정을 지니며, 소극적인 저항조차 행하고 있지 않은가 하고 생각합니다.[보주9] 그것은 일본 파시즘에서 볼 수 있는 매우 현저한 특질입니다. 익찬장년당(翼贊壯年團, 翼壯) 조직도 샐러리맨층을 붙잡는 데는 끝내 성공하지 못했습니다.

전시하에서의 문화주의의 유행은 두번째 그룹 인텔리층의 파시즘에 대한 소극적 저항으로 볼 수 있습니다. 독일이나 이탈리아에서는 지식계급이 적극적으로 파시즘의 깃발을 들고 일어섰습니다. 특히 대학생이 대단히 큰 역할을 했다는 것은 여러분들이 알고 계시는 바와 같습니다만, 일본에는 과연 그런 것이 나타났었는지요, 어떻습니까. 물론 우익 운동에도 학생들이 참여하고 있습니다만, 그 학생은 교양의식이라는 점에서 오히려 첫번째 그룹에 속하는 사람이 많았습니다. (주지하듯이 일본만큼 대학생으로 불리는 자들의 실체가 최하위층에서 최고층에 이르고 있는 경우는 정말 드물지요). 그런 의미에서 인텔리적 학생층은 시종일관 파시즘 운동의 담당자가 되지 않았습니다. 그것은 그들이 다이쇼오(大正) 말기부터 쇼오와(昭和) 초기에 걸쳐서 전개된 사회운동, 마르크스주의의 선풍에 휩쓸렸던 것과는 비교도 안될 정도의 차이가 있습니다. 토오쿄오 대학에도 한때 학생협회와 같은 운동형태에서 나치스 학생운동과 매우 비슷한 것이 생겨났습니다마는, 그렇게 객관적인 정세의 도움을 받으면서도 거의 발전하지 못했으며 대부분의 학생들은 무관심 내지 냉담한 태도로 그것을 맞았던 것입니다.

이것은 한편으로는 일본의 인텔리겐치아가 교양에서 본래 유럽적인 교육을 받았고, 독일의 경우처럼 자국의 전통적 문화 속에 인텔리를 흡수하기에 충분한 그런 것을 찾을 수 없었다는 데에 원인이 있습니다. 독일의 경우에는 국수주의를 주창하는 것은 곧 바흐, 베토벤, 괴테, 실러의 전통을 자랑하는 것입니다. 그것은 동시에 인텔리겐치아의 교양 내용을 이루고 있었습니다. 일본에는 그같은 사정이 없었습니다. 그러나 일본의 인텔리의 유럽적 교양은 머릿속에서 나온 지식, 이른바 마치 화장(化粧)과도 같은 교양이므로, 몸이나 생활감정에까지 뿌리를 내리고 있지 않았습니다. 그래서 그같은 인텔리는 파시즘에 대해서 단호하게 내면적 개성을 지켜낸다는 지성의 용기가 결여되어 있었습니다. 그러나 어쨌든 유럽적 교양을 지니고 있으므로 파시즘 운동의 저조함, 문화성(文化性)의 저열함에는 도저히 동조할 수 없었습니다. 그런 육체와 정신의 분열이 본래의 인텔리가 갖는 분산성·고립성과 서로 어울려 일본의 인텔리를 어느 쪽도 아닌 무력한 존재로 몰고갔습니다.

이에 대해서 앞에서 든 첫번째 범주는 실질적으로 국민의 중견층을 형성했으며, 훨씬 더 실천적이고 행동적이었습니다. 게다가 그들은 각자 자신이 속하는 작업장, 상점, 관청, 농업회, 학교 등 지방적인 소집단에서 지도적인 지위를 차지하고 있었습니다. 일본 사회의 가부장적인 구성에 의해서, 그런 사람들이야말로 그 그룹의 구성원 ─점원, 지배인, 노동자, 직인, 막일꾼, 고용인, 소작인 등 일반 아랫사람들에 대해서 가부장적인 권위를 가지고 임했으며, 그들 본래의 '대중'(大衆)의 사상과 인격을 통제하고 있었습니다. 그런 사람들은 전체 일본의 정치·사회기구로 말한다면 분명히 피지배층에 속하고 있습니다. 생활태도도 그렇게 높지 않으며 생활양식도 자신의 '부하'와 거의 차이가 없습니다. 그럼에도 불구하고 그들의 '소우주'에서는 어김없이 소(小)천황적 권위를 가진 하나의 지배자이며, 아주 작고 귀여운 억압자들입니다. 따라서 모든 진보적 동향에 대한─대중이 사회적·정치적으로 발언권을 가지며, 그것을 위해서 스스로를 조직화하는 방향에 대한─가장 완강한 저항자는 이런 계층에서 찾을 수 있는 것입니다. 게다가 더 중요한 것은 생활양식으로 보아 그들의 예속자들과 거리적으로 접근해 있으며, 또 생활내용도 매우 가깝기 때문에 대중을 직접 장악하고 있는 것은 바로 그런 사람들입니다. 따라서 모든 국가적 통제 내지는 지배층으로부터의 이데올로기적 교화는 일단 그 계층을 통과하고 그들에 의해서 이른바 번역된 형태로 최하층의 대중에 전달되는 것이며, 결코 직접 민중들에 이르지 않습니다. 반드시 첫번째의 범주층을 매개로 하지 않으면 안 되는 것입니다.

다른 한편으로 이들 '우두머리', '주인'은 동회, 촌회, 농업회, 혹은 다양한 강좌나 집회, 청년단, 재향군인회 지회 등의 간부를 맡고 있어서, 그런 곳에서 발효하는 지방적 여론의 전달자입니다. 흄(David Hume)이라는 철학자가 "어떠한 전제정치에서도 그 기초는 사람들의 의견이다"라는 말을 하고 있는데, 확실히 어떤 전제정치에서도 피지배자의 최소한도의 자발적 협력 없이는 존재할 수가 없습니다. 그리고 군국(軍國) 일본에서 그런 피지배자의 최소한의 자발적 협력을 보증해주는 역할을 수행했던 것은 바로 이같은 첫번째 의미에서의 중간층이라 할 수 있습니다. 실제로 사회를 움직여가는 여론은 바로 그런 곳에 있는 것이지, 결코 신문의 사설이나 잡지에 실리는 논문에 있는 것이 아닙니다. 저널리즘의 논조가 일본에서는 자칫 잘못하면 국민으로부터 유리되는 것은 어째서인가 하면, 그것이 오로지 두번째 범주의 중간층에 의해서 편집되고, 따라서 그 동향이 과대평가되기 때문입니다.[보주10]

예를 들어 1935년 초의 천황기관설에 대해서 보더라도——그것은 일본 파시즘의 진전에 매우 중요한 의미를 가지며, 또 오카다(岡田) 내각의 명(命)을 재촉한 사건이기도 했는데——그 사건이 그렇게 큰 정치사회 문제가 되었던 것은 그것이 첫번째 범주의 여론이 되었기 때문입니다. 귀족원에서 그것이 문제가 된 후 커다란 사회적 파문을 불러일으킨 것은 재향군인회가 전국적으로 그것을 들고 나와 운동을 일으켰기 때문입니다. 정부는 물론이고, 군부에서도 상층부는 처음에는 그것을 단순한 학설상의 하나의 견해로 간주하는 태도를 취하고 있었습니다. 그 증거로서 그것이 귀족원 본회의에서 문제가 되었을 때 육·해군상이 한 답변을 보면, 오오스미(大角) 해군상은 "우리의 국체(國體)가 존엄해서 비길 데 없다는 것을 논의하는 것조차 황공하기 짝이 없는 일이라 생각하고 있습니다. 그러나 그것은 헌법의 학설에 관한 답변이 아니라 신념으로서 말씀드리는 것이므로 양해해주시기 바랍니다"라고 했습니다. 하야시(林) 육군상도 "미노베(美濃部) 박사의 학설은 수년에 걸쳐서 주장하고 있는 바로서, 그 학설이 군에 나쁜 영향을 미쳤다는 그런 사실은 없다"고 단언하고 있습니다. 군부도 수뇌부는 그다지 문제삼지 않았던 것입니다. 그것이 커다란 정치문제가 된 것은 정우회가 내각 타도운동으로 그 문제를 이용하여 미노다 무네키(蓑田胸喜) 등의 민간파쇼와 더불어 국체명징(國體明徵)을 떠들어댔기 때문이며, 사회적으로 파급된 것은 전국의 재향군인회의 활동이 크게 작용했습니다. 전문학자나 문화인들 사이에서는 물론이고, 관리나 사법관들 사이에서조차 오랫동안 이상하게 여기지 않고서 마치 상식처럼 되어 있던 학설이 사회적으로는 전혀 비상식적인, 있을 수 없는 사고방식으로 받아들여졌다는 것,— 이 사건만큼 인텔리층과 국민 일반의 지적인 괴리를 예리하게 드러낸 것은 없을 것이라 생각합니다.

요컨대 첫번째 범주의 중간층이 수행한 역할은 마치 군대의 하사관들이 하는 역할과 비슷하다고 생각합니다. 하사관은 실질적으로는 병사에 속하면서도, 의식으로서는 장교적인 의식을 가지고 있습니다. 그런 의식을 이용하여 병사를 통제한 부분이 일본 군대의 교묘한 점입니다. 병사와 기거를 같이하며 병사를 실제로 파악하고 있는 것은 그들이며, 장교는 '내무'생활로부터 벗어나 있습니다. 그러므로 중대장은 병사를 장악하는 데 아무래도 이런 하사관을 장악하지 않으면 안되는 것입니다. 그것과 마찬가지 현상으로서, 첫번째 범주의 중간층을 장악하지 않으면 대중을 장악할 수 없습니다. 이같은 지방의 '소우주'의 주인공을 누가, 어떠한 정치세력이 붙잡는가에 따라서 일본 정치의 방향은 결정됩니다. 그것은 과거나 현재나 마찬가지입니다.

게다가 주의해야 할 것은 첫번째 범주 중간층의 지식, 문화수준과 두번째 범주의 본래의 인텔리의 수준 사이의 심한 격절(隔絶)현상입니다. 저는 외국의 일은 잘 모릅니다만, 이렇게 커다란 격절이 있다는 것은 일본의 커다란 특색이 아닌가 생각합니다. 영국에서도, 미국에서도, 심지어 독일에서조차도 더 연속되어 있지 않은가 하고 생각합니다만, 이런 두 계층의 교양의 차이가 심하다는 것, 다른 한편으로 첫번째 범주의 중간층은 교양에서는 그들의 부하인 근로대중과의 사이에 현저한 연속성을 가지고 있다는 것, 대중의 언어와 감정과 윤리를 자신의 몸으로 알고 있다는 것, 그것이 이른바 인텔리에 비해서 그들이 심리적으로 대중을 보다 잘 파악할 수 있는 까닭입니다. 그런데 그들을 제가 의사(擬似)인텔리라든가 아(亞)인텔리로 부르는 것은 그들 자신들이 버젓이 한 사람의 인텔리로 자처한다는 것, 단편적이기는 하지만 귀로 주워들은 학문 등에 의해서 지방의 유식층이 되었으며, 특히 정치·사회·경제 전반에 걸쳐서 일단은 자신의 견해를 가지고 있다는 것이 단순한 대중들로부터 그들을 구별해주고 있기 때문입니다. 이발소나 목욕탕 또는 열차 속에서 우리는 아마도 주위의 사람들에게 인플레에 대해서 혹은 미·소문제에 대해서 한바탕 고견을 들려주는 그런 사람을 만날 수 있을 것입니다. 그런 사람이 곧 의사인텔리인데, 직업을 물어보면 대체로 앞에서 말한 첫번째 범주의 중간층에 속하고 있습니다.

이에 대해서 일본에서 두번째 범주의 중간층이 일반 사회층으로부터 지식적·문화적으로 고립된 존재라는 것은, 종합잡지라는 것의 존재, 순수문학이라는 묘한 이름이 있는 것, '이와나미(岩波) 문화'라는 것,——이들이 모두 인텔리의 폐쇄성을 기반으로 하여 발생하고 있는 것에서도 상징적으로 나타나고 있다고 생각합니다. 예를 들면 『타임』(Time)이나 『뉴스위크』(Newsweek)에는 아주 대중적인 테마와 보다 더 고급스러운 정치경제 평론과 같은 것이 모두 같은 잡지에 실리고 있는데, 그런 잡지가 어째서 일본에는 나오지 않는가. 이와나미 문화가 있는데도, 사회에서의 '하사관층'은 역시 '코오단샤(講談社) 문화'에 속하고 있다는 것, 거기에 문제가 있습니다.[보주11] 그래서 그런 계층을 적극적인 담당자로 한 일본의 파쇼 이데올로기는 독일이나 이탈리아에 비교하더라도 한층 더 저급하고 황당무계한 내용을 갖게 되는 것은 당연한 일입니다. 그것이 또 거꾸로 두번째 범주의 인텔리로 하여금 점점 더 소극적인 태도로 몰고간 이유입니다. 독일 등에서는 어쨌든 간에 일류 학자·교수가 나치의 기초 근거를 마련했는데, 일본은 어떻습니까. 물론 파쇼의 선봉을 맡았던 학자도 있었습니다만, 우선 보통의 경우 표면은 어떻든 간에 마음 속으로는 바보스럽다는 느낌 쪽이 강했던 것 같습니다. 일본의 파시즘적 통제의 말단이 극히 광신적이거나 혹은 우스꽝스럽게 된 것은 대체적으로 그런 계층을 매개로 했기 때문입니다.

예를 들면 죽창주의(竹槍主義)의 현실적인 담당자가 된 것은 그런 지방의 지도자들입니다. 군의 상층부가 죽창으로 고도의 무기와 대항할 수 있다는 것을, 아무리 군인이 무지하다고 해도 진지하게 믿고 있었을 리가 없습니다. 그 정도는 누구나 알고 있습니다. 그러한 죽창이데올로기를 강조함으로써 물질적인 힘이 부족한 것을 정신력으로 커버한다는 것인데, 수뇌부는 물론 그런 고등정책적인 의도를 가지고서 일종의 전술로서 말하고 있는 것입니다. 그런데 그런 이데올로기가 아래로 침투해서 '소우주'의 우두머리를 통과할 때에는 진짜가 되어버립니다. 그야말로 진지하게 죽창주의로 지도하는 것입니다. 방공(防空) 연습을 할 때 얼마나 어리석은 지도가 행해졌는지 우리의 기억에 아직도 새롭습니다만, 그것은 어느 정도까지 그런 중간층에서 나온 반장이나 조장이 바보처럼 행동해버린 측면도 적지 않습니다. 일본의 전쟁지도에서의 많은 넌센스는 바로 이런 데서 발생하고 있었던 것으로 생각됩니다. (관동대진재(關東大震災)[역주1] 때의 자경단(自警團)이라는 것 역시 같은 의미를 가지고 있습니다). 급진 파쇼의 폭동 관계자 내지 우익단체의 간부에 소학교 교원, 승려, 신관(神官), 작은 공장의 공장주, 소지주와 같은 계층 출신이 얼마나 많았는지는 여기서 일일이 지적하지 않겠습니다.

어쨌든 간에 이런 것이 앞에서 말한 파쇼적 이데올로기에서 노동자보다도 중소상공업자나 농민들이 중시된 것과 관련되어 있는 것입니다. 농촌에서의 지도층만이 아니라 도시의 그만그만한 보스들(small masters)도 대개 농촌 출신이며, 농촌에 어떤 연계를 가지고 있는 사람들이 많았습니다. 그러므로 농본주의는 그들의 공통된 이해라고 해도 좋을 것입니다. 그리고 또 중앙집권에 대한 '지방자치'의 요구가 바로 그런 계층의 요구와 일

─────────────

[역주1] 1923년 9월 1일 오전 11시 58분 관동지역을 습격한 대지진.

치되고 있습니다. 자치라는 것은 그들이 헤게모니를 장악하고 있는 지방적 소우주에 대한 중앙권력(관료)의 간섭 배제 요구에 다름아니었습니다. 관료주의나 거대 재벌에 대한 반감은 이같은 중간층에서 가장 치열했습니다. 그와 더불어 앞에서도 말씀드렸던 일본의 국제적 지위, 즉 일본은 국제적으로는 선진자본주의 국가의 압력을 끊임없이 느끼면서 동양사회에서는 어엿한 선진국으로 행세하고 있었다는 것, 한편으로는 학대받는 입장에 있으면서도 다른 한편으로는 학대하는 지위에 있었다는 것, 이같은 일본의 지위는 국내에서의 그 계층의 사회적 지위와 너무나도 닮아 있습니다. 그런 점에서 그들은 일본의 대륙발전에 내면적인 공감을 느꼈던 것입니다. 선진 자본주의의 압박은 그야말로 국내에서의 거대 자본의 압력과 같은 것으로 느껴졌습니다. 동아시아의 제 민족의 일본제국주의에 대한 반항은, 그들의 가게나 작업장, 기타 그들이 지배하는 집단에서의 부하나 하급자들의 반항과도 같다는 심리적 작용을 그들 마음 속에 불러일으켰습니다. 그리하여 그들은 중일전쟁과 태평양전쟁의 가장 열렬한 지지자가 되었던 것입니다.

6. 일본 파시즘의 역사적 발전

매우 길어졌습니다만, 마지막으로 일본 파시즘의 역사적 진전 방식에 어떤 특이성이 있는가 하는 문제를 한마디 하고 제 이야기를 끝내려고 생각합니다. 일본 파시즘은 독일이나 이탈리아와 같은 파시즘 '혁명'을 가지지 못했습니다. 앞에서도 말했던 것처럼 대중적 조직을 가진 파시즘 운동이 외부로부터 국가기구를 점거한다는 것과 같은 형태는 끝까지 한 번도 볼 수 없었다는 것, 오히려 군부, 관료, 정당 등 기존의 정치세력이 국가기구의 내부에서 점차 파쇼체제를 성숙시켜갔다는 것, 그것이 일본 파시즘의 발전과정에서 가장 커다란 특색입니다.

그러면 지금까지 제가 말씀드려온 민간 우익이나 급진청년 장교들의 움직임은 역사적으로 큰 의미가 없었는가 하면, 그렇게 일괄적으로 말할 수는 없습니다. 다시 말해서 아래로부터의 파쇼적 동향——급진 파쇼 운동의 경련적인 격발(激發)은 그때마다 한층 더 위로부터의 파쇼화를 촉진시키는 계기가 되었던 것입니다. 지배기구 내부에서부터 진행된 파시즘은 군부, 관료를 추축으로 하여 그러한 급진 파쇼의 사회적 에너지를 도약대로 삼아 한 걸음 한 걸음 자신의 헤게모니를 확립해갔다는 것, 그것이 중요한 점입니다.

예를 들어 만주사변이 있은 지 얼마 후 10월사건이 일어났습니다만, 그 전후에 기성 정당 내부로부터도 파쇼화——아다찌(安達) 내무상의 협력내각 운동 움직임이 현저해지고 있었습니다. 이듬해 1932년 5·15사건이 일본의 정당정치의 짧은 역사에 마침표를 찍고, 사이토오(齋藤) 내각에서 처음으로 군부·관료 정당의 연립형태가 출현했다는 것은 말할 것까지도 없습니다. 또 1933년, 신병대사건을 전후하여 군부의 정치적 발언권은 한층 더 전진했으며, 1933년 11월 큐우슈우(九州) 육군대연습이 있던 것을 기회로 고토오 후미오(後藤文夫) 농업상, 아라끼(荒木) 육군상과 참모본부의 중견장교들에 의해서 '농촌대책연합협의회'가 만들어지고, 군부가 적극적으로 농촌문제를 거론하게 되었습니다.

1934년 11월 이른바, 11월 사관학교사건에서 아이자와(相澤) 중좌(中佐)사건을 거쳐서 1936년 2·26사건까지는 일련의 연속성을 지닌 청년장교들의 혁신운동이었습니다만, 그런 사건이 일어날 때마다 당사자의 의도 여하에 관계없이 군부 상층부의 정치적 영토가 한층 더 확대되었다는 결과를 가져다준 것입니다. 특히 중요한 전기가 되었던 것은 2·26사건인데, 그것은 몇 년 동안 연속되고 있던 폭동(Putsch)의 최후의, 그리고 최대 규모의 그것입니다만, 그 이후에는 이미 청년장교들과 민간 급진 우익을 중심으로 하는 파시즘 운동은 무대에서 후퇴하고, 이른바 숙군(肅軍)의 진행과 더불어 군 내부의 '황도파'(皇道派)로 지목된 세력을 '통제파'(統制派)——라기보다는 반(反)황도파 연합[보주12]이 일거에 압도하게 됩니다. 아라키(荒木)・미자키(眞崎)・야나가와(柳川)・오바타(小畑) 등을 대신하여 우메쯔(梅津)・토오조오(東條)・스기야마(杉山)・코이소(小磯) 등이 헤게 모니를 장악합니다. 이처럼 새롭게 육군 수뇌부를 형성한 세력은 그 이후 군 내부에서는 숙군(肅軍)을 철저하게 단행하여, 급진 파시즘 세력을 탄압 함과 동시에 군의 외부에 대해서는 급진 파시즘의 위협을 미끼로 하여 군부 의 정치적 요구를 차례차례 관철시켜 나갑니다.

2·26 직후 테라우찌(寺內) 대장이 히로다(廣田) 내각에 들어갈 때에는 처음부터 조건을 달아서 자유주의적 색채를 띤 것으로 보이는 인물의 입각 을 거부했습니다. 그와 동시에 테라우찌 육군상은 취임함과 동시에 「서정 일신(庶政一新), 자유주의 배격, 전체주의 체제로」라는 노골적인 파쇼적 성명을 냈으며, 선거법을 개정하여 제한선거제로 만들고, 입법권의 행정권 지배를 부정하여 의회를 무력화하려는 정치적 요구를 제출하고 있습니다. 그리하여 위로부터의 파쇼화가 아래로부터의 파쇼를 억압하면서 급속하게 전개되어갑니다. 키타(北), 니시다(西田)나 2·26의 청년장교들은 그야말 로 '쫓던 토끼가 죽으니 사냥개가 삶기는'(兎死狗烹) 운명을 맞게 된 것입 니다.

그간의 사정은 5·15와 2·26사건의 처벌을 비교해보아도 알 수 있습 니다. 5·15사건의 군인측 피고는 모두 가벼운 형을 받았습니다. 육군측은 고토오 아키노리(後藤映範) 이하 11명은 모두 금고 4년이며, 그후 사면이 있어 1936년에는 전부 출소하였습니다. 해군측 피고는 지도적 지위를 차 지하고 있던 코가 세이시(古賀淸志)와 미가미 타쿠(三上卓)가 최고로 금고 15년, 이하 13년 1명, 10년 3명, 2년 1명, 1년 1명이며, 그들 역시 사면 으로 1940년까지는 모두 자유의 몸이 되었습니다. 그것이 백주에 집단을 만들어 한 나라의 재상을 암살하고, 수도를 암흑으로 만들려고 했던 사건 에 대한 처분입니다. 더욱이 5·15사건 직후 아라키 육군상은 담화를 발표 하고, 거기서 이들 순진한 청년들이 이같은 행동을 하게 된 그 심정에 대해서 생각해보면 눈물을 금할 수가 없습니다. 명예를 위해서라든가 사욕을 위해서라든가 혹은 매국적 행위가 아니며, 참으로 그것이 황국(皇國)을 위하는 것이 된다고 믿고서 했던 것입니다. 때문에 이 사건을 처리하는 데 단순히 소승적인 관념으로 사무적으로 처리하려 해서는 안됩니다.

라고 했습니다. 마찬가지로 오오스미(大角) 해군상도

무엇이 그들 순진한 청년들로 하여금 그런 잘못을 하게 했는지 생각할때, 숙연한 마음으로 재삼 고려해야 할 바가 있습니다.

라고 했습니다. 얼마나 군부가 전체적으로 이 사건에 동정적이었는지 알 수 있습니다.

그런데 2·26사건에서는 코오다 키요사다(香田淸貞) 이하, 주모자 17명(군인측만)은 한결같이 사형이 되었던 것입니다. 그리하여 그 사건 이전에 일어났던 아이자와 중좌의 나가타(永田) 군무국장 살해사건──이것은 전적으로 아이자와 중좌의 단독행동입니다만──도 이 사건이 있은 지 몇 개월 후의 판결에서 사형이 내려지고 있습니다. 이런 종류의 사건에 대한 군부의 사고방식이 급격하게 변했다는 것을 대략 미루어 알 수 있다고 생각합니다. 조금 여담이지만, 이런 종류의 사건에서 민간측 피고가 언제나 군인측 피고보다도 훨씬 더 중형을 받고 있다는 것도 주목해야 할 것입니다. 예를 들면 5·15사건에서도 앞에서 말한 것처럼, 군인의 최고치는 금고 15년인 데 대해 민간측의 타찌바나 코오사부로오(橘孝三郎)는 무기를 선고받고 있습니다. 2·26사건에서 실제 행동에 크게 관여했던 것으로 생각되지 않는 키타 잇키와 니시다 제이가 사형을 받고 있습니다. 어쨌든 간에 2·26사건 이후의 특별의회에서 테라우찌 육군상은 그 사건에 대해서 다음과 같이 연설하고 있습니다.

이 사건의 원인동기로서 그들의 궐기 취지서 및 그 진술 등을 종합해 보면, 국체(國體)를 현현(顯現)하여 그들의 이른바 쇼오와(昭和)유신의 수행을 기도하고 있었던 것처럼 말하고 있습니다. 저로서도 그들을 몰아서 여기에 이르게 한 국가의 현상태에 크게 시정(是正) 쇄신을 요하는 바가 많이 있다는 것은 인정할 수 있습니다. 그러나 반란행동에까지 이른 그들의 지도정신의 밑바닥에는 우리 일본의 국체와 절대로 용납할 수 없는 극히 과격한 일부 국외자가 품고 있는 국가혁신적 사상이 가로놓여 있다는 점을 간과할 수 없음은 실로 유감으로 생각하는 바입니다(강조는 마루야마).

"일부 국외자가 품고 있는 국가혁신적 사상"이란 아마도 키타 잇키의 사상을 가리키고 있는 것으로 생각됩니다만, 어쨌든 아주 분명하게 반(反)국체적인 행위라고 단정한 데에, 앞의 5·15 때와 육군 수뇌부의 생각이 얼마나 격변하고 있는지 알 수 있을 것이라 생각합니다. 더구나 2·26 이후 헤게모니를 장악한 이른바 신(新)통제파는, 일찍이 사쿠라카이(櫻會)[역주2] 시대의 혁신장교들이었는데, 그들이 헤게모니를 장악하자 이번에는 '숙군'(肅軍)을 외치면서 육군대신을 통해서 다른 군인들의 정치관여를 배격하고 급진적 동향을 억압했던 것입니다. 황도파는 대체적으로 반(反)토오쪼오적이었던 점에서 종전 직후 각광을 받게 되었습니다만, 황도파와 통제파의 투쟁은 한쪽이 절대적인 정의파이며 다른 한쪽이 음모파라는 식의 간단한 것이 아니라 다분히 개인적이고 파벌적인 항쟁이라는 색채가 짙었던 것입니다. 다만 2·26사건은 신통제파가 종래 급진적인 청년장교들을 뒷받침해주고 있던 황도파를 탄압하여 자신들의 헤게모니를 확립하는 계기를 마련해주었다는 점만은 단언할 수 있지 않을까 생각합니다.

그래서 테라우찌 육군상 등에 의하면 2·26은 반국체적인 행동이 되지

[역주2] 육군 중견장교들이 국가개조를 목적으로 하여 결성한 비밀결사.

만, 거꾸로 청년장교들에게 말해보라고 한다면 "개조법안—키타의 『일본
개조법안』(日本改造法案)을 가리킨다(마루야마)—같은 것은 실로 일본
국체에 그대로 들어맞습니다. 아니 우리 일본의 국체 그 자체를 국가조직
으로 정치경제기구로 표현한 것이 바로 『일본개조법안』입니다"(앞의 청년
장교의 유서)라는 것으로 됩니다. 그리고 그들의 견해로는 통제파 무리야
말로 입으로는 국체, 국체하면서 자신들의 정치적 이데올로기를 관철시키
기 위해서 천황의 권위를 끊임없이 이용하려고 한다는 것으로 됩니다. "폐
하께서 허락하지 않으신다면 단도를 들이대서라도 그렇게 하도록 하겠어"
와 같은 방자한 말을 서슴지 않고 내뱉고 있다고 분개하고 있습니다. 이 점
은 확실히 흥미있는 문제로서, 전반적으로 황도파 계통의 움직임은, 현실
의 행동으로 발휘된 부분을 보게 되면 병력을 동원하여 폭동을 일으키듯이
대단히 급진적이지만, 그 내실의 이데올로기는 천황절대주의—명령을 받
들어 힘써 행하는 주의(承詔必謹主義)로서 다분히 관념적입니다. 앞에서도
말한 것처럼, 폭동을 일으키기까지는 계획적이지만 그 후의 일은 생각하지
않는다는 것도 실은 이런 천황절대주의가 근저에 있어서 어떤 내용적인 것
을 계획하는 것은 대권(大權)을 함부로 추량(推量)하는 것이 된다는 생각
에서 나오고 있다는 점도 그냥 지나쳐서는 안됩니다. 그러므로 어떻게 해
서든 군주 측근의 간신들을 제거해—천황을 뒤덮고 있는 검은 구름을 걷
어치우게 되면 그 후에는 자연히 태양이 빛나게 된다는 식의 신화적인 낙
관주의로 됩니다. 여기에 비하면 통제파로 불리고 있던 사람들은 좋게 말
하면 보다 합리적이며 나쁘게 말하면 천황을 이용하여 자신들의 플랜을 위
로부터 실현해간다고 할 수 있습니다.[보주13]

그러므로 2·26 이후의 과정이라는 것은 일본 파시즘이 이른바 '합리화'
되어 급진적인 폭동이라는 형태가 아니라 지배기구 그 자체 내에서 착착
합법적으로 전진해간다는 것으로 됩니다. 급진 파시즘의 무시무시한 압력
을 교묘하게 무기로 삼아 위로부터 자신들의 지배를 강화해간 것입니다.
제70회 의회에서 하마타 쿠니마쯔(浜田國松)가 테라우찌 육군상에게 질문

하고,——그 질문이 계기가 되어 양자 사이에 이른바 '할복(割腹) 문답'이 이루어졌습니다만——"우리는 숙군(肅軍)이 진행됨에 따라서 숙정(肅正)된 군부의 정치추진력이 강하게 머리를 든다는 정치상의 폐해가……새로이 대두하게 된 것에 유감을 금할 수 없습니다"라고 한 것은, 바로 '숙군'이 지닌 역설적인 의미를 적절하게 지적하고 있는 말입니다.

그리하여 급진 파시즘의 탄압 후 얼마 되지 않아 군부와 관료, 재벌의 유착체제가 강화되어 정석 그대로 파시즘의 '완성' 형태로 나아가게 됩니다. 히로타 내각의 바바(馬場) 재정(財政)에서는 '넓은 의미의 국방'이라는 것을 주창했습니다. 당시 2·26 이후의 불온한 사회적 분위기 하에서 넓은 의미의 국방이라는 것이 주창되고, 예산도 무리를 해서 실업구제비나 농민구제비를 계상(計上)했으며, 군사비의 증대와 더불어 격심한 인플레 재정이 되어 재계의 위구심이 커지게 되었습니다. 그래서 그 뒤를 어어 금융계의 요망을 등에 업은 유우키(結城) 재정에서는 당장 군사비 하나만의 '좁은 의미의 국방'으로 역전되었으며, 바바 재정에 의해 계상된 농촌경제갱생비 등이 모조리 삭감되고 지방재정교부금도 중단되었습니다. 이때에 유우키씨가 "이제부터는 군부와 손을 잡고 나아가고 싶다"는 유명한 말을 했으며, 유착재정이라는 이름도 여기서부터 나오게 되었습니다. 이같은 정세를 반영해서 예를 들면, 1937년 3월 3일 일본경제연맹의 상임위원회에서 다음과 같은 건의가 이루어졌습니다.

최근의 내외 정세는 군사비를 중심으로 하는 국가예산의 팽창을 불가피한 상태로 만들고 있으며, 더욱이 급격한 재정팽창의 모순이 국내생산력의 부족과 그것과 관련된 물가등귀로 나타나고 있는 이상, 그 모순을 피하기 위해서는 세출을 당면한 필요불가결한 경비만으로 한정하는 이외에 달리 방법이 없습니다. 그런 의미에서 군사비 이외의 행정비 증대는 가능한 한 억제함과 동시에 앞으로 2, 3년 간은 국방비 우선 방침 하에서 예산편성을 해야 할 것입니다.

이것이 당시의 대표적인 경제계의 의견입니다. 이리하여 재계와 군부의 이해가 접근하여 독점자본과 군부의 유착체제가 완성되어갔던 것입니다. 결국 아래로부터의 파시즘 운동은 위로부터의 파쇼화 속에 흡수되어버리고 만 것입니다. 그 이후 중일전쟁의 발발에 의해 일본의 국제적 위기가 점점 더 심해지게 되면 그만큼 '거국일치'가 절대적으로 요청되기에 이릅니다. 본래적으로 국민적인 기반을 가지지 못한 관료와 스스로는 혁신의 '추진력' 이라 칭하면서도 결코 정치적 책임을 주체적으로 떠맡으려 하지 않는 군부 와, 그리고 언제나 불만을 툴툴 늘어놓을 뿐이며 이미 파쇼세력과 일전을 치를 투지를 잃어버리고 있는 정당, 삼자가 거국일치라는 이름 하에 정립 (鼎立)하여 경합하고 있습니다. 히로타 내각에서 토오죠오 내각까지는 하 야시(林)・제1차   코노에(近衛)・히라누마(平沼)・아베(阿部)・요나이(米 內)・제2차 코노에・제3차 코노에 내각으로 실로 빈번하게 내각이 바뀝 니다.

이것은 위의 삼자의 세력균형 위에 내각이 올라앉아 있기 때문에, 그것 이 움직일 때마다 바뀐 것입니다. 강력 내각이라는 것이 구호가 되면 될수 록 정치적 중심이 점점 더 없어지게 된다는 기이한 현상이 일어나게 되었 습니다. 게다가 그것은 결코 파쇼화가 정체되어 있다는 것을 의미하는 것 은 아니며, 1937년 말부터 1938년 초에 걸쳐서 노농파(勞農派), 전평(全 評), 일무(日無, 일본무산자당), 교수 그룹의 일제검거, 같은 해 메이데이 영구금지령, 국가총동원법 공포, 1939년 3월 국제노동기관으로부터의 탈 퇴, 1940년 사회대중당 이하 각 정당의 해산, 노동총동맹의 해산, 대정익 찬회(大正翼贊會)・산업보국회의 발족, 일・독・이 군사동맹의 성립 등등 본격적인 파쇼화의 중요한 초석이 이 시기에 착착 놓여지고 있다는 점을 잊어서는 안됩니다. 로마는 하루 아침에 이루어지지 않았으며, 토오죠오 독재도 결코 갑작스레 이루어진 것은 아닙니다.

그간의 과정을 구체적으로 더듬어볼 여유는 도저히 없습니다만, 특히 코 노에 신체제운동에 대해서는 한마디 덧붙여두고자 합니다. 왜냐하면 그것은 그야말로 앞에서 말한 것과 같은 정치세력의 불안정이 국민적 기반의 결여에서 초래되고 있다는 인식에서부터 출발하여 국민의 조직화에 의한 정치세력의 강화를 노린 것이기 때문입니다. 신체제운동의 동기는 아주 복잡하게 얽혀 있어서 간단하게 말할 수 없습니다만, 그러나 적어도 당초의 의도는 거기에 있었던 것입니다. 그런데 바로 그것이 절대주의적 천황제라는 바위에 부딪혀서 국체파(國體派)에 의해서 바쿠후적 존재라는 혐의를 받아, 마침내 알맹이 없는 형식적인 관료기구가 되어버렸다는 것은 아시는 바 그대로입니다. 이른바 익찬회(翼贊會)의 정예화입니다. 당시 상의하달 (上意下達), 하의상통(下意上通)이라는 것을 떠들어댔습니다만 '하의'라는 것은 일본의 국체에서는 있어야 할 것이 아니라는 비판이 일어나 하정상통 (下情上通)으로 바뀌었습니다. 이로써 '아래로부터'의 색채가 조금만 있어도 얼마나 혐오당했는지 알 수 있습니다. 이듬해 1942년 1월에 익찬회의 형식화를 보완하는 의미에서 대일본익찬장년단(大日本翼贊壯年團)이 생겼는데, 그것도 결국 정치결사가 아니라 내세우는 원칙은 익찬회의 하부조직이기 때문에 활발한 활동은 할 수 없었습니다. 지방에 따라서는 익찬회와 익장(대일본익찬장년단) 사이에 여러 가지 골치아픈 일이 일어나기도 했습니다. 1942년 4월에는 이른바 익찬선거가 치러졌으며, 그 해 5월 '익찬정치회'(翼贊政治會)가 결성되고, 그것이 유일한 정치결사로서 존립했던 것입니다. 그런데 거기에는 모든 정치세력이 잡다하게 동거하고 있어 급진적 파쇼단체로부터 기성정당 계열, 관념적 우익계통, 무산당 계통 등이 모두 그 속에 망라되어 있었으며, 그 때문에 정치운동으로서는 내용이 없는 것으로 되어버렸던 것입니다.

이상과 같은 우여곡절은 어떻게 해서든 일본의 정치체제를 독일이나 이탈리아와 같은 국민대중의 조직화 위에 올려놓고 싶다는 노력의 과정이었지만, 그런 운동이 낙착된 것은 모두 관료적 계서제로의 완전한 흡수였습니다. 그리하여 일본의 파시즘은 마침내 일정한 조직적인 국민적 기초를 가질 수 없게 되었던 것입니다. 익찬운동과 더불어 설치된 중앙협력회의

(中央協力會議)라 해도 순전한 자문기관, '하정상통'(下情上統)의 기관에 지나지 않았으며, 거기서 논의된 의견의 제안은 법률적으로는 아무런 구속력을 갖지 못했습니다. 정부가 '들어 둘'뿐이었습니다. 당시 익찬회가 「협력회의에 대하여」(協力會議について)라는 팸플릿을 내놓았는데, 그 속에 이렇게 씌어져 있습니다.

이 회의에 제출되는 모든 문제는 정부 및 익찬회가 경청하고, 곧바로 이를 신중하게 취사선택하여 정책 속에 과감하게 반영해 나갈 뿐이며, 그 관계를 가정적인 인간미 있는 협력에 의해 지체없이 처리해 나가려 한다는 데 있다……. 요컨대 이 회의는 융통하여 막힘이 없으며, 아무런 법제도 권능도 없다는 성격을 갖는 데에 그 정치적 가치를 함축하고 있는 것처럼, 얼핏 보기에 약체, 박약한 체제를 가지고 있는 데에 오히려 커다란 묘미가 가득차 있다고 생각할 수도 있을 것이다(강조는 마루야마).

그야말로 그 시대의 사고방식을 잘 보여주고 있습니다. 그리고 마침내 태평양전쟁의 발발에 의해 토오죠오 독재시대가 왔습니다. 이미 이렇게 되고 나서는 황도파도 통제파도 없고 요컨대 토오죠오에 방해가 되는 세력은 이잡듯이 없애며, 「언론・출판・집회・결사 임시취체법」(言論出版集會結社臨時取締法)이나 「전시형사특별법」(戰時刑事特別法)의 개정에 의해 모든 반대파를 억압하고, 전통을 자랑하던 우익 제 단체도 강제적으로 익찬정치회와 흥아동맹(興亞同盟) 속에 해소시켜버리고, 자신은 육군상・군수상(軍需相)・참모총장을 겸한 수상으로서 전에 없던 권한을 장악했다는 것은 지금 새삼스럽게 말하지 않아도 될 것입니다. 히틀러나 무솔리니에 가까운 강력한 독재정권이 거기서 비로소 출현한 것입니다. 그러나 그 '세력'의 기초에 있는 것은 오로지 전국에 속속들이 쳐놓은 헌병 체계뿐이었습니다. 그리하여 일본 파시즘은 독일이나 이탈리아와 같은 독자적인 국민조직을 끝내 갖지 못하고, 메이지시대 이래의 관료적 지배양식과 사이비 입헌제

(Scheinkonstitutionalismus)를 유지한 채 그대로 8·15를 맞았던 것입니다.

그래서 결국에는 위로부터의 파시즘적 지배의 확립을 위해서 보기좋게 이용당한 형태가 된 민간 우익세력은 아이러니컬하게도 전쟁 말기에는 토오조오 독재에 대한 격렬한 비판자로 등장했습니다. 최후의 단계에서 토오조오를 가장 애태우게 했던 것은 그같은 전통적인 우익 세력이었습니다. 예를 들면 1943년 제81회 의회의 전시형사특별법안 위원회에서, 예의 아카오 빈(赤尾敏) 위원——건국회(建國會)의 오랜 지도자입니다——이 익찬회에 대해서 다음과 같은 발언을 하고 있습니다.

> 오늘날 익찬회의 사상적 내용을 보더라도 현상유지적인 자유주의자가 있으며, 국가사회주의자들이 그 중 대세를 이루고 있으며, 혹은 일본주의자도 있으며, 혹은 급진적 테러리즘적인 과격한 일본주의자도 있습니다……. 또한 편승파도 많이 들어와 있으니 이처럼 잡다한 지도정신, 그것으로 대체 어디로 끌고가려는 것입니까……. 대세를 모아서 형태나 조직만을 만들고 진지한 지금까지 실적있는 종래의 일본주의 단체는 모두 없애버렸으며, 그래서 신념도 이상도 아무것도 없는 편승파나 관료들을 모아서 모두 정부의 돈으로 정신운동을 하려고 하는 것이므로 혼(魂)이 빠져 있습니다.

또 같은 위원회에서 나카노 세이코오(中野正剛)파의 미타무라 타케오(三田村武夫) 위원도 다음과 같은 질의를 하고 있습니다.

> 오늘날 일본 정치의 성격이라는 것은 실은 관청 중심의 정치입니다. 다른 이름으로 관료정치라고 합니다. 즉 비판이 없는 정치입니다……. 비판을 하면 자유주의라고 합니다. 비판하면 그것이 곧 자유주의라고 한다면, 저는 그 자유주의라는 것이 대체 무엇인지 묻고 싶습니다……. 비

판이 없는 곳에 절차탁마(切磋琢磨)는 없으며, 절차탁마 없는 곳에 진보
와 발전은 없습니다.

정부나 관리를 위해서 형편이 나쁘다고 하는 것과 국가를 위해서 형편
이 나쁘다고 하는 것이 일치하지 않는 경우가 있습니다.

아첨배나 아첨하는 말만 늘어가는 세상에서는, 사회라는 것은 결코 국
가를 위해서 바람직한 상태는 아닙니다.

몹시도 통렬하게 토오죠오 독재의 실체를 지적하고 있습니다. 비판이 없
는 곳에 절차탁마는 없으며, 절차탁마 없는 곳에 진보는 없다고 한 부분
등, 마치 정통적인 자유주의자의 말투 그대로입니다. 일본 파시즘의 최후
의 단계에 의회에서 가장 반정부적인 입장에 서서 가장 비판적인 언동을
한 것은 아이러니컬하게도 일본 파쇼화의 선구적 역할을 했던 민간 우익그
룹이었던 것입니다. 종전 후에 황도파 세력의 부활 내지 정통 우익주의자
들이 단지 반(反)토오죠오였다는 이유만으로 민주주의자로 등장하게 된 사
정도 여기에 근거가 있습니다. 말하자면 역사가 그야말로 한 바퀴 빙 돌았
다고 할 수 있을 것입니다.

어찌하여 일본에서는 국민의 아래로부터의 파시즘, 즉 민간에서 일어난
파시즘 운동이 헤게모니를 잡지 못했는가, 어찌하여 파시즘 혁명이 없었는
가 하는 것은 대단히 중대한 문제입니다. 저도 이렇게 짧은 시간에 그 문제
를 자세히 말씀드릴 수는 없습니다만, 적어도 다음과 같은 것만은 분명하
다고 생각합니다. 즉 파시즘의 진행 과정에서의 '아래로부터의' 요소의 강
도는 그 나라에서의 민주주의의 강도에 의해서 규정됩니다. 바꾸어 말하면
민주주의혁명을 거치지 않은 곳에서는 전형적인 파시즘 운동의 아래로부터
의 성장 역시 있을 수 없다는 것입니다.[보주14]

독일이나 이탈리아에서는 어쨌든 간에 제1차세계대전 후 부르주아민주

주의가 확립되고, 그 기반 위에 강대한 프롤레타리아트 조직이 형성되었습니다. 이탈리아에서 '로마 진군' 이전의 사회정세는 잘 아시다시피 계급투쟁이 극도로 치열했으며, 노동자들의 공장점거와 생산관리의 폭풍이 불어 닥치고 있었습니다. 의회에서는 사회당이 제1당이었습니다. 독일에서 나치스 혁명 직전에서의 사회민주당과 공산당의 세력이 얼마나 강고한 것이었는지는 새삼스레 설명하지 않아도 될 것입니다. 1933년 3월의 총선거,──히틀러가 이미 정권을 장악하고, 예의 국회방화사건을 구실로 삼아 전국적으로 공산당의 대탄압을 실시하고, 공산당이 거의 지하로 쫓겨 들어갔을 때 실시한 총선거에서조차 공산당은 6백만 표를 얻고 있습니다. 이처럼 강대한 프롤레타리아트의 세력을 박멸하기 위해서는 얼마나 급진적인 강제력이 필요했는지, 그리고 종래의 민주주의적 정치기구의 얼마나 과감한 변혁이 필요했는지는 상상하고도 남음이 있습니다. 그와 동시에 대중을 그런 사회민주당이나 공산당의 영향으로부터 탈취하여, 파쇼체제 하에 재조직하는 데는 반드시 그만큼 교묘한 민주주의적 위장이 필요했던 것입니다. 나치스가 자신이야말로 참된 '사회주의'의 실천자이며, 노동자의 당이라는 것을 보여주지 않고서는 대중을 끌어들일 수 없었습니다──그것은 독일에서, 그리고 이탈리아에서조차 이미 아래로부터의 대중의 힘이 얼마나 강대한 것이었는지를 말해주고 있음과 동시에, 파시즘 조직 속에 있는 어느 정도의 '아래로부터의 요소'를 위장하고 속이기 위해서라도 보유하지 않을 수 없었던 이유가 있는 것입니다.

그런데 일본에서는 어떻습니까. 물론 일본에서도 다이쇼오(大正) 말기부터 쇼오와(昭和) 초기에 걸쳐서 노동운동이 일찍이 없던 정도로 고양되었으며, 또 농업공황에 의해 소작쟁의가 해마다 급격하게 늘어났습니다. 일본의 파시즘 운동이 그같은 정세를 배경으로 하여 성행하게 된 좌익운동에 대항하는 의미를 가지고 등장했다는 것은 위에서 본 그대로이며, 그 점에서는 정석 그대로라고 할 수 있습니다. 그러나 그런 좌익운동이 오늘의 눈으로 볼 때 과연 어느 정도 현실적으로 노동자·농민 속에 침투해 있었는가 하면, 독일이나 이탈리아와는 전혀 비교가 되지 않는다는 것만은 분명합니다. 마르크스주의의 풍미를 논단이나 저널리즘이나 그것을 지지하는 일반 지식계급층 사이에서만의 현상으로 보는 것은 물론 지나친 논의이지만, '적화'(赤化)의 위협이라는 것이 당시 지배계급이 선전한 만큼 현실적인 그것이었는지는 다분히 의심스럽습니다.[보주15] 독일이나 이탈리아에서는 프롤레타리아혁명이라는 것이 실제로 눈앞의 절박한 문제였습니다. 독점자본은 나치스냐 '적화'냐 하는 막다른 정세에서 급기야 히틀러를 정권에 불러들였던 것입니다. 일본의 파시즘 체제의 진행은 점진적이었으며, '로마진군'이라든가 1933년 1월 30일과 같은 날을 가지지 못했다는 것은, 바꾸어 말하면 아래로부터의 저항이 그만큼 강하지 않았다는 것이며, 일전(一戰)을 치르기에 충분한 강대한 프롤레타리아트 조직이 존재하지 않았다는 것입니다. 그것은 일본 자본주의의 구조 그 자체에서 쉽게 이해할 수 있습니다.[보주16]

일본의 파시즘 운동이 급격하게 번성하게 되는 만주사변 직전인 1930년의 인구구성을 보면, 5인 이상의 공장에서 일하는 노동자 숫자는 203만 2천 명이며, 일용(日傭) 노동자는 196만 3천 명입니다. 이에 대해서 상업에서의 사용인의 숫자는 220만 명, 그리고 관공리 회사직원은 180만 명, 소매업자는 150만 명입니다. 본래의 프롤레타리아트가 중소상공업자 및 샐러리맨에 비하여 얼마나 수적으로 적은지 알 수 있습니다. 또 예를 들면 1926년의 국제연맹통계연감을 보면, 공업인구(가내 공업도 포함)는 전체 인구의 19.4퍼센트입니다. 그것을 예컨대 영국의 39.7퍼센트, 프랑스의 33.9퍼센트, 벨기에의 39.5퍼센트, 네덜란드의 36.1퍼센트에 비교하고, 또 독일의 35.8퍼센트와 비교해보면 대일본제국의 공업화가 서구 자본주의 국가에 비해서 얼마나 낮았는지는 분명합니다.

잘 알고 계시듯이 일본의 사회구조는 최상층에서는 가장 고도로 합리화된 독점자본이 우뚝 솟아 있지만, 그 저변에서는 봉건시대와 거의 다름이 없는 생산양식을 지닌 영세농과 또한 거의 대부분 가족노동에 의존하고 있는 가내공업이 서로 비집고 늘어서 있었습니다. 최고도의 기술과 가장 원시적인 기술이 중첩적으로 산업구조 속에 병존하고 있습니다. 이처럼 역사적으로 단계를 달리하는 생산양식이 서로 겹치면서, 더구나 서로 보강해주고 있습니다. 이것이 정치적으로는 일본의 민주주의적인 힘의 생장을 결정적으로 방해했던 것입니다. 그리하여 한편에서는 봉건적 절대주의의 지배, 다른 한편에서는 자본의 독점화의 진전이 결코 서로 모순하지 않고서 상호 보완해주는 관계에 있다는 것, 그것이 일본 파시즘 운동에서의 위에서 본 것과 같은 운명을 결정했다고 할 수 있을 것입니다. 그것은 일본에서의 아래로부터의 파시즘 운동의 내부적 취약성도 보여주는 것입니다. 일본의 우익에는 가장 진보적인 나치스형으로부터 거의 순(純)봉건적인, 멀리는 현양사(玄洋社)로 이어지는 낭인형(浪人型)까지 실로 계보가 아주 복잡합니다. 거기서 '근대'의 세례를 받은 것은 거의 보이지 않습니다. 파쇼적이라기보다도 바쿠후 말기 낭인적인 유형이 지배적입니다.

프레다 어틀리(Freda Utley)의 『일본의 진흙발』(*Japan's Feet of Clay*)이라는 책 속에 우익지도자를 "봉건시대의 낭인과 시카고 갱의 잡종이다"라고 한 것은 지당한 말입니다. 예를 들면 우익운동의 제1인자가 토오야마 미쯔루(頭山滿)[역주3]와 같은 인물이었다는 것, 거기에도 우익운동의 특질이 상징화되어 있습니다. 히틀러나 무솔리니의 생활양식과 토오야마 미쯔루의 생활양식을 비교해보면, 전자에 볼 수 있는 것과 같은 생활의 계획성은 토오야마 미쯔루에는 아마도 없을 것이라고 생각합니다. 예를 들면 여기에 『토오야마 미쯔루 옹의 진면목』(頭山滿翁の眞面目)이라는 책이 있습니다. 그 속에 토오야마씨의 여러 가지 이야기가 적혀 있습니다만, 하나의 예를 들어보면, 젊었을 때의 일인데 이렇게 씌어져 있습니다.

[역주3] 토오야마 미쯔루(1855~1944)는 근대 일본의 우익국가주의자로 현양사(玄洋社)를 결성, 대륙진출을 주장하는 대아시아주의를 주창했다. 손문, 김옥균 등 망명객들을 도와주기도 했다. 공직에는 나아가지 않았으며, 정계 이면에서 활약하는 우익진영의 거물이었다.

그것은 혈기왕성한 스물 여섯, 일곱 무렵이었어. 토오쿄오에 나와서 대여섯 명의 동료들과 함께 집 한 채를 빌려서 살고 있었지. 우산도 게타 (나막신)도 제대로 갖추어져 있던 것은 처음뿐이었고, 나중에는 아무것도 없게 되어버렸어. 이불도 없어졌지. 그러나 알몸 생활은 나 혼자만이었고 다른 친구들은 알몸으로 배겨내지 못했지. 도시락을 시켜다 먹고 돈을 내지 않았어. 그래서 도시락집 여종업원이 돈을 받으러 왔어. 내가 알몸으로 벽장 속에서 나오니까 그 여종업원은 앗 하며 기겁을 해서 돌아가더군. 2, 3일 동안 그렇게 먹고 놀았지만 내게는 아무 일도 없었던 거지.

빌린 돈을 갚지 않으며, 또 이런 수단으로 물리치는 데에 대해 어떤 자랑 같은 같은 것을 느끼고 있습니다. 이런 방법으로 역시 고리대도 쫓아보낸 이야기도 하고 있습니다. 아무리 봐도 '근대적 인간 유형'에 속하지 않습니다. 우익적 인간은 토오야마만이 아니라, 그같은 공통성을 보여주고 있습니다. 또 우익단체의 내부 구성을 보더라도 다분히 오야분(우두머리)—코분(부하)적인 조직을 가지고 있습니다. 앞에서도 말씀드린 것처럼 그렇게 우익에 유리한 정세 덕을 톡톡히 보면서도 우익운동의 통일전선은 한 번도 이루어지지 않았습니다. 몇 번이나 통일이 주창되었지만, 일단 결합했더라도 곧 분열되어 서로 상스럽게 욕설을 퍼부었습니다. 오야분 중심의 결합이기 때문에 아무래도 규모가 작으며, 제각기 자신들의 대부(代父)를 내세워서 서로 다툽니다. 이러한 현상은 종전 후에도 헤아릴 수 없을 정도로 많은 정당들이 난립했던 사정에도 잘 나타나고 있습니다. 그만그만한 보스를 중심으로 하여 많은 그룹들이 생겨났습니다. 그 중에는 의젓한 폭력단도 있습니다. 나치스에서도 돌격대 같은 것은 다분히 폭력단적인 색채를 보여주었습니다만, 거기에는 역시 조직과 훈련이 있었으며 일본처럼 이합집산은 하지 않았습니다.

이런 전근대성은 우익단체만이 아니라 그와 결탁하여 중요한 역할을 수행했던 혁신장교들에게도 그대로 적용됩니다. 그들의 모의 근거지는 거의 대부분 언제나 기생집이나 요리집이었습니다. 그들이 거기서 술잔을 기울이면서 비분강개할 때 그들의 가슴 속에는 "취하면 누워서 베개로 삼는 미인의 무릎, 깨어나면 손 안에 쥐게 되는 천하의 대권"이라 노래했던 바쿠후 말기 지사(志士)들의 영상이 남몰래 자리잡고 있었음에 틀림없습니다.

요컨대 일본에서의 부르주아민주주의혁명의 결여가 파시즘 운동에서 그와 같은 성격을 규정하고 있다고 할 수 있을 것입니다. 그리고 이것을 다른 측면에서 말한다면, 일본의 '정당정치'시대와 파시즘시대의 **현저한** 연속성으로 표현됩니다. 위에서 말한 것과 같은 우익의 지도자나 조직에서 볼 수 있는 전근대성은 정도의 차이는 있을지언정 일본의 기성정당에서도 마찬가지로 볼 수 있는 특질이라고 할 수 있습니다. 일본의 정당이 민주주의의 챔피언이 아니라 일찍부터 절대주의체제와 타협하고 밀착하여, '외견적(外見的) 입헌제'를 그대로 받아들이는 존재였기 때문에 일본에서는 아래로부터의 파시즘 혁명을 필요로 하지 않았으며, 메이지 이래의 절대주의적·과두적 체제가 그대로 파시즘체제로 이행할 수 있었던 것입니다. 나치스는 천하를 장악하자 사회주의 정당은 물론이고 중앙당, 기타 모든 기성 의회세력을 일소했습니다. 그런데 일본에서는 그때까지 헤게모니를 장악하고 있던 세력이 일소되고 새로운 세력이 등장한 것이 아니라, 낡은 세력이 대체적으로 슬금슬금 파시즘체제 속에 흡수되어갔습니다. 앞에서도 말한 것처럼 기성정당은 거의 대부분 익찬정치회 속에 흡수되었습니다. 그것이 전쟁이 끝난 후 기성정당이나 관료 등의 낡은 정치세력 속에서 대량적인 추방자를 내놓게 된 원인입니다. 어디서부터 파쇼시대가 되었는지 확실히 말할 수는 없습니다. 한 걸음 한 걸음 점진적으로 파시즘체제가 메이지 헌법이 정한 국가체제의 틀 내에서 완성되어갔습니다. 일본의 기성정당은 파쇼화의 동향과 철저하게 싸울 기력도 의지도 없고, 오히려 어떤 경우에는 유력하게 파시즘을 추진하는 역할을 수행하고 있었던 것입니다.

예를 들면 이미 1927년 4월부터 1929년 7월에 걸친 타나카 기이찌(田

中義一) 대장이 이끄는 정우회(政友會) 내각은 표면상으로는 순전한 정당 내각이었음에도 불구하고, 안으로는 3·15 및 4·16사건에 의해 좌익운동에 철저한 탄압을 가하고, 긴급칙령에 의해 치안유지법을 개정하여 언론·출판·집회의 자유를 한층 더 제한했습니다. 그리고 바깥으로는 이른바 타나카 적극외교를 내세워서 제남(濟南)사건을 계기로 한 중국 출병을 감행, 마침내 이른바 만주모(某)중대사건으로 알려진 장작림(張作霖) 폭사(爆死) 문제에 부딪혀 넘어질 때까지, 그 발자취는 거의 대부분 파시즘 정권으로 오인될 정도였습니다. 이때에 국내적 및 대외적으로 뿌려진 씨앗이 나중에 파시즘이 제패하는 데 중요한 의미를 갖게 되었던 것입니다. 정우회는 그 후에도 하마구찌(浜口) 내각에 대해서 런던군축조약과 관련된 통수권간범(統帥權干犯) 문제를 가지고 심하게 몰아붙였습니다. 훨씬 후에는 앞에서 말한 천황기관설 문제 때에도, 중의원에서 스즈키(鈴木) 총재 스스로 국체명징운동(國體明徵運動)에 앞장서는 등 일본 정치의 파쇼화에 중대한 공헌을 했다고 해도 지나친 말은 아닐 것입니다. 통수권간범 문제가 얼마나 파시즘 운동을 격화시켰는가 하는 것은 이미 잘 알려진 사실이며, 또 기관설 문제는 앞에서도 말한 것과 같은 정세 하에서 정당정치의 이론적 근거를 부정하는 의미를 지니고 있었으므로, 정당이 앞장선다는 것은 문자 그대로 자살행위 이외의 아무것도 아니었습니다. 이런 점에 기성정당의 비극 혹은 희극적인 역할이 있었던 것입니다.

타나카 내각을 뒤이은 하마구찌 및 와카쯔키(若槻)의 두 민정당 내각은 최근의 정치사에서는 비교적 부르주아 자유주의적 색채를 띠고 있었습니다만, 그것도 결국 만주사변 얼마 후 아다찌(安達) 내무상 일파의 협력내각운동이라는 내부로부터의 파쇼적 동향으로 인해 붕괴되었습니다. 민정당 그 자체가 정우회와 반파시즘적 입장에서 분명한 선을 그을 정도로 명백한 차이를 가지고 있는 것이 아니라는 것은 말할 것까지도 없습니다. 실제로 타나카 내각시대에 부전조약(不戰條約) 비준 때 민정당은 야당으로서 조문의 '인민의 이름으로'라는 문구를 문제삼아 일본의 국체와 서로 용납되지 않는

다고 하여 우익단체와 더불어 맹렬하게 정부를 공격했는데, 정우회는 이른
바 그 원수를 런던조약 문제에서 갚았던 것 같습니다. 양쪽 모두 정쟁(政
爭)을 위해서는 수단을 가리지 않으며, 어떤 세력과도 결탁하여 반대당의
정부를 쓰러트리려고 했습니다. 그것이 그렇지 않아도 강력한, 의회로부터
독립한 여러 반봉건적 정치세력의 대두를 한층 더 재촉하는 결과가 되었던
것입니다. 마치 독일이나 이탈리아에서 사회민주당 내지 사회당의 우익이
수행했던 역할이 일본에서 정우회나 민정당에 의해 이루어졌다고 할 수 있
을 것입니다. 물론 일본에서도 무산운동 내부에서의 파쇼화——앞에서도
말한 것처럼 사회민중당의 아카마쯔(赤松)·카메이(龜井) 일파나 일본노
동당계열(日勞系), 예를 들면 아소오(麻生) 등의 일파에 의한——가 갖는
의미도 무시할 수 없습니다만, 뭐니뭐니 해도 의회 세력의 헤게모니를 장
악하고 있던 정치세력이라는 점에서 본다면, 일본은 이탈리아나 독일보다
한층 더 처져 있었다고 하지 않으면 안됩니다. 이것은 일본에서는 정당정치
의 몰락과 더불어 '원외단'(院外團)을 구성하고 있던 그런 사회적 분자들이
우익 단체 속으로 많이 흘러들어갔다는 것, 이것은 이탈리아 파쇼에 많은
무정부주의자들과 생디칼리스트들이 참여했던 것과 현저한 대조를 이루고
있습니다. 이렇게 본다면, 일본의 파시즘화의 점진적인 성격, 즉 앞 시대와
의 연속성이 커다란 특질을 이루고 있다는 것을 이해할 수 있을 것이라 생
각됩니다.

일본의 파시즘에 대해서는 역시 더 파고들어가서 여러 면에서 검토해가
지 않으면 안되며, 또 제가 말씀드리지 않은 것으로 중요한 것들이 아직 많
이 있습니다. 파시즘과 독점자본의 관계라든가 또 일본의 농업구조와의 관
련이라든가, 보다 많은 자료가 나와서 다같이 해명해가지 않으면 안되는
문제들인데, 그런 문제에 대해서 망라적으로 말씀드린다는 것은 도저히 제
가 감당할 수 없는 일입니다. 그래서 오늘은 이러한 파시즘 기구론에 깊이
들어가는 것을 피하고, 다만 정치운동으로서의 파시즘이 패전까지의 일본
의 전개에 어떠한 영향을 미쳤으며, 그것이 어떤 특질을 갖는 것이었지를

해명하는 데, 역점을 두었던 것입니다. 오랜 시간 동안 경청해주셔서 정말
감사합니다.

● 1947년

제3장

군국지배자의 정신형태

1. 문제의 소재

어째서 미카도(Mikado)와 총통(Führer)과 두체(Duce)가, 모스크바 앞에서 주코프(Zhukov)의 반격이 계속 성공하고 있는 바로 그 시각에 아메리카합중국에 대해서 선전포고를 하게 되었는가 하는 문제는, 지금까지도 여전히 명확한 답이 나와 있지 않다. 열광주의와 과대망상증에 걸려서 쓸데없는 것에 미친 광인(狂人)들이 선택한 것은 외교라든가 전략이라든가 하는 종류의 문제가 아니라, 오히려 정신병리학의 문제로 보는 쪽이 더 설명하기 쉬울 것이다.

아메리카의 국제정치학의 제1인자로 알려져 있는 슈먼(Schuman) 교수는 최근의 저서[원주1]에서 진주만(眞珠灣) 공격 전후의 국제정세를 분석

[원주1] F. Schuman, *Soviet Politics at Home and Abroad*, 1946, p.438. 그리고 슈먼이 이 책을 썼을 때는, 미국에 대한 선전포고에 대해서 일・독・이 3국 사이에 어느 정도의 양해와 협정이 있었는지 아직 분명하게 되어 있지 않았기 때문에 세 나라를 나란히 늘어놓은 것인데, 적어도 진주만 기습에 관한 한 언제나 독일에 끌려다니고 있던 당시의 일본으로서는 보기 드물게 주도권을 취했다. 리벤트로프(Herr von Ribbentrop) 외무장관은 그 보고를

하면서 이렇게 말하고 있다. 우리는 그것을 단지 슈먼이 프로이트(Freud) 의 흐름을 잇는 시카고학파에 속하기 때문에 그렇게 말한 것이라고 치부해 버려도 좋을까. 아니, 토오쿄오 재판에서 상세하게 밝혀진 태평양전쟁 발 발에 이르는 정치적 동향은, 개전(開戰)의 결단이 얼마나 합리적인 이해를 넘어서 있는 상황 하에서 내려졌는가 하는 것을 여실히 보여주고 있다. 미 국에 대한 선전포고는 세계정세와 생산력 기타 국내적 조건의 치밀한 분석 과 고려에서 나온 결론이 아니라 오히려 거꾸로 뮌헨협정에 관한 것도 강 제수용소(Konzentrationslager) 문제도 모르고 있었다[원주2]는 놀랄 만 한 정도로 국제지식이 결여된 권력자들에 의해서 "인간은 때때로 기요미즈 (淸水) 무대(舞臺)에서 눈을 감고 뛰어내리는 일도 필요하다"는 토오죠오 (東條)의 말[원주3]에 단적으로 나타나 있는 절망적인 심경 하에서 결행된 것 이었다.

그러므로 세계 최강의 양 대국에 대해서 그 정도의 큰 전쟁을 시도한 이 상, 틀림없이 거기에는 어느 정도 명확한 전망에 기초한 조직과 계획이 있 었을 것이라는 일련의 예측 하에 지내온 연합국 사람들이 실제 사정을 알 면 알수록 더 놀라게 되었던 것도 무리는 아니다. "일본은 한편으로는 아직 종료되지 않은 대(對)중국전쟁을 치르면서 또 대(對)소공격을 준비하면서, 어찌하여 합중국 및 대영제국에 대해서 동시에 공격을 결정할 수 있었는가 에 대해서, 충분한 근거를 보고 놀라는 사람들도 극히 많이 있지만, 그런 의 혹은 만약 우리가 일본의 지배자 일반 및 특히 일본 군벌 지도자들이 독일 의 위력과 그 필승에 대한 맹신을 간과한다면 이해할 수 없는 것이다. 그런 데 그들은……독일측이 약속하고 있던 소연방의 붕괴가 오늘내일 일어날 것으로 믿고 기다리고 있었던 것이다"라는 고런스키(Golunsky) 검찰관의 말은, 토오쿄오 재판의 검찰측에서도 그 '수수께끼'가 얼마나 알 수 없는 것

받고 '미칠듯이 기뻐했다'고 한다.
[원주2] 키난(Keenan) 검찰관에 대한 증인 토오죠오의 대답.
[원주3] 아카마쯔 카츠마로, 『失はれし政治』, p.131.

으로 비쳤었는지를 암시해주고 있다.[원주4] 그래서 최종 논고에서도 키난 (Keenan) 검사는 "이 공동 모의의 분석에 관한 어려움의 하나는 그것이 매우 광범한 범위에 걸친 것이기 때문에 그것이 일군의 인간들에 의해 기도 되었다고는 생각하기 어렵다는 점입니다"(No.371)라고 솔직하게 모의를 포착하기 어렵다는 것을 인정하고 있다.

아나나 다를까 미국측 변호인은 연합국 사람들이 다소간 공통적으로 품고 있던 내심의 놀라움을 백 퍼센트 변호의 근거로 이용했다. 블레웻 (Blewett) 변호인은 개전까지의 육군 항공기의 매년도 제작 숫자를 들어 검찰측의 '압도적 군비확대'라는 주장을 반박하고, "1년에 5만 대 이상의 항공기를 생산하고 있던 미국에서 온 변호인들에게는, 허다하게 많은 공직자들의 생사에 관계된 경우에 위와 같은 숫자를 확인하게 된 것은 희극이 아니라 참으로 비극으로 생각되는 것입니다. 오늘날 이 시대에 소수의 항공기로서 전 세계의 정복에 나선다는 것은 돈키호테가 아니면 누가 감히 실행할 수 있는 일이겠습니까"(최종변론, No.391)라고 한 것은, 미국인으로서 숨길 수 없는 감상일 것이다. 독일과 더불어 전형적 '전체주의' 국가로 선전되어온 일본제국의 전쟁체제에서의 조직성의 약함, 지도세력 상호간의 분열과 정정(政情)의 불안정함도 역시 나치즘과 대비되고 있어서 그들을 놀라게 했다. "피고석에 늘어서 있는 피고들 사이에는 현대사의 이런 비극적 시대를 통해서 다른 열강의 위대한 전쟁 노력에 필적하거나 혹은 그것을 능가할 정도의 협조도, 정치이념의 일치도 협력도 존재하지 않았

[원주4] 『극동국제군사재판속기록』(International Military Tribunal for the Far East) 제85호. 강조는 모두 필자. 그리고 이 속기록은 이 논문에서 빈번하게 인용하고 있으므로, 대략 본문 속에 간단한 주로 호수(號數)만을 덧붙이기로 했다. 예를 들어 No.100이라 한 것은 속기록 제100호라는 의미이다. 다만 이 속기록은 유감스럽게도 오식(誤植)이 꽤 많은데, 그것을 인용할 경우, 알 수 있는 한 모두 바로잡았으며, 또 가나(假名) 사용도 통일되어 있지 않아서 전부 새로운 가나로 통일시켰다. 이 논문의 주요한 자료가 된 이 속기록은 카이노오 미쩌타카(戒能通孝) 교수의 후의에 힘입어 이용할 수 있었던 것이며, 무려 1년 이상이나 귀중한 기록을 빌려준 교수에 대해서 심심한 감사의 뜻을 표하고자 한다.

다"(Brannon 변호인, No.255).

"일본정부 그 자체에 대한 진정한 증거란 무엇입니까. 그것은 이 기소장의 기간 내에 일본에서는 전후 15대(代)의 내각이 성립·와해되었다는 사실에 다름아닙니다……. 일본 정부를 구성한 이들 십 몇 대의 내각의 성립·와해를 통해서 13명의 수상, 30명의 외무상, 28명의 내무상, 19명의 육군상, 15명의 해군상, 23명의 장상(藏相)이 배출되었습니다……. 증거가 분명하게 보여주고 있는 것은……공동계획 또는 공동모의의 확증이 아니라……오히려 지도력의 결여……입니다"(위와 같음, No.386).

연합국과는 달리 일본의 전쟁체제를 보다 안쪽에서 조망해볼 수 있던 동맹국 나치스에서는, 그런 정치력의 다원성에서 오는 대외정책의 동요가 일찍부터의 고민거리였다. 1940년 7월 리벤트로프(Herr von Ribbentrop) 외무장관은 사토오(佐藤)·쿠루스(來栖) 대사 및 카와이(河合) 공사와의 회담에서 "저는 독일이 무엇을 원하는가 하는 점에 대해서는 분명한 인식을 가지고 있지만, 일본의 의도가 대체 어디에 있는가에 관해서는 유감스럽지만 명확한 지식을 가지고 있지 못한 사정으로 인해, 양국 사이의 협력도 필요하지만 먼저 일본이 과연 구체적으로 무엇을 바라고 있는지 정말 알고 싶습니다"라고 말하고 있다.[원주5] 이것이 바로 군사동맹이 체결된 지 겨우 2개월 전의 일인 것이다! 또한 어떤 주일(駐日) 독일 무관은 육군과 해군의 대립의 심각성에 깜짝 놀라 스스로 조정에 나서기조차 했다.[원주6]

우리는 만주사변을 거쳐 태평양전쟁에 이르는 역사과정의 필연성을 논증하는 데 급한 나머지, 이같은 비합리적인 현실을 너무 합목적적으로 해석하는 것을 경계하지 않으면 안된다. 확실히 일본제국주의가 걷게 된 결말은, 거시적으로는 일관된 역사적 필연성이 있었다. 그러나 미시적인 관찰을 하면 할수록, 그것은 비합리적 결단의 방대한 퇴적으로 나타나게 된다.

[원주5] 1940. 7. 10. 쿠루스 대사가 아리다(有田) 외무상 앞으로 보낸 전보에 의함(No.106).
[원주6] 벤네커(Paul W. Wennecker) 대장의 토오쿄오 재판 증언에 의함(No.256).

문제는 그런 일본 정치의 비합리성이나 맹목성을 경시하거나 말살하는 것
이 아니라, 그것을 어디까지나 계속 살리면서 어떻게 해서 거시적인 이른
바 역사적 이성의 시각과 연결시키는가 하는 것이어야만 한다.

　토오쿄오 재판에서는 이상과 같이 검찰측의 '공동모의'의 관점과 변호인
측의 '비계획성'의 관점이 격렬하게 대립되었다. 그것은 법이론상으로는 서
로 용납될 수 없는 주장일 것이다. 그렇지만 현실의 역사적 분석에서는 반
드시 그렇지는 않다. 대동아공영권(大東亞共榮圈)을 확립하여 팔굉일우(八
紘一宇)의 새로운 질서를 건설하여, 황도(皇道)를 세계에 선포한다는 것은
의심할 것 없이 피고들의 공통된 바람이었다. 그들 중 누구 한 사람 그것이
돈키호테의 꿈이라는 것을 지적한 사람은 없었다. 그렇지만 그들 중 어떤
사람은 그 꿈을 노골적으로 밝히는 데 쑥스러움을 느낄 정도로 단정한 자
세를 갖추고 있었으며, 또 다른 사람은 꿈의 실현을 굳게 믿으면서도 그 실
현을 보다 미래에 걸고 있었다. 그들 중에서 가장 열광적인 사람조차도 풍
차에 가까이 가게 되자 풍차의 어마어마한 크기와 자신의 창을 견주어보고
서는 무의식적으로 멈춰서버렸던 것이다.[원주7]

[원주7] 9월 6일의 어전(御前)회의에서 결정된 "외교 교섭에 의해 10월 상순경에 이르러서도, 여
전히 우리의 요구를 관철시킬 수 있는 전망이 보이지 않을 경우에는 곧바로 미국(영국, 네덜
란드)에 대한 개전(開戰)을 결의한다"는 문제의 날짜가 다가왔을 때, 테키 가이소오(荻外莊)
에서 열린 코노에(近衛) 수상과 육군상(東條)·해군상(及川)·외무상(豊田) 및 스즈키(鈴
木) 기획원 총재와의 회담에 나타난 당시의 정부나 군부의 태도는 스즈키 테이이찌(鈴木貞
一)의 진술서가 잘 요약하고 있다. 그것은 코노에 수기 및 기타 자료에 의해서도 뒷받침되고
있다.
　"해군은 미·일전쟁은 불가능하다는 판단을 내심으로 품고 있었지만, 그것을 공개석상에서
말하는 것을 바라지 않았다. 육군은 전쟁을 반드시 바라는 것은 아니었지만, 중국으로부터의
철병(撤兵)에는 반대했다. 더구나 외무상은 중국의 철병을 인정하지 않으면 미·일교섭은
성립되지 않는다고 했다. 따라서 수상이 전쟁을 피할 수 있는 길은 해군에 그 잠재적인 의향
을 분명하게 드러내게 하든가 아니면 육군에 해군이 내심 품고 있는 판단을 암묵리에 이해시
켜, 미·일교섭 성립의 전제조건인 중국으로부터의 철병에 동의하게 만들든가 하는 것이었
다."
　즉 3자의 입장이 서로서로 견제하고 있어서 셋 모두 꼼짝할 수 없었다. 토오죠오는 여기서
철병에 강경하게 반대하여 마침내 내각을 와해시켰던 것인데, 그럴 때에도 그는 황족(히가

게다가 그들은 무언가 보이지 않는 힘에 쫓겨서 실패의 두려움에 덜덜 떨면서 눈을 감고 돌진했던 것이다. 그들이 전쟁을 원했는가 하면 그렇다고 할 수도 있고, 또 그들이 전쟁을 피하려고 했는가 하면 그 또한 그렇다고 할 수도 있다. 전쟁을 원했음에도 불구하고 전쟁을 피하려고 했으며, 전쟁을 피하려고 했음에도 불구하고 전쟁의 길을 감히 택한 것이 실제 모습이었다. 정치권력의 모든 비계획성과 비조직성에도 불구하고 그것은 어김없이 전쟁으로 방향지어져 있었다. 아니 감히 역설적인 표현을 사용한다면, 바로 그런 비계획성이야말로 '공동모의'를 추진시켜갔던 것이다. 여기에 일본 '체제'의 가장 깊은 병리가 있다. 토오쿄오 재판의 방대한 기록은 우리들에게 그런 역설적인 진리를 남김없이 말해주고 있다.[보주1]

법정에는 이른바 제1급 전쟁범죄인만이 아니라 검찰측과 변호인측의 연 수백 명에 이르는 증인을 불러 심문함으로써, 당시의 정치권력을 구성했던 궁정, 중신(重臣), 군부, 정당 등의 대표적인 인물은 거의 빠짐없이 등장하여 각자의 시각에서 일본정치의 복잡하기 짝이 없는 모습을 밝혀주었다. 그들이 제시한 사실 내용만이 아니라, 그들의 법정에서의 답변방식 그 자체에 일본 지배층의 정신과 행동양식이 선명하게 드러나고 있는 것이다. 그것을 실마리로 하여 일본의 전쟁기구에 내재되어 있는 정서(ethos)를 추출해보려는 것이 이하에서의 시도에 다름아닌 것이다. 물론 문제는 너무나도 방대해서 이 글은 다만 그 약간의 측면을 제시하는 데서 머물기로 한다. 게다가 거기서 추출된 제 원칙은 매우 평범하며, 우리들에게는 오히려 일상적인 견문에 속하는지도 모른다. 만약 그렇다면 더더욱 우리는 그런 평범한 것들이 그처럼 거대한 결과를 낳았다는 것에 대해서 언제나 신선한 놀라움과 강력한 경계를 잊어서는 안될 것이다.

시쿠니노미야(東久邇宮) 내각)의 힘으로 군부내의 강경론을 억누를지도 모른다는 가능성에 대해서 어느 정도 마음을 졸이고 있었다.

2. 나치 지도자와의 비교

프로이트 학파를 기다릴 것까지도 없이 파시즘은 어디서나 이상(異常, abnormal) 정신상황과 결부되어 있으며, 많건 적건 간에 히스테리적 증상을 수반하는 것이다. 이 점에서는 동서의 파시즘은 별로 다르지 않다. 그러나 그런 이상 심리의 구조나 발현형태는 나치스 독일과 군국 일본에서는 상당히, 아니 현저하게 다르다. 무엇보다도 나치 지도자의 출신과 일본의 전범(戰犯)의 그것이 완전히 대척적이다. 나치 최고간부의 대부분은 이렇다 할 만한 학력도 없고, 또 권력을 장악하기까지는 거의 지위라고 할 수 있을 정도의 지위를 차지하고 있지 않았다.[원주8]

그런데 이찌가야(市ヶ谷) 법정에 늘어선 피고들은 모두 최고학부나 육군대학교를 나온 '수재'들이며, 대부분은 졸업 후 극히 순조로운 출세가도를 달려서 일본제국의 최고지위를 차지한 고관들이었다. 그것만이 아니었다. 나치 지도자는 모르핀 중독환자나 남색애호자(男色愛好者)나 술주정꾼(Ley) 등 무릇 정상적인 사회의식에서 배척당한 '이상자'(異常者)의 집합체이며, 이른바 본래의 무법자였다. 일본인 피고인들 중에도 오오카와(大川), 시라토리(白鳥)처럼 진짜 정신병자도 있고, 마쯔오카(松岡)처럼 한계

[원주8] 하이델베르크 대학의 철학박사 괴벨스(Göbbels)는 그 점에서 '이색적인' 인텔리였다. 오히려 나치 지도자들의 대부분은 그런 지위나 학력이 없는 것을 자랑으로 여겼으며, 그것으로 대중들 사이에 친근감을 불러일으키려 했다. 또 사실 그들은 거기에 성공했다. 권력을 획득한 후 얼마 안되어, 히틀러는 베를린의 어떤 공장에서 다음과 같은 연설을 하였다.
　"독일의 동포 형제들, 자매들이여, 그리고 우리 독일 노동자 여러분! 오늘날 내가 여러분과 여러분 이외의 수백만 노동자들에게 말하는 데 나는 어느 누구보다도 정당한 권리를 가지고 있다. 나 자신이 바로 여러분과 같은 계급 출신이다……. 나는 오늘 나 자신이 소속하고 있는 여러분들의 계급에 호소하고 있는 것이다……. 나는 우리 용감하고 근면한 노동자와 우리 근로인민, 수백만 대중을 위해서 투쟁을 이끌고 있다……. 나는 어떤 직함을 필요로 하지 않는다. 내가 자신의 힘으로 얻은 내 이름이 곧 나의 직함인 것이다"(F. Schuman, *Nazi Dictatorship*, 1936, p.259). 이런 연설을 토오죠오는 설령 하고 싶어도 할 수 없는 것이다.

선에 위치한 사람도 눈에 띄지만, 전체적으로 보면 아무리 정치적 판단이
나 행동이 불가해하고 비상식적이라 할지라도 그들을 본래의 정신이상자라
생각하기는 어렵다. 정상적인 사회의식으로부터 배척당하기는커녕 그들의
대부분은 젊었을 때부터 장래에 대신(大臣), 대장을 약속받거나 혹은 어려
서부터 화려한 선조의 후광을 입어 주위로부터 선망의 대상이 되기도 한
사람들이었다. 인간의 유형으로서도 순수한 '무법자'는 그들 가운데에는 없
었다. 군벌 특히 육군의 피고에는 다소간 그런 요소가 있기는 하지만[예를
들어 만주사변 당시의 이타가키(板垣), 도이하라(土肥原)의 현지에서의 행
동이나 3월사건, 10월사건의 하시모토(橋本) 등], 그들도 절반은 아주 조
심스럽게 마음을 쓰는 속리(俗吏)들이며, 특히 지위의 상승과 더불어 점점
더 후자의 면모를 더하게 되었다.

'무법자' 타입은 일본의 파시즘에서도 중요한 역할을 수행했는데 그들은
'낭인'(浪人)이라는 별명이 말해주듯이 권력적 지위에 오르지 않은 데에 특
색이 있으며, 그 대신 권력자의 처소에 끊임없이 드나들면서 그들의 무시
무시한 부하로서 그들로부터 부정기적인 수입을 얻어 쓰면서[보주2] 이면에
서 활동하고 있었다.[원주9] 그 법정에 선 피고들은 오히려 그들이 지위상으
로 아득하게 내려다보았던 크고 작은 관민(官民)의 무법자들에게 말려들어
간 가련한 로봇이라고 해도 지나친 말은 아닐 것이다. 이런 동서(東西) 파
시즘 권력의 차이는 간과해서는 안되는 중요성을 지니고 있다. 동서 지도
자의 대조는 검찰 측도 주목하는 바가 되었다. 타브너(Tavenner) 검찰관
은 최종논고를 다음과 같은 말로 맺고 있다.

이들은 범죄의 방법을 완전히 숙달하고, 그 범죄 이외의 방법을 알지

[원주9] 그러므로 같은 '무법자'라도 나치와는 유형이 다르다. 이 책의 제1부 제2장 「일본파시즘
의 사상과 운동」을 참조. 일본 파시즘 운동에서 활약한 무법자 타입을 가장 생생하게 보여주
고 있는 것으로 『닛쇼오자서전』(日召自傳)이 있다(후에 『일인일살』(一人一殺)로 제목을 바
꾸어 증보·간행되었다).

못하며, 범죄 환경의 찌꺼기라는 뉘른베르크(Nürnberg) 재판에 나왔
던 일부 유력자들과 같은 무뢰한은 아니었습니다. 이들은 국가의 정예분
자이며 국가의 운명이 확신적으로 위뢰되어 있던 정직하며 신뢰할 수 있
던 지도자들로 생각되고 있었던 것입니다. 이들은 선악의 구별을 알고
있었습니다. 충분히 알고 있으면서, 그들은 스스로 악을 선택하고, 그 의
무를 무시하였으며……스스로 수백만의 인류에게 죽음과 상해를 안겨주
었으며……파괴와 증오를 몰고올 전쟁으로의 길을 걷기로 선택했던 것
입니다……. 그 선택에 대하여 그들에게 죄를 묻지 않을 수 없는 것입니
다(No.416).

피고들의 심리와 행동이 파시즘 정신병리학의 대상이 된다면 그것은 그
들이 국내 및 국제적인 정신이상자들에게 영향을 받아 감염된 한도 내에서
그런 것이다. 그들은 그야말로 팽배해 있던 나치즘에 감염되었다. 그렇지
만 그들에게서 본래적인 것은 나치즘 그 자체가 아니라, 오히려 감염되기
쉬운 소지인 것이다. 그런 차이의 사회적·경제적 기반은 이미 많은 우수한
학자들에 의해서 해명되고 있다. 필자는 단적으로 나치와 일본의 전쟁지도
자들의 말과 행동을 비교함으로써 문제에 가까이가고자 한다.

일본과 독일의 파시즘이 세계에 대해서 거의 비슷한 파괴와 혼란과 궁핍
의 족적을 남겼음에도 불구하고, 우선 독일은 관념과 행동이 전적으로 일
관성을 지닌 것임에 대해서 일본은 양자 사이에 놀랄 만한 정도의 괴리가
현저한 대조를 보여주고 있다. 히틀러는 1939년 8월 22일, 바로 폴란드
침공 결행을 앞두고 군사령관에 대해서 다음과 같이 말했다. "나는 여기서
선전가들을 위해서 전쟁을 개시하는 이유를 밝히고자 한다——그것이 지당
한 논의인지 아닌지는 관계가 없다. 승자는 훗날 우리가 진실을 말했는지
아닌지에 대해서 질문을 받지 않을 것이다. 전쟁을 개시하고, 전쟁을 수행하
는 데 정의 같은 것은 문제가 되지 않으며 요는 승리에 있는 것이다."[원주10]
참으로 가차없는 단정이다. 거기에는 카를 레비트(Karl Levitt)가 말

하는 '능동적 니힐리즘'(active nihilism)이 무시무시할 정도로까지 분출되고 있다. 이같은 단정적인 언사는 일본의 어떠한 군국주의자도 감히 입에 담지 못했다. '이기면 관군(官軍)'이라는 생각이 아무리 마음을 차지하고 있어도, 그것을 공공연하게 자신의 결단의 원칙으로 드러낼 수 있는 용기는 없었다. 도리어 그것을 어떻게 해서든 은폐하고 도덕화하려고 한다.[보주3] 그러므로 일본의 무력에 의한 다른 민족 억압은 언제나 황도(皇道)의 선포이며, 다른 민족에 대한 자혜로운 행위로 생각된다. 그것이 마침내 희화화하게 되면 "말할 것도 없이 황군(皇軍)의 정신은 황도를 선양하고 국가의 덕을 펴서 밝히는 데 있다. 즉 하나의 탄환에도 황도가 담겨 있으며, 총검의 끝에도 국가의 덕이 타오르지 않으면 안된다. 황도, 국가의 덕에 반하는 자가 있다면 이 탄환과 총검으로 쏘고 찌를 것이다"(아라키 사다오(荒木貞夫)가 1933년에 한 연설. No.270)라고 하듯이, 개개의 구체적인 살육행위의 구석구석까지 '황도'를 침투시키지 않으면 마음에 차지 않았던 것이다.

그런데 다른 한편으로 나치 친위대장 히믈러(Heinlich Himmler)에 의하면, "한 사람의 러시아인, 한 사람의 체코인에게 어떤 사태가 일어났는가 하는 것에 대해서 나는 털끝만큼의 관심도 가지고 있지 않다……. 제 민족이 번영하느냐 굶어죽느냐 하는 것이 나의 관심을 끄는 것은 단순히 우리가 그 민족을 우리의 문화(Kultur)에 대한 노예로서 필요로 하는 한에서 그러는 것이며, 그 이외에는 아무것도 없다"[원주11]고 한다. 그것은 또 지나치게 분명해서 인사말의 격식도 없는 상황이다. 물론 국내, 국외를 향해서 여러 가지 아름다운 슬로건을 살포하는 점에서는 나치도 뒤떨어지지 않는다. 그러나 나치의 지도자는 그것이 어디까지가 단순한 슬로건이며, 또 어디까지가 사실인가 하는 구별을 잘 알고서 사용하고 있는 것 같다.

[원주10] 뉘른베르크 군사재판판결록의 인용에 의함. 그리고 판결록 영어판의 열람에 대해서는 외무성 조약국 법규과 요시노(吉野) 사무관으로부터 편의를 제공받았다.
[원주11] 원주10과 같음.

이에 반해서 일본의 군국지배자들은 자신들이 살포한 슬로건에 어느덧 말려들어서 현실인식을 흐리게 만들어버리는 것이다. 전 조선총독 미나미 지로오(南次郞) 대장의 다음과 같은 답변을 보라(No.1935).

재판장 : 어떻게 해서 당신은 그것을 성전(聖戰)이라 불렀는가.

미나미 증인 : 그 당시에는 일반적으로 '성전'이라 부르고 있었기 때문에 그렇게 부른 것입니다.

코민즈 카 검찰관 : 그 '성'(聖)이라는 것, 중국과의 전쟁 어디에 그 '성'이라는 글자를 쓸 만한 부분이 있었습니까.(후략)

미나미 증인 : 그렇게 자세하게 생각했던 것은 아니며 당시 일반적으로 그것을 '성전'이라 부르고 있었기 때문에, 마침내 그런 용어를 쓰게 된 것입니다. 침략적인 그런 전쟁이 아니라 상황으로 보아 어쩔 수 없는 전쟁이라 생각하고 있었다는 말입니다.

그리고 전 상해(上海) 파견군 총사령관 마쯔이 이와네(松井石根) 대장의 경우를 보기로 하자. 그는 진술서에서 중일전쟁의 본질을 다음과 같이 규정하고 있다.

원래 일본과 중국 두 나라의 투쟁은 이른바 '아시아의 일가(一家)' 내에서의 형제 싸움으로서……마치 같은 집안의 형이 참고 또 참았는데도 불구하고 여전히 난폭한 행동을 그만두지 않는 동생을 때린 것과 마찬가지로, 그를 미워하기 때문이 아니라 사랑하는 나머지 반성을 촉구하는 수단이라는 것은 제 오랫동안의 신념으로서…….

그것은 반드시 나중에 만들어낸 이유는 아닌 것 같다. 상해에 파견될 때 대아시아협회 유지(有志) 송별회 석상에서도 "저 자신은 싸우러 간다기보다는 형제를 달랜다는 생각으로 가는 것입니다"라는 인사말을 하고 있다

(시모나카 야사부로오(下中彌三郞)의 증언). 사랑한 나머지 때린 결과는 주지하듯이 눈 가리고 아웅 하는 식의 남경(南京)사건으로 나타났다. 지배 권력은 그런 도덕화에 의해서 국민을 기만하고 세계를 기만했을 뿐만 아니라 무엇보다도 자기자신을 기만했던 것이다. 일본에서 상층부와 폭넓은 교제를 했던 그루(Joseph Grew) 전 주일대사도 그런 자기기만과 리얼리즘의 결여에 놀란 사람들 중의 한 사람이다. 그는 이렇게 말하고 있다.

나는 백 명 중에 단 한 명의 일본인이라도 일본이 사실상 켈로그조약 (the Kellog Pact)이나 9개국조약(the Nine Power Treaty)이나 연맹조약(the Covenant of the League)을 파기했다는 것을 정말 믿고 있는지 어떤지 의심스럽게 생각한다. 비교적 소수의 생각하는 사람들만이 솔직하게 사실을 인정할 수 있는데, 어떤 일본인은 나에게 이렇게 말했다.──'그렇습니다, 일본은 이들 조약을 모조리 파기했습니다. 일본은 공공연한 전쟁을 벌였습니다. 만주의 자위(自衛)라든가 민족자결이라든가 하는 논의는 모두 거짓입니다. 그러나 일본은 만주를 필요로 합니다.' 그러나 그와 같은 사람은 소수에 속할 뿐이다. 일본인의 대다수는 정말로 그들 자신을 속이는 데 놀랄 만한 능력을 가지고 있다……. 일본인이 반드시 불성실한 것은 아니다. 그와 같은 의무(국제적인)를 일본인이 자신의 이익에 반하는 것으로 받아들이게 되면, 그는 자신에게 유리하게끔 그것을 해석하며 그의 견해와 심리상태로 보면 그는 오로지 정직하게 그런 해석을 하고 있을 뿐인 것이다.

그래서 대사는 다음과 같은 결론을 내린다. "그와 같은 심리 상태는 아무리 뻔뻔스러워도 자신이 부당하다는 것을 알고 있는 것보다 훨씬 더 다루기 어렵다."[원주12] 즉 그것은 자기 행동의 의미와 결과를 어디까지나 자각하

[원주12] Joseph Grew, *Ten Years in Japan*(New York, 1942), p.84(石川欣一 譯, 『滯

면서 수행하는 나치지도자와 자신의 현실의 행동이 끊임없이 주관적 의도
를 배반해가는 일본의 군국지도자와의 대비(對比)에 다름아니다. 어느 쪽
이든 죄의식은 없다. 그러나 한쪽은 죄의 의식에 정면으로 도전함으로써
그것을 극복하려고 하는 데 대해서, 다른 쪽은 자신의 행동에 끊임없이 윤
리적인 분위기를 고취시킴으로써 그것을 회피하려고 한다. 그야말로 메피
스토펠레스(Mephistopheles)와 반대로 "선을 원하면서도 언제나 악을
행한" 것이 일본의 지배권력이었다. 어느 쪽이 한층 더 사악한가는 쉽게 단
정할 수 없다. 다만 분명하게 말할 수 있는 것은 한쪽은 보다 강한 정신이
며, 다른 한쪽은 보다 약한 정신이라는 것이다. 약한 정신이 강한 정신에
감염되는 것은 생각해보면 당연한 것이다.

　그러므로 같은 히스테릭한 증상을 드러내고, 절망적인 행동으로 나갈 경
우에도 일본의 경우에는 이른바 신경쇠약에 시달리는 것 같아서 열등감이
언제나 그 기조를 이루고 있다. "현저한 열등감에서 나오는 것과 마찬가지
로 현저한 우월감의 옷을 걸치는 일본인의 초민감성은, 허장성세와 맹목적
애국심과 외국인 혐오증과 조직된 국가적 선전을 수반하며, 어떤 분쟁을
처리하는 수단과 방법을 분쟁 그 자체와 비교해보면 그것은 마치 균형이 잡
히지 않을 정도로 터무니없이 의미깊고 중대한 것으로 여긴다"는 것은 역시
그루의 관찰[원주13]이다. 그리하여 명확한 목적의식에 의해 수단을 통제할
수 없게 되며, 수단으로서의 무력행사가 무심결에 확대되어 자기목적화해
간 데에 앞에서 말한 그런 무계획성과 지도력의 결여가 현저하게 드러난
까닭이 있다. 나치스가 발흥하는 과정에도 바이마르 시대의 하층 중산계급
의 열등의식이 큰 역할을 했다는 것은 사실이다. 그러나 거기서는 열등의
식은 나치권력자를 지지했던 계층에서 볼 수 있었던 것이며, 거꾸로 지도자
자체는 '권력에의 의지'(will to power) 그 자체로서, 짜라투스트라의 현

　日十年』上卷, 114쪽).
[원주13] Joseph Grew, 앞의 책, 195~196쪽.

대판이었다. 그런데 일본에서는 지도적인 정치세력 자체가 표면의 위용 이면에서 과민하고 섬약한 신경을 끊임없이 곤두세우고 있었던 것이다.

지도자로서 이같은 '허약한 정신'의 집중적 표현으로서 누구든지 곧바로 떠올릴 수 있는 사람은 바로 코노에(近衛)일 것이다. 사실 제1차 코노에 내각에서 중일전쟁의 확대나 대정익찬(大政翼贊)운동의 변질의 경과 내지는 제3차 코노에 내각 총사퇴 등 어느 것을 보더라도 거기에는 그의 성격의 허약함이 치명적으로 작용하고 있다. 키도(木戶)의 증언에 의하면, "무언가가 일어나기만 하면 곧장 그만 둔다고 말하는 남자"(No.298)이며, 1941년 10월 초순 바로 일본과 미국의 교섭이 중대한 고비에 이르러, 9월 6일의 어전(御前)회의에서 결정한 날짜가 박두했을 때에도 스즈키 테이이찌(鈴木貞一)에게 "정계를 은퇴하고 승려가 되고 싶다"는 등의 말을 흘리기도 했다(鈴木口供書). 그가 이노우에 닛쇼오(井上日召)와 같은 그야말로 전형적인 정신이상의 무법자를 테기가이소오(荻外莊)에 숨겨두고서 밤낮으로 만났던 것도 전적으로 심리적인 보상에 다름아니었다. 코노에의 허약함은 혹은 단순한 개인적 성격의 문제이기도 하며 또 이른바 공경(公卿)의 허약함 문제이기도 한 것이다. 그러나 허약했던 것은 코노에 한 사람뿐이었을까. 내가 여기서 말하는 '허약한 정신'이라는 것은 결코 코노에의 경우와 같은 이른바 성격의 약함만을 가리키는 것은 아니다.

다른 예로서 토오죠오(東條) 내각과 스즈키 내각의 외무대신을 지낸 토오고오(東鄉)를 들 수 있다. 그는 종전 당시 포츠담선언의 무조건 수락을 주장하여 군부와 항쟁한 주인공의 한 사람이며, 그때의 태도 같은 것은 결코 코노에와 같은 허약한 성격의 소유자로 보이지는 않는다. 그런데 개전일인 12월 8일 아침, 그는 외무대신으로서 그루 대사를 불러서 예의 제국정부의 대미교섭 중단 각서를 전달했는데, 그때 단순히 회담기간을 통해서 대사의 협력에 감사한다고 말했을 뿐이며 선전포고와 진주만 사건에 대해서 한마디도 하지 않았다. 그루 대사는 대사관에 돌아와서야 비로소 개전 사실을 알게 되었던 것이다. 법정에서, 어째서 회견 때에 개전에 대해서 한

마디도 하지 않았느냐 하는 점을 블레이크니(Blakeney) 변호인으로부터 질문받았을 때, 그가 든 이유가 바로 문제였다. 첫째로, 그루 대사가 이미 그날 아침 방송으로 개전 사실을 알고 있다고 예측했다는 것 —이것은 그렇다고 치더라도, 둘째로 일본 본토에서는 선전(宣戰) 조칙이 아직 나오지 않았기 때문에 그럴 필요가 없는 상황에서 말하는 것은 적절치 못하다고 생각했던 것 —이것은 이미 조금 이상하다. 그러나 법정을 깜짝 놀라게 한 것은 세번째 이유였다. 그것은 다음과 같았다.

나는 그루 대사와는 오랫동안 알고 지내는 사이였기 때문에 그때 전쟁이라는 말을 입에 담고 싶지 않다는 느낌이 있었습니다. 즉 전쟁이라는 것을 말하는 대신에 두 나라의 관계가 이렇게 되어 헤어지게 된 것을 정말 유감으로 생각한다는 것을 말했던 것입니다(No.342).

이것은 대체 무슨 말인가. 사이가 나쁘다, 입장이 거북하다는 개인 사이의 감정이 각각 나라를 대표하는 외무상과 대사의 공식의, 그것도 가장 중대한 시기의 회견에 토오고오를 지배했으며, 눈앞에 이미 일어나고 있는 명백한 사태를 직절적으로 표현하기를 꺼려했다는 것이다. 게다가 토오고오의 그런 태도 이면에는 불의의 진주만 습격에 대한 양심의 가책이라는 감정도 뒤섞여 있었는지도 모르겠다. 어쨌거나 상대의 기분에 대한 배려도 이쯤되면 상대에 대한 최대의 모욕과 같은 것으로 된다. 그것을 노무라(野村) · 쿠루스(來栖) 대사와의 최후 회견 때 헐(Cordell Hull) 국무장관의 태도와 비교해보면 정말이지 아주 좋은 대조가 된다.

마침 그것과 비슷한 상황이 국내정치에서도 있었다. 요나이(米內) 내각이 삼국동맹 체결 문제로 육군과 충돌하여 총사직했을 때의 일이다. 그때 가장 미묘한 입장에 있던 것은 말할 것도 없이 하타(畑) 육군상이었다. 그가 수상에게 제출한 각서가 내각 붕괴의 계기가 되었던 것인데, 그 행동이 어디까지 그 자신의 주도 하에 나온 것인가, 아니면 변호측이 법정에서 주장한 것처럼, 오로지 칸인노미야(閑院宮) 참모총장이나 아나미(阿南) 차관 이하 군무국(軍務國) 내부의 의향에 강요당한 것인가 하는 것은 쉽게 가려 질 수 없다. 그것은 어떻든 간에 요나이는 다음과 같은 한 편의 에피소드를 말하고 있다(No.391).

내각 총사직 후에 하타(畑)를 제 방에 불러서, 제 기억으로는 다음과 같이 말했습니다. '귀하의 입장은 잘 안다, 고통이 컸을 것이다, 그러나 나는 아무것도 생각하지 않고 있다. 알고 있다, 마음을 편하게 먹고 걱정 하지 말라.' 나는 그의 손을 잡았습니다. 하타는 씁쓸하게 웃었습니다. 그 웃음은 일본인 특유의 체념한 듯한 웃음이었습니다. 그의 입장은 완전히 딱한 것이었습니다.

마치 「사과의 노래」(リンゴの歌)와 같은 문답이지만, 여기서도 지배적 인 것은 공(公)의 원칙이 아니라 사적인 상호간의 기분에 대한 추측이다. 하타의 육군상으로서의 행동이 위에서 말한 어느 경우에 속하건 간에 아마 요나이와의 회견에서 그가 취한 태도는 여기서 언급된 것과 큰 차이는 없 을 것이다. 그렇다 해도 중국 파견군 총사령관, 제2총군사령관(總軍司令 官)으로서 삼군(三軍)을 호령하며 원수부(元帥府)에 늘어섰던 장군도 여기 서는 얼마나 가엾고 초라한 모습으로 비치고 있는가.

일본 지배층을 특징짓는 이같은 왜소함을 가장 노골적으로 세계에 보여 준 것은 전범자들의 한결같은 전쟁책임 부정이었다. 그것은 피고의 태도를 하나하나 인용할 것까지도 없는 주지의 사실이므로, 키난(Keenan) 검찰 관의 최종 논고를 통해서 총괄해두기로 하자(No.371).

전직 수상, 각료, 고위의 외교관, 선전가, 육군의 장군, 원수(元帥), 해군 제독 및 궁내대신들로 구성된 현재 25명의 피고 전원으로부터 우 리는 하나의 공통된 답변을 들었습니다. 그것은 곧 그들 중의 누구 한 사람도 이 전쟁을 일으키고 싶어하지 않았다는 것입니다. 그것은 14년이란 기간에 걸쳐서 숨쉴 틈도 없이 일어난 일련의 침략행위인 만주사변, 이어서 일어난 중국전쟁 및 태평양전쟁의 어느 경우에도 그런 사정은 마찬가지였습니다……. 그들이 자신의 맡고 있던 지위의 권위, 권력 및 책임을 부정할 수 없으며 또 그것 때문에 전 세계가 깜짝 놀랄 정도로 그들 침략전쟁을 계속하고 확대해온 정책에 동의했다는 것을 부정할 수 없게 되자, 그들은 달리 선택할 길이 없었노라고 아무렇지도 않게 주장합니다.

이것만큼 동서의 전범자들이 법정에서 취하는 태도의 차이가 선명하게 나타난 적은 없었다. 예를 들어 괴링(Göring)은 오스트리아 병합에 대해서 이렇게 말했다. "나는 백 퍼센트 책임을 지지 않으면 안된다……. 나는 총통의 반대까지 기각시키고 모든 것을 최후의 발전단계로까지 이끌었다." [원주14] 그는 노르웨이 침입에 대해서는 '격노'했지만 그것은 사전에 통보를 받지 않았기 때문이었으며, 결국 공격에 동의하는 데 "나의 태도는 완전히 적극적이었다"고 자인하고 있다. 소련에 대한 공격에도 그는 반대했지만 그것도 결국 시기의 문제, 즉 영국이 정복되기까지 소련에 대한 작전은 연기하는 쪽이 좋다는 생각에서 그랬던 것이며 "나의 관점은 정치적·군사적 이유에 의해서만 결정되었다"고 확신한다. 얼마나 명쾌한가. 그것이야말로 유럽의 전통적 정신에 자각적으로 도전하는 니힐리스트의 명쾌함이며, '악'에 과감하게 눌러앉으려는 무법자의 호통인 것이다.

거기에 비하면 토오쿄오 재판의 피고나 많은 증인들의 답변은 하나같이 뱀장어처럼 미끈하면서 안개처럼 애매하다. 검찰관이나 재판장의 물음에 정면으로 답하지 않고 그것을 회피하거나 혹은 신경질적으로 물음의 진의를 예측하고서 미리 선수치는 답변을 한다. 요나이 코오세이(米內光政) 증

[원주14] 원주10과 같음.

인의 아무리 지나도 공허하기만 한 답변에 재판장이 화를 내면서 "내가 들은 증인들 중에서 이 총리대신이 제일 우둔하군" 하면서 꾸짖었다는 것은 당시 신문의 화젯거리가 되기도 했다. "그것으로는 답이 되지 않아요. 타당한 답은 예스 혹은 노예요"라는 말이 전체 공판 과정을 통해 수없이 반복되었을 것이다. 직업에 비추어 가장 명쾌한 답변을 한 듯한 군인이 실은 (그 업무가) 가장 애매한 그룹에 속한다. 오오시마(大島) 중장・전 주독(駐獨) 대사 같은 사람은 그 현저한 예이다. 예를 들어 1938년 삼국동맹 교섭의 경위에 관한 타브너 검찰관의 문답 한 구절을 보기로 하자.

　　검찰관 : 나의 질문에 답해주시지요. 내가 지금 말한 것과 같은 동맹 (독・영 전쟁이 발발할 경우, 일본의 참전을 의무로 하는 군사동맹을 가리킨다―마루야마)을 주장했습니까, 어떻습니까.

　　오오시마 : 하지 않았습니다(이전의 문답에서 이미 흔히 그렇다 아니다로 답하라는 주의를 받았다―마루야마)…(중략)…

　　검찰관 : 그와 같은 동맹을 맺는다는 리벤트로프(Ribbentrop)의 제안에 대해서 당신은 반대했습니까.

　　오오시마 : 일본에서 반대하고 있었습니다.

　　검찰관 : 내 질문에 답해주시오.

　　오오시마 : 나는 질문을 피하지 않습니다만, 그런 복잡한 것은 그렇다든가 아니라는 식으로 대답할 수 없습니다.

　여기서 다시 검찰관은 "방공(防共)협정(the Anti-Comintern Pact)을 체결하여 일본이 얻는 제 이익에 대하여 와카스기(若杉) 중령이 말한 것은 곧 오오시마 자신의 의견이 아닌가요"라고 물으며, 방공협정의 목적을 추궁한 데 대해 오오시마는 협정의 이익은 헤아리면 여러 가지 있지만 협정의 목적은 구술서에 있는 그대로라고 하면서 피했으므로,

검찰관 : 내가 당신에게 묻고 있는 것은…… 앞에서 한 질문에 들어 있
는 것과 같은 와카스기 중령이 말한 것은 곧 당신의 견해가 아닌가 하는
것입니다. 만약 그의 견해에 당신이 동의한다면 그렇다고 말하시오. 그
렇지 않다면 그렇지 않다고 말하시오.
　오오시마 : 부수적인 이익으로서는 그런 것이 부각되겠지요.

　다른 곳에도 특징적인 답변의 예는 있지만 너무 길기 때문에 생략하기로
한다. 어쨌거나 이처럼 애매하고 복잡한 자세가 일본어——라고 하지만 특
히 한자어——가 갖는 특유한 뉘앙스에 따라 한층 더 박차를 가하여 법정을
당혹하게 만들었다는 점을 간과해서는 안될 것이다. 말의 영혼이 발달한
나라답게 '폐하를 옹립한다' '황실(皇室)의 안태(安泰)' '내주'(內奏) '상시보
필'(常時輔弼) '적극론자'(積極論者)와 같은 모호한 내용을 가진 말——특히
황실 관계에 많다는 점에 주의——이 얼마나 판사나 검찰관의 이해를 어렵
게 만들었는지 모른다. 그런 용어의 마술에 의해 주체적인 책임의식은 점
점 더 애매해지고 만다. '대(大)아시아주의'라는 말의 뜻이 논쟁이 되었을
때 판사 측이 "우리는 행동에 대해 관심을 가지고 있을 뿐이며 말에는 관심
이 없다"(No.176)고 한 것은 어쩌면 자연스러운 일이었다. 참으로 변호인
측이 말하는 것처럼 팔굉일우(八紘一宇)가 Universal Brotherhood를
의미하며, 황도(皇道)가 '데모크라시의 본질적 개념과 일치한다'는 식의 자
유자재로운 이념으로 뭐라고 할 수 없었기 때문이다.
　그러나 그런 전범자들이 단순히 말로 얼버무려서 그 자리를 피하고 있었
다고만은 할 수 없다. 피고를 포함한 지배층 일반이 이번의 전쟁에서 주체
적 책임의식이 희박했다는 것은 수치를 모르는 교활함이라든가 천박한 보
신술이라든가 하는 개인도덕으로 귀착되기에는 너무나도 뿌리깊은 원인을
가지고 있다. 그것은 이른바 개인의 타락 문제가 아니라 뒤에서 보듯이 '체
제' 그 자체가 타락한(decadence) 상징인 것이다. 그것을 살펴보기 위해
서는 먼저 피고들이 과거의 자신의 행동을 전체적으로 어떤 근거에서 정당

화하려고 했는가 하는 것을 보는 것이 다른 무엇보다도 실마리가 된다. 거
기에 피고들이 살고 있던 생활환경에 내재되어 있는 정서가 가장 잘 반영
되어 있기 때문이다.

3. 일본 파시즘의 왜소성 — 1

피고들의 천차만별의 자기변호를 가려내보면 두 가지 큰 논리적 광맥에
다다르게 된다. 그것은 무엇인가 하면, 하나는 기정 사실에 대한 굴복이며
다른 하나는 권한으로의 도피이다.

먼저 첫번째의 그것부터 논의를 전개해가기로 하자.

기정 사실에 대한 굴복이란 무엇인가. 이미 현실이 형성되었다는 것이 그
것을 결국에는 시인하는 근거가 된다는 것이다. 거의 모든 피고들의 답변
에 공통되고 있는 것은, 이미 결정된 정책에는 따르지 않을 수 없었다, 혹
은 이미 시작된 전쟁은 지지하지 않을 수 없었다는 논거이다. 예를 들어 시
라토리(白鳥)는 스가모(巢鴨) 감옥에서 심문받을 때 "당신은 1931년부터
종전에 이르기까지 만주 및 중국에서 침략적이었던 군벌에 대해서 호감을
가지고, 그들의 친구가 되지 않았던가"라는 물음에 대해서, "저는 그들의
친구는 아닙니다……. 그들을 편들었다는 것은 아니지만, 그러나 그들이
이미 한 일에 대해서는 표면상으로는 그럴 듯해서…… 그렇게 하지 않으면
안되었던 것입니다"라고 했다. 또 "당신은 이른바 중일전쟁에 찬성했습니까
반대했습니까"라는 샌더스키(Sandusky) 검찰관의 질문에 대해서 "저는
그 전쟁을 빨리 해결하고 싶다는 생각이었으며, 반대라든가 찬성이라든가 하
는 것은 이미 제기되었기 때문에 적절한 표현은 아니라고 생각합니다만……"
이라고 답하고 있다(No.332). 오오시마도 삼국동맹에 찬성했는가 하는
물음에 대해서 "그것이 국가의 정책으로 결정되었으며 대중도 지지하고 있
었으므로 저도 물론 그것을 지지하고 있었습니다"라고 변명하고 있다

(No.297). 중요한 것은 그 변명이 실질적으로 성립되는가 아닌가 하는 것이 아니다. 주지하듯이 오오시마와 같은 사람은 삼국동맹에서도 가장 주도권을 행사했던 사람들 중의 한 사람이다. 여기서 문제가 되는 것은 스스로현실을 만들어내는 데 기여하면서, 현실이 그렇게 만들어지면 이번에는 거꾸로 주위나 대중의 여론에 기대려고 하는 태도 그 자체인 것이다.

다음으로 키도(木戶)의 경우를 보기로 하자. 그것 역시 삼국동맹과 관련된 것이다(No.297).

검찰관 : 다음의 문제에 대해서는 그렇다 아니다로 간단하게 답할 수있다고 생각합니다. 나의 질문은 히라누마(平沼) 내각 당시, 당신은 내내 독일의 군사동맹에 반대한다는 입장을 취하고 있었는가 아닌가 하는것입니다.

키도 : 저 개인으로서는 그 동맹에 반대했습니다. 그러나 각료회의에서그 문제에 대한 연구가 꾸준히 계속되었으며, 제가 그 문제를 총리로부터 들은 것은 3월경이었습니다. 그래서 현실의 문제로서는 그것을 절대적으로 거부하는 것은 어려웠다고 생각합니다.

마찬가지로 토오고오(東鄉)도 삼국동맹에 대해서 토오죠오(東條) 내각의 외무상에 취임했을 때 찬성이었는가 반대였는가 하는 물음에 대해, (그도 구술서에서는 독일과의 관계 강화에 반대하기 위해 모든 힘을 다 기울였다고 말하고 있다) "제 개인적 의견은 반대였습니다만, 모든 사물에는 흐름이라는 것이 있습니다……. 즉 이전에 결정된 정책이 일단 기정사실이 된 이상은, 그것을 바꾸는 것은 그렇게 간단한 일이 아닙니다. 운운"이라고 답했다. 또 제81회 의회에서 삼국동맹을 찬양하는 연설을 한 것을 지적당하자, "그때 제 개인적인 감정을 공적인 연설에 포함시킬 수 있는 여지는 없었습니다……. 저는 당시 일본의 외무대신으로서 그런 식으로 말했으며, 또 말하지 않을 수 없는 자리에 있었다는 것을 말씀드리는 쪽이 가장 정확하다고 생각합니다"라고 말하고 있다(No.340). 여기서도 과연 키도나 토오고오가 어느 정도까지 진지하게 삼국동맹에 반대했으며 또 반대행동을 취했는가 하는 의문은 잠시 제쳐두더라도, 중대한 국가정책에 관해서 자신이 믿는 견해에 충실한 것이 아니라 오히려 그것을 '사사로운 정'으로 말살시키고 주위에 따르는 쪽을 택하고 그것을 도덕(moral)으로 삼는 그런 '정신'이야 말로 문제인 것이다.

만주사변 이래 계속해서 일어난 정치적 사건이나 국제협정에 거의 반대 했던 취지를 말하고 있는 피고들의 구술서를 읽어보면, 실로 그러한 일련의 역사적 과정은 인간의 능력을 초월한 천재지변과 같은 느낌을 안겨준다. 픽셀(Colonel Fixel) 검찰관이 코이소(小磯) 피고의 구술서에 대해 한 다음과 같은 말은 그처럼 변명하는 자세를 너무나도 통렬하게 찌르고 있다(No.37).

······당신은 1931년의 3월사건에 반대했으며, 당신은 또 만주사변의 발발을 저지하려고 했으며, 또한 당신은 중국에서의 일본의 모험에 반대 했으며, 또한 당신은 삼국동맹에도 반대했으며, 또 당신은 미국에 대한 전쟁에 돌입하는 것에도 반대를 표명했으며, 나아가 당신이 수상이었을 때 중국사건의 해결에도 노력했습니다. 그렇지만······ 그 모든 것에서 당신의 노력은 보기좋게 분쇄되었으며, 또 당신의 사상이나 당신의 희망이 실현되는 것을 방해받았다는 것을 말하고 있습니다. 그러나 만약 당신이 정말 양심적으로 이들 사건, 이들 정책이라는 것에 동의하지 않았으며, 그리고 실제로 그것들에 반대했다면 어째서 당신은 잇달아 정부 부처 내에서 중요한 지위에 나아가는 것을 당신 자신이 받아들였으며, 그리고···· 자신은 결사적으로 반대했다고 말하고 있지만, 어째서 스스로 그런 아주 중요한 사항들을 실행하는 지도자의 한 사람으로 되어버렸는지요?

그리고 그것에 대한 코이소의 답은 지금까지 본 사례와 마찬가지로 "우리 일본인의 방식으로는 자신의 의견은 의견, 논의는 논의라 하여 적어도 국가정책이 결정된 이상, 우리는 그 국가정책에 따라서 노력한다는 것이 우리에게 부과되어 있는 종래의 관습이며 또 존중받는 방식입니다"라는 것이었다.

위와 같은 사례를 통해서 결론내릴 수 있는 것은, 여기서 '현실'이라는 것이 계속해서 만들어지는 것 혹은 만들어져가는 것으로 생각되지 않고서, 만들어져버린 것, 아니 더 분명하게 말하자면 어디선가 일어난 것으로 생각되고 있었던 것이다. '현실적'으로 행동한다는 것은, 그러므로 과거에의 긴박 속에서 살고 있다는 것으로 된다. 따라서 또 현실은 언제나 미래에의 주체적 형성으로서가 아니라 과거로부터 흘러온 맹목적인 필연성으로 파악된다. 그런 의미에서 1940년 7월 26일 그루 대사와 마쯔오카(松岡) 외무상의 최초 회담이 열렸을 때, 두 사람 사이에 교환된 대화는 암시로 가득 차 있다. [원주15]

마쯔오카 씨는 거기서, 역사는 급격하게 움직이는 세계에서는 반드시 제어할 수가 없는 맹목적인 세력의 작용에 근거하고 있는 바가 크다고 말했다. 나(그루)는 그런 맹목이 역사에 작용한 것은 인정하지만, 외교와 정치의 주요한 의무의 하나는 그런 힘을 건전한 길로 끌어들이는 것이며, 가까운 장래에 그와 내가 일본과 미국 관계의 현상(現狀)을 두 사람이 올바른 정신으로 거기에 접근해간다는 확신을 가지고 탐구한다면, 그가 생각하고 있는 맹목을 유용하게 지휘하는 데 크게 공헌할 수 있을 것으로 생각한다고 말했다.

여기에 주체성을 상실해버리고 맹목적인 외부세력에 끌려다니는 일본 군국주의의 '정신'과 목적-수단의 균형을 끊임없이 고려하는 실용적인 '정

[원주15] 그루, 앞의 책, 하권, 49쪽.

신'이 뚜렷한 대조를 이루면서 드러나고 있지 않은가.[원주16] 그러면 그것은 나치즘에서는 어떠했는가. 히틀러는 1939년 5월 23일에 이미 폴란드 문제에 관해서 다음과 같이 말하고 있다.[원주17]

이 문제의 해결은 용기를 필요로 한다. 기존의 정세에 자신을 적응시킴으로써 문제의 해결을 피하려고 하는 그런 원칙은 허용될 수 없다. 오히려 정세로 하여금 자기에게 적응하도록 해야 할 것이다. 그것은 외국에 침입해 들어가거나 또는 외국의 영지를 공격하는 길 이외에는 불가능하다.

그것은 또 그루가 말하는 것과는 다른 의미에서의, 이른바 마키아벨리즘적인 주체성이며, 여기서도 정치적 지도성의 명확한 표현을 엿볼 수 있다. 폴란드 침공은 그런 나치 지도자의 충분한 전략적 검토와 주도하에서 적극적으로 선택된 방법이었다. 본래 그 시기의 나치의 정세판단은 반드시 옳지는 않았으며, 특히 유럽 전쟁의 후반기가 되면 될수록 냉정한 타산은 필사적인 결단에 자리를 내주게 된 것은 사실이다. 그러나 그렇다 하더라도 시종일관 '객관적 정세'에 휘말려들어 질질 끌려다니다가 흐지부지하는 동안에 깊게 빠져든 군국주의 일본의 지도자와는 도저히 같은 차원에서 논할 수는 없다. 이 점에서는 뒤에서 말하듯이, 오히려 제1차세계대전에서의 독일제국이나 차르 러시아의 경우와 비교해야 할 것이다.

앞에서 말한 것처럼, 일본의 최고권력을 장악한 사람들이 실은 자기 부

[원주16] 이미 마쯔오카는 1940년 삼국동맹에 관한 추밀원(樞密院) 회의에서도 "일본과 미국의 전쟁은 숙명적인 것이다"라고 했으며(No.76), 이듬해인 1941년 5월 일·소중립조약과 삼국동맹의 관계에 대해서, 오트(General Ott) 주일 독일대사와 회담할 때에도 "독일이 소련 연방과 충돌할 경우, 일본의 어떤 총리대신도 외무대신도 일본을 중립적으로 유지하는 일은 결코 있을 수 없을 것이다. 그 경우 일본은 자연히 필연적으로 독일 측에 대해 러시아를 공격하도록 촉구할 것이다"(오트가 독일 외무상에게 보낸 전보. No.107)라고, 멋대로 숙명적 필연론을 펼치고 있다.

[원주17] 뉘른베르크 판결록에서 인용.

하들의 로봇이며, 그 부하들은 또 현지에 파견된 군부와 그것과 결탁한 우익 낭인(浪人)이나 부랑자들에게 끌려다녔으며, 그런 익명의 세력이 만든 '기정사실'을 조급하게 따라가지 않을 수 없었던 까닭의 심리적 근거도 자연히 밝혀질 것이다. 전쟁 이전이나 전쟁 기간을 통해서, 어전회의(御前會議), 대본영(大本營)정부연락회의, 최고전쟁지도회의라는 식으로 이름만 엄숙한 회의가 국가정책의 최고방침을 결정하기 위해 몇 번인가 열렸지만, 그 기록을 읽는 사람은 토의의 공허함에 다시 한 번 놀라게 된다.[원주18] 사실대로 말하면, 거기서의 토의 내용은 미리 그런 회의의 간사──단지 서기 내지 연락원에 지나지 않는다고 무토오(武藤) 등이 주장하는 바의──인 육군과 해군의 군무국장이나 참모본부·군령부 차장에 의해 준비되고 있었으며, 좀더 나아가면 간사 밑에는 군무국원이나 참모본부 요원이 간사 보좌로 붙어서 실질적인 안(案)을 결정하고 있었던 것이다. 그리고 군무국에는 우익의 그야말로 슈먼(Schuman)이 말하는 열성주의자나 과대망상증환자가 드나들고 있어서, 반쯤은 관료이고 반쯤은 무법자인 영관급 요원들과 더불어 기염을 토하고 있었다. 게다가 그들조차도 관동군(關東軍)이나 중국파견군을 반드시 통제할 수는 없었다. 하물며 내각이나 중신(重臣)들은 저런저런 하면서 사태의 진전을 바라보고만 있었으며, 투덜투덜 푸념하면

──────────

[원주18] 이같은 최고회의의 공허함은 한편으로는, 각자가 슬로건적인 언사로써 마음에도 없는 큰소리친다는 위에서 말한 '허약한 정신'에서 유래한다. 그런 경향은 회의 내용이 군당국의 출석자를 통해서 곧바로 아래의 '무법자'들에게 새어나갈 가능성 아니 현실성에 의해서 한층 더 촉진되었다. 1945년 4월 5일 후계내각 추천에 관한 중신(重臣)회의에서 각 멤버들의 발언 방식 같은 것은 그런 의미에서 실로 '함축성'이 있다. 이른바 중신들 사이에서도 얼마나 의사소통이 결여되어 있었으며, 서로 속을 떠보는 탐색전이 이루어졌는가를 보여주는 것으로 키도의 구술서에 서술되어 있는 한 예를 들어보기로 하자.──종전(終戰)이 되던 해 6월 13일, 키도가 스즈키와 전쟁종결에 대해 말했을 때, 요나이 해군상이 "수상이 아직 상당히 강경해 보인다"고 말한 것이 전해지자, 스즈키는 웃으면서 "요나이가 아직 상당히 강경하다고 생각하고 있습니다만, 어떻습니까" 하고 웃었다. 이에 키도는 "의외로 두 사람의 생각이 일치되고 있다는 것을 알았다"──는 것이다. 요나이와 스즈키 사이에서조차 그러했던 것이다.

서 그 '필연성'에 순응할 따름이었다. 그리고 유조구(柳條溝)나 노구교(蘆溝橋)에서의 총성 한 발은 걷잡을 수 없이 확대되어갔으며, '무법자'의 음모는 점차로 계서제의 상급자에 의해 기정사실로서 추인받아 최고 국가정책으로까지 상승되기에 이르렀던 것이다.[보주4]

군대를 중핵으로 하는 반(反)민주주의적·권위주의적 이데올로기의 총진군이 시작되는 것과 병행하여 군 내부에 '하극상'(下剋上)으로 불리는 역설적인 현상이 격화되어갔다는 것도 주지하는 그대로이다. 3월사건과 10월사건이 거의 처벌다운 처벌없이 끝났다는 것이 그 이후 잇달아 일어나는 테러리즘을 촉진시켰다는 사실은 도저히 부정할 수 없다. 10월사건 같은 것은 근위보병 1·3의 병력을 동원하고, 가스미가우라(霞ヶ浦)로부터 해군폭격기를 출동시켜서, 수상관저의 각의 장소를 습격하여 각료를 모두 암살하고, 참모본부와 육군성을 포위하여 상관에게 강제로 군의 명령을 발하게 하는 대규모 테러에 의한 쿠데타 계획이었지만, 그때 이미 미나미(南)육군상, 스기야마(杉山) 차관 등은 폭도를 통제할 힘이 없었으며, 그 계획에서 수상으로 지목되고 있던 아라키(荒木)에게 무마를 부탁하는 형편이었다. 그러므로 주모자를 보호·검거해도 도저히 엄벌에 처할 수는 없었으며, 결국 흐지부지되고 말았다.[원주19]

이듬해 3월, 나가타(永田) 군무국장이 키도(木戶)·코노에(近衛) 등으로부터 사건의 시말을 질문받고서 "본래는 육군 형법에 의해 처단할 수 있는 것이지만, 그 동기성 여부나 국군의 위신 등을 고려하여 행정처분으로 마무리했다"고 답하고 있다(『木戶日記』). 갱의 처벌이 아니라 거꾸로 그것

[원주19] 이 사건에서 활약한 하시모토 킨고로오(橋本欣五郎)나 쵸오 이사무(長勇) 등은 만주사변이 발발한 다음날부터 거의 매일 밤낮으로 토오쿄오 각지의 요정에서 기거하면서, 때때로 위관급 장교들을 모아 "사기를 고취시킬 목적으로 연회를 열고" 있었다(田中淸少佐手記·岩淵辰雄,『軍閥の系譜』, 67쪽). 쵸오 이사무 등과 같은 장교는 곧바로 칼을 뺄 듯한 광적인 무법자였지만, 이 사건의 계획에서는 정권탈취 후 경시총감(!)이 될 예정이었다. 만약 그것이 성공했다면 일본에도 나치형(型)의 파시즘에 가까운 것이 생겨났을는지도 모른다.

과의 타협에 의해서 불법적인 기정사실을 승인하지 않을 수 없는 지경에까지 '위신'을 잃어버리고 있는 군대의 실정이 여기서 폭로되고 있다.[보주5]

게다가 그와 같은 군의 위계적 지도성의 상실이 거꾸로 수평적 관계에서는 자신의 주장을 관철시키는 수단으로 이용되었다. 육군대신이 각의나 어전회의 등에서 어떤 조치에 반대하거나 혹은 어떤 조치의 채택을 강요하는 근거는 언제나 정해져 있어서 "그것으로는 군 내부가 조용하지 않기 때문에"라든가 "그것으로는 군의 통제를 보증할 수 없기 때문에"라는 것이었다. 예를 들면 1940년 초 아베(阿部) 내각이 사직했을 때 군부는 코노에(近衛)를 추대하면서, 우가키 카즈시게(宇垣一成)도 이케다 세이힌(池田成彬)도 안된다고 강력하게 주장했다. 코노에는 "우가키가 안된다는 것은 지금까지의 경위로 보아 일단 수긍할 수 있지만 이케다까지 안된다는 것은 어째서인가 하는 생각이 든다. 육군상이 좀 말려보면 어떨까" 하고 하타(畑)에게 말하자, 하타는 "보잘 것 없는 힘으로는 도저히 말릴 수가 없다. 강하게 나가면 2·26과 같은 일이라도 일어나지 않을까 우려하고 있다"고 답하여 코노에를 놀라게 만들고 있다.[원주20]

이런 에피소드는 2·26 이후의 '숙군'(肅軍)이라는 것의 실체를 보여주고 있다는 의미에서도 매우 흥미롭다. 그리고 그같은 논리는 앞에서 말한 계서제에 점차로 전가되어 하강하게 된다. 군무국장이 가만있지 않기 때문에—군무과원이 가만있지 않기 때문에—현지 군부가 가만있지 않기 때문에[보주6]라는 식으로, 그리고 마지막에는 국민이 가만있지 않기 때문에라는 식으로 된다. '국민'(國民)이라는 것은 앞에서도 말한 것과 같은, 군무과 주변에 들락날락거리는 우익 패거리들이며 또한 그 배경을 이루고 있는 재향군인, 기타 지방의 지도층이다. 군부는 흔히 우익이나 보도기관을 사용하여 그런 계층에 배외주의나 열광적인 천황주의를 선동했으며, 그렇게 타올라간 '여론'에 의해 거꾸로 구속받아 사태를 점점 더 위기로까지 끌고나

[원주20] 近衛手記, 『平和への努力』, 137~138쪽.

가지 않을 수 없었다. 삼국동맹으로부터 미국·일본의 교섭의 결렬에 이르는 과정에는 특히 심했다. 1941년 10월경에는 이미 군부 자체가 '국민'에 대해서 어떻게 할 수 없는 상황에 몰려 있었던 것이다. 미국·일본 교섭에서 가장 어려웠던 문제가 중국으로부터의 철수 문제였다는 것은 기정사실의 중압이 얼마나 컸었는지를 말해주고 있다. 토오죠오는 쿠루스(來栖) 대사가 미국에 파견될 때에도 그 조항만은 절대 양보할 수 없다는 것을 거듭해서 강조했으며, 만약 그 점을 양보하게 되면 "야스쿠니(靖國) 신사(神社) 쪽을 향해서 잠을 잘 수 없다"고 했다(來栖三郞, 『泡沫の三十五年』, 72쪽). 마쯔이 이와네(松井石根) 역시 『대아세아주의』(大亞細亞主義)에서 말하기를 "지금 영국·미국과 타협하여 앵글로 색슨과의 협력에 의해 사후처리에 임하려는 생각을 한다면, 어떻게 10만 영령들에게 얼굴을 들 수 있겠는가. 무릇 10만 영령의 이름으로 나는 미국에 대한 타협에 절대적으로 반대하는 것이다"(「事變處理と對美問題」, 위의 책, 1941년 7월호)라고 기세를 올리고 있다. 국민이 가만있지 않는다는 논리는 한층 더 비약하여 '영령'들이 가만있지 않는다는 데까지 가고 말았다. 과거에의 긴박은 여기에 이르러 극에 달한 것이다.

그런데 여기에 한 가지 문제가 있다. 필자는 일찍이 일본의 사회체제에 내재하는 정신구조의 하나로서 '억압 위양의 원리'라는 것을 지적했다.[원주21] 그것은 일상생활에서의 상위자로부터의 억압을 하위자에게 순서대로 떠넘김으로써 전체의 정신적인 균형이 유지되고 있는 그런 체계를 의미한다. 그 원리는 대체 앞에서 말한 일본 파시즘 체제의 '하극상'적 표현과 어떻게 관련되어 있는 것일까. 양자는 서로 모순되는 것일까. 그렇지는 않다. '하극상'은 억압 위양이라는 방패의 반쪽 면이며, 억압 위양의 병리 현상이다. 하극상이란 필경 익명의 무책임한 힘의 비합리적인 폭발이며, 그것은 아래로부터의 힘이 공공연하게 조직화되지 않은 사회에서만 일어난다. 그것은

[원주21] 이 책 제1부 제1장 「초국가주의의 논리와 심리」 참조.

이른바 뒤집힌 민주주의이다. 정말로 민주적인 권력은 공공연하게 제도적으로 아래부터 선출되고 있다는 것을 프라이드로 가질 수 있는 한에서 오히려 강력한 정치적 **지도성**을 발휘한다. 그것에 대해 오로지 위로부터의 권위에 의해서 통치되고 있는 사회는 통치자가 왜소화된 경우에는 오히려 전전긍긍, 부하 혹은 다른 피지배자 계층의 동향에 신경을 쓰며, 하위자 중의 무법자 혹은 무책임한 부랑자들의 의향에 실질적으로 끌려다니는 결과가 되는 것이다.

억압 위양의 원리가 행해지고 있는 세계에서는 계서제의 최하위에 위치한 민중의 불만은 이미 이양할 장소가 없기 때문에 필연적으로 바깥을 향하게 된다. 비민주주의국가의 민중이 열광적인 배외주의(排外主義)에 사로잡히기 쉬운 까닭이 여기에 있다. 일상생활의 불만까지도 모두 배외주의와 전쟁을 기다리는 기분 속으로 흘러들어가게 된다. 그리하여 지배층은 불만의 역류를 방지하기 위해서 스스로 그런 경향을 부채질하면서, 도리어 위기적 단계에서 그런 무책임한 '여론'에 굴종하여 정책결정의 자주성을 잃어버리는 것이다.[원주22] 일본에서 군 내부의 하극상적 경향, 그것과 결부된 무법자의 날뜀이 군축문제와 만주문제라는 국제적인 계기로부터 격화되어갔다는 것은 우연이 아닌 것이다.

마이네케(F. Meinecke)는 일찍이 기계문명이 낳은 대중의 등장과 군사기술의 발달로 인해 본래 정치의 수단이어야 할 군비(軍備)기구가 무시

[원주22] 그루 전(前) 대사는 1941년 11월 3일자로 국무성에 다음과 같은 보고를 보내고 있다. "일본의 정치사상은 중세적인 것으로부터 자유주의적 사상에까지 널리 퍼져 있으며, 따라서 여론은 고정되어 있지 않다. 일본 국외에서 일어나는 것과 정세의 충격은 어느 시기에 사상의 어떤 파(派)가 우세하게 되는가를 결정하는 경우가 있다. 그리고 그루는 그 뒤에 주(註)를 달아 이렇게 말하고 있다.
"민주주의 국가에서는 외교정책에 영향을 미치고 그것을 지휘하는 한 무리의 원칙이 같은 종류의 같은 것이기 때문에, 그리고 또 의견의 차이를 야기시키는 것이 오히려 방법이므로 여론은 다른 방식으로 형성된다."
여기에 외교정책이 도리어 민주주의 국가에서 비교적 안정적이며 일원화되어 있는 까닭이 간결하게 나타나고 있다.[보주7]

무시한(dämonisch) 힘으로 자기운동을 개시하게 되었다는 것, 다른 한편
으로 대중의 동향을 정치가가 통제할 수 없게 되었다는 것을 지적하고, 19
세기 후반부터 명쾌한 '국가의 필요성'(Staatsnotwendigkeit)이 모호한
'국민의 필요성'(Volksnotwendigkeit)으로 대체된 취지를 논하여, 그것
을 국가이성(Staatsräson)의 위기라고 불렀다.[원주23] 여기서 그는 제1차
세계대전에서의 독일의 예를 염두에 두고 있는데, 과연 그의 단정은 그처
럼 일반화될 수 있는 것일까. 적어도 군사기구의 그같은 정치를 넘어선 자
기운동 내지는 국민들 사이의 무책임한 강경론 등 제1차 전쟁 직전의 독일
과 이번의 일본 사이에서 볼 수 있는 현저한 유사성은 두 제국이 국가 및
사회체제에서 모두 권위적·계층적인 구성을 가졌으며, 더구나 그 정치적
지도자들이 모두 왜소했다는 사실과 분리시킬 수 없을 것으로 생각되는 것
이다.

4. 일본 파시즘의 왜소성 — 2

그런데 토오쿄오 재판의 전범자들이 거의 공통적으로 자신의 무책임을
주장하는 제2의 논거는 소추(訴追)되어 있는 사항이 관제상의 형식적 권한
범위에 속하지 않는다는 것이다. 변호인 측의 주장은 그 점에 실로 근사하
게 보조를 맞추고 있었다.

가야(賀屋)나 호시노(星野) 같은 관료 중의 관료가 "단순히 행정관이었
다는 사실" "일생 동안 한 사람의 관리"라는 것을 근거로 삼았던 것은 물론
이고, 그 외에 예를 들면 오오시마(大島)의 변호인은 "피고 오오시마에 관
해서 고소되어 있는 행위는 독립국의 대표로서 그의 합법적인 직무의 행사

[원주23] F. Meinecke, *Die Idee der Staatsräson in der neueren Geschichte*, 1924,
S.527~529.

에 관해서 이루어진 것이라는 점" "단순히 외교사무기구를 통해서 전달 및 암호 번역의 임무를 맡고 있었을 뿐"(커닝햄 변호인의 공소 각하 진술. No.161)이라 했다. 오카(岡, 전 해군성 군무국장)의 변호인도 "피고에 관해서 제출되어 있는 모든 증거는 그의 지위가 언제나 비서관 또는 연락관적인 것이어서 그가 아직 정책결정을 할 만한 자리에 이르지 못했다는 것을 보여주고 있습니다. 그에 의해서 전달되거나 그 또는 그의 부하에 의해 입안된 모든 통첩에는 그의 상관의 다양한 결정이 포함되어 있었습니다"(로렌 변호인. No.161)라고 했다. 무토오(武藤, 전 해군성 군무국장)에 대해서도 "그는 군인으로서의 경력의 대부분을 통해서 종속적 지위에 있었다는 것이 분명하게 입증되고 있습니다……. 즉 정책을 결정하는 것은 그의 상관이며, 그의 임무는 세계의 어떤 곳에서도 승인되고 있는 군의 개념이 보여주듯이 상관의 명령을 실천에 옮기는 것이었습니다"(No.161)라고 변호하고 있다. 이들의 변호는 각각 피고 자신의 이데올로기의 반영에 다름아니다.

예를 들어 무토오 아키라(武藤章)의 심문 조서에서 인용해보면, 그는 일본군의 남경(南京), 마닐라에서의 학살사건에 대해 질문을 받고서, 그와 같은 불상사의 발생이 시베리아 출병 무렵부터 시작되었다는 것, 군의 소양을 높이기 위해서 교육방법이 장교들 사이에서 토의되었다는 것, 자신이 오랫동안 교육통감부에 있었으므로 진정한 군대교육에 깊은 관심을 가지고 있었다는 것 등을 말한 후에, 심문에 대해서 다음과 같이 답하고 있다 (No.159).

문 : 1918년 시베리아 출병 후 나타난 것을 귀하가 알아차렸다는 그런 결함을 바로잡기 위해서, 그 이후 육군에 입대하려던 청년의 훈육 및 교육을 어떻게 개혁하려 했습니까.
답 : 일본군이 시베리아에 파견될 당시는 제가 단지 일개 소위였으므로, 설령 그것을 알았다 하더라도 아무것도 할 수 없었습니다.

문 : 그러나 귀하가 군의 훈련을 담당하는 고급 부관이라는 직책에 따르는 힘을 가졌을 때, 훨씬 이전인 1918년에 알아차렸던 그 약점을 개선하기 위해서 어떤 일을 했습니까.

답 : 육군 중장이 된 이후라 하더라도, 저는 사단장이 아니었으므로 아무것도 할 수 없었습니다. 어떤 것을 실행하려면 사단장이 아니면 안됩니다.

문 : 군무국장이 되었을 때는 어떠했습니까.

답 : 군무국장은 단순히 육군대신의 일개 부하에 지나지 않습니다. 그래서 그런 문제에 대해서 명령을 내릴 수 있는 권한이 없습니다.

문 : 만약 귀하가 사단장이었다고 가정하거나 혹은 학교에서 교육이나 훈육을 담당했다고 하면, 귀하는 1915년 이후 알았던 그런 약점들을 개선·강화하기 위해 학교에 대해서 명령을 내렸겠지요.

답 : 네. (증인 웃음)"

마지막 질문에 대해 긍정하면서 무토오가 웃은 것은 아마도 멋쩍었기 때문일 것이다. 더구나 피고들의 단지 중앙 부서에서의 행동만이 아니라, 제1선의 사령관으로서의 행동에 대해서도 역시 '법규'와 '권한'이 방패가 되었던 것이다. 그리고 남경(南京) 학살사건에 대한 놀랑(Brigadier Nolan) 검찰관과 마쓰이 이와네 전(前) 대장의 문답을 다소 길긴 하지만 인용해보기로 하자(No.320).

검찰관 : 조금 전에 당신은 군기(軍紀), 풍기(風紀)는 당신 부하 사령관의 책임이라는 내용의 말을 했지요.

마쓰이 : 사단장의 책임입니다.

검찰관 : 당신은 중국 지역의 군사령관이었지 않습니까.

마쓰이 : 그렇습니다.

검찰관 : 그렇다면 당신은 그 중국지역의 군사령관의 직책이라는 것에

당신의 휘하에 있는 부대의 군기, 풍기의 유지에 대한 권한이 포함되지 않았다고 말하려는 것입니까.

마쯔이 : 저는 지역군 사령관으로서 부하의 각 군의 작전지휘권을 부여받고 있었지만, 그 각군 내부의 군기, 풍기를 직접 감독하는 책임은 지고 있지 않았습니다.

검찰관 : 그러나 당신의 휘하 부대에서 군기, 풍기가 유지되도록 감독하는 권한은 있었지요.

마쯔이 : 권한이라기보다도 오히려 의무라고 하는 쪽이 옳다고 생각합니다.……(中略)

검찰관 : 그 의미는 당신이 지휘하는 군대 가운데에는 사령관도 있었기 때문이라는 말이겠지요. 그리고 당신은 그들 군사령관을 통해서 군기, 풍기에 관한 부분의 제반 시책을 수행했다는 것이지요, 즉 징벌(懲罰)을 했다는 것이죠.

마쯔이 : 제 자신에게 그것을 징벌 혹은 재판할 권리는 없습니다. 그것은 군사령관, 사단장에게 있는 것입니다.

검찰관 : 그러나 당신은 군 또는 사단에서 군법회의를 개최할 것을 명령할 수는 있었지요.

마쯔이 : 명령할 수 있는 법규상의 권리는 없었습니다.

검찰관 : 그러면 당신이 남경에서 행한 폭행에 대해서 엄격한 벌로써 응징하고자 했으며, 그렇게 하기 위해 열심히 노력했다는 것을 어떤 식으로 설명하겠습니까. (후략)

마쯔이 : 전체적인 지휘관으로서 부하인 군사령관, 사단장에게 그것을 바라는 수밖에 달리 권한이 없었습니다.(!)

검찰관 : 그러나 군을 지휘하고 있는 장관이 부하에게 그런 희망을 표명할 경우에는 명령 형식으로 행해질 것이라고 저는 생각합니다만…….

증인 : 그 점은 법규상 아주 어려운 문제입니다.

위의 문답을 잘 읽어보면, 마치 검찰관이 소속된 국가보다도 마쯔이 쪽이 더 근대적인 '법의 지배'가 이루어지고 있었던 것과 같은 착각이 든다. "상관의 명령을 곧 짐(朕)의 명령이라 생각하라"라는 칙유(勅諭)를 최후 수단(ultima ratio)으로 삼은 '황군'(皇軍)의 현지 총사령관은 여기서는 그야말로 법규를 범하지 않기 위해 전전긍긍하고 있으며, 직접적인 권한 이외의 것은 부하에 대해서도 희망을 표명하는 데 그치고 마는 소심한 관리로 변모하고 있는 것이다.

이들 피고들의 태도도 결코 단순히 그 자리에서 생각해낸 책임회피는 아니다. 피고의 대부분은 실제로 제국의 관리들이며, 그들이 아무리 정치적으로 행동한다 하더라도 그들의 혼(魂) 밑바닥에는 언제나 막스 베버가 말하는 '관료정신'(Beamtengeist)이 잠재되어 있다. 그러므로 자신에게 불리한 상황이 되면 언제라도 법규에 규정되어 있는 엄밀한 직무권한에 따라서 행동하는 전문관리(Fachbeamte)가 될 수가 있는 것이다. 그 중에서도 그런 '장치'를 위해서 백 퍼센트 이용된 것이 구(舊)헌법이 규정하고 있는 통수대권(統帥大權)과 편성대권(編成大權)의 구별이며, 나아가서는 국무대신의 단독 보필제도 및 국무·행정대신의 중복제(重複制)였다. 군의 정치관여가 군무국(軍務局)이라는 통수(統帥)와 국무(國務)의 접촉 창구를 통하여 광범위하게 이루어진 사실은 새삼스레 말할 것까지도 없을 것이다.

그런 의미에서 무토오가 군무국의 역할에 대해 한 다음의 말은 실로 함축성으로 가득 차 있다. "육군대신은 각의에서 결정한 사항을 실행하지 않으면 안됩니다. 그러기 위해서는 정치적 사무기관이 필요합니다. 군무국은 바로 그런 정치적 사무를 담당하는 기관입니다. 군무국이 하는 것은, 그런 정치적 사무이지 정치 그 자체는 아닙니다"(구술서. No.313). 그것이 무토오의 군무국장으로서의 바람직한 정치적 활약의 정당화 근거이다. 그의 일은 정치적 사무이기 때문에 정치에 대해서 뭐라고 말할 수 있지만, 정치적 사무이기 때문에 정치적 책임을 지지는 않는다는 것이었다.

군정(軍政) 계통의 육(해)군대신-차관-군무국이라는 계열과 작전·용병(用兵)을 담당하는 참모총장(軍令部 總長)-차장-참모본부(군령부)의 각 과(課)라는 계열 사이에도 소관 사항에 대해서 당연히 수없이 교착되는 측면이 있는데, 토오쿄오 재판에서는 양자가 서로 다른 쪽에 책임을 떠넘기는 장면을 흔히 볼 수 있었다(예를 들면 포로에 대한 대우 규정과 같은 것). 특히 국방계획의 결정이나 현지에서의 전쟁 확대에 관한 책임을 당시의 육(해)군대신에게 추궁하게 되면, 한결같이 통수대권에 뭐라고 말할 수 없다는 이유를 내세웠다. 그런데 통수부 측의 말을 들어보면, "한 국가의 작전계획이라는 것은 그 국가의 국가정책에 기초하여 만들어지는 것이다. 그런데 육군성에서 그런 국방정책이라는 것을 담당하게 되어 있습니다. 또 국방의 대강에 관한 것도 육군성이 주관하는 것입니다. 그래서 참모총장이 맡고 있는 것은 국방의 용병에 관한 것입니다……. 작전계획이라는 것이 국가정책이나 국방정책으로부터 완전히 분리, 독립적으로 결정된다는 것은 이론상으로 있을 수 없는 일일 뿐만 아니라 사실에서도 그런 일은 없었습니다"(타나카 신이찌(田中新一) 증인의 증언. No.159)라는 식이어서, 결국 책임주체가 공중에 붕 뜨고 마는 것이다.[보주8]

일본의 구(舊)내각제가 어떻게 정치력의 일원화를 방해했는가, 전쟁 수행의 필요상 그것을 극복하고 합리화하려는 시도가 어떻게 이루어졌으며 또 어떻게 해서 성공하지 못했는가 하는 것은, 이번의 공동연구의 쯔지(辻) 교수의 논문[원주24]에 의해 분명하게 드러났을 것이다. 여기서는 다만 그런 정치력을 강화하기 위해 만들어진 내각 내부의 조직도, 결국 국무대신의 '정신'을 변혁시킬 수 없었다는 것을 타브너 검찰관의 논고에 총괄된 피고의 주장을 통해 보여주는 것으로 멈추기로 하자(No.416).

히로다(廣田), 히라누마(平沼), 이타가키(板垣), 가야(賀屋) 등과 같

[원주24] 辻淸明, 「割據に惱む統治機構」, 『潮流』, 1949年 5月. 그후 『日本官僚制の研究』에 수록.

은 유력한 4상(相)회의 및 5상회의의 멤버들이 주장하는 바에 의하면, 그들은 다른 각료들의 양해 내지 승인없이는 아무런 힘이 없었다. 더구나 다른 각료의 승인을 얻지 못하고서는 어느 한 가지 일도 할 수 없었다고 한다. 한편 아라키(荒木) 및 키도(木戶)처럼 그런 회의의 멤버가 아니었던 각료는 그런 사항을 실시하는 데 그들에게 보고되지 않았다는 이유로 혹은 또 보고되었다 하더라도 그들은 단순히 그 회의 출석자의 전문적 견해에 기초하여 그것을 승인했을 뿐이라는 이유로, 자신들은 책임을 질 수 없다고 주장하고 있는 것이다. 그리하여 그 공동계획의 실시 중에 이루어진 가장 중요한 행동 중 어떤 것에 대해서 내각에서 누구 하나 책임을 질 사람이 없게 되는 것이다.

요컨대 그같은 '관료정신'은 아무리 쌓아올려도 거기서 본래의 의미에서의 정치적 통합(political integration)은 나오지 않는다. 그 대신에 문서나 통첩이 산더미처럼 쌓이고, 법령이 빈발하고, 관제가 신설된다. 그 점에서 1940년 칙령 제648호의 관제로 생겨난 총력전연구소(總力戰研究所)의 창설에 관해 법정에서 이루어진 논쟁은 매우 흥미롭다. 그 연구소는 "총력전연구소는 내각 총리대신의 관리에 속하며 국가총력전에 관한 기본적 조사 연구 및 관리 기타 인원의 국가총력전에 관한 교육훈련을 관장한다"(제1조)는 당당한 목적을 내걸고 육군대학과 각 성(省) 내지 실업계로부터의 대표자를 학생으로 하여 화려하게 개교했다. 거기서는 미·일전쟁이 발발할 것이라는 상정하에, 순수 군사적인 작전으로부터 국내의 정치·경제·교육·문화의 총동원체제에 이르기까지의 계획수립을 연구하고, 학생들에게 과제로 부여하기도 했으므로, 검찰측이 그것을 중시한 것은 당연한 일이었다. 그런데 그 실태는 어떠했을까. 당시 학생이었던 호리바(堀場)증인의 말에 의하면(No.100),

그 연구소의 관제는 역시 총리의 관할로 되어 있습니다만, 대체로 얼굴을 내미는 것은 입학식과 졸업식 정도뿐이었으며, 아무런 지시도 지도도 없었습니다. 우리는 실제로 1년 간 연구소에 있었습니다만, 조금 더 관심을 가지고 보살펴주기를 바랐습니다만, 대체로 그 연구소의 성격은 방치된 상태에 놓여 있었다는 것이 사실입니다. 그래서 연구소로서는 문을 열었으니 무언가를 해야겠다, 무언가 적절한 일을 하지 않으면 안된다고 생각해서 직원에 임명된 사람들이 모여서 먼저 그 당시 할 수 있는 일부터 시작하기로 했습니다……. 직원들은 모였지만…… 대체 무엇을 가르치는 것이 좋은가 하는 것에만 몰두하여 조사연구 쪽에는 도저히 손도 대지 못했던 것입니다. 그동안 정부로부터는 아무런 지시도 지도도 없었습니다.

이 표현에는 약간의 과장이 있는지도 모른다. 그러나 이른바 '관청이 하는 일'이라는 말을 알고 있는 일본인들은 직감적으로 거기에 담겨 있는 진실성을 감득할 수 있지 않을까. 그것에 대해 램버트(Lambert) 검찰관이 "1940년 9월 일본은 단순한 학구적인 토론학교에서 시간과 정력을 낭비했다고 믿을 수 있습니까……. 그 시기에 그런 중요한 인물(관동군참모장에서 연구소 소장으로 임명된 이이무라(飯村) 중장을 가리킨다-마루야마)을 아무런 실제적인 목적도 없이 그다지 중요하지도 않은 일로 시간을 낭비하도록 하기 위해, 토오쿄오로 불렀다고 정말 그렇게 생각할 수 있을까요"(No.379)라고 반박하고 있는 것은 무리가 없는 의문이지만, 민주주의 국가의 기준으로는 도저히 이해할 수 없는 그런 비합리성이 그 세계에서는 여전히 통용되고 있었던 것이다. 그리고 그와 관련하여 호시노·스즈키·키무라 등이 그 연구소의 '참여'(參與)가 된 책임을 추궁당하고 있는 것에 대해서, 키요세(淸瀨) 변호인이 행한 반대 심문의 맺음말과 그것에 대한 호리바 증인의 대답 역시 주목할 만한 것이다(No.100).

키요세 : 마지막으로 한 가지만 더, 당신은 25년 간이나 관리생활을

해왔습니다만, 일본에서 참여(參與)라든가 고문과 같은 유명무실한 것이 때때로 등장하는 경험을 가지고 있습니까.

　호리바 : 특별한 예외를 제외하면 대체로 고문이라든가 참여라는 것은 유명무실한 장식품의 대명사로 되어 있습니다……. 저는 유명무실한 존재 쪽이 많다고 생각하고 있습니다.

　그리고 또 '권한으로의 도피'는 각각 세로로 천황의 권위와 연결됨으로써 각자의 '권한'의 절대화로 전환되고, 거기에 권한 상호간에 끝없는 갈등이 점점 더 확대된다. 관료에게는 일관된 입장이나 이데올로기가 없으며, 또 전문적인 관리로서 가지는 것이 허용되지도 않는다. 사코미즈 히사쯔네(迫水久常)는 언젠가 "관료는 계획적 기회주의자가 되지 않으면 안된다"는 명언을 남겼다. 얼핏보기에 어떤 이데올로기를 가지고 있는 것 같아도 그것은 그의 '인격'과 결부된 것은 아니며 오히려 그의 '지위'와 결부된 것이다. 군부 파시즘의 발흥이 런던 군축조약의 병력량 결정을 둘러싸고 해군 내부의 군정파(軍政派)와 군령파(軍令派)의 상극에서 비롯되었다는 것은 주지하는 그대로인데, 그런 대립에 대해 미즈노 히로노리(水野廣德)의 다음과 같은 말은 문제의 핵심을 찌르고 있다. "군정계나 군령계라고 하지만 그것은 사람의 문제가 아니라 자리의 문제이다. 스에쯔구(末次)가 해군차관이고 야마나시(山梨)가 군사령부 차장이었다면 나라를 팔았다는 비난을 어쩌면 스에쯔구가 짊어지게 되었을는지도 모른다"(「新臺灣總督小林濟造」, 『中央公論』, 1936년 10월호). 그것은 많건 적건 간에 군부 관료 내부의 다양한 '이데올로기적' 대립에 타당한 말이다. 그러나 그것은 내부적인 항쟁·대립이 격렬하지 않다는 것을 조금이라도 의미하는 것은 아니다. 오히려 거꾸로이다. 거국일치(擧國一致)와 일억일심(一億一心)이 열광적으로 외쳐지는 데 비례해서, 무대 이면에서의 지배권력 사이의 횡적인 분열은 격화되어갔다. 게다가 그것이 사무관 의식에서 발하는 한에서 그것은 원자화한다. 문관과 무관이 대립하는가 하면 그 밑에서 육·해군이 대립하고, 육군은 육군에서 또 육군성과 참모본부, 다시 육군성 내부에서 군무국과 병무국이라는 식으로……. 기획원 관료, 만주 관료, 내부 관료 상호간의 갈등도 널리 알려져 있다. 그리고 그와 같은 정치세력의 다원성을 최종적으로 통합해야 할 지위에 서 있는 천황은 의사(擬似)입헌제가 말기적 양상을 드러낼수록 입헌군주의 '권한'을 굳게 지켜서, 종전의 막바지까지 거의 주체적으로 '성스러운 결단'을 내리지 않았다. 그리하여 일본제국은 붕괴의 그날까지 내부적 암투에 고뇌해야 하는 운명을 지녔다. 거기에는 물론 한편으로는 천황의 약한 성격 탓도 있으며, 또 패전보다도 혁명을 두려워하고, 계급투쟁보다도 대외전쟁을 택한 측근 중신(重臣)[원주25][보주9]들의 보필도 작용했을 것이다. 그러나 오히려 거기에는 절대군주제, 특히 퇴폐기의 그것과 공통된 운동법칙이 있다는 점을 간과해서는 안될 것이다. 막스 베버는 관료제의 정치적 기능에 대해서 다음과 같이 말하고 있다.[원주26]

　직무상의 비밀이라는 개념은 관료제의 특수한 발명품이며, 정말 그런 태도만큼 관료제에 의해 열광적으로 옹호받는 것도 없다. 그것은 특히 그것이 허용되고 있는 영역 이외에서는 결코 순수하게 즉물적(卽物的)인 동기에서 나온 태도는 아닌 것이다. 관료제가 의회에 대립하는 경우에는, 관료제는 의회가 자기 특유의 수단(예를 들면 이른바 조사권)을 가지고 당사자로부터 전문지식을 얻으려는 모든 기획에 대해서 확실한 권력본능으로 대결한다. 그러므로 그다지 사정에 밝지 못하고 따라서 무력한 의회는 관료제에서 자연히 보다 바람직한 것이 되며…… 절대군주조차도, 아니 어떤 의미에서는 그야말로 절대군주야말로 관료의 우월한 전문지식에 대해서 가장 무력한 것이다……. 입헌군주는 사회적으로 중요한

[원주25] 이른바 중신(重臣) 이데올로기의 분석은 그것만으로도 논의할 만한 가치와 중요성을 지니고 있지만, 이 글에서는 그런 중신이나 군부와 같은 정치세력 각각의 이데올로기 내용을 논하는 것이 취지가 아니므로 다루지 않기로 한다.

[원주26] *Wirtschaft und Gesellschaft*, Kap.VI. S.596.

일부의 피지배자 계층과 의견을 같이하고 있는 한…… 정보를 모두 관료에만 의존하고 있는 절대군주에 비해서 행정 쪽에 보다 중대한 영향력을 행사할 수 있는 경우가 매우 많은 것이다. 제정 러시아의 황제(차르)는 자신의 관료가 찬성하지 않는 것, 관료의 권력이해와 충돌하는 것을 거의 실현할 수 없었다. 절대지배자인 차르에 직속되어 있는 대신들은…… 서로 모든 개인적 음모의 그물을 펼쳐 암투하고 있었으며, 특히 산더미 같은 '상소'를 차례차례 올려 서로 공격했는데, 그것에 대해서 문외한인 황제는 어떻게 해야 할지 모르고 있었던 것이다.

일반적으로 군주제 하에서 정치적 통합을 확립하고, 위에서 말한 것과 같은 군주에 직속된 관료들의 책임없는 지배와 거기서 생기는 통치의 원자적 분열을 막을 수 있는 가능성은 두 가지, 혹은 기껏해야 세 가지 경우밖에 없다. 하나는 군주가 정말로 카리스마적 자질을 가진 거대한 인격인 경우(혹은 군주에 직속된 관료가 그러한 경우, 즉 그가 이미 단순한 관료가 아닌 경우)이며, 또 한 가지 경우는 민주주의국가에서처럼 변함없으며 실질적으로 강력한 의회가 존재하고 있는 경우, 그 어느 쪽일 것이다. 그런데 전자의 경우는 말할 것도 없이 매우 드물며, 후자의 경우도 그렇게 특수한 역사적 조건(예를 들면 영국)이 아닌 한, 군주의 주위에 결집한 귀족층이 그런 민주적 입법부의 발흥을 본능적인 권력이해로부터 억제하기 때문에, 근대의 군주제는 표면상의 장엄한 통일 이면에 무책임한 익명의 힘의 난무를 허용해주는 이른바 내재적인 경향을 가지고 있는 것이다.

제정 러시아의 경우는 이미 위에서 본 것과 같다. 독일제국도, 빌헬름(Wilhelm) 1세와 비스마르크(Bismarck)의 콤비가 사라진 이후는 역시 비슷한 경과를 거쳤다. "외교의 거장인 비스마르크가 내치(內治)의 유산으로 남긴 것은, 어떠한 정치적 교양도 어떠한 정치적 의사도, 오로지 위대한 정치가가 자신을 위해서 모든 것을 다 배려해준다는 기대에 의존하고 있는 그런 국민이었다. 그는 강력한 여러 정당을 타파했다. 그는 자주적인 정치

적 성격의 소유자를 허용하지 않았다. 그의 강대한 위용의 소극적인 산물
은 놀랄 정도로 수준이 낮은 비굴하고 무력한 의회였다. 그리고 그 결과는
어떻게 되었는가——관료제의 무제한적인 지배 바로 그것이었다."[원주27]

절대주의국가로서의 일본제국의 행로 역시 그와 같은 법칙에 규정되어
있었던 것이다. 메이지(明治) 한바쯔(藩閥)정부가 자유민권운동을 모든 수
단을 다해 억압하고, 절대주의의 무화과 잎으로서의 메이지 헌법을 프러시
아를 모방하여 만들어냈을 때에 이미 오늘의 파탄의 소지가 구축되기 시작
했다. '관리님'들의 지배와 그 내부적 부패, 문무관료의 암투, 군부의 책동
에 의한 내각의 파괴 등등은 결코 쇼오와(昭和)시대에 홀연히 나타난 현상
은 아니었다(예를 들면 1892년 제1차 마쯔카타(松方) 내각 개편에 임하여
오오야마(大山) · 니이레(仁禮) · 카와카미(川上) 등 군 수뇌부의 보이콧,
혹은 1912년의 2개 사단 증설 문제로 인한 우에하라(上原) 육군상의 단독
직접상주 등은 훗날 군부의 정치적 상투수단의 좋은 모델을 보여주고 있
다). 다른 한편으로 제국의회는 주지하듯이 일관된 정치적 통합이 최종적
으로 이루어지는 장(場)일 수 없었다. 그렇기는커녕 의회 개설 후의 정당
은 원래 '때려부수는' 데 비스마르크적인 철권을 필요로 할 정도의 투지와
실력을 갖추고 있지 못했던 것이다.

정치세력의 다원적 병존은 이리하여 근대 일본의 '원죄'로 운명지어져 있
었다. 그럼에도 불구하고 거기서 파탄이 위기적인 상황을 드러내지 않고서
오히려 최근의 시대와는 비교도 안될 정도의 정치적 지도와 통합이 이루어
지고 있었던 것은 메이지 천황이 가진 카리스마와 그를 보좌하는 한바쯔
(藩閥) 관료의 특수한 인적 결합과 비교적 풍부한 '정치가'적 자질에 힘입
은 바 적지 않다. 이토오 히로부미(伊藤博文)가 마치 비스마르크인 체 한
것은 우스운 일이지만, 그러나 비스마르크든 기타 한바쯔 권력이든 간에,
일단은 혁명의 물보라를 뒤집어 쓰면서 자기 자신의 힘으로 권력을 확립한

[원주27] Marianne Weber, *Max Weber. Ein Lebensbild*, 1926, S.596.

경험을 가지고 있었다. 그들은 관료이기 이전에 이미 '정치가'였다. 그들은 무릇 민주주의적이라는 카테고리로부터는 거리가 멀었지만, 그 나름대로 과두권력으로서의 자신감과 책임의식을 가지고 있었다.

카바야마 스게노리(樺山資紀)가 제2회 의회에서 "우리나라의 오늘이 있는 것은 모두 사쯔마(薩摩)·쵸오슈우(長州)의 힘 때문이 아닌가" 운운했다는 유명한 호언장담은 그 내심의 자부심이 폭발한 것에 다름아니다. 그런 긍지가 없어지자 권력은 오로지 왜소화의 길을 걷게 되었다. 정치가적인 관료는 바야흐로 관료적인 정치가가 되고, 마침내는 관료 그대로의 정치가(실은 정치가가 아니다)가 범람하게 되었다. 독재적 책임의식이 후퇴함에도 민주주의적 책임의식은 흥하지 않는다. 오자키 유키오(尾崎行雄, 호는 咢堂)는 '삼대째'(三代目)라는 표현으로 전쟁중에 불경죄로 기소되었는데, 그같은 '삼대째' 현상은 천황만이 아니었다. 그리고 절대군주와 입헌군주라는 야누스적인 두 얼굴을 가진 천황은 왜소화와 병행하여 신격화되어갔기 때문에 점점 더 그 밑에는 소심하기 짝이 없는 '신하' 의식이 만연했다.

이솝 우화에 다음과 같은 이야기가 있다. 머리가 희끗희끗한 한 사나이가 두 사람의 애인이 있었는데, 한 사람은 남자보다 젊고 다른 한 사람은 나이가 많았다. 젊은 여자는 나이든 애인이 있는 것을 싫어해서 만날 때마다 남자의 흰 머리를 뽑아버렸으며, 나이든 여자는 나이어린 애인이 있다는 사실을 숨기기 위해서 거꾸로 그의 검은 머리를 뽑아버렸다. 그래서 마침내 그 남자는 대머리가 되어버렸다는 것이다.

일본의 중신, 기타 상층부의 '자유주의자'들은 천황 및 그들 자신에게 정치적 책임이 돌아올 것을 꺼려서 애써 천황의 절대주의적 측면을 없애려고 한 반면, 반대로 군부나 우익세력은 천황의 권위를 옹호하여 자신들의 자의(恣意)를 관철시키기 위해 신권설(神權說)을 휘둘렀다. 그리하여 천황은 한편으로는 절대군주로서의 카리스마를 잃어버림과 동시에 다른 한편으로 입헌군주로서의 국민적 친근감도 엷어져갔다. 천황 제도를 대머리로 만든 것은 다름아닌 그 충신들이었다.

5. 맺음말

대략 이상에서 살펴본 것이 일본 파시즘 지배의 방대한 '무책임의 원칙'에 대한 소묘이다. 이제 다시 한 번 그 안에서 활약했던 정치적 인간상을 추출해본다면, 거기에는 대략 세 가지 기본적 유형을 찾아볼 수 있다. 첫째는 '신을 모시는 가마'이며, 둘째는 '관리'이며, 셋째는 '무법자'(혹은 낭인)이다. 신을 모시는 가마는 '권위'를, 관리는 '권력'을, 낭인은 '폭력'을 각각 대표한다. 국가질서에서의 지위와 합법적 권력에서 본다면 '신을 모시는 가마'는 제일 위에 자리하고, '무법자'는 제일 아래에 위치한다. 그러나 그런 체계의 행동의 단서는 가장 아래의 '무법자'로부터 발하여 점차 위로 올라간다. '신을 모시는 가마'는 흔히 단순한 로봇이며, "무위(無爲)로써 교화시킨다." '신을 모시는 가마'를 직접 '옹호'하여 실권을 휘두르는 것은 문무 관리들이며, 그들은 '신을 모시는 가마'로부터 내려오는 정통성을 권력의 기반으로 하여 힘없는 인민을 지배하지만, 다른 한편으로 무법자에 대해서는 어딘지 모르게 꽁무니를 붙잡혀 끌려다니게 된다.[보주10] 그러나 무법자도 특별히 진지하게 '권력에 대한 의지'를 가지고 있는 것은 아니다. 그는 다만 아래에 있으면서 무책임하게 날뜀으로써 세상을 놀라게 하고 쾌재를 부르는 것으로 만족하는 것이다. 그러므로 그들의 정치적 열정은 손쉽게 요정 출입과 같은 향락 속에 녹아버리고 만다. 물론 이 세 유형은 고정적인 것은 아니며, 구체적으로는 한 사람의 인간 내부에 이들 중 둘 내지 셋이 혼재되어 있는 경우가 많다. 그러므로 일찍이 무법자였던 사람도 '출세'하게 되면 보다 소(小)관리적으로, 따라서 보다 '온건'하게 되고, 거기서 더 출세하면 신을 모시는 가마와 같은 존재로서 거꾸로 떠받들어지게 된다. 게다가 어떤 인간은 윗사람에 대해서는 무법자로 행동하지만 아랫사람에 대해서는 '관리'로서 군림하며, 또 다른 인간은 아랫사람들로부터는 '신을 모시는 가마'로 떠받들어지지만 윗사람에 대해서는 역시 충실하고 소심한 관리로서 섬긴다는 식으로, 이른바 아리스토텔레스의 질료와 형상과 같은 상관관계를 보여주어서 전체의 계서제를 구성하고 있다. 다만 여기서 중요한 것은 신을 모시는 가마-관리-무법자라는 형식적 서열 그 자체는 매우 강고하며, 따라서 무법자는 스스로를 보다 '관리'적으로 내지는 '신을 모시는 가마'적으로 변용시키지 않고서는 결코 위로 승진할 수 없다는 것이며, 바로 그 점이 무법자가 **무법자로서** 국가권력을 장악한 하켄크로이츠(Hakenkreuz : 철 십자) 왕국과 현저한 대조를 이루고 있는 것이다.[보주11]

　이것은 아주 오래 전에 어떤 나라에서 있었던 옛날이야기가 결코 아니다.
● 1949년

제4장

어느 자유주의자에게 보내는 편지

1.

K군, 일전에 긴 편지를 받고서, 정말 기쁜 마음으로 읽어보았다네. 실로 오랜만에 자네의 기탄없이 전개한 주장을 접하고서 열심히 읽다가 보니, 글쎄 옛날 고등학교 기숙사에서 촛불을 밝히고서 남경(南京) 콩을 까먹으면서 밤을 새워가며 토론을 주고받았던 그때 일이 복받쳐오르는 감회와 더불어 아련히 떠오르더군. 자네와는 전쟁 중에는 그래도 때로 만날 수 있는 기회가 있었는데, 도리어 전쟁이 끝난 후에는 서로 정신없이 바쁜 몸이 되어, 느긋하게 얘기를 주고받을 수 있는 여유가 거의 없어져버리고 말았네. 가끔 그때 일이 문득 떠오르게 되면 뭐라고 말할 수 없는 적적한 기분에 사로잡히곤 하네. 그런 만큼 일전에, 두터운 편지를 손에 잡고서, 예의 그 특징있는 오른쪽으로 내려 쓴 글씨가 눈에 들어온 순간 나는 반사적으로 '아' 하는 탄성을 발해서 옆에 있던 집사람을 깜짝 놀라게 만들기도 했다네.

내가 자네의 편지를 읽고서 무엇보다 기뻤던 것은 옛날과 전혀 다름이 없는 아주 솔직하게 털어놓는 방식이었네. 아무리 옛날에 친하게 지냈던 친구라도 오랫동안 교제가 끊기게 되면, 돌연히 만나거나 편지를 쓴다거나 할 경우에 일찍이 공통된 분위기 속에서 무언가를 말하고 있던 때와 같은 어조가 좀처럼 나오기 어려운데, 바로 그 점, 자네는 아침부터 밤까지 서로 코를 맞대고 있던 학교시절과 조금도 변함없이 서슴지 않고 말하고 있었네. 실제로 나는 그 속에서 나에 대한 통렬한 비판을 마치 온몸에 찬물이라도 뒤집어쓰는 듯한 그런 시원함을 느끼면서 읽었네. 이것은 결코 억지를 쓰는 것이 아니라네. 어차피 속이 빤히 들여다 보이는 간살을 부린다든가 키리스테고멘(切捨御免)[역주1]의 매도라든가 하는 말을 듣게 되겠지만, 어쨌거나 자신의 사상이나 학문적 입장에 대한 그처럼 진지한, 게다가 전면적인 비판이라는 것은 구하려 해도 좀처럼 얻을 수 있는 것이 아니라네. 본래 그런 일이 활발해야 할 학계 같은 곳에서는 의외로 모두 신사적이며 — 그러나 그런 만큼 보이지 않는 곳에서의 험담은 무성하지만 — 정면에서 서로 비판하거나 하는 일은 좀처럼 없으며, 다른 한편으로 저널리즘의 논쟁 또한 그 세계 특유의 법칙에 지배당하고 있어서, 곧바로 허세로 전화되어버리고 말아. 그러므로 결국 서로 절대로 신뢰할 수 있어서 무슨 말이든 할 수 있는 그런 몇몇 사람들 사이에서만 진정한 상호비판이 이루어질 수밖에 없다는 것이 가련한 이 나라의 현상일세. 그런 식이라 인텔리들 사이에서도 시의(猜疑)라든가 질투 같은 것이 심각하게 뿌리를 내리고 있어서 서로간의 속마음에 대한 탐색 같은 그런 광경이 도처에서 전개되기도 하지. 지식인들끼리 지성(intelligence) 차원에서 공통된 규칙을 지키면서 솔직하게 말할 수 없어서야 어떻게 사상의 자유를 지킬 수 있겠는가.

지금까지 나는 넓은 의미에서의 정치학을 공부하면서 당면한 정치나 사회 문제에 대해서 다소라도 정리된 생각을 신문이나 잡지에 거의 쓰지 않았다네. 어째서 그랬는지 여기서는 말하지 않겠지만, 어쨌거나 거기에는 내 나름대로의 논리가 있었으며, 또 지금도 원칙으로서는 그런 논리는 잘못되지 않았다고 생각하고 있네. 그러나 지난해(1949년) 가을 무렵부터 최근에 이르는, 일본을 둘러싼 내외정세의 추이나 신문의 논조 같은 것을

─────────────

[역주1] 에도시대에 무사가 무례한 짓을 한 양민을 처죽여도 면책되던 특권.

가만히 지켜보고 있자니, 뭐랄까 나는 더 이상, 그런 문제에 대해서 침묵하고 있는 것을 견딜 수 없게 되었네. 그렇다고 해서 뭐 세상을 놀라게 하는 말을 하고 싶다는 그런 대단한 의미에서 말하는 것이 아니라, 다만 나 한 사람의 기분으로 침묵을 지키고 있는 것에 심리적인, 아니 거의 육체적인 고통을 느끼게 된 것이지. 마침 그런 식으로 마음이 움직이고 있을 때 나는 자네가 보낸 편지를 받아보게 된 걸세. 그래서 나는 이 기회에 자네에게 보내는 편지를 겸해서, 현재의 일본과 세계의 정치적 상황을 판단하고 있는 나의 태도나 생각을 떠오르는 대로 적어서, 어쨌거나 내 가슴 속의 개운치 않은 것을 다소간 털어내보려고 '마음먹었다네'. 나는 어떤 경우에도 비장함에 사로잡히는 것에 대해서는 가능한 한 경계하고 싶다고 생각하고 있네. 나는 "Let's go whistling under any circumstance"라는 어떤 미국인의 말을 무척이나 좋아하네. 전시중에 출정하는 후배나 학생들로부터 예의 그 히노마루[역주2]에 서명을 해달라는 요청을 받을 때, 나는 흔히 그 구절을——물론 일본어로——써주었는데, 그것은 다분히 그 시대상황 속에서 자기자신에게 들려주는 기분에서 그렇게 한 것일세. 이 편지에서도 그런 비장함이나 감상주의가 드러나는 것을 억제하고, 막스 베버의 이른바 '깨어 있는'(nüchtern) 영혼을 잃어버리지 않도록 마음을 쓸 작정이네. 그러나 그것은 나의 경험으로 보아 실로 어려운 일이네. 어려운 상황이 될수록 열심히 떠들어대는 본인의 얼굴이 즉시 추하게 일그러지기 쉽상이지. 만약 이 편지에 그런 어색함이 드러나 있다면 아무쪼록 나를 책망함과 동시에 패전 이후 채 몇 년도 되지 않아서 다시 나에게, 아니 나만이 아니라 결코 적지 않은 내가 신뢰하고 존경하는 사람들에게 바로 그 시대의 기분과 표정을 다시 떠올리게 해주고 있는 것은 과연 무엇인가, 하는 것도 생각해 주게나.

[역주2] 태양을 그린 일본 국기, 즉 일장기.

2.

자네의 나에 대한 비판은 여러 측면에서 다양하게 이루어지고 있지만, 요컨대 결론적으로는 자네나 나와 같은 리버럴한 지식인은 점점 더 격화되는 정치적·사상적 대립 속에서는, 단순히 추상적으로 사상이나 학문의 자유와 같은 염불을 외고 있는 것은 무의미하며, 좀더 적극적으로 사상의 자유를 부정하는 폭력에 대해서 좌우를 불문하고 적극적으로 싸우는 것이 필요하다는 것, 그것을 위해서는 우리가 파쇼에 대해서와 마찬가지로 좌(左)의 전체주의인 공산주의에 대해서도 분명한 선을 긋고 자신의 주체적인 입장을 견지해나가지 않으면 안된다는 점에 있는 것 같더군. 그리고 자네는 나와 같은, 학문적 입장도 마르크스주의자가 아니며, 성격적으로는 오히려 덤덤한 '개인주의자'가 현대의 전형적인 전체주의인 공산주의에 대해서 좀더 결연히 싸우지 않는 것에 대해서 불만을 터뜨리고 있더군.

자네가 내놓은 그런 의문이 상당히 넓게 나 내지는 나와 비슷한 입장에 있는 사람에 대해서 던져지고 있다는 것을 물론 나는 잘 알고 있지. 특히 최근의 도도한 안팎의 반공 사조를 틈타서 정치가나 신문 저널리즘은 열심히 민주주의와 공산주의가 물과 기름처럼 서로 섞이지 않는다는 식으로 갈겨댔으며, 마침내 조금 전까지 자유주의나 민주주의는 공산주의의 온상이며 다같은 한 통속이라고 외쳐대고 있던 그 당사자들이 검찰관과 같은 태도로 이른바 '진보적' 지식인을 꾸짖고는, 그들에 대해 공산주의라는 '후미에'(踏繪)[역주3]를 한 번 밟아보라고 하고 있어. 반공의 기치를 높이 들지 않는 자유주의자는 모두 정체불명의 기회주의자이거나 아니면 교묘하게 위장하고 있는 악질 공산주의자처럼 취급당하고 있지. 마치 기성 정치인이나 저널리즘은 일찍이 한 번도 기회주의적이지 않았던 것처럼 말야! 마치 반

[역주3] 에도 시대에 그리스도 교도를 색출하기 위하여 밟게 했던 그리스도·성모 마리아 등의 상을 새긴 널쪽.

공의 기치를 내걸기만 하면 그것이 곧 민주주의자라는 증거인 것처럼 말야!(만약 그렇다면 히틀러, 무솔리니, 프랑코, 토오죠오(東條) 내지 그 아류들은 최대의 민주주의자겠지.)

특히 최근의 학생운동이 세간의 이목을 끌면서 나와 같은 대학 선생들에 대해서는 한층 더 과장하여 온갖 나쁜 매도를 다 뒤집어씌우고 있지. 그중에서 특히 많은 것이, 마치 대갓집 하녀처럼 이런저런 식으로 머리를 굴려보는 그런 종류의, 예를 들면 선생들이 어떻게 해서든 '진보적'이라 불리고 싶어서 학생들에게 아첨하고 있다는 그런 비판일세. 일본인의 비판이 어째서 곧바로 그런 **동기**의 비판으로 나타나는가 하는 것은 그야말로 학문적 대상으로서도 흥미진진한 문제이지만, 그것은 다른 문제라 하더라도, 만약 대학 선생의 세상살이라는 입장에서 본다면, 종전(終戰) 직후 무렵이라면 모르지만 현재의 정세 하에서 전학련(全學連)을 좌지우지하고 있는 일부 학생들에게 '진보적'인 것으로 생각되는 것의 이익과 대학 안팎으로부터 빨갱이 혐의를 받는 것의 유형무형의 엄청난 불리함과 불쾌함을 비교해볼 때, 전자를 취하는 것은 우선 상당히 계산능력이 결여된 인간이라고 생각하는 것이 어떤지.

그러나 그런 종류의 당치도 않는 험담 외에, 자네처럼 선의의 진지한 자유주의자가 품고 있는 그런 의문에 대해서는 우리 역시 정면으로 답해야 한다는 의무 같은 것을 느끼고 있네. 나도 역시 자네와 마찬가지로 현재 지식인은 호오(好惡)에 관계없이 각각의 근본적인 사상적 입장을 분명하게 할 것을 거의 강요당하다시피 하고 있다고 생각하네. 권력을 등에 업고서 자신은 절대안전한 자리에 앉아서, 자, 너는 어느 쪽이냐고 추궁하는 '힐문자'에 대해서 답하라는 것은 아니지. 진정으로 자유의 신장과 평화의 확보를 원하는 사람들 사이에 가능한 한 광범하고 견고한 연대의식을 다지는 전제로서 말한 것이네. 이미 평화나 자유라는 그 자체 누구도 뭐라고 토를 달지 않는 '용어' 하에 각각 '속마음'을 감춘 사람들을 결집시켜서 표면적인 계산을 맞추는 것이 곧 '공동전선'을 의미하던 시기는 지나갔어. 각각의 사상을 품은 사람들이 자신의 생각을 숨기거나 피하지 않고서, 아슬아슬한 곳까지 견해를 서로 말할 때——나는 '발표'라고까지 말하지는 않아. 거기에는 점점 더 많은 제약이 부과되고 있으므로——비로소 어떤 인간 내지 그룹과는 어떤 점에서 일치하고, 어떤 점에서 갈라지는가 하는 것이 각자에게 분명해지지.

그리고 잇달아 직면하게 되는 현실의 정치적 문제에 대해서 어떤 넓이와 어떤 깊이로 연대가 가능한가 하는 것을 헤아릴 수 있게 되지. 그런데 적어도 우리 지식인들 사이에서는 레테르를 아주 분명하게 하고 있는 소수의 사람들을 제외하고는 그런 가측성이 없기 때문에 같은 말을 하면서도 막연한 불안과 시의(猜疑)가 아무리 해도 없어지지 않지. 그것이 우리를 점점 더 고립적이고, 점점 더 은둔적으로 만들고 있어. 내가 말하고 싶은 것은 자유인으로 자임하는 무당파적 지식인도 그 주체성을 잃어버리지 않기 위해서는 무당파적 지식인 입장으로부터 현실 정치에 대한 근본태도의 결정과 그것에 기초한 전략·전술을 자각하지 않으면 안되는 그런 단계가 도래했다는 것이지.

전략·전술이라고 하니 요란스럽게 들리겠지만, 특별히 스트라이크나 전술을 오로지 공산당만 사용해야 한다는 것은 아니겠지. 사람은 누구나 좁은 범위의 행동에서는 의식하건 하지 않건 간에 그것을 사용하고 있지. 이제 그것을 보다 넓은 무대에서, 보다 공적인 문제에 대해서 구사해보라는 정도가 되겠지. 그렇지 않으면, 예를 들어 공산당이 그렇게 말했다는 것만으로, 매우 사리가 명백한 사항에 대해서도 그저 꼬리를 감추는 식으로 끝나버리거나 혹은 거꾸로 공산당이 말하고 또 하는 것은 무엇이든지 '선천적'으로 변호해주는 말 그대로의 '동반자'가 되거나 해서, 어느 쪽이든 간에 지식인의 생명인 자유로운 비판적 정신을 상실하게 되는 결과가 되어버리고 말겠지.

자유주의자가 공산주의 세력에 대해서 분명한 선을 그어야 한다는 자네의 주장은 과연 내가 지금 말한 그런 의미에서, 자네의 정치적 현실에 대한 시각과 그로부터 나오는 전략전술론으로 말하고 있는 것인가, 아니면 단순히 원칙적·추상적인 마음가짐의 문제인가가 반드시 분명하지는 않은 것 같네. 그러나 나는 나 나름대로 한 가지, 일본의 정치문제에 대한 접근방식과 현상 분석을 통상적인 정치 논문과는 조금 다른 각도에서 말해보려고 하네. 그것을 통해 나의 '전략전술'론의 근거를 알아줄 수 있다면 정말 고마운 일이겠네.

3.

먼저 내가 강조하고 싶은 것은, 무릇 우리가 사회라든가 정치라든가 하는 문제를 논하는 경우에는 추상적인 이데올로기나 도식으로 하늘에서 내려다보듯이 현실을 고찰해가는 것이 가진 위험성일세. 실례지만 자네도 그런 경향에서 벗어나 있지 않아. 현재 문제가 되고 있는 그런 이데올로기——예를 들면 자유주의라든가 공산주의라든가 사회민주주의라든가 하는——는 사상(思想)으로서는 어느 것이나 수입된 것이며, 일본인이 스스로 생활체험 속에서 만들어간 것은 아니지. 민주주의가 미국인에게 이른바 '삶의 양식'이 되어 있는 것과는 달리, 일본인의 일상 생활양식과 그런 다양한 이데올로기는 실은 아직 거의 대부분 무매개적으로 병존하고 있는 데 머물러 있어. 이런 사실은 끊임없이 지적되면서도 일본의 인텔리 내지 의사(擬似)인텔리는 정작 당면한 정세를 판단하는 단계가 되면 흔히 그런 기본적인 사실을 잊어버리거나 혹은 고의로 눈길을 돌려버려서, 마치 미국적 민주주의와 소련적 공산주의의 투쟁과 같은 도식으로 일본의 정치적 현실을 재단해가려고 하지.

그러나 내가 보기에는 현실의 사회문제는 언제나 구체적인 인간과 인간의 관계이며, 그 구체적인 인간을 현실적으로 움직이고 있는 행동원리는 그 인간의 모든 생활환경——가정·직장·회의·여행지·오락장 등등——에서의 모든 행동양식에 대한 경험적 고찰에 의해서 찾아내야 할 것이지 반드시 그가 의식적으로 준봉하고 있는 '주의'(主義)에서 연역된 것은 아니네. 그런데 일본과 같은 곳에서는 불행하게도 주관적인 이데올로기와 객관적인 행동원리와의 갭은 실로 심각한 것이지. 사람들이 미국적 민주주의와 소련적 공산주의의 투쟁이라는 말로 생각하고 있는 것은, 실은 (미국적) 민주주의자라고 스스로 생각하고 있는 인간(내지 인간집단)과 (소련적) 공산주의자라고 스스로 생각하고 있는 인간(내지 인간집단)의 투쟁 이상의 것은 아닐세. 게다가 사실은 그 위에 영국적 민주사회주의자라고 스스로 생각하고 있는 인간, 혹은 수정자본주의자라고 스스로 생각하고 있는 인간 등등 다양한 변형이 서로 복잡하게 얽혀 있지. 그리고 그와 같은 많건 적건 간에 자기기만을 지닌 정치적 '자각' 분자 외에, 비(非)정치적인 사적 환경(예를 들면 가정)이나 직장, 기타의 생활영역 속에 틀어박혀서 주요한 관심은 자신과 가족의 생활을 위한 배려라든가, 가사(家事)의 일상성이라든가, 수월한 돈벌이 방법이라든가, 다음주의 영화·스포츠 행사라든가, 강간살인사건의 추이 같은 것에 쏟고 있으며, 정치적 상황에 대해서는 투표라든가 조합총회 같은 데서 부르는 경우에만 소극적인 반응을 보이는 데 머물러 있으며, 중대한 정치적 사건에 대해서 얼핏보기에 적극적인 관심이나 흥미를 가진 경우에도, 결국 그것을 경마나 스릴물에 대한 것과 같은 차원에서 받아들이고 있는 그런 압도적인 다수의, 정치적 의미에서의 '비자각'적인 사람들이 있기 마련이지.

후자는 과연 '의식이 낮을지' 모르지만, 그런 만큼 앞의 '자각' 분자나 인텔리 내지 의사인텔리에 비해서 주관적인 이데올로기——라고 할 정도의 것인지 아닌지는 별도로 하더라도——와 객관적인 행동양식 사이의 갭은 크지 않아. 게다가 그야말로 그런 '비정치적' 대중이 현실의 정치적 상황의 형성에 무시할 수 있는 정도의 요소가 아니라, 오히려 직접적으로는 비정치적인 영역에서 영위되는 그들의 무수한 일상적인 행동이 복잡한 굴절을 거쳐서 표면의 정치적 무대에 반영되고, 거꾸로 그런 정치적 무대에서 이루어진 하나하나의 결정이 그때까지 복잡한 굴절을 거치면서 일상생활 영역으로 내려가게 되지.

이런 두 방향의 무수한 교착에서 현실의 정치적 역동성이 생겨나는 것이지. 바로 여기에 현실분석의 지극한 어려움이 있어. 정치의 방향을 눈에 띄기 쉬운 화려한 '정치'현상——국회의 토론이라든가 길거리의 선동 연설이나 데모라든가 학생운동이라든가 서명운동이라든가 하는——만으로 판단하기도 하고, 좁은 인텔리 서클에만 나타난 경향을 마치 지배적인 동향처럼 생각하게 되면, 현실에서 터무니없는 즉각적인 반격을 당하게 되지. 개념적인 이데올로기 도식의 위험성이 바로 거기에 있어. 일본의 좌익운동의 지도자는 과거에 대체적으로 인텔리 출신이었으며, 지금도 그렇기 때문에 현실주의자처럼 보여도 실은 의외로 어수룩한 자기기만을 저지르기 쉽지. (그것은 한편으로는 일본의 마르크스주의가 절대주의의 유일한 직접적 대립자로서 계몽적 합리주의와 겹쳐져서 발전해왔기 때문이라고 나는 생각하네.) 그렇기 때문에 그들은 언제나 대중의 '혁명적 고양'을 과대평가해서 실패해온 것이지. 그러나 공식주의나 도식주의는 결코 마르크스주의 진영의 독점물은 아닐세. 미국적 민주주의건 영국적 민주사회주의건 간에, 그리고 그외에도 주의(主義)라는 이름이 붙은 것이 일본에 들어오기만 하면 곧바로 모두 공식으로 굳어져버리지.

내가 보기에 공산주의자의 '공식'을 배격하는 반공론자의 현상관찰은 흔히 그 적수보다 한층 더 개념적이며 놀랄 정도로 자기기만에 빠져 있네. 그들 역시 사람의 눈과 귀를 곧바로 움직이게 하는 그런 화려한 정치현상에 정신을 빼앗기고 있어서, 그 밑으로 복잡하게 얽혀 있는 배선(配線)구조를 보려고 하지 않아. 그 결과 '일본적' 공산주의자의 인식과 마치 부절(符節)을 맞추듯이, 데모나 스트라이크를 보고서는 곧바로 혁명정세의 고양에 놀라 떨고, 인텔리 독자만의 서적·잡지 경향을 보고서 마치 일본의 출판계가 좌익세력에 의해 독점되고 있는 것처럼 착각하며, 이같은 순환이 야담이나 에로물·범죄물·스포츠·영화·잡지류의 그것에 비해서는 거의 상대가 되지 않는다는 사실을 간과하게 만들지. 대중이 좌익적 노동운동에 참여하는 것은 '부화뇌동'이라 믿어버리고, 그보다 훨씬 더 뿌리깊은 전통적인 빨갱이 혐오가 과연 이성적인 판단의 결과인가 아닌가 하는 문제는 그다지 의식하지 않지. 그런 자기기만의 결과, 그런 선의의 반공자유주의자의 언론은 아마도 그들의 의도에 반해 일본의 강인한 낡은 사회관계와 그 위에 기생하는 반동세력의 강화에 봉사하게 되는 것이지.

서구적 민주주의의 근본적 원칙이나 카테고리가 눈부시게 화려한 표면의 정치적 세트 이면의 배선 속에서는 어떻게 본래의 모습에서 왜곡되는가. 그것의 리얼한 인식 없이는, 나는 일본에서의 정치적 상황의 참된 판단은 불가능하다고 생각하네. 예를 들어 (자유) 민주주의의 기본원리의 하나인 자유토론에 의한 결정이라는 것을 보기로 하세. 혹은 그것을 설득하고 설득당하는 관계라고 바꾸어 말해도 좋네. 사람들은 그것을 폭력 혹은 권력적 강제에 의한 결정과 대비시키지. 말할 것도 없이 전자는 민주적 방법이며, 후자는 비민주적 방법이지. 그것은 분명하게 보이지. 그러나 일단 그런 일련의 추상적인 규준을 구체적인 사회관계에 적용시키게 되면, 곧바로 쉽지 않은 어려움이 발생해서 양자의 변별에는 아주 다각적인 고찰이 필요하게 되지.

영국의 저명한 정치학자 바커(E. Barker)는 설득의 원리를 다음과 같은 3개 조항으로 요약했네(「정치에서의 설득」, 『세계』, 1949년 11월호 참조). ① 설득은 다종다양하지 않으면 안된다. 바꾸어 말하면 독점적인 설득은 설득이 아니라 강제이다. ② 그것은 이성적이지 않으면 안된다. ③ 그것은 거부할 수 있는 것이지 않으면 안된다. 따라서 권력을 배후로 삼은 설득은 설득이 아니다. 또 상대에게 공포심을 불러일으키는 그런 위협이라든가 혹은 뇌물, 기타 직접적인 이권으로 낚아올리는 그런 설득은 역시 그 본질을 잃어버린 것이지. 이것만 보더라도 설득에 의한 결정이라는 것이 흔히 간단하게 생각되고 있는 것보다도 훨씬 더 쉽지 않은 전제조건을 수반한다는 것을 알 수 있지.

그리고 그런 표식(標識)으로, 우리의 정치적 내지 비정치적인 사회관계를 리얼하게 관찰한다면, 오늘날의 일본에서 순수한 설득에 의한 결정이라는 것이 거의 절망적일 정도로까지 부족하다는 점을 드러내기에 전혀 어렵지 않을 것이네. 이른바 '서로 의논해서' 결정했다고 하는 경우의 몇 퍼센트가 그런 표준에 합치될 것인가. 겉으로만 민주적인 토의처럼 보일 뿐 그 구성원들의 구체적인 인간관계와 행동양식을 보게 되면, 무릇 자유로운 상호설득이라는 것에서 거리가 먼 그런 '회의'가 일본의 모든 종류의 단체에서 매일매일 몇 백 번씩 열리며, 거기서 결정한 것이 '민주적'인 결정으로 통용되고 있는 것이 현실이 아니던가. 특히 구성원들 사이에 신분·지위의 상하관계가 있는 경우, 상급자에게 절대적인 자기억제력과 꿰뚫어보는 눈이 없는 한 다양한 논리외적인 강제의 작용에 의해 자유토론은 곧바로 희화화(戲畵化)해버리고 말지.

대체로 자네도 알고 있는 그대로, 자유토론 내지 설득에 의한 결정이라는 생각은 당연히 거기서 정해진 규칙이 한결같이 그리고 평등하게 구성원을 구속한다는, 이른바 '법의 지배'의 관념과 논리적으로 연관되어 있어. 그리고 더구나 그 배후에는 그 규칙의 집행을 위탁받은 인간 내지 기관이 그 단체의 일반구성원에 대해서 어떤 실체적인 우월성을 갖는 것이 아니며, 또 진리나 정의와 같은 가치를 독점하는 것은 아니라는 중대한 전제가 놓여져 있지. 그에게 집행을 위한 강제력이 부여되어 있는 경우에도, 그 강제력의 타당성은 그것이 일정한 합법적인 절차에 의해서 주어졌다는 점에 있는 것이며, 그 강제력이 반드시 그 자체로서 정의를 내포하고 있다는 점에 기초를 두고 있는 것은 아니지. 무엇이 실질적으로 정당한가 하는 판단을 각자의 내면적 양심에 맡겨두고 있기 때문에 자유토론에 의한 결정이라는 것이 의미를 갖는 것이지.

바커가 앞에서 말한 논문에서 정부는 스스로 설득의 주체여야 하는 것은 아니며, 설득은 개인 내지 자유로운 단체 등 요컨대 오로지 국민상호의 횡적인 관계로 이루어지지 않으면 안된다는 의미를 강조하고 있는 것은, 바로 그런 근대사회의 당연한 상식을 밝힌 것에 지나지 않아. 그러나 불행하게 도 이 나라에서는 그것이 얼마나 '상식'에서 멀리 떨어져 있는가. 여기서는 가장 흔히 강제력을 장악하고 있는 상급자가 실질적인 가치의 체현자 내지 결정자로 나타남으로써 '자유토론'의 원칙만이 아니라 '법의 지배' 그 자체 를 공허하게 만들어버리지. 그는 구성원들에 대해서 '권한'이 아니라 '권위' 로써 임하거든. 그렇기 때문에 그의 행동이나 주장에 대한 비판은 쉽게 '반 역'이라는 낙인이 찍히게 되지.

"윗사람을 무서워하지 않는 불굴의 지극함"이라는 것이 토쿠가와(德川) 시대의 형(刑)을 선고할 때 상투적으로 쓰는 문구였지만, 대체 현재 일본 의 크고 작은 모든 사회집단의 '상사' 내지 '간부' 중에 그런 감각을 자신의 무의식의 세계에서도 완전히 몰아내버렸다고 잘라 말할 수 있는 사람이 과 연 몇이나 될까. 그 점에서도 그런 '상사'가 인텔리이면 일수록 점점 더 위 선 내지 자기기만의 위험성이 더 크지. 그는 어설픈 자유토론이나 민주주 의 같은 '개념'에 대해서 머리로 이해하고 있는 만큼, 한층 더 자신의 이데 올로기와 현실 행동의 분열에 대해서 맹목적이 되기 쉬워. 그런 복잡한 현 실의 뉘앙스를 설득과 폭력, 자유와 강제와 같은 그의 뇌리 속에 그려진 도 식으로 재단하려 하기 때문에 흔히 구체적인 결과로서는 자유토론의 희 화화에 대해서는 의외로 둔감한 반면, 자신의 부하 내지 피지도자의 집단 적인 행동에 대해서는 또 놀랄 만한 정도로 민감하게 '폭력'의 냄새를 맡게 되는 것이지.

이같은 자기기만이 물론 일본 인텔리만의 것은 아닐세. 니부어(R. Niebuhr)는 일반적으로 도덕주의자(moralist)가 은폐된 강제력을 노골 적인 강제력에 대해서 그 자체가 도덕적으로 우월한 것처럼 생각함으로써 결국 사회의 현상유지에 봉사하고 있는 점을 예리하고 지적하고 있지 (*Moral Man and Immoral Society*, 1932, p.233). 지배계급은 경 제력, 전통, 커뮤니케이션 등과 같은 '상품(上品)의' 강제력을 자유롭게 구 사할 수 있으므로, 대중들에게 실질적인 부정의(不正義)를 떠넘기면서 비교적 용이하게 그 사회의 도덕적 지지를 얻기 쉽다는 것이지.

그런데 특히 일본의 경우에는, 니부어의 그런 경고는 이중적인 의미에서 악센트를 찍어야 할 필요가 있다네. 첫째는 앞에서 말한 것처럼, 본래 자유민주주의는 일본인들의 몸에서 나온 것이 아니라 머리로부터 들어온 것인 만큼 한층 더 의식과 무의식의 갭이 크다는 의미에서이네. 둘째로는 일본의 압도적으로 강대한 전근대적 인간관계 속에서는 상위자의 권위의 무언의 압력, '니라미'(にらみ : 노려보는 것, 위압, 위엄의 뜻임—옮긴이)의 실질적인 폭력성이 은폐되고, 그것에 대한 내면적인 공포로부터의 복종이 쉽사리 근대적인 동의인 것처럼 꾸밀 수 있다는 의미에서이라네.

내가 언제나 일본사회의 민주화에서는 누가 보더라도 현저한 독재자형의 지도자보다도 보스형의 그것에 보다 많은 경계의 눈을 번득여야 할 필요성을 떠들어대는 것도 바로 이런 이유 때문일세. 독재자는 민주주의를 이른바 바깥으로부터 공공연하게 파괴하지만, 보스는 그것을 안에서부터 조용히 부식시키지. 카오야쿠(顔役), 오야카타(親方), 단나(旦那), 리지(理事), 센세이(先生) 등 어떤 이름으로 불리건 간에 보스는 가족관계의 의제(擬制)라든가 구성원의 심리적 타성을 이용하여 지배하므로, 노골적인 권력적 강제는 전가(傳家)의 보도(寶刀)로 배후에 감추어둘 수가 있지. 또 보스적 지배는 사회의 일상적·전통적인 가치의식이나 습관적인 사고방식에 의해 떠받쳐지고 있으므로, 특히 '선전'이나 '선동'을 할 필요가 없어. 부하나 피지배자가 뜻대로 움직이지 않을 경우, 독재자는 가차없이 직접적 억압을 가하지만, 보스는 조금씩 괴롭히거나 혹은 때때로 '에도(江戶)의 원수를 나가사키(長崎)에서 갚는 식이지.' 그럴 경우 억압은 시간적으로 연장됨으로써 당연히 집약성이 줄어들기 때문에 즉시의 직접적인 억압 경우처럼, 하위자는 급격한 반감을 일으키지 않지. 이런 식으로 생각하게 되면 보스적인 지배가 인민의 자유로운 비판력의 성장을 강인하게 저지하고 있으면서도 그 부식성이 얼마나 간과하기 쉬우며, 또 권력에 대한 아래로부터의 통제가 얼마나 어려운지 우리가 생각하는 것을 넘어서는 그 무엇이 있지.

이렇게 말하면 혹은 다양한 사회에서의 상위자와 하위자, 지도자와 복종자 사이의 '화기애애'한 자유로운 토론을 저해하는 것은 오히려 후자의 교양의 낮음에서 기인하는 조잡하고 거친 언동이 아닌가 하는 비판이 나올는지도 모르겠네. 현상적으로는 확실히 그렇다고 할 수도 있겠지. 그러나 조금 더 깊이 들어가 보면, 바로 그러한 언동이야말로 일상적으로 공공연한 자기 주장을 억압당하고 있는 울분의 비합리적인 폭발이 아닐는지.

얼마 전에 나는 여행지의 어떤 여관에서 식사를 했을 때, 여종업원으로부터 그 여관집 주인이 종업원들을 얼마나 혹독하게 부리는지 한참동안이나 하소연을 들은 적이 있네. (자네도 알다시피 일본식 여관에서는 대체로 근로기준법이 이미 사문(死文)이 되어 있지). 그래서 내가, 그러면 종업원들은 그같은 많은 불평불만을 모두 참고 있느냐고 물었더니, 여종업원의 대답은 "평상시에는 말없이 속에 담아두었다가 적당한 때가 오면 한 번쯤 이야기하지요. 그 쪽이 언제나 그런 식으로 졸렬하게 생각하는 것보다는 나으니까요……"라는 것이었어.

자네는 이것을 어느 한 여관에서만 볼 수 있는 일이라 생각하는가. 그런 말로 미루어 추측할 수 있는 구체적인 인간관계는 일본적 가족을 원형으로 하여, 관청·회사·조합·학교·일터 등 모든 사회에 어김없이 실재하는 관계가 아닌가. 게다가 내가 그 여종업원의 이야기에서 웃을 수 없었던 것은, 아주 드물게 그런 식의 '폭발' 분위기를 알아차리게 되면 주인이나 마담은 갑자기 태도가 변해서 부드러워져서는, 아이스크림 같은 것을 사서 전체 종업원들에게 돌리기도 한다네. 그러면 어이없다고 생각하면서도 기묘하게도 모두의 가슴 속에 있던 것이 가라앉아, 다음날부터 다시 혹독하게 부리는 일상생활이 시작된다는 것이었네. 나는 일본사회의 표면의 어수선한 전이(轉移)의 밑바닥에 진흙웅덩이처럼 침전되어 있는 것에 손이 닿은 듯한 생각으로, 순식간에 어두운 기분에 빠져버리고 말았네.

4.

"지금까지 존재한 모든 사회의 역사는 계급투쟁의 역사이다"라는 말은 그 누구라도 알고 있는 『공산당선언』의 한 구절이지. 일본의 '마르크스주의' 역사가들은 그런 명제를 일본사에서 실증하기 위해 혈안이 되어 피지배계급의 반항과 투쟁의 사실(史實)을 열심히 찾아다녔지. 그 결과 억압에 대한 인민의 용감한 투쟁이 언제나 역사를 추진해왔다는 것을 '실증'한 역사서도 나왔지. 그러나 유감스럽게도 그런 시도가 멋들어지게 성공했다고 할 수는 없을 것 같아. 시니컬하게 들릴는지도 모르겠지만 내가 보기에는, 유럽이나 미국은 어떨지 모르지만 일본의 역사는 계급투쟁의 역사보다도 오히려 훨씬 더 많이, 피억압자가 속으로 투덜거리면서도 결국 체념하고 울면서 잠이 든 그런 역사일세. 주장보다는 증거가 필요하겠지, 단적으로 말해서 일본은 예로부터 무(武)를 숭상하는 국가로서 전쟁은 빈번하게 치렀지만, 그야말로 아래로부터의 혁명은 아직 한 번도 경험한 적이 없어.

그런 한에서 가족주의에 기초한 '화'(和)의 정신이 일본적 통치의 아름다운 전통이라는 식의 국체역사관도, 역사적 현실의 어떤 측면을 반영해주고 있다고 생각하네. 다만 그런 '화'라는 것이 평등한 자들 사이의 '우애'가 아니라 어디까지나 종적인 권위관계를 움직일 수 없는 전제로 한 '화'이며, 따라서 정말 그 권위에 과감하게 도전하거나 혹은 도전의 위험이 있다고 권위자에 의해 인정된 자에 대해서는 곧바로 '은혜를 모른다'고 하여 가공할 만한 박해로 전화된다는 동전의 뒷면을 의식적·무의식적으로 빠트리고 있는 점에 바로 그 사관의 이데올로기적 성격이 있는 것일세.

그리하여 '화'(和)와 '은'(恩)의 정신은 크게는 국가로부터 작게는 가족에 이르기까지 모든 사회집단에 아로새겨져서 후쿠자와 유키찌(福澤諭吉)가 말하는 '권력편중관계'를 합리화함으로써, 각각의 사회에서의 지배자·윗사람을 끝없는 위선 내지는 자기기만에 빠트렸네. 지배층은 언제나 '화'의 정신의 권화(權化)이며, 그 성격상 '선천적으로' 분쟁의 원인이 될 수는 없다,

분쟁은 언제나 복종자가 사악한 분자에 선동당한 결과이다, 그러므로 그런 무지하고 저급한 자들에게 일찍이 '권리'를 부여해주게 되면 무엇을 어떻게 해야 할지 모른다, 노숙한 어버이의 마음으로 대중을 서서히 길러서, 그 성장을 기다려서 점차로 권리를 부여해주어야 한다——이것이 메이지유신 이후 오늘에 이르기까지 지배층 내지 그 이데올로그들이 민주주의의 확충에 반대할 경우 사용하는 놀랄 만한 정도로 공통된 논리였네.

그리하여 "무릇 인민의 지식이 아직 열리지 않아서 먼저 자유의 권리를 획득할 때에는 그것을 시행하는 데 바른 길을 알지 못하며, 그 때문에 도리어 자포자기에 빠지게 되고 마침내 국가의 치안을 해치게 될 위험이 있으니, 어찌 두려워하지 않겠는가"(「民選議院ヲ設立スルノ疑問」, 『日新眞事誌』, 明治 7년 2월 3일)라는 카토오 히로유키(加藤弘之)의 의회개설상조론은 그대로 현대에서의 정치적 자유 신장에 반대하는 근거로 통용되고 있으며, 1930년 내무성 사회국의 입안에 즈음하여 당시 무산정당의 최우익인 사회민중당(社會民衆黨)조차 매우 미온적이라 평가한 노동조합법안에 대해서 "노동자와 자본가 상호간의 정의(情誼)를 기초로 하여 가족제도의 연장이라 할 수 있을 우리나라(일본) 고유의 고용관계"를 무시하고 "헛되이 노동자들에게 계급투쟁 의식을 유발"시켜서 "이른바 어린아이에게 너무 좋은 것을 주는 것(!)과도 같아서 이보다 더 큰 위험은 없으며 도움이 되는 것은 전혀 없다"(이상 日本工業俱樂部調査課 編, 『勞動組合法案に關する實業團體の意見』에서)고 하면서 끝내 그것을 옥신각신하면서 무산시켜버린 일본의 부르주아지의 빛나는 전통은 지금도 면면히 그들의 후계자들 가슴 깊숙한 곳에 깃들어 있지. 대중의 자발적 능동성의 해방이 집요하게 저지되고, 그 결과로 인해 생겨난 수준의 낮음이나 자포자기가 마찬가지로 해방되기에는 아직 이르다는 근거가 되고 있는 놀랄 만한 악순환은 오늘날 여전히 단절되지 않고 있어. 그런 악순환에 제동을 거는 것은 어떠한 형태로건 바깥으로부터의 혹은 위로부터의 은혜적 해방이 아니라 참된 의미에서의 안으로부터의 총체적인 혁명 이외에는 아마도 없을걸세.

이상에서 나는 일본의 제 사회관계의 민주화를 억누르고 전통적인 배선 (配線)구조를 고정화시키고 있는 힘이 얼마나 강인한 것인지를, 주로 구체적인 인간관계와 **行動양식**을 중심으로 살펴보았네. 일본의 천황제·관료기구·지방자치 등 넓은 의미의 통치기구와 그것의 물질적·사회적 지반을 정면에서 거론하며 전근대적 요소의 광범한 잔존을 지적한다는 것은 이미 많은 전문학자들에 의해 이루어지고 있으며, 그렇게 문제를 다루는 방식을 취하게 되면 자네가 이미 그런 것쯤은 알고 있노라고 머릿속으로 이해하고서 옆으로 밀쳐놓을 위험도 있어서, 가능한 한 자네의 피부감각에 호소하려고 했던 것일세. 아니 그런 행동양식론도 알고 있다면, 영국과 미국식의 민주주의 대 소련적인 공산주의의 투쟁이라는 도식에 의해서 적어도 국내의 정치적·사회적 문제를 이해하고, 전자를 후자에 대해서 방어하지 않으면 안된다고 하는 것 따위가 구체적으로 무엇을 의미하는가 하는 것에 대해서 이미 자네는 **감각적으로** 이해할 수 있지 않은가.

일본사회의 어디에 '방어'하기에 충분할 정도로 성장한 민주주의가 존재하는가. 지식인의 자유에서도, 넓게는 국민대중의 정치적·경제적 권리의 확충에서도, 당면한 문제는 기존의 민주주의의 방어가 아니라 이제 겨우 뿌리를 내리고 있는 민주주의를 **지금부터 발전·신장시켜가는 것**일세. 그것은 그야말로 '소련식 민주주의'를 말하는 것이 아니라, 바로 서구의 시민적 민주주의라는 의미로 말하는 것일세. 그런 의미의 민주주의도 우리 일본에서는 아직 과제이지 **현실**이 아닐세. 민주주의적인 헌법이나 법률이 정비되면 곧바로 실체적인 사회관계까지도 민주적으로 되어버린 것처럼 생각하는 울트라 형식주의자든가, 혹은 대일본제국헌법 하의 '자유'——노동법은 없어도 좋지만, 그 대신에(!) 치안경찰법·치안유지법은 반드시 필요하다고 한 바의——로 충분히 만족할 수 있었던 중신(重臣)·기성정당·자본가의 흐름을 잇는 '입헌주의'자든가, 그렇지 않으면 교묘하게 치장을 한 진정한 파시스트에게서만 '민주주의'는 새로운 '전체주의'에 대해서 방어되어야 할 기존의 현실인 것일세. 그같은 8·15 이전과 직접 연결되어 있는 모든 세력은 그야말로 '민주주의의 방어'라는 이름 하에 일단은 헌법과 법률에 보장된 근로대중의 조직적 행동을 채 몇 년이 지나기도 전에 하나하나 제한하고 있지.

내가 앞에서 말한 일본정치의 역동성에 기초한 정치적 전류의 전달작용에 의해서, 일정한 조직——예를 들면 전국공무원노동조합——에 대한 일정한 법적 제한은 곧바로 모든 장치에 영향을 미치게 되며, 실질적으로는 불특정 다수의 조직에 대한 범위가 분명하지 않은 제한이 되어 나타나게 되지. 5·30사건 이후의 정치적 집회 금지의 지령이 대학내에서 만담회나 음악회의 금지에까지 이르게 되었다는 것은 최근의 전형적인 사례일세. 그리하여 일본의 권력구조나 인간관계에서 대체적으로 '영·미식' 민주주의의 원리와 상반되는 전근대적 제 요소가 그야말로 '영·미식' 민주주의의 방어라는 이름으로 부활·강화되고 있어. 자네는 이같은 참혹한 패러독스의 진행에 대해서 과연 아무렇지도 않게 느낄 수 있는가.

물론 이렇게 말한다고 해서 내가 현재의 노동운동·농민운동, 기타 일반적으로 조직화된 대중운동 그 자체에도 마찬가지로, 내가 지금까지 말한 것과 같은 일본사회가 역사적으로 짊어지고 있는 전근대적인 제 조건과 인간상호관계가 내재하고 있다는 사실에 대해서 털끝만큼이라도 눈을 감아버린다는 것은 결코 아닐세. 그곳에는 또 그곳 나름대로 오야카타(親方)적·권위적 지배도 화(和)의 정신도 토의의 희화화도 모두 갖추어져 있다는 것은 너무나도 명백하지.

그러나 그렇다고 해서 그처럼 모두 다 같은 것이며 또 모든 것은 다 회색이라는 식으로 보는 시각은, 인식으로서는 역사의 구체적인 동태를 무시하고서 또 다른 도식화에 빠진 시각이며, 실천으로서는 사회·정치의 문제가 언제나 최선(best)과 최악(worst) 사이의 선택이 아니라, 더 나은(better) 것의 선택이라는 것을 잊어버린 태도라고 생각하네. 일반적으로 낡은 사회구조의 고정성이 강고한 곳에서는 노동운동이나 사회운동과 같은 대체적으로 기존의 질서나 지배에 대한 도전은, 그와 동시에 그 지배질서에 내재하고 있는 가치체계나 정신구조 같은 것을 무너뜨려가지 않으면 도저히 유효하게 진전되지 않는다는 본질적인 성격을 지니고 있어. 중국혁명은 바로 그것을 거대한 규모로 실증해주었지.

설령 일시적으로는 오히려 낡은 의식이나 인간관계를 이용하는 것이 손쉽고 빠른 것처럼 보여도, 머지않아 그것은 운동에서——특히 반동기(反動期)에 들어섬과 더불어——뼈아픈 복수가 되어 되돌아오게 되지. 왜냐하면 인간의 의식이나 행동에서 타성의 힘은 급진세력에 의해서보다도 그야말로 거기에 대중지배의 심리적 지반을 가지고 있는 보수반동세력에 의해서 훨씬 더 용이하게 동원될 수 있기 때문이지. 사회당 및 그 세력 하의 여러 단체가 제2차대전 후 급속하게 세력을 팽창하게 될 때 자치단체의 보스적인 인물들을 적지않게 받아들인 것이, 그후 사회당에 얼마나 큰 마이너스로 작용했던가. 공산당의 최근의 참담한 후퇴와 내부분열에서도, 물론 국제적 조건과 잇따른 경찰의 탄압에 의한 것이지만, 동시에 역시 공산당 내지 그 영향 하에 있는 대중조직이 과거 5년 간의 운동방법에서 객관적인 정세가 조금 유리하게 되자 곧바로 강인한 전술로 밀고나가기도 하고, 형식적·외면적인 '결집'의 성공에 도취하기도 해서, 내부의 착실한 배양을 소홀히한 경향이 이제서야 그 결과를 드러내고 있지 않은가.

그러나 예를 들면 공산당이라는 것이 오로지 그런 봉건적·비근대적 요소를 이용하여 발전하는 것이라는 식의 견해가 얼마나 웃기는지는, 만약 그것이 정말이라면 일본의 사회구조나 정치의식이 뒤떨어진 곳일수록 공산당이 진출하게 될 것이며, 따라서 도시보다 농촌, 농촌에서도 동북(東北) 지방과 같은 곳일수록 세력이 신장될 것인데 사실은 완전히 정반대라는 것만 보더라도 분명하지. 일반적으로 말한다면 관청이나 경영단체의 노동조합이 강고한 곳일수록 그곳의 직원이나 고용인의 태도나 표정이 보다 명랑쾌활하며 활발하게 자신의 의견을 말하며, 그것이 약한 곳일수록 그리고 약해지면 질수록 그 특유의 비굴한 표정과 질투·에고이즘 등이 짙어진다는 것은 도저히 부정할 수 없어. (오히려 이런 당연한 것들을 자네에게 말하는 것이 부끄러울 정도이지만, 유감스럽게도 일본의 현실은 그런 당연한 것들을 강조하지 않으면 안된다네.)

일본사회의 근대화라는 과제는 근대적 원칙을 암기하는 것에 의해서가 아니라 역사적·구체적인 상황에서 근대화를 실질적으로 추진해 나가는 힘은 모든 계급, 모든 세력, 모든 사회집단 속의 어디서 상대적으로 가장 많이 찾아낼 수 있는가 하는 것을 리얼하게 인식하고, 그 힘을 조금이라도 약화시키는 그런 방향에 반대하고, 강화시키는 그런 방향에 찬성한다는 것에 의해서만 이루어질 수 있다는 것이 나의 근본적인 사고방식일세.

5.

이로써 대체적으로나마 현실의 일본의 정치적 상황에 대한 나의 판단 방식을 자네가 알아차렸을 것이라 생각하네. 나는 적어도 정치적 판단의 세계에서는 고도의 실용주의자이고 싶어하네. 그러므로 어떠한 정치적 이데올로기이건 간에, 정치적·사회적 제 세력이건 간에 내재적·선천적으로 절대진리를 용인할 수 없으며, 그 구체적인 정치적 상황에서의 구체적인 역할에 의해 시비(是非)의 판단을 내리는 것일세. 나는 어떠한 이데올로기이건 간에 그것이 도그마화하는 경향에 대해서는 거의 체질적으로 저항하네. 내가 좌우의 어떠한 열광주의에도 본능적으로 반발하는 것은 자네도 잘 알고 있는 그대로일세. 자네는 그런 내가, 좌익절대주의의 챔피언이며, 열광적 혁명주의자를 옹호하고 있다고 했네――그것을 내게 말하라고 한다면 절반은 진실이고 절반은 오류, 적어도 정확하지는 않지만――공산당에 대해서 부당하게 관용을 베푸는 것은 정말 이상하다고 했네. 형식논리적으로는 그럴는지도 모르겠네. 그러나 나는 일본과 같은 사회의, 현재의 정황(情況)에서는 공산당이 사회당과 더불어 민주화――그래, 서구적 의미에서의 민주화에 수행하는 역할을 하는 것을 인정하기 때문에, 그것을 권력에서 탄압하고 약화시키는 방향이야말로 **실질적으로** 전체주의화의 위험을 내포하고 있다는 것을 강력하게 지적하고 싶은 것일세.

나는 그야말로 정치적 실용주의(pragmatism)의 입장에 서기 때문에, 한편으로는 아래로부터의 집단적 폭력의 위험성과 다른 한편으로는 지배층이 위선 내지 자기기만으로부터 사이비민주주의에 의한 실질적 억압기구를 강화할 위험성을 비교하고, 또 한편으로는 대중의 민주적 해방이 '과잉이 되어 범람할' 위험성과 다른 한편으로는 그것이 달이 모자라서 유산될 위험성을 비교한다면, 전자보다도 후자가 더 문제라는 판단을 내린 것일세. 나는 물론 질서를 존중하고 무질서를 배격하네. 그러나 동시에 나는 "질서는 하나의 목적이기는 하지만, 그것만이 고립하여 존재할 수는 없다. 왜냐하면 단순히 질서만이라면 그것은 예속을 의미할는지도 모르며, 감옥 혹은 강제수용소를 의미할는지도 모른다. 게다가 질서는 소수가 다수를, 강자가 약자를 질서정연하게 착취하는 것을 의미할는지도 모른다. 질서는 힘의 숭배이며 정의의 모욕일 수도 있다. 질서가 오직 사회 공동의 복지의 도구로 될 때에만, 그것은 존경받으며 또 거기에 복종할 수 있다"는 메리엄의 말(C. E. Merriam, *Systematic Politics*, 1945, p.45)에 공감하네.

시어도어 루스벨트가 언젠가 메리엄에게 "질서와 정의의 어느 쪽을 선택하지 않으면 안된다면, 나는 언제나 질서 쪽에 설 것입니다, 당신은 어떻습니까" 하고 물었을 때, 메리엄은 "아마 저는 반대일 것입니다, 저는 '아메리카혁명의 아들들'에 속하고 있습니다"라고 답했네(앞의 책, p.64). 인류가 그 역사에서 다시금 그런 양자택일 앞에 처하게 된다면 그것은 그야말로 참혹한 비극일세. 우리는 모든 노력을 다해서 그런 상황의 도래를 막지 않으면 안되네. 그러나 만에 하나 불행해서 그런 선택 앞에 어쩔 수 없이 서게 되는 때가 있다면, 그때는——나는 역시 메리엄을 따를걸세. 그러나 그것은 나의 조국이 메리엄과는 달리, 혁명의 전통을 갖지 못하고, 도리어 집회조례(集會條例)·신문지조례(新聞紙條例)부터 시작하여 치안유지법(治安維持法)·전시언론집회결사취체법(戰時言論集會結社取締法) 등 경찰국가의 전통을 가지고 있기 때문일세.

그러나— 하고 마지막으로 자네는 반문할는지도 모르겠네. 오늘날 일본의 정치적 상황은 세계의 그것과 밀접하게 연결되어 있으며, 오히려 후자가 전자를 근본적으로 규정하고 있는 것이 아닌가. '영·미민주주의 대 소련전체주의'라는 대립에서도, 과연 일본만을 보면 자네가 말한 그대로이지만, 세계적 규모의 대립의 일환으로서의 요소 쪽이 더 강하지 않은가 하고 말일세.

나는 일본의 문제는 **궁극적으로는** 일본인에 의해서밖에 해결되지 않으며, 또 외부로부터의 규정성도 내부로부터의 반응 방식과의 관계에서 어느 정도 변하게 된다는 의견이므로 국내의 문제를 기어이 세계정세 쪽으로 끌고 가서 남에게 맡겨버리는 식의 요즈음의 풍조는 아무래도 탐탁지 않다고 생각하고 있는데, 일반론으로서는 확실히 일본정치를 세계정세로부터 고립시켜 이것저것 말해보아도 어쩔 수 없다는 것은 분명하며, 실은 국제관계의 여러 계기는 또 나중에 다시 말하기로 하고 여기서는 의식적으로 문제삼지 않았네. 그러나 이미 편지가 너무 길어졌으니 일단 이 정도에서 멈추고, 그 문제는 다음에 써서 보내고 싶네. 무척이나 더운 날에 이렇게 지루한 것을 읽게 해서 정말이지 할 말이 없네. 이해해주게나.

●1950년

제5장

일본에서의 내셔널리즘

그 사상적 배경과 전망

1.

일본에서 내셔널리즘의 고찰은 특수한 어려움을 안고 있다. 그것은 일본 내셔널리즘의 발전의 형태(pattern)가 매우 독특하다는 데서 비롯되고 있다. 그리고 그것을 조금 더 들어가서 말한다면, 결국 일본의 근대국가로서의 발전 자체의 특이성으로 귀착될 것이다. 그 세계사적인 자리매김이 얼마나 어려운가 하는 것은, 오늘날 과거로부터 장래에 걸친 일본의 정치적·사회적 진화의 방향과 형태에 대한 분명한 인식이 실제 정치가들 사이에서도, 전문학자들 사이에서도 아직 거의 확립되어 있지 않다는 것을 보더라도 분명하게 알 수 있다. 그것은 결코 일본에서의 이데올로기적 대립의 폭이 매우 넓다는 문제만으로는 해소되지 않는다. 그 증거로는 무엇보다도 명확한 세계관과 이론에 기초하여 전략·전술을 수립하고 있다는 공산당 내부에서조차도 일본의 천황제(天皇制) 내지 제국주의의 역사적 규정이나 농촌에서의 계급관계라는 근본문제에 대해서 중대한 견해의 차이를 보여주고 있지 않은가. 예의 코민포름(Cominform) 비판 이래의 분쟁으로 무엇보다도 중요한 것은, 다름아닌 일본공산당에서, 일본 혁명의 패턴에 대한 일치된 파악이 결여되어 있다는 것이 지금 새삼스럽게 폭로되었다는 문제이다. 거기에는 결코 공산당만의 일로서 끝날 수 없는 심각한 문제가 잠재되어 있다. 위에서 말한 것과 같은 일본에서의 이데올로기적 분화의 다양성도 오히려 세계사에서 일본이 차지하고 있는 지위가 아직 혼돈되어 있다는 사실이 가져다준 결과에 다름아닙니다. 일본의 내셔널리즘이라는 문제의 복잡함도 결국 거기서 유래하고 있는 것이다.

일본의 내셔널리즘을 파악하는 데서 직면하게 되는 어려움은 우선, 그 구성내용과 시간적인 파동(波動)의 특성이라는 두 가지 점으로 귀착될 수 있을 것이다(물로 이 양자는 서로 상관관계가 있지만). 첫번째 구성내용이라는 점에서는 무엇보다도 일본의 내셔널리즘이 일본의 사회구성·정치구조 내지는 문화형태에 규정됨으로써, 한편으로는 유럽의 고전적 내셔널리즘과 구별되는 의미에서의 아시아형의 내셔널리즘에 공통된 요소를 가짐과 동시에, 다른 한편으로는 중국·인도·동남아시아 등에서 볼 수 있는 내셔널리즘과도 확연히 다른 특성을 가지며, 오히려 그 점에서는 유럽 내셔널리즘의 한 변형된 형태로도 볼 수 있는 면도 갖추고 있다는 점에서 기인하는 복잡함을 들지 않으면 안된다.

두번째의 시간적인 파동의 특성이란 무엇인가 하면, 그것이 1945년 8월 15일이라는 현저한 절정(peak)을 가지며, 그 전후의 무대와 배경의 전환이 너무나도 심하기 때문에 문제의 일관성있는 고찰을 매우 어렵게 만들고 있다는 점이다. 그로부터 역시 일본의 내셔널리즘의 앞으로의 성격과 다른 극동 국가들의 그것 사이에 미묘한 연관성이 생겨나고 있다.

오늘날 아시아의 내셔널리즘 동향은, 특히 한국전쟁 이래 세계 최대의 관심의 표적이 되고 있다고 해도 지나친 말은 아닐 것이다. 한국에서도 중국에서도 인도에서도 동남아시아에서도, 바야흐로 민족운동은 거대한 혁명적 힘으로 등장하고 있다. 거기에 절박한 전쟁과 평화의 선택이 달려 있을 뿐만 아니라, 그 어느 쪽의 방향이 취해지건 간에 금세기 후반을 통해서 세계정치는 아마도 아시아 내셔널리즘의 발흥을 기축으로 하여 선회하게 될 것이다. 그럴 경우 일본의 내셔널리즘이 어떤 내용과 방향을 취할 것인가 하는 것은 매우 중대한 의미를 지니고 있다. 8월 15일의 절정을 경계로 하여, 어떤 의미에서는 일본의 내셔널리즘에는 종래 식민지 내지 반식민지였던 다른 극동 지역에서의 그것과 다분히 공통된 과제가 부과되었다. '민족의 독립'이라는 것이 적어도 표면적으로는 자유당에서 공산당에 이르는 모든 정당의 공통된 슬로건으로 내걸리고 있다는 것은 어쨌거나 그런 새로운 사태가 다소라도 정치적 자각을 가진 국민의 본능적인 깨달음이 되고 있다는 것의 반영에 다름아니다.

그러나 세계의 다른 국가들은 물론이고, 일본의 내부에서도 일본의 앞으로의 내셔널리즘과 극동의 다른 여러 지역의 그것을 단순히 일괄적으로 논하는 것에 대한 주저함을 보이고 있는 것은 어째서인가. 말할 것도 없이 일본이 바로 8·15 이전에, '울트라'(ultra)라는 형용사를 붙여서 부르고 있는 최고도의 내셔널리즘과 그 참담한 결말을 한 번 경험하고 있기 때문이다. 아시아 국가들 중에서 일본은 내셔널리즘에 대해서 처녀성을 이미 잃어버린 유일한 국가이다. 다른 극동 여러 지역에서는 내셔널리즘은 생동하는 에너지로 충만된 청년기의 위대한 혼돈을 그 내부에 가지고 있는 데 대해서, 유독 일본은 그 발흥─난숙─몰락이라는 사이클이 일단 완결되었다. 역사에서 완전한 단절이라는 것이 있을 수 없는 이상, 그 이전의 내셔널리즘과 전혀 관계없이 앞으로의 그것이 발전한다는 것은 생각할 수 없다. 새로운 내셔널리즘은 낡은 그것에 대한 반발로서 일어나건, 그것과의 타협으로, 내지는 그것의 재건으로 발전하건 간에 스스로의 과거에 의해 각인되지 않을 수 없을 것이다. 더구나 그 어떤 형태를 취하느냐에 따라서 크게는 세계의, 적게는 극동의 정세는 현저하게 그 모습이 바뀌게 된다. 이처럼 울트라내셔널리즘(ultra-nationalism, 초국가주의)이라는 이미 알고 있는 것(旣知數)과 앞으로의 아시아 내셔널리즘에 공통된 미지수(未知數)의 결합 방식에는 실로 다양한 가능성이 있는 이상, 현재로서는 그 투명한 예측이 무척이나 어렵다고 하지 않으면 안된다.

그래서 나는 여기서 문제를 한정시키고, 먼저 소재를 메이지유신(明治維

新) 이후 일본 내셔널리즘이 걸어온 발자취에 대해서 주로 그 정신구조라는 측면에서 전쟁 이전과 이후의 관련성을 찾아내는 데 중요하다고 생각되는 몇 가지 특성에 주목하면서, 앞으로의 발전 형태의 고찰에 대한 실마리로 삼고자 한다. 물론 극히 조잡한 개괄적 검토를 벗어나는 것은 아니겠지만.

2.

근대 일본의 내셔널리즘은 그 발생에서, 말할 것도 없이 바쿠후 말기의 유럽세력이 안겨준 충격에 의거하고 있다. 그 사정은 극동 여러 지역에 거의 공통되고 있다. 그리고 이미 그와 같은 발생상황 속에 서구 내셔널리즘과 다른 다양한 특질이 배태되어 있을 뿐만 아니라, 그 충격에 대한 반응 방식의 차이가 일본 내셔널리즘에 다른 극동 국가들, 그 중에서도 특히 중국의 그것과 현저하게 다른 역사적 과제를 부과하게 되었던 것이다.

유럽은 근세 민족국가가 생성하기 전에 이미 하나의 보편주의 (universalism)를 가지고 있었다. 로마제국이 우선 그 기초를 마련했으며, 그것은 얼마 후 로마카톨릭(보편)교회와 신성로마제국으로 상징되는 유럽공동체의 이념 —the Corpus Christianum—으로 이어졌다. 르네상스와 종교개혁에서 시작되는 근세 민족국가의 발전은, 본래 하나인 세계의 내부에서 다원적 분열에 다름아니었다. 따라서 내셔널리티 (nationality) 의식의 발흥은 처음부터 국제사회의 의식에 의해 뒷받침되고 있었다. 주권국가 사이의 투쟁은 그런 국제사회의 독립된 구성원들 사이의 투쟁이라는 것은 자명한 전제이며, 그렇기 때문에 그로티우스 (Grotius) 이래 전쟁은 **국제법**에서 중요한 체계적 지위를 차지해왔던 것이다. "유럽의 국가들은 그들 상호간에 하나의 보이지 않는 국가를 형성하고 있다"는 루소(Rousseau) 내지 "인접국으로서 상업관계를 맺고 있는 모든 국가는 하나의 큰 단체, 일종의 공동체를 형성하고 있다. 예를 들면 기독교에 의해서 공통의 이익과 공포와 경계심을 지닌 일종의 보편적 공화국이 형성되어 있다"는 페늘롱(Fénelon)의 말(이상 H. Morgenthau, *Politics among Nations*, 1949, pp.160~161에서 인용)은 유럽이 주권국가로 분열된 이후에도 보편주의의 전통이 연면히 흐르고 있다는 것을 말해주고 있다.

그런데 이른바 아시아 세계는 어떠한가. '동양'(東洋)은 존재하는가 하는 주지의 논쟁이 어떤 결말을 보여주건 간에, 거기에는 역사와 전통에서 아주 고도의 자족성을 지닌 인도·중국·일본이라는 문화권이 병렬해 있으며, 그 사이에 다양한 교섭관계가 있었다지만 그것이 유럽적 의미에서의 공동체 내지는 국제사회를 구성하고 있지 않았다는 것은 분명하다. 오히려 이들 많건 적건 간에 폐쇄적인 세계에 대해서 '국제사회'(international society)는 일제히 '개국'(開國)을 강요했다. 바꾸어 말하면 동양의 국가들은 국제사회의 안에서 자신을 자각한 것이 아니라 오히려 '국제사회'에 무력 혹은 무력의 위협에 의해서 강제적으로 끌려들어간 것이다. 그래서 동양 국가들에서의 소박한 민족감정은 어디서나 우선적으로는 그처럼 바깥으로부터 밀려오는 유럽 세력의 압력에 대한 반작용의 형태로 일어났다. 그것을 가장 민감하게 의식한 것은, 예를 들면 중국에서도 일본에서도 구(舊)국가에서의 특권적 지배층이었다. 그들의 '민족의식'은 무엇보다도 전통적인 정치·사회체제를 유럽의 기독교와 산업주의의 침략으로부터 막아낸다는 의미를 가지고 있었다. (그것은 유럽에서 구지배계급으로서의 귀족이 오히려 세계주의적이며, 그것에 대해서 신흥부르주아지가 내셔널리즘운동의 담당자가 되었던 것과 좋은 대조를 이루고 있다.)

이 제1단계에서의 내셔널리즘을 만약 근대적 내셔널리즘과 구별하여 '전기적'(前期的) 내셔널리즘이라 부른다면, 그 전형적인 표현이 곧 '양이'(攘夷) 사상이었다. 그런 양이 사상에는 어떤 특징이 있는가 하는 것을 청나라 말기나 바쿠후 말기의 그것을 검토해보게 되면, 특히 다음과 같은 공통점이 나타나게 된다.

첫째로는 그것이 지배계급에 의해 그들의 신분적 특권유지 욕구와 떼놓을 수 없게 결부되어 나타났기 때문에 거기서는 국민적인 연대의식이라는 것이 희박하고, 오히려 국민의 대다수를 차지하고 있는 서민의 소외, 아니 적대시를 수반하고 있다는 점이다. 바쿠후 말기 미토가쿠(水戸學) 등의 문헌에는 '간악한 백성과 교활한 오랑캐'(姦民狡夷)라는 말이 자주 나오고 있다. 즉 인민이 적과 내통하는 것에 대한 시의(猜疑)와 공포를 표현한 말로써, '간악한 백성'이 '교활한 오랑캐'와 같은 차원에서 문제시되고 있다는 것은 매우 중요하다.

둘째로 거기서는 국제관계에서의 대등함이라는 의식이 없으며, 오히려 국내적인 계층적 지배의 눈으로 국제관계를 보기 때문에 이쪽이 상대방을 정복 내지 병탄(併呑)하느냐, 아니면 상대방에 당하느냐, 문제는 처음부터 양자택일이다. 이처럼 국제관계를 규율하는 보다 고차원적인 규범의식이 희박한 경우에는, 힘의 관계에 의해 어제까지의 소극적 방어의식이 갑자기 내일은 무제한의 팽창주의로 변하게 된다. 거기서는 완전히 알지 못하는 것에 대한 원시적인 심정으로서의 공포와 교만이라는 특수한 콤플렉스가 당연히 지배하게 된다. 물론 이것은 극히 일반화시켜서 말한 것이며, 개별적으로는 다양한 뉘앙스가 있으며, 또 그들은 많건 적건 간에 무릇 내셔널리즘의 비합리적 원천을 이루는 자민족중심주의(ethnocentrism)에 공통된 요소이기도 하다. 그러나 처음부터 하나의 공통된 규범의식으로부터 출발한 유럽 내셔널리즘에 비해서, 동양국가들의 그것이 내셔널리즘의 합리화, 특히 국제주의와 일단의 균형에 이르는 데 많은 어려움을 겪지 않으면 안되었던 것은 그와 같은 발생사정의 차이가 적지 않게 작용했다는 점을 부정할 수 없다.

그런데 전기적 내셔널리즘의 담당자로서의 구특권계층은 실제로 유럽세계의 압도적으로 우월한 산업·기술·군비에 부딪혀보게 되자, 낡은 세계를 새로운 세계에 대해서 방어한다는 그들의 목적을 달성하기 위해서라도 어쨌든 간에 스스로를 '적'(敵)의 문명으로 무장하지 않으면 안된다는 사실을 의식하게 되었다. 그런데 거기에는 정말 어려운 문제가 잠재되어 있었다. 왜냐하면 유럽 문명을 받아들이지 않고서는 바야흐로 지배층이 낡은 세계 자체를 유지할 수 없었으며, 그렇다고 해서 또 그것을 전면적으로 받아들이는 것은 낡은 체제의 근본적인 변혁을 결과하게 되고, 따라서 그들 자신의 권력 몰락을 초래하기 때문이다. 이런 역설로부터 탈출하는 방법은 단 하나밖에 없었다. 즉 유럽문명의 채택을 산업·기술·군비 등 이른바 '물질문명'에 한정시키고, 기독교라든가 개인주의·자유민주주의와 같은 사상적·정치적 여러 원리의 침윤을 최소한도로 막는 것이었다.

그런 구분은 하시모토 사나이(橋本左內)의 "기계·예술은 저들로부터 취하고, 인의(仁義)·충효(忠孝)는 우리 쪽에서 얻는다"나 사쿠마 쇼오잔(佐久間象山)의 "동양도덕, 서양예술"(예술이란 물론 기술이란 의미이다)과 같은 말에 고전적으로 표현되어 있다. 그런데 그런 구분에서조차 쉽지 않은 문제가 남아 있다는 것은 어렵지 않게 알 수 있다. 왜냐하면 이른바 물질문명이 그렇게 간단히 그것을 길러낸 근대정신과 분리될 수 없을 뿐만 아니라 그것이 가능하다 하더라도 물질적 생활환경의 근대화가 사상이나 의식에 역작용하지 못하도록 막는다는 것은 무척이나 어려운 일이기 때문이다. 중국과 일본의 역사적 운명의 기로, 따라서 또 두 나라 내셔널리즘의 발전형태의 거대한 차이는 바로 그런 역사적 시련에 대한 두 나라의 구지배계급의 반응 양식에 배태되어 있는 것이다.

중국에서도 일본에서도 지배계급 중 비교적 진보적인 사람들 가운데에서 '용도별 구분'을 위한 필사적인 노력이 '부국강병'(富國强兵)이라는 슬로건 하에 전개되었다. 그리하여 일본은 주지하듯이 메이지유신에 의한 위로부터의 혁명에 성공하여 어쨌거나 동양 최초의 중앙집권적 민족국가를 수립했으며, 유럽세력의 침략을 물리친 것은 물론이고 세계를 깜짝 놀라게 한 스피드로 열강 대열에 진입하는 제국주의국가로까지 성장했다. 그런데 중국에서는 증국번(曾國藩) 등의 '양무'(洋務)운동으로부터 강유위(康有

爲)의 '변법유신'(變法維新)운동에 이르는 일련의 위로부터의 근대화 노력
도 결국 청나라 왕조 내부의 강대한 보수세력 앞에 굴복했으며, 그 결과는
19세기 후반의 열강 제국주의의 집중적 잠식을 당해, 반(牛)식민지, 아니
손문(孫文)의 이른바 '차식민지'(次植民地)의 슬픔에 빠지게 되었다. 물론
그와 같은 중국과 일본의 운명의 차이에 대해서 양국의 지리적 위치라든
가, '개국' 시기의 차이라든가, 구사회의 해체과정의 차이라든가, 지배계급
의 역사적 성격이라든가 하는 다양한 요인을 들 수 있을 것이다. 그러나 여
기서는 그런 원인론이 문제가 아니라 오히려 그런 출발점의 차이가 결국
두 나라의 내셔널리즘에 거의 대척적인 각인을 남겼으며, 그것이 오늘날의
사태에도 치명적인 영향을 미치고 있다는 점이 중요한 것이다.

즉 중국은 지배층이 내부적인 교체에 의해 근대화를 수행하는 데 실패했
기 때문에 일본을 포함한 열강 제국주의에 의해 장기간에 걸쳐서 아주 깊
은 곳까지 침윤되었는데, 그것이 도리어 제국주의지배에 반대하는 내셔널
리즘운동에 어쨌거나 구(舊)사회 · 정치체제를 근본적으로 변혁시키는 임
무를 부과해주었다. 구사회의 지배층은 살아남기 위해서는 많건 적건 간에
외국 제국주의와 결탁하여 이른바 '매판화'(買辦化)하지 않을 수 없었으므
로, 그들 사이에서 철저한 반제국주의와 민족적 독립운동은 일어날 수 없
었다. 한편으로는 구지배구조와 제국주의의 유착이, 다른 한편으로는 내셔
널리즘과 사회혁명의 결합을 불가피하게 불러일으킨 것이다. 손문에서 장
개석(蔣介石)을 거쳐 모택동(毛澤東)에 이르는 이같은 일관된 과정을 여기
서 더듬어볼 필요는 없을 것이다. 다만 그런 내셔널리즘과 혁명의 일관된
내면적 결합은 오늘날 중국에서 가장 전형적으로 볼 수 있지만, 실은 인도
· 프랑스령 인도차이나 · 말레이시아 · 인도네시아 · 한국 등, 일본을 제외
한 아시아 내셔널리즘에 많건 적건 간에 공통된 역사적 특질을 이루고 있
다는 점을 지적하는 데서 멈추고자 한다.

단 하나 해가 뜨는 극동제국(일본)은 그와 대척적인 길을 걸었다. 여기
서 토쿠가와(德川) 레짐을 타도하고 통일국가의 권력을 장악한 '유신'정권

은 그 자체가 구지배계급의 구성분자이며, 그들은 오로지 '만국(萬國)과 대치'하며 '해외 제국과 나란히 서는' 지위에 일본을 올려놓으려는 욕구에 전적으로 매달려서 급속하게 국내의 다원적 봉건세력을 해소하고 그것을 천황의 권위 하에 통합시켰으며, 위에서 본 '용도별 구분'을 아주 교묘한 방식으로 수행하면서 '부국강병' 정책을 수행했다. 그런 위로부터의 근대화의 성공은 정말 눈부신 것이었다. 그리하여 일본은 그 독립을 온전히 하면서 '국제사회'에 끼여들었을 뿐만 아니라 개국후 반세기 만에 이미 '열강'의 지위에 올라섰던 것이다. 그러나 동시에 근대화가 '부국강병'의 지상목적에 종속되었으며, 또 그것이 놀랄 만한 정도로 급격하게 수행되었다는 점으로 인해 주지하듯이 일본사회의 모든 영역에서 뒤틀림 혹은 불균형이 생겨났다.

그리고 일본 내셔널리즘의 사상 내지 운동은 그 초기에는 그런 뒤틀림을 시정하려는 움직임을 약간 보여주었지만, 얼마 후 그런 노력은 방기(放棄)되어 다양한 뉘앙스가 있다고는 하지만 근본적으로는 그같은 일본제국주의의 발전 방향을 정당화한다는 의미를 지닌 채 전개되어갔던 것이다. 따라서 그것은 사회혁명과 내면적으로 결합되기는커녕, 현양사(玄洋社)-흑룡회(黑龍會)-대일본생산당(大日本生産黨)의 발전 계열이 전형적으로 보여주고 있듯이 혁명에 대해서, 아니 혁명에 대해서라기보다는 혁명의 잠재적인 가능성에 대해서 어떤 경우에는 그 직접적인 억압력으로 작용했으며, 다른 경우에는 그 에너지의 전환장치라는 역할을 일관되게 수행해왔다. 더구나 다른 한편으로 그것은 서구의 고전적인 내셔널리즘과 같은 인민주권 내지 일반적으로 부르주아 데모크라시의 여러 원칙과의 행복한 결합의 역사를 거의 제대로 알지 못했다. 오히려 그것은 위에서 말한 것과 같은 '전기적' 내셔널리즘의 여러 특성을 농후하게 남겨둔 채 그대로, 그것을 근대 내셔널리즘의 말기적 변질로서의 제국주의에 유착시켰던 것이다.

그리하여 일본의 내셔널리즘은 일찍부터 국민적 해방의 원리와는 결별하고, 거꾸로 그것을 국가적 통일이라는 이름 하에 억눌렀다. 그것이 또 일본의 민주주의운동 내지 노동운동에서 '민족의식'이라든가 '애국심'과 같은 문제의 진지한 검토를 오랫동안 게을리하게 했으며, 오히려 도전적으로 세계주의적 경향으로 몰아갔다. 그리고 그것은 또 내셔널리즘의 상징들을 지배층 내지 반동분자의 독점으로 만들어버리는 악순환을 낳기도 했다.

일본의 내셔널리즘은 국민적 해방의 과제를 일찍이 방기하고, 국민주의를 국가주의로, 나아가서 초국가주의로까지 승화시켰다는 것은, 단순히 좁은 의미의 민주주의운동이나 노동운동의 존재양태를 규정했다는 것만은 아니었다. 그것은 국민의 정신구조와 깊이 관련되어 있는 문제였다. 즉 일본의 근대화과정이 위에서 말한 것처럼 '용도별 구분'의 근사한 성공에 의해서 급격하게 이루어졌다는 것은, 일반적으로 국민 대중의 생활 기반의 근대화를 그 템포에서도, 그 정도에서도 현저하게 뒤떨어지게 했다는 것은 주지하는 그대로인데, 그것은 또 내셔널리즘의 사상구조 내지 의식내용에 결정적인 각인을 남겼던 것이다. 정점은 언제나 세계의 최첨단을 겨루면서도, 저변은 전통적 양식이 강인하게 뿌리를 내리고 있다는 일본사회의 불균형성의 구조법칙은 내셔널리즘의 이데올로기 자체 속에도 관철되었다. 그리고 마치 일본제국의 놀랄 만한 약진이 그 내부에 쉽지 않은 모순을 포장함으로써 마찬가지로 놀랄 만한 정도의 급속한 몰락을 준비했다는 것과 그야말로 병행하여, 세계에 선전된 일본의 내셔널리즘은 그것이 민주화의 결집을 포기함으로써 표면적으로는 강인함을 발휘한 것처럼 보이지만, 결국 그 점이 끝까지 극복하기 어려운 취약점이 되었다. 그만큼 세계에 선전된 일본인의 애국의식이 전후에 와서 급속하게 표면에서 사라지고 이웃의 동아시아 여러 민족이 넘쳐흐를 듯한 민족적 정열을 분출시키고 있을 때 일본국민은 거꾸로 그 무기력한 매춘부 근성이나 적나라한 에고이즘을 추구하여 급진 진영과 도학적 보수주의자 쌍방을 낙담하게 만든 사태의 비밀은 이미 전쟁 이전의 내셔널리즘의 구조 속에 뿌리내리고 있었던 것이다. 이제 그 주요한 모멘트를 개괄적으로 살펴보기로 하자.

우선 첫째로 지적하지 않으면 안되는 것은 일본의 내셔널리즘의 정신구조에서 국가는 자아(自我)가 그 속에 매몰되어 있는 것과 같은 제1차적 그룹(가족이나 부락)의 직접적 연장으로 표상되는 경향이 강하며, 조국에 대한 사랑은 두드러지게 환경에 대한 사랑으로서의 향토애로서 발현된다는 것이다. 그것은 원래 모든 내셔널리즘의 기원으로서의 부족주의에 공통된 요소인데, 근대 내셔널리즘, 특히 '프랑스 혁명의 아들'(G. P. Gooch)로서의 그것은 결코 단순한 환경에 대한 정서적 의존이 아니라 오히려 다른 측면에서 "국민의 존재는 매일매일의 일반투표이다"라는 유명한 르낭(E. Renan)의 말에 표상되는 그런 고도의 자발성과 주체성을 수반하고 있다. 그것이야말로 내셔널리즘이 인민주권의 원리와 결부됨으로써 얻은 가장 귀중한 역사적 수확이었다(그러므로 일본에서도 메이지 초기의 자유민권운동이 담당한 내셔널리즘에는 불철저하지만 그런 측면이 나타나고 있다). 일본은 유신의 그와 같은 변혁 양식 때문에, 메이지 정부의 지도자들은 민중들 사이의 자발적·능동적인 국민적 연대의식의 성장에 의존할 수 없었으며, 더구나 그들의 끊임없는 대외적 위기감으로 인해 급속한 애국심의 환기가 필요하게 되어, 국가교육에 의해 그것을 위로부터 만들어내지 않으면 안되었다.

그것이 조직적으로 이루어진 것은 바로 모리 아리노리(森有禮) 문부대신 이후의 일이며, 그때 이미 일본의 '근대화'는 자유민권운동의 음산한 탄압 위에서 추진되고 있었던 것이다. 따라서 국가의식의 주입은 오로지 제1차적 그룹에 대한 비합리적인 애착과 특히 전통적인 봉건 내지 가부장적 충성을 대대적으로 동원하고 그것을 국가적 통일의 구상화(具象化)로의 천황에 집중시킴으로써 이루어졌다. 여기서 '충군애국'(忠君愛國, 충군이 애국보다 앞에 있다)의 관념이나 황실(皇室)을 국민의 총본가(總本家)로 하는 가족국가관 등에 대해서 세세하게 말할 필요는 없을 것이다.

이같은 이데올로기 교육에 대해서 메이지 시대를 직접 경험한 지식인 가운데에는 오히려 오늘날 그 효과가 과대평가되고 있다는 것을 지적하고, 그런 국체(國體) 교육의 철저함은 최근의 울트라 내셔널리즘 단계만의 현상이며, 메이지 시대는 훨씬 더 자유롭고 '계몽'적이었다는 그런 주장을 펴는 사람들도 적지 않다. 그러나 그럴 경우 그들은 앞에서 말한 정점과 저변 사이의 불균형이라는 문제를 거꾸로 과소평가하는 경향이 있는 것은 아닌가. 그런 주장을 하는 자신이 속한 지식층 사이에서는 확실히 국체 이데올로기의 침투 정도는 그렇게 철저하지 않았을 것이다. 마치 제정 러시아 시대의 인텔리와 마찬가지로, 그들의 교양은 압도적으로 서구적인 그것이었다.

그러나 어둡게 정체된 사회적 저변에서 헐떡이고 있던 서민 대중──후쿠자와 유키찌(福澤諭吉)에게 "전 인민의 뇌리 속에 국가(國)의 사상을 불어넣는 것"을 일생의 과제로 삼으려는 결의를 하게 만들 정도로 '국가 관념'과 인연이 없던 대중──은 그야말로 그런 '의무' 국체 교육에 의해서 국가적 충성의 정신과 최소한도로 필요한 산업・군사기술적 지식을, 헐스(Frederick Hulse)의 이른바 '마술적인 실천과 과학적 실천'을 아울러 갖춘 제국(帝國) 신민(臣民)으로까지 성장했던 것이다. 그리고 그렇게 해서 능률적으로 창출된 국가의식은 연이은 외국과의 전쟁에서의 승리와 제국적 팽창에 의해 점점 더 강화되었다. 자아의 감정적 투사(投射)로서의 일본제국의 팽창은 그대로 자아의 확대로서 열광적인 지지를 받았으며, 시민적 자유의 협애함과 경제생활의 궁핍함에서 비롯되는 실의(失意)는 국가의 대외적 발전 속에서 심리적 보상을 찾아냈다. 끊임없이 대외적 위기감을 고취시키면서──그리고 19세기 말부터의 제국주의 시대는 그 적절한 기반을 제공해주었다──지배층은 역사상 보기드문 교묘한 국가 술수에 의해서 그런 국민감정의 동원에 성공했으며, 사회적 분열의 모든 조짐을 미연에 방지할 수 있었다. '일본국민의 정신적 단결'은 외국의 거의 모든 일본연구서의 첫 페이지에서 특별히 지적되기에 이르렀다.

그러나 우리는 그런 경우에도 메달의 뒷면을 보는 것을 잊어서는 안된다. 무엇보다도 국가의식이 전통적 사회의식의 극복이 아니라, 그 조직적 동원에 의해 주입된 결과는 흔히 지적되고 있는 것처럼 정치적 책임의 주체적인 담당자로서의 근대적 공민(公民, Citoyen) 대신에 모든 것을 '위

쪽'에 맡겨서 선택의 방향을 오로지 권위의 결단에 기대는, 충실하지만 비열한 종복(從僕)을 대량으로 생산하는 결과가 되었다. 또 가족·향당(鄕黨) 의식이 있는 그대로 국가의식으로 이어지지 못하고 도리어 국민적 연대성을 파괴하는 텃세 근성을 만연시켰으며, 가족적 에고이즘이 '국가정책 수행'의 질곡이 되는 경우도 적지 않았다. 징병제 실시 후 상당히 오랫동안 가족제도를 존중해서 장남을 군대에 보내지 않는 방침이 시행되고 있었는데, 그것을 역용하여 차남 이하의 자식을 다른 집의 양자로 들여보내 징병을 기피하는 경향이 있었다는 것도 널리 알려진 사실에 속한다. "그대, 제발 죽지 말아요" 하는 요사노 아키코(與謝野晶子)의 노래는, 언어의 엄밀한 의미에서의 반전(反戰)가요라기보다도 제1차 집단에 대한 애착감정의 소박한 표현이다. 오히려 국민감정의 '공공연한 비밀'을 대담하게 표명했기 때문에 충격적이었던 것이다. 더욱이 "우리 국민의 애국심은 어느 한 순간 국가적인 위기 하에서 드러난 것이지, 결코 우리 일상생활의 그것이 되지 못했다"(「大正の青年と帝國の前途」)라는 토쿠토미 소호오(德富蘇峰)의 지적도 별로 놀랄 만한 것은 아닌데, 그것 역시 국가의식이 시민생활 속에서가 아니라 그 외부에서 자아의 감정적인 투사(投射) 내지 보상으로 발현되고 있다는 것의 당연한 결과라고 할 수 있을 것이다.

일본 내셔널리즘의 '전기적'(前期的) 성격에서 비롯되는 이같은 마이너스 측면은, 최근의 경우처럼 전쟁이 이른바 총력전 단계로 진화하고, 국민생활의 전면적 조직화가 필수적으로 되기에 이르자 아비규환적인 슬로건과 역비례하여 폭로되었다. 사람들은 다만 강제이주계획의 실시나 노동력의 징용 배치나 공업생산력의 확충이 다름아닌 가족주의나 '농본'(農本) 사상이나 '향토애'에 의해 얼마나 뿌리깊은 심리적 저항을 받았는가를 떠올리는 것으로 충분하다. 대정익찬회(大正翼贊會)가 토오죠오(東條) 익찬 선거 때에 각지에서 벌인 요지경 속에는 "연고나 정실에 의한 투표의 나쁜 폐단을 단호하게 폐기하여 국가공공의 견지에서 후보자를 선택하자"는, 아이러니컬하게도 근대적 선거정신과 통하는 취지를 거듭 주장하고 있었다. 그것은 어쨌거나 일본제국의 지배층이 내셔널리즘의 합리화를 게을리하고, 오히려 비합리적 기원의 이용에 열중함으로써 마침내 치르지 않으면 안되는 대가였다. 그들은 국가총동원 단계에 이르러 그것이 의외로 비싼 대가라는 것을 알아차렸지만 이미 때는 늦었다.

3.

한때는 중국의 절반과 동남아시아 및 서남태평양을 거의 대부분 완전히 제압했던 대일본제국이 패전에 의해 갑자기 메이지유신 당초의 아주 작은 섬나라로 위축되었다. 국체(國體)는 국내외의 근원적인 비판을 받으면서 변혁을 겪었으며, 그것에 딸린 다양한 상징(신사(神社)・일본국기・키미가요(일본의 國歌―옮긴이))의 가치는 급격하게 하락했다. 그리고 그런 제국적인 상징을 향해 집중되어 있던 내셔널리즘 의식은 그 중심적인 지주를 잃어버리고 마찬가지로 급격하게 퇴조했던 것이다.

패전은 오히려 흔히 내셔널리즘의 불꽃을 북돋우었음에도 불구하고(나폴레옹 정복 이후의 프러시아, 프랑스・독일전쟁 이후의 프랑스, 청일전쟁 이후의 청나라, 제1차세계대전 이후의 독일 등), 일본의 경우에는 앞에서 말한 것처럼 외국인들을 놀라게 할 정도로 침체, 오히려 허탈감이 상당히 오랫동안 지배했다. 그런 사태에는 물론 다양한 요소가 원인으로 작용하고 있었다. 그러나 위에서 말한 것과 같은 일본 내셔널리즘의 성장과정, 특히 대중의 국가의식의 구조를 생각해본 것만으로도 그것은 결코 돌연변이는 아니라는 것을 알 수 있다.

무릇 발전적 내셔널리즘은 반드시 일정한 국민적 사명감을 수반하고 있다. 황도(皇道)선포라든가 대의(大義)를 천하에 편다든가 팔굉일우(八紘一宇)라든가 하는 것은 모두 그런 사명감의 표현이다. 그것이 지식인들에게는 아무리 황당한 것으로 들릴지라도, 그 밑바닥에 흐르고 있는 비논리적

논리는 과거의 일본에서 강인한 신비적 지배력을 국민대중들 사이에 행사
해왔다. 그 정신구조에 대해서는 일찍이 살펴본 바 있으므로(이 책 제1부
제1장 「초국가주의의 논리와 심리」) 다시 논하지는 않겠지만, 요컨대 그것
은 천황을 중심으로 하는 국내의 계서제(Hierarchie) 구조의 관념을 가로
로 국제관계에 연장한 것이었다.

　그런데 그런 황국(皇國) 관념이 중국의 중화(中華)의식의 세계상(世界
像)과 비슷하지만 결정적으로 다른 점은 후자가 문화적 우월감을 중심관념
으로 하고 있는 데 대해서 전자는 어디까지나 무력적 우월을, 뒤에서 보듯
이 유일하지는 않지만 빼놓을 수 없는 계기로 하고 있다는 점이다. 그러므
로 중화의식의 경우에는 오랑캐에게 무력적으로 정복당하더라도 별로 본질
적인 타격을 입지 않지만 '금구무결'(金甌無缺)이라는 관념은 황군필승(皇
軍必勝)과 신의 나라(神州 : 일본을 가리킨다―옮긴이)의 영토를 일찍이 침
범당한 적이 없다는 '역사적 사실'(!)에 의해 뒷받침되고 있었으므로, 그 점
에서도 패전은 황국의 상징의 결정적인 가치하락을 가져다주었던 것이다.

　게다가 더욱 주의해야 할 것은 앞에서 본 하시모토 사나이(橋本左內)의
도식과 사명감의 관계이다. 미헬스(R. Michels)는 사명감을 전체적 사명
개념(Integralmissionsbegriff)과 부분적 사명 개념(Teilmissions-
begriff)――예를 들면 예술이나 정치 그리고 산업과 같은 어떤 특수한 영
역에서의 자국의 사명을 강조하는 것――으로 나누고 있는데(*Der
Patriotismus*. S.38~39), 바로 그런 점에서 일본은 메이지유신 후 동
양의 '정신문명'과 서양의 '기술·물질문명'을 종합하고, 거기에 일본 고유
의 '상무'(尙武)문화를 덧붙임으로써 실로 전형적인 전체적 사명감을 발전
시켜 나갔다. '국체'는 그런 모든 가치의 통합체에 다름아니었다. 만약 부분
적 사명감이라면 그것이 심리적인 좌절이나 좌초를 경험하더라도 또 다른
영역에서의 사명감으로 전환하여 다시 시작할 수가 있다. 그러나 일본의
사명감은 전체적인 것이었던 만큼 그것의 붕괴가 가져다주는 정신적 진공
상태는 컸다. 전쟁 이후 새 헌법의 제정과 더불어 '평화문화국가'라는 사명

관념이 새로운 모습을 갖추고 등장하여 다양한 '이론적인 뒤받침'이 이루어졌음에도 불구하고 국민에 대한 견인력은 거의 갖지 못했으며, 또 패배했기 때문에 어쩔 수 없는 슬로건이라는 식의 인상을 떨쳐버릴 수 없었던 것은, 역설적이기는 하지만 구일본제국의 사명감의 전체성을 무엇보다도 잘 설명해주고 있다.

이제 국민의 대다수는 자원이 부족하고 인구는 많으며 군비(軍備)도 없는 일본이 앞으로의 세계 속에서 대체 어떤 존재가치를 가질 수 있는가에 대해 거의 답을 내놓지 못하고 있다. 앞으로 새로운 내셔널리즘이 어떤 형태를 취하건 간에 그런 의문에 대해서 구(舊)제국의 그것에 필적할 수 있을 정도의 흡인력을 가진 신선한 사명감을 고취시키는 데 성공하지 않는 한 그것은 독자적인 힘으로서의 발전을 기대할 수 없을 것이다.

그런 점에서 또 한 가지 주목해야 할 현상은 종래의 내셔널리즘 의식의 사회적 분산이라는 점이다. 지방적 향당 감정이나 가부장적 충성 등의 전통적 도덕 내지는 관습의 조직적 동원에 의해 형성된 국민의 국가의식은 중앙으로의 집중력이 이완되면 곧바로 자동적으로 분해되어, 그 옛날 집으로, 즉 사회구조의 저변을 이루는 가족·촌락·지방적 소집단 속으로 환류하는 것은 당연한 일이다. 이같은 이른바 국가의식의 동원해제도 매우 급격하게 일어났다. 예를 들면 전쟁 직후의 사회적·경제적 혼란 속에서 이르는 곳마다 '한 밑천 잡으려는 사람'이나 불법상인 집단이 생겨나고, 또 지방에는 무슨무슨 패거리(組), 무슨무슨 일가(一家) 등의 반(半)폭력단체가 광범하게 배출 혹은 부활되어, 그들이 신쥬쿠(新宿)의 오즈구미(尾津組)나 신바시(新橋)의 마쯔다구미(松田組)의 예에서 볼 수 있듯이, 지역적으로 경찰기능을 대행하는 그런 현상을 드러냈다는 것은 주지하는 바와 같은데, 그런 집단에는 많은 제대군인들이 흡수되어갔다. 그런 이른바 '반(反)사회집단'은 대체적으로 오야분(우두머리)-코분(부하)의 충성관계와 군대와 비슷한 조직적 훈련을 하고 있기 때문에 그런 만큼 중심적인 상징의 붕괴로 생겨난 대중의 심리적 공백을 메우는 데 아주 적합하며, 그 계층적 질서와 집단적 통제에 복종함으로써 사회적 혼란으로부터 오는 고립감과 무력감을 치유할 수 있었다.

또 전쟁 이후의 괴상한 소(小)정당들이 놀랄 정도로 많이 배출된 것도 그런 환류현상과 관계가 있을 것이다. 거기에는 일찍이 우익단체의 직접적 계속 내지는 그렇게 꾸민 것으로 보이는 경우도 적지 않았다. 그것은 천황과 황국(皇國)에 대한 충성심의 '전위'(轉位)가 다소간 비정상적인 형태로 이루어진 사례이지만, 원래 일본의 사회적 저변은 어디서도 많건 적건 간에 동족집단적인 구성을 지니고 있으므로, 보다 더 '진지한' 직장이나 사회집단에서도 눈에 보이지 않지만 그런 만큼 더 큰 규모의 국민의 정신적 환원이 이루어지기 마련이었다. 우익단체의 멤버나 옛 장교들이 식량증산운동이나 개척운동으로 전환하거나 혹은 지방금융기관, 귀향자단체, 신사(神社) 청소봉사단 등으로 들어간 것은 앞의 두 가지(군대조직과 일차집단)의 중간형태로 볼 수가 있다. 좀더 미시적인 관찰을 해본다면, 오늘날 대중들 사이에서 매우 유행하고 있는 경마 · 자전거경기, 기타 스포츠 오락 속에서 광범위하게 군사적인 勝敗 관념이 '스스로를 모독하는 일'을 저지르고 있다.

오티스 케어리(Otis Cary) 씨는 실스(the San Francisco Seals)와의 미국 · 일본 야구 경기를 보러가서 처음에는 일본이 이겼으면 좋겠다고 생각했지만, 관중과 선수의 태도를 보고 오히려 실스가 이긴 것을 좋아했다고 했으며, 또 후루하시(古橋)가 (1950년 8월 미국에서 개최된 수영대회에) 원정갔을 때 라디오나 신문, 아니 일본 전체가 흥분해 있는 모습을 보고 "과연 이런 것이 좋을까 하고 진지하게 생각했다. 평화의 도구로써 '적지에 상륙'한 기분이었다"(『日本の若い者』, 283쪽)고 솔직하게 일종의 어떤 위구심 같은 것을 호소하고 있다. 즉 과거의 내셔널리즘의 정신구조는 소멸하거나 질적으로 변화했다기보다 양적으로 분자화되고 저변에 아로새겨짐으로써 정치적 표면으로부터 모습을 감추었다고 하는 것이 보다 정확할 것이다.

그런데 이와 같은 전통적인 내셔널리즘 감정의 분산적인 잠재는 앞으로의 일본 내셔널리즘에 대해 어떤 충격을 안겨줄 것인가. 첫째로 그것은 그대로의 형태로는 결코 민주혁명과 결합된 새로운 내셔널리즘의 지주가 될 수 없다는 것은 명백하다. 왜냐하면 그야말로 그 발효지인 강인한 동족집단적인 사회구성과 그 이데올로기의 파괴를 통해서만 일본사회의 근저로부터의 민주화가 가능하게 되기 때문이다. 만약 진보적인 진영이 설령 그 단편적인 발현형태에 현혹되어 그것을 장래의 민족의식의 맹아로 잘못 보기도 하고 혹은 그 전기적(前期的) 성격을 알면서 그것을 눈앞의 정치목적에 동원하려는 유혹에 쫓기게 되면, 그것은 마침내 반드시 지독한 반작용이 되어 자신에게로 돌아올 것이다. 이와 같은 전통적 내셔널리즘이 비정치적인 일상현상 속에 미분화되어 서식할 수 있다는 것 자체는 전쟁 이후 일본의 민주화가 기껏해야 국가기구의 제도적·법적 변혁에 그치고 있어 사회구조나 국민의 생활양식에까지 침투하지 못하며, 하물며 국민 정신구조의 내면적 변혁에는 전혀 이르지 못하고 있음을 증명해주고 있다. '데모크라시'가 고상한 이론이나 듣기좋은 설교인 동안에는 그것은 여전히 수입품이며, 내셔널리즘과의 내면적 결합은 바랄 수 없다. 그것이 달성되기 위해서는 조금은 기묘한 표현이긴 하지만, 내셔널리즘의 합리화에 비례하여 데모크라시의 비합리화가 이루어지지 않으면 안된다.

그러면 둘째로 사회적 저변으로 환류된 내셔널리즘 감정은 다시 정치적 표면에 모습을 드러내어 낡은 제국적 상징을 목표로 다시 동원될 것인가. 만약 그것이 정치적으로 동원되는 경우가 있게 된다면, 그것은 그 구조원리로 인해 도랑을 흐르는 물과 같이 과거의 반동적인 방향을 걷게 될 것이다. 그런 의미에서 최근 일장기 게양이나 키미가요 부활, 나아가서는 신사 참배와 같은 경향, 특히 국민교육에서 옛 상징의 재등장이 시끄러운 논의의 표적이 되고 있는 것은 당연한 일이다.

어떤 사람들은 그런 개개의 현상 속에서 곧바로 울트라 내셔널리즘 혹은 파시즘 재건의 조짐을 읽어내는 신경과민을 비웃고 있다. 확실히 실스 야구나 일본·미국 수영경기에 몰린 관중의 열광을 일직선적으로 군국주의 정신의 대두와 결부시켰다면 그것은 웃음거리라 할 수밖에 없으며, 거기서는 앞에서 말한 대로 문제는 명백하게 비정치적·사적 영역에서의 그것이기 때문이다. 케어리 씨도 그렇게 직접적인 의미에서 '위구심'을 가졌던 것은 아닐 것이다. 그러나 정치의 역학은 바로 그런 얼핏 보기에 정치와는 아무 관련이 없는 일상적인 행동양식이 축적되어 있는 순간에 갑작스럽게 거대한 정치적 에너지로 전환된다는 것을 종종 가르쳐주고 있다. 그것이 정치적 세계에 모습을 드러내는 지평선은 매우 민감하다. 일장기나 키미가요의 부활도 하나하나 분리시켜서 보면 그렇게 큰 사건은 아니지만, 그것이 경찰 예비대의 설치라든가 해상보안대의 증강이라든가 일본재무장의 문제와 같은 문맥 속에서 생각하게 되는 경우에는, 거기서 어떤 정치적 동향의 맹아를 읽어낸다 하더라도 반드시 기우에 지나지 않는다고는 할 수 없을 것이다.

그러나 그런 정치적 동향은 간단히 전쟁 이전의 내셔널리즘 그대로의 부활이라고 볼 수는 없는 복잡한 양상을 지니고 있다. 무엇보다 경제적으로도 군사적으로도 일본이 일찍이 식민지제국시대에 가지고 있던 것과 같은, 실력과 위신을 국제사회에서 부활할 수 있다고는 거의 생각할 수 없기 때문이다. 이데올로기적으로 말하더라도, 앞으로 천황이나 키미가요나 일장기의 상징가치가 아무리 회복된다 하더라도 이미 전쟁 이전과 같은 '모든 나라에 군림하는 국체'로 등장하는 것은 불가능할 것이다. 그렇다면 전통적 상징을 떠받들어 아직은 무정형(無定形) 그대로 분산되어 있는 국민 심정을 그것을 향해 다시 집중시키는 노력이 앞으로 조직적으로 이루어진다 하더라도 거기에 동원되는 내셔널리즘은 그것 자체가 독립된 정치력으로는 될 수 없으며, 오히려 보다 상위의 정치력——아마도 국제적인 그것——과 결부되어 후자의 일정한 정치적 목적——예를 들면 냉전의 세계전략——의 수단으로서의 이용성을 갖는 한에서 존립이 허용되지 않을까 하고 생각한다.

일본의 구내셔널리즘의 가장 눈부신 역할은 앞에서 말했듯이 모든 사회적 대립을 은폐 혹은 억압하고, 대중의 자주적 조직의 성장을 멈추게 하며,

그 불만을 일정한 국내외의 속죄양에 대한 증오로 전환시키는 데 있었다. 만약 앞으로 국민의 애국심이 다시 그런 바깥으로부터의 정치목적을 위해 동원된다면, 그것은 **국민적 독립**이라는 무릇 모든 내셔널리즘에서의 지상명제를 포기하고, **반혁명과의 결합**이라는 과거의 가장 추악한 유산만을 계승하는 것에 다름아니다. 그것을 여전히 내셔널리즘이라 부를지 어떨지는 각자의 자유에 맡겨두기로 하자. 다만 그 경우 어쨌거나 확실한 것이 하나 있다. 그런 방향을 걷게 되면 일본은 결정적으로 다른 아시아 내셔널리즘의 동향에 등을 돌리는 운명에 처한다는 것, 바로 그것이다.

● 1951년

제6장

'현실'주의의 함정
어느 편집자에게

거듭해서 편지를 읽었습니다. 그처럼 중대한 문제에 대해서 어차피 새로 쓴다면 저로서는 단순히 결론만을 말하는 것이 아니라 나와는 반대되는 사고방식과 대결하면서 논의하고 싶지만, 아직은 그럴 정도로 건강에 자신이 없어서 전번에는 사양했지만, 이번에는 선거에서 한 표를 던지는 기분으로라고 한 말에서, 그처럼 아무렇지도 않은 듯한 표현 속에서 그 쪽의 심각한 위기의식을 문득 느낄 수 있었던 만큼, 솔직히 말해 곤혹스러워지고 말았습니다. 물론 현재 재군비(再軍備) 문제에 대해서 표를 던지라고 한다면, 저로서는 '아니다'라고 하는 수밖에 없습니다. 그것은 현재의 정부가 의도하고 있는 이른바 '발 소리 안나게 살그머니 걷는' 식의 재군비건, 아니면 개진당(改進黨)이나 기타 방면에서 주장하고 있는 헌법개정을 전제로 한 공공연한 재군비건 간에 아무런 차이가 없습니다.

저는 평화문제담화회(平和問題談話會)가 내놓은 많은 발표와 성명에 서명한 사람들 가운데 한 사람으로서, 거기에 나타난 생각을 밀고 나간다면 당연히 현재 주창되고 있는 재군비에는 원칙적으로 반대하지 않으면 안된다고 생각합니다. 그리고 현재의 국내·국제정세를 조감해보고 또 세상에서 떠들어대는 논의를 읽어보아도, 각별히 그런 생각을 바꾸지 않으면 안되는 근거를 찾아낼 수가 없습니다. 그것에 대해서도 저는, 강화론(講和

論)에서 재군비론(再軍備論)에 이르는 눈이 아찔할 정도의 여론의 움직임
과 그것에 대한 사람들의 반응의 방식 등을 주시하고 있노라면 어떤 감개
무량함 같은 것을 금할 수가 없습니다. 그래서 오늘은 재군비론의 실질적
인 검토에 들어가기 전에 아무래도 제 마음에 걸려 있는 두세 가지 문제를
다루어보려고 생각합니다. 그것은 재군비시비론의 구체적 내용 그 자체보
다도 그런 논의의 밑바닥에 흐르고 있는 사람들의 사유방식과 태도라는 문
제입니다. 이번에는 일단 그것에 대해서 솔직한 느낌을 피력하는 것으로
책임을 다하기로 하겠습니다. 다만 몸이 너무 힘들다 싶으면 중도에서 그
만 펜을 놓을 요량이니까, 그 점에 대해서는 미리 양해를 구해둡니다.

1.

강화(講和) 논의를 할 때에도 그리고 이번의 재군비 문제를 논의할 때에
도 평화문제담화회와 같은 그런 생각에 대해서 가장 빈번하게 쏟아진 비난
은 '현실적이지 않다'는 말입니다. 저는 아무래도 이번 기회에 우리 일본인
들이 통상적으로 현실인가 비현실인가 하는 경우의 '현실'이라는 것은 대체
어떤 구조를 가지고 있는가 하는 것을 한 번 밝혀볼 필요가 있다고 생각합
니다. 제 생각으로는 거기에는 대략 세 가지 특징을 지적할 수 있지 않을까
하고 생각합니다.

첫번째로는 현실의 소여성(所與性)이라는 것입니다.

현실이란 본래 한편으로는 주어진 것임과 동시에 다른 한편으로는 하루
하루 만들어져가는 것인데, 보통 '현실'이라고 할 때에는 오로지 앞의 계기
만이 전면에 나서서 현실의 만들어가는(plastic) 측면은 무시됩니다. 바꾸
어 말하면 현실이란 이 나라(일본)에서는 단적으로 이미 그러한 사실과 같
은 것으로 여겨집니다. 현실적으로 되라는 것은 이미 그러한 사실에 굴복
하라는 것에 다름아닙니다. 현실이 소여성(所與性)과 과거성(過去性)으로

만 파악될 때, 그것은 쉽게 체념으로 전화됩니다. '현실이기 때문에 어쩔 수 없다'는 식으로, 현실은 언제나 '어쩔 수 없는' 과거입니다. 저는 일찍이 그런 사고방식이 얼마나 널리 제2차세계대전 당시의 지도자층을 파고들었으며, 또 그것이 점점 더 일본의 '현실'을 어쩔 도리가 없는 진흙구덩이에 몰아넣었는지 분석한 적이 있습니다만(이 책 제1부 제3장 「군국지배자의 정신형태」 참조), 다른 한편으로 파시즘에 대한 저항력을 안으로부터 무너뜨려간 것도 바로 그런 '현실'관이 아니었습니까.

'국체'(國體)라는 현실, 군부라는 현실, 통수권이라는 현실, 만주국이라는 현실, 국제연맹 탈퇴라는 현실, 중일전쟁이라는 현실, 일본·독일·이탈리아 군사동맹이라는 현실, 대정익찬회(大正翼贊會)라는 현실, 그리고 마지막으로는 태평양전쟁이라는 현실, 이들이 하나하나 움직일 수 없는 소여성으로 우리의 관념을 덮쳐 눌렀으며, 또 우리의 자유로운 상상과 행동을 압살해간 것은 바로 얼마 전에 있었던 일입니다. 아니, 그렇게 말하면 전후(戰後)의 민주화 자체가 '패전의 현실' 위에서만 어쩔 수 없이 긍정된 데에 지나지 않습니다. 전쟁이 끝나고 얼마 후에 『뉴스위크』(*Newsweek*)에, 일본인에게 민주주의란 "It can't be helped" democracy라는 아이러니컬한 기사가 실렸던 것을 기억하고 있습니다. '어쩔 수 없는 민주주의'이기 때문에, 그처럼 어쩔 수 없게 만들고 있는 압력이 줄게 되면 이른바 '자동'적으로 반대 방향을 향하게 되는 것입니다. 그리고 어쩔 수 없는 전쟁방기(放棄)에서 이번에는 어쩔 수 없는 재군비로──아아, 대체 어디까지 가야 이미 그러한 사실에 대한 굴복이라는 우리의 영원한 움직임(Perpetuum mobile)에 마침표를 찍게 될까요.

일본인의 '현실'관을 구성하는 두번째 특징은 현실의 일차원성이라 할 수 있지 않을는지요. 말할 것도 없이 사회적 현실은 매우 복잡하게 얽혀 있으며 서로 모순하는 다양한 움직임에 의해서 입체적으로 구성되어 있습니다만, 그런 현실의 다원적 구조는 이른바 '현실을 직시하라'든가 '현실적 지반에 입각하라'는 식으로 질타하는 경우에는 대체로 간단하게 무시되고, 현실의 한 측면만이 강조되는 것입니다. 다시 앞에서 든 예로 돌아가면, 당시 자유주의나 민주주의를 주창하고 영국·미국과의 협조를 주장하고, 노동조합의 산보화(産報化)[역주1]에 반대하고, 반전(反戰)운동을 일으키는 등의 움직임은 일률적으로 '비현실적'이라는 낙인이 찍히고, 마침내 반(反)국가적인 것으로 단정되었습니다. 바꾸어 말하면 파쇼화에 따르는 방향만이 '현실적'으로 간주되고, 그야말로 그것을 거스르는 방향은 비현실적인 것으로 생각되었던 것입니다.

그러나 말할 것도 없이 당시의 세계는 도처에서 파쇼화의 방향과 민주주의의 움직임이 서로 항쟁하고 있었습니다. 그것은 추축국 대 민주주의국가라는 국제관계에 대해서만이 아니라, 각국의 국내에서도 정도의 차이는 있을지언정 그런 모순되는 움직임이 있었습니다. 파쇼화로의 움직임만이 '현실'이며 그렇지 않은 것은 '비현실'이라는 근거는 전혀 없는 것입니다. 만약 그렇지 않다면 1945년의 세계사적 전환도 어느 날씨 좋은 날 갑자기 '추축'적 현실이 사라져버리고 '민주주의'적 현실이 두둥실 떠올랐다는 식의 그런 기묘한 설명에 빠지지 않을 수 없습니다.

또 사실 전쟁 기간처럼 신문·라디오 등의 매스 커뮤니케이션 기관이 다면적인 현실 속에서 하나의 측면만을 유일한 '현실'인 것처럼 보도하고 있는 경우에는, 국민은 눈이 가려진 채로 수레를 끄는 말처럼 오로지 한 길만의 '현실'밖에 시야에 들어오지 않기 때문에, 그런 국면의 노골적인 전환이 그야말로 '돌연변이'처럼 비치는 것도 무리는 아닐 것입니다. 전쟁 이후에서, 중화인민공화국의 승리나 맥아더의 파면 등 어느 것이나 우리 일본 국민들에게는 아닌 밤중에 홍두깨였습니다만, 실은 그런 사건으로 이끌어가는 '현실'은 이전부터 서서히 형성되어 있었던 것이며, 다만 일본의 신문이나 라디오가 고의로 혹은 게을러서 그것을 충분히 보도하지 않았을 뿐인 것입니다. 전후 미국과 소련의 대립이 날이 갈수록 격화되었다는 것은 물론 어린

[역주1] 산업을 통해 국가에 보답하자는 주장과 그런 움직임을 가리킨다.

아이도 아는 '현실'임에 틀림없습니다만, 동시에 다른 국가들은 자연히 당사자인 미국과 소련의 책임있는 당국자가 어떻게 해서든 파국을 피할 수 있도록 하기 위해 다양한 노력을 하고 있는 것도 '현실'이며, 나아가 세계의 도처에서 반전(反戰)평화 운동이 ──그 속에 다양한 움직임을 포괄하면서── 점점 더 고양되어왔다는 것도 부정할 수 없는 '현실'이 아닙니까.

'현실적으로 되라'는 것은 그처럼 모순되고 복잡하게 얽힌 현실의 어느 것을 가리키고 있는 것입니까. 실은 그렇게 말할 때, 사람들은 이미 현실 속의 어떤 측면을 바람직하다고 생각하고, 다른 측면을 바람직하지 않다고 생각하는 가치판단에 입각하여 '현실'의 한 측면을 선택하고 있는 것입니다. 강화 문제건 재군비 문제건 간에 그것은 결코 현실론과 비현실론의 투쟁이 아니라, 실은 그런 선택을 둘러싼 투쟁에 다름아닙니다. 그럼에도 불구하고 일방적인 강화론이나 대미(對美)일변도론이나 (공식·비공식을 포함한) 재군비론의 입장 쪽에서만 빈번하게 '현실론'이 방송되고, 세상 사람들도, 또 무심코 있다 보면 반대론자까지 끌려들어가 "현실은 그대로이지만 이상(理想)은 어디까지나 운운" 하는 식의 생각으로 물러서버리는 것은 대체 어떤 연유일까요.

이렇게 생각해보게 되면 자연히 우리 일본국민의 '현실'관을 형성하는 세 번째 계기에 이르지 않을 수 없습니다. 즉 그때그때의 지배권력이 선택하는 방향은 훌륭하고 '현실적'이라 생각되며, 그것에 대한 반대파가 선택하는 방향은 쉽게 '관념적' '비현실적'이라는 딱지를 붙이기 쉽상이라는 것입니다. 앞에서 든 전쟁 이전과 이후의 예를 다시 되풀이할 것까지도 없이 그것은 분명하지요. 우리 사이에 뿌리깊게 자리잡고 있는 사대주의와 권위주의가 여기에 유감없이 드러나고 있습니다. 물론 그런 생각도 두번째의 경우와 마찬가지로 그것을 성립시키는 실질적인 지반이 있으며, 권력에 대한 민중의 통제가 약하면 당연히 권력자는 자신이 바라는 방향으로 ──적어도 어느 시점까지는── 조금씩 국가를 이끌어가기 때문에, 실제문제로서도 지배자의 선택이 다른 움직임을 압도하여 유일한 '현실'로까지 자신을 높일 수 있는 가능성이 크다고 하지 않으면 안됩니다. 고전적인 민주정(民主政)의 변질은 세계적으로 정치권력에 대한 민중의 통제력을 약화시키는 경향을 보여주고 있으므로, 위에서 본 그런 사고방식도 그만큼 보편적인 것으로 되어 있다고 할 수 있습니다. 그렇지만 뭐니뭐니해도 예로부터 긴 것에 휘 감겨온 우리 일본과 같은 경우에는, 특히 지배층적인 현실이 곧 일반적인 현실로 간주되기 쉬운 소지가 많다고 할 수 있을 것입니다. 이 점도 우리의 판단을 가능한 한 종합적으로 하기 위해서 잊어서는 안되는 것이라 생각합니다.

예를 들면 서구의 재군비 문제에서도, 일본의 신문만을 보고 있노라면 이른바 '힘에 의한 평화'라는 사고방식 그 자체는 서구 국가들에서는 이미 자명한 원리로 되어 있으며, 다만 문제는 재군비의 구체적·기술적인 방법 에만 있는 것 같은 그런 인상을 받습니다. 하지만 그것 역시 정부의 움직임 만이 주로 보도되기 때문에 그런 것이며 민중 측의 움직임은 또 다른 '현실' 을 보여주고 있는 것 같습니다. 서독 민중의 압도적인 다수가 재군비에 반 대하고 있다는 것은 구르는 돌처럼 가끔 큰 신문에도 보도되고 있습니다 만, 프랑스에서도 대체적으로 국민의 50퍼센트 이상이 정부의 정책, 특히 재군비정책에 반대하며, 25퍼센트는 불만을 품고 있지만 어떻게 해야 할지 몰라서 헤매고 있으며, 나머지 25퍼센트만이 분명하게 미국에 가담하고 있 다는 보고가 있습니다(*Monthly Review*, 1951년 11월호). 영국에서도 노동당 내의 재군비반대파의 거두(巨頭)인 베번의 명망이 점점 더 높아지 고 있다는 것은 알고 계신 그대로입니다. 베번파의 크로스먼이 스카버러의 노동당대회에서 많은 국회의원들과 대화를 나눈 인상으로는, 그들은 러시 아의 침략적 의도에 대한 선전에 의문을 품고 있으며, 영국의 재군비는 "모 스크바와의 문제보다도 오히려 워싱턴과의 문제가 아닌가"라고 생각하며 "미국인들이, 그들 자신의 생활수준은 여전히 상승을 계속하고 있는데 우리 나라의 그것을 더 낮추라는 식으로 요구하고 있는 사실"을 유감스럽게 생각 하고 있다는 것입니다. 게다가 "그런 미국의 정책에 대한 혐오는 노동당의 좌파만이 아니라 보수·노동 양당을 다 합해 처칠과 이든보다 좌측에 위치한 사람들 사이에 침투하기 시작했다"고 『뉴욕 타임스』(New York Times)지의 특파원은 전하고 있습니다(위와 같음).

그런데 이같은 서구의 정세가 지배층적인 현실이 곧 일반적인 현실이라는 위에서 말한 사고방식의 현상액(現像液)에 젖어들게 되면, 서구 세계가 마치 도도하게 재군비를 향하고 있다는 '현실'만이 강한 인상을 주게 되어 우리 일본도 그런 추세에 뒤떨어져서는 안된다는 분위기를 점점 더 고양시키게 되어버립니다. 물론 서구에서 앞에서 말한 보도가 전해주고 있듯이, "정부와 국민 사이의 갭(gap)이 점점 더 커지고 있다"는 것이 사실이라 하더라도 과연 그런 아래로부터의 움직임이 어디까지 각국 정부의 재군비계획을 곧바로 체크할 수 있는가 하는 점에는 의문이 있습니다. 미국의 현재의 세계정책이 점점 더 직접적으로 소련에 대한 전략적 견지에 의해 지배받게 된 필연적인 결과로서의 민심의 향배를 되돌아볼 틈도 없이 도처에서 친미(pro-America) 정부를 강력하게 후원해주어, 오로지 정부를 통해서 일찌감치 '봉쇄정책'(containment policy)을 수행하려고 하므로, 한층 더 그런 '위로부터의' 움직임은 힘이 있는 것처럼 보입니다. 그렇다고 해서 우리가 그것을 '현실'의 모든 것으로 잘못 생각하게 되면 언젠가 현실 그 자체에 의해서 철저하게 복수당할 것입니다. 민중들 사이의 움직임은 권력자 측만큼 조직화되어 있지 않으며, 또 반드시 매스 커뮤니케이션의 궤도에 오르지도 않기 때문에 언제든지 표면적으로는 그만큼 화려하게 보이지는 않지만, 조금 더 긴 안목으로 본다면 오히려 현실을 움직이고 있는 마지막 힘이 거기에 있다는 것은 역사의 상식입니다. 여기서도 문제는 '굵고 짧은' 현실과 '가늘고 긴' 현실의 어느 쪽을 상대적으로 중시하는가 하는 선택으로 귀착되는 것입니다.

우리의 언론계에서 횡행하고 있는 '현실'관도 조금 음미해보면 지극히 특수한 의미와 색채를 지닌 것이라는 점을 알 수 있습니다. 그런 현실감의 구조가 무비판적으로 유지되고 있는 한, 그것은 과거에서와 마찬가지로 장래에서도 우리 국민의 자발적인 사고와 행동을 막아서서 그것을 억누르는 계기로밖에 작용하지 않을 것입니다. 그리고 안데르센 동화에 나오는 소녀처럼 '현실'이라는 빨간 구두를 신게 된 국민은 자신이 자신을 제어할 수 없는 채로 죽음으로 가는 춤을 계속 출 수밖에 없을 것입니다. 우리는 관념론이라는 비난에 움찔하지 말고, 무엇보다도 그런 특수한 '현실'관에 정면으로 도전해야 하지 않겠습니까. 그리고 이미 그러한 사실에 대한 더 이상의 굴복을 거절해야 하지 않겠습니까. 그런 '거절'이 설령 하나하나 아무리 보잘 것없는 것이라 하더라도 그것만이 우리가 선택하는 현실을 보다 추진하고, 또 힘있게 해주는 것입니다. 그것을 믿지 않는 사람은 인간의 역사를 믿지 않는 자입니다.

2.

물론 그럼에도 불구하고 사태의 급격한 진행이 어제까지의 선택의 문제를 오늘은 이미 그러한 사실로 대체하고, 오늘은 아직 서로 대항하고 있던 움직임의 하나가 내일은 결정적으로 지배적으로 되는 그런 일이 있을 것입니다. 아니 강화론(講和論)에서 중국 선택문제를 거쳐서 재군비론에 이르는 일 년 남짓 되는 기간 동안 우리 일본이 걸어온 길은 현재 우리가 당면한 선택의 이슈를 앞 하는 사이에 잇달아 옮아가게 했다는 것을 유감스럽게도 부정할 수 없습니다. 그런 경우 우리가 구체적으로 어떻게 처신해야 좋은가 하는 것은 무척이나 어려운 문제입니다. 어제까지의 선택의 문제에 언제까지나 사로잡혀 있기 때문에 현재 혹은 장래의 아직 몇 가지 가능성을 가진 문제에 대한 발언권을 도리어 약화시키는 결과로 되는 것은, 힘을 다해 경계하지 않으면 안됩니다. 특히 정치가의 경우 그러합니다. 그러나 그렇다고 해서 잇달아 새로운 문제의 해답에 정신을 빼앗겨서 우리의 기본적인 입장을 어느 틈인가 조금씩 이동시켜버리는 것은 보다 더 위험한 일입니다. 그것은 결국 문제 제출의 주도권을 언제나 지배권력측에서 장악하고, 우리는 그저 코가 꿰어 끌려갈 뿐이라는 결과에 빠지고 맙니다.

강화 논의는 이미 물 건너간 문제이니까 그런 문제를 언제까지나 계속 붙들고 있어서는 곤란하다는 생각을 일방적으로 밀고 나가게 되면 어떻게 되겠습니까. 안보조약은 강화조약과 떼놓을 수 없는 한 덩어리를 이루는 것이며, 행정협정은 또 안보조약에 근거지워져 있습니다. 시간적으로 그리고 논리적으로는 강화조약—안보조약—행정협정이라는 순서지만, 오히려 미국 정부가 노리는 것으로 말하자면 그야말로 행정협정이 있기 때문에 안보조약이나 강화조약이 있는 것입니다. 그것은 오카자키(岡崎)·러스크 회담에 의한 행정협정 체결 전망을 기다린 후에 비로소 미국 상원이 강화조약의 비준을 다루고 있다는 점을 보더라도 분명합니다. 큰 신문이 그때 "독립이다 독립이다" 하고 떠들어놓았는데, 지금에 와서 그런 것이 아니었다는 식의 얼굴을 하는 것은, 속이는 것이 아니면 아마도 거의 먹혀들어가지 않을 이야기이며, 또 그것이야말로 가장 '비현실적'인 것입니다.

재군비 문제에서 일본이 방위력을 점차로 증대시켜야 하는 의무를 지게 된 것은 샌프란시스코회의 벽두의 트루먼대통령의 연설 속에서, 이미 분명하게 말하고 있던 것입니다. 그러므로 문제는 역시 그런 일방적 강화 자체의 성격 속에 있는 것이며, 만약 그것을 이미 다 끝난 사안이라 한다면 재군비의 시비(是非) 자체도 이미 논의를 넘어선 문제라 하지 않을 수 없게 됩니다. 그 사안이 다 끝난 문제인가 아닌가는 성급한 저널리스트나 저의를 가진 정치가가 말하는 것만큼 분명하게 한계가 지어진 것은 아닙니다. 전면 강화인가 단독 강화인가 하는 문제를 경마에 돈을 거는 것처럼 생각한다면 과연 승부는 일단 결정되었다고 할 수 있겠지만, 그럴 경우 전면 강화를 주장한 사람들이 걱정했던 문제 자체는 사라지기는커녕 그야말로 앞으로 점점 더 표면화되어갈 것입니다.

그러므로 우리에게 중요한 것은 이전의 쟁점을 잊어버린다거나 던져버리는 것이 아니라 오히려 그것을 새로운 국면 속에서 끊임없이 구체화하는 것이 아니면 안됩니다. 그런 기본적인 태도를 잘못하게 되면 결국 어느듯 발목을 잡히게 되고 그것을 알아차렸을 때에는 자신의 본래의 입장에서 멀리 떨어진 지점에 서 있게 된다는 식으로 되어버립니다. 그것이야말로 만주사변 이후 몇 천 명 몇 만 명의 선의의 지식인들이 결과적으로는 파시즘에 일조하게 된 비극으로의 길이 아니겠습니까.

그것과 관련하여 저는 특히 지식인 특유의 약점에 대해 언급하지 않을 수 없습니다. 그것이 무엇인가 하면, 지식인의 경우는 어설픈 이론을 가지고 있는 만큼 흔히 자신의 뜻에 맞지 않는 '현실'의 진전에 대해서도 어느 틈인가 그것을 합리화하고 정당화하는 이치를 만들어내서 양심을 만족시켜 버린다는 것입니다. 이미 그러한 사실에 대한 굴복이 굴복으로 의식되고 있는 동안에는 아직은 괜찮습니다. 그런 한에서 자신의 입장과 이미 그러한 사실 사이의 긴장관계는 존속하고 있습니다. 그런데 본래 기가 약한 지식인은 바야흐로 그런 긴장을 견디지 못하고, 그런 갭을 자기 쪽에서 다가감으로써 메워가려고 합니다. 거기서 자신이 지닌 사상이나 학문이 동원되는 것입니다. 게다가 인간의 끝없는 자기기만의 힘에 의해서 그런 실질적인 굴복은 결코 굴복으로 받아들여지지 않으며 자신의 본래 입장의 '발전'으로 생각되기 때문에 유연하게 어제의 자신과 이어지는 것입니다. 일찍이 자유주의적 내지 진보적인 지식인의 적지 않은 사람들은 그리하여 중일전쟁을, 신체제운동을, 익찬회(翼贊會)를, 대동아공영권(大東亞共榮圈)을, 태평양전쟁을 합리화해갔습니다. 한 번은 비극이라 할 수 있겠지요. 그러나 다시 지식인들이 그런 잘못을 저지른다면 그것은 이미 어릿광대짓일 뿐입니다.

우리의 눈앞에 있는 재군비 문제에서도 선의에서건 악의에서건 간에 위에서 본 것 같은 선수를 치는 식의 위험한 생각이 일찌감치 나타나고 있습니다. 예를 들면 문제는 이미 현재의 예비대가 헌법 제9조의 '전력'(戰力)에 해당하는가 아닌가 하는 그런 '스콜라적' 논의의 단계가 아니라, 이루어지게 될 재군비에서 어떻게 해서 구(舊)제국군대의 재현을 방지할 것인가, 혹은 어떻게 해서 문관우위제(civilian supremacy)의 원칙을 확립할 것인가에 있다는 것과 같은 주장을 이미 여기저기서 볼 수 있습니다. 하지만 그것은 그런 주장을 하는 사람의 의도 여하에 관계없이 실질적으로는 위로 부터 만들어가려고 하는 방향, 그러나 아직 반드시 지배적이지는 않은 동 향에 대해서 대폭적으로 진지(陣地)를 건네주는 결과밖에 가져다주지 않습 니다.

문관우위 문제 자체는 여기서 논할 것은 아닙니다만, 다만 한 마디 하고 싶은 것은 그것은 통수권의 독립이나 군부대신 무관제로 골머리를 썩었던 바로 일본에서 새롭게 비칩니다만, 실은 이미 제1차세계대전에서 제정(帝 政) 독일이 붕괴된 이후에는 세계의 문명국가라면 어디서나 확립되어 있는 원칙이라는 것입니다. 물론 그것이 확립된 것은 자유주의의 요청에도 힘입 은 것이지만, 동시에 현대전쟁에서 가장 유효한 전쟁지도체제로서 역사적 으로 실증되어왔기 때문이며, 문관우위제가 되었다고 해서 전쟁의 위험이 현저하게 줄어들었다고 생각한다면, 그것은 현대전쟁의 동인(動因)에 대한 완전한 인식부족이라 해도 지나친 말은 아닐 것입니다. 오히려 현대의 전 면전쟁적인 성격은 형식적 제도 위에서 문관·무관 어느 쪽이 우위인가에 관계없이 정치가와 군인(혹은 政略과 戰略)의 융합일체화의 경향을 보여주 고 있습니다.

예를 들면 맥아더 원수의 파면은 미국에서 문관우위성의 가장 현저한 사 례로서, 일본 등에서는 감탄과 경이의 눈으로 바라보았습니다만, 그것은 미국의 정치·경제기구 전반의 군사체제화를 털끝만큼이라도 방해하는 것 은 아닙니다. 오히려 그 사건은 맥아더에 대한 마셜·브래들리파의 승리이 며, 그것으로 국방성 수뇌부의 정치적 발언권은 도리어 실질적으로 강화되 었다는 유력한 시각도 있을 정도입니다. 어쨌거나 현재에 재군비 문제의 소재를 문관우위성에 있는 것처럼 말하는 것은 객관적으로는 진짜 쟁점으 로부터 국민의 눈을 딴데로 돌리게 하는 역할을 한다고 할 수밖에 없습니 다. 우리는 문제의식에서 어디까지나 냉정하고 또 집요해야 하며, 행여라 도 사태의 급진전에 현혹되어 사상적인 '선매'(先買 : 필요를 예상하여 미리 사두는 것—옮긴이)에 빠져서는 안된다고 생각합니다.

그리고 또 한 가지, 학자나 정치가들 사이에는 재군비의 시비는 결국 국민자신이 결정해야 할 문제라는——그것 자체 그야말로 지당한——논의를 연막으로 삼아 자신의 태도표명을 얼버무리려는 조짐이 이미 보이고 있습니다. 무엇보다 거기에도 다양한 뉘앙스가 있어서 실제는 자신의 내심의 입장은 이미 결정되어 있지만 현재 그것을 표명하는 것은 사정이 좋지 않기 때문에 조금 더 '여론'이 그 방향으로 와주기를 기다리자 혹은 보다 적극적으로는 '여론'을 그 방향으로 조작·유도해간 후에 표명하자는 전술파도 있으며, 또 형태를 관망하여 대세가 흐르는 방향으로 나아가자는 그야말로 기회주의자도 있겠지요. 그것은 어떻든 간에 재군비 문제는 다음의 총선거에서 가장 큰 이슈의 하나가 될 것이므로, 그 결과에 따라서, 그리고 언젠가 닥치게 될 헌법 제9조의 개정을 둘러싼 국민투표에서 최후의 심판을 내려야 할 문제라는 것은 당연한 이치입니다.

그러나 말할 것도 없이 국민이 그 문제에 대해서 공평한 판단을 내릴 수 있도록 하기 위해서는 최소한도 다음과 같은 조건이 충족되어 있지 않으면 안됩니다. 첫째로 통신·보도의 정보(source)가 어느 한쪽으로 치우치지 않을 것, 둘째로 서로 다른 의견이 국민 앞에——일부 인텔리만이 아니라——공평하게 소개될 것, 셋째로 이상의 조건의 성립을 저해 혹은 저해할 우려가 있는 법령이 존재하지 않을 것, 이상입니다.

그러므로 재군비 문제를 국민의 판단에 맡기자고 주장하는 사람이 정말 진지한 동기에서 그렇게 말한다면, 그는 반드시 그와 동시에 위와 같은 조건을 국내에 최대한으로 성립시킬 것을 목소리를 높여 요구해야 할 도덕적 의무를 느낄 것입니다. 만약 그가 그런 조건의 유무(有無)나 정도에 대해서는 그냥 지나치거나 혹은 무관심한 채로 무조건 국민의 판단을 운운한다면, 만약 지금처럼 신문·라디오의 정보원(news source)이 심하게 일방적이며(반드시 거짓말을 하고 있다고 할 수는 없습니다만), 또 서로 다른 의견이 결코 지면이나 해설에서 공평한 취급을 받지 못하고, 소련이나 중국에 대한 비난은 마음대로 하도록 내버려두는 데 대해서, 미국의 비판이나 군사기지 문제는 정령(政令) 325호 등등의 취체법규 때문에 무서워하거나 눈치를 보면서밖에 말할 수 없는 그런 상황——한마디로 말해서 언론의 페어 플레이에 의한 투쟁을 저해하고 있는 제 조건——에 대해서 어떤 투쟁도 없이 다만 여론이나 국민의 판단을 들고 나온다면, 우리는 그런 사람들의 주장에 성실성을 인정할 수 없을 것입니다. 그런 사람들은 몇 천만 국민의 생사에 관한 문제에 대해서도 한 단계 높은 곳에 서서 방관자적 자세를 버리지 않으며, 오히려 그런 척하는 제스처 속에 예지(叡智)를 자랑하려는 위선자든가, 그렇지 않으면 현재의 매스 커뮤니케이션에서 위와 같은 페어 플레이의 지반이 결여되어 있다는 것을 너무나도 잘 알고서 거꾸로 그것을 이용하여 목적을 달성하려는 저의를 가진 정상배든가, 아마 그 어느 쪽일 것입니다.

3.

실로 정치가이건 학자이건 평론가이건 간에, 어제의 말과 행동을 오늘 바꾸어놓고서도 아무렇지도 않은 풍경을 우리 일본처럼 심하게 볼 수 있는 곳이 과연 있을까요. 저는 사상(思想)검사처럼, 자네는 몇일 몇시에 그렇게 말하지 않았는가 하는 식의 천착하는 취미는 가지고 있지 않습니다만, 그래도 요즈음의 각계 유력자들의 동향을 보고 있노라면 하다못해 전후(戰後)만이라도 좋으니까, 개인별 발언의 상세한 리스트를 만들고 싶은 충동을 금할 수 없습니다. 모든 문제에 대해서 불가능하다면, 새 헌법에 관한 것에 한정시켜도 좋을 것입니다. 국회에서, 식전(式典)에서, 헌법보급회(憲法普及會) 등의 전국 각지의 강연회에서, 신문에서, 잡지에서, 라디오에서, 새 헌법 발포 당시 누가 무슨 말을 했는가, 한 번 모두 기억을 되살려서 협력하여 조사해보지 않으시렵니까. 그리고 그런 당사자들이 현재 무슨 말을 하고 있는가, 혹은 이제부터 무슨 말을 할 것인지를 한 번 비교해 보고 싶다는 것입니다. 그런 정도의 일을 하지 않으면 일본에서는 자신의 말에 책임을 지는 습관은 언제까지나 불가능할 것이라 생각합니다.

물론 자신의 주장을 바꾸는 것 그것 자체가 나쁘다는 것은 아닙니다. 요시다(吉田) 수상이 한 말은 아니지만 "한 가지 얻어 배운 것을 때와 장소를 가리지 않고 함부로 써먹는다"는 말은 정말 감탄해야 할 말이 아니겠습니까. (제가 보기에는 유행하고 있는 '진공설'(眞空說) 같은 것이 바로 가장 좋은 예라고 생각합니다.) 그러나 자신의 주장을 바꾸는 데에는 그런 만큼의 내면적인 필연성이 없어서는 안되며, 또 본인으로부터 그것에 대해서 분명한 설명이 있어야 할 것입니다. 질질 끌기만 하는 전향(轉向)이나 궤변은 가장 비열합니다.

예를 들면 새 헌법의 정신을 백 퍼센트 찬양하고 선전하던 학자가 요즈음에는 그것은 점령 하에서 강요당한 것이므로 그렇게 고마워할 필요는 없다는 식으로 급격하게 돌아서기도 하고, 전쟁 방기(放棄)를 나서서 지지했던 정치가가 2, 3년 사이에 그 조항을 음으로 양으로 귀찮게 여기는 것을 보면, 누구든지 다 고개를 갸우뚱하게 됩니다. 하물며 국제정세 등에 그다지 관심도 지식도 없는 사람이라면 모르지만, 적어도 보통 사람들 이상으로 그런 것을 알고 있을 정치가나 학자·평론가 등이 "그때는 아직 미국과 소련이 그렇게까지 대립하고 있지는 않았다"는 이유로 전쟁 방기 조항을 설명하고, 그것을 '사정변경의 원칙'에 의한 헌법개정의 복선(伏線)으로 삼으려는 그런 식의 말을 듣게 되면 아연하지 않을 수 없습니다. 민주주의와 더불어 헌법의 근간을 말해주는 그 조항이, 겨우 몇 년 앞의 전망도 없이 경솔하게 정해졌다는 식으로 말하는 것인지요. 그렇다면 그런 경솔한 조항을 집어넣은 당국자와 그것을 무조건적으로 예찬한 학자·평론가는 먼저 자신의 어리석음을 천하에 사죄해야 할 것입니다.

무엇보다 '냉전'이 과연 그렇게 새로운 현상인가요. 잠시 시대를 되돌려 보기로 합시다. 냉전의 뿌리가 어떻게 이미 제2차대전 중에 내리게 되었는가 하는 것은 여기서 잠시 제쳐두고서, 1945년 8월 18일이라고 하면, 일본이 항복한 역사적인 날의 겨우 3일 후인데, 그 날에 미국 국무장관 번스는 "현재의 불가리아 임시정부가 민주적 여론의 중요한 요소를 충분히 대표하고 있지 않은" 것에 불만을 표시하는 취지의 성명을 발표했습니다. 그리고 이틀 후 영국의 베빈 외무상은 하원에서의 첫 연설에서 "우리는 하나의 형태의 전체주의를 다른 형태의 전체주의가 대체하는 것을 방지하지 않으면 안된다"고 하여, 불가리아·루마니아·헝가리·폴란드의 움직임에 경고를 발하고 있습니다. 즉 제2차대전의 종료와 거의 동시에 냉전의 불길은 타오르기 시작했던 것입니다.

1946년 1월 제1회 안전보장이사회에는 소련과 이란의 분쟁이 거론되었으며, 더구나 소련대표가 그리스, 인도네시아에서의 영국의 군사행동을 맹렬하게 비난하고, 최초의 거부권을 행사했습니다. 3월 뉴욕에서 열린 이사회에서는 스페인의 프랑코정권 문제를 둘러싸고 소련이 두 차례 거부권을 행사했으며, 이미 이사회 운영의 앞날을 의문스럽게 생각하는 소리가 나오고 있습니다. 처칠이 "발트해의 슈체친으로부터 아드리아해의 트리에스테에 이르기까지, 대륙을 세로로 지르는 철의 장막이 내리고 있다"는 유명한 풀턴연설을 해, 공산주의의 위협에 대한 영국과 미국의 군사동맹을 제창한 것은 1946년 3월 5일의 일입니다. 1946년 9월에는 월리스 상무장관이 상호불간섭의 원칙에 입각한 대(對)소련협조론을 주창하여 번스 국무장관과 대립, 마침내 사직했습니다. (같은 날 전(全)미국재향군인회장 존 스텔은 "우리는 모스크바를 목표로 하여 원자폭탄 한 발을 날려야 한다"고 뉴올리언스에서 연설하고 있습니다.) 그리고 1947년 3월에는 그리스·터키에 대한 원조와 관련하여 "전체주의와 싸우는 전 세계의 자유로운 국민을 지원한다"는 역사적인 트루먼 독트린이 선언되었던 것입니다.

그런데 확실히 다짐해두기 위해서 말하면 새 헌법초안 요강이 내각에서 발표된 것은 1946년 3월 6일, 중의원(衆議院)에 상정된 것은 6월 25일이며, 그해 여름 전부를 바쳐서 심의수정한 결과, 8월 24일 중의원을 통과,

귀족원에서는 세상사람들의 기억에 남아 있는 학자 그룹과 정부 당국자와의 논전이 있은 후, 10월 7일 귀족원 본회의를 통과, 그날 중의원이 재수정에 동의하고, 그리하여 11월 3일 공포, 이듬해 47년 5월 화려한 축제 분위기 하에서 시행되었습니다. 헌법 보급을 위한 다양한 모임·강연회·해설서 등이 일본 전체에 범람하게 된 것은 그후의 일입니다.

이처럼 극히 간단한 연대기를 대비시키는 것만으로 "그 당시에는 미국과 소련의 대립이 예상되지 않았다"든가 "국제관계는 아직 평온했다"든가 하는 변명을, 정말 책임있는 정치가나 학자가 말할 수 있는 성질의 것이 아니라는 점은 너무나도 분명하지 않습니까. 우리 일본 국민이 "평화를 사랑하는 모든 국민의 공정(公正)과 신의를 믿고 우리의 안전과 생존을 달성할 것을 서약"(헌법전문)한 것은, 결코 전 세계가 조용한 유토피아의 세계에서가 아니라, 미국과 소련의 항쟁이 물론 오늘날만큼 격렬하지는 않았다 하더라도 적어도 그것이 세계적 규모로 확산될 것이라는 점을 충분히 예견할 수 있는 정세 하에서였던 것입니다. 그런 정세에도 불구하고 감연히 비무장국가로서 새로운 출발을 했다는 바로 그 점에 새 헌법의 획기적인 의미가 있다고 적어도 저는 기억하고 또 그렇게 이해하고 있습니다. 그러나 어떻게 된 셈인지 요즈음은, 옛날의 일들을 빨리 잊어버리는 사람일수록 큰소리를 내고 있는 것 같아서, 그런 이야기를 하더라도 자세한 고증은 후세의 역사가에 맡겨두는 것이 좋다는 한 소리를 듣게 될는지도 모르겠습니다.

어느덧 예정하고 있던 매수(枚數)를 넘겨버리게 되었습니다. 이상에서 말씀드린 것과 같은 것은, 어느 것이나 조금 생각하는 사람에게는 각별히 새로운 생각은 아니며, 오히려 평범한 것입니다. 그러나 지금은 무언가 새롭고 재치있는 것을 하나 말하기보다는 당연한 것을 몇 백 번이나 되풀이해서 강조하지 않으면 안되는 그런 시대가 아닌가 하는 생각을 해 감히 말씀드린 것입니다. 제 말에 지나친 점이 있다면, 몸이 아픈 사람에게 흔히 있는 일로 봐주시기 바랍니다. 자중자애하시기를 기원합니다.

●1952년

제7장

전전(戰前)에 있어서 일본의 우익운동
모리스(Ivan Morris) 박사의 저서에 대한 서문

나는 이 서문을 1개월 정도 전에 나 자신이 직접 목격한 하나의 작은 '사건'을 말하는 것으로부터 시작하려고 생각한다. 그것은 최근 결성되었으며 나도 참여하고 있는 '헌법문제연구회'(憲法問題硏究會)라는 학자 그룹이 제1회 모임을 토오쿄오(東京)의 학사회관(學士會館)에서 가졌을 때의 일이다. 그 그룹은 대학의 학장·전임 학장·교수·전직 최고재판소 판사 등 50명 정도의 회원으로 구성되어 있으며, 정기적으로 모여서 현재의 헌법개정 문제에 대한 학문적 검토와 자유로운 의견교환을 하는 것을 목적으로 하는 민간단체이며, 물론 어떤 정당과의 연계 같은 것은 없다. 다만 그 회원에는 전쟁 전부터 자유주의자로 알려져 있던 사람들이 적지 않으며, 또 그 중에는 그보다 앞서 정부에 의해 설립되었던 '헌법조사회'(憲法調查會)에 참여할 것을 권유받으면서도, 그것이 설립 동기나 경위에 있어 너무 강하게 보수당 계열의 헌법개정론으로 기울어져 있다는 이유로 참여를 거절한 유력한 법률학 교수들도 포함되어 있었기 때문에 신문이나 방송에서 크게 다루어졌으며, 또 그 연구회의 색채나 앞으로의 방향 등에 대해서 다양한 추측이 이루어지고 있었다.

개회 직전, 학사회관의 입구는 갑작스레 '깃발'이나 북을 손에 든 십여 명의 남자들에 의해 막혀버렸다. '깃발'에는 큰 글씨로 "아메리카제 헌법을 즉

시 폐기하라!" "곡학아세하는 용공학자를 매장하라!" 등이 씌어 있었다. 그러는 동안 그들은 회관 관리자의 제지를 뿌리치고 안으로 들어가 회의장으로 예정되어 있던 2층의 큰 방에 진을 치고서 열심히 북을 치기도 하고, 삐라를 뿌리기도 했다. 그 중에 우두머리격인 듯한 머리가 벗겨진, 그러나 에리한 눈매를 가진 60세 가량의 남자는 연구회의 대표자에게 면회를 강요하다가, 급히 달려온 경관과 끈질긴 말다툼을 했다. 그 목소리는 깨어진 종소리처럼 회관 안으로 사라졌다. 그 소란 때문에 우리의 모임은 장소를 바꾸어 30분 이상이나 지체된 이후에야 겨우 열 수 있었다. 그 초대받지 않은 손님을 이끈 우두머리야말로 과연 누구일까—모리스(Ivan Morris) 박사의 연구 가운데서도 자주 등장하는 주인공의 한 사람이다—그는 아카오 빈(赤尾敏)[역주1]이란 오랜 경력을 가진 우익(右翼) 인물이었다.

이같은 이야기만 듣게 되면, 외국의 독자들은 혹 1930년대부터 40년에 걸쳐서 일본을 둘러싸고 있던 저 음울하고 기분나쁜 분위기가 오늘날의 일본에서도 여전히 저류를 이루고 있는 것처럼 상상할는지도 모르겠다. 물론 그런 상정은 현실과는 아주 멀리 떨어져 있다. 확실히 그곳의 광경은 한 순간 나의 뇌리 속에 지난날의 시끄러웠던 세상을 떠올리게 해주었다. 밀고들어온 무리들의 성격적 특징도, 휴대하고 있던 도구도, 성난듯이 외쳐대는 구호도, 그들의 '황금시대'와 거의 변함이 없었다. 그렇지만 그들을 둘러싸고 있는 환경도, 그들을 바라보는 주위의 눈도 20년 전과는 완전히 달라져 있었다. 그같은 현재의 상황과 정신적 분위기 속에 처하게 되자, 그들의 어마어마한 깃발도 북도 거친 행동거지도 너무나도 주위와 조화를 이루지 못하고 있어서 그것은 보는 사람을 공포스럽게 만든다거나 위협한다거나 하

[역주1] 아카오 빈은 근대 일본의 우익 사회운동가이다. 차가인(借家人)조합·농민조합 운동에서 출발해, 다이쇼오(大正) 말기 국가주의운동으로 전향했다. 메이데이에 대항하여 건국제(建國祭)를 개최하고, 건국회(建國會)를 결성하기도 했다. 대일본황도회(大日本皇道會) 총재, 반공연맹이사를 지냈으며, 중의원 의원을 지냈다. 대일본애국당(大日本愛國堂)을 결성, 당수가 되어 활발한 선전활동을 전개했다.

기보다도 오히려 우습고 바보스러운 느낌을 안겨주는 것이었다. 그날 모였던 회원들도 그런 방해를 귀찮다고는 생각했지만, 앞으로 그런 무리들의 '위협'으로 인해 모임을 계속하기 어렵지 않겠는가 하는 것을 걱정하는 사람은 한 사람도 없었다. 그 자리에는 많은 보도관계자들이 꽉 들어차 있었으므로, 나는 그 중에서 안면이 있는 두세 사람에게 "이 '사건'은 내일 뉴스로 나갑니까" 하고 물어보았다. 어쨌거나 경찰이 와서 구속하는 사람까지 나왔으므로, 일단은 신문기사가 된다 하더라도 부자연스러울 리는 없었다. 그런데 기자들은 번갈아가면서 다음과 같이 답했다.

아니 기사가 되지 않습니다. 그보다 우리가 일부러 기사화하지 않습니다. 그들이 하는 방식을 이미 알고 있습니다. 저같은 난폭한 짓을 하는 것도, 보도해주기를 바라고 있기 때문입니다. 비록 아무리 그들에게 불리하게 씌어진다 하더라도, 보도되면 그들의 광고가 되기 때문에 전혀 신경쓰지 않습니다. 더구나 그들이 일으킨 소동이 신문에 나게 되면, 그들 졸병들은 '오야분'으로부터 금일봉을 받습니다. 그래서 한층 더 눈에 띄게 행동하는 것입니다. 국회나 하네다(羽田) 비행장 같은 곳에서도 때때로 오늘과 같은 식으로 행동하곤 합니다. 다음날 신문이 그들의 일에 대해 아무것도 쓰지 않으면, 이번에는 신문사에 왜 자신들이 어제 한 일을 신문에 싣지 않았느냐면서 시비를 걸어오는 일도 있습니다. 그래서 도리어 그들이 떠들어대는 동기를 알 수 있습니다. 저런 무리에 대해서는 아예 묵살하는 것이 제일 좋으며, 그들을 위해서 선전해주는 것은 아주 바보스러운 일이지요.

이들 기자들이 말한 그대로, 다음날 이름있는 신문들은 '헌법문제연구회'의 최초의 모임에 대해서 상당히 크게 보도했음에도 불구하고, 그 생각지도 않았던 랩소디 반주에 대해서는 두세 신문이 "모(某) 우익단체가 방해 시위를 했다"고 짤막한 기사를 실었을 뿐이며, 아카오 빈이라든가 건국회

(建國會) 같은 명칭이나 삐라의 내용에 대해서는 아무것도 언급하지 않았다. 어쨌거나 그 사실은 전쟁 이전부터의 '빛나는 전통'을 자랑하는 우익단체가 오늘날의 대표적인 매스 미디어로부터 어느 정도의 관심과 평가로 받아들여지고 있는지를 상징적으로 보여주고 있다.

이같은 비근한 예를 드는 것으로써, 나는 현재 일본이 이미 '우익'의 전체주의적 위험으로부터 완전히 자유롭게 되었다든가 전쟁 이후 일본의 '우익' 연구는 이미 아카데믹한 테마로서밖에 의미를 가지지 못하게 되었다거나 하는 그런 주장을 하려는 것은 아니다. 그와 같은 간단한 결론은, 앞에서 언급한 전쟁 이전의 상황으로부터의 연속적 측면만을 보는 판단과 마찬가지로 성급하다는 비난을 벗어날 수 없을 것이다. 다만 적어도 현재의 시점에 관한 한 전쟁 이전과 같은 유형의 우익분자는 무언가를 해서 자신들을 '널리 알리기' 위해서 뛰어다니지 않으면 안될 정도로 그 영향력이 약한 사회적 존재라는 것, 게다가 그들은 아직 전쟁 이후의 국내적·국제적인 상황에 충분히 적응할 수 있는 그런 새로운 조직형태나 상징을 만들어내는 데까지는 이르지 못하고 있다는 것 등등, 이 정도는 위에서 본 작은 에피소드에서 추측하더라도 크게 부당하지는 않을 것으로 생각된다.

무엇이 그런 전통적 '우익'의 새로운 사태에 대한 적응을 방해하고 있는 것일까. 그 답은 바로 모리스 박사의 세심하고 꼼꼼한 연구 전체가 암시해주고 있는 것이다. 여기 서문에서 내가 맡은 일은 전쟁 이전의 일본의 정치적·사회적 구조 속에서 '우익' 운동이 차지하고 있던 지위와 역할에 대해서 간략하게 개괄적으로 살펴봄으로써, 모리스 박사의 연구가 주된 대상으로 삼고 있는 전쟁 이후 시대로 가는 징검다리를 놓는 것이다.

우라든가 좌라든가 하는 용어 자체가 원래 상대적인 의미밖에 가지지 않는 이상, 무엇이 우익인가 하는 것을 구체적인 정치상황 하에서 살펴보는 것은 어떤 경우에도 반드시 쉬운 일은 아니다. 그렇지만 특히 일본의 전쟁 이전까지의 정치체제 하에서는, 우익적인 국가주의의 실질적인 추진력이 어디에 있었는가에 대한 확정을 어렵게 만드는 여러 가지 사정이 있었다.

'흑룡회'(黑龍會)라는 이름이 오래 전부터 오히려 일본 국내에서보다도 외국에서 유명하게 되어──여기에는 주지하듯이 Black Dragon Society라는 오역(誤譯)이 던져주는 선정적인 효과가 크게 작용하고 있다──, 마치 흑룡회가 근대 일본의 정치과정을 배후에서 자유자재로 조종해온 전능한 비밀결사인 것처럼 상정하는 것이 서구에서 상당히 널리 유포되어왔다. 그런 오해도 결국 서구인들의 일본관(日本觀)이 지나치게 단순했기 때문이라고만 말할 것이 아니라, 오히려 전쟁 이전의 일본의 정치적 결정과정이 합리적인 이해력의 범위를 넘어서 있을 정도로 복잡하고 기괴한 데서 비롯된 것으로 보아야 할 것이다.

여기서 현대 세계의 우익적인 국가주의에 거의 공통되고 있는 이데올로기 혹은 정신적 경향으로서 어떤 것을 들 수 있을까, 시험삼아 나열해보기로 하자. ① 다른 모든 충성에 대한 국가적 충성의 우선, ② 평등과 국제적인 연대를 강조하는 사상이나 종교에 대한 증오, ③ 반전평화운동에 대한 반감과 '무력'에 대한 찬미, ④ 국가적 '사명'의 제창, ⑤ 국민적 전통·문화를 외부의 사악한 영향으로부터 지켜내자는 호소, ⑥ 일반적으로 권리보다도 의무, 자유보다도 질서의 강조, ⑦ 사회적 결합의 기본적 유대로서의 가족과 향토의 중시, ⑧ 모든 인간관계를 권위주의적으로 편성하려는 경향, ⑨ '정통적'인 국민종교 또는 도덕의 확립, ⑩ 지식인 혹은 자유직업인에 대해서, 그들이 파멸적인 사상 경향의 보급자가 되기 쉽다는 이유로 인해 경계와 시의(猜疑)의 생각을 품는 경향.

만약 이와 같이 일반적으로 특징짓는 것이 그렇게 진실로부터 멀리 떨어져 있지 않다고 한다면, 그것을 메이지(明治) 초기부터 이번 전쟁까지의 일본의 정신적 상황에 들이대보는 것이 좋을 것이다. 대체 누가 우익인가. 극히 소수의 이단자를 제외한 그 모두인 것이다! 위에서 든 주장이나 경향은 정계, 실업계, 교육계 등 여러 영역의 당파나 단체에 널리 만연했으며, 특히 그들의 지도자들 사이에서 신봉되고 있었다. 이른바 국수(國粹), 우익 단체 및 우익 운동은 그런 이데올로기를 상대적으로 가장 현저한 형태로 대표하고 있었던 데 지나지 않는다. 그것도 당연했다. 왜냐하면 이들 항목의 하나하나는 메이지 이래 일본제국의 파워 엘리트가 국민에게 조직적으로 부과해온 충군애국(忠君愛國) 교육 속에 본래 포함되어 있거나 혹은 적어도 거기서 파생된 개연성이 큰 것이기 때문이다. 일본 우익 운동의 특수한 이점이자 동시에 약점은 바로 거기에 있었다.

먼저 유리한 점. 국제적·국내적인 긴장의 증대가 그들 우익 세력에 진출의 다시없는 기회를 제공해주었을 때, 그들은 자신의 이데올로기를 새롭게 국민들에게 선전하고, 가깝게 하고, 침투시키기 위해 애쓸 필요는 거의 없었다. 그들은 다만 '개인주의적' 향락에 빠져들기도 하고 '사회주의적' 낙원의 이미지에 취해 있는 사람들의 '꿈'을 깨게 하여 '제정신'으로 되돌려놓기 위해 자명종 시계처럼 벨을 계속 울려대기만 하면 되었던 것이다. 그들이 국체(國體)라는 비단 깃발을 내걸었을 때, 한줌 정도밖에 안되는 종교인·아나키스트·코뮤니스트를 제외한 거의 모든 당파나 집단은 그것에 정면으로 반대하고 대항하는 사상적 근거를 자신들 쪽에서 가질 수 없었다. 우익의 공격에 대해서 크리스천도 자유주의자도 민주주의자도 우선 무엇보다도 자신들의 사상과 행동이 결코 국체와 모순되지 않는다고 변명하는 것으로부터 시작하지 않으면 안되었으므로, 논쟁은 아무래도 수동적인 그것으로 되기 쉽상이었다. 그런 사정을 고려에 넣지 않고서는 예를 들면 1935년 질풍처럼 일본을 휩쓸었던 '천황기관설'(天皇機關說) 사건 같은 것은 도저히 이해하기 어려운 문제일 것이다.

바로 그 헌법에 대한 학설이 몇 십 년 동안 토오쿄오제국대학에서 강의되었으며, 또 그 저서가 고등문관시험 수험자들이 반드시 읽어야 할 문헌으로 되어왔는데도 저자인 미노베 타쯔키찌(美濃部達吉)가 한 차례 우익세력의 집중적인 공격을 받게 되자, 갑작스레 저서는 발매금지가 되고 미노베를 비롯하여 그와 같은 학파로 간주되던 추밀원 의장 이찌키 키토쿠로오(一木喜德郎)나 법제국(法制局) 장관 카나모리 토쿠지로오(金森德次郎) 등은 '학비'(學匪)라든가 '국적'(國賊)이라든가 하는 오명을 뒤집어쓰고 모든 공직으로부터 물러나지 않으면 안되는 처지가 되고 말았다. 그때 아카데믹한 서클이나 자유주의를 신조로 삼고 있던 저널리즘 거의 모두가 침묵을 지켰던 것만은 아니다. 피해자들은 정계·관계·재계의 상층부와 두터운 연계를 가지고 있었으며, 친구나 후배들도 적지 않았음에도 불구하고 그들을 옹호하고 지지하기 위한 공공연한 움직임은 하나도 나타나지 않았다. 더구나 중의원(衆議院)의 제1당인 정우회(政友會)의 총재는 입헌주의의 기초를 놓았던 그 학설을 탄핵하는 결의안 상정에 앞장섰던 것이다.

그러나 다른 한편에서 국체가 그야말로 일본제국의 신념체계였다는 사실은 '우익단체'에 의한 그 이데올로기적 독점을 불가능하게 했을 뿐만 아니라 이중적인 방식으로 그들의 政治운동에 중요한 제약을 부과하는 계기로 작용했다. 첫째로 국체는 단순한 천황 숭배의 관념이 아니라 일정한 통치구조로서의 측면도 지니고 있었다(이른바 天皇制). 모든 국가기관은 천황의 기관이며, 모든 관리의 권한은 천황으로부터 신성함을 나누어받고 있었다. 그런 한에서, 국체의 옹호를 명분으로 내세우는 아래로부터의 정치운동이라는 개념에는 애초부터 커다란 모순이 내포되어 있었다. 따라서 우익세력에 의한 국가개조의 주장은 일정한 단계에 이르게 되면 필연적으로 하나의 딜레마—위와 같은 국체의 측면을 어디까지나 존중함으로써 통치기구에 대한 정면으로부터의 도전을 단념하고 기껏해야 상층부를 '격려'하는 역할에 만족하든가 아니면 자주적인 대중운동으로서의 성격을 계속 유지해감으로써, '빨갱이'와 구분할 수 없게 되는 위험을 무릅쓰야 하는 딜레마—에 직면하지 않을 수 없었다. 키타 잇키(北一輝)나 2·26사건의 청년장교들의 비극은 그런 딜레마를 상징적으로 표현해주고 있다. 그리고 대다수의 우익 운동이 걸은 길은 물론 전자 쪽이었다.

더구나 '우익단체'의 운동으로서의 급진성은 일본 국체의 또 하나의 전통적 측면에 의해 견제되었다. 일반적으로 政治的 이데올로기는 언제나 구체적인 '적' 또는 '대립자'를 전제로 하여 비로소 성립된다. 따라서 운동이 그런 정치적 이데올로기에 의해 지도될 때, 그것은 전체 상황 속에서 자신의 위치를 한정한다는 의미를 갖는다. 그런데 일본의 '국체' 관념은 예로부터 모든 정치적 대립의 피안에 있는 '화'(和)의 공동체라는 신화적 표상과 강하게 결부되어왔다. 그것은 모든 대립을 초월해 있기 대문에 '절대무한'한 것으로 생각되었던 것이다. 일본 국가는 대문자로 씌어진(즉 확대된) 가족 혹은 부락공동체이며, 거꾸로 후자는 소문자로 씌어진(즉 축소된) '국체'인 것이다. 그 신화는 대외적인 위기의 경우에 인민이 자아와 국가의 정서적 동일화를 쉽게 만들어주는 효과는 있었지만, 그런 반면 '국체' 이데올로기에 비정치화(entpolitizieren)함으로써 나치적인 '획일적 질서정연함'(Gleichschaltung)을 철저하게 실행하려는 급진 우익의 모든 기도를 좌절시키는 결과가 되었다. '신체제'라는 이름 하에 장단을 맞춰서 발족한 일본의 '전체주의'가 국내적인 편성에 관한 한, 기성 세력이나 집단을 거의 그대로 포함하는 '포용주의'로 끝나고 말았던 비밀이 여기에 숨어 있다.

이처럼 고찰해보게 되면 일본의 '우익'운동에 전통적으로 권력에 대한 기생적인 성격이 강하다는 것은 조금도 이상하지 않다. 물론 대부분 국가의 대중적 우익운동에서도 완전히 자립적이지 않으며, 국가기구나 실업계의 상층부에 스폰서나 '동조자'를 가지고 있었다. 그러나 일본의 경우는 민간의 '우익단체'와 통치기구의 내부에서 보다 정식으로 '황도'(皇道)를 대표하고 있는 세력과의 비중이 두드러지게 후자쪽으로 기울어 있으며, 전체적으로 우익단체는 그런 세력의 하청기관이었다고 해도 지나친 말은 아니다. 그들 민간우익의 운동자금의 태반은 첫째로 육군의 기밀비, 둘째로 궁정의 중신(重臣)이나 실업(實業) 지도자들이 자신들의 안전을 확보하기 위해 어쩔 수 없는 투자로서, 그리고 정보수집에 이용할 목적도 있어서, 내심으로는 내키지 않으면서도 그들에게 이따금 순수 건네주는 용돈에 의해 충당되고 있었다.

게다가 지배층 내부에는 전통적으로 복잡한 파벌관계가 있어서, 그들 사이의 항쟁이나 거래는 공공연한 권력투쟁의 형태로 표현될 수 없는 만큼 점점 더 음모적인 색채를 띠게 되었다. 그래서 그런 조건에 얽매인 민간우익은 자신들의 존재이유를 이들 엘리트들에게 재인식시킬 수 있는 기회를 적지 않게 가질 수 있었던 것이다. 그러나 바로 그런 사정이, 각각 조건을 달리하는 우익그룹들 사이의 단결과 통일을 실현하는 것을 무척이나 어렵게 만들었다. '화'(和)의 제국 일본의 우익운동사는 일반의 정치·사회운동사보다도 한층 더 끝없는 내부적 분열과 항쟁으로 점철되어 있는데, 그것이 거의 대부분 기본이념이나 정책의 대립이라기보다는 오야분·코분의 인적인 관계를 둘러싼 항쟁이었던 것도 당연하다고 할 수 있을 것이다.

그리고 한편으로 '좌'로부터의 위협이 없어지고, 다른 한편으로 중국대륙에서의 전쟁의 한량없는 확대로 점점 더 인적·물적 자원의 총동원이 불가피해짐에 따라, 권력층은 이미 민간우익을 육성해둘 만큼의 여유도 또 필요도 없게 되었다. 그리고 일본의 국내체제의 '파쇼화'가 정점에 달하고, 태평양전쟁을 맞게 되었을 때에는 아이러니컬하게도 전통적인 우익운동은 이제까지 없던 악조건에 직면하게 된 때이기도 했다. 악명높은 토오죠오(東條)의 익찬(翼贊)선거(1942년)에서 아카오 빈(赤尾敏)·나카노 세이고오(中野正剛)·미쯔이 사키찌(滿井佐吉) 등 우익운동의 베테랑들이 모두 추천 후보자 리스트에서 누락되고 말았다는 사실은 기억해둘 만한 가치가 있다.

그러면 대체 메이지(明治) 이래 일본의 국가주의운동에 되풀이해서 나타난 급진주의나 반정부적 요소는 어떤 사회적 원인에서 발효했으며, 또 어떤 루트를 통해 상승해간 것일까. 그 문제는 상황적인 측면과 주요한 행동자의 그것이라는 두 가지 측면에서 접근할 필요가 있다.

우선 객관적인 조건으로서는 일본의 메이지유신 이후의 급격한 발전이 주지하듯이 국가권력에 의한 자본축적의 강행과 재정지출의 극도로 중점적인 살포를 통해서 이루어졌으므로, 그 결과는 일찍부터 국내에 중앙과 지방, 공업과 농업, 대도시와 중소도시, 거대자본과 영세기업 사이의 현저한 불균형——이들 양자 사이의 기술·문화·생활수준의 현저한 격차——이 되어 나타났다는 점을 들지 않으면 안된다. 특히 농촌은 근대 일본의 '놀랄 만한 약진'에서 제외되었을 뿐만 아니라 그 대가를 일괄적으로 떠안게 되었기 때문에 낮은 농업생산력과 열악한 노동조건에 의해서 끊임없이 잠재적으로 재생산되는 방대한 산업예비군의 저수지가 되었다. 근대화의 담당자인 중앙정부관료나 거대재벌, 아니 좀더 나아가 도시생활자 일반에 대한 지방의 농민 내지는 소기업자·소상인의 전통적인 반감과 울분은 자주적인, 그리고 일상적인 표현수단 혹은 조직을 결여하고 있기 때문에 내부에 차곡차곡 쌓여서 비합리적이고 간헐적인 폭발의 기회를 기다리게 되었다. 가장 일찍이 그런 울분을 대변했던 행동가들이 바로 '장사'(壯士)로 불리던 그룹이었다. 그들의 출신은 대부분 메이지유신에 의해 봉록을 박탈당하고 새로운 상황에 적응하는 데 실패한 실업(失業) 사족(士族)이며, 우익단체의 원형인 현양사(玄洋社)는 바로 그런 상황을 맞이하여 메이지정부에 원한을 품은 불평 사족의 결사로 출발했던 것이다.

그런데 그 메이지정부는 놀랄 정도로 교묘한 통치술을 발휘하여, 한편으로는 정치체제의 민주화를 추구하는 움직임을 억압하면서도, 다른 한편으로는 교육자격과 사회적 승진에 대한 전통적인 귀족적 장벽을 대담하게 파괴하고, 가문이나 부에 관계없이 전국에서 우수한 청년들을 과두정치의 내부로 흡수하기 위한 다양한 장치를 일찌감치 만들어냈다. 그로 인해 가능하게 된 수직형의 사회적 유동성은 확실히 근대 일본의 체제적 안정의 커다란 요인이 되었다. 그런 반면 그것은 또 격렬한 시험을 거쳐 제국대학이나 육군대학교를 졸업하고 사회적 계서제를 순조롭게 올라가는 '수재'(秀才) 혹은 '유능한 친구'와 그와 같은 입신출세 코스에서 좌절당하거나 처음부터 단념한 '둔재'(鈍才) 혹은 '무능한 친구' 사이의 현저한 대조가 지방의 도처에서 나타나게 되는 결과를 낳기도 했다. 후자의 대부분은 자신의 운명을 체념하고 정체적(停滯的)인 지방생활의 평범한 일상성에 파묻혀갔지만, 보다 행동적이고 야심적인 몇몇은 그대로 순종적인 제국신민으로서의 생애를 보내는 데 만족하지 못하고, 각각의 지방공동체에서 '전원(田園)의 협객'인 체하거나 아니면 경천동지할 만한 모험을 찾아서 '대륙낭인'으로의 길을 걸었던 것이다. 어느 쪽이건 간에 그들의 반역적인 정신은 점차로 그들을 일종의 무법자로 만들어갔으며, 그런 사람들이 또 일본의 국가주의운동의 두번째 모체가 되었다. 즉 여기서는 '중앙'과 '관료제'에 대한 반감은, 거기에 모여든 '수재'에 대한 '둔재'의 콤플렉스와 겹쳐져 있으며, 그것이 우익운동에 과격한(radical) 경향을 띠게 한 하나의 계기를 이루고 있다.

일본 우익운동의 '전위'(前衛)분자의 세번째 유형은 이른바 청년장교들이다. 그들에 대해서 많은 말을 할 필요는 없을 것이다. 그들은 통상적이라면 미래의 엘리트로서의 지위를 약속받고 있는 계층이다. 그렇지만 쇼오와(昭和) 초기의 상황에서는 그들도 역시 기존 질서에 대해서 원한을 품게 된 몇 가지 이유를 가지고 있었다. 첫째로 그들은 압도적으로 다수가 농촌 출신이며, 또 중·소대장의 지위에 있으면서 직접 하사관이나 병사들과 접촉할 수 있는 기회가 많았으며, 자연히 그것을 통해서 부하인 병사들이 고향에 남기고 온 가족들의 말로 이루 다할 수 없는 궁핍함에 마음이 움직이게 되었다. 둘째로 내각에 의한 군축(軍縮)의 차질없는 실행은 그들 지위의 앞길에 어두운 그림자를 던졌으며, 그것이 군인에게 있기 쉽상인 국방에 대한 과도한 우려를 고조시켰다. 셋째로 군부 내부에도 이른바 천보전 그룹(天保錢組 : 육군대학 졸업자를 가리킨다. 참모직은 그들에 의해 독점되고 있었다)의 수재(秀才)연하는 태도와 특권적 지위에 대한 일반 장교들의 전통적 반감이 있었는데, 그것이 몇몇 부대에 소속된 청년장교들에게는 젊은 이다운 결벽성에서 오는 개인적 영달에 대한 무시와 연결되어 군의 막료에 대한 비판적 태도를 강화시켜주었다. 그렇지만 그런 청년장교들의 급진주의가 '좌'가 아니라 '우'의 방향을 택한 것은 그들의 직업이 때마침 군인이었다는 이유에 기인하는 경우가 많으며, 만약 그들이 보통 대학이나 전문학교에 진학했더라면, 아마도 당시의 분위기 하에서는 좌익화했을 개연성이 더 컸다.

우익의 전위분자의 마지막 유형은 인텔리이다. 그렇다고 하더라도 위에서 말한 것처럼, 처음부터 '우'의 운동에 참여한 인텔리 혹은 대학생은 좌익운동에 비해서 현저하게 적으며, 더구나 그런 사람들의 압도적인 다수는 사회주의 혹은 공산주의에서 전향한 사람들이었다. 그들은 마르크스주의적 교양으로부터 그 세계관이나 궁극적인 목표에 대한 이념을 잘라버렸지만, '혁명'의 선동적·전술적 측면이나 공격적 발상은 그대로 '우'의 진영으로 가지고 갔기 때문에, 국가주의운동의 내부에서도 과격한 경향을 대표하는 것은 당연했다. 게다가 그들은 동료들로부터도, 그리고 '당국'으로부터도 그 전향이 위장이 아닌가 하는 의심을 끊임없이 받고 있었으므로, 정신적인 불안과 고뇌로 인해서 이데올로기적으로 이백 퍼센트 국체주의자가 되었으며, 그와 더불어 점점 더 '친영파'(親英派)나 자유주의자들에 대한 광적인 공격자로 등장하게 되었다. 그러나 앞에서 말한 것처럼, 일본의 우익운동은 아래로부터 대중을 동원해가는 방향에는 처음부터 일정한 한계가 있었으므로, (중국의 합작사(合作社) 운동과 같은 특수한 경우를 별도로 한다면) 그들 전향자들이 그런 '좌익적' 경력을 새로운 운동의 조직화 속에서 살릴 수 있는 여지가 그렇게 많았다고는 할 수 없다.

결론적으로 말한다면, 우익운동 속에는 이처럼 급진주의를 발효시킬 수 있는 제 조건이 언제나 잠재되어 있었지만, 그것이 기생적 측면을 압도하여 국가주의운동을 지배할 수 있을 정도로 강력하게 된 적은 한 번도 없었다. 그것은 기껏해야 지배기구의 상층부에 '충격'을 주어 위로부터의 전체주의화를 밀고나가는 역할을 수행하는 데 머물러 있었다. 과격분자들이 필사적으로 길을 '깨끗하게 치운' 후에 조용히 차를 타고 지나가는 것은, 언제나 예복으로 잘 차려입고 훈장을 잔뜩 가슴에 늘어뜨린 신사 고관들이었다.

제2차대전 이전의 일본에서 정치과정의 급격한 우(右)선회를 촉진시킨 계기로는 물론 국내의 정치적·경제적 요인을 무시할 수는 없겠지만, 그와 더불어 국제관계의 상황변화──특히 유럽에서의 파시즘적 세력의 발흥과 그들의 노골적인 국제적 권력정치의 일시적 성공──가 결정적인 작용을 했다는 점을 잊어서는 안될 것이다. 그것은 전쟁 이후의 고찰과 전망에서도 매우 중요한 의미를 가지고 있다.

일찍이 메이지시대에 일본연구자로 알려진 시드니 규릭(Sidney Gewrick)은 일본인의 국민적 성격의 하나로 '환경에 대한 예민한 감수성'이라는 것을 들고 있다. 그런 경향이 일본인의 본질적 속성인지 아닌지에 대해서는 다소 의문이 있다 하더라도, 메이지유신 이래 유럽 열강의 아시아에 대한 끝없는 침략에 직면해서 끊임없이 뻗쳐나가는 긴장감과 위기의식으로, 오로지 '선진국'을 모델로 삼아 '부국강병'의 길을 걸어온 근대일본이 국제정치의 분위기 변화에 대해서 지나칠 만큼 민감한 신경을 썼다고 해서 괴이하게 여길 것은 없다. 그런데 국제정치적인 상황에서 오는 충격에 의해서 국내정치과정이 영향을 받는 정도는 어느 국가에서든지 전쟁 이후 커졌지만, 일찍이 '열강'의 지위에서 전락한 일본에서는 특히 전쟁 이전에 비해 훨씬 더 커졌다. 그런 조건 하에서 일찍이 일본의 극단(極端)국가주의를 굴복시키고, 국제민주주의와 다른 국가의 주권 존중을 가르쳤던 '선진' 서구 국가들이 '국방의 생명선(生命線)'이라든가 '적색(赤色) 위협의 배제'라든가 '재류(在留) 자국민의 생명·권익의 보호'와 같은, 만주사변 이래의 일본에서 수없이 들어서 진부해진 논리를 가지고 다양한 형태의 식민지주의의 정당화를 서로 경쟁하고, 그것을 쉴 새 없이 기정사실로 만들어가는 그런 사태가 만일 앞으로 발전하게 되면, '환경에 대한 민감함'은 과연 어떤 형태로 나타날 것인가.

그럴 경우, 지금이야말로 아직 전쟁 직후에 받은 타격에서 충분히 회복되지 않은 '우'(右)의 극단분자나 민주주의의 이름 하에 여전히 일본제국주의의 '정신'을 계속 품고 있는 반동적 정치가들은 히죽히죽 웃으면서 서서히 기지개를 켜면서, 당혹한 표정으로 정세를 지켜보고 있는 국민의 귀에다 대고 "이걸 보라구, 이놈이나 저놈이나 꼭 같지 않아. 그런 점에서는 우리 쪽이 더 선진국이라구. 그렇게 과거를 후회할 것 없다구, 다만 행동방식이 조금 나빴을 뿐이란 말야"라고 메피스토(Mephisto)처럼 속삭이기 시작하지 않으리라 단정할 수 없는 일이다.

●1958년

제❷부
이데올로기의 정치학

제1장

서구 문화와 공산주의의 대결

래스키의 『신앙, 이성 그리고 문명』에 대하여

1.

"파시스트는 오늘날, 평온함 없는 승리의 기쁨을 탐닉하고 있다. 게다가 그 공허한 영광 속에, 다가오는 운명에 대한 공포의 의식을 읽어낼 수 있다"고 래스키(Harold Joseph Laski)가 써서, 진보적인 지식인과 대중에게 '새로운 암흑시대'에 대한 철(鐵)의 깨달음을 촉구한 것은 1937년의 일이었다("Introduction to the Pelican Edition," *Liberty in the Modern State*, p.47). 그리고 그로부터 7년 후 런던대학 정치학 교수이자 또 영국 노동당의 자타가 모두 인정하는 이론적 지도자인 그는 "추축국(樞軸國)이 이미 결정적이고 불가항력적인 패배로의 길을 걷고 있는"(앞의 책, 10쪽) 정세를 눈앞에 두고서도, 현대 세계정치가 직면하고 있는 근본문제에 맞서려고 한다. 전체가 203쪽이라는 비교적 작은 에세이 속에 다루어진 테마의 거대함은, 확실히 래스키가 서문에서 말한 대로 "학문적 노작(勞作) 외에, 그리고 현하의 전쟁에서 한 사람의 시민이라는 사실에 기초하여 자신에 부과되어 있는 다양한 의무를 인정하고, 또 이행하기 위해 애쓰고 있는 바쁜 선생이 쪼개낼 수 있는 시간"으로서는 도저히 충분히 논할 수 없는 정도의 것이다. 그러므로 그도 이 책은 에세이 이상의 것이 아니라고 밝히고 있다.

그러나 래스키는 원래 체계적인 저작보다도 그런 에세이에서 가장 본래적인 모습을 발휘하는 것으로 생각된다. 그의 체계적 저작을 대표하는『정치의 문법』(*Grammar of Politics*) 같은 책도, 물샐틈없는 이론적 구성이라는 점이 아니라 오히려 풍부한 구체적 사례 속에 칼로 찔러대는 것 같은 그런 예리한 직관력을 발휘해가는 솜씨가 사람을 끄는 것이다. 그런 의미에서 이 책에는 래스키의 최상의 측면이 유감없이 나타나고 있다. 게다가『위기의 민주주의』(*Democracy in Crisis*, 1933)에서 마르크스주의로의 현저한 접근을 보여준 이후의 그의 저작이, 전 세계에 걸친 반동세력의 팽배한 고양을 반영하여 정치적 현실의 가차없는 분석에 주력을 기울이고 있어서 거기에 어떤 비장한 비관주의가 감돌고 있던 것에 비하면, 이번의 새 책에는 여전히 준엄한 비판적 태도의 배후에 어렴풋하게나마 비치기 시작하는 자유의 서광에 대한 숨길 수 없는 희망과 환희의 정(情)을 엿볼 수 있는 것이다. 래스키가 일찍이『정치의 문법』에서 보여준 이상주의적 열정이 이제 다시 타오르려 하는 것 같다.

2.

이 책의 주요한 내용을 구성하고 있는 테마는 크게 두 가지로 나누어진다. 첫번째는 제1차대전에서 제2차대전까지의 이른바 전쟁 사이의 시기에서의 정치·경제·사상·학문·예술 각 영역에 걸친 종합적인 비판이며, 두번째는 기독교와 볼셰비즘의 역사적인 유비(類比)와 대조이다. 그리고 그런 두 가지 주제는 마치 소나타 형식의 테마처럼 서로 얽히면서 전개되고 있어서 독자를 하나의 통일된 전망으로 이끌어가는 것이다.

저자에 의하면 현대는 마치 로마제국의 말기와 마찬가지로, 모든 옛 문명의 가치체계가 퇴폐하고 몰락하고 있는 시대이다. 거기서는 정치라는 것이 특권계급의 이기적인 자의(恣意)에 맡겨져 있으며, 부는 집중되고, 관리는 부패하고, 지배자에게도 피지배자에게도 내적인 확신이 상실되었으며, 문화는 말초적으로까지 세련되어, 대중은 희망도 광명도 없이, 덧없이 데카당스 속에 서서히 가라앉고 있다. 그런 시대의 갱생(更生)은 새로운 가치체계의 재건에 의해서만 가능하다. 하나의 새로운 신앙에 의해 인간이 절망에서 벗어나 다시 생활에 대한 의욕을 찾아내고 사회와 문화의 새로운 건설에 대한 동경과 포부로 맞설 수 있다. 그리하여 인류의 역사에서 새로운 시대(epoch)가 만들어진다. 기독교는 고대문명 몰락의 한가운데서 서서히 3세기에 걸친 고난으로 가득찬 투쟁의 과정을 거쳐서, 마침내 그런 의미에서의 인간의 재형성과 인간정신의 탄생에 성공했다. 그리고 바야흐로 마찬가지로 무너져가는 현대문명의 퇴폐 속에서 소비에트원리가 '새로운 신앙'으로 탄생했으며, 일찍이 기독교가 했던 그런 역할을 수행하려 하고 있다.

이상이 래스키가 제시하는 대체적인 전망이다. 이런 기본적 전망의 정당성을 기초지우기 위해서 저자는 한편으로는 기독교 발흥 당시의 정세, 사회심리 등을 분석하고, 거기에 볼셰비즘을 둘러싼 현대의 제문제와의 현저한 유사성을 지적하면서, 다른 한편으로는 기독교를 포함한 현대의 주요한 이데올로기를 검토하여 새로운 신앙의 여건을 충족시키는 것이 소비에트원리 이외에는 찾을 수 없다는 것을 주장하는 것이다.

이하 이 책의 내용을 그런 기본적인 전망에 따라서 요약해보기로 하자. 이 책은 16편의 다소간 독립된 에세이로 구성되어 있으며, 그 주장은 앞뒤에서 상당히 중복되고 있으므로, 반드시 원문의 순서를 따르지는 않고서, 가능한 한 저자의 논지를 부각시킬 수 있도록 정리했다는 점을 먼저 밝혀둔다.

3.

세계의 도처에서 현대의 청년들은 죽음의 문턱에 서 있다. 수백만에 이르는 이들 청년들은 자유를 위해서 아직 너무나 젊은 생명을 바치고 있다. 이미 수백만 명이 그 꿈을 위해서 죽어갔다. 전쟁이 끝났을 때 어떤 사람은 보지 못하게 되었고, 또 어떤 사람은 듣지 못하게 되었으며, 또 어떤 사람은 불구의 몸이 되어 인생이 부여받은 지극한 아름다움으로부터 단절당한 채로 여생을 보내는 사람의 숫자는 그보다 더 많아 수백만 명에 이를 것이다.

우선 이렇게 씀으로써 래스키는 세계의 청년들이 두 차례에 걸친 전쟁에서 치른 막대한 희생을 말하고, 살아남은 자들의 그들에 대한 책임과 의무가 이만저만한 것이 아니라는 점을 강조한다. 그 책임과 의무란 무엇인가. 그것은 단순히 승리를 획득하는 것만은 아니다. 추축국의 패배를, 동시에 그것이 옹호하려고 하는 반혁명의 패배로 여기는 것이야말로 문제인 것이다. 무릇 연합국의 승리가 곧바로 자유와 해방을 의미하지 않는다는 것은 제1차대전의 심각한 경험에 의해서 분명하게 드러났다. 단순히 1939년으로 복귀한다는 것은, 아마도 비위생적이며 티푸스가 유행하는 폴란드를 재현하고, 거의 대부분 글을 읽지 못하며, 먹을 것과 입을 것이 부족한 이민 노동자가 4백만에 달하는 미국을 재현하는 것에 다름아니다.

우리는 정치가의 수사학(rhetoric)에 넘어가서는 안된다. 단순한 평화주의나 국제주의의 바람이 얼마나 공허한 것인지는 두 전쟁 사이의 시기가 세계사에서 일찍이 없던 정도로, 그같은 사상의 기조 위에 선 의회, 조약, 조사(調査)가 범람하는 시대였다는 것을 보더라도 알 수 있다. 뮌헨회의가 열릴 무렵 유럽의 어떠한 수도에도 전쟁을 외치는 목소리 하나 들리지 않았다. 다행히도 전쟁을 피할 수 있었다는 그런 기분만이 넘쳐 흐르고 있었다. 그런데 겨우 1년 후에 불가피하게 전쟁이 일어났던 것이다. 특히 지금에 와서 그런 것을 강조하는 이유로, 래스키는 연합국의 협력의 성격이 소극적이며 애정으로 결속된 동지라기보다도 증오를 공통으로 하고 있는 데 지나지 않으며, "승리 후에 처칠이 그리고 있는 세계가 과연 스탈린 원수에 어필할 수 있는 그런 세계인지 어떤지"(190쪽) 의문이기 때문이라 했다. 그리고 대서양헌장이나 이른바 '4월의 자유'의 웅변적인 약속이 마음을 놓을 수 없는 까닭을, 윌슨의 14개조(Fourteen Points)가 겪게 된 운명에 비추어 경고하는 것이다. 그리고 제1차대전 이후에서, 전쟁의 결말을 한층 더 적극적인 목표를 향해 밀고나가는 것을 게을리한 각국 정치가들의 나태, 태만, 무기력함을 예리하고 지적한다.

예를 들면 미국에서는 하딩(W. G. Harding), 쿨리지(Calvin Coolidge), 후버(Herbert Hoover) 시대에 백악관이 월 스트리트의 증축건물에 지나지 않게 되고, 더구나 미국이 더 이상 약속의 땅(land of promise)이 아니며 그 지반이 구(舊)세계의 그것과 전혀 다름이 없다는 것이 폭로되었다. 또 영국에서는 보수당은 여전히 완미(頑迷)하며, 거기에 대해 노동당은 완전히 무기력했다. 노동당은 두 차례에 걸친 내각에서 사회주의 사회의 실현 같은 것은 꿈에도 생각하지 못했으며, 또 야당으로 있을 때는 "다름아닌 사회주의의 패배에서 결정적인 이익을 얻는 국민들 사이에, 노동당에 대한 안전함과 건전함을 심어주는 데 급급해하고 있었다"(32쪽). 독일에서의 사회주의운동과 조직은 소련을 제외하고 세계에서 가장 강력했음에도 불구하고, 반혁명의 공세 앞에 놀랄 만한 정도로 급격하게 붕괴되었다. "1919년에는 적어도 리프크네히트(K. Liebknecht)와 로자 룩셈부르크(Rosa Luxembourg)가 있었다. 1933년에도 독일의 대중은 그 지도자의 신호를 이제나 저제나 하고 기다렸지만, 끝내 그것은 오지 않고 말았다"(33쪽). 프랑스의 민주제의 활력은, 1940년의 군사적 패배가 있기 훨씬 이전에, 자유보다도 재산을 귀중하게 여기는 정치가에 의해 붕괴되어 있었다. 1870년의 패배 이후에는 코뮌이 출현했으며, 70년 후의 패배에서는 비시정부가 출현했다는 것, 그런 대조야말로 그 기간 중의 국민적 정신의 변화를 무엇보다도 잘 보여주고 있다. 비시의 프랑스는 1848년의 6월 반동, 루이 나폴레옹의 쿠데타, 블랑키슴, 드레퓌스 사건, 1934년 2월 6일로 이어지고 있는 뿌리깊은 프랑스 부르주아지의 퇴폐성의 논리적 귀결이다.

그리하여 "1914년의 전쟁에서 서로 싸웠던 주요 열강들 중에서, 그 전쟁이 지니고 있는 의의를 정말로 배웠다고 할 수 있는 국가는 오로지 러시아뿐이었다. 세계가 제2차대전에서 발휘된 러시아의 성장을 놀랍게 바라봄에 따라, 점차로 현대의 정치가들은 러시아혁명의 의의를 일반적으로 이해하게 된 것이다"(215쪽)라고 한다. 래스키는, 소련의 관념을 종래 오로지 증오하고 있던 사람들이 조금씩 러시아혁명의 의의에 대한 평가를 바꾸어가는 과정을, 콘스탄티누스 대제 시대의 로마시민이 기독교의 기본관념을 서서히 자신의 사고의 틀 속에 받아들여가는 과정에 대비시키고 있다.

정치의 영역에서 볼 수 있는 것처럼 '중간기'의 퇴폐성──무솔리니나 히틀러에 의한 '권력정치'의 재등장은 가장 노골적인 표현에 지나지 않는다──은 또 사상·문화 면에서도 가릴 수 없게 되었다. 그 20년 간에는 새로운 창조의 준비를 하는 그런 사상가나 작가는 한 사람도 나타나지 않았다. 화이트헤드라든가 베르그송이나 카시러 그리고 산타야나와 같은 탁월한 철학자는 있었다. 그러나 그들이 말을 건 것은 대중이 아니라 전문가들이었다. 그들은 영국의 칼라일·밀·러스킨, 프랑스의 미슐레나 르낭, 미국의 에머슨이나 마크 트웨인처럼 그 나라의 민중적 정신을 표현한 사람으로 불린 것은 아니었다.

무엇보다 문제인 것은 그 시기의 지식인이 대중들로부터 유리되어 그 시대 최고의 사회적 투쟁 바깥에 초연해 있으면서, 오히려 거꾸로 그런 고고함에 긍지를 느끼고 있었다는 것이다. 그런 대표적인 지식인으로서 래스키가 특히 상세하게 비판의 대상으로 삼은 사람은 영국과 미국의 시단에서 압도적인 권위를 지니고 있던 엘리엇(T. S. Eliot)이다. 그의 비할 데 없는 재능, 학식, 문장력을 의심하는 것은 아니다. 그러나 중요한 것은 그가 서민들을 두려워하고, 대중과의 접촉을 피하고, 무릇 민주적인 것은 무엇이건 간에 본질적으로 비천한 것이며, 추악하고 야만이라는 식으로 이미 결정해두고 있다는 점에 있다. 그리하여 엘리엇은 민중을 방치함으로써, 그들을 사회에서의 어두운 힘에 사로잡힌 사람들로 만들고 있었던 것이다. 그런데 엘리엇이 빈번하게 그것으로의 복귀를 주창했던 기독교의 본래적 이념은 오히려 그것과 대척적으로, 놀랄 만한 정도의 질박함으로 가난한 사람, 천한 사람, 모멸당하는 사람에게 호소하지 않았던가. 그리하여 래스키는 엘리엇의 주관적 진지함에도 불구하고, 감히 그것을 지적 배신의 한 형태로 단정하는 것이다. 나아가 그는 소설가들 중에서 제임스 조이스(James Joyce)와 앨더스 헉슬리(Aldous Huxley)를 차출해내고, 그들에게서 현대 문명의 정신적 파산의 역력한 징후를 읽어내고 있다. 그런 문학에 공통되고 있는 것은 새로운 신앙과 용기의 결여이며, 현대 세계의 종말과 퇴폐를 인식하면서 결연히 새로운 질서의 형성으로 나아가려 하지 않고, 알 수 없는 미래의 세계 앞에서 꼬리를 감추는 비겁함인 것이다.

래스키의 뼈를 찌르는 듯한 비판은 다시 학계로 이어진다. 그는 "역사와 더불어 장난치는 것은 불가능하다"는 트로츠키의 말을 인용하고, 그 이십 년 간의 학계를 그야말로 역사와 더불어 장난친 것이라 탄핵한다. 거기서는 구태의연한 범주의 사용과 예지의 결핍이 특징이었다. 그 원인으로서 래스키는 학문의 과도한 전문화와 학자의 불편부당의 숭배(cult of impartiality)를 들고 있다. 16세기에는 데카르트·홉스·스피노자·로크와 같은 철학자들, 갈릴레이·뉴턴·라이프니츠와 같은 과학자들이 그들의 학문 속에 시대의 정신적 분위기를 최고도로 구상화시켰다. 18세기 말에는 루소·볼테르, 19세기에는 페인·고드윈·벤담·생 시몽·라플라스·칸트·헤겔·니부어·사비니 등의 학자들이 각각의 분야에서 한 시대의 획을 그었으며, 세계에 대한 고도의 지도성(指導性)을 지니고 있었다.

그런데 최근의 50년 간, 특히 근래의 이십 년 동안 학문과 생활의 괴리는 현저해지게 되었다. 학자들은 오로지 다른 학자들을 향해서만 말했다.

학자들이 전문화를 극도로 밀고나간 결과, 그들의 저작은 보통의 지식을 가진 인간에게는 무의미한 것이 되어버렸다. 또 학자가 거대한 테마와 씨름하는 역작을 쓰게 되면 반드시 근본적인 논쟁의 와중에 뛰어들게 되는 것이므로, 그는 가능한 한 자신의 사회관을 결정하지 않으면 안되는 그런 테마를 회피하고, 권력자의 심기를 거스르지 않는 그런, 아니 오히려 그들의 마음에 드는 그런 것들을 써서 안정된 지위를 유지하려고 했다. 그런 경향이 특히 두드러지게 나타난 것은 역사학계이다라고 하여, 래스키는 영국・미국 역사학계에서 대표적인 것으로 간주되는 저작 내지 저자가 19세기 말기 이후 어떻게 변천해왔는가, 그 변천의 이면에 어떠한 가치관의 추이를 엿볼 수 있는가 하는 것을 흥미진진하게 더듬어보고 있는 것이다.

요컨대 19세기의 걸출한 지식인은 바이런이건 디킨스이건 스콧이건 발자크이건 간에 모두 대중의 생활의 절실한 과제를 다루었으며, 같은 시대 사람들의 사상과 감정에 결정적인 영향을 미쳤다. 그렇기 때문에 대중은 바이런의 죽음에 대해 인격적인 손실을 느꼈으며, 디킨스 속에서 별과 노닐고 있는 거인의 모습을 겸허하게 인정했던 것이다. 그것은 바로 데모크라시의 발흥기에서의 지식인과 대중의 아름다운 결합이었다. 그런데 최근의 지식인은 사회적 투쟁으로부터 도피하여 "첼시의 세련되고 우아한 아틀리에에서, 혹은 옥스퍼드 대학의 금빛 찬란한 호숫가 한가운데에서, 대중의 생활 같은 것은 추악한 것이며, 그 자신 당연히 그들의 한 사람이라고 확신하고 있는 엘리트만이 아름다움을 지각할 수 있다는 따위의 이념에 젖어 있었던 것이다"(135쪽).

대중의 생활에 내재하는 추악함, 빈약한 가옥, 반쯤은 기아 상태에 있으며, 끊임없는 실업의 불안, 낮은 임금, 오랜 시간의 노동, 이런 모든 환경이 예술에 대한 일반 공중의 취미를 저열한 수준으로 억눌러왔다. 따라서 그런 대중이 베토벤보다도 재즈를 좋아하고, 세잔의 자화상보다 프리스의 「경마일」(競馬日)을 좋아하고, 『안나 카레리나』보다 『바람과 함께 사라지다』를 좋아하게 되는 것은 불가피하다고, 인텔리들은 서로 수군대며 이야기하는 것이다. 그리고 그런 불가피성을 전제로 해두고서, 인텔리는 대중에 호소하기를 중단하고 사회적 혁신에 대한 관심도 던져버리고, 점차로 지배계급의 부속물로 전락해갔던 것이다. 그것은 지식인의 최고의 임무를 배신한 것이며, 그 임무를 게을리한 것이 독일의, 이탈리아의, 그리고 프랑스의 비극을 초래했던 것이다.

그리고 래스키에 의하면 영국·미국에서는 사정이 다르다거나 하는 것은 그야말로 자기기만에 지나지 않는다. 물론 이렇게 말한다고 해서 저자가 "위대한 작가 내지 위대한 학자는 먼저 모름지기 자신의 당(黨)의 위원회 방에서 편지봉투 쓰는 것부터, 학문과 예술의 견습수업을 시작해야 한다고 주장하는 것은 아니다"(137쪽)고 한다. 그가 힘주어 말하는 것은 좀더 수수한 논의이며, 다시 말해서 지식인은 개인임과 동시에 한 사람의 시민이라는 것, 만약 지식인이 시대가 직면하고 있는 중대한 문제나 대중에게서 삶과 죽음을 의미하는 문제에 등을 돌리는 일이 있으면, 그 시대의 모든 문학은 결코 시대를 구제할 수 없으며, 또 위대한 문학으로 될 수도 없다는 것이다.

두 전쟁 사이의 시기에서 그와 같은 내면적 문화의 일반적 퇴폐를 대신하여 출현한 것이, 스포츠·무용·영화 등에서 볼 수 있는 '쾌락의 조직된 외면화' 경향이다. 베르사유조약 이후 성장한 세대는, 전(前) 세대 사람들이 자라난 지식적 환경의 적지 않은 부분을 잃어버리고 있다. 그들은 제인 오스틴이나 디킨스라는 이름을, 헐리우드가 그 작품을 영화화했다는 것을 알기는 하지만, 애초부터 알고 있는 경우는 매우 드문 것이다. 그들의 세계는 격렬하고 회의적이며 정해진 것이 없는 세계이므로. 거기서는 무엇 하나 확실한 것은 없으며 주마등처럼 바뀌어가는 환락을 재빨리 누리지 않는 것은 바보라고 생각하고 있다. 베르사유조약에서 제2차대전까지의 이십 년간은 이성이라든가 규준(規準)이라든가 계획하고 예측하는 능력이라든가 하는 것이, 어쨌거나 통용되고 있던 시대였다. 그런 데카당스의 한 예로서 "베를린에서는 1933년 이후에는, 모스크바야말로 모든 사악함의 근원이라고 가르쳤다. 1939년 여름부터 1941년 여름까지의 기간은, 예전의 모든 사악함의 근원은 바야흐로 항구적인 친구가 되었다. 그런데 1941년 6월 22일 그런 우정의 근원은 다시 변하여, 다시금 사악함의 근원이 되었다"(43쪽)고 눈부시게 변한 독일과 소련 관계의 변천에 따르는 가치의 전도가 통렬한 야유를 당하고 있다. 그리고 이들 모든 것을 회고하면서, 래스키는 윌리엄 모리스의 다음과 같은 대담한 선고에 공감을 표시하는 것이다. "내가 현재 알고 있는 그런 문명은 반드시 멸망할 운명에 처해 있다. 아아, 그것을 생각하면 얼마나 기쁜지!"(24쪽. 강조는 원문에서는 이탤릭체였음).

4.

이같은 문명의 붕괴를 앞에 두고서 사람들은 다시, 일찍이 로마제국 말기와 마찬가지로 인류를 패배의식으로부터 구제해내고, 도덕(moral)을 재건하고, 미래에 적극적으로 대처하는 기력을 고취시키는 새로운 가치체계를 허덕이면서 추구하고 있다. 그렇다면 그런 새로운 신앙의 원천은 어디서 찾아내야 할 것인가. 그런 것으로는 먼저 내셔널리즘(nationalism)이 있다. 그것은 현재 그리고 인간의 감정에 강한 흡수력을 지니고 있는데, 그것이 오늘날 과학기술상의 진보와 모순되지 않는 영역은 기껏해야 문화적 영역뿐이며(래스키는 국민적 문화의 다양성을 인정한다), 내셔널리즘이 고취하는 애국적 감정은 바깥으로는 전쟁의 위험을 가져오고, 안으로는 개인의 인격을 압살할 위험을 수반하기 때문에 그것은 적절하지 않다.

다음은 역사적 종교이다. 역사적 종교가 과거에 인간정신을 갱생시켰으며 야만에서 문명으로 이끄는 힘이 되었다는 것은 의심할 수 없지만, 과연 오늘날의 과학적 요청에 적합하며 또 개인의 영혼 구제가 아니라 현대 문명의 집단적 요구를 충족시키는 것이, 초자연적인 신앙의 재생에 의해 가능할 것인가 하고, 래스키는 의문을 던지는 것이다. 그 점에서 가장 문제가 되는 것은 당연히 기독교이다. 특히 기독교는 래스키에 의하더라도 일단 '인간정신을 재생'시키는 역할을 했다는 점이 인정되고 있는 만큼, 기독교 인가 코뮤니즘인가 하는 현대 최대의 대결은 여기서 미세한 데에 이르기까지 논의되고 있다. 래스키에 의하면, 로마 말기의 격심한 빈부의 계급적 대립의 한가운데에서 발흥한 기독교는 가난한 사람과 비천한 사람에 대해서 현세에 대한 내세의 우위를 주장하며, 게다가 부자가 쉽게 얻을 수 없는 내세의 구제를 빈자에게 약속함으로써 경제적 세계에서의 고뇌를 유화시킴과 더불어, 부자에 대해서는 구제의 길로서 자선(慈善)을 권유하면서, 가능한 한 사회적 대립을 조화시키려고 했다. 그런 태도는 결코 비난받아야 할 것은 아니며, 오히려 문명이 거쳐야 할 필연적인 조건이었다. 무릇 그것은 아직 자연에 대한 인간의 통제가 낮고, 대중들의 빈곤이 불가피했던 시대에 필요한 사회적 기능을 영위했던 것이다.

그러나 바야흐로 종교개혁 이후 생산력이 비약적으로 증대하고 새로운 생산방법이 확대됨에 따라서 사정은 달라졌으며, 사람들의 관심과 노력은 구제의 문제를 버리고 세속화했으며 새로운 부의 획득에 집중하게 되었다. 교회는 갓 발흥하고 있던 민족국가와 동맹을 맺음으로써 점차로 그 방패가 되었으며, 특히 프랑스혁명 이후 사회문제의 급격한 대두, 근대과학의 발전에 의한 신학상의 전제의 동요 등의 제 사정은 무산대중으로 하여금 점점 더 교회로부터 벗어나게 만들었다. 물론 교회는 그런 새로운 정세에 적응하기 위해서 그 자체의 '사회이론'을 주장하기 시작했지만, 뭐니뭐니해도 기독교의 주된 관심은 피안에서의 영혼의 구제이므로, 사회문제를 본격적으로 다루는 "우리가 확신을 가지고 말할 수 있는 유일한 생활——즉 현세——에서의 개인적 자아의 실현"(52쪽)을 추구하는 사회주의의 발흥에 자리를 내주지 않을 수 없었다.

대략 이렇게 래스키는 기독교의 사회적 의의의 추이를 설명하고 있다. 그리고 그런 주장을 뒷받침하기 위해서 로마 카톨릭·영국국교회·비국교파·다양한 기독교 사회주의·미국종교계 등의 각각의 동향을 차례대로 검토하고 있다. 특히 근대가치의 붕괴를 종교개혁에서 찾으며, 카톨릭 자연법 속에서 시대재건의 지침을 찾아내는 크리스토퍼 도슨의 견해를 상세하게 반박하고 있는 부분은 매우 흥미로우며, 래스키의 바티칸에 대한 견해는 자못 신랄하다.

그런데 이렇게 해서, 문명을 재건하기 위한 가치체계가 볼셰비즘 이외의 다른 곳에서 찾을 수 없다는 것이 분명해지게 되었다. 그러면 다음의 문제는 당연히 볼셰비즘의 기본원리가 적극적으로 새로운 신앙으로서의 요건을 충족시킬 수 있는가 하는 것이다. 여기서 래스키는 러시아혁명의 역사적 의의를 도처에서 역설하는 것이다. 그것은 다양한 측면에서 주장되고 있지만 거기서 별도로 참신한 견해는 찾아볼 수 없으며, 대체적으로 상식적인 것들이다. 예를 들면 이윤획득의 동기의 보편성·부동성(不動性)을 처음으로 뒤엎은 것, 육체노동에 대한 멸시를 처음으로 완전히 폐기한 것, 인간에 의한 인간의 착취가 진보의 원동력이라는 점을 부정한 것, 대중과 엘리트의 결합을 조직화한 것, 개인 이익이 동시에 사회복지인 그런 체제를 처음으로 창조한 것, 궁핍의 조직화에 의한 개인이익의 추구를 불가능하게 한 것 등이다. 그리하여 소비에트체제는 다른 어떠한 체제보다도 넓고 깊은 범위에서 일반서민의 인격적 해방에 성공했다.

게다가 래스키가 특히 중시하는 것은, 그런 제도적 개변(改變) 그 자체보다도 러시아혁명의 에토스가 그 국민에게 부여한 정신적 갱생이다. "러시아혁명의 영감(inspiration)은 늙은이도 젊은이도, 남자도 여자도, 오로지 정치적 권력자만이 아니라 이름없는 사람들도 백화점의 사무원도 거리의 청소부도, 아니 볼셰비키의 위대한 실험이 보여주고 있듯이, 형무소의 죄수에게도 널리 침투했다. 그들은 각자가 아주 작은 부서에 있으면서도 위대한 세계적 사명에 공헌하고 있다는 기쁨과 확신 속에 생활했던 것이다"(50쪽). 이같은 에토스야말로 일찍이 기독교가 그랬던 것처럼 인류의 구제에 대한 새로운 희망을 부여해주고, 문명의 신경중추를 소생시키고,

현대 문화의 퇴폐와 붕괴를 갱신하게 해줄 것이다.

그리고 기독교와 볼셰비즘에서의 에토스가 수행한 역사적 역할의 공통점으로 인해서, 그 양자를 둘러싼 사회심리의 놀랄 만한 유사성이 생겨나는 것이다. "기울어가는 이교(異敎) 문화의 교양을 받아들인 귀족이, 기독교의 새로운 신앙의 열렬한 주장자로부터 초기 기독교 교의의 대략적인 설명을 들었을 때의 느낌은, 마치 옥스퍼드나 하버드 출신의 나이든 학장이 자신의 생애를 충실하게 만들어주고 우아하게 해주고 있는 모든 것들의 어버이인 문명세계의 제 원칙에 대해서 코뮤니스트가 가하는 열렬한 공격을 책에서 읽었을 때의 느낌과 비슷할 것임에 틀림없다"(45쪽). "예수의 가르침과 공산당선언의 이론 양쪽 모두 이윤획득 사회에서, 가족이 남녀를 결합해주는 끈이 되는 대신에 거꾸로 그 장애가 될 위험성을 강조하고 있는 점에서 일치하고 있는 것은 결코 우연이 아니라고 생각한다. 무릇 유태인과 기독교인의 구별도 없고, 노예와 자유인의 구별도 없다고 하는 것이 복음서와 사회주의에 공통된 핵심적 신앙이기 때문이다"(97쪽). "혁명에 대한 신앙은, 그 신도에 대해서 마치 기독교가 그 최초 신자들에 미친 것과 같은 일종의 마술적인 장악력을 지니고 있다"(56쪽). "그 고취자들은, 초기 기독교도가 마치 그러했던 것처럼, 자신들 견해의 정당함에 동의할 수 없는 사람들에 대해서 높이있는 듯한 뿌리깊은 도덕적 우월의식을 지니고 있다……. 그들은 흔히 자신의 동지들 사이의 도덕과 자신들과 신앙을 같이할 수 없는 사람들에 대한 도덕을, 수준을 달리하여 나누고 있는 것처럼 보이기 때문에 적의 분노를 사게 된다……. 그들이 반대의견을 죄의, 더구나 위험한 형태의 그것으로 취급할 때의 격정은 초기 기독교 문학에 나타나고 있는 것과 비슷한 구석이 많다"(55쪽).

그리고 그와 같은 공통성은 플러스 면만이 아니라, 지도자의 잔인성이라든가 교의의 일방적 과장이라든가 악착같음과 같은 마이너스 면에서도 찾아볼 수 있다. 래스키는 러시아혁명에서 저질러진 잘못과 어리석음을 충분히 인정한다. 또 레닌이 꿈꾸었던 구상(構想)과 소련의 실제의 결과 사이

에 갭이 있다는 것도 인정한다. 그러나,——하고 래스키는 반문하는 것이다
——그것은 러시아혁명에 내재하는 에토스의 정당함을 조금도 해치는 것은
아니다. 기독교를 믿고 있는 사람은, 기독교 역사에서 수많은 오점——종교
적 박해나 교회의 사적인 이윤과 권세의 추구——을 가지고, 교리 그 자체
가 잘못되었다는 것의 증거로 간주하지는 않지 않던가. 복음서의 신앙과
교회의 실제 사업 사이에도 역시 갭이 있음에도 불구하고, 이교(異敎)보
다 기독교로의 이행이 문명의 갱생을 의미했다는 것은 부정할 수 없지 않
은가.

　래스키는 러시아혁명 내지 소련의 현실에 대해서 흔히 예상되는 거의 모
든 비판을 거론하며, 거기에 반박을 가하고 있다. 예를 들면 소련의 문화적
업적은 기껏해야 영화와 연극 부분 정도의 것이며, 영원한 가치가 있는 것
은 하나도 내놓지 못하고 있다든가, 러시아의 실험의 야만적인 무자비함이
라든가, 파시즘과 볼셰비즘은 일당독재, 언론·사상의 자유를 부정하는 점
에서 본질적으로 다름이 없다든가 하는 식의 어디에서나 흔히 볼 수 있는
——그러나 그런 만큼 뿌리깊은——비판에 대해서, 그 특유의 풍부한 역사
적 지식을 종횡으로 구사하여 그런 논의의 전제를 하나하나 뒤엎어가는 것
이다. 그 설득력은 깊이 파고드는 듯한 강력함을 지니고 있다. 특히 이른바
프롤레타리아독재에 대한 변론(apology)에는, 서구적 리버럴리즘이 골수
까지 배어 있는 영국인을 상대로 하여, 철저한 단정을 극력 피하면서 주도
면밀한 배려 하에 논의를 진행시키고 있는 태도를 엿볼 수 있다.

　그런데 저자는 이처럼 소비에트 원리에 대한 타오르는 듯한 기울어짐을
표명하고 있으면서도, 그것이 세계적 승인을 받을 앞날이 쉬운 것이라고는
결코 믿지 않는다. "새로운 사상의 인정만큼 인간이 집요하게 거부하는 것
은 없다. 하물며 그 사상이 명명백백하게 그들의 사회적 구성의 과감한 변
경을 포함하고 있는 경우는 더욱 심하다"(69쪽). 그리스·로마 문명사회는
오랫동안, 기독교의 요청이, 누구에게나 자명한 우월성을 지닌 고대의 가
치를 매몰시킨 것이라 생각되고 있었다. 그리하여 기번(E. Gibbon)과 같

은 사람은, 그 승리를 '야만(barbarism)과 종교의 제패'로 기록하고 있는
것이다. 영국의 정치가가 자유로운 아메리카합중국, 자유로운 아일랜드,
혹은 자유로운 인도라는 관념에 익숙해지기까지에는, 실로 서서히 이루어
진 고뇌의 과정을 거치지 않으면 안되었다. 태어나서 아직 4분의 1세기밖
에 되지 않은 '러시아적 관념'이 냉정한 객관적 토의의 대상이 될 수 없으
며, 격정과 분노를 불러일으키는 것은 결코 이상한 일이 아닌 것이다.

그렇기 때문에 10월혁명이 우여곡절을 겪고 있는 사이에, 전 세계의 반
동세력은 반혁명을 조직했다. 독일·이탈리아·스페인·폴란드·루마니아
·유고슬라비아·그리스, 어디에서나 지배적 특권층은 서구 민주주의국가
로부터 한마디의 반발도 받지 않고서 반동적 독재체제의 수립에 성공했다.
누군가 영국·미국에서는 그럴 위험이 없다고 했다. 이들 국가에서 자유민
주정이 유지되고 있는 것은 비판할 수 있는 자유(freedom to criticize)
가 변혁할 수 있는 자유(freedom to change)로까지 발전하는 것을 그
누구도 기대하고 있지 않기 때문일 뿐이다. "그런 위험이 수평선 위로 나타
날 조짐도 보였지만 결국 놀랄 만한 정도의 신속함으로, 무솔리니·히틀러
·프랑코 같은 부류가 출현하여, 그런 자유에 제동을 건 것이다"(172쪽).
영국 혹은 프랑스에서 사회주의자가 대신(大臣)이 되어 있다는 사실만으
로, 그렇다고 해서 달리 어떤 사회주의적 입법을 기대할 수 있는 것도 아닌
데, 세계의 주식거래소가 공황을 일으키기에 충분하지 않은가. 루스벨트
대통령이, 서구 민주주의국가에서는 거의 상식처럼 되어 있는 정도의 입법
을 의회를 통해 추진하고 있을 때에, 뉴욕의 파크 거리의 놀라움이나 대통
령을 모스크바의 스탈린에 의해 조종당하고 있는 모략의 손길에 닿아 있는
정도로 보는 그런 분위기였다. 그런 구(舊)세력이 러시아혁명을 나쁜 신과
은밀한 계략의 결탁처럼 보고 있는 태도는, 네로로부터 디오클레티아누스
에 이르기까지의 로마제국이 기독교교회를 대접한 태도와 너무나 닮아 있
다. 그리하여 래스키는 단언한다. "감히 진실을 말한다면, 우리의 지배자는
지금까지 레닌이나 스탈린과 같은 사람들보다는 프랑코 내지 살라자르의

무리와 오히려 마음이 맞았던 것이다"(77쪽).

그 증거로 래스키는 전시(戰時)의 재상으로 시대를 주름잡고 있는 처칠을 도마 위에 올려놓고 있다. 1917년 처칠이 재무장관이었을 때, 무솔리니의 '조용하고 꾸밈이 없는 태도'를 칭찬하여 "만약 내가 이탈리아인이었다면, 나는 레닌주의의 야수적인 욕망과 격정에 대한 그대의 눈부신 승리의 투쟁에서 시종일관, 모든 정열로써 협력했을 것임에 틀림없다"고 말했다고 한다. 래스키에 의하면, 처칠이 그렇게도 찬사를 늘어놓았을 당시의 무솔리니는 이미 오늘날의 무솔리니의 요소를 모두 갖추고 있었다. 처칠이 훗날 무솔리니를 싫어하게 된 것은, 그의 반동성 때문이 아니라 단순히 무솔리니의 에너지가 영국의 이익과 반하는 방향을 걸었다는 이유에 지나지 않는다. 다른 한편으로 "소련이 영국에서 전략적으로 이용가치가 있게 된 바로 그 순간부터, 처칠은 소련과의 협조를 필요로 하며 또 바람직한 것이라 생각할 수 있었다……. '레닌주의의 야수적인 욕망과 격정'은 이른바 하룻밤 사이에 사라져버린 것이다"(158쪽). 저자는 한편으로는 이번 대전에서 처칠의 위대한 공적을 인정하면서, 체임벌린을 대체한 처칠의 수상 취임과 더불어 영국에 일종의 정신적 르네상스가 왔다고까지 말하고 있지만(17쪽), 그런 대영제국의 파수꾼 속에 깃든 반혁명심정에 대해서 어디까지나 추궁의 손길을 늦추지 않는 것이다. 이전에 세계를 시끄럽게 했던 처칠의 반소영미동맹의 제창을 접하고서, 래스키 교수는 이것 보라는 식으로 말한 것이리라.

그리하여 저자는 사회주의 전진의 앞길에 걸쳐져 있는 이상스러운 어려움을 충분히 인식하면서도, 마치 기독교가 모든 박해와 전 세계의 모멸을 받으면서도 한 걸음 한 걸음 성장해서 3세기 후에는 마침내 세계와 인류의 갱생을 성취한 것과 같은 역할을 거기에 굳게 기대하는 것이다. 어째서인가 하면 그런 방향을 두고서, 전쟁 이후의 세계가 직면하고 있는 문제를 타개할 수 있는 길은 찾을 수 없기 때문이다. (그 점에서 래스키가 전쟁 이후에서의 미국·영국·소련 관계의 전망을 분석하고 있는 부분——178쪽 이하——은 현재의 정세에 비추어보면 매우 흥미롭다.) 그리고 단호하게, 어떠한 장해도 배제하고 그 목표를 향해 나아가는 것이야말로, 전쟁 이후 살아남은 자들에게 부과된 준엄한 과제인 것이다. "우리의 세대는 약속된 왕국에 들어서는 것을 아마도 감히 기대할 수 없을 것이다. 우리는 하다못해 우리 어린아이들의 발을 그 나라로 통하는 길 위에 올려놓기 위해 노력하는 것으로 충분하다고 하지 않으면 안된다. 무릇 그 자유의 날의 도래를 도처에게 가능하게 하기 위한 노력에 의해서만, 우리는 한 세대 동안에 두 번이나 전세계의 청년들을 죽음의 위험으로 몰아넣은 자격을 자신들에게 허용할 수 있을 것이다. 우리 이후에 올 사람들을 위하여 우리가 이루어낼 수 있는 것이, 그들로 하여금 치르게 한 희생에 대해서 진정으로 균형을 유지할 수 있도록 노력할 때 비로소 우리는 역사의 법정에서 무죄 선고를 받을 수 있을 것이다." 래스키는 이같은 함축적인 암시를 실은 말로써, 첫머리에 말한 '청년의 운명'과 대응시키면서, 이 야심적인 에세이를 마무리하고 있는 것이다.

5.

이 책을 통독하고서 분명하게 느낄 수 있는 것은, 래스키 교수가 지금까지보다 한 걸음 더 '좌'로 옮아갔다는 것이다. 30년대의 파시즘의 세계적인 대두가, 그 교수의 삼부작(*Democracy in Crisis ; The State in Theory and Practice ; The Rise of European Liberalism*)에서의 다원적 국가론으로부터 마르크스주의로의 급격한 전회(轉回)를 가져다주었다고 한다면, 이번 대전에서 소련이 수행한 거대한 역할이 이 책을 집필하는 심리적 배경을 이루고 있다는 점은 부정할 수 없다. 그것은 스탈린그라드의 '영웅적 서사시'를 말하거나 혹은 '드네프르의 큰 댐을 희생으로 바친 의기양양한 결의'를 말할 때의 감격적인 필치로부터도 엿볼 수가 있다.

그 삼부작의 시대에는 아직 러시아혁명에 대해서 상당히 비판적이었으며, 제3인터내셔널의 태도에 대해서 때때로 공격을 가하기도 했는데, 여기서는 래스키가 철두철미라고 해도 좋을 정도로 볼셰비즘의 변호인으로 나타나고 있다. 예를 들면 『국가론 : 이론과 실제』(*The State in Theory and Practice*)에서는, 독일에서의 파시즘의 제패를 가능하게 해준 사정의 이면에는 바이마르혁명의 불철저함과 더불어 독일공산당의 사회민주주의에 대한 격렬한 공격을 주요한 요인으로 꼽고 있는데(300쪽 이하 참조), 이 책에서는 오로지 독일사회민주당의 애매한 태도를 탄핵하고 있다. 또 이 책에서의 영국노동당의 비판도 지극히 준열하며, 그 '어떻게든 헤쳐나가는' 정책의 전쟁 이후에서의 필연적인 파탄을 주장하며, 노동당으로서도 순수한 철학 위에 서지 않는 한 1918년 이후의 자유당의 운명을 걷게 될 것이라 하여, 그런 분열의 가능성조차 예상하고 있는 것이다. 현재의 세계정세에서 영국과 소련의 대립관계를 앞에 두고서, 다름아닌 노동당의 중앙집행위원회의장은 과연 어떤 느낌으로 자기 정당 출신의 외무상 베빈과 소련 모스크바 외무상의 격렬한 응수를 지켜보고 있을까. 우리의 관심을 절실하게 끄는 그 무엇이 있다.

그러나 여기서 잊어서는 안되는 것은, 래스키가 코뮤니즘을 어디까지나 하나의 '신앙'으로서, 그것을 '에토스'라는 측면에서 포착하고 있다는 점이다. 여기서는 인간의 의지로부터 독립된 물질적 과정의 '강철과도 같은 필연성'이라는 단어는 한마디도 말하지 않았다. 거기서 열렬하게 주장되는 것은 오로지 '가치체계의 재건'이며, '정신적 구제에 대한 갈망'이며, '개인적 자아의 실현'이며, '인간의 내면에 있는 지극히 높은 것에 대한 호소'이다.

대중의 물질적 복지의 보증은 다만 그들의 인격적 내면성 실현의 전제로서만 의의를 지니고 있는 것이다. 따라서 거기서의 사회주의는 시종일관 목적론적이며, 생산력의 측면보다도 더 많이 '소비'와 '수요'의 측면에서 주장되고 있다. 그것은 래스키가 여전히 영국의 사상적 전통의 강력한 지배 하에 있다는 것을 말해주는 것이 아닐까.

그러므로 다원론에서 마르크스주의로의 발전은, 그의 정치적 입장이나 현실의 이론적 분석방식의 변화를 보여주는 것이긴 해도, 래스키의 심정을 규정하고 있는 '에토스'는 거의 바뀌지 않고 있는 것이다. 그가 "가능한 한 넓은 범위에서 수요를 충족시키는 것이 곧 선(善)이다. 그리고 부단히 늘어나는 수요의 충족에 쉴새없이 따라가는 그런 제도적 기초 위에 선 사회가 좋은 사회이다"(150쪽)라고 할 때, 그것은 "사회적 선이란 우리의 다양한 충동의 욕구가 충족된 활동으로 나타남으로써, 우리의 본성이 통일을 달성한다는 점에 있다"(*Grammar of Politics*, 3rd ed., p.24)는 예전의 정의와 어느 정도 거리가 있는 것일까. 또 『정치의 문법』에서 "어떤 것에도 흡수되지 않는 내면적인 인격성"과 "자주적인 판단"이야말로 인간이 죽음을 걸고서라도 지켜내야 할 것이라 한 그 뿌리깊은 '개인주의'의 경우, 이번의 새 저서에서 "우리에게는 집단에 대한 의무 외에, 우리의 내면적 자아에 대한 의무가 있다. 그 의무의 준수를 다른 사람에게 맡겨버린다는 것은 우리가 인간으로서의 존엄성에 충실하기를 멈추는 것과 같다"(35쪽)고 하여 여전히 유지되고 있다.

래스키는 노동당이 페이비언(Fabian)[역주1] 철학을 벗어나지 못하는 불철저함을 비난하고 있는데, 그 자신은 과연 그런 비난을 완전히 벗어날 수 있을 것인가. 이 책은 전반적인 문제에 대한 마르크스주의자의 접근을 보여주는 것이라고 저자는 서문에서 밝히고 있음에도 불구하고, 독자는 거기서, 적어도 정통 마르크스주의의 논리로는 납득할 수 없는 많은 불순물을 발견하게 될 것이다.

나는 이 책을 읽고 뜻밖에도 앙드레 지드의 코뮤니즘관을 떠올리게 되었다. 지드로 하여금 코뮤니즘으로 기울어지게 한 것은, 역시 코뮤니즘에 내재하는 에토스였다. 그리고 그 매개를 이루어준 것은 다름아닌 기독교였던

[역주1] 카르타고의 한니발(Hannibal)을 괴롭힌 로마의 장군 파비우스(Fabius)에서 유래된 말로 '점진적인', '지연전술을 쓰는' 등의 의미를 가지고 있다.

것이다. 지드는 1933년 6월 일기에서 "나를 코뮤니즘으로 이끌어준 것은 마르크스가 아니라 복음서였다"고 썼다. 또 1937년 여름——그때 이미 그는 소비에트 기행(紀行)을 쓰고 있었지만——의 일기에는, "여러분들의 주장에 의하면 가치있는 유일한 코뮤니즘은 오직 이론에 의해서밖에 도달할 수 없다는 것이다……. 확실히 이론은 유익하기는 하다. 그렇지만 열정도 사랑도 없는 이론은, 이론이 구원하려고 생각하고 있는 사람들을 해치고 말 것이다……. 사랑에 의해서, 사랑의 거대한 요구에 의해서 코뮤니즘을 해온 사람들만을 나는 형제로 느끼고 있다"고 적고 있다. 지드 역시, 래스키와 마찬가지로 예수의 역사적 지위 속에서 러시아혁명과의 유비(類比)를 읽었다. "코뮤니스트 동지로부터 기독교를 옹호하는, 옹호하지 않으면 안된다고 생각하는 것만으로도 완전히 어이없는 것으로 보인다. 나는 사제나 승려라는 그런 사람들로부터 그리스도를 옹호하고 싶다고 생각하는 것이다……. 코뮤니스트 여러분들이여, 여러분들은 기독교의 신성함을 인정하지 않기 때문에, 그리스도를 인간으로서 비판하지 않으면 안된다. 그렇게 하면 그리스도가 틀림없이 여러분들의 최악의 적인 인간들에 의해서, 여러분들이 싸우고 있는 권력자에 의해서, 부(富)와 ……로마제국주의의 대표자들에 의해서 고발당하고, 처형당하기에 충분한 자격을 가지고 있었다는 것을 여러분들은 분명히 확인할 것임에 틀림없네. 따라서 그리스도는 여러분들의 한편이라는 것도"(1933년 7월 4일자 일기). 나는 여기서 서구의 가장 양심적인 지식인의 코뮤니즘에 대한 접근방식의 한 정형(定型)이라는 것을 느끼지 않을 수 없다.

그들을 코뮤니즘으로 이끈 것은 어김없이 기독교의 보편적 인류애, 땅위에 신의 나라를 세우려고 하는 고통 그대로의 내면적 요구이다. 게다가 그들을 코뮤니즘으로 단순히 달려가게 할 수 없는 그것도, 역시 기독교가 가르친 개성적 인격의 궁극성에 대한 신념이다. "나는 어떠한 선언문이건 간에, 자신이 쓴 것이 아닌 것에 서명하는 것은 특히 거부하고 있다……. 물론 그런 경우에는 언제나 그룹을 만든다는 것이 중요하다는 것 정도는 알고 있다. 그렇지만 지금까지 그런 종류의 선언문치고 내가 전적으로 그 텍스트에 동의할 수 있는 그런, 혹은 어떤 점에서 내가 생각하고 있는 것과 어긋나지 않는 것을 단 하나도 만날 수 없었던 것 같은 기분이 든다"(1933년 6월 6일 일기)라는 지드의 '놀랄 말한' 개인주의는 마침내, 한때 그렇게 기울어졌던 소련의 현실 속에 이르는 곳마다 '획일주의'에 대한 위험을 느끼지 않을 수 없었다. 그 점에서 '새로운 신앙'의 집단적 성격을 처음부터 승인하고 있는 래스키와의 사이에는 역시 정치학자와 예술가의 차이가 있을 것이다. 그러나 "잘 이해된 코뮤니즘과 잘 이해된 개인주의는 본질적으로 융화할 수 없는 것이라 생각하지는 않는다"는 지드의 다분히 불안한 희망적 관측은 그대로 래스키의 그것이 아닐까.

이 책에서의 볼셰비즘에 대한 최선을 다한 변호는, 어떤 의미에서는 래스키 속에 잠재되어 있는 '개인주의'와의 피비린내나는 격투라고 할 수 있을 것이다. 그것을 단순히 프티부르주아 근성과의 투쟁이라 치부해버리는 것도 물론 가능할 것이다. 그렇지만 적어도 그런 '프티부르주아성(性)'이야말로 서구 세계에서의 모든 귀중한 정신적 유산의 중핵을 형성해왔다는 점을 부정해서도 안될 것이다. 거기에 담겨 있는 문제는 바로 지금 세계적 현실에서 그 해결을 강요당하고 있다.

그것은 결코 남의 일이 아닌 것이다.

● 1946년

제2장

래스키의 러시아혁명관과 그 추이

머리말

해럴드 래스키(Harold Laski)의 이름은 일본에서 매우 널리 알려져 있다. 세계의 제1선에 서 있는 정치학자들 중에서도 특별히 유명하다. 그 명성이 과연 래스키의 정치학자로서의 객관적 평가에 기초한 것인지 아닌지는 약간 의문이 있을는지도 모르겠다. 래스키 이외의 정치학자가 알려져 있는 정도와 너무나도 현격한 차이가 있다는 사실은 그런 의문을 한층 더 짙게 만들어준다. 오히려 그가 런던대학의 정치학강좌를 담당하는 한편, 노동당의 브레인으로 화려한 활동을 하고 있다는 것이 일본의 저널리즘에 그의 이름을 한층 더 부각시켜준 연유일 것이다.

영국·미국의 정치학계에서는, 그의 최근의 저작이 너무나 계몽적인 시론(時論)으로 기울어 본격적인 연구가 빈약하다는 비난도 있는 것 같다. 그러나 한편에서 래스키를 마치 세계 제일의 정치학자인 것처럼 떠받드는 ──현재 그의 저서는 헌책방에서 정가보다 훨씬 높은 가격을 부르고 있다! ──것이 우스운 것과 마찬가지로, 다른 한편으로 최근의 래스키 태도에 대해서 곧바로, 통속적인 저작가로 전락했다는 식의 판단을 내리는 것도 조급한 편견임을 면할 수 없다. 래스키가 1944년에 내놓은 『신앙, 이성 그리고 문명』(*Faith, Reason and Civilization*)에서, 이른바 두 대전 사이의 시기에, 학문의 전문적 분화가 과도하게 진척되어 학자가 대중과 인연을 끊고 대다수의 인간들이 이해할 수 없으며, 또 현대의 절실한 과제와 전혀 관계없는 연구에 탐닉하고 있는 것이, 결국에는 대중을 어두운 힘에 건네주는 역할을 맡게 된 연유를 통렬하게 지적하고 있는 것을 보면, 그의 최근의 저작활동이 그런 기본적인 인식 위에 의식적으로 방향지워져 있다는 것이 분명하다.

나는 위에서 말한 『신앙, 이성 그리고 문명』에 대해서는 1946년 『사상의 과학』 제2호에서 소개·논평했는데(이 책의 제2부 제1장을 참조), 최근 그것과 나란히 전시중의 노작(勞作)인 『현대의 혁명에 관한 고찰』(*Reflections on the Revolution of Our Time*, 1943)을 열람할 기회를 얻었다. 간행의 순서로 말하자면 이 책(이하 편의상 『현대혁명론』으로 줄인다)이 전자(이하 『문명론』이라 줄인다)보다도 1년 빨리, 서문에 의하면 유럽전쟁 발발 2개월째 되던 시점에서 쓴 것이다. 그 책의 제목은 곧바로 연상할 수 있듯이, 에드먼드 버크(Edmund Burke)의 『프랑스혁명에 관한 고찰』(*Reflections on the Revolution in France*, 1790)을 염두에 두고 붙여진 것이다. 현대는 마치 프랑스혁명의 시대와 같으며 세계적인 동란과 변혁의 시대이며, 바로 프랑스혁명에 의해 확립된 사회체제와 그 가치체계가 완전히 새로운 문명과 이념으로 대체되려 하고 있다. 래스키는 마치 버크가 150년 전 도버 해협 저쪽에서 대륙을 휘몰아치고 있는 태풍을 관찰했던 같은 지점에서, 그러나 버크와는 전혀 다른 입장에서, 현대세계에서의 자유민주정과 파시즘과 볼셰비즘이라는 세 개의 상극에 정면에서 맞서려고 했던 것이다.

나는 최근, 그 책에 대해서 앞에서 말한 『문명론』의 소개와 더불어 그 내용의 전체적 요약을 시도해보려는 생각도 해보았다. 그러나 『문명론』과 달리 그 책은 대전 초기의 영국정치 상황을 직접 배경으로 하여 서술하고 있는 부분이 많으며, 또 당면한 국제적인 그리고 국내적인 전쟁 수행의 방책에 많은 페이지를 할애하고 있기 때문에, 그런 점은 오늘의 시점에서 보면 조금 시대에 뒤떨어진 듯한 느낌이 든다. 그래서 나는 이 책의 제2장 「러시아혁명」이 그의 최근의 볼셰비즘관을 가장 잘 집약적으로 표현하고 있는 것을 다행스럽게 생각하고, 그것을 중심으로 하여 소개하고 그것과 관련시켜 래스키의 오늘에 이르기까지의 사상적 발전의 궤적을 더듬어보기로 하였다. 무릇 러시아혁명이 내포하고 있는 문제야말로 현대세계의 최고의 과제임과 동시에, 래스키에게도 1921년 『카를 마르크스 : 하나의 에세이』(*Karl Marx : An Essay*)를 쓴 이래, 그의 사상과 학문이 끊임없이 대결해온 문제이기 때문이다.

　＊래스키의 서술은 여느 때처럼 반복되는 부분이 많으며, 논점이 이리저리 튀고 있으므로, 이하의 소개에서는 반드시 그의 서술 순서를 그대로 따르지 않고 적당하게 정리했다. 그러나 가능한 한 그의 언어를 충실하게 재현시키기 위해 애썼으며 나 자신의 견해가 개입되는 것을 피했다. 그리고 앞에서 말한 『문명론』의 소개와 겹쳐지지 않도록 했기 때문에, 이 글을 읽는 분들은 모쪼록 『문명론』의 소개와 더불어 읽으실 것을 권하고 싶다. 그렇지 않으면 여기에 생략된 논점의 비중이 원문과 달라지기 때문이다.

1.

　래스키가 그 책에서 러시아혁명에 대해 접근하는 방식은 다음의 짧은 말 속에 집약적으로 표현되어 있다고 해도 좋을 것이다. "아무리 보아도 그것(러시아혁명)은 중요한 수확을 거두었다. 그러나 동시에 그것은, 막대한 수확을 얻는 데 막대한 대가를 지불했다는 것을 부정하더라도 아무런 이익이 없다"(66쪽). 그런 막대한 수확과 막대한 대가를 정확한 균형을 가지고 측정한다는 것은 매우 곤란하며, 그 때문에 현대 러시아혁명에 대한 정확한 인식과 자리매김하려는 시도가 거의 이루어지지 않았다. 어떤 사람들에게서는 러시아혁명이 달성한 업적이 너무나도 거대하기 때문에 그 희생이라는 것을 생각해볼 수조차 없다. 거기에 반해 다른 사람들에게는 그런 희생의 추악함에 압도되어버려서 혁명이 가져다준 이익이라든가 업적이라든가 하는 관념 자체가 대체로 있을 수 없는 것으로 배척되고 말 것이다(41쪽). 게다가 그런 양 극단의 시각은 단순히 역사적 과거에 대한 인식의 차이로부터 생겨나는 것이 아니라, 러시아혁명이 유발시킨 생생한 심리·감정과 연결되어 있다. 즉 러시아혁명이 현존질서에 대한 너무나 당돌한, 그리고 예리한 도전이었기 때문에 그것은 도처에서 과도한 희망과 과도한 공포의 심리를 흩뿌려버렸다.

과도한 희망이란 무엇인가. 볼셰비키가 비교적 쉽게 권력획득에 성공했기 때문에 전세계의 극단파는, 그들이 볼셰비키와 같은 수법을 취할 경우 부딪히게 될 저항의 힘과, 나아가 권력을 장악한 후 권력을 다지는 문제의 복잡함을 과소평가하기 쉽게 된다. 일반적으로 혁명적 낙관주의는 사람들 사이에 깊이 뿌리내린 생활습관을 바꾸는 것의 용이함을 언제나 과장하는 결과, 사람들의 심리를 무시한 강력한 전술로 달려가기 쉽다. 다른 한편으로 과도한 공포란 무엇인가. 러시아혁명의 감염(感染)에 의해서 기존의 이익을 위협당하는 사람들은, 러시아혁명으로 미루어볼 때 막다른 골목에 이르기 전에 적당한 개혁을 하는 쪽이 더 낫다는 교훈을 끄집어내기보다도, 오히려 무엇보다도 먼저 감염의 위험성으로부터 자신을 방어해야 할 절실한 필요성에 쫓기게 된다.

그리하여 과도한 희망과 과도한 공포가 격돌하는 곳, 거기서는 관용과 설득은 모습을 감추게 된다. 그런 상황 하에서는 러시아혁명이라는 문제는 일찍이 프랑스혁명이 그러했던 것처럼, 냉정한 사색과 관찰의 대상이 되기보다는 먼저 귀의(歸依)와 증오의 대상이 된다. 하나에서 열까지 온통 찬미해 마지않는 사람과 반대로 하나에서 열까지 모조리 반대하는 사람 두 부류밖에 없다. "러시아혁명의 가장 긴급한 문제는, 그것을 예찬하거나 비난하기에 앞서 그것을 이해할 필요가 있다. 그러나 세상에 그것처럼 보기드문 것은 없다"(78쪽).

그러므로 래스키가 여기서 오로지 힘을 쏟은 것은 러시아혁명의 과정이 어째서 그렇게 거대한 희생을 수반하지 않으면 안되었는가 하는 인식이다. 그에 의하면 러시아혁명의 과오, 아니 죄악조차도 거대한 것이었다는 점은, 바로 그 최고의 설계사였던 레닌이 어떤 사람보다도 자유롭게 인정했던 점이었다. 게다가 그런 과오 내지는 거기에 얽힌 추악함과 잔인함에도 불구하고 러시아혁명이 종교개혁 이래 역사상 최대의 사건이며, 서구 문명의 사회원리가 근본적으로 변혁되는 제1단계를 이룬다는 사실에 대해 눈을 감아버릴 수는 없다. 이런 기본적인 인식 없이는 러시아혁명의 성격은 도저히 파악되지 않는 것이다(42쪽).

러시아혁명의 '희생'을 논할 경우에 무엇보다 잊어서는 안되는 것이 '시간'이란 요소이다. 영국에서 종교적 관용이라는 관념이 풍토화되기 위해서는 150년을 필요로 했다. 혁명 후 30년도 채 지나지 않은 소련의 역사를 판단하는 데는, 우리가 오랜 기간에 걸쳐서 도달한 정치적 성숙의 상태로부터 추출해낸 표준을 들이대는 것은 잘못된 것이다. 사람들이 소련에 언론의 자유가 없다든가 관용이나 법치주의가 없다고 논할 경우에는, 흔히 그런 시간적 요소를 무시하기 쉬운 것이다. 게다가 그럴 경우, 혁명 이래 자신들 나라의 정부가 어떤 태도로 볼셰비키정권을 대해왔는가 하는 것에 대해서는 잊어버리고 있는 것이다. 래스키에 의하면 러시아의 지도자들이 범한 과실이나 죄악의 많은 부분은, 실은 자본주의국가가 채택해온 정책의 산물이라는 것은 "뼈아플 정도로 명백한 사실"인 것이다.

러시아혁명에 대해서 가장 많이 그리고 빈번한 논의의 대상이 되는 것은, 첫째로 그것이 폭력혁명, 즉 민중의 무장봉기에 의한 혁명이라는 형태를 취했다는 것과, 둘째로 그 과정에서 프롤레타리아트독재라는 형태가 출현했다는 것이다. 따라서 래스키의 '이해'의 초점이 그 과정에 집중되는 것은 당연하다.

첫번째 문제, 즉 폭력혁명에 대한 래스키의 태도는, 어디까지나 러시아의 독특한(unique) 조건을 시종일관 강조하고 있다. 즉 차르 러시아의 체제 하에서는 그런 형태 이외의 혁명은 불가능했다는 것, 게다가 또 그런 방법에 의한 혁명이 성공할 수 있는 보기드문 조건이 1917년의 러시아에 갖추어져 있었다는 것, 그런 소극적·적극적 두 개의 명제를 제시함으로써 래스키는 한편으로는 혁명에 대해서 역사적 환경을 무시한 도덕적 비난을 가하는 오류와, 다른 한편으로는 러시아혁명의 경험에 곧바로 보편타당성을 부여하려는 오류, 이런 두 가지의 빠지기 쉬운 오류를 경계했던 것이다. 그것은 이미 래스키가 이전의 저서에서 자주 되풀이해서 지적한 테마이므로 『현대혁명론』에서는 그렇게 많이 다루지는 않았다. 그러므로 그 문제에 관해서는 래스키는 1926년, 즉 그가 다원적 국가론자로서 마르크스주의에 대해서 전면적으로 비판적이었던 시대의 저서 『코뮤니즘』(*Communism*, Home University Library, 1927)에서 보여준 시각이 그후 계속 일관되고 있다는 점을 지적하는 데서 멈추기로 하자.

『현대혁명론』에서, 그리고 그후의 『문명론』에서 특히 힘을 기울여 논하고 있는 것은 두번째의 공산당독재라는 문제이다. 최근의 래스키 입장의 추이는 바로 그 문제에 가장 잘 나타나고 있다고 할 수 있을 것이다. 그 문제를 이해하기 위해서는 10월혁명 이후, 혁명정권이 나름대로 그 기초를 확립하기까지의 시기에서 어째서 극도의 권력집중과 반대세력의 가혹한 억압이 이루어졌는가 하는 문제와, 그 이후, 특히 스탈린정권에서 독재로부터 데모크라시로의 진화가 어째서 지지부진하며 이루어지지 않는가 하는 문제를 나누어 고찰할 필요가 있다. 래스키의 태도를 결론적으로 말한다면, 전기의 독재에 대해서는 대체로 타당하다고 긍정하고, 후기의 그것에 대해서는 상당히 비판적이라 할 수 있을 것이다. 먼저 그에 의하면, 혁명 직후의 가혹하고 무자비한 독재는 혁명의 성과를 확보하고, 국내·국외의 반혁명 세력으로부터 새 정권을 방위하기 위해서 어쩔 수 없다. 아니 오히려 필요불가결한 조치였다. "혁명의 기본목적을 파괴하는 요소에 대해서 고전적인 정치적 자유를 부여해주는 것은, 혁명을 적에게 맡겨버리는 것과도 같다. 그것은 바이마르체제의 역사가 무엇보다도 잘 증명해주고 있다"(66쪽).

러시아혁명의 성공과 독일 11월혁명의 실패의 대조는 이미 그의 『국가론 : 이론과 실제』(*The State in Theory and Practice*, 1935)에서 시도해본 주제이기도 하다. 거기서는 대략 다음과 같이 말하고 있다. 군사적 패배가 정치적 붕괴를 가져다준 점에서는 러시아도 독일도 같은 조건에 처해 있었다. 그런데 러시아 볼셰비키는 권력을 획득하자마자, 먼저 차르국가의 법기구를 근저에서부터 뒤엎었다. 그들은 신뢰할 수 없는 관리들을 모조리 파면하고, 행정기구를 완전히 새롭게 편성했으며, 모든 반혁명조직을 진압했다. 그들은 혁명은 장난이 아니라는 마르크스의 긴요한 교훈을 배워서 알고 있었다. 거기에 반해 독일의 경우, 권력을 획득한 사회민주당은 혁명을 수행할 준비가 전혀 되어 있지 않았다. 새 정권은, 경제력을 장악하고 있던 거대한 재벌에 손을 대지 못했으며, 공무원의 중립성이라는 원칙을 존중한 나머지 제정(帝政)시대의 관료기구를 온존시켰다. 군대의 장교들은 여전했으며, 융커에 의해 독점되었으며, 독일에서 반동의 아성인 교회에 대해서도 손을 대지 않았다. 그런 반동세력은 바이마르헌법이 부여해준 정치적 자유를 백 퍼센트로 반혁명이라는 목적에 이용했다. "독일민주주의는 1933년에 히틀러에 의해 패배당한 것이 아니다. 그것은 이미 15년 동안에 그것을 만든 사람들에 의해서 파괴되어 있었던 것이다"(*The State*. p.292).

이같은 두 사례는 보다 명백하게, 혁명세력이 권력을 장악한 후에 먼저 무엇을 하지 않으면 안되는가, 무엇을 해서는 안되는가 하는 것을 가르쳐주고 있다. 그러므로 래스키는 그 점에 대한 레닌의 천재적인 통찰력과 지혜에 대해서 거듭 찬사의 말을 아끼지 않는 것이다. 다만 그는 레닌이 그 경우 세계혁명정책을 위해서 코민테른을 창설한 것에 대해서는, 제2인터내셔널의 부패와 자본주의국가의 무력간섭이라는 핑곗거리를 아무리 고려한다 하더라도, 여전히 그것 때문에 전세계 노동자계급의 힘을 분열시킨 점에서 치명적인 실패라는 점을 강조한다. 래스키에 의하면 바로 거기서 다음과 같은 해악이 생겨났다고 한다. 첫째로 각국의 공산당이 러시아의 독특한 경험을, 완전히 다른 역사를 가진 다른 국민들에게 '패턴'이라 생각하게 되었으며, 그 결과 전술이 궁핍한 정통주의(rigid orthodoxy)가 지배하고, 동시에 그 방향이 음모적 색채를 띠게 되었다. 둘째로 소련 이외의 국가에서 공산당 활동의 템포가 자신이 직면하고 있는 상황에 의해서가 아니라, 오로지 소련의 대외정책상의 요구에 의해서 결정되는 결과가 되었다. 따라서 셋째로, 파시즘세력에 대해서 애국과 질서의 대표자라는 것을 참칭(僭稱)하는 구실을 제공해주었다. 넷째로, 공산당의 조직이 러시아의 모델에 따라서 강고한 중앙집권주의를 채택했기 때문에, 당원들 사이에 일반 사람들에 대한 일종의 멸시감을 낳게 했다. "그들은 의심할 것도 없이 추상적 프롤레타리아트의 미래를 위해서 일했지만, 인간성의 실상에 대해서는 거의 알지 못하고 있었다"(79쪽).

어쨌거나 혁명정권이 국내에서 권력을 다져가는 과정에서 채택한 철과도 같은 준엄한 조치는 충분히 이해할 수 있으며, 만약 러시아혁명의 설계사들이 좀더 기가 약한 인간들이었다면 그것은 특히 국내·국외의 적에 의해서 무너지고 말았을 것임에 틀림없을 것이다(*Faith*, p.62). 그러나 그 후 계속해서 독재가 완화되지 않았으며, 스탈린정권에 이르러 어떤 의미에서는 오히려 더 강화되었던──래스키는 그렇게 생각한다──까닭은 또 별개의 근거로 규명되지 않으면 안된다.

그 문제를 래스키는 몇 가지 관점에서 다루고 있다. 그가 제일 먼저 중시한 것은 소련이 오랫동안 국제적 고립을 강요당했기 때문에 거의 혼자 힘으로 기본적인 경제건설을 행하지 않으면 안되었다는 사정이다. 인구의 압도적인 다수를 문맹인 농민들이 차지하고 있는 곳에서, 외국자본에 의존하지 않고서 공업화를 수행하기 위해서는 소비 부문의 생산을 절하하지 않으면 안되었으며, 게다가 그것은 농업경영의 협동화로까지 진척되지 않을 수 없었다. 그런 가혹한 희생을 강행해야 할 필요가 독재를 불가피하게 만들었던 것이다. 아메리카합중국에서조차 그런 공업화는 외국자본의 대규모적인 투자를 받으면서, 그리고 또 1세기 반이라는 시간을 필요로 했던 것이다. 그 과정을 겨우 30년이 채 안되는 기간 내에 이루어내려는, 역사상 일찍이 없던 실험이 독재 이외의 방법으로 달성될 수 있다고는 도저히 생각할 수 없다(56쪽). 이로 인해 수준이 낮은 대중들에게, 소련이 수행하고 있는 거대한 과제를 받아들이게 하기 위한 집약적인 노력도 이해할 수 있는 것이다. "모든 것은 극도로 단순화되고, 극도로 연극과도 같은 분위기를 띠게 된다. 지도자는 모두 영웅이 아니면 악당이라는 식으로 결정되어버리는 것이다"(61쪽).

공업화가 정치의 본질인 이상, 모든 경제문제는 언제나 정치문제이다. 5개년계획의 지상명령은, 스탈린일당으로 하여금 모든 문제를 정치문제화하고, 모든 비판을 적으로 간주하도록 만들었다. 사보타주는 곧바로 반혁명을 의미했다. 그것이 아무리 서구데모크라시국가에 혐오감을 주었다 하더라도, 그 죄의 절반은 소련을 국제적 고립으로 몰아넣은 그들 서구 국가들의 정치가들이 지지 않으면 안된다. 아니 자본주의국가는 단순히 소련을 고립시켰을 뿐만 아니라 기회 있을 때마다 소련 국내의 반혁명세력과 결탁하여, 혁명정권의 전복을 음으로 양으로 시도했다. 10월혁명에서 뮌헨회의에 이르는 기간 동안, 구미의 지도자가 무솔리니·히틀러·프랑코 등의 반동세력에 대해서 얼마나 관대했으며, 그것에 반해 소련을 얼마나 증오했던가, 그 대조를 래스키는 『현대혁명론』에서도 『문명론』에서도 통렬하게 그려내고 있다. 즉 모든 정책 비판에 대해서 외국과 결탁한 반혁명의 혐의를 두는 소련 지도자의 심각한 시의심(猜疑心)은, 그런 뿌리깊은 서구 국가들의 소련에 대한 감정과 균형적으로 비판되지 않으면 안된다는 것이다.

그러나 래스키에 의하면, 그런 모든 사정을 감안한다 하더라도 여전히 소련의 독재에는 변호의 여지가 없는 사실이 있다. 그것은 1924년, 특히 27년 이후 현저해진 공산당의 관료화 경향이다(68쪽 이하). 레닌이 죽은 후, 당의 독재는 급속하게 당의 관료기구의 독재로 발전했다. 그 점에 대해서 래스키는 레닌 치하에서의 공산당의 분위기와 스탈린 지도 하의 그것 사이의 현저한 차이를 지적한다. 레닌은 물론 반대파를 묵과하지 않았다. 그러나 어쨌거나 그의 시대에는 그의 견해에 대한 근본적인 비판이 제기되고, 그것에 기초한 격렬한 토론이 이루어졌다. 비판자는 추방당하지도 않았으며 처형당하지도 않았다.

그런데 스탈린이 경쟁자들로부터 지도권을 빼앗은 후에는 당의 분위기가 일변했다. 스탈린과 견해를 달리하는 자의 존재는 일체 허용되지 않았다. 1936년의 헌법에도 불구하고 선거가 속이 빤히 들여다보이는 짓거리라는 것은 누구나 다 알고 있다. 당의 노선에 따르지 않는 자의 입후보는 불가능했다. 이전(移轉)의 자유는 엄중하게 제한당했으며, 외국인과의 접촉은 의혹스런 눈으로 감시당하고 있었다. 장기적인 투옥, 아니 처형조차 재판없이 이루어졌다. 인질(人質) 시스템이 채택되어, 아들이 부모를 고발하는 것이 장려되었다. 그리하여 당의 관료화는 '스탈린숭배'에서 그 절정에 달했다. 그것은 인간보다 신에 가까운 숭배였다. 만약 스탈린을 교황이라 한다면 '정치국'은 추기경이며, 비밀경찰은 볼셰비키교황을 위한 종교재판관이었다. 교의(敎義)에서 벗어나는 것은 전투적인 종교에서 언제나 볼 수 있는 것이며, 투옥 혹은 사형으로 처벌당했다. 웹(Webb) 부부가 말하는 이른바 정통병(disease of orthodoxy)이 사회의 도처에 만연하게 된 것이다.

물론 래스키는 스탈린정권에 이렇게까지 심각한 시의심(猜疑心)과 공포심——독재는 언제나 이 두 가지에 근거하고 있다——이 뿌리내리게 된 것에 대해서는 앞에서 말한 대로 자본주의국가들에게도 큰 책임이 있으며, 따라서 그 독재가 완화될 수 있는 가능성은 첫째로는 국제적 조건, 즉 소련의 국제적 안전에 달려 있다고 보았다. 하지만 그와 동시에 "러시아공산당의 기구와 습관에 어떤 근본적인 변혁이 없으면" 과연 첫째 조건만으로 데모크라시로의 복귀가 단기간 내에 이루어질 수 있을 것인지 의문을 던지는 것이다. 생각건대 스탈린 일파처럼 무제한의 권력을 행사하는 습관이 붙어버린 자는 어지간히 궁지에 몰린 경우가 아니면 쉽사리 그런 습관으로부터 벗어나지 못하기 때문이다. 게다가 거대한 관료기구의 구성원이 그런 습관에 추종적인 서비스를 함으로써 특권적 지위에 오를 수 있게 된 이후에는 그런 관료기구를 깨트린다는 것은 지극히 어려운 일이다. 그리하여 래스키는 다음과 같은 함축적인 말로써 그 문제를 요약하고 있다. "동(動)과 반동(反動)은 자연계에서 그러하듯이, 정치의 역학에서 서로 동등하다. 소련이 집산주의경제(collectivism)로부터 정치적 민주주의로 나아가는 길이 그 창설자들이 예상한 것보다 훨씬 더 험하고 어려웠다는 것은, 소련의 실험 스케일의 크기 때문에, 게다가 그것이 곤란한 환경 속에서 급템포로 수행되었기 때문에 치르지 않으면 안되는 대가인 것이다. 그러나 그것은 동시에 아무리 가장 큰 목적이라고는 하지만, 그것을 가차없는 수단으로서 치러야 할 대가를 돌아보지 않고서 추구하는 자가 언젠가는 치르지 않으면 안되는 그런 대가인 것이다"(84쪽).

래스키의 분석은 한 걸음 더 나아가, 소련을 지배하는 그런 강렬한 집중주의(centralism)를 정신사적으로 해명하려 한다. 그것이 원래 러시아혁명이 직면했던 무정부적 혼란에 대한 불가피한 대중요법으로 발생했다는 것은 앞에서 말한 그대로이지만, 그 사상적 계보는 레닌보다 훨씬 더 거슬러올라가 루소에서 발하고 있다. 루소는 『사회계약론』에서 '입법자'라는 아이디어를 제시했다. 루소가 말하는 이른바 '자유에 대한 강제'라는 논리가 프랑스혁명에서 바뵈프(F. Babeuf) 일파에 의해서 이용당하고, 그것이 부오나로티(F. Buonarroti)를 거쳐서 마르크스에게 전해져서 프롤레타리아독재의 이론이 되었다. 게다가 래스키에 의하면, 그런 생각이 헤겔 변증법의 모호한 형이상학과 결합된 결과, 그것은 공산당 전체라기보다 오히려 당의 관료기구를 역사의 권위있는 해석자의 지위로 끌어올렸다.

그들이 주장하는 것은, 프롤레타리아트가 사실상 표명하고 있는 의사가 아니라 프롤레타리아트의 '참된 의사'(real will)(루소!)가, 만약 어느 것이 자기에게 최선의 것인지를 알 수 있다고 한다면 반드시 요구하게 될 그러한 것으로 생각되었다. 그러므로 프롤레타리아트가 표면상 바라고 있는 것이, 그들이 프롤레타리아트를 위해서 좋다고 생각하는 것과 충돌하는 경우에는, 언제나 후자가 프롤레타리아트의 '참된 의사'로서 우선했다. 변증법논리에 의해서 그들의 목적을 역사적으로 결정된 코스로서 지정할 수 있었기 때문에, 그들은 전 코스를 자신들과 더불어 나아가기를 망설이는 사람들을 경멸했다. 그런 경멸감으로 인해 그들은 자신들의 통제력이 미치지 않는 모든 사회주의세력을 파괴하는 것이 승리의 전제라는 신념으로 쉽게 나아가게 되었다. 그들은 그 목적을 위해서는 자신들의 불구대천의 적과도 기꺼이 동맹을 맺을 준비가 되어 있었다. 독일공산당은 한때 나치와 한패가 되어서까지 사회민주당 정부와 바이마르공화국을 공격했던 것이다.

그것과 관련하여 볼셰비키지도자들의 서구 데모크라시에 대한 뿌리깊은 선입견을 전제하지 않고서는, 공산당의 집중주의는 이해될 수 없다고 래스키는 생각한다. 레닌, 트로츠키, 스탈린이 배양한 환경은 비국교교회(非國敎敎會)도 협동조합도, 지방자치도 노동조합도 전혀 존재하지 않는 세계로서, 무릇 데모크라시와는 인연이 먼 음모적 전통 속에서 그들은 단련되었다. 그들은 데모크라시라는 것을 오로지 바깥에서만 보았으며, 특히 레닌의 경우 분명한 것처럼, 마르크스·엥겔스가 절박한 혁명의 기대가 매번 배반당했기 때문에 느꼈던 심각한 실망의 눈을 통해서 데모크라시를 판단했다. 두 번 다시 파리 코뮌의 오류를 되풀이하지 않는다는 결의가 그들의 모든 시각을 규정하고 있었다. 그들은 마르크스 시대 이후의 민주주의의 생명력을 보려고 하지 않았다.

그러나 두 전쟁 사이의 시기에서, 볼셰비즘이 서구 데모크라시의 치부(恥部)만을 강조했던 것은 나름대로의 근거가 있었다. 첫째로, 서구 특히 독일사회민주당 지도자들이 1918년 말에 혁명의 기회를 무턱대고 놓쳐버린 것은 확실히 커다란 실패였다. 그것은 서구 마르크스주의자들이 골수까지 썩어 있으며, 소련은 부패한 서구세계로부터 멀리 떨어지지 않으면 안된다는 흔들리지 않는 확신을 안겨주는 결과가 되었다. 게다가 그 이후의 역사에서, 서구 민주주의는 파시즘의 대두를 허용함으로써 한층 더 그 약점을 드러내게 되었다. 서구의 정치가들은 히틀러의 예봉이 소련을 향하게 되면 언제라도 그와 손잡을 준비를 하고 있었던 것은 아닌가. 그런 점에서 서구 민주주의의 자기 반성 없이는 소련의 '서구'에 대한 불신을 탓할 수 없다는 것을 래스키는 강조하는 것이다.

2.

볼셰비키의 조직과 행동을 가능한 한 안에서부터 이해하려는 래스키의 태도는, 한편으로는 위에서 본 것처럼 집중주의의 이념사적 배경을 검토함과 동시에, 다른 한편으로는 볼셰비키라는 인간 유형의 심리적 구조를 포착하려는 노력으로 나타난다. 그리고 바로 이 후자가, 래스키로 하여금 가장 자신있다는 역사적 접근으로 이끌어가는 것이다. 그의『문명론』이 볼셰비즘과 원시기독교의 대비(對比)를 주요한 테마로 하고 있다는 것은 앞에서 소개한 바와 같지만,『현대혁명론』에서는 특히 퓨리터니즘과의 비교가 상세하게 시도되고 있다. 청교도와 볼셰비키의 구조의 공통성은 대략 다음과 같이 도식화된다.

① 선발된 자로서의 의식, 인간성의 일상적 습관에 대한 멸시. 역사적으로 결정되어 있는 승리에 대한 확신, 그것을 위해서 지상의 모든 박해를 견뎌내는 저항력.

② 자신의 중심적 진리를 부정하는 자는 모두 악마의 업(業)이며, 가급적 빨리 절멸시키지 않으면 안된다는 확신. (레닌의 카우츠키에 대한 태도와 피렌의 로드 사제(司祭)에 대한 탄핵은 서로 비슷하다).

③ 볼셰비키의 부르주아적 교양의 멸시와 퓨리턴의 세속적 학문에 대한 의혹.

④ 볼셰비키가 마르크스, 레닌, 스탈린의 텍스트를 만능시하는 방식과

퓨리턴이 성서의 인용에 의지하는 태도.

⑤ 개인적 위험의 멸시와 순교에 대한 자긍심. 1934년 독일국회 방화사건에서 디미트로프의 진술은, 존 버니언의 증언을 듣는 듯한 느낌이 든다. 양자 모두 복음에 충실한 사람은 반드시 구원받는다는 확신을 지니고 있다.

⑥ 자신에 대한 관용스럽지 못함을 무엇보다 격렬하게 공격하면서, 자신이 권력을 획득하면 반대자에 대한 관용을 준열하게 거부하는 점에도 양자는 같으며, 종국적 진리의 소유를 확신하고 있기 때문에 그것을 강제적으로 부과하는 것을 오히려 의무로 느낀다. 유일한 죄는 약함(weakness)이다. 이설(異說)에 대한 관용은 행동의 혼란을 가져다줄 뿐이라 생각한다.

⑦ '중용'의 주장자에 대한 초조한 경멸감, 거기에 있는 것은 '전부가 아니면 아무것도 없다'는 의식이며, 공공연한 적보다도 중도파나 어설픈 아군을 한층 더 용서하지 않는 경향이 있다.

⑧ 구원으로부터 제외될는지도 모른다는 공포가 아부하며 위선을 떠는 무리를 낳는 점에서도 비슷하다.

볼셰비즘을 역사적 종교에 비견하여 논하는 방식은 래스키가 일찍이 옛 저서 『코뮤니즘』(Communism)에서 시도했던 것이다. 거기서는 코민테른 조직을 로마 카톨릭교회에 비견하여, 그 명령을 받들어 전세계로 흩어져가는 볼셰비키는 마치 제수이트 선교사와 같은 역할을 부여받고 있었다. 대체 래스키는 무엇 때문에 흔히 이같은 유추를 사용하는 것일까. 물론 단순한 어떤 기호(嗜好)나 문득 생각이 나서 그러는 것은 아니다. 생각건대 그것은 일반적인 영국인들이 공산주의와 소련의 실천에 대해서 지니고 있는 거리감을 전제로 할 때 비로소 납득할 수 있다. 자유와 관용과 개성적 독립의 생활태도가 뼛속까지 스며들어 있는 영국인에게 소련에서 이루어지고 있는 것처럼 보이는 교의(dogma)의 결정성, 정통주의, 철의 규율, 영웅주의, 피의 숙청, 게다가 이런 것들 모두에 그저 아무렇지도 않게 따르는 대중—이런 현상은 거의 대부분 정상적인(normal) 이해의 범위를 넘어선, 어딘가 차원을 달리하는 세계의 일처럼 비칠 것이다. 여기서는 혐오한다든가 동정한다든가 말하기 전에, 무언가 불가해한 신비적인 것에 대한 느낌이 앞선다.

그러므로 래스키는 먼저 그런 거리감을 없애기 위해서 원시기독교도나 제수이트, 나아가서는 루터, 크롬웰, 피렌, 버니언 등 서구 국민의 정신적 조상들을 끌어오기도 하고, 서구인의 역사적 체험에 호소함으로써 볼셰비즘의 정신적 분위기를 다소 얼마간이라도 가깝게 느끼게 하려는 것이다. 게다가 우리가 특히 주목해야 할 것은, 그런 비교를 시도하면서 점차로 래스키의 가치와 중점이 이동해왔다는 점이다. 즉 처음에는 그런 비교는 오로지 공산주의의 내면적 심리를 몰가치적으로 이해한다는 입장에서 이루어지고 있으며, 오히려 모든 전투적·종교적 신도들에게서 공통적으로 볼 수 있는 편집(偏執)과 독선과 열광에 대한 래스키의 반감을 노골적으로 드러내고 있었다. 하지만 최근에는 위대한 문명의 변혁기에서, 낡은 가치체계의 근본적인 전환을 수행하는 '새로운 신앙'의 역할에 대해서 현저한 기울어짐을 표명하기 이르렀던 것이다. "공산주의는 리얼리즘(realism)에 의해서가 아니라 아이디얼리즘(idealism)에 의해서, 유물적 전망에 의해서가 아니라 정신적 약속에 의해서 진전되었다"(*Communism*, p.245). "거기서 일어난 모든 사건을 넘어서 (러시아혁명에 의해서) 대중들 사이에 희망과 에너지의 새로운 충동이 생겨날 것으로 생각된다……. 그리고 그런 희망은 서구의 프롤레타리아트에게 향상심(向上心)에 불길을 당겼다"(같은 책, p.51). 일찍이 1927년의 저서에서 이같은 표현을 찾아볼 수 있는데, 그의 공산주의관의 그런 기계가 바야흐로 새로운 장정 하에 급격하게 전면으로 나서게 되었다. 『현대혁명론』에 뒤이은 노작(勞作) 『문명론』에 이르러, 그런 경향은 마침내 한층 더 강하게 폭발했던 것이다. "러시아혁명의 사상이 뿌리를 내리는 곳, 그 주창자들이 이르는 곳마다 정신적 구원에 대한 갈망을 길러주었다"(*Faith*, p.52).

우리가 지금 권력으로의 진군(進軍)을 목격하고 있는 새로운 원리는 바로 하나의 신앙이다. 그 신앙은 원래 새로운 신앙에 언제나 따라붙은 유혹이나 곤란함도 낳고 있지만, 그러나 그것을 품게 된 남자에게도 그리고 여자에게도 어떠한 역사상의 신앙에도 뒤떨어지지 않을 정도로 깊고, 또 그것보다 훨씬 더 넓은 희망과 정신의 고양(高揚)을 길러주어서, 참된 의미에서 그들을 다시 태어나게 했다(같은 책, p.201).

희망이야말로 신앙의 원천이며, 또 신앙이야말로 사회의 구성원에게 인생의 위대한 목적의 공유를 가능하게 해주는 가치를 부여해준다"(같은 책, p.163).

혁명의 신앙은……인간에게 지극히 높은 것에 대한 호소에 다름아니다(같은 책, p.57).

그리하여 래스키는 현대문명의 그 끝간 데를 알 수 없는 데카당스와 부패, 그 밑에서의 민중의 실의와 절망과 고독감을 근저에서부터 일소하여 '인간정신의 갱생(更生)' '정신적 고양'을 가져다주는 역사적 역할을 볼셰비즘에 강력하게 기대하게 된 것이다(상세한 것은 앞의 제2부 제1장 참조). 물론 그 경우에도 그는, 다른 한편으로는 '새로운 신앙'에 얽매이는 위험성 ──예를 들면 동지들 사이의 모랄(moral)과 반대의견에 대한 모랄의 분리라든가, 불순한 아군을 존경할 만한 반대자보다도 더 환영하는 경향이라든가──에 예리한 경고를 하는 것을 잊지 않고 있다. 그러나 악센트는 분명하게 그 플러스 측면에 주어지고 있다. 그리고 그처럼 종교에 대비시키려는 시도에서의 래스키의 가치와 중점의 현저한 이동이 실제로『문명론』전체를 꿰뚫고 있는 어조를,『현대혁명론』을 포함하여 그 이전의 저서들로부터 어느 정도 분명하게 구별해주고 있는 것이다.

예를 들면『혁명론』에서는, 아직 상당한 정도로 강조되고 있던 스탈린정권에 대한 서구 민주주의의 입장으로부터의 비판은『문명론』에서는 오히려 뒤로 물러서고, 오히려 '독재'의 변호(apology)로 시종일관하고 있는 듯한 느낌이 든다. 앞에서 말한 소련의 선거가 '속이 빤히 들여다보이는 짓거리'에 지나지 않는다는 것과 같은 문제에서도, 거기서는 다음과 같이 변명하고 있다.──사회주의적인 사고방식의 부인(否認)이 아직 만연하고 있는 그런 분위기 하에서는, 소련의 공산당은 그 신앙의 중심관념을 도저히 선거인들의 우연한 결정에 맡길 수 없었던 것이다. 서구 민주주의에서 비판의 자유가 허용되고 있는 것은 비판의 자유가 변동의 자유로까지 발전하지 않는다는 안도감이 있기 때문이며, 그런 안도감이 하루아침에 흔들리게 되면 갑작스럽게 노골적인 국가권력의 발동이 지배층으로부터 요청된다는 것은 많은 실제 사례로 증명되고 있다.

소련의 실험은 궁극적으로 '인간의 개조'(remaking of man)이며, 그것은 이윤획득 원리에 입각한 전세계에 대한 도전이다. 오늘날 거의 학자들의 흥미를 끌지 못하고 있는 신학상의 사소한 의견의 차이 때문에 일찍이 많은 사람들이 서로 죽이기도 했다는 것을 생각한다면, 소련의 실험이 얼마나 거대한 도전이며, 또 얼마나 큰 격분을 옛 세계의 사람들에게 일으켰는지는 충분히 상상하고도 남음이 있다. 한쪽의 격분은 다른 한쪽의 격분을 부른다. 격분과 공포의 심리가 확산되어 있는 조건 하에서는, 새로운 원리를 동의와 설득에 의한 정치에 기초지울 수 있는 단계에는 아직 이르지 못한 것이다. "소련의 관료주의, 정치적 발언의 자유에 대한 방해, 대규모의 테러, 당의 무오류성(無誤謬性)에 관한 추한 음모주의──이런 것들에 대한 모든 항의가 다 나온 후에도, 소련은 10월혁명 이후 세계의 그 어느 곳보다도 더 많이 자아를 실현할 수 있는 기회를 가지고 있다는 엄숙한 진리를 부정해서는 안될 것이다"(*Faith*, p.62)──이것이, 모든 플러스·마이너스를 계산한 후에 래스키가 러시아혁명에 부과한 대차대조표인 것이다.

3.

래스키의 이같은 도달점을, 예를 들면 그의 1921년의 저서 『카를 마르크스 : 하나의 에세이』(*Karl Marx : An Essay*)와 비교해서 읽어보면, 그들 사이의 거리에 놀라지 않는 사람이 없을 것이다. 그 거리는 1920년대부터 40년대까지의 기간 동안에 그가 동시대의 사람들과 더불어 헤쳐온 거대한 역사적 경험을 고려하지 않고서는 도저히 이해할 수 없다. 카와카미 하지메(河上肇)[역주2]의 표현을 빌리면, 래스키 역시 그런 역사적 경험에 단련되면서 그 나름대로 '산과 하천을 넘고 또 넘어서' 오늘의 지점에 이른 것이다. 주지하듯이 래스키는 다원적 국가론의 제창자로서 학문적인 출발을 했다. 정치학의 고전적 지위를 이미 차지하고 있는 래스키의 저서들은 모두 다원론자 시대의 성과라고 해도 지나친 말은 아닐 것이다. 그런 실천적인 입장은 물론 영국 사회주의나 서구 민주주의에 대한 흔들림없는 신뢰로 일관되고 있었다.

그런 래스키로 하여금 다원적 국가론에서 급격하게 계급국가론으로 전환하게 만들고, 스스로 마르크스주의자로 자처하게 만든 계기는 무엇이었을까. 그의 사상적 전회(轉回)에 바깥으로부터 충격을 준 것으로 적어도 다음 세 가지의 역사적 사상(事象)은 간과할 수 없을 것이다.

첫번째는 1931년 영국을 덮친 금융공황과 그것에 대처하는 맥도널드 거국일치내각의 성립이다. 제1차 노동당 내각은 조각(組閣) 이래 자유당의 지지 하에서만 하원의 다수를 차지할 수 있었기 때문에, 그 정책을 끊임없이 제한당하고 사회화 입법에는 전혀 손도 대지 못했는데, 금융공황에 즈음하여 재정위기를 사회정책비의 삭감으로 극복하려는 자본 진영의 요구에

[역주2] 카와카미 하지메(1879~1946)는 근대일본의 경제학자이자 사회사상가로 그의 마르크스주의 경제학과 『자본론』『임노동과 자본』은 당시의 젊은 지식인들에게 많은 영향을 미쳤다. 일본공산당에도 참여해 「32년테제」를 번역하는 등 활발한 활동을 했다. 투옥된 후에도 끝내 전향하지 않았다. 『河上肇著作集』 전12권이 있다.

밀려서 맥도널드 일파는 '배신'하게 되어 어이없이 와해되었으며, 뒤이은 총선거에서는 노동당은 일찍이 없던 참패를 맛보았다. 그것을 계기로 하여 지배계급의 공세가 노골화되었다. 상원의 권한확장이라든가 왕의 거부권 부활에 의해 장래의 사회주의 입법을 막으려는 그런 움직임이 보수당 내에 높아져갔다. 그런 반면 노동당은 한 단계 더 좌익화했으며, 특히 독립노동당(I.L.P)의 일부는 비합법적인 혁명수단조차 주장하기에 이르렀다. 그리하여 계급대립의 격화과정을 자세히 지켜보고, 래스키는 의회주의에 의한 사회적 변혁의 가능성에 대해서 심각을 의문을 품게 되었다. 그의 이런 점에서의 비관주의(pessimism)는 얼마 후에 『위기의 민주주의』(*Democracy in Crisis*, 1933)로 결실을 보게 되었다.

두번째는 미국에서 루스벨트 대통령이 취임 직후부터 착수한 뉴딜(New Deal)정책의 경과이다. 원래 미국 자본주의의 공황을 탈출하기 위한 방책 이외의 아무것도 아닌 뉴딜의 제 입법에 대해서 월 스트리트(Wall Street)가 보여준 적의와 증오의 격렬함은 래스키를 놀라게 했다. 특히 1934년 7월 샌프란시스코에서 발발한 총파업은 국가의 본질에 관한 래스키 견해의 전환에 적지 않은 계기가 되었던 것 같다. 본래 '니라'(NIRA : National Industrial Recovery Act)에 의해 합법적이고 민주적으로 성립된 교통노동조합을 선박회사가 승인을 거부한 데서부터 발생한 총파업이 군대의 출동으로 겨우 4일 만에 참패했다는 것은, 국가권력이 결코 일반적으로 생각하는 것처럼 중립적인 것이 아니라 계급관계의 안정성이 위험하게 된다고 판단하게 되자 곧바로 국가는 법과 질서라는 이름 하에 그것의 유지를 위해서 권력을 발동한다는 것을 드러낸 전형적인 사례로 생각되었다(*The State in Theory and Practice*, p.135 f.).

세번째로 래스키의 계급국가관을 결정적으로 확립하는 계기가 되었던 것은 파시즘의 세계적 발흥, 특히 1933년의 나치스의 정권장악이었다. 파시즘이야말로 민주주의 기구를 파괴하고, 적나라한 테러에 의해 계급지배를 유지하려는 시도이며, 국가권력이 노동자계급의 억압에 백 퍼센트 이용당하는 가장 노골적인 예증(例證)이었다. 『정치의 문법』(*Grammar of Politics*)의 신판(1937년)에서 래스키는 「국가이론에서의 위기」라는 제목의 긴 서문을 쓰고 있다. 거기서 그는 최근의 파시스트국가의 출현은 다원적 국가론으로는 설명할 수 없으며, 마르크스주의의 분석에 의해서만 해명된다는 것, 다원적 국가론이 의도했던 국가주권의 절대성의 타파는 국가권력이 본래 계급관계의 유지를 위해서 불가결한 수단인 이상 먼저 그 최고의 강제력을 점거하고, 그것을 통해서 생산수단의 공유를 수행하는 과정이 선행되지 않으면 안된다는 점을 주장하고 있다. 이는 그의 전향 동기를 가장 잘 보여주고 있다. 그리하여 이같은 국가의 기초이론의 추이와 병행하여 그의 러시아혁명과 소련체제에 대한 친근감이 강화되어간 것이다. 『근대국가에서의 자유』(*Liberty in the Modern State*)의 1937년 펠리컨 북스에 대한 서문에는, 이미 "소연방은 오늘날 문명의 최전선에 서 있다"고 하고, 현재의 암흑시대를 타파하고 자유의 제 원리를 재생시키는 것은 필시 '러시아체제의 블록'일 것이라 단정하기에 이르렀다.

이처럼 래스키의 입장의 추이는 최근의 세계사의 커다란 변동에 의해 뒷받침되고 있다. 그런 의미에서 래스키는 원리론자와는 반대로 새로운 경험에서 끊임없이 자신의 이론을 수정해가는 유형의 학자에 속한다. 계속되는 사건에 대한 그의 감수성은 지극히 강하다. 『현대혁명론』과 『문명론』의 간행이 거의 시간적으로 연속되어 있음에도 불구하고, 그 양자에서의 러시아혁명 내지 소련체제에 대한 평가에는 상당한 악센트의 이동이 있다는 것은 앞에서 말했다. 그런데 거기에는 한편으로는 나치에 협력한 소련, 핀란드 공격을 자행한 소련에 대한 인상과, 다른 한편으로는 독일군의 성난 파도와 같은 쇄도에 대해 적군(赤軍)과 소련 민중이 발휘한 놀랄 정도의 단결 에너지, 모스크바·레닌그라드·스탈린그라드 방위에서의 영웅적 저항에 의해 받은 심각한 감명, 이같은 두 인상의 차이를 배경으로 삼을 때 비로소 이해할 수 있는 것이다.

그러나 그같은 주위의 사상(事象)에 대한 민감한 촉각만이 래스키의 본령이며, 그런 외적인 자극이 오로지 그의 그때그때의 입장을 결정하고 있다고 한다면, 그것은 잘해야 훌륭한 저널리스트로서의 자격을 증명해주는 것일 뿐 결코 한 사람의 사상가로서의 래스키의 지위를 보증해주지는 않을 것이다. 말할 것도 없이 사상가도 자신의 입장을 끊임없이 새로운 사실과 경험에 의해 음미하고 수정하면서 발전해가는 것이다. 불변성이 사상가의 명예는 아니며, 전향(轉向)이 반드시 그의 불명예는 아니다. 문제는 바로 그런 입장의 전환이나 변화가 어떠한 내적 필연성을 지니고 이루어졌는가 하는 것에 있는 것이다. 그런 의미에서 한 사람의 사상가의 생애에서는 반드시 그의 변화를 규정하고 있는 어떤 변하지 않는 것을 찾아낼 수 있는 것이다. 물론 예를 들면 종교적인 변심과 같은 경우에는, 어떤 특수한 '비합리적'인 충격에 의해 갑작스럽게 완전히 다른 방향으로 바뀌는 일도 있을 것이다. 그런 경우에는 그의 그때까지의 사상과 인격은 한 번 '죽어서' 새로운 인격으로 다시 태어나는 것이다. 래스키의 사상적인 추이의 궤적을 더듬어보면 거기에는 그런 '돌연변이'라는 것은 도저히 찾아볼 수 없다. 도리어 그의 저서를 시대순으로 상세하게 검토하는 노력을 아끼지 않는 사람은, 그의 사상의 모든 변주(variation)의 밑바닥에 동일한 주선율(主旋律)이 하나의 굵은 선처럼 흐르고 있다는 것을 쉽게 발견할 수 있을 것이다. 그런 주선율을 실마리로 하여 래스키의 다채로운 서술을 더듬어가게 되면, 앞서 그의 1920년대의 저서와 40년대의 저서 사이의 거리에 놀랐던 사람은 이번에는 오히려 그 사이의 연속성에 놀라게 될 것이다.

그러면 래스키 사상에서의 '변화를 규정하는 변하지 않는 것'은 과연 무엇일까. 이미 예정된 지면을 훨씬 넘어서고 있으므로 다시금 이 문제에 대해 깊이 들어갈 여유가 없다. 나는 그것을 가장 단순한 공식으로 표현하고자 한다. 그것은 인격적 자아의 실현을 최고의 가치로 삼는 입장이다. 그리고 그런 추론을 가능하게 하는 것은 "모든 권력은 부패의 경향을 지닌다"는 액튼 경(Lord Acton)의 유명한 테제이다. 그 개인의 내면적 가치에 대한 아이디얼리즘과 정치권력에 대한 리얼리즘이 일관되게 그의 판단 기준이 되고 있다. "권력이 그것을 행사하는 자에게는 독성을 갖는다는 것은 역사의 상식이다. 공산주의의 독재자가 그 점에서는 다른 사람과 다를 것이라고 가정해야 할 아무런 이유도 없다"는 말은 1921년의 저서 『카를 마르크스 : 하나의 에세이』에 나오는 말인데, 그 기본적인 생각은 오늘날까지 조금도 변하지 않고 있는 것이다.

우리는 실로 번거로울 정도로 그런 명제를 만날 수 있다. "권력은 그 본성상, 그 행사자에게 위험한 것이다. 권력 신장의 필요한 근거가 무엇이건 간에 그것은 동시에, 권력 남용에 대한 보장을 만들어내야 할 필요의 근거이기도 한 것이다"(*Grammar of Politics*, 1925, pp.38~39). "사회에서 권력을 행사하는 자는 그 누구든 간에 권력을 남용하고 싶은 유혹을 느낀다"(*Liberty in the Modern State*) 등등. 그의 다원론에서 마르크스주의로의 발전 역시 이같은 사고방식의 폐기를 의미하는 것은 전혀 아니다. 1937년에 소련의 지도자가 "자신이 가진 힘의 볼륨(volume)에 중독되어, 준엄한 통제의 필요성이 사라진 후에도 절대권력을 붙들고 늘어질" 위험성에 대해서 발한 경고(같은 책, 서문, Pelican Ed., p.45)는 1943년의 『현대혁명론』에서 "자기 이외의 의견을 고려할 필요로부터 면역이 된 상황에 놓이게 되면, 그로부터 반드시 중대한 오류가 발생한다. 그런 상황이 있는 국가가 어떤 성격의 그것이건 간에 그것은 마찬가지이다. 그것은 무오류성(無誤謬性)이라는 치명적인 환상을 만들어낸다. 게다가 그런 무오류성이라는 신화만큼 위험한 것은 없다……. 그런 환상에 사로잡히게 되면 자신들을 평범한 인간으로 보지 않게 되고, 더욱 나쁜 것은 자신들에게 복종하는 사람들을 목적으로 보지 않고서 도구로 간주하게 된다"(p.81)고 하듯이 엄연히 견지되고 있는 것이다.

래스키가 볼셰비즘의 '새로운 신앙'에 가장 정열적으로 기울어졌을 때조차도 그는 "새로운 인간관계와 제도를 기다린 후에야 비로소 효과를 발휘할 수 있는 그런 근본적 변혁은, 언제나 권력의 행사에 내재되어 있는 위험을 무릅쓰지 않으면 안된다"(*Faith*, p.156)고 덧붙이는 것을 잊지 않았다.

그가 소련의 실험에 많은 관심을 기울였던 것은 바로 자본주의 세계에서 나날이 좁아지고 있는 '개성을 실현할 수 있는' 기회를, 그래서 해방될 수 있는 희망을 찾아냈기 때문이며, 그것은 바로 그런 한도 내에서 그런 것이다. "내가 국가를 판단하는 것은, ……그것이 어떤 방법으로 나에게 최고의 자아를 실현하는 권리의 실질을 확보해주는가 하는 것으로 결정된다"는 『정치의 문법』의 말은 여전히 그의 현실정치 비판의 기준으로 살아 있는 것이다.

　그런 의미에서 래스키의 정치에 대한 입장은 실로 실용주의적이라 할 수 있을 것이다. 그가 논의를 전개시키는 방식은 언제나 현실의 입체적인 구조에 착안하여, 그 한 측면을 아무리 강조할 때에도, 결코 그 반대되는 측면의 존재근거를 머릿속에서 부정해버린다거나 하는 일은 하지 않는다. 코뮤니즘이나 러시아혁명에 관한 그의 평론에는 일관되게 그런 다원적인 시각이 흐르고 있다. 그러므로 그것은 '정통의' 볼셰비키 입장에서 본다면 어쩐지 성에 차지 않는 느낌이 드는 것이 당연할 것이다. 자신의 옛 저서 『코뮤니즘』(*Communism*)에서 그는 "의심할 것도 없이 공산주의의 오류는 이 세상은 복잡한 것이다(This is a complex world)라는 사실에 직면하기를 거부하는 점에 있다"는, 듣기에 따라서는 지극히 난폭한 비판을 하고 있지만, 그의 현재의 마르크스주의적 입장 속에도 실은 "이 세상은 복잡한 것이다"라는 사고방식이 이따금 머리를 내밀어, 그의 '신앙'에 찬물을 끼얹고 있는 것이다. 그것이야말로 그의 사상적 불철저함이라기보다 오히려 그의 사상의 주도동기(主導動機)의 철저함을 말해주는 것에 다름아니다.

　이같은 래스키의 사상적 기조에 대해서는 다양한 입장으로부터의 평가를 가할 수 있을 것이다. 그러나 이 글의 과제는 그런 평가에 있는 것이 아니라, 마치 래스키가 러시아혁명에 대해서 말했던 것처럼, 래스키의 사상을 "예찬하거나 비난하기에 앞서 먼저 그것을 이해하자"는 것, 바로 그것을 목적으로 삼았던 것이다.

●1947년

제3장

파시즘의 제 문제

그 정치적 동학(動學)에 관한 고찰

머리말

지금 내 책상 위에는 미국의 유명한 자유주의 주간지 『네이션』(*the Nation*) 두 권이 놓여 있다. 하나는 오래된 것이고 하나는 새것이다. 오래된 것은 1940년 2월 10일호(號)로서, 마침 그해는 그 잡지가 1865년 남북전쟁 직후 탄생된 때로부터 75주년에 해당되어 그것을 기념한 것이다. 그것이 나왔을 무렵 유럽은 이미 동란의 와중에 있었으며, 히틀러의 정예로운 국방군은 마지노선(the Maginot Line)을 일거에 무너뜨릴 수 있는 만반의 태세를 갖추고 대기해 있었으며, 동아시아에서는 일본과 중국 두 나라 사이에 이미 2년 반에 걸쳐서 언제 끝날는지도 알 수 없는 사투(死鬪)가 전개되고 있었다. 서쪽에서 그리고 동쪽에서 국제파시즘의 흉포한 세력은 남아 있는 유일한 '평화'로운 대륙 미국을 무섭게 위압하고 있었던 것이다.

루스벨트 대통령은 특히 그 기념호에 메시지를 보내, 『네이션』이 그 오랜 역사에서 흔히 독립된 지위에 서 있으면서도 단호하게 소수 의견, 더구나 '놀랄 만한 정도로 평판이 좋지 않은 소수 의견'을 대표해왔다는 점에 경의를 표하며 "나는 당신이 말하는 것을 찬성하지는 않지만, 당신이 그것을 말할 수 있는 권리는 죽어도 옹호해주겠오"라는 볼테르(Voltaire)의 말을 빌려 축하했다. 그리고『네이션』의 주필 프리더 커치웨이(Freda Kirchwey)는 이에 호응이라도 하듯이, 그 호(號)의 사설에서 현재의 민주주의의 위기에서 문제의 소재를 밝힌 후에 "우리가 소수 의견의 표명을 이렇게 충심으로 지지해주는 사람을 대통령으로 모시고 있는 것은 행복이다. 그런데 대통령 자신이 바야흐로, 의회나 지방에 강력한 거점을 두고서 그와 같은 민주적 변혁의 예로부터의 무기(다양한 자유권을 가리킨다―마루야마)를 폐지하려고 결의하고 있는 그룹의 공격을 받고 있다. 그같은 세력에 대항하여『네이션』은 지금까지 다년 간에 걸쳐서 해온 것처럼, 자신의 모든 힘과 주의를 집중해서 투쟁할 것이다"라는 식으로 마무리하고 있다. 나는 그 무렵 애독했던『네이션』기사의 내용 하나하나는 대부분 잊어버렸지만, 그 기념호를 입수하여 대통령과 주필 사이의 아름다운 응원을 주고 받는 것을 처음 읽었을 때, 등골에 마치 전류와도 같은 뜨거운 감각이 흘렀던 기억은 지금도 선명하게 떠올릴 수가 있다.

커치웨이가 공허한 호언장담을 내뱉었던 것은 아니었다.『네이션』은 확실히 당시, 대외적으로는 일본·독일·이탈리아를 전위(前衛)로 하는 국제 파시즘 세력을 통렬하게 탄핵함과 동시에, 국내에서는 '뉴딜'이 온 힘을 다해 애쓰고 있던 '대사업' 및 그것과 연계된 반동세력에 대한 투쟁에서 미국 언론계의 대표주자였다고 할 수 있을 것이다. 래스키(Harold Laski) 같은 사람도 자주 그 잡지에 예리한 논고를 기고하고 있었다.

그러나 일본과 미국의 관계가 급격하게 악화됨에 따라서 그 호쾌한 필봉과 접할 수 있는 기회는 일본 독자들로부터 강제적으로 멀어지고 말았다. 검열로 무참하게 찢겨진 페이지를 원망스럽게 바라볼 수 있을 때는 그래도 다행이었지만, 얼마 후 배달이 완전히 끊겨버렸다.

내가 다시 반가운 마음으로『네이션』을 손에 넣었을 때는 이미 제2차세계대전은 끝나 있었다. 전쟁의 엄청난 희생을 치르고 추축국은 타도되었다. 그러나 그것이 반드시 파시즘세력의 종언을 의미하지는 않았다. 커치웨이는 앞에서 말한 사설에서 "파시즘은 전쟁에서 패배해도 평화에서 이길 는지도 모른다. 파시즘으로 하여금 승리하지 못하게 하기 위해서는 유럽의 단순한 국경선의 재수정만이 아니라 근원적인 사회변혁이 필요할 것이다" 라고 했는데, 불행하게도 그의 염려는 현실로 드러났다. 『네이션』 등이 싸 워온 과제는 여전히 절실함을 잃지 않았을 뿐만 아니라 추축국의 패배에 의해서, 바야흐로 반동세력의 본대는 커치웨이의 모국으로 옮아가게 되었 다. 그것은 말할 것도 없이 『네이션』만이 아니라 일반적으로 미국의 자유 주의 전통을 지키는 세력이 아주 어려운 입장에 처하게 되었다는 것을 의 미한다. 볼테르의 말을 신조로 삼았던 대통령은 이미 세상을 떠났으며, 그 를 계속 공격해온 "의회나 지방에 강력한 거점을 두고서 그와 같은 민주적 변혁의 예로부터의 무기를 폐지하려고 하고 있는" 그룹은 급속하게 그 지배 망을 미국 전지역에 뻗쳐가고 있었다. 그런 정세에 직면하여 『네이션』은 여전히 그 빛나는 전통을 잘 지켜서 '놀랄 만한 정도로 평판이 좋지 않은 소수 의견'을 대표하는 투쟁을 계속할 수 있을는지.

나의 눈 앞에 있는 또 하나의 그것 ──1953년 6월 29일호(號)──이 바 로 그 질문에 답해주고 있다. 그것은 시민적 자유를 다룬 특집호인데, 전체 페이지가 관계를 비롯해 법조·노동·과학·교육·출판·영화·연극 등 모든 분야에 덮치고 있는 매카시즘의 위협 실태를 극명하게 보고하고 있 다. 그리고 여전히 커치웨이는 「과연 어떻게 해야 자유라고 할 수 있는가」 (How Free is free?)라는 제목의 논설을 실어, 미국이 두 차례에 걸친 전쟁의 심각한 교훈에도 불구하고 아직 아무것도 배우지 못하고 무너져가 는 구(舊) 세계의 유지에 급급하여 혁명의 주도권을 러시아에 넘겨주고 있 는 것을 예리하게 힐난하면서, 마녀사냥(witch-hunt)과 강제적 획일화에 저항하는 자유주의자의 분발을 촉구하고 있는 것이다. 『네이션』은 그 주필 과 더불어 여전히 건재하고 있다. 그러나 그 특집호는 동시에 바야흐로 '자 유의 국가'의 자유가 얼마나 무서운 속도와 규모로 압살되려 하고 있는가, 『네이션』이 대표하듯이 명백하게 공산주의와 선을 긋고 있는 입장까지도,

75주년을 축하했던 당시와 비교해서 얼마나 압도적으로 불리한 환경에 둘러쌓여 있는지를 다양하게 들려주고 있다. 거기에 극히 실증적으로, 더욱이 생생하게 서술되어 있는 공적·사적인 스파이조직의 활동, 진드기처럼 집요한 반공단체의 공세, 게다가 그것에 대한 일반 시민들의 저항이 놀랄 정도로 미약하다는 것—그것을 읽고 미국이 마침내 여기에 이르렀는가 하는 탄식을 금할 수 없었던 것은 과연 나 혼자만일까.

나는 다시금 두 권의 『네이션』을 비교해보았다. 앞의 기념호 표지에는 푸른 작업복을 입은 미국의 혈기왕성한 노동자가 허리에 손을 짚고 저윽이 앞을 응시하고 있는 모습이 그려져 있다. 그 포즈는 자신감에 가득차 있으며, 그 표정은 너무나도 낙천적이다. 그것에 대해서 다른 권의 표지는 그 특집호에 어울리게 자유의 여신상인데, 얼굴 부분과 높게 쳐든 오른손의 일부가 지면 전체를 차지하고 있지만, 그렇게 생각해서인지 그 여신은 내심의 깊은 분노를 머금은 듯한 침통한 표정을 짓고 있다. 얼굴 전체가 엷은 흑색으로 칠해져 있는 것도 어딘지 불길한 것을 느끼게 한다. 이같은 표지의 대조는 그대로 두 권의 『네이션』의 내용을 가로지르고 있는 톤의 차이이며, 그 둘 사이에 있는 12년의 세월 동안에 미국이, 나아가서는 서구 민주주의가 '산과 강을 넘고 또 넘어' 온 도정이 거기에 전형적으로 상징화되어 있는 것 같다.

1.

파시즘은 20세기에서 반혁명(counter-revolution)의 가장 첨예한, 그리고 가장 전투적인 형태이다. 마치 제수이트주의(Jesuitism)가 16세기의 반종교개혁(counter reformation)의 전위였으며, 메테르니히(Metternich) 지배가 19세기 초엽에서의 반혁명을 집중적으로 표현하고 있던 것처럼, 반혁명은 말할 것도 없이 혁명을 전제로 하여 예상되는 것이다. 그리고 16세기의 종교개혁, 18세기 말의 프랑스혁명의 지위를 20세기에서 차지하고 있는 것이 러시아혁명이라는 것 역시 의심의 여지가 없다. 그러나 그것은 반드시 러시아혁명이 20세기에서의 혁명의 유일한 패턴이라는 것을 의미하지 않으며, 볼셰비즘(Bolshevism)이 금세기 혁명의 유일한 이데올로기라는 것도 아니다.

20세기의 혁명은 근대 사회와 근대 문명의 가장 심오한 지각의 변혁이며, 오히려 러시아혁명 자체가 그런 변혁의 일정한 역사적 상황에서의 발현인 것이다. 이같은 인식은 파시스트 내지 기타 다른 보수반동 세력——파시즘은 반드시 반동이지만 보수반동이 반드시 파시즘은 아니다——에 의해서 과거에도 현재에도 드문드문 뿌려져 있는 데마고기를 해독(解毒)하기 위해서라도 몇 번이고 강조될 필요가 있는 것으로 생각된다. 현대 아시아와 유럽에 걸쳐서 팽배해 있는 혁명적인 힘이 고조되어 있는 것을 오로지 볼셰비키혁명과 그 발상지의 유혹 내지 외부적인 선동에 책임을 돌리는 견해가 바로 그것이다. 어떤 외국평론가의 교묘한 비유를 빌리자면, 그런 시각은 경마에서 선두를 달리고 있는 말을 가리키며, 저 녀석이 있으니까 다른 말도 목표지점을 향해 달리고 있는 것이라 하는 것과 같다. 물론 선두에 있는 말에 의해서 다른 말이 격려·고무되는 경우도 있을 것이다. 그러나 말들은 각각 자기 코스에 따라 달리고 있는 것이지, 특별히 선두에 선 말이 줄을 끌어당기고 있는 것은 아니다. 20세기의 혁명에서 러시아는 확실히 선두를 달렸다. 그러나 다른 나라, 다른 지역에서 혁명이 어떤 형태를 취하고, 어떤 도정을 걷는가 하는 것은 매우 복잡하게 얽힌 국제적 상황, 역사적·지리적 제 조건, 문화양식 등에 의해 규정되는 것이다.

따라서 반혁명의 집중적인 표현으로서의 파시즘은 혁명적 상황에 대응하는 것이며 반드시 공산주의에 대응하는 것은 아니다. 파시즘에서 공산주의와 공산당이 무엇보다 제1의 적이라는 것은 지금까지의 각국의 역사가 보여주는 한, 무릇 공산당이 혁명적 상황의 가장 정력적이며 가장 전투적인 조직자——반드시 현실적인 조직자가 아니더라도 가능한 조직자——로서 나타났기 때문이다. 만약 사회민주주의 정당이 일정한 상황 하에서 사회혁명의 최전위가 된다면, 지체없이 파시즘의 공격은 거기에 집중될 것이다. 파시스트가 사회민주주의자나 자유주의자의 존재에 대해 어디까지 '관용적'일 수 있는가 하는 것은 물론 이데올로기적·원리적 문제가 아니라 혁명의 한계 상황의 문제인 것이다. 사회민주주의나 자유주의가 '혁명의 온상'으로 판단되는 한에서 그것은 배제되거나 통제(Gleichschaltung)되며, 그것이 거꾸로 혁명의 방파제로서의 기능을 수행하는 한에서는 방임되거나 심지어 지지를 받기도 한다. 따라서 거꾸로 말하면 한 국가의 내부에서 사회민주주의자나 자유주의자의 존재 내지 활동이 허용되어 있다는 사실 그것만으로는, 그 국가의 지배권력이 파쇼화되지 않았다는 증거가 되는 것은 아니며, 문제는 어디까지나 그런 사회민주주의자와 자유주의자의 일정한 상황에서의 구체적인 행동양식에 있는 것이다.

생생한 현실 문제에 정치적으로 침묵하고 있는 자유주의자나 반공(反共)이 유일한 간판인 사회민주주의자—그것이 자유주의나 사회민주주의의 이름에 값하는 것인가 아닌가는 별도로 하고—까지 박해하는 것은 권력의 경제라는 측면에서 볼 때 무의미하기 때문이다. 흔히 전투적인 자유주의자가 '마르크스주의'를 신봉하는 사회민주주의자보다도 파시스트의 공격과 억압의 대상이 되는 까닭도 거기에 있다. "파시즘은 모든 좌익에 대한 십자군이다"라는 모스코프스카(Moszkowska)의 규정("The resurgence of fascism," *Monthly Review*. vol.4, 3)은, 그와 같은 파시즘의 적에 대한 공격의 기동성을 의미하는 한에서만 타당하다고 하지 않으면 안된다. 따라서 앞에서 파시즘을 반혁명의 가장 첨예로운 발현 형태라고 한 것도, 일정한 때와 장소에서 **상대적으로** 가장 전투적인 형태라는 의미이지, 내용적으로 어떤 고정적인 조직을 의미하고 있는 것은 아니다. 혁명의 구체적인 상황의 양태에 따라서 파시즘의 구체적인 발현 형태도 변화하는 것이다.

파시즘의 지배가 근대 헌법이나 의회제도의 공식적인 정지 내지 폐지를 수반하는가, 아니면 그런 입헌적 형태를 유지하면서 진행되는가 하는 것도, 그런 관점에서 본다면 역시 원리적인 문제가 아니라 그런 제도의 한계효용의 문제로 이해하지 않으면 안된다. 의회제가 혁명의 교두보가 된다면 그것은 독일[원주1]이나 이탈리아의 경우처럼 폐기될 운명에 처하게 될 것이다. 그러나 의회제(좁은 의미의 의회내각제만이 아니라 대통령제를 포함하여)가 다양한 정치적·경제적인 이유로 그런 위험에서 벗어나 있고 의회에서 반혁명세력이 압도적인 다수를 점하고, 그런 상황이 당분간은 변화하지 않을 전망이 있다면, 의회제가 각별히 파시즘의 진전에 장애가 되지는 않을 것이다.[원주2] 물론 의회제의 원칙이 실제로 관철되어, 헌법이 보장하는

[원주1] 나치스가 바이마르체제 하에서 '합법적'으로 권력을 확립했다는 전설을 아직도 믿는 사람들이 간혹 있기 때문에, 그 문제에 대해 한 마디 해두고자 한다. 바이마르체제 하의 관료(특히 사법부)가 얼마나 공공연하게 그리고 은근 슬쩍 그 정치적 중립성의 원칙을 파기하고, 반동단체를 원조하여 '법의 지배'를 내부로부터 공허하게 만들었는가. 브뤼닝(Brüning)·파펜(Papen)·슐라이허(Schleicher) 등 3대의 내각시대에 얼마나 바이마르 헌법의 실질적인 알맹이가 빠져버렸는가 하는 점은 잠시 별도로 하더라도, 나치스 독재에 최초의 그리고 결정적인 법적 근거를 부여해준 다름아닌 수권법(授權法, Ermächtigungsgesetz)의 성립과 그후의 경과를 보면, 그 전설이 완전히 근거가 없다는 것은 금세 드러나게 된다. 확실히 그 법은 바이마르 헌법 제76조의 규정에 따라서 출석의원 3분의 2라는 다수로 라이히 의회를 통과했다. 그러나 그 전에 이미 공산당의 국회방화사건의 조작(frame-up)에 의해서 실질적으로 비합법화되었으며, 1933년 3월의 의회 개원식에 앞서 모든 공산당 의원(81명)과 일부의 사회민주당 의원들은 미리 체포되어 있었다. 그것만이 아니었다. 수권법은 제5조에서, 현재의 라이히 내각이 경질될 때는 효력을 상실한다고 규정하고 있었다. (그 최초의 히틀러 내각에서 12명의 각료 중 나치스 당원은 겨우 3명이었다는 점도 기억해둘 필요가 있다. 힌덴부르크(Hindenburg) 대통령은 그 내각에 특히 심복 파펜(Papen)·후겐베르크(Hugenberg)·게레케(Gerecke)를 보내 나치스의 독재화를 막기 위해서 제5조의 삽입을 요구했던 것이다.) 그런데 얼마 후 후겐베르크는 사임하고 게레케는 공금횡령 혐의로 체포되었다. 그래서 나치의 발터 다레(W. Darre)는 농업장관이 되고, 헤스(Hess)는 각료가 아닌데도 각의(閣議)에 출석하게 되었다. 그리고 제5조의 규정은 사문화되고 말았던 것이다. 게다가 수권법의 제2조는 국회(Reichstag)와 라이히스라트(Reichsrat)의 지위를 움직일 수 없는 것으로 만들고, 대통령의 권리를 보증하는 등, 전체적으로 어디까지나 임시입법이라는 정신으로 일관되고 있었으며, 수권법이라기보다는 광범한 위임입법 자체의 위헌성(違憲性)의 문제는 별도로 하더라도, 나치스 독재는 분명히 그런 수권법조차 유린하고서 구축되었던 것이다. 어디까지나 합법성을 고집하여 파시즘의 제패를 허용해준 것은 사회민주당 쪽이지 나치스는 아니었다(F. Neumann, *Behemoth*, 1944, pp.52~54 ; F. Schuman, *Hitler and Nazi Dictatorship*, 1936, pp.217~222).

법의 지배가 비교적 순수하게 유지되고 있는 한 반혁명의 효과적인 조직화
는 상당한 어려움과 저항에 부딪히는 것이 보통이므로, 현실 문제로서는
근대 입헌제가 그대로의 형태로 유지되면서 파시즘이 발전한다는 것은 우
선 있을 수 없는 일이다. 설령 외견상 그렇게 보이는 경우에도 다양한 방법
으로 입헌주의의 핵심이 빠져버리게 되며, 그렇게 될 경우 근대 헌법이나
의회제의 존재라는 것 자체가 파시즘적 지배양식의 비(非)존재를 선험적으
로 증명해주는 것은 아니라는 점에 주의하지 않으면 안된다. 일당독재라든
가 조합국가와 같은 정치형태는 다만 일정한 상황 하에서 혁명세력에 강력
한 압박을 가하는 데 가장 효과적인 조직화 양식으로서의 파시즘이 성립된
한 형태에 지나지 않는다.

2.

물론 파시즘이 혁명의 구체적인 상황에 따라서 다양한 발현 형태를 취한
다 하더라도 그것은 결코 자의적인 것이 아니며, 그 발생이나 진행의 템포
나 형태에는 일정한 정치적 법칙성이 있다. 파시즘이 어떤 한 국가에서 노
골적인 형태로 출현하는 것은 그 국가 또는 그 국가의 '세력범위'에서의 혁
명적 상황의 긴박성이 어느 정도로까지 높아진 때이다. 혁명과 반혁명의
대항관계가 있어도, 그것이 구래의 지배체제의 안정성을 위협할 정도로 성
숙해 있지 않으면 파시즘은 발생하지 않거나 발생하더라도 거의 진행되지

[원주2] 미리 말해두지만, 그 의미는, 부르주아 정당이 의회의 다수를 반영구적으로 점유하고 있
는 국가는 그대로 파시즘의 지배라는 것은 물론 아니다. 파시즘의 발전은 뒤에서 보듯이 '위
로부터의' 형태를 취하는 경우에는 대체적으로 점진적인 형태를 취하기 때문에, 어떤 국가
전체의 정치적 지배양식을 파시즘이라 규정할 수 있는가 없는가 하는 것은, 다른 여러 가지
사회적 징표를 감안하여 종합적으로 판단되어야 할 문제이다. 그런 판단은 반드시 쉽다고는
할 수 없기 때문에 견해가 나누어지기 쉽다. 그런 징표 몇 가지는 이하의 논의에서 차차 드
러나게 될 것이다.

않는다. 그런 경우에 볼 수 있는 것은 기껏해야 넓은 의미의 부르주아 반동이다. 다만 여기서도 주의하지 않으면 안되는 것은 혁명적 상황이 체제의 안정성을 위협할 정도로 고도화되었는가 아닌가 하는 것은, 단순히 객관적 사실의 문제가 아니라 동시에 의식의 차원의 문제라는 것이다. 즉 객관적으로는 혁명적 상황의 긴박에 비해서 혁명세력의 조직화가 더디며, 따라서 임박한 혁명의 가능성이 없는 경우에도 지배계급이나 그 소시민적 추종자들이 공포심에 질려서 혁명세력을 실력 이상으로 평가하는 그런 경우에는, 파시즘의 급속한 진행이라는 것이 충분히 있을 수 있는 것이다. 국내의 혁명적 상황은 그만큼 긴박하지 않지만, 인접 국가에서의 혁명의 진행에 자국이 '감염'될 위험성을 아주 두려워하는 경우도 역시 그렇다고 할 수 있다.

제2차대전 이전의 일본에 파시즘의 성숙을 재촉한 체제의 동요는 물론 국내적으로는 쇼오와(昭和) 첫머리의 공황이 격화된 계급대립과 대외적으로는 '생명선'으로서의 중국, 특히 만주에서의 혁명운동의 발전이라는 두 객관적 사실에 의해서 기초지워져 있었음에 분명하지만, 그럴 경우 위에서 말한 것과 같은 지배층의 '의식과잉' 내지 '과민증'이 그들의 눈에 그런 사태의 전개를 실제보다도 확대된 형태로 비치게 만들었다는 사실도 적지 않게 작용했던 것으로 생각된다. 일반적으로 생활양식이나 이데올로기의 동질성이 다양한 사회적 · 역사적 조건에 의해서 비교적 고도로 유지되고 있던 곳일수록[원주3] '이질적'인 요소의 감염이나 침윤에 대해서 과민하게 반응한다. 그런 곳에서는 파시즘의 발전은 '혁명적 상황의 긴박성과 반드시 정확하게 대응하지 않는 것이다. 그것은 예를 들면 현재의 미국에서의 파시즘 문제를 고찰할 경우 무시할 수 없는 계기일 것이다.[원주4]

[원주3] 생활양식이나 이데올로기의 동질성의 정도 문제와 계급분화 문제는 일단은 별개의 사항이다. 계급의 양극분해가 고도화하면서, 생활양식의 동질성이 비교적 무너지지 않는 경우는 충분히 있을 수 있다.

[원주4] 이른바 미국식 생활방식이라는 것은 극히 애매한 것임에 틀림없지만, 그것이 미국 시민의 의식형태의 동질성을 보증하는 데 적지 않은 역할을 하고 있다는 점은 부정할 수 없을 것이

　그런 이치를 거꾸로 말한다면, 그런 사회에서의 혁명적 세력 및 그 이데올로기가 자신을 '풍토화'(風土化, acclimatized)하는 것에 실패하는 정도에 부응하여, 그것은 '외래적'인 것, 자국의 생활양식에 본래 익숙하지 않은 것으로 의식되고, 그것이 국제적 대립의 격화와 더불어 단순히 지배층만이 아니라 소시민적 대중의 공포심을 확대재생산하고, 파시즘에 의한 국내의 강제적 시멘트화로의 길을 열게 된다. "우리 시대의 유혹은, 본래 참기 어려운 것을, 다만 보다 더 나쁜 것의 도래를 두려워하는 나머지 받아들이는 것이다"(H. Rauschning, *The Revolution of Nihilism*, 1939, Intro.). 공포에 사로잡힌 인간은 스스로 만들어낸 환상에 시달린다. 역사는 환상이 현실을 탄생시키는 수많은 예를 보여주고 있다. 그리하여 파시즘이야말로 틀림없는 공포의 아들이며, 또한 그것을 낳은 어머니이기도 한 것이다.

다. 이미 래스키는 미국인의 행동양식의 유사성에 대해서 다음과 같이 말하고 있다. "무릇 미국 국민만큼 같은 책을 읽고, 같은 게임을 즐기고, 인간관계에서 같은 우호적인 외향성을 가지는 것에 대하여 쉽게 설득할 수 있는 그런 국민은 다시 없을 것이다. 자신의 이웃사람들과 **사물을 보는 시각**이 다르다는 의식에 같은 고통을 느끼고 있다 하더라도, 미국인만큼 그 고통을 통절하게 느끼는 국민은 없을 것이다……. 나치스 치하의 독일인들처럼, 명령을 묵묵히 받아들이는 처지에 몰리게 된 국민을 별도로 하면, 무릇 미국 국민만큼 슬로건적으로 사물을 생각하는 국민이 과연 지금까지 있었는지 나는 의심스럽다"(*The American Democracy*, 1948, p.622). 래스키의 말은 아주 래디컬하게 들리지만, 그것은 백여 년 전의 미국에 대해서 "나는 미국만큼 진정한 정신적 독립과 토론의 자유가 적은 나라를 알지 못한다"고, 그 민주주의의 획일성을 지적한 토크빌(De Tocqueville)의 관찰을 새로운 매스 커뮤니케이션 단계에서 재확인한 것에 지나지 않는다. 다만 불공정함을 피하기 위해서 덧붙여두고 싶은 것은, 래스키가 위에서 본 것처럼 그렇게 논한 후에, 다른 한편으로 미국에는 획일화라는 요괴(妖怪)에 저항하는 '동조하지 않음'(non-conformism)의 전통이 있어서, 지금도 노동조합·교회·부인단체 등의 자발적 집단의 활발한 교육선전 활동이 거대한 사업과 연결된 큰 신문이나 방송에 대항하는 힘을 가지고 있으며, 그 때문에 "민중에 던져지는 (매스컴의) 그물망을 피할 수 있는 것이, 무언가 언제나 있다"고 말하고 있다는 점이다.

3.

그런데 그런 상황 하에 발생한 파시즘이 어떤 형태로 발전해갔는가 하면, 기존의 국가구조와의 관계에서 대체로 주지하듯이 두 유형이 있다. 이른바 위로부터의 파시즘과 아래로부터의 그것이다. 파시즘을 하나의 새로운 사회·경제체제——적어도 그것을 지향하는 운동으로 본다면,[원주5] 파시즘 역시 하나의 사회혁명이라는 것으로 되는데, 그런 사고방식을 취하지 않는 (나도 그런 시각을 부정하는 사람이라는 점은 지금까지의 서술에서 분명해졌을 것이다) 한은 단어의 엄밀한 의미에서 아래로부터의 파시즘이라는 것은 있을 수 없는 것이다. 그러나 파시즘은 혁명적 상황의 긴박함에서 생겨난 반혁명으로서, 단순한 복고주의나 소극적인 보수주의에 머무를 수 없는 것이며 그것은 많건 적건 간에 의사(擬似)혁명적인 모습을 띤다. 파시즘은 파시즘대로 '신'(新) 체제, 노예적 억압으로부터의 인민의 '해방' 등의 단어를 높이 외칠뿐만 아니라 가장 첨예한 형태에서는 사유방법까지 혁명 진영의 그것을 의식적·무의식적으로 끌어들인다. 대체적으로 재야(在野) 시기의 파시즘 운동에서 그 경향이 강하지만, 반드시 그것만이라고는 할 수 없다.

예를 들면 1940년 12월 5일자 『프랑크푸르터 차이퉁』(*Frankfurter Zeitung*)의 사설은 「몰락해가는 세계」라는 제목 하에 대략 다음과 같은 의미를 말하고 있다. "부르주아 사회질서는 봉건주의의 타도를 위해서는 필요했다." …… "이 세계의 내부에서 1세기 이상에 걸쳐서 처절한 부르짖음이 들린다." …… 그것은 "자유로운 빛과 공기없이 생활하고 있는 대중의 부르짖음이다. …… 영국의 노동당은 부르주아 세계를 타도하는 것을 조금도 바라지 않고 있다." 노이만(Franz Neumann)은, 만약 이 사설의 문

[원주5] 파시즘에 동정적인 입장을 취하는 학자나 자유주의 단계의 자본주의를 절대화하는 학자들은 대부분 이런 '혁명관'을 취하는 것은 물론이지만, 명백하게 파시즘도 역사적인 자유자본주의도 부정하는 입장에 서 있는 파시즘 연구가 중에서도 그런 시각을 가진 사람이 있다. 예를 들면 P. Drucker, *The End of Economic Man*, 1936은 그 전형이다.

장만을 사람들에게 읽게 하면, 그것은 코뮤니스트가 쓴 것이라고 누구라도 단정할 정도로 그 논리가 마르크스주의를 그대로 닮았다는 주석을 달고 있다(F. Neumann, *op. cit.*, p.191). 신은 자신의 모습을 닮은 인간을 만들었지만, 파시즘은 흔히 그 적의 모습을 닮게 자신을 분장하는 것이다. 파시즘 발전의 형태에 대해서도 그렇다고 할 수 있을 것이다.

일반적으로 반혁명은 이른바 혁명을 뒤집어놓은 것이기 때문에, 혁명세력의 조직이 강고한 곳일수록, 혹은 그 조직화가 급템포로 진행될수록 반혁명 역시 그것에 대항하기 위해서 과감한 형태를 취하지 않을 수 없으며, 그러기 위해서는 일단은 대중적인 조직화가 필요하며, 그런 만큼 상대적으로 '아래로부터의' 형태를 띠고 진행하게 되며, 반대로 혁명세력의 결집이 약할수록 반혁명은 '위로부터' 이른바 점진적으로 발전하는 것이다. 게다가 그럴 경우의 중요한 계기는 전쟁의 위기라는 문제인데,[원주6] 전쟁이 발발할 위기가 아주 절박한 경우——이 또한 객관적 사실과 더불어 다분히 의식의 문제로서, 자기기만적인 작용이 크지만——에는 국내의 혁명세력 조직화 정도에 관계없이 위로부터의 파시즘이 급격하게 진행된다. 그럴 경우에는 혁명세력에 대항하는 대중조직을 발전시킬 수 있는 여유가 없으므로, 군부를 추축으로 하는 국가총동원체제가 이른바 그것을 대체하게 되는 것이다. (군대라는 것은 그것 자체 가장 비민주적인 조직임에도 불구하고, 특히 징병제의 경우는 일단 대중적 기초를 가지며, 의사(擬似)데모크라틱한 모습을 드러낸다. 파시즘의 발전과정에서는, 본래의 파시즘 정당이나 단체는 이른바 비공식적인 군대이며, 거꾸로 군대는 비공식적인 파시즘 정당으로 된

[원주6] 20세기는 '혁명과 전쟁'의 세기라고 한다. 확실히 현대에 와서 "전쟁은 혁명을 필연적인 것으로 만든 제 조건에 의해 태어났으나, 거꾸로 혁명의 달성을 촉진시킨다"(E. H. Carr, *Conditions of Peace*, 1942, p.4.). 그런 의미에서 파시즘은 역시 "혁명을 필연적인 것으로 만든 제 조건"으로부터 생겨난 반혁명으로서, 전쟁과 쌍둥이인 것이다. 파시즘은 주지하듯이 주관적으로도 객관적으로도 전쟁의 가장 광폭한 추진자이다. 그러나 말할 것도 없이 제국주의 전쟁은 파시즘이 발생하기 아득한 이전부터 존재했던 것이며, 이 글에서는 파시즘의 본질을 일차적으로 규정하는 것으로 전쟁이 아니라 반혁명을 들었던 것이다.

다고 할 수 있을 것이다.)

물론 '위로부터'라든가 '아래로부터'라든가 해도, 혁명적 상황의 긴박함이 일정 한도 이하의 경우에는 앞에서 말한 것처럼 반혁명은 파시즘으로서는 나타나지 않으며, 또 아래로부터의 대중조직도 반혁명으로서의 본질로 인해서 상층부의 반혁명세력과 합류하는 운명을 지니고 있으므로, 결국 정도의 차이에 지나지 않으며, 현실에는 반드시 그 양자가 서로 어울려서 진전되어가는 것이다. 역시 일단 민간의 대중조직으로서의 파쇼 정당이 주체가 되고, 그것이 권력을 장악하는 과정을 취할 것인가, 아니면 기존의 지배기구 내부로부터의 파시즘화가 본류를 이루는가에 따라서, 두 가지 유형을 구별하는 것은 가능하며 또 필요하기도 하다. 제2차대전 이전의 예에서는 말할 것도 없이 독일·이탈리아·스페인 등은 전자의 유형이며, 일본은 후자의 그것이다. 현재의 미국에서의 파쇼화의 경향도 대체적으로 후자의 유형을 취하며 진행되고 있다는 것은 스위지(Sweezy) 등이 지적하고 있는 그대로이다("The Meaning of MacArthur," *Monthly Review*, vol.3, 2).

파시즘이 '위로부터'의 유형을 취하는 경우에도, 민간적 내지 반관반민적인 단체가 반혁명의 조직의 전위를 맡고, 본대는 그런 전위부대가 '청소'한 뒤를 나아가는 것이 보통이다. 제2차대전 이전의 일본에 대해서 말하면 각종 우익단체·폭력단·재향군인단·청년단·익찬청년단(翼贊靑年團)이 그것에 해당된다. 이른바 청년장교단은 형식적으로는 이 범주에 들어가지 않지만 기능으로서는 가장 첨예로운 전위였다.

파시즘의 위로부터의 유형과 아래로부터의 유형에는 여러 가지 차이가 있지만 양자의 전위부대만을 끄집어내어 그 이데올로기나 투쟁방법, 나아가서는 구성분자의 인간적 성격이나 행동양식을 비교해보면, 한편으로 그 역사적 조건에 의한 차이와 더불어, 다른 한편으로 그것이 반혁명의 첨병으로서 적과 가장 가까이서 대치하고 있으며, 따라서 가장 빨리 접촉한다는 위기적 상황에서 오는 유사성도 적지 않다. 예를 들면 일본 파시즘의 이른바 정통적인 이데올로기는 자신을 나치스나 이탈리아 파시즘과 극력 구별했으며, 또 사실 상당히 다르지만, 일본의 가장 초기의 폭동 계획인 3월사건(1931년)의 동기 및 목적은 『키도일기』(木戶日記)에 의하면,[원주7] "① 근래 공산주의자의 침입이 현저한 바가 있어서 이대로 나가게 되면 국가는 그들의 손아귀에 떨어지게 될 것이다. ② 우리나라는 어쨌든 황실을 받들지 않으면 어떠한 운동도 성공할 수 없다. ③ 따라서 이번 기회에 오히려 천황을 받들 수 있는 국가사회주의에 의해 기성정당을 타파하고 독재정치를 행하려 하는 오오카와(大川) 일파의 주장에 대항한다. ④ 군부는 이에 공명(共鳴)하여 이탈리아의 파시즘과 같은 정치를 실현하기 위해서 오오카와 일파와 손 잡는 것이라면……"라는 식으로 말하고 있는데, 여기서 일본에서도 급진 좌익에 대응하고, 그것에 대한 뒤집기로 나타나고 있는 것, 그리고 그 이데올로기가 이 단계에서는 본 고장의 파시즘(이때는 아직 나치스가 정권을 장악하지 못하고 있었다)의 일본판(日本版)이라는 것이 적확하게 나타나 있다. 이같은 급진 파시즘 운동의 핵심분자가 대개 낙오한 지식층이나 좌익으로부터의 전향자(轉向者), 나아가서는 시민적 생활의 일상성을 참을 수 없는 무법자 등으로 구성되어 있다는 것도 바로 나치스나 파시스타의 경우에서 볼 수 있는 현상이었다.

그러나 이같은 요소는 일본 파시즘이 발전함에 따라서 주선율(主旋律)로부터 단순한 화성적(和聲的) 반주에 지나지 않게 되고, 마침내는 그 중 어떤 것은 불협화음을 발하여 합주(合奏)에서 탈락하기도 한다. 여기서는 나치스의 경우처럼 '무법자'는 무법자 그대로 권력에 올라서는 것이 아니라, 다만 요란하게 휘젓고 다니면서 상층부의 파시즘화를 촉진시키는 데 머물러 있었다. 피라미드의 상층으로 가면 갈수록 보다 '신사적'이며 보다 규격에 맞는 관료형이 지배적으로 되고, 최상층에는 이른바 파시스트형의

[원주7] 이 내용은 키도(木戶)가 아리마 요리야스(有馬賴寧)로부터 들은 것이다. 아리마는, 사건의 당사자 오오카와 슈메이(大川周明)로부터, 다이코오샤(大行社)의 시미즈 교오노스케(淸水行之助)를 통해서 참가를 종용받았으므로, 당시의 사정을 모두 알고 있었다.

인간과는 본래 거리가 먼 '자유주의적'이고 '평화애호'적인 궁정 중신(重臣) 그룹이 자리하고 있다. 이처럼 권위─권력─폭력이라는 '분업'과 계서제 그대로 전체로서의 체제는 대내적으로도 대외적으로도 나치스에 뒤지지 않는 파시즘적 기능을 수행했던 것이 제2차대전 이전의 일본이었다. 만약 거기에 필요한 변형을 덧붙인다면 미국에서의 파쇼화──앞으로 미국이 파시즘으로의 길을 걷는다고 가정하여──의 대략적인 비전을 그려낼 수 있을 것이다. 자유와 인권의 전통을 자랑하는 미국, 그리고 시민생활의 평온함과 안정성도 일본이나 독일 등보다는 훨씬 더 높은 미국에서 '빨갱이사냥'이나 흑인 박해의 최전선에 서 있는 각종 반동단체의, 그리고 거기에 동원된 소시민들의, 행동양식은 놀랄 만한 정도로 독일이나 이탈리아의 그것과 닮아 있다.

1949년 여름의 픽스킬(Peekskill) 사건──유명한 흑인가수이자 평화운동의 유력한 추진자 폴 로브슨(Paul Robeson)의 콘서트에 대한 조직적인 폭력 사건──을 그 와중에서 상세하게 목격했던 작가 하워드 패스트(Howard Fast)의 리포트에 의하면, "이곳의 젊은이들은 일도 없으며 장래도 없다는 이곳의 강변 마을에서 성장한다──말하자면 타락하여 사악한 길에 빠진 프티부르주아적인 외형을 가진 사람이 된다. 그들은 가스회사의 출장소라든가 식료품점이라든가 식당 같은 곳에서 일하거나 혹은 소방서, 기타 다른 곳에서 일하게 되지만──그렇지 않으면 일도 하지 않고 주위를 돌아다니면서 무언가를 주워모아서 생활을 꾸려나가게 된다. 그들은 세상의 고난으로 뒤틀려져 있지만, 그런 고난의 원인이 무엇인지 알지 못하고 있으며, 그것을 어디로 어떻게 이끌어가는 것이 좋은가 하는 것도 알지 못하고 있다. 그래서 그들은 오로지 증오만을 가지고 있을 뿐이다. 그것이 재향군인회가 끼여드는 곳이며, 또한 지방의 상업회의소 등이 그들의 증오를 이용하게 되는 것이다"(Howard Fast, *Peekskill*, USA, 1951. 일어번역본, 122쪽. 강조는 마루야마). 이들 폭도들은 보안관이나 주(州) 경찰의 공공연한, 그리고 은근한 비호를 받으면서 한 잔 마신 기분으로 손에 피스톨·곤봉·

돌을 들고서 "히틀러 만세, 너 이 자식, 깜둥이 잘못 태어난 놈"이라든가 "우리는 미국의 빨갱이 놈들을 모두 죽여버릴거야" 같은 말을 내뱉으면서, 많은 부녀자를 포함한 콘서트의 청중들을 덮쳤으며, 게다가 점잖게 나치스의 악명을 세계에 드날렸던 뉘른베르크(Nürnberg) 분서(焚書)까지 재연했던 것이다.

그들의 조직과 규모의 크기는 아직 1920년대 말에서 1930년대 초 무렵의 독일의 경우와는 비교도 되지 않지만, 여기서 무엇보다도 조직화의 대상으로 노렸던 사회계층, 그 생활환경이나 의식형태는 그야말로 친위부대(S.S.)나 돌격대(S.A.) 멤버의 그것과 너무나도 닮았다. 그들에게 <u>공통적으로</u> 흐르고 있는 것은 사회신분상으로 상승할 수 있는 통로가 폐쇄 또는 감퇴된 데서 오는 실의와 초조감이며, 생활의 적극적 목표를 상실한 데서 오는 불안과 절망이며, 또한 사회적 연대가 결여된 데서 싹트게 된 고립감이다. 거기서 쉽게 생겨나는 "무언가 알 수 없고 이해할 수 없는 것"에 대한 증오와 공포를 도약대로 삼아 파시즘은 성장한다. "인간생활의 적극적인 원천은 신념이며, 삶의 실재성(reality)과 의의에 대한 정열적인 감각이다. 그것이 없으면 사람들은 생활의 소극적인 원천, 즉 공포로 전락한다……. 오늘날 우리 모두는 두려워하고 있다……. 누군가가 사회에 관한 새로운 사상을 시사할 때, 볼셰비즘이라 외쳐대는 사람들……은 볼셰비즘이 멍청한 것, 틀렸다는 것을 증명하려고 하는 것이 아니다. 그들은 볼셰비즘의 확대를 방지하기 위해 도와주고 있는 것도 아니다. 그때 그들은 단순히 생활에 대한 그들의 공포, 즉 신념의 결핍을 이리저리 흩뿌리고 있는 것에 지나지 않는 것이다"(John Macmurray, *Freedom in the Modern World*. 일어번역본, 289쪽).

그러나 픽스킬 사건과 같이 "우리는 히틀러의 아들, 우리가 그의 사업을 완수하자!"고 소리높여 외치는 의식적인 파시스트 그룹은 그들의 간절한 바람에도 불구하고, 미국에서 나치스당과 같은 형태로 '사업을 완수'한다는 것은 아마도 어려울 것이다. 그들의 역할은 기껏해야 미국 재향군인단

(A.L.), 상업회의소(C.C.), 전국제조업자연맹(N.A.M.)과 같은 현단계에서의 '아메리카니즘'을 보다 정통적으로 대표하는 압력단체와 연방수사국(F.B.I.)이나 의회(Congress)의 비(非)아메리칸위원회(the National Committee for Un-American Activities) 등 공식적인 사상(思想)경찰기관의 하수인을 매수하여, 사회적 저변에 공포와 증오의 분위기를 퍼뜨리고 강제적인 이데올로기적 동질화를 '아래로부터' 밀고나가는 데 머물게 될 것이다. 그리고 그와 같은 사회적 압력을 일부는 기꺼이 그리고 일부는 마지못해 받아들이는 형태로 상층부의 파시즘화가 진행될 것이다. 그것은 구체적으로 슈먼이 루스벨트에서 트루먼정권으로 이행하는 과정에서 현저하게 드러난 특징으로 지적하고 있듯이, "정부의 최고 자리가 점점 더 직업군인과 투자은행가(이 말은 반드시 명확하지 않지만—마루야마)들의 손아귀로 빨려 들어가는" 경향, 즉 "돈벌이 전문가와 전쟁 전문가의 결탁"으로 표현될 수 있을 것이다(F. Schuman, *International Politics*, 1948, p.208).

독일의 경우처럼 파시즘의 '아래로부터'의 유형에서는, 반혁명의 최전위 부대가 어쨌거나 '국민사회주의혁명'이라는 괄호가 붙는 혁명에 의해 권력을 장악했기 때문에 전위적인 과격주의의 성격이 끝까지 붙어다녔다. 변태적인 열광자나 허무적인 폭력주의자로서 틀에 박힌 듯한 당 수뇌부와 어쨌거나 자본 계산이라는 경제적인 합리성을 생명으로 여기는 부르주아지는 반드시 의기가 투합하는 그런 동지는 아니다. 티센(Thyssen)과 샤흐트(Schacht)의 운명이 그것을 잘 말해주고 있다.[원주8] '자본'이 나치스 '혁

[원주8] 나치의 지배 하에서 전쟁 이전에도, 임금은 물론이고 상품의 규격·생산량·가격은 모두 정부의 엄중한 통제하에 놓여 있었으며, 특히 건축자재·신발·비료공업 등의 부문에서는 경비를 절감하는 생산을 하라는 명령이 내려졌다. 기업에 대한 투자도 흔히 강제적이고, 배당은 제한되었으며(처음에는 6%, 나중에는 8%), 공채(公債)의 강제 할당이 이루어졌다. 1938년 여름, 가장 우수한 노동자가 요새를 구축하는 데 강제적으로 동원되었으며, 그동안 전(前) 고용주는 임금을 지불하는 것은 물론이며, 언제든지 돌아올 수 있도록 직장을 비워두지 않으면 안되었다(P. Drucker, *op. cit.*, pp.148~149).

명'을 수용한 것은 진짜 혁명과의 양자택일 중에서 택하게 된 무모한 투자였다. 물론 나치당의 '반(反)자본주의적' 강령이 파시즘의 성숙과 더불어 탈락하고 있었다는 것은 사실이며, 나치 지배하에서 자본의 집중과 독점화가 급격하게 진행되었다는 것도 사실이다. 그런 의미에서 나치는 독점자본에 '융합'했다.[원주9] 그러나 그 '융합'은 '자본' 측으로부터의 일방적인 조작이 아니라, 자본주의적인 이윤의 합리성은 흔히 정치적·군사적 비(非)합리성의 희생물로 제공되곤 했다.

일본처럼 본질적으로는 '위로부터'의 파시즘 유형에서도, 급진 파시즘의 폭력성과 반(反)재벌적인 성격에 상층부는 적지 않게 손을 데인 사실은 주지하고 있는 그대로이다. 일본의 지배계급은 2·26사건(1936) 이후의 '숙군'(肅軍)과 우익단체들의 익찬체제(翼贊體制)로의 강제적 통합이라는 두 단계를 거쳐서, 점차로 파시즘 전위부대의 야생마를 완전히 길들이는 데 성공했던 것이다.

그런 의미에서는 파시즘 '전위부대'의 급진성이나 반역성은 독일에서 가장 강하며, 미국에서 가장 약하며, 일본은 그 중간에 있다는 것으로 된다. 즉 파시즘 생성기에서의 혁명적 상황의 긴박함의 정도에 의해서 '전위부대'의 급진성의 정도가 결정됨과 동시에, 다른 한편으로 역시 파시즘 생성기에서의 전쟁의 긴박함이 그 반역성의 정도에 큰 영향을 미친다는 사실은 이것으로도 알 수 있다. (현단계에서의 전쟁은 위로부터의 파시즘화를 밀고나가는 계기가 된다는 것은 앞에서 말했다. 만약 나치가 권력을 장악하기 이전의 30년대 초기에 독일을 둘러싸고서 전쟁이 발발했거나 혹은 그런 위기가 매우 절박했다면, 독일의 파쇼화는 그런 형태를 취하지 않고, 보다 '위

[원주9] 이 점은 특히 F. Neumann, *op. cit.*, p.504, n.63 및 pp.611~614 참조. 그리고 그 책 전체를 통한 프란츠 노이만의 분석은, 나치스 사회를 계급을 해소한 일반 대중(mass)의 지배라고 보는 레더러(Emil Lederer)나 일찍이 자본주의 법칙이 통용되지 않는 일종의 국방경제체제(Wehrwirschaft)로 보는 드러커의 견해에 대한 가장 근사한 반증이다.

로부터'의 유형, 예를 들면 국방군이 핵심이 되는 그런 형태로 이루어지지 않았을까 생각된다).

이렇게 본다면 앞으로의 미국의 파쇼화의 형태나 템포는 서로 모순되는 두 가지 계기의 교착에 따라 아주 미묘하게 규정될 것이다. 독점자본에 의한 전위적 파시즘의 에너지의 **흡수** 및 군(軍)과 비지니스의 융합이라는 점에서 본다면, 미국의 파시즘 형태는 독일이나 일본이 많건 적건 간에 우여곡절을 거쳐서 어딘가 도달했던 지점을 처음부터 출발점으로 삼아 진행되고 있으며, 그런 의미에서는 매우 성숙된 요소를 갖추고 있다. 스위지(P. Sweezy)가 일본과 미국을 비교해서, 일본의 군부·관료는 독점자본에 대해서 상대적 독자성을 가지고 있었지만, 이에 대해서 미국의 파시즘은 부르주아 계급 **자신들**의 군국주의화라고 규정한 것도, 위와 같은 측면을 강조하고 있는 것이리라. 그러나 그런 점으로 인해 곧바로 미국이 일본이나 독일보다도 파쇼화하기 쉬우며 또 그 템포가 빠르다고 할 수는 없을 것이다. 전위부대의 대중적 기초가 약하다는 것은 그런 반역의 가능성으로부터 벗어나 있다는 이점이 있는 반면, 조직노동이나 기타의 자발적 결사를 아래로부터 무너뜨리기 위해서는 아주 상황이 좋지 않다. SS나 SA는 당 수뇌도 꼼짝 못하게 하는 '급진성'을 발휘했는데, 잽싸게 모든 반대파를 때려눕히는 데는 그야말로 더할 나위 없는 보배였다. 노동자 계급을 비롯해 민중의 모든 **자주적** 조직을 분쇄하여 그것을 모래와 같이 하나하나 따로노는 '대중'으로 해체하지 않으면, 안으로 계급투쟁을 '절멸'시키고 밖으로 제국주의전쟁을 수행하기 위한 사회적 시멘트화는 불가능하다.

아무리 미국의 조직노동자의 계급의식이 낮다고는 하지만, 조합의 자주성을 완전히 빼앗아서 그것을 거세시키는 것은 쉽지 않은 일이다. 그것을 '아래로부터의' 파쇼적 대중단체의 에너지에 주로 의지하지 않고서, 그것도 급속하게 달성하는 것은 노골적인 국가권력의 발동을 통해서 언론·출판·집회·결사의 자유를 강력하게 박탈하는 수밖에 없다. 현실적으로 전쟁이 발발하기라도 한다면 모르지만, 미국의 지배층은 아직 그같은 **직접적인** 방법을 주된 지배양식으로 하는 일은 없을 것으로 생각된다. 히틀러조차 다음과 같이 말하고 있지 않은가. "새로운 권력을 창출하는 데에는 테러리즘이 절대불가결하다⋯⋯. 그러나 너무 놀라게 하는 것은 오히려 해가 된다. 그것은 혐오감을 낳는다. 테러리즘보다 더 중요한 것은 대중의 관념과 감정을 계통적으로 변화시켜가는 것이다⋯⋯. 오늘날에는 라디오가 있기 때문에 그런 일은 지난날과 비교도 안될 정도로 쉬운 것이다"(H. Rauschning, *Hitler Speaks*, 1939, p.275.). 하물며 매스 미디어가 대실업가들의 손아귀에 들어가 있는 미국에서는, 앞으로도 주로 그렇게 거칠지 않은 방법을 선택하게 될 것이다. 그러나 아무리 공허하게 되었다 하더라도 시민적 자유를 어떻게든 유지해가면서 "대중의 관념과 정서를 계통적으로 변화시켜가는 것"은 그만큼 시간이 걸리는 것이다.

오히려 미국이 파시즘의 현단계에서 수행하는 주요한 역할은 국제적인 반혁명의 총본산이라는 점에 있다. 반혁명은 혁명을 뒤집어놓은 것으로서 혁명이 국제적 규모를 띠게 되면 될수록 자신을 국제적 규모로 조직하지 않으면 안되는 것이며, 그런 의미에서 미국이 전세계에 확산시켜간 반혁명의 형태는 바로 파시즘의 '위로부터'의 유형인 피라미드를 가로로 한 그런 형태이다. 즉 '위로부터'의 유형에서는 가장 첨예한 파시즘단체가 사회적 저변에 위치한 것처럼, 반혁명의 국제적 포진에서는 혁명적 상황이 긴박하고 혁명세력과 직접적으로 대치하여 접촉하고 있는 곳일수록 파쇼적인 통치방법을 취하는 정권이 성립되기 쉽다.

극동에서 말한다면 이승만·키리노(Quirino)·바오 다이(Bao Dai)·장개석(蔣介石) 정권이 그러하며, 일본의 자유당 정권이 두드러지게 파쇼화하면서도 아직 앞의 제 정권보다 한층 '온건'한 것도 바로 그 때문이다. '자유로운 국민'의 '자유로운 제도'를 전체주의적인 억압으로부터 지켜낸다는 트루먼 독트린의 역사적 연설(1947년 3월 12일)에 기초하여 최초의 대규모적인 원조대상이 된 그리스와 터키에서는 당시 과연 어느 정도 '자유로운 제도'가 존재하고 있었는가. 그리스 국왕 게오르기오스 2세는 메타크

사스(Metaxas) 장군과 공모(共謀)한 1936년의 파쇼 독재정권의 수립자이며, 그 뒤를 이은 동생 파울로스는 일찍이 '파시스트청년조직'의 단장이었다. 터키에서는 오랜 일당독재 후에, 1946년에 처음으로 야당인 민주당의 선거 참여가 허용되었는데, 그 선거는 계엄령 하에서, 반대당 계열 신문의 탄압 하에서 이루어졌다. 프랑코 정권에 대해서는 말할 것도 없을 것이다.

이 경우 트루먼 대통령의 명예를 위해서 말해두고 싶은 것은, 동서에 걸친 그런 노골적인 파쇼적 정권을 그는 아마도 적극적으로 바람직한 것이라고 생각하지는 않았을 것이다. 그것은 워싱턴이나 펜타곤 수뇌부가 국내의 이름난 반동단체나 재향군인회의 활동을, 그리고 '빨갱이'나 흑인에 대한 노골적인 폭력을 반드시 바람직한 짓이라 생각하지 않았을 것이라는 것과 마찬가지이다. 그러나 앞에서도 말한 것처럼, 현대와 같은 국내적·국제적인 상황 하에서는 '본래 참기 어려운 것'조차, 보다 나쁜 것이 오지나 않을까 하는 공포 때문에 받아들여진다. 하물며 조금 뜻이 맞지 않는 것쯤이야 말할 것도 없다.

일찍이 나치스가 정권을 획득하고 1년 반 후에 로이드 조지(Lloyd George)는 하원에서 다음과 같이 말했다. "극히 가까운 장래, 아마도 1, 2년도 채 안되어서 우리나라의 보수분자들은 독일을 유럽에서 공산주의에 대한 방벽(防壁)으로 기대하게 될 것이다……. 우리는 섣불리 독일을 비난하지 않도록 해야 하지 않을까. 왜냐하면 우리는 마침내 독일을 친구로 환영하게 될 것이기 때문이다." 슈먼(F. Schuman)이 말하고 있듯이, "파시즘의 군벌들에 대해서 서구 민주주의국가가 행한 '유화정책'은, 서구 국가들의 수도에서 정책을 작성하는 데 가장 영향력이 큰 유산계급 엘리트 중 많은 사람들이 공공연하게 그리고 은근하게 파시즘을 코뮤니즘에 대한 '보험'(insurance)으로 찬미했다는 사실에 진정한 근원이 있었다"(F. Schuman, *op. cit.*, pp.626~628).

미국의 정치가 중에 매카시(McCarthy) 같은 사람은 어떨지 모르지만,

그보다 이성적인 보다 서유럽 민주주의 전통에 충실한 사람들이 과연 제2
차대전 이전의 과오로부터 교훈을 배울 수 있을 것인가, 아니면 그들이 공
포에 사로잡혀서 "아무것도 잊지 않았으며, 또 아무것도 배우지 않았
던"(learned nothing and forgot nothing) 19세기 프랑스 구(舊)체
제의 지배자들의 뒤를 밟게 될 것인가. 현대와 장래의 파시즘의 행방은 그
것에 따라 크게 좌우될 것이다.

맺음말

파시즘은 어떤 하나의 새로운 사회체제가 아니며 또 그것을 추구하는 것
도 아니다. 따라서 거기에는 적극적인 목표나 일관된 정책이 없다. 거기에
있는 유일한 목표를 찾아보면 반혁명이라는 것뿐이다. 그들의 주장이 반공
(反共, anti-communism)이라든가 반유태(anti-semitism)라든가 대
부분 부정(否定)의 형태로밖에 표현되어 있지 않은 것은 바로 그 때문이
며, 그것이 노골적인 일당독재 형태를 취한 경우에 그 독재가 이데올로기적
으로도 항구적인 것으로 되는 까닭이기도 하다. 게다가 파시즘은 선동
(Demagogie)에 의해 모든 계층에 대해 마치 동지인 것처럼 꾸민다. 그러
나 이해가 대립되고 얽혀 있는 현대사회에서 일관된 적극적인 프로그램을
내걸면 반드시 어딘가 계급의 이해와 저촉되지 않을 수 없다. 그래서 히틀
러는 자본가에 대해서는 노동자조직의 박멸을 서약했으며, 노동자들에 대
해서는 자본 착취의 철폐를 약속했으며, 중소기업에 대해서는 백화점이나
트러스트를 공격했으며, 농민들에게는 도시의 부패와 타락을 말했으며, 카
톨릭에 대해서는 반(反)종교운동이나 무신론(無神論)의 탄압을 말했으며,
프로테스탄트들에 대해서는 카톨릭교회의 타락을 통렬하게 비난했으며, 그
리고 그 모든 경우에 볼셰비즘과 유태인의 화(禍)로부터의 해방을 크게 외
쳤다. 그가 내건 프로그램이나 정책의 상호 모순은 이른바 파시즘의 필연적

인 모순이었다.

드러커(Drucker)는 어떤 나치의 선동가가 농민들의 집회에서 환호하는 청중에 대해서 다음과 같이 부르짖는 것을 듣고서 이렇게 기록하고 있다. "우리는 현재 빵의 가격 인하를 요구하는 것도 아니고, 그것의 인상을 바라고 있는 것도 아니며, 또 그 가격이 변하지 않는 것을 원하고 있는 것도 아니다. 우리는 다만 **국민사회주의적인** 빵 가격을 원하는 것이다!"(P. Drucker, *op. cit.*, pp.13~14). 그것은 현실적으로는 넌센스이다. 그러나 거기에는 파시즘의 가장 심오한 본질이 희화화된 형태로 아로새겨져 있다. 추상적·'이론적'으로 말하면 반혁명의 전체적인 조직화 과정은 사회의 강제적인 시멘트화에 의해 모든 이질 분자들——가능하고 현실적인 현체제의 반대세력——이 일소될 때 완료되는 것이다. 그러나 그런 반대세력의 출현은 기저에 있는 혁명적 상황의 결과이지 원인은 아니므로, 사회혁명의 세계사적 진행 자체가 정지되지 않는 한, 그런 동질화가 완료된다는 것은 현실적으로 있을 수 없는 일이다. 그런 의미에서 파시즘은 영원히 '미완성'인 것이며, 그것은 그렇게 해서 반혁명의 전체적인 **조직화로** 향하는 이른바 무한한 운동[원주10]으로서만 존재한다.

그리하여 그것은 근대적 사회에서의 '능동적 니힐리즘'의 궁극적인 숙명인 것이다.

● 1952년

[원주10] 나치의 이론가 카를 슈미트(Carl Schmitt)가 국가·운동·민족을 국민사회주의의 세 요소라 하고, 그들 중의 핵심을 운동(Bewegung)에서 찾았던 것은 그의 의도 이상으로 상징적이다.

제4장

내셔널리즘 · 군국주의 · 파시즘

머리말

일반적으로 정치적 이데올로기는 국가 · 계급 · 정당 · 그 외의 사회집단이 국제 내지 국내 정치에 대해서 품고 있는 표상(表象) · 바람 · 확신 · 전망 · 환상 등 제 관념의 복합체로서 나타난다. 그것은 일반적으로 목적의식성과 자연성장성이라는 두 계기를 갖추고 있으며, 그 농도는 피라미드 형으로 분포되어, 그 정점(頂点)에는 조직적 · 체계적인 이론 내지 학설이 위치하고 있으며, 저변에서는 비합리적이며 단편적인 감정 내지 행동양식이 떠받치고 있다. 이데올로기의 정치적 에너지는 저변으로부터 올라오며, 정책에의 방향지움은 정점으로부터 하강한다. 따라서 저변에 의해 떠받쳐지지 않은 정점은 정치적 이데올로기로서는 공허하지만, 반대로 정점의 합리적 지도성을 결여한 저변은 맹목적이다. 그런데 제반 이데올로기는 그 발생의 역사적 유래에 의해서, 그리고 그것이 작용하는 장(場)으로서의 정치적 상황 여하에 따라 정점에 대한 수렴성이 강한 것이 있는가 하면, 저변으로부터의 견인력이 강한 것도 있으며, 그 정도는 아주 다양하다. 일반적으로 말해서 자유주의 · 민주주의 · 사회주의라는 계열의 이데올로기가 각각 봉건제 사회나 자본제 사회의 체제적인 변혁을 추구하고, 또 그것을 지향하는 명확한 계급적인 범주에 의해 담당되어왔기 때문이다.

　기존의 체제를 옹호하는 측의 이데올로기는, 주로 체제에 내재하는 습관화된 생활양식이나 타성적인 정치의식 —거의 무의식처럼 된 정치의식— 에 어필하는 것으로 충분하기 때문에 체계성에 대한 지향이 약한 데 대해서, 체제의 적극적인 변혁을 추구하는 이데올로기는 어떻게 해서든 먼저 기존의 권력구조나 사회제도·문화에 대한 종합적인 인식과 당면한 정치상황에 대한 전면적인 전망을 가지지 않으면 안되기 때문에 이론적 무장에 대한 내면적인 충동이 보다 강하기 마련이다. 진보적 이데올로기가 '추상적'으로 학설 혹은 세계관으로 파악하기 쉬운 데 반해서, 보수나 반동 이데올로기를 이론적으로 파악하기 어려운 것은 한편으로는 바로 여기서 유래하고 있다.

　그런데 테크놀러지의 비약적인 발전에 뒷받침된 대중 데모크라시의 등장은 정치과정에 대한 방대한 비합리적 감정의 분출을 가져다주었으므로, 이데올로기 투쟁은 지금까지에 비해서 저변으로부터의 견인력을 급격하게 증대시켰다. 정치적 상징의 의의의 증대, 매스 미디어를 통한 선전과 선동의 압도적인 중요성, 총체적으로 이데올로기의 선동화 경향은 그 주요한 지표에 다름아니다. 제1차대전을 전후하여 특히 현저하게 된 대중사회의 문제상황에 대해서, 본래 대중의 자주적인 해방을 추구하는 이데올로기로서 등장한 부르주아민주주의나 사회주의가 민첩하게 적응하지 못했고, 오히려 그 해방을 저지하는 초(超)국가주의나 파시즘과 같은 여러 가지 이데올로기가 그런 상황을 백 퍼센트 이용했다는 점보다 더 큰 역사적 아이러니는 없을 것이다.

　역시 볼셰비즘은 러시아의 사상사적 전통과 특히 그 최대의 이론가 레닌의 놀랄 만한 정치적 리얼리즘에 힘입어 서구적 민주주의의 '달콤함'에서 벗어나, 방대한 지역에 걸친 사회주의 세계의 수립에 성공했다. 그러나 두 차례에 걸친 세계대전의 충격을 겪고서도, 혁명이 오늘날까지 성공한 지역은 (체코를 제외하면) 어느 곳이나 테크놀러지와 매스 미디어의 발달이 아주 늦은 나라들, 따라서 위에서 말한 것과 같은 정치적 상황의 구조변화를 충분히 경험하지 못한 곳에 한정되어 있었으며, 일본·독일·이탈리아·스페인 등에서는 반동적 이데올로기와의 투쟁에서 비참하게 실패했다. (이 점, 코뮤니즘에 대한 러시아나 중국의 대중적 지지의 이유를 파시즘의 경우와 마찬가지로 오직 권력에 의한 매스컴의 계통적 이용 여하에서 찾는 통속적인 견해가 역사적으로 지지받지 못하는 것을 아이작 도이처가 명쾌하게 설명하고 있다. Isaac Deutscher, *Russia — since Malenkov.* 일역판, 14쪽 이하.)

민주주의자나 사회주의자가 니부어(Reinhold Niebuhr)의 이른바 ('어둠의 자식'에 대비되는—옮긴이) '빛의 자식'에 어울리게 합리성이나 휴머니즘을 정치행동의 기초에 두고, 대중의 능력의 가능성에 흔들리지 않는 신뢰를 가진 것 자체가 당연하며, 바로 거기에 현대에서 자유와 진보의 겉치레가 아닌 진정한 대표자라 할 만한 자격이 있는 것이다. 그런데 그것이 기계 시대의 정신적 상황에 대한 리얼한 통찰로 뒷받침될 수 없는 경우에는, 한편으로는 그들이 의거하는 사상이나 이론 자체가 대중에게서 상징화되고 있는 현실에 대해서 자기기만에 빠짐과 동시에, 다른 한편으로는 이론성이나 체계성에서 열등한 여러 가지 이데올로기의 이데올로기로서의 장악력을 과소평가하여, 그것을 하부구조의 문제로 환원시키거나 혹은 기껏해야 '뒤떨어진 의식'의 산물로 처리하려고 한다. (그것을 뒤집어 보게 되면, 이론의 영역과는 별개로 완전히 현실 정치의 전술 상의 고려에서, 그런 이데올로기나 정감을 '이용'하는 태도로 나타난다.) 정치과정에서 분출하는 다양한 비합리적인 요소는, 그것을 무시하거나 경멸하지 않으며, 더구나 그것을 합리화하지 않고서 비합리성을 비합리성으로서 합리적으로 관찰의 대상으로 삼음으로써, 그 기능을 가능한 한 최대한으로 통제하는 길이 열리게 되는 것이다.

이하의 간략한 논고(論考)는 현대의 비교적 비합리적인—반동적이라 한정시키지는 않지만—이데올로기로서 가장 중요하다고 생각되는 내셔널리즘과 군국주의와 파시즘에 대해서, 정치학적인 접근의 한 예를 보여주기 위해서 시도한 것이다. 나는 나 자신의 규정을 유일한 올바른 규정이라 억지로 주장할 생각은 조금도 없다. 오히려 그런 이데올로기에 대해서 검증을 기다리지 않는 진리성을 갖춘 그런 '정의'(定義)를 목표로 삼아, 그것을 둘러싸고 학술적인 논쟁을 하는 것은 정치적 분석에서 백해무익하다는 것이 나의 이전부터의 주장이다. 다만 이 책에 실려 있는 다른 논문들이 이론이나 세계 현실의 정치적 상황이나 정신적 분위기를 많이 다루고 있으므로, 내셔널리즘이나 파시즘에 대해서 애초에 내가 어떻게 생각하며, 또 어떤 접근방식을 채택하고 있는지 보여주는 것은——특히 이같은 애매한 개념의 경우——독자들에 대한 책임이기도 하며, 또 다른 논문의 이해를 도와줄 것이라 생각했기 때문에『정치학사전』(政治學辭典, 平凡社, 1954)을 위해서 써놓은 해설에 약간의 보완과 수정을 가해서 정리해놓는 것이다. 구체적인 과정 그 자체의 서술이 아니라, 어디까지나 그것을 관찰하고 분석하는 도구에 도움이 되었으면 하는 생각으로 썼다. 현대의 정치적 이데올로기와 같은 복합적인 현상은 정치학만이 아니라 사회학·경제학·철학·심리학·역사학 등의 입장에서 각각의 관점을 내놓아 상호간의 입체적인 이해를 심화시켜갈 필요가 있으며, 이데올로기론에 대한 그같은 다양한 각도로부터의 활발한 검토에 하나의 자극이 될 수 있었으면 하는 것이 나의 작은 희망이다.

● 1956년 9월

1. 내셔널리즘

내셔널리즘은 본래 극히 감정적이고 탄력적인 개념이기 때문에 추상적으로 정의하는 것은 어려운 일이다. 그것은 민족주의·국민주의·국가주의와 같이 여러 가지로 번역되어, 각각 어느 정도 정당한 그러나 어느 것이나 일면적인 번역어가 되고 있다는 점에도 반영되고 있다. 내셔널리즘은 역사적 상황에 따라 혹은 동경 내지 고무(鼓舞)의 감정을, 혹은 증오 내지 혐오의 감정을 불러일으킨다. 같은 개념 하에 한편에서는 자유와 독립이, 다른 한편에서는 억압과 침략을 의미하고 있다. 그것은 결코 단순한 용어의 자의적인 남용이 아니라, 오히려 그런 용어의 혼란 자체 속에, 근대 세계사의 정치적 단위를 이루어온 민족국가 혹은 국민국가(nation state)의 다양한 역사적 족적이 각인되어 있다.

우선 정의를 내려본다면, 내셔널리즘은 어떤 네이션(nation)의 통일·독립·발전을 지향하여 밀고나가는 이데올로기 및 운동이다. 따라서 내셔널리즘 개념의 다양성은 네이션이라는 범주의 다양성 내지 애매함과 서로 얽혀져 있다. 그러나 내셔널리즘에 생명력을 부여하는 것은 네이션의 주체적 계기라고도 불리고 있는 민족의식에 다름아니다. 내셔널리즘은 이렇게 민족의식이 일정한 역사적 조건 하에 단순한 문화적 단계로부터 정치적인 —따라서 '적'(敵)을 예상하는 의식과 행동으로까지 고양될 때 비로소 출현하게 된다. 내셔널리즘의 최초의 목표가 어디서나 네이션 내부의 '정치적' 통일(공통의 정부 수립) 및 타국에 대한 '정치적' 독립(국제사회에서의 주권의 획득)으로 표현되는 까닭이 바로 여기에 있다. 보편적 규범에 의해 결속된 '국제사회'는 먼저 유럽에서 성립했으며, 거기서부터 전세계로 퍼져나갔기 때문에 근대 내셔널리즘이 사상으로도 현실의 운동으로서도 19세기 유럽에 그 원형이 있다는 것은 자연스러운 일이다. 그러나 오늘날 그것이 집중적으로 문제가 되고 있는 곳은 오히려 아시아·아프리카 등 근대제국주의의 침식 하에 놓여 있던 지역이다.

●근대 내셔널리즘의 역사적 형성

유럽에서의 민족의식은 중세 말기부터 수세기에 걸친 오랜 기간 동안에 서서히 성숙된 것이지만, 내셔널리즘이라는 이데올로기 및 운동이 현저한 역사적 원동력이 된 것은 19세기 이후의 일이다. 그 직접적인 동기가 되었던 것은 프랑스혁명이며, 그 전개 무대는 주로 대륙 국가들이었다. 영국은 통일국가의 조기적 완성, 부르주아혁명과 산업혁명의 선구적인 달성, 강대한 해군력으로 보호된 섬나라라는 위치 등의 극히 특수한 여러 조건 때문에 ──현실의 역사적 족적은 '국민적 이익'(national interest)의 일관된 추구를 보여주고 있음에도 불구하고──특수한 이데올로기 및 운동으로서의 내셔널리즘은, 거기서는 오히려 실체적으로 응집될 수 있는 기회가 비교적 결핍되어 있었다.

프랑스혁명에 대한 간섭전쟁의 과정은 우선 프랑스 시민들에게 애국심과 인민주권의 원리의 결합을 가져다주었으며, 이어서 나폴레옹의 침략은 한편으로는 중남부 유럽 국가들의 구체제를 파괴함과 더불어, 다른 한편으로 제 민족의 광범한 저항운동을 불러일으켰다. 그것을 계기로 하여 ① 대내적으로는 정치적 지도권을 일부 소수의 특권 귀족층의 독점으로부터 해방시키고 그것을 '국민적' 기반으로 확대하는 이상(理想), ② 대외적으로는 오랫동안 국제사회의 조직원리로 통용되어온 왕조주의(王朝主義)를 타파하고 네이션을 기초로 하는 독립국가를 형성하려는 지향이라는 두 측면의 동향이, 바야흐로 국민적 자기결정(national self-determinism)이라는 통일적인──그러나 내실이 반드시 명료하지 않는──관념으로 합류해갔던 것이다. 그같은 내셔널리즘과 자유민주주의의 결합의 추진력이 되었던 것은 각국의 신흥부르주아지와 지식층이며, 19세기 유럽 대륙의 역사는 그런 중간 계급을 담당자로 하는 내셔널리즘이 왕조적 정통주의를 한 걸음 한 걸음 배제해간 과정에 다름아니었다. 그 과정의 최후적 완성이 제1차대전에서의 오스트리아─헝가리 제국──그것은 '제 민족의 감옥'으로 불리고 있었다──의 해체이며, 베르사유조약에서 민족자결주의는 공식적으로 원칙화되었다.

그렇지만 금세기의 내셔널리즘과 자유민주주의의 결합을 너무 도식적으로 이해해서는 안된다. 내셔널리즘에 특유한 역학은, 일찍부터 그것에 복잡한 그림자를 부여해주었다. 이미 프랑스의 왕당파──예를 들어 사상가로서는 드 메스트르(de Maistre)──는 혁명에 의해 점화된 새로운 국민 감정을 교묘하게 부르봉(Bourbon) 왕조의 반혁명에 이용하는 것을 게을리하지 않았다. 신흥부르주아지의 힘이 본래 약한 곳이나, 그것이 산업혁명에 의해 급격하게 증대된 대중의 압력에 공포를 느낀 그런 상황 하에서는, 내셔널리즘의 심벌은 '자유'나 '해방'의 표상보다도 오히려 보다 용이하게 과거 왕실의 영광과 결부되었으며, 국민적 통일의 상징으로서의 군주가 정치적 생명을 유지했다.

1848년은 정통주의의 지주로서의 메테르니히(Metternich)의 몰락을 기록함과 동시에 노동자 계급의 국제적 단결을 불러일으킨 역사적 선언이 발표된 해이기도 하다는 점은 매우 상징적이라 할 수 있을 것이다. 즉 내셔널리즘의 도도한 발전의 무대 이면에서는 많건 적건 간에 귀족적 보수주의와 시민적 자유주의 쌍방으로부터의 타협이 이루어지고 있었던 것이다. 그런 경향을 집중적으로 표현해준 것이 독일의 통일(1871)이며, 더구나 바로 그 무렵부터 주요 자본주의국가는 제국주의 단계에 들어섰다. 발칸의 내셔널리즘 운동의 비극은 그같은 선진국과의 격차에서 유래하는 것이며, 그런 모순은 얼마 후 그곳이 제1차대전의 발화점이 되었다는 사실에도 표현되고 있다. 베르사유 체제에서의 리버럴 내셔널리즘의 관념적 제패가 현실적으로는 전 유럽의 발칸화를 가져다주었다는 것은 너무나도 당연한 역사적 귀결이었다.

그러나 다른 한편으로 금세기의 후반기에서 내셔널리즘의 불길은 '조국을 가지지 못한' 셈인 노동자계급을 두텁게 휘감고 있었다. 의무교육의 보급, 선거권의 확대, 노동조합의 발달, 노동자 정당의 의회 진출, 사회정책의 실시, 이같은 여러 가지 과정은 한편으로는 유럽 국가들의 노동자계급의 정치적 압력을 증대시킴과 더불어 그만큼 그들을 체제내적 존재로 전환시켜서, 은연중에 그 계급의식의 내실은 소시민화되어갔다. 그리하여 식민지로부터의 초과이윤이 그들 프롤레타리아트, 특히 그 상층부에도 돌아가게 된 것은 더욱더 그들의 '국민화' 경향에 박차를 가했다. 독일사회민주당에서의 수정주의의 발생은 단순히 그와 같은 저류의 변용을 노골적으로 '정직'하게 표백했기 때문에 충격적인 것으로 보였지만, 실은 노동자·농민이 철저하게 체제로부터 소외되어 '국민적 이익'에 대한 균점(均霑)을 바라지 않았던 반봉건적인 러시아를 제외하고는, 각국의 노동운동과 사회주의운동은 이미 그 무렵에는 표면적인 언사의 급진성에도 불구하고, 실질적으로 계급적 충성과 국제적 연대성을 국가적 충성에 종속시키고 있었던 것이다.

그같은 실질적인 변용은 제1차대전의 발발에 즈음하여 제2인터내셔널의 급격한 붕괴로 인해 단적으로 폭로되었다. 이처럼 내셔널리즘이 중간계급을 추축으로 하여 상층과 하층 두 방향으로 신장되었다는 사실이야말로 19세기 후반 유럽국가 내부의 상대적 안정에 유력한 요인이었으며, 더구나 국제질서도 한편에서의 정치적 단위의 다원화(주권국가의 병존)는 다른 한편에서의 세계경제체제의 단일성과 '기독교문명'의 공통성에 의해 균형을 이루고 있었기 때문에 격심한 혼란을 불러일으키지는 않았다. 이같은 사정은 제1차대전 이후에 완전히 달라졌다.

● 현대 내셔널리즘의 양상

유럽을 중심으로 하며, 독립 네이션(nation)이 정치단위를 이루어 국제사회를 구성해온 19세기적 세계는 ① 미합중국의 세계적 강대국으로의 등장, ② 러시아혁명에 의한 사회주의권의 성립, ③ 이른바 '아시아의 발흥'이라는 세 가지 계기에 의해서 근본적으로 뒤바뀌었다. 전(前) 세기 중엽의 마치니(G. Mazzini)가 구상한 바와 같은, 그리고 윌슨(W. Wilson)이 제1차대전 후에 기대했던 것과 같은 개인주의=국민주의=국제주의의 아름다운 조화라는 꿈은 무참히 깨졌으며, 두 대전 사이의 20년은 사회적·경제적 동요와 국제적 긴장의 격화로 흘러갔다. 생산력과 교통·보도 수단의 비약적인 발달은 세계를 하나로 만든 만큼 그같은 동요나 긴장의 파동은 규모에서도, 그리고 충격의 정도에서도 엄청났다. 놀랄 정도로 방대해진 경제적·군사적 메커니즘 앞에 군소 민족국가는 독립된 정치단위로서의 의의를 현저하게 잃어버렸다. 국제연맹의 '비극'은, 그것이 한편으로 위와 같은 현실을 용인하고 법칙화하면서(예를 들면 집단 안전보장 원리), 다른 한편으로 여전히 전(前) 세기의 원자적인(atomistic) 국제질서관을 고집하고 오히려 그것을 국제데모크라시의 이름 하에 극단화했다는 사실에 이미 배태되어 있었다. 신구(新舊), 대소(大小)가 뒤섞인 민족국가가 앞을 다투어 줄지어 선 유럽에서 그런 모순은 집중적으로 드러나게 되었다. 카 (E. H. Carr)는 제2차대전에서, 각각 오랜 국민적 전통을 가진 연합국의 국민들이, 피점령지역에서 광범하게 추축국에 협력했다는 사실을 들어 낡은 내셔널리즘의 몰락의 징후라고 했다(*Nationalism and After*. 일어 번역본 참조). 오늘날의 세계에서 네 강대국(미·영·소·중)이 모두 고전적인 민족국가가 아니라는 사실 또한 상징적이다.

그러나 그런 동향을 들어, 곧바로 내셔널리즘의 역사적 역할의 종말을 선언하고, 세계연방이나 세계국가(세계정부)의 문제를 오늘날의 일정에 올리는 것은 '체제' 문제를 일단 별도로 한다 하더라도 여전히 비약을 면할 수 없다. 국제사회의 조직화는 우선 역사적·지리적·경제적 근접성에 기초한 몇 가지 초(超)민족집단을 지향하여 권력단위가 점차 확대되어가는 완만한 과정을 거쳐 진행될 것이다(예를 들면 서구권, 라틴 아메리카권, 동남아시아권, 아랍권처럼). 그 과정에서 내셔널리즘은 제국주의——제국주의는 내셔널리즘의 발전임과 동시에 그것의 부정이기도 하다——및 모든 형태에서의 권력정치의 추진력 또는 대항력으로서 여전히 생명을 지속해갈 것으로 생각된다. 그것과 관련하여 자본주의 발전의 불균형의 반면(反面)으로서의 내셔널리즘 발전의 불균형이라는 문제가 중요하다. 서유럽에서 내셔널리즘이 노쇠하여 매력을 잃어가고 있는 것과는 반대로, 아시아대륙·근동(近東)·아프리카·중남미와 같은 지역에서는 파릇파릇한 혼돈된 에너지가 넘쳐 흐르고 있다. 특히 오늘날 세계의 눈과 귀를 모으고 있는 곳은 아시아 바로 그곳이다.

●아시아의 내셔널리즘

19세기에서 세계시장의 형성은 종래 '세계사'의 격동의 피안에 있던 광대한 '미개지역'을 국제사회로 끌어들였다. 그 역사적 변동은 예로부터 독자적인 문화와 전통을 형성해온 극동 국가들에서 가장 큰 충격으로 나타났다. 일본은 다양한 역사적 조건에 의해서 가장 일찍이 그런 충격을 주체적으로 받아들여서 일단은 유럽형의 주권적 민족국가를 수립하는 데 성공했으며, 19세기 말에는 재빨리도 유럽 제국주의와 고삐를 나란히하여 식민지 분할 경쟁에 나섰다. 그러나 다른 극동 제 민족은 일본의 발흥에 자극받아 민족적 독립의 방향으로 나아가기 전에, 혹은 그런 동향이 취약한 동안에 집중적인 제국주의 침략을 당해 식민지 내지 반식민지 상태에 빠졌다.

그렇지만 마침내 제국주의 국가에 의한 자본수출은 전통적 생산양식을 무너뜨렸고 교통망의 발달이 많건 적건 간에 폐쇄적인 공동체 질서를 파괴했기 때문에, 자본과 군화의 무자비한 족적 하에서 거의 불사신의 에너지를 가진 민족해방운동이 20세기에 들어와서 가는 곳마다 발흥했다. 유럽에서의 민족자결주의의 승리, 러시아혁명, 두 세계대전에서의 영국·프랑스·네덜란드 등 주요 식민제국의 약화와 제2차세계대전에서의 일본 제국주의의 붕괴라는 일련의 역사적 과정을 거쳐서, 현대 아시아·아랍 민족운동은 세계정치의 가장 중요한 요인의 하나가 되어 있다. 그것을 유럽적인 내셔널리즘 범주로 어디까지 포착할 수 있는가 하는 커다란 의문이 있지만, 역시 거기에는 내셔널리즘이라 부를 수 있는 그런 요소가 작용하고 있다는 점도 부정할 수 없다.

물론 한마디로 아시아 내셔널리즘이라 해도 그 사이에는 상당한 지역차가 있는데, 그 내부적 차이를 넘어서 공통적으로 유럽 내셔널리즘과 구별되는 특성에 대해서 주목해보면, 우선 그들 모든 지역의 사회구성에서 유럽과 가장 두드러지는 대조를 이루고 있는 것은, 이른바 중간계급의 결여이다. 상층부에는 60퍼센트에서 80퍼센트에 이르는 초(超)고율의 지대(地代)를 수탈하는 반(半)영주적인 거대 지주나 선진국의 외국 상사(商社)와 결탁한 매판자본이 자리하고 있으며, 그 바로 밑에는 인구의 압도적 다수를 차지하며 거의 문맹인 빈농과 가공할 정도로 열악한 노동 조건 하에 있는 광업, 기타 주로 원료생산업 및 교통관계의 노동자, 다양한 잡역에 종사하는 반(半)프롤레타리아트 군집이 위치하고 있다. 그 사이에 겨우 소규모의 민족자본, 소상인, 유럽적 교양을 지닌 지식층(관리, 군인을 포함)이 의사(擬似) 중간계급을 형성하고 있는 데 지나지 않는다. 내셔널리즘의 거대한 에너지를 제공하는 것은 말할 것도 없이 하층의 극빈대중이며, 그들의 비인간적인 생활조건과 의사(擬似) 중간계급의 불안정성은 그런 내셔널리즘에 매우 급진적인, 흔히 열광적인 성격을 부여해주고 있다. 부와 권력을 가진 소수의 토착지배층은 외국제국주의와의 거래를 유리하게 하기 위해서 그런 대중운동을 이용하며, 또 어떤 경우에는 지도도 하지만, 결정적인 상황에서 흔히 제국주의와 결탁하여 그것을 짓누르는 역할을 하기도 한다. 따라서 아시아의 내셔널리즘은 이데올로기적으로도 정치운동으로서도 아주 굴절이 심하며, 그 '급진성'도 때로는 코뮤니즘(communism)으로서, 때로는 울트라 내셔널리즘(ultra-nationalism : 특히 격렬한 반(反)서구주의)의 양상을 띠면서 발동하게 된다.

그렇지만 일반적으로 아시아의 내셔널리즘에는 유럽의 그것에 비해서 사회운동의 성격이 강하며, 그 강령에도 국가자본에 의한 공업화, 문맹퇴치, 기술자 및 근대적 노동자의 양성, 농지개혁, 복지, 특히 위생설비의 확충과 같은 공통된 요소를 볼 수 있다. 거기서의 비(非)공산주의적 지도자가 소비에트 러시아의 국내적 실험에 쏟은 많은 관심과 동정도 이데올로기적인 것이 아니라 그같은 후진 지역의 자주적 근대화의 최초의 모범을 러시아에서 찾아냈기 때문에 다름아닙니다. 요컨대 그것은 맥마흔 볼(Macmahon W. Ball)이 말하고 있듯이, ① 제국주의에 대한 반항, ② 빈곤에 대한 반항, ③ '서양'에 대한 반항이라는 세 가지 반항이 뒤섞여 있는 것이다. 민족운동의 지도권을 누가 쥐느냐에 따라서 그 화합의 방식이나 강도가 서로 다르지만, 첫째로 거기서의 계급대립이 전형적인 노동자-자본가 관계로 나타나지 않는다는 사정과, 둘째로 아시아가 유럽제국주의 하에서 체험한 역사적 운명의 공동성의 의의가 광범하게 존재한다는 사정에 의해서, 아시아 각 지역의 민족운동 상호간에는 단순히 각각의 계급적 성격으로는 이해되지 않는 막연한 연대감정이 흐르고 있다(예를 들면 네루나 수카르노의 중국에 대한 태도). 그러나 다른 한편으로는 그런 연대성을 어떤 형태로든 조직화하려는 움직임은, 아시아 내부의 전통적인 종교적 대립이나 세계정치의 격렬한 양극화 경향 등에 의해서 많은 어려움에 직면해왔다는 것도 부정할 수 없다.

다른 한편 일본은 일면으로는 아시아에서 유일한 고도자본주의국가로서 거의 서유럽과 공통되는 발전의 길을 걸었지만, 동시에 사회구조나 역사적 · 문화적 특징 등에서 아시아대륙에 가까운 요소를 갖추고 있으며, 특히 제2차대전 후 미국제국주의에 군사적으로 종속되고, 정치적 · 경제적으로도 크게 의존했다는 것은, 결국 다른 식민지 · 반식민지 지역과 문제의 공통된 측면을 농후하게 만들었다. 따라서 일본의 내셔널리즘에는 서유럽형의 그것과 아시아형의 그것, 그 위에 전통적인 요소가 복잡하게 뒤얽혀서 특히 혼돈된 양상을 드러내고 있다(이 책 제1부 제5장 「일본에서의 내셔널리즘」 참조).

● 내셔널리즘의 이데올로기적 구성

내셔널리즘은 본래 국민적 특성을 주장하는 이데올로기이기 때문에, 그 내용은 역사적 단계나 민족적 차이에 따라서 극히 다양한 것이 당연하다. 내셔널리즘의 대표적 이론가를 보더라도 루소에서 트라이치케(Treitschke)를 거쳐서 손문(孫文)에 이르기까지, 그 사이에 거의 무한한 뉘앙스가 있다. 헤이스는 그 이데올로기를 근거로 역사적 순서에 따라 인도주의적, 자코뱅적, 전통적, 자유주의적, 전체적(integral)이라는 식으로 유형화하고 있는데(C. Hayes, *Historical Evolution of Modern Nationalism*, 1931), 구체적으로는 그런 상호간에 복잡한 이행관계가 있으며, 또 아시아의 내셔널리즘에 그런 유형화는 들어맞지 않는다. 따라서 여기서는 그런 이즘(ism)에 의한 분류가 아니라 오히려 내셔널리즘을 다른 이데올로기로부터 구별해주며, 그야말로 내셔널리즘으로 만들어주는 빼놓을 수 없는 구성요소를 문제삼고자 한다.

이런 관점에서 보면 내셔널리즘의 이데올로기는 거의 세 개의 계기로 구성되어 있다(이 점은 F. Hertz, *Nationality in History and Politics*, 1944로부터 많은 시사를 받았다). ① 국민적 전통(national tradition), ② 국민적 이익(national interest), ③ 국민적 사명(national mission)이 그것이다. 전통은 네이션을 과거와 이어주며, 이익은 그것을 현재에, 사명은 그것을 미래와 이어준다. 이같은 세 가지가 합성되어 거기에 국민적 개성 관념(national character)이 나오게 되는 것이다(영국의 '잰틀맨'(gentleman)이라든가 일본의 '옛 무사'(古武士)라든가 미국의 '보통사람'(common man)과 같은 인격유형은 그런 국민적 개성 관념의 구체적 인격화에 다름아니다).

1) 내셔널리즘에서의 국민적 전통에 대한 주장은 국어·습속·예술, 기타 민족문화의 보존과 신장의 요청으로 나타나며, 또한 자국의 역사에서의 외적 격퇴의 전통에 대한 강조, 나아가서는 자국의 위신이나 영광을 높인 과거의 지배자나 장군——이른바 민족적 영웅——의 현창으로 발현된다. 그와 같은 상징이 흔히 사회체제나 계급을 넘어서 추구되는 것은, 최근 소련의 예(이반 대제나 표트르 대제 등)에서도 분명하게 나타나고 있다. 내셔널리즘은 그런 전통의 미화를 매개로 하여 로맨티시즘(romanticism)에 가까이 간다. 그 정치적 의미는 상황에 따라 일괄적으로 말할 수는 없지만, 적어도 역사적으로는 보수 내지 반동세력이 내셔널리즘을 담당할 때, 그같은 경향이 강하게 나타나고 있다. 전통이 민족의 신화적 기원에까지 소급하는 경우(건국신화의 강조 등)는 특히 그러하며, 그럴 경우에는 사명 관념과 결부되어 울트라 내셔널리즘의 양상을 띠게 된다.

2) 국민적 이익이라는 관념은 강도의 현실성과 강도의 관념성이라는 양

면을 지니고 있다. 국내적으로는 부분적·지역적 이해의 극복, 국제적으로는 영토나 권익의 옹호·확대의 요청으로 나타나는 경우가 제일 많다. 내셔널리즘이 식민지로부터의 독립운동으로 발현되거나 또는 그것이 상승적인 계급에 의해 담당되는 경우, 나아가서는 식민지 초과이윤을 다소라도 지속적으로 기대할 수 있는 그런 상황에서는, 계급대립을 넘어선 국민적 이익의 관념이 현실성을 띠고서 널리 국민들 사이에 뿌리를 내린다. 그것에 반하여 체제가 하강 내지 몰락기에 들어설수록 그 관념은 허위의식으로 변하며, 사회적 모순을 은폐하고 계급적 충성을 억압하는 이데올로기적 역할이 전면에 나서게 된다. 일반적으로 내셔널리즘에는 국내의 계층적 질서를 평준화하는 경향과 거꾸로 그런 계층을 고정화하는 경향이라는 완전히 정반대되는 방향이 함께 내포되어 있는데, 구체적인 경우에 어느 쪽이 더 지배적인가를 알 수 있는 지표로서 '국민적 이익'이라는 관념이 기능하는 방식을 보는 것이 효과적이다.

3) 국민적 사명 내지 포부는 어떤 네이션이 세계에서의 존재이유와 장래의 행동목표를 단적으로 제시하고, 국민을 정신적으로 고무시키거나 혹은 잠재적·현재적인 '적국민'을 정신적으로 무장해제시키는 역할을 한다. 전통과 이익이 어느 쪽인가 하면 한정적·특수화된 성격을 갖는 데 대해서, 사명감은 보편화의 충동이 강하며 두드러지게 외향적이다(흔히 범게르만주의라든가 범슬라브주의와 같은 형태로 결부되며, 다분히 선민(選民) 사상을 수반한다). 특히 내셔널리즘의 제국주의로의 발전과 나아가서는 국제정치에서의 이데올로기전(戰)의 확대는 서로 어울려서 사명감의 국제화에 박차를 가하고, 그와 더불어 선동(demagogie)화 경향도 현저해진다. 미개인의 문명화(미국의 '장대한 사명'(manifest destiny)), 정교(正敎)의 수호와 선포(제정 러시아의 '제3의 로마'라는 관념), 피압박민족 및 계급의 해방(파시스트, 러시아 등의 혁명정권의 경우), 세계 금권(金權)지배의 철폐(나치스 독일의 '신질서'), 아시아인을 위한 아시아 건설(제국 일본의 '대동아공영권'(大東亞共榮圈)) 등 그 역사적·정치적 역할은 다양한데 어느

것이나 근대의 국민적 사명감의 유명한 사례들이다.

● 내셔널리즘의 운동 형태

내셔널리즘이 정치운동으로서 취하는 형태도 본래부터 역사적·지역적으로 다양한데, 여기서는 아주 일반적인 특징들을 말하기로 한다.

우선 1) 내셔널리즘 운동은 일반적인 정치운동과 마찬가지로 대중의 무정형적인(amorph) 국민감정을 기반으로 하며 그것을 지도자가 다소라도 자각적인 의식과 행동으로까지 조직화해가는 과정을 밟는데, 그럴 경우 내셔널리즘은 이데올로기의 이론성·체계성이 약하기 때문에 저변의 국민감정은 소재(素材) 그대로 세련·승화되지 못하고 축적되는 경향이 있으며, 운동의 지도성은 그 저변의 비합리적 정감에 의해 강하게 견제받는다. 거기에 내셔널리즘 운동의 특이한 강점과 동시에 약점이 존재한다. 즉 내셔널리즘 운동은 애국심의 정신구조로부터도 엿볼 수 있듯이 자애주의(自愛主義, 자아의 국가로의 확대와 투사)와 애타주의(愛他主義, 조국에 대한 헌신과 희생)의 감정을 함께 비교적 무리없이 동원할 수 있다는 점에서, 단순한 계급주의나 인도주의에 입각한 운동에 비해서 현저하게 유리한 측면을 가진다. 다른 한편으로 점화된 대중의 격정은 흔히 맹목적인 에너지로 폭발해서, 지도자 자신이 그것을 제어할 수 없게 되는 위험성이 있다. 지도자의 권력이 어느 정도 안정적인 사회계층을 기반으로 하지 않고, 대중의 '갈채'에 직접 의거하고 있는 그런 경우는 특히 그러하다. 역사는 내셔널리즘 운동이 당초의 지도자의 의도와 목적을 넘어서 자동작용을 개시한 많은 사례를 가르쳐주고 있다.

2) 그것과 관련하여 내셔널리즘 운동은 다른 정치력이나 이데올로기에 의해 '이용'될 수 있는 가능성이 일반적으로 높고, 또한 대부분은 독립된 운동으로서가 아니라 자유주의, 사회주의, 군주주의, 파시즘과 같은 이데올로기 내지 운동과 결합되어 나타난다. 그것도 국민적 통일과 독립이 아직 순전히 장래의 목표인 동안에는 내셔널리즘 운동은 비교적 그것 자체로서

정리된 형태를 가지며 독자적인 역할을 수행하지만, 일단 근대국가를 수립한 후의 내셔널리즘 운동이나 강대국의 권력정치의 와중에 휘말리게 된 지역의 내셔널리즘 운동에는 거의 언제나 다른 정치력이나 운동이 복잡하게 개입된다. 그런 경향이 1)에서 말한 특질과 서로 중첩되기 때문에 내셔널리즘 운동의 정치적 성격은 대체로 불안정하며, 진보성과 반동성이 같은 운동에 동시적으로 존재하며, 미묘한 상황의 추이에 따라 그 역할이 역전되는 그런 경우도 드물지는 않다. 따라서 학문적 분석에서도, 그리고 실천운동의 관점에서도 내셔널리즘의 이해를 위해서는 고립된 제 현상의 관찰이나 평가는 위험하므로 고도로 문맥적인, 그리고 전체연관적인 고찰을 필요로 하는 것이다. 현재 일본처럼 제2차대전 이전의 통일적인 제국적 정신구조가 붕괴되고, 내셔널리즘의 여러 상징이 분산되어 국민생활의 저변에 복잡한 형태로 꿈틀거리고 있는 경우에는 이런 점이 특히 강조되지 않으면 안된다.

2. 군국주의

군국주의(軍國主義, militarism)라는 개념도 매우 다의적으로 사용되며 그래서 흔히 논의의 혼란이 생기고 있다. 내셔널리즘이나 파시즘의 개념이 그같은 불명확성을 내포하고 있으면서도 어쨌든 현저한 운동 내지 정치체제로서 역사적으로 발현되고 있는 데 비하여, 군국주의의 경우는 한층 더 애매하고 '이즘'(ism)으로서의 특성이 희박하다. 따라서 상식적인 용어로서 빈번하게 사용됨에도 불구하고, 군국주의를 그 자체 연구대상으로 삼은 학문적 노작은 내외적으로도 아주 드물며, 그런 이름을 붙인 책들은 대부분 독일이나 일본과 같은 구체적인 국가에 대한 역사적·실증적인 연구이다. 군국주의의 사회학적·정치학적 분석은 역시 앞으로의 과제로 남겨져 있다고 할 수 있을 것이다. 이하의 스케치도 결코 학계에서 공리(公理)

로 통용되고 있는 견해가 아니라 군국주의의 정치학적 접근 가운데 하나의 조감도에 지나지 않는다. 내가 개념구성을 시도하면서 염두에 두었던 것은 일반적·상식적인 용어법과 동떨어진 '엄밀'한 정의(定義)를 피하고, 오히려 그 말의 역사적·경험적인 사용 속에 포함된 의미를 가능한 한 정련시켜 나감으로써 다른 비슷한 이데올로기와의 구별 및 관계를 조금이라도 명확하게 하려는 데에 있다.

위와 같은 시험적인(tentative) 의미에서 군국주의를 정의한다면, 그 것은 "한 국가나 한 사회에서 전쟁 또는 전쟁 준비를 위한 배려와 제도가 반영구적으로 최고의 지위를 차지하고, 정치·경제·교육·문화 등 국민생활의 다른 모든 영역을 군사적 가치에 종속시키는 그런 사상 내지 행동양식"으로 규정할 수 있을 것이다. 따라서 단순히 강대한 군부의 존재라든가 대외정책의 호전성이라든가 하는 것만으로는 군국주의를 성립시키는 충분한 조건이 되지는 않는다. 토니(R. H. Tawney)가 말하듯이, "군국주의는 어떤 군대의 특성이 아니라 어떤 사회의 특성"(*Aquisitive Society*, 1920, p.44)인 것이며, 그 특성은 사회의 각 층에 침투해 있는 특정한 사고양식으로 측정할 수 있다. 따라서 역시 그것은 자본주의나 사회주의와 같은 사회경제적 구성체가 아님은 물론 민주주의처럼 정치체제 전체를 감싸는 개념도 아니다. 즉 '주의'(主義)라기보다는 다양한 정치체제와 결합되어 존재해온 하나의 경향성으로서, 어떤 사회는 보다 많이 또는 보다 적게 군국주의적인 것이다. 사람들은 일반적으로 스파르타의 군국주의, 로마의 군국주의, 19세기 프러시아의 군국주의에 대해서 말하고 있는데, 역시 그렇게 말해도 크게 지장은 없다. 그러나 근대의 군국주의, 특히 고도로 발달한 자본주의 하의 군국주의는 고대나 중세의 그것과 공통성과 동시에 이전의 형태와 현저하게 다른 양상도 띠고 있는 것이다.

●근대 군국주의의 역사적 전제

근대 군국주의는 대체로 세 단계를 거쳐서 성립되었다. 첫번째는 절대주의 군주에 의한 상비군(Standing Army)의 창설이며, 두번째는 미국 및 프랑스 혁명에서의 국민군 혹은 대중군(Mass Army)의 등장이며, 세번째는 나폴레옹 이후에서의 국민군의 관료화 과정이다. 절대주의 시대에 상비군은 주로 상급 귀족으로 구성된 장교단과 국적의 구별없이 모집된 용병(傭兵)으로 되어 있었는데, 귀족은 본래 고립적·개인적인 성격을 지닌 기사도(knighthood)의 정신을 그 상비군 조직 속에 도입하여, 그로부터 ① 희생·충성·헌신·용감이라는 도덕이나 특수한 '명예' 관념, ② 군사적 영웅의 숭배, ③ 군도(軍刀)·군복(軍服)·군기(軍旗) 등의 상징에 대한 존경, ④ 그 반면(反面)으로서의 산업·무역 내지 생산노동에 대한 경멸, ⑤ 위계제(Hierarchie)에 기초한 거리감(距離感)의 존중 등, 일반적으로 군국주의를 특징지어주는 제 관념이 군대정신의 전통으로 가라앉게 되었다. 그런데 미국 독립전쟁과 프랑스 혁명의 경험은 정신적으로는 아래로부터의 국민적 에너지의 결집의 필요, 기술적으로는 소수정예주의에 대한 대량 압도전술의 우월을 증명해보였으며, 거기서 이른바 국민총무장(Nation in arms)이라는 관념이 생겨났다.

근대의 군국주의는 그런 새로운 국민군의 관념으로부터 그 혁명적 성질을 빼내버리고, 거꾸로 위에서 말한 옛 군대의 신분적 이데올로기를 국민적 규모로까지 확대해가려는 움직임 속에서 발전했던 것이다. 따라서 그것은 19세기 초엽의 반혁명과 결부되어 각국에서 성장했는데, 특히 거대한 상비(常備) 육군을 가진 대륙 국가들에서 발전했으며, 그 중에서도 아래로부터의 부르주아혁명을 위로부터의 '개혁'으로 치환시키고 강건한 봉건적 융커의 지도 하에 근대화를 추진하고 있던 프러시아에서 전형적으로 성숙된 형태를 취했다. 일본의 군국주의도 근본적으로는 비슷한 역사적 상황에서 자라난 것이며, 다만 무사 계급의 오랜 정치적 지배와 '상무'(尙武) 정신의 전통이 보다 좋은 토양이 되었던 것이다. 일반적으로 근대의 전쟁 기술은 고도의 조직성과 기계성을 필요로 하기 때문에, 국민군의 양성은 국민의 지적 수준의 어느 정도의 향상을 전제로 하고 있다. 게다가 다른 한편으로 군국주의는 합리적·비판적 정신의 성장을 억제하고, 맹목적인 절대복종의 정신을 주입시키지 않으면 안된다. 그래서 일반적으로 국민 사이에 기술적 지식의 보급과 정치의식의 성장의 곡선이 평행을 이루지 못하고 오히려 틈새가 벌어지고 있는 그런 곳일수록 군국주의가 성장하기 쉽다. 그런 의미에서 근대 군국주의는 대중국가와 민주주의의 갭(gap)에서 생겨난 기형아에 다름아니다.

● 근대 군국주의의 제 양상

근대 군국주의는 전근대적인 그것을 기계 시대의 요청에 적응·변질시킨 것이며, 거기에는 놀랄 정도로 시대착오적인 양상과 놀랄 정도로 현대적인 양상이 기묘하게 결합되어 있다. 그런 모순된 결합은 전쟁이 전체전쟁(총력전)의 단계에 들어섬과 동시에 한층 더 현저해진다. 군국주의는 이미 오만하게 대중을 깔보아서는 안되며, 오히려 모든 힘을 다해서 대중에게 자신을 선전하고, 여론의 지지를 얻지 않으면 안된다. 군사적인 상징은 바야흐로 자연발생적인 명예심의 표현이나 외적에 대한 시위보다도 오히려 제일 먼저 국내를 향해서 사려깊은 선전에 봉사한다. 말쑥한 군복, 눈부시게 아름다운 계급장이나 훈장, 화려한 군악대——이들은 전투의 실용적인 목적에 의해서가 아니라, 오로지 대중의 허영심을 부채질하여 '우리의 군대'에 대한 자부심과 선망을 고취시킬 필요에서 만든 것이다. 군대적인 조직——그 엄중한 위계질서, 권위주의, 명령에 대한 민첩하고 무조건적인 복종——이 가장 모범적이며 또 가장 자연스러운 인간관계로 간주되고, 다른 모든 사회관계(예를 들면 노동자와 자본가 관계)는 그것을 모형으로 삼아 형성된다. 군인교육이 교육 일반의 이념으로 된다(문약(文弱)!의 배격).

한편으로는 전우애가 높이 외쳐지고 있는 반면, 다른 한편에서는 스파이 조직이 그물망과도 같이 펼쳐진다. "독일 국민은 바로 지금 올바른 생활양식을 찾아내려 하고 있다……. 그것은 바로 행진하는 부대의 형식이며, 그 경우 행진부대가 어디에, 어떤 목적으로 쓰여지고 있는가 하는 것은 문제가 되지 않는다……. 오늘날 어떠한 독일인도 자신을 개인으로 의식하지 않는다는 점이야말로 바로 독일적인 생활양식의 징표이다"라고 나치스의 이데올로그가 말하고 있듯이(A. Rosenberg, *Gestaltung der Idee*, S.303), 파시즘이라는 전체주의에서 우리는 근대 군국주의가 도달한 최고의 형태를 볼 수가 있다. 그것은 양자가 정치적·군사적 수단의 물신숭배(fetishism)라는 점에서 내면적 연관성을 가지기 때문이다.

● 군국주의의 침투 과정

군국주의의 직접적인 발전소는 물론 이른바 군부라는 것이다. 그러나 군부는 그 자체가 국가권력의 일부를 구성하는 특수한 직업 집단이므로 국민적인 기반이 없다. 그래서 그런 군부의 이데올로기를 국민에게 매개하고, 사회적으로 군국주의를 선포하는 순수 민간단체 내지 반관반민(半官半民) 단체가 필요하게 된다. 그런 사상적 나팔수로서 흔히 활약하는 단체로는 재향군인회, 초(超)애국단체, 군인 원호나 군사 연구를 표방하는 다양한 클럽, 나아가서는 청년단이나 소년단 조직 등이 있다. 특히 근대국가에서는 일반적으로――최고지도부를 제외하고――현역 군인의 정치불간섭이라는 표면상의 원칙을 취하고 있어서, 그들 단체는 이른바 군부의 분신으로서 공공연한 정치운동을 통해서 군부세력의 증대에 공헌하며, 군국주의에 대한 자유주의나 사회주의 세력의 저항력을 타파하는 역할을 떠맡는다. 게다가 그들의 배후에는 크고 작은 군수(軍需)자본가가 있어서 자금을 제공하거나 혹은 자신들이 신문·잡지를 경영하여 군국열(軍國熱)을 부채질한다. 이들 '죽음의 상인' 범주에 직접적으로는 속하지 않는 일반 자본가들도 증대하는 노동자계급의 반항에 직면하게 되면, 노사관계의 군사적 규제에서 이익을 보게 되므로 많건 적건 간에 군국주의의 지지로 기울어지게 되고, 한 국가의 경제가 전시(戰時) 혹은 준(準)전시체제로 편성되면 될수록 개인적으로는 군국주의에 반대하는 자본가도 기구적으로 군국주의에 동조하지 않을 수 없게 된다.

그러나 군국주의의 침투에는 또한 대중 측에서 정신적·물질적으로 받아들일 태세가 되어 있는가 하는 것이 중요한 조건이다. 군대라는 폐쇄적·특권적인 카스트(caste)는 사회적 승진의 길이 막힌 하층민에게는 흔히 영예와 권력의 사닥다리를 올라갈 수 있는 유일한 장치이다. 고도로 발전한 자본주의 하에서 '도시'로 상징되는 기계문명의 은혜를 입지 못하고 그것에 대한 질투와 선망을 느끼고 있던 농민들은 기계화된 군대에 들어감으로써 그 좌절감을 치유하게 되고, 거꾸로 도시의 소시민으로 기계적인 생활의 무미건조함을 견디지 못하고 그런 단조로움으로부터의 구원을 추구하는 사람들 역시 군대생활이나 국민생활의 군사체제화 속에서 자극과 변화를 찾아내게 된다. 일반적으로는 군국주의 하의 최대의 피해자인 노동자계급조차도 공장폐쇄나 대량정리의 위협이 만성화되면 기업의 전면적인 군사적 편성에 '안정'에 대한 필사적인 희망을 거는 경우가 드물지 않다. 따라서 군국주의 자체는 하나의 이데올로기라 하더라도 그 해독(解毒)을 위해서는 단순한 반(反)군국주의나 평화주의의 이데올로기의 고취만으로는 족하지 않게 된다.

● 군국주의의 내재적 모순

군국주의는 수단으로서의 군사력과 군대정신 그 자체가 목적화된다는 데에 그 현저한 특성이 있다. 국민생활의 하나의 분야에 지나지 않는 군사적 배려가 다른 모든 분야를 압도하게 비대해져서, 종합적인 힘으로서의 '국력'이 어느새 군사력과 같은 것으로 되어버린다. 그런 의미에서 배그츠(A. Vagts)가 군국주의를 가리켜 '균형감각의 상실'이라 평한 것(*History of Militarism*, 1933, p.135)은 타당하다. 특히 그런 불균형이 현저하게 나타나는 것은 국민경제와 관련된 부분이다. 그것은 원래 군국주의가 자기의 경제적 의존성을 의식하지 못하고 거꾸로 생산노동을 멸시하는 무사(武士) 내지 기사(騎士) 계급의 정신과 행동양식에서 발하고 있는 것과 관계가 없지 않다. 더구나 근대 문명의 고도화와 더불어 각각의 국가기능의 상호의존성은 비약적으로 증대했음에도 불구하고 아이러니컬하게도 같은 과정은 군사기술을 점점 더 전문화시켰기 때문에, 그런 전문화에 따르는 군부의 분파주의(sectionalism)가 전통적 군인정신과 유착하여 군부 내지 군사조직의 자아도취 경향은 근대국가에 이르러서도 끈질기게 남아 있다.

그런 수단의 자기목적화는 군국주의 이데올로기에 본질적인 모순을 가져다주었다. 몰트케(Moltke)는 일찍이 "전쟁이야말로 신의 세계의 질서를 가진 거대한 횃불이다. 전쟁은 인간이 모두 갖추고 있는 가장 중요한 절조(節操)……를 발휘한다. 전쟁이 없었더라면 세계는 물질주의에 빠져버리고 말았을 것이다"(1880년 2월, 블룬칠리(Bluntschli)에게 보내는 편지)라고 했는데, 모든 군국주의에 공통된 이런 정신주의는 거기에 내재하는 모순에 의해 그야말로 그 반사물(反射物)로 전환되는 숙명을 지닌다. 즉 군인정신의 고양은 군의 규격성, 획일성의 요청에 직면하여 가장 몰정신적이고 비개성적인 '인원수'로 환원되고, 희화화된 형태에서는 일본의 '황군'(皇軍)에서 볼 수 있는 것처럼 계급장·견장·각반의 착용방식이나 담요의 정돈 등에 대한 아주 하찮은 형식주의로 발현된다. 나아가서는 군국주의가 선전하는 국가적·국민적 특수성은 군사력이 우월성의 규준이 됨으로써, 완전히 질적인 규정을 잃어버리고 병력량의 차이로 귀착된다. 모든 것을 카키색으로 처발라버리는 "군국주의적 국가관의 최고 정점으로서의 전쟁은 동시에 국민적 차이의 최하 지점"(Gustav Radbruch, *Rechtsphilosophie*. 일어번역본 『法哲學』, p.301)인 것이다.

물적으로도 심리적으로도 균형을 상실한 군국주의는 그 표면의 화려함에도 불구하고 위기를 버텨낼 수 있는 끈기라는 점에서는 의외로 취약하고, 일단 하강선을 걷게 되면 급속하게 붕괴한다는 것은 가까운 일본이나 독일의 사례에서 분명하게 나타난다. 그러나 그것이 본질적으로 전쟁이나 침략과 결부되어 있으며, 그 자체 몰락의 동반자로서 자국민만이 아니라 다른 많은 국민도 파멸적인 지경으로 끌고 들어간다는 점에 '규율있는 발광 상태'(Karl Liebknecht)로서의 현대 군국주의의 최대의 재난이 있는 것이다.

3. 파시즘

주지하듯이 이 말은 이탈리아어가 원어인데, 그 어원은 고대 로마의 의식(儀式)용 막대기의 명칭에서 나왔으며, 그것이 바뀌어 일반적으로 '결속'을 의미하는 파쇼(fascio)라는 말이 되었다. 직접적으로는 1919년 3월 무솔리니(Mussolini)가 조직한 '전투자 파쇼'(Fascio di Combattimento)가 오늘날의 의미에서 최초의 파시즘 운동이며, 그것이 1921년 정식 정당으로서의 '파시스트당'(Partito Fascista)으로까지 발전했다. 무솔리니는 정권 획득 후에도 "파시즘은 수출품이 아니다"라고 말했지만, 이탈리아의 경우와 매우 흡사한 강령과 성격을 가진 운동이 1920년대로부터 30년대에 걸쳐서 유럽을 비롯해 극동, 남미 국가들 등 거의 전세계에 걸쳐서 대두했으며, 몇몇 국가에서 권력 장악에 성공했다는 점에서 파시즘은 이같은 일련의 경향과 운동을 총칭하는 용어로 널리 쓰이게 되었다.

그러나 각국의 파시즘은 스스로의 운동이나 지배체제를 반드시 파시즘이라 규정하지 않는다. 파시즘의 가장 강력한 국제적 연대가 이른바 추축국가군(樞軸國家群)으로 형성된 후에도 일본 · 독일 · 이탈리아 · 스페인의 어느 지배자도 각각의 이데올로기적 독자성을 강조하고 있었다. 파시즘이 '원조' 이탈리아를 제외하고는 그 이름을 바탕으로 나타나는 일이 오히려 드물었다는 사실은 그 본질적인 성격을 암시하는 중요한 의미가 포함되어 있는데, 그만큼 파시즘의 객관적인 식별이나 보편적 특징을 추출해내는 것이 반드시 쉽지는 않으며, 다양한 견해의 대립을 낳는 하나의 원인이 되고 있다. 특히 제2차세계대전이 파시즘과 민주주의의 결전으로 치러지고 추축국가의 패배로 인해 파시스트의 비행과 잔악함이 국제적으로 폭로되었기 때문에, 전쟁 후에는 파시즘이라는 용어는 거의 대부분 악정(惡政)의 대명사처럼 되었으며 국내적·국제적으로 정치적 적수를 매도하는 슬로건으로 되었다는 점에서, 점점 더 개념은 혼란을 부르게 되었다(예를 들면 적색 파시즘이라는 용어).

일단 사회과학상의 논의에 한정시키더라도 거기에는 넓고 좁은 양 극단의 정의가 있다. 좁은 정의에 의하면 파시즘은 '극우' 정당 내지 군부·관료 중의 반동분자에 의한 정치적 독재이며, 입헌주의와 의회제의 부인, 일당제의 수립을 그 필연적인 귀결(corollary)로 하고, 이데올로기적으로는 자유주의·공산주의·국제주의의 배격과 전체주의·국가 내지 민족지상주의·군국주의의 주창을 특징으로 하며, 많은 경우 독재자의 신격화와 지도자원리에 근거한 사회의 권위주의적 편성을 수반하는 것으로 생각된다. 그것이 발흥하기 쉬운 지역은 자본주의 발전 정도가 낮은 곳(스페인, 포르투갈, 중남미, 동유럽 등)이거나 또는 고도자본주의국가라 하더라도 비교적 근대국가의 형성이 늦어 자본주의화가 그만큼 급격하게 이루어졌기 때문에 사회구조가 중층적이며, 특히 농업 부문에 봉건적 제 관계가 뿌리깊게 잔존하며 정치적으로도 민주주의의 경험이 일천한 그런 국가들(독일, 이탈리아, 일본)에 대체로 한정된다. 파시즘에 대한 이같은 한정적인 사고방식은 주로 미국·영국·프랑스와 같은 서유럽의 선진 자본주의국가에서 지배적이다. 이에 대해서 가장 넓은 의미의 정의는 파시즘을 현단계에서의 독점자본의 지배체제와 실질적으로 같은 것으로 본다. 따라서 거기서는 부르주아 민주주의·사회민주주의·파시즘의 차이는 최저한도로까지 내려간다. 일찍이 코민테른의 이론가(예를 들면 마누이르스키(Manuirsky))의 견해로서, 이른바 '사회파시즘론'과 더불어 각국의 마르크스주의자들 사이에서 오랫동안 통용되고 있었다.

이 두 개의 극단 사이에 다양한 뉘앙스를 띤 정의가 다양하게 늘어서 있다. 전자 쪽으로 기울어진 견해로는 미국과 같은 곳에서의 파시즘 발전의 가능성을 원칙적으로 부인하거나 혹은 과소평가할 위험이 있으며, 후자의 견해는 자칫하면 부르주아 반동에 무차별적으로 파시즘의 낙인을 찍는 결과로 떨어진다. 파시즘은 국가독점자본주의의 상부구조적 표현인 한에서는 어떠한 선진 자본주의국가라도 그로부터 면역되어 있지 않지만, 다른 한편으로 그것이 집중적으로 정치적 영역에서 발현하는 이상, 그 구체적인 발생이나 진행의 형태와 템포는 하부구조로부터의 일반적 제약으로는 도저히 미칠 수 없는 복잡한 정치적·문화적 제 인자의 결합관계에 의해 결정된다. 게다가 종래의 파시즘 연구는 나치스나 파시스트당의 개별적·역사적인 연구에서 현저한 진보를 보여주었는데, 파시즘 일반의 정치역학의 해명은 세계적으로 아직 충분한 성과를 올리고 있지 않다는 것이 실상이며, 이 또한 앞으로의 정치학에 부과된 중대한 과제의 하나라고 하지 않을 수 없다.

● 일반적 배경

파시즘의 가장 광범한 배경은 제1차세계대전 이후 자본주의가 처한 일반적 위기의 구체적인 징후인 만성적인 공황과 국제적인 혁명적 상황의 진전에 대해서, 자본주의 세계의——상대적으로——가장 반동적인 부분이 보여주는 히스테릭한 경련으로서 파시즘은 출현한다. 따라서 근대사회의 위기적 양상은 모조리 파시즘 발생의 온상이 된다. 예를 들어 객관적 계기로서는 ① 국제적 대립과 전쟁의 위기의 심화, ② 국내정치의 불안정, 의회나 기성정당의 부패·무능·비능률 등 병리현상의 만연, ③ 각종 사회조직의 경직화에서 오는 자동적인 균형회복능력의 상실, ④ 계급투쟁 및 정치적·사회적 집단 사이의 충돌의 격화, ⑤ 대량적 실업이나 계급적·직능적 조직으로부터 탈락한 수많은 분자(分子)들의 존재와 같은 요인을 들 수 있으며, 그런 위기의 정신적 표현으로서는 ① 사회혁명의 긴박함에 대한 지배층의 확대된 공포, ② 프롤레타리아트의 조직적 투쟁에 대한 농민이나 도시소시민의 질투와 반감, ③ 인텔리겐치아나 기술자들의 허무주의와 정치적 반감, ④ 매스 커뮤니케이션에 의한 지성(知性)의 단편화와 방향감각의 상실, ⑤ 전체적으로 정치·경제·사회 문제의 합리적 조정의 가능성에 대한 회의와 절망, ⑥ 실의(失意)와 무력감의 보상으로서의 강대한 권위 혹은 초인적인 지도자에 대한 갈망 등의 제 계기가 중요하다. 이와 같은 위기의 집중적 격화에 의해 체제의 안정과 균형이 파괴되고, 이미 종래의 지도력과 정상적인 방법으로는 회복되지 않는다는 느낌이 지배층만이 아니라 국민의 상당히 넓은 부분에 퍼지고, 게다가 사회주의 제 정당과 노동자계급의 조직이 사태를 자주적으로 수습할 정도의 능력과 주도권을 결여하고 있는 경우, 거기서 생긴 정치적 '진공'(眞空)을 메우는 역할을 하면서 파시즘이 등장한다.

그런 의미에서 파시즘은 어떤 진정한 '새로운 체제'를 창조하는 것은 아니지만, 다른 한편으로 단순한 소극적인 현상유지의 보수주의나 시대착오적인 복고주의가 아니라 그야말로 테크놀러지의 고도 발전을 기반으로 하며 현대사회의 제 모순을 반혁명과 전쟁으로의 조직화에 의해서 일거에 구제하려는 구(舊)세계의 '목숨을 건 비약'에 다름아니다.

● 발전형태

파시즘은 제국주의의 위기에서의 '국제적 반혁명의 철권'(디미트로프)이기 때문에 그 발생이나 진행의 속도·규모·형태는 일정한 때와 장소에서의 구체적인 혁명상황에 의해 규정된다(이 부분에 대해 상세한 것은 제2부 제3장 「파시즘의 제 문제」를 참조).

우선 한 국가의 내부 내지 그 '세력범위'에서의 혁명적 상황이 일정한 정도의 긴박함을 띠게 되면 혁명 전위(前衛)의 파괴를 일차 목적으로 하는 전투적인 반혁명조직이, 혹은 정식 국가기구 내부의 비공식집단으로서, 혹은 민간의 정당 내지 결사로서, 대개의 경우 복수로 탄생한다. 그 지도자로는 현역 또는 예비역 장교, 직업적 정상배(grof grein), 폭력단장, 전향한 구(舊)좌익운동의 간부 등이 많으며, 그 주위에 일찌감치 모여드는 것은 낙오한 지식인·제대한 군인·실직한 관리·몰락한 귀족·반(半)실업상태의 청년들·부랑아 내지 거리의 무법자 등 다양한 사정으로 인해 정상적인 사회적 계층제의 통로에서 탈락하여 '세상'에 대한 뚜렷한 표적없는 분노와 증오로 응어리진 분자들이다. 그런 조직이나 단체의 운동자금은 군부관료의 기밀비나 실업가·지주의 가장 반동적이고 호전적인 일부세력(많은 경우에는 중공업자본가)으로부터 제공된다. 그러나 그들 집단 사이에 자연도태가 일어나 하나의 대중운동 쪽으로 합류하여, 조직성을 가진 본격적인 파쇼정당으로 발전하든가 아니면 느슨한 다원적 집단으로 머물러서, 그저 사회의 저변에서 '빨갱이사냥'과 전쟁 기분의 앙양으로 공포와 증오의 분위기를 흩뿌리는 '하수인' 역할에 만족하든가 하는 것은 그 국가의 역사적·사회적 조건이나 내외의 복잡한 정치적 상황에 따라 반드시 일정하지는 않다. 또한 대중정당으로 발전하는 경우에도, 기존의 정치형태의 틀 속에서 일단 복수(複數)의 권력주체의 하나로 그치는 경우도 있으며, 또 국가권력을 전면적으로 장악하여 이른바 일당독재의 수립에 이르게 되는 경우도 있다. 마지막의 경우가 독일·이탈리아·스페인 등에서 볼 수 있는 고전적인 파시즘이며, 흔히 그것을 '아래로부터'의 파시즘 형태라고 한다.

파시즘의 발전형태가 '위로부터'라든가 '아래로부터'라든가 하는 문제와 파시즘 진행의 템포라는 문제는 서로 혼동되어서는 안된다. 파시즘 발전의 템포를 규정하는 것은 주로 혁명적 상황의 진행과 국제적 대립의 격화 정도와 시기(時期) 여하이며, 그런 조건이 존재하는 경우에는 이른바 위로부터의 파시즘에서도 급격하게 발전하며, 거꾸로 그것이 비교적 완만한 경우에는 '아래로부터'의 파시즘에서도 변혁은 반드시 급격하게 일어나지는 않는다. 예를 들면 2·26사건 전후의 일본이나 한국전쟁 발발 후의 미국은 전자의 경우이며, 이탈리아의 파시즘은 후자의 사례로 들 수 있을 것이다 (무솔리니의 로마 진군에 의한 정권장악으로부터 실질적인 파쇼독재의 수립까지는 4년의 세월을 필요로 했다). 부르주아 민주주의의 기반이 약한 곳일수록 군대나 관료기구의 하부조직이 파시즘정당 내지 파시즘 전위단체를 대체하는 경향이 있으며, 또 그런 국가의 사회주의적 전통이 약한 경우에도 파시즘운동은 독자적인 정치적 조직으로서보다도 오히려 부르주아 혹은 지주 정당의 일각에 기생하는 형태를 취한다. 요컨대 파시즘의 발전형태는 혁명의 국내적·국제적 상황에 대응하여 매우 기민하게 변화하기 때문에 그것을 역사적인 한 시기 또는 한 지역에 나타난 형태로 고정시켜 생각하는 것은 위험하다. 따라서 파시즘을 구체적으로 식별하는 데에는 독점자본이라든가 군부라든가 우익정당이라든가 하는 사회적 실체 내지 제도만이 아니라 다음에서 말하는 것과 같은 파시즘의 정치적 기능에 착안하여, 그 기능의 보편화 과정(fascism이라기보다 fascization)을 추적하지 않으면 안된다. '위로부터의' 파시즘에서는 특히 그러하다.

●기능

파시즘의 제1목표는 혁명의 전위조직의 파괴이며, 그것은 직접적인 테러나 국가권력에 의한 탄압에 의해 이루어진다. 그러나 혁명세력의 억압은 다소라도 모든 지배계급이 실행해온 것이며, 파시즘의 특질은 단순히 그런 탄압의 양적인 규모의 크기에만 있는 것이 아니라, 그 방법의 질적인 특이함에 있다. 파시즘은 혁명세력의 직접적 억압에 머물지 않고서, 혁명세력이 성장하는 모든 사회적 노선이나 채널 자체를 폐쇄시키려 한다. 그 때문에 파시즘은 소극적으로는 지배체제에 대한 저항의 거점이 될 수 있는 그런 민중의 크고 작은 모든 자주적 집단의 형성을 위협과 폭력으로 방해함과 동시에, 적극적으로는 매스 미디어를 대규모로 구사하여 파시즘이 '정통'으로 삼고 있는 이데올로기나 생활양식에 이르기까지 대중을 획일화하는 것이다. 파쇼화 과정이란 요컨대 그런 이질적인 것의 배제를 통한 강제적 시멘트화(나치의 이른바 획일화(Gleichschaltung))의 과정에 다름아니다. 그것이 그대로 제국주의전쟁을 위한 국가총동원체제를 확립하는 역할을 수행하는 것이다. 그럴 경우 기존의 의회정당·종교결사·노동조합, 기타 압력단체의 존재가 허용되는가 아닌가, 나아가서는 의원내각제·사법권의 독립·대학 자치와 같은 주요한 근대적 제도나 관습이 어느 정도 존속되거나 혹은 폐지되는가 하는 것은, 파시즘에서는 어떤 원리적인 문제가 아니며, 오로지 그것들이 파시즘이 의도하는 강제적 동질화에 대해서 갖는 한계효용에 의해서 결정된다.

따라서 이데올로기적 획일화 과정이라 하더라도 일반적으로는 공산주의, 비정통종교, 사회민주주의, 자유주의의 순서에 따라서 그때그때의 상황에서 상대적으로 가장 급진적인 좌익이 '비(非)국민'적 존재로 배제되지만, 다른 한편으로 반공투쟁에 정력을 집중하고 있는 사회민주주의 단체나 노동조합은 방임되며, 자유주의적인 문화기관이나 종교단체가 도리어 '빨갱이'의 온상으로 파시즘의 집중공격의 대상이 되는 것도 드물지 않다(예를 들면 매카시즘). 그런 의미에서 파시즘의 진행을 점치는 규준은 입헌제나 '자유'선거제 혹은 복수정당제의 형식적 존재여부에 있다기보다도 오히려 사상·언론·집회·결사·단결의 실질적 확보와 민중 사이에서의 자주적 커뮤니케이션 정도 여하에 있는 것이다.

파시즘의 이같은 기능은 체제에 대한 모든 현실적 반대만이 아니라 반대세력(상황에 따라 상대적이라는 점에 주의)이 출현할 수 있는 합법적인 가능성이 막혔을 때에 일단 '완성'된다. 한 국가의 정치상황이 여기에 이르게 된 때가 엄밀한 의미의 용어로 파시즘 지배의 확립이라 하는데, 이것은 반드시 파시스트의 정권 획득 시기와 일치하지는 않는다. '위로부터'의 파시즘의 경우는 물론이고 '아래로부터'의 파시즘에서도, 그런 파시즘 지배의 결정적 확립에 앞서서, 일정한 기간 동안 이른바 파시즘의 전기적 단계(pre-fascist stage)가 지속되는 것이 보통이다. 그 동안에는 직접 정치권력을 장악하고 있는 것은 본격적인 파시스트보다는 오히려 흔히 보통의 부르주아정치가 내지는 반동적 경향을 지닌 군인이나 관료들이다(예를 들면 독일에서는 브뤼닝(Brüning)·파펜(Papen)·슐라이허(Schleicher) 내각 시대, 일본에서는 사토오(佐藤) 내각에서 제2차 코노에(近衛) 내각까지). 이 기간 동안에 탄압 입법이나 광범위한 위임 입법, 사상경찰, 비밀경찰 기구가 착착 진행되고 한 걸음 한 걸음 파쇼화의 과정이 진행된다. 이

단계에서는 아직 파시즘에 대한 정치적 저항이나 심리적 반발이 국민들 사이에 다양한 형태로 존재하고 있으므로, 파시즘 지배가 확립되기 직전에는 이른바 국민적인 희망이나 영웅이 각종의 서로 모순되는 요망 사항을 짊어지고 등장하는 경우가 적지 않다. 그들에게는 파시즘의 진행을 견제하는 기대도 걸려 있지만, 그들의 역사적 역할은 흔히 반대로 그들의 명망에 의해 동질화되는 과정을 부드럽게 하여, 본격적 파시즘 지배로의 길을 여는 결과가 되기 쉽상이다(독일의 힌덴부르크(Hindenburg) 대통령이나 일본의 코노에(近衞) 수상의 경우를 보라. 미국의 아이젠하워(Eisenhower)가 같은 역할을 수행할 것인지의 여부는 현재(1953년)로서는 아직 확실치 않다).

파시즘의 강제적 동질화와 시멘트화의 기능은 언제나 테러나 폭력에 의한 협박을 수반하며, 스파이·밀고제도·충성심사 등 직접·간접의 모든 방법에 의한 '공포의 독재'로 나타나지만, 동시에 파시즘은 현대의 가장 발달된 테크놀러지와 매스 미디어를 최대한으로 구사하며, 선전·교육·대집회로 "대중의 사상과 감정을 계통적으로 변화시켜라"(히틀러)는 이른바 내면으로부터의 획일화를 밀고 나간다는 점에 큰 특색을 가지고 있다. 그것은 대중의 불만을 한편으로는 특정한 속죄양(공산주의자·유태인·흑인·가상적국)에 집중시키고, 다른 한편으로는 불만을 스포츠·영화·오락·집단여행 등에 의해 무산시킨다. 그것은 또 실의에 빠진 소시민들을 당관료조직에 흡수하고, 모든 직장에 계층조직을 잠복시켜서 그들의 중간층적 자부심을 부채질하고, 대량의 실업자·곤궁한 상인·소(小)기업자·청년층을 징병이나 근로봉사 내지는 군수산업 노동력으로 동원하여 변태적인 '완전고용'을 실현한다. 그리하여 대중은 불안과 절망과 고립감으로부터의 탈출을 파시즘적 통제에 대한 맹목적 복종 가운데서 구하게 된다. 파시즘에 대한 저항을 어렵게 만드는 요인은 폭력과 잔학함에만 있는 것이 아니라 오히려 그 강제적 시멘트화를 그야말로 비이성적인 격정을 동원하여 민주적인 외형 하에서 수행하고, '합의에 의한 지배'(government by consent)

라는 근대적 원리를 어느 틈인가 '획일성에 의한 지배'(government by uniformity)로 슬쩍 대체한 점에 있는 것이다.

● 이데올로기

파시즘에는 체계적인 철학이나 이론이라는 의미에서의 이데올로기는 없다. 히틀러나 무솔리니와 같은 전형적인 파시스트는 언제나 이론이나 체계를 노골적으로 경멸하고 있었으며, 파시즘 어용학자에 의한 '이론적인 기초형성'이나 사상적 계보의 선택은 오히려 그것이 고금의 모든 이데올로기의 잡탕이라는 것을 증명해주고 있다. 그런 의미에서 "예로부터 어떤 위대한 사상가도 파시즘을 바라지 않았다"는 하이만(E. Heimann)의 말(*Communism, Fascism or Democracy?*, 1938. 일어번역본, p.248)은 얼핏보기에 평범하지만 파시즘의 본질, 특히 사회주의나 공산주의와의 근본적 차이를 한 마디로 갈파하고 있다. 그러나 다른 의미에서라면 파시즘은 파시즘대로 이데올로기를 가지고 있으며, 그것을 무시 혹은 경시하는 것은 중대한 오류와 위험을 부르게 된다.

우선, 1) 파시즘이 소리높여 외치는 '이즘'(ism)이나 슬로건은 체계성을 결여하고 있으며 논리적으로 흔히 서로 모순되고 있지만, 그 정치적 기능으로 본다면 놀랄 만한 정도로 일관성을 지니고 있다. 즉 파시즘의 모든 이데올로기는 반혁명과 전쟁에 대한 동원, 그 전제로서의 국민의 강제적 동질화라는 목적에 '계통적'으로 봉사하고 있는 것이다. 파시즘은 구체적 상황에서 그 기능을 수행하기 위해 가장 유효한 이데올로기로 스스로를 분장한다. 내셔널리즘과 사회주의가 뿌리를 내린 곳에서는 그것이 '국민사회주의'로 나타나고, 자유민주주의의 전통이 강하거나 혹은 그에 정면으로 도전하는 것이 불리한 환경 하에서는 파시즘은 그야말로 '자유'와 '민주주의'의 옹호를 기치로 내건다. 그것은 한편에서 기독교 문명의 옹호자로 자임하지만, 다른 한편으로는 기성교회에 대한 불만이 고조되고 있는 곳에서는 새로운 종교로 자신을 과시하는 것도 사양하지 않는다. 이데올로기로부터 정책이 나오는 것이 아니라 거꾸로 파시즘의 '정책'에 적절한 이데올로기가 동원되는 것이다. 정치행동에서의 '교조주의'의 위험이 아예 애초부터 없는 곳에서 역시 파시즘과 코뮤니즘 사이의 원리적인 차이가 드러나고 있다.

그와 동시에, 2) 파시즘이 엄청난 다양성(variety)으로 관념적인 분장을 하고 있는 그 밑바닥에 공통되게 잠재되어 있는 일정한 정신 경향과 발상양식을 지적할 수 있다. 예시하자면 다음과 같은 것들이다. ① 자국 혹은 자민족지상주의적 경향(흔히 거꾸로 자국의 피해망상으로서, 그리고 경멸하는 '적국'에 유리하게 전리품을 빼앗겼다는 좌절감으로 나타난다), ② '자연적' 우월자의 지배라는 관념(거기서 인종차별론이나 인간관계의 계층적 편성에 대한 기호(嗜好)가 나온다), ③ 대중의 잠재적인 창조력이나 이성적 사고력에 대한 깊은 불신과 멸시(그것은 대중을 오로지 조작의 대상으로 파악하고, 따라서 선전선동은 오로지 저열한 욕망의 자극이나 감정적인 호소를 노린다), ④ 부인의 사회적 활동 능력에 대한 의혹(따라서 부인을 가정과 육아에 매달리게 하는 경향), ⑤ 지성과 논리보다도 본능·의사·직관·육체적 에너지의 중시, ⑥ 일반적으로 진보의 관념에 대한 냉소적인 반응, ⑦ 전쟁의 찬미와 항구적인 평화에 대한 비웃음(이들 중 ⑤, ⑥, ⑦과 관련하여 사회과학을 무용(無用) 내지 위험시하며, 자연과학, 그것도 오로지 군사적인 과학기술을 '존중'하는 경향) 등이다. 원래 이런 정신 경향의 하나하나가 반드시 파시즘에 특유한 것은 아니며, 거꾸로 파시스트는 언제 어디서나 그런 주장을 공공연하게 내놓는 것도 아니다. 그러나 파시즘적 의식과 행동에는 일종의 기울어짐이 있는데, 파시즘이 고도화되는 만큼 그 기울어짐은 더욱 가파르게 되며, 얼핏보기에 다양한 이데올로기는 결국에는 그런 사고(思考)와 감정의 수렁으로 흘러가게 된다.

3) 마지막으로 파시즘 운동과 체제에 어둡게 휘감겨 있는 허무주의적 성격을 들지 않으면 안될 것이다. 파시즘의 주장이나 슬로건의 공통분모를 찾아가다 보면, 언제나 최후에는 반공(反共)이라든가 반(反)유태라든가 하는 부정적·소극적인 요소에 부딪히게 된다. 그것은 파시즘이 현대의 사회

적 모순에 대해서 오로지 반혁명과 전쟁으로 답하는 방법 이외에는 알지 못하기 때문이다. 파시즘이 만들어내는 모든 조직이나 제도는 적극적 목표와 이상의 결여에 따라 필연적으로 물신화(物神化)하게 된다. 반대세력의 억압기구는 그것 자체가 자기목적으로 되고 일당독재가 수립되면, 그것은 이데올로기적으로도 영구화된다. 그리하여 최후에는 전쟁체제를 유지하고 재생산하는 것이 유일한 최고의 정치목적이 되어버린다.

나치스의 한 고위간부는 언제나 방 가운데를 빙빙 돌면서 "우리는 싸우지 않으면 안된다"고 끊임없이 입 속으로 중얼거리고 있었다고 하는데, 그 삽화는 개인적인 버릇이라 하기에는 너무나도 선명하게 파시즘의 극한적인 '정신'을 말해주고 있다. 거기서는 '무엇을 위한 투쟁'인가 하는 문제가 어느 틈인가 사라져버린 것이다. 칼 베커(K. Becker)가 말하듯이, "러시아에서 공산주의의 이상(理想)은 사실상 준봉(遵奉)되지 않는다고 할 수 있을 것이다. 그것은 진실이다. 민주주의의 이상이 미합중국이나 영국이나 기타 모든 민주주의 국가에서 준봉되지 않고 있다는 것 또한 사실이다……. (그러나) 미국인이나 영국인이나 러시아인에 대해서 말할 수 있는 최악의 그것은, 그들이 자신의 이상적 목적을 끝까지 밀고나가지 않는다는 것이다. 독일의 나치스에 대해서 말할 수 있는 최악의 그것은, 그들이 자신들의 '이상'으로 삼고 있는 목적을 준봉하여 끝까지 이루어내려고 한다는 것이다"(*Freedom and Responsibility in the American Way of Life.* 일어번역본 『自由と責任』, 140쪽). 파시즘이 이같은 '영원히 움직이는' 숙명을 걸머지고 있다는 점에 그 허무주의의 가장 깊은 근원이 있는 것이다.

● 반(反)파시즘 투쟁의 문제

파시즘에 대한 국제적·국내적인 투쟁이 공산주의자로부터 자유주의자까지 포함한 민주주의 진영의 공동이해이며, 그런 공동이해에 기초한 광범한 전선의 결집만이 그 제패를 방지할 수 있다는 것을 민주세력이 통절하게 인식하게 된 것은 1933년 독일에서 나치가 정권을 장악한 후의 일이었다. 그때까지 코뮤니스트는 한편에서는 반(反)파시즘을 소리높여 외치면서 혁명의 긴박함을 지나치게 믿어 주력(主力)을 부르주아의회제의 파괴에 쏟았으며, 어떤 경우에는 베를린의 교통 스트라이크에서 볼 수 있었듯이 나치와 공동으로 위원회를 조직하기조차 했다. (일본에서도 1931년경, 군부를 중심으로 하는 극우세력의 급격한 대두에 즈음하여 『아카하타』(赤旗)[역주1]는 파시즘은 어쨌거나 국민의 정치적 관심을 고양시킴으로써 혁명의 조건을 성숙시키게 될 것이라는 놀랄 만한 '예측'을 하고 있다.)

다른 한편으로 사회민주주의자나 자유주의자는 파시즘을 오로지 코뮤니즘의 그림자 내지 '반사'(反射)로 보았기 때문에 반파시즘의 문제는 반공투쟁 속에 매몰되거나 혹은 파쇼화의 역학을 간파하지 못하고 '보다 작은 해악'이라는 테제를 고집했다. 자본주의국가들 중에서 최강의 공산당과 사회민주당의 세력을 지녔으며, 지식수준의 높음을 자랑하던 독일이 거의 이렇다할 만한 조직적 저항 없이 히틀러의 군부에 굴복한 것은 그만큼 심각한 충격을 세계의 진보 진영에 안겨주었던 것이다. 코민테른 제7회대회에서 제시된 반(反)파시즘통일전선의 과제——요약하면 모든 경향의 노동조합 조직의 통일행동의 확보를 다른 모든 고려에 우선시키고, 그 기초 위에 좌(左)는 공산당에서 우(右)는 부르주아 입헌정당까지 포함하며, 더구나 지식인 중간층의 제 조직을 광범하게 규합한 인민전선을 결성하는 방식——는 그런 패배의 반성 위에 성립된 것이며, 그것 자체 오늘날까지 원칙적인 타당성을 상실하고 있지는 않다. 현실적으로는 한때 프랑스나 스페인에서 인민전선 문제가 나왔으며, 또 중국에서 서안(西安)사건 이후 일본제국주의의 압력에 대항하는 국민당-공산당 통일전선이 출현한 것 이외에는 거의 조직적인 성공을 거두지 못했다. 그것은 ① 공산당의 독선적인 분파주의(sectionalism), 게다가 국제적 권력정치의 장에서 소련이 취한 '국가이성'(raison d'état)적 행동에 각국의 공산당이 끌려다녔다는 것, ② 파

[역주1] 『아카하타』는 일본공산당의 공식기관지이다. 공산주의를 상징하는 붉은 깃발을 의미함.

시즘을 코뮤니즘에 대한 '보험'으로 보고 그것과 유화하려는 경향이 지배층이나 소부르주아층 사이에 깊이 뿌리내리고 있었다는 것, ③ 인민전선의 이데올로기적 기초가 애매해서 편의적인 '전술적' 결합의 영역을 벗어나지 못했다는 것, ④ 사민당(社民黨) 및 그 계통인 노동조합의 뿌리깊은 반공 혹은 공산주의에 대한 공포 의식 등 제 사정이 겹쳐졌기 때문이다.

제2차대전에 소련이 끌려들어가, 그 전쟁이 민주주의를 기치로 하는 국가의 반파시즘 연합전선으로 치러졌던 것은, 각각의 국내에서의 통일전선을 위해서 유리한 조건을 낳았는데, 그것이 내부적인 성숙보다도 **전쟁의 압력**이라는 외적인 계기에 의존하고 있었다는 데 여전히 그 취약성이 있었다. 물론 추축국의 패배는 세계적으로 파시즘에 큰 타격을 안겨주었으며, 다른 한편으로 전시하에서의 저항운동의 실적과 연합국의 협조라는 국제적인 대의명분에 힘입어 전쟁 직후에는 많은 국가에서 공산당과 다른 민주적 제 당파 사이에 공동보조가 유지되었지만, '냉전'의 격화는 곧 국내로 그 불길이 튀어와 그 밀월을 끝내게 함과 동시에 다시 새로운 형태의 파시즘을 탄생시키는 조건이 되기도 했다.

전쟁 이후의 파시즘은 ① 국제적 반혁명의 총본산이 된 미합중국의 내정(內政)에서의 매카시즘(개인의 세력과 같지 않다는 데 주의할 것), ② 미제국주의에 대한 **종속성**을 두드러지게 지닌 다른 자본주의국가에서 주로 국내소비용의 파시즘, ③ 구래의 식민지·반식민지의 민족해방운동에 대응하는 토착의 반동세력(그것은 실체로서는 전통형의 전제적 성격이 짙은데, 국제제국주의와의 관련에서는 파시즘적 기능을 영위하고 있다), ④ 주로 구(舊)추축국의 일부에서 나타나고 있는 배외주의(排外主義)의 전통을 계승한 네오 파시즘과 같은 다양하고 복잡한 발현 형태를 가지며, 더구나 전후 세계의 공약수가 된 '민주주의'를 어쨌거나 기치로 삼고 있으므로, 그 감별은 한층 더 어렵게 되고, 따라서 반(反)파시즘 통일투쟁의 주요목표와 역점을 두는 곳에 대해서도 다양한 논쟁을 불러일으키고 있다.

그러나 파시즘의 본질적 기능이 언제나 위에서 말한 것과 같은 반혁명과 전쟁을 위한 강제적 시멘트화에 있는 이상, 그것에 대한 유효한 저항은 단순히 정당이나 노동조합과 같은 공식집단 사이의 연계만이 아니라 그 기초로서 민중 사이에 자발적인—반드시 직접적으로 정치적도 아닌—소집단이 다양하게 형성되고, 상호간의 자주적인 커뮤니케이션이 활발하게 이루어지는 것이 불가결한 조건이다. 따라서 사상·언론·집회·결사의 자유의 옹호는 언제 어떠한 경우에도 통일행동의 최저선이며 그와 동시에 최고의 강령이지 않으면 안된다. 대중국가를 기반으로 한 파시즘은 거의 반드시 민주주의 에너지로부터 '대중참여'라는 계기를 훔쳐서, 그 집단적 압력으로 개인의 고유한 권리로서의 기본적 인권을 압살해나간다. 대중이 자신의 자유와 권리 상실을 환호한다는 것은 있을 수 없다는 단순한 낙관주의는 파시즘에 의한 '대중(mass)의 제도화'(E. Lederer, *The State of the Masses*. N.Y., 1940)라는 마술 앞에는 맥없이 붕괴된다는 사실이야말로 우리가 최근의 역사로부터 배운 최대의 교훈이라 할 수 있을 것이다.

●1954년

제5장

'스탈린 비판'에서의 정치의 논리

1.

  원(圓)이나 선(線)의 비교가 아니라 인간을 비교할 경우에는 진리와 이해가 충돌하기 때문에 언제까지 기다려도 기하학과 같은 확실한 인식이 불가능하다고, 토머스 홉스(Thomas Hobbes)가 개탄한 것은 이미 300여 년 전의 일이지만, 홉스의 그런 탄식이 바로 17세기 영국혁명이 빚어낸 격정의 한가운데에서 나왔다는 것은 의미심장하다.

  사람들이 의거하고 있는 생활기반의 안정성이 대폭적으로 상실되고 잡다한 여러 가지 문제가 아니라 사회의 '원리' 그 자체가 문제가 되고 있는 그런 시대에는, 도전하고 도전받는 이익(interest)은 결코 좁은 의미의 경제적인 그것에 머물지 않으며, 다년에 걸쳐서 그 사회에 뿌리를 내린 생활양식이나 사람들이 자명한 것으로 의문을 품지 않았던 가치감각이 동시에 근본적인 동요를 겪게 되기 때문에, 이른바 만성의 열병 상태가 그 시대의 정신적 풍토의 특징이 된다. 눈앞의 변화가 너무나도 어지럽고 또 너무나도 크고 이상하기 때문에 차례차례 일어나는 것의 의미를 보다 넓은 문맥과 연관시켜서 이해하려고 하기에 앞서서, 사건의 심리적 충격이 먼저 사람들을 압도하게 된다.

오늘날에는 아무리 열렬한 카톨릭교도라 하더라도 중세 말기의 종교재판의 무도함이나 교황 정치의 부패나 성 바돌로매(Saint Bartholomew) 학살의 잔인함을 지적당한다고 해서, 곧바로 얼굴색을 바꾸어 화를 낸다거나 필사적으로 변호하거나 하지는 않을 것이다. 그리고 또 장로파 교회의 목사에 대해서 칼뱅(Calvin)이 제네바에서 창설한 정치체제가 전형적으로 '전체주의적'인 권위제라는 것, 그가 세르베토(Servetus)를 불에 타서 죽게 한 행동거지는 어떻게 보아도 기독교 정신에 부합되지 않는다는 것을 주장하더라도, 아마도 그는 순순히 시인할 것임에 틀림없다. 그리고 구교도도 신교도도 "종교전쟁은 분석하면 할수록 원래 의미에서의 종교적 요소는 희박해진다"는 영국의 한 역사가의 말에 담겨 있는 어떤 진실을 거부할 수 없을 것으로 생각된다. 프랑스혁명에 대해서도 역사학적인 해석은 그야말로 오늘날에도 여전히 논쟁이 오고가고 있지만, 그런 학문적 논쟁이 직접적으로 정치적 의의를 지니는 시대는 이미 지나갔다. 프랑스혁명과 그것에 기초한 간섭전쟁의 과정에서 저질러진 수많은 어리석음과 잔학함을 아무리 힘주어 탄핵하는 사람들도 인권선언의 제 원칙이 오늘날 문명세계의 공리(公理)로 적용되고 있다는 것은 인정하며, 다른 한편으로 바스티유(Bastille) 감옥을 습격한 날을 국경일로 하고 라 마르세예즈(La Marseillaise)를 국가(國歌)로 하는 나라에서 마리 앙투아네트(Marie Antoinette)의 운명에 눈물을 흘리게 하는 그런 영화가 만들어져도 누구나 특별히 이상하다고 생각하지는 않는다.

그런데 러시아혁명과 그 다양한 연쇄반응에 대해서는 유감스럽게도 오늘날의 세계는 아직 그것이 안겨준 심리적 충격으로부터 회복될 수 있을 정도의 시간적 거리를 가지고 있지 않는 것 같다. 그것은 혁명 후 40년이라는 자연적 시간에 대해서 말하는 것은 아니다. 40년은 이제 겨우 40년이라고 생각할 수도 있으며, 이미 40년이라고 말할 수도 있을 것이다.

오히려 문제는 러시아혁명이 던져준 도전에 대해서, 오늘의 세계가— 자본주의 세계는 물론이고, 당사자인 소비에트동맹을 중심으로 하는 사회

주의 세계도 포함하여——아직 충분한 결착(結着)을 보지 못하고 있다는
것, 따라서 거기에 포함된 다양한 쟁점(issue)이 오늘날 여전히 생생한 현
실성을 띠고 우리의 모든 존재를 뒤흔들고 있다는 사실로부터 오고 있다.
소비에트나 중국 혁명이 달성한 것을 아무리 높게 평가하더라도, 거기서부
터 곧바로 그들의 방식을 자신의 나라에 수입해야 한다는 결론은 나오지
않으며, 거꾸로 소련이나 중국의 결점을 필사적으로 파헤쳐놓았다고 해서,
그것으로 매일매일의 신문지면을 가득 채우는 권력의 부패나 스캔들, 실업
이나 빈곤이 가져다주는 참사 등이 조금이라도 없어질 리는 없는 것이다.
그럼에도 불구하고 그런 '새로운 세계'가 걷는 하나하나의 과정은, 문자 그
대로 '결코 남의 일이 아닌' 파문을 불러일으킨다. 래스키가 말하는 러시아
혁명의 '막대한 성과'(immense gains)와 '막대한 대가'(immense
costs)는 아직 사람들의 마음속에 적당한 평형점을 찾지 못하고, 이해와
입장과 국면의 충격에 따라 혹은 플러스면이 심리적으로 상승작용을 일으
키기도 하고, 혹은 마이너스 측면이 클로즈업되기도 한다.

국제적으로도 국내적으로도 정치적 긴장이 고도화될수록 언론이나 비판
에 대해서도 적과 동지 양극으로의 수렴성이 강화되고, 쌍방에서 조금이라
도 '동지'에 유리하고 '적'에 불리하다고 판단되는 언동을 조그만 것 하나 빠
트리지 않고 선전 자료로 동원하려고 하며, 또 사실 동원되므로, 커뮤니케
이션 내지 소비에트제에 대한 모든 인식이나 평가는 그 진위성의 견지보다
도 먼저 그것의 사회적 효과——그리고 적과 동지로 판단되는 것——라는
측면에서 고려하게 되고, 또 인식자나 판단자의 '배후의 의도'를 억측하기
도 한다. 그리고 한쪽의 진영에 '가산'(加算)된 견해는 곧바로 다른 한쪽 진
영의 증오에 가득찬 반격을 불러일으키기 때문에, 이른바 엄정한 객관적 비
판자로서 출현한 것도 어느 틈인가 정치적 자장(磁場)의 작용을 받아 그
입지를 이동시켜버리는 경우가 적지 않다. 각각의 진영 내부에서는 '적에
이용되는' 것에 대한 경계와 공포로부터 반쯤은 자발적으로 반쯤은 강제적
으로 동조화가 진행된다. 냉전의 격화와 더불어 국내체제의 병영화(兵營

化)에서 미국과 소련이 점점 더 비슷한 양상을 띠게 되는 아이러니는 이미 여러 번 지적되었지만, 그것은 위에서 말한 것과 같은 보다 넓고 보다 장기적인 위기적 상황의 한——두드러진——국면에 지나지 않는다.

소비에트제와 코뮤니즘의 근본문제에 대해서는 일찍이 전체적인(total) 공격과 전체적인 옹호, 바꾸어 말하면 인식과 가치판단의 '전체주의화' 경향이 러시아혁명 이후의 세계에 내재하고 있었던 것이다. 소련이나 세계공산주의운동의 족적을, 그것이 짊어진 역사적 제 조건이나 그것이 처한 사회적·정치적 상황과의 상호작용에서 보지 않고, 모든 것을 마르크스주의 세계관과 그 '본질'로부터의 연역 내지는 '필연적' 발전으로 돌리고 크렘린 지도자의 목적 의사——그것이 '과학법칙'에 입각한다고 하건 '사악한 세계 정복 의도'와 같은 것으로 보건 간에——를 전능한 것으로 본다는 점에서, 철두철미한 공산주의자와 철저한 반공주의자의 논리가 기묘한 '반대사물의 일치'를 보여온 것도, 그 자체가 현대의 정치적 상황과 거기에 양성된 정신적 기후의 표현에 다름아닌 것이다.

2.

제20차 소련공산당대회에서의 '스탈린 비판'으로부터 중국공산당의 '백가쟁명' 제창에 이르기까지 광범한 코뮤니즘 진영 내부의 '자유화' 동향은, 그같은 만성적인 열병 상태에 역사적인 전기를 가져다주려는 듯하다. 일반적으로 혁명세력은 국가권력만이 아니라 사회의 전통화된 습관이나 상징, 사람의 마음속에 스며든 생활양식이나 문화형태 등 이른바 비조직적인 사회적 힘을 언제라도 광범하게 동원할 수 있는 입장에 있는 구체제에 대항하고 투쟁하지 않으면 안되므로, 언제나 조직적으로도 이데올로기적으로도 강고한 단결과 규율이 요청되며, 또 그로 인해 지도부에의 권력과 상징의 집중이 정당화된다. 그런 필요성은 당연히 구체제의 억압이나 포위가 강할

수록 높으며, 또 혁명과 반혁명의 역학관계가 불안정하고 국면의 변화가 격렬할수록 높아진다. 그런 의미에서 크롬웰(Cromwell)의 퓨리터니즘 (Puritanism)도 프랑스혁명의 자코뱅주의(Jacobinism)도 코뮤니즘에 못지않게 '일사불란하게 움직였으며', 그 생리도 병리도 비슷했다(그렇다고 해서 물론 각각의 역사적·사회적 성격과 사상적 무기의 특성에서 나오는 상이함을 무시하는 것은 아니다).

그러한 것은 혁명정당의 내부조직만이 아니라 **국제적인 혁명운동에서의** 집중과 분화의 관계에도 적용될 수 있다. 코민테른 역사의 준열한 비판적 연구자의 한 사람인 보르케나우(Franz Borkenau)가 이미 1930년대의 저서에서 각국 공산당의 기본적인 성격을 단순히 '모스크바로부터의 명령' 의 결과로 보는 것은 중대한 오류이며, 오히려 "러시아 이외의 지역에서 상대적으로 강력한 혁명운동이 존재한 한에서는, 러시아혁명이 갖는 위신의 강함에도 불구하고, 그들 운동은 모스크바로부터의 지령을 반드시 받아들이지는 않았다"는 사실을 벨라 쿤(Bela Kun), 로자 룩셈부르크(Rosa Luxemburg), 파울 레비(Paul Levi), 중국 공산당 등의 사례로 실증해 보이고, "혁명의 현실적 기회가 배경에서 멀어지면 질수록, 러시아에서 이미 달성된 혁명의 **숭배**가 그 자리를 차지하게 되었다"(*Communism International*, 1983, p.416 & p.418)라고 지적한 것은 매우 흥미롭다.

집단의 강인함은 그만큼 안정감을 가져다주고, 안정감은 자주성——반드시 배타성은 아니다——을 강화시켜주며, 내부 구성원의 개성과 자발성이 단결을 위태롭게 하는 것은 아닌가 하는 공포감을 없애주며, 그것이 또 다양화를 촉진시키게 된다. 이같은 일련의 나선형적 발전은, 특별히 공산주의 국가와 운동만을 예외로 하는 것은 아니다. 소비에트 공산당 제20차 대회에서 나타난 두 개의 커다란 사실은, 소비에트국가의 지도자가 아직 일찍이 경험하지 못했을 정도의 국제적·국외적 안전감을 향유하고 있다는 것과, 또 하나는 세상을 깜짝 놀라게 한 스탈린 비판을 비롯한 '새로운 노선'의 제시였다. 이 두 가지는 말할 것도 없이 밀접하게 관련되어 있다. 그래서 스탈린 비판의 방식과 내용에 대하여 국제적 공산진영의 내부에서 가장 독창적인(original) 비판적 견해를 발표한 것이 서구에서 가장 강대한 세력을 가진 이탈리아 공산당과 소비에트 다음으로 강대한 공산주의국가(편의상 흔히 지칭하는 것에 따르기로 한다)인 중국이었다는 것은 우연이 아니다.

물론 '스탈린 비판'의 파문은 현재의 국제정세 하에서 그 자체의 정치적 역학을 통해서 확산되고 있다. 제20차 당대회 자체가 위에서 말한 러시아 혁명의 '막대한 성과'와 '막대한 대가'라는 양면을 다시금 세계에 생생하게 제시했으므로, 반(反)소·반공세력은 홀연히 소비에트 지도자 자신에 의해서 처음으로 '공인'된 후자의 측면에 달려들어 대대적인 캠페인을 벌였다. 미국 국무성에 의한 흐루시초프(Khrushchyov) 비밀보고 입수와 일부 발표(1956년 6월 4일)는 그 드라마의 클라이맥스였다. 소비에트의 지도자는 물론 '스탈린 비판'이 갖는 정치적인 플러스와 마이너스의 효과를 충분히 고려한 후에 감연히 그런 행동으로 나간 것인데, 역시 그 국제적 파문에 거꾸로 영향을 받아 점차 '적에 의한 이용'에 대한 경계라는 측면을 강조하게 되었으며, 각국 공산당 기관지의 논조에도 그것이 반영되어 있다.

'스탈린 비판'의 사상적 의의는 본래 스탈린을 신격화하고 소비에트의 국내·국제정책을 백 퍼센트 변호해온 세계의 공산주의자 및 무조건적인 동반자들에 대한 철퇴였던 것만은 아니다. 그것은 동시에 소비에트와 코뮤니즘의 어떤 역사적 단계에서의 형태를 고정화하거나 혹은 어떤 정치에도 공통되는 법칙 내지 경향성을 모두 소련 내지 코뮤니즘의 원리 또는 본질적 속성으로 귀착시켜온 적지 않은 반공주의자에 대해 역사가 내리는 비판이기도 한 것이다. 그런데 전자가 받은 충격을 적어도 당초에는 숨기지 않았으며 또 숨길 수 없었다(예를 들면 6월 24일 미국 공산당 전국위원회 성명은 이렇게 말하고 있다. "우리는 흐루시초프 연설로 밝혀진 실제 사정으로 인해 심각한 충격을 받았다……. 우리나라의 노동자계급과 인민에 대해서 우리는 오늘 오류라는 것이 판명된 소비에트동맹의 많은 외교 및 내정을 무비판적으로 변호했던 것을 솔직하게 인정한다"(*Political Affairs*, July, 1956))고 한다. 이에 대해 후자의 경우는 대부분 여전히 본질적 불변론을 고집하고 있는 것처럼 보인다. 물론 소비에트 및 공산권 국가들의 '자유화' 하에서 이른바 '자유기업제'나 서구의 정치제도로서의 의회제로의 완전한 복귀를 이해한다면, 그것은 없는 것을 내놓으라고 졸라대는 것과도 같은 것이리라.

여기서는 그런 제도론에 깊이 들어가지 않겠지만, 오히려 중요한 것은 그런 '불변론'의 일방적 강조는 거꾸로 또 공산주의자의 '불변론'——뒤에서 보듯이 사회주의의 '본질'은 변하지 않는다는 명제로 '스탈린 비판'에 포함된 문제를 가능한 한 국한시키려는 경향——을 강화시키고, 쌍방의 이데올로기적 경화의 악순환을 초래하게 된다는 현실적인 작용인 것이다. 미국의 어떤 대학 교수가 인도를 여행하는 도중에, 우연히 제20차 당대회 전후에 모스크바에 체류하여 광범하게 시민이나 학생들과 접촉하고 느낀 인상으로 "어떤 사람은 자유롭게…… 말하고, 지금이야말로 예전에는 논의할 수 없었던 다양한 일들을 이야기하고, 가슴속에 넣어두었던 일들을 탁 털어놓을 수 있는, 오랫동안 기다려왔던 기회가 왔노라고 말하고 싶은 그런 모습"이었지만, "다른 사람들은 사방을 두리번거리며 조심스러운 눈초리로 한마디 한마디를 신중하게 생각하여, 아슬아슬한 문제나 근신하지 않는 것으로 오해받을 수 있는 그런 것은 모두 고의적으로 회피하려고 하여…… 마치 한 국가의 대표가 다른 국가의 대사에게 말을 거는 것 같았다"(Paul Baran, "On Soviet themes," *Monthly Review*, July-Aug., 1956)는 식으로 적고 있다.

그것은 많건 적건 간에 현재 각국의 공산당원들 사이에 있는 두 개의 유형이며, 또 소련의 국제정치의 장(場)에서의 행동양식에도 현재 이 두 측면이 교착되고 있는 것으로 볼 수 있다. 그 어느 쪽 태도가 앞으로 지배적인 것으로 될 것이며, 또 어느 방향이 신장된 것인가를 결정하는 것은, 단순히 공산주의진영의 일방적인 선택은 아니다. 문제가 그 기저를 이루고 있는 세계정치의 상황에 깊게 뿌리내리고 있는 이상, '스탈린 비판'에 포함된 사상적 의의가 충분히 역사적으로 개화할 것인지 그 여부의 갈림길은 동시에 서구 진영 내지 비공산주의자의 대응방식 여하와도 관련되어 있기 때문이다.

따라서 '스탈린 비판'에 대한 어떠한 비판도, 어떠한 평가도 만약 그것이 러시아혁명 이래 코뮤니즘을 둘러싸고 양성된 정신적 분위기의 단순한 계속 위에 이루어진다면, 그것 자체, '스탈린 비판'이 일으킨 그 본래의 역사적 의의를 매몰시키는 것이라 하지 않으면 안된다. 반대로 '스탈린 비판'의 비판을 위와 같은 정신적 분위기 하에서 발효하는 사고와 행동을 형태(pattern)에 대한 고찰까지 깊이 파고들어갈 때 비로소 거기에 포함된 문제를 마르크스주의자와 비마르크스주의자에 **공통된** 기반 위에 검토할 수 있으며, 또 거기서 **공통된** 학문적 과제와 정치적 교훈을 끌어낼 수 있는 것이다. 그렇지 않는 한, 스탈린격하를 둘러싸고 시끄러운 국제적인 논의는, 한편에서는 마르크스주의의 '복음'(gospel) 해석을 둘러싼 구태의연한 교리적 문답과 다른 한편으로는 완전히 초월적인 '여기까지 오라'는 식의 '비판'이라는, 두 개의 서로 만날 수 없는 평행선을 그을 뿐이다. 거기에 울려 퍼지는 멜로디는 응고된 양극화의 새로운 변주곡 이외의 어떤 것도 아니다.

이같은 반성을 전제로 하고 또 결론으로 삼으면서 소련을 비롯한 각국 공산당이 '스탈린 비판'이라는 테마와 관련하여 지금까지 발표한 문헌을 소재로 하고, 거기에 정치의 인식론으로 어떤 문제가 배태되어 있는가에 대해서 약간의 검토를 덧붙이고자 한다. 문제는 자연히 정치과정에 대한 지금까지의 <u>마르크스주의자들</u>의 사고방법을 비판하는 쪽으로 나아가게 될 것이다. 그러나 그것은 어떤 실체적인 이데올로기 또는 세계관을 거점으로 하는 마르크스주의의 원리적 비판도 아니며 또 소비에트 내지 인민민주주의체제 그 자체에 대한 검토도 아니다. 물론 내가 내놓은 문제를 각각의 입장에서 마르크스주의 혹은 코뮤니즘의 '본질론'과 결부시키는 것은 자유이며, 또 나의 '비판' 속에도 필연적으로 어떤 종류의 이데올로기적 선택이 포함되어 있다는 것을 부정하려고 생각하지는 않는다. 다만 나의 시도는 일단 그런 세계관적 입장이나 본질론을 괄호 안에 넣은 다음, 이번의 문제를 둘러싼 코뮤니스트의, 더구나 국제적으로 제1급 코뮤니스트의 주장을 가능한 한 보편적인 정치법칙의 현상액에 적셔서, 일종의 정형화된 사고와 행동양식을 부각시켜보고자 하는 데에 있다.

거듭해서 말하거니와 그런 사고·행동양식은 반드시 마르크스주의 내지 코뮤니즘에 특유한 것은 아니다. 그럼에도 불구하고 마르크스주의가 갖는 체계성과 그 당파성의 견해가, 위에서 말한 것과 같은 양극화의 정신적 상황 속에서 기능할 경우에는 자신을 하나의 폐쇄적인 완결체로서 표현하는 경향이 강하며, 그 때문에 특정한 정치상황에 제약받는 정신 경향이나 정치적 수단까지도 '세계관' 자체 속에 편입시키거나 혹은 그 모든 것을 '투쟁'의 필연성으로 합리화하기 쉽다. 그런 경향이 오늘날까지 서로 다른 학문적 입장과의 커뮤니케이션을 저해해왔을 뿐만 아니라 실천의 장에서도 정치적 수단의 자주적 통제를 곤란하게 만들어, 결과적으로 반공론의 '전체주의화'를 점점 더 촉진시켰다는 것은 부정할 수 없다. '정치의 논리'를 세계관으로부터 분리시켜서 그것(정치의 논리)만으로 떼내어 인식할 것을 먼저 코뮤니스트에 대해서 요청하는 근거는 바로 여기에 있다. 그것이야말로 이데올로기적 경직성으로부터의 해방——진정한 의미의 해빙(解氷)——의 첫걸음이며, 더구나 그 결정적인 걸음은 의식하건 하지 않건 간에 '스탈린 비판'의 논의에서 이미 내딛고 있는 것이다.

3.

소련의 현 지도자에 의한 스탈린 비판의 최초의 형태 속에는, 이미 각 방면에서 지적된 것처럼 개인숭배를 뒤집어놓은 것과 같은 것이 있으며, 과

거의 대량숙청이나 자의적인 결정이나 관료주의나 전쟁지도의 실패 등 마이너스면을 스탈린 개인에게 돌리고, 소비에트 사회주의의 급템포의 발전이나 '독일과의 전쟁'에서의 승리 등 좋은 면은 모두 볼셰비키당의 주위에 결집한 소비에트 인민대중의 영웅적 분투의 하사품으로 본다는 단순화에 빠져 있다. 역사의 생산자가 개인이 아니라 대중이라 역설하면서, 역사에서의 악(惡)의 요소의 생산에 대해서만 대중의 관여를 부정하는 것은 확실히 어리석다고 해야 할 것이다. 그와 동시에 거기에는 개인숭배의 원인을 집단지도의 결여로 돌리고, 거꾸로 집단지도의 무시를 개인숭배로부터 설명한다는 순환론법이 잠재되어 있다.

그런 의문에 대해서는 먼저 중국의 『인민일보』(人民日報)가 「프롤레타리아트독재의 역사적 경험」이라는 논설(4월 5일자)에서 개인숭배가 '수천만 사람의 습관의 힘'이라는 함축적인 표현으로 문제의 해명에 한 걸음 나아갔으며, 특히 6월 4일 미국 국무성이 폭로한 흐루시초프 비밀보고의 충격에 의해, 톨리아티(Togliatti)를 비롯한 세계의 주요한 공산당 지도자들은 어쨌거나 각자 자신의 문제로서 스탈린 숭배의 원인 검토에 나서지 않을 수 없게 되었다. 그들은 누구나 다 지금까지의 소련 당국의 발표 내지 설명 방식에 대해서 불만을 표명하는 것으로부터 출발하고 있었다. '적'으로부터의 비판에 대해서는 묵살하거나 혹은 상대의 의도를 폭로하여 대응하고 있던 소련 수뇌부도, 그런 우당(友黨)으로부터 일제히 제기된 의문이나 요망에 대해서는 답하지 않을 수 없게 되었으며, 그것이 6월 30일의 소련 공산당 중앙위원회에 의한 「개인숭배와 그 결과의 극복에 관한 결정」으로 나타났다.

위의 소련 공산당 중앙위원회 보고에서는 개인숭배를 낳은 원인으로 ① 소련에서 사회주의 건설이 이루어진 객관적인 역사적 제 조건과 ② 스탈린의 개인적 자질과 관련된 약간의 주관적 요인이라는 두 가지를 들고 있다. 예시된 개개의 구체적 원인—소련의 국제적 고립이라든가 국내의 반혁명파와 국제적인 파시즘의 위협에 의해서 어쩔 수 없게 된 집권화, 그 반면

(反面)으로서의 '약간의 민주주의적 형식의 제한' 등——의 역사적 검토는 잠시 미루어두기로 하자.

그보다 여기서의 문제는 이같은 객관과 주관이라는 두 요인이 어떤 매개 요인에 의해 결부되는가 하는 것에서부터 시작된다. 거기에 퍼서낼리티와 상황 간의 관계라든가 지도와 피지도의 기능적인 상호작용 관계라든가, 공식적인 조직 내부에서의 비공식 그룹의 의의와 같은 정치에서의 핵심적인 제 과제가 개재되어 있는 것이다. 이 문제가 이론적으로 다루어지지 않는 한, 개인숭배에 한정되지 않으며, 중대한 정치적 사상(事象)은 한편으로는 거시적인 객관정세론 내지는 '체제'론과 다른 한편으로는 지도자의 선천적·내재적 소질——그 극한으로서 무뢰한——이라는 두 방향으로 해소되어버린다.

예를 들면 스탈린은 "개인적인 겸양이라는 것을 갖추지 못했다"(1956년 3월 28일『프라우다』)든가 "초보적인 겸양심조차 결여되어 있었다"(흐루시초프 비밀보고)든가 하는 것이 과연 그러한가. 새삼스럽게 스탈린성격론을 끄집어낼 여유는 없지만 적어도 그가 그렇게 오랜 기간에 걸쳐서 최고 권력을 장악하고, 또 그 정도의 역사적 대업을 수행한 정치가치고는 그다지 허영심의 포로가 되지 않았으며, 또 역사상의 다른 독재자들과 비교해도 자기억제 능력에서 그렇게 떨어지지 않았다는 것은, 여러 증거로 볼 때 분명하다. 오히려 토크빌(De Tocqueville)이 루이 나폴레옹(Louis Napoleon)에 대해 내린 "그는 인민에 대한 **추상적 존경**은 가지고 있었지만 자유라는 것에는 그다지 호의를 보여주지 않았다"는 평가 쪽이 그래도 스탈린에게는 더 어울릴 것이다. 또 그의 '병적인 시의심(猜疑心)'의 예를 흐루시초프가 거론하고 있지만, 설령 그것을 인정한다고 하더라도 그것을 단순히 개인의 속성으로 돌리는 것으로는 조금도 문제가 해결되지 않는다.

현재 세계의 모든 코뮤니스트들은 '혁명적 경계심'의 강화를 높이 외치고 있지만, 긴박한 정치상황 하에서 혁명적 경계심과 시의심이 어째서 실제로 구별하기 어렵게 되는가——물론 반(反)혁명적인 경계심도 마찬가지이다——는 일본공산당의 분파 문제를 떠올리는 것만으로도 충분할 것이다. 사실

유진 데니스(Eugene Dennis)는 1934년 이후의 대숙청에 대해서 "'인민의 적'에 대한 추궁은 사실상 어떠한 반대나 대립 의견도 의심스러운 것으로 보일 정도로 히스테릭한 규모에 이르렀다"고 하고, 또 "그것(허위의 자백 내지 증언의 날조)은 열에 들뜬 것과도 같은 의혹과 히스테리 분위기의 가공할 만한 산물이며, 예조프(Yezhov) · 베리야(Beriya), 기타 제국주의의 앞잡이들이 자신의 목적을 위해 그 분위기를 이용했던 것이다"("The U.S.A. and Khrushchev's Special Report," *Daily Worker*, 6월 18일자)라고 말하고 있다.

더구나 일정한 긴박한 정치적 상황이 낳은 심리적 분위기는 그것 자체의 자율적 운동을 가지며, 그 속에서 각인된 사고나 행동의 형태는 객관적 제 조건이 변화된 후에도 여전히 타성으로 살아남는다. 1934년 키로프(Kirov) 암살사건에서 시작된 공산당 및 국가 제 기관에 대한 대숙청과 공포시대는 제1차 5개년계획이 완료되고, 농업집단화를 통해서 부농(Kulak)이 일소되고, 국내의 트로츠키주의자가 이미 '무장해제'되어 반혁명의 사회적 기반이 대폭적으로 소실된 후에, 즉 사회주의가 체제로서는 그 기초를 굳힌—스탈린 헌법은 그 법적 확인이었다—후에 절정에 달했다는 점을 잊어서는 안된다. (다만 다른 한편으로 일본 · 독일의 파시즘의 위협 증대가 스탈린 및 OGPU[역주1]로의 권력집중을 합리화하는 근거가 되었다.)

흐루시초프의 보고도 "당, 소비에트 및 경제상의 지도자들이 다수 체포되었기 때문에 많은 노동자들이 일에 대한 확신을 잃기 시작했으며, 지나친 조심성을 보여주게 되고, 모든 새로운 것에 공포를 품고, 자기 자신의 그림자를 두려워하게 되어, 그들의 일에서 이니셔티브를 보이는 경우가 적어지기 시작했다"고 하여, 숙청에 의해 양성된 심리적인 충격이 거꾸로 새로운

[역주1] OGPU(Obiediminnoje Gosudarstvennoje Politicheskoje Upravlenje)는 소련의 국가비밀경찰이다. 이는 NKVD의 전신이다.

'사실'을 낳게 된다는 것을——그 자신이 그 이론적 의미를 어느 정도 의식하고 있었는가는 별도로 하고——실질적으로 인정하고 있지만, 그와 같은 시의(猜疑)·불신·공포 등의 정치적 역동성은 특정한 개인의 성격이나 마음가짐으로 돌리기에는 너무나도 중요한 문제이며, 또 그것은 반드시 특정한 사회체제나 조직에 고유한 것도 아니다. 예를 들어 앞의 데니스의 말 중에 '인민의 적'을 '국가의 적'으로 바꾸로, '베리야 및 기타 다른 제국주의의 앞잡이들'을 '매카시 상원의원, 기타 다른 차이나 로비의 앞잡이들'로 바꾸면 거의 그대로 1940년대 말부터 1950년대 전기에 걸친 미국에 그대로 들어맞을 것이다.

일반적으로 이번의 '스탈린 비판'을 계기로 하는 각국 공산당의 국제적인 자기비판은 코뮤니스트의 정치행동에 얽혀 있는 심리적 경향에 대해 뚜렷한 유형을 여실히 보여주고 있다. 예를 들면 유진 데니스는 미국공산당이 지금까지 "많은 노동자들과 자유주의적 활동가들의 비판적 발언이나 견해에 대해서는 도량이 좁은 태도를 취하는 경우가 흔히 있었다……. 노동조합 활동가나 자유주의자로부터의 진지한 비판까지도 직업적 반공분자나 반(反)소비에트 중상가(中傷家)의 비판과 같이 다루었다"(앞의 논문)고 했다. 영국공산당의 제임스 클루그먼(James Klugman)은 "우리는 그 정책을 틀렸다고 판단한 사람들, 아니 파멸적이라 판단한 사람들에 대해서조차도 배반자라는 낙인을 찍어서는 안되는 경우가 있는네, 그런 낙인을 찍는 경향이 너무나도 심했다. 개인적 의도라는 것은 사실 문제가 아니다. 인격적 성실함을 정확하게 측정할 수 있는 성실측정기 같은 것은 아직 발명된 적이 없다. 파괴적인 정책을 품고 있던 개인이 완전히 성실하다는 것은 충분히 있을 수 있는 일이다"("Communists and Socialists," *Marxist Quarterly*, July, 1956)라고 '반성'하고 있다. 이처럼 서로 다른 견해나 정책에 대해서 일률적으로 딱지를 붙이는 경향이나 곧바로 상대의 '사악한 의도'를 억측하는 사고 태도를, 미국이나 영국의 코뮤니스트들만의 현상으로 생각하는 사람은 없을 것이다. 또 "거기서는(스탈린체제 하에서라는 의미―마루야마) 이론을 발전, 전진시켜서 무언가 독창적인 새로운 것을 말할 수 있는 사람은 스탈린 한 사람뿐이며, 나머지 사람은 스탈린이 말한 사상을 보급시키고, 그가 만든 방식을 해석해야 하는 것으로 간주되었던 것이다"라고 『프라우다』 논설(1956년 3월 28일자)이 적고 있는 것도, 바로 전까지는 거의 모든 국가의 모든 공산주의자들에게 공통된 사실상의 경향이었다.

따라서 그런 '결함'을 단순히 특정 국가의 코뮤니즘의 수준이 낮은 탓으로 돌리거나 혹은 개개의 공산당원의 수양의 부족함이라는 것만으로 치부하는 것, 바꾸어 말하면 특수성으로의 도피나 도덕주의로의 해소는 문제를 실제로 해명하는 길이라 할 수는 없다. 위의 맨 마지막 예를 본다면, 흔히 ―공산주의자의 자기비판으로서도 그리고 반공론자의 비판에서도―권위에 대한 맹종은 안된다는 '교훈'이 나오게 된다. 권위에 대한 맹종이 좋지 않다는 것은 충분히 알고 있는 사실이다. 그러나 그렇다면 권위에 대한 맹종을 바꿔 더 자주적으로 되는 것으로 모든 것이 다 해결될 것인가. 개인숭배가 단순히 특정 인격의 숭배가 아니라 거의 모든 공산주의자들에 의한 스탈린 이론의 절대화로서 나타났다는 것은, 특별히 전세계의 공산주의자가 한결같이 선천적으로 '권위주의적 성격'의 소유자였기 때문은 아닐 것이다. 거기서 스탈린 이론은 프롤레타리아트의 조직적 단결의 상징으로서 기능하고 있었기 때문에, 같은 진영 내에서의 '이론'에 대한 어떠한 의혹도 단결에 찬물을 끼얹는 것으로 다루어졌던 것이다. 당의 노선으로부터 편향되지는 않을까 하는 공포와 경계가 있는 곳에서는 사상과 언론의 상부에 대한 동조화 경향은 끊임없이 발생하게 된다. 그래서 각국 당원의 당간부에 대한 동조화는 당 간부의 사회주의 조국 소련에 대한 동조화로, 그것은 다시 소련공산당의 최고권위에 대한 동조화로까지 상승해가지 않을 수 없다. 시드니 웹(Sydney Webb)의 이른바 '정통병'(正統病, disease of orthodoxy)이 이렇게 해서 만연된다. 물론 소련에서의 정통병은 특수하게도 제정(帝政) 러시아에서 그리스정교와 국가권력의 합일의 사상적 유산으로 돌릴 수 있는 측면도 있을 것이다. 바로 일본공산당이 '국체'(國體)적 정통성의 사상적 유산을——뒤집어서——이어받고 있듯이.

그러나 세계적 규모에서의 코뮤니스트의 정통병은 본론의 서두에서 암시했듯이, 한편으로는 아직 상대적으로 자기의 열세를 의식하고 있는 혁명단체의 심리적 습성이며, 다른 한편으로는 정치상황의 긴박함에 대항하는 양극에 나란히 각인되고 있는 사고양식의 산물인 것이다. (그런 의미에서 '자유주의'에서의 충성 심사 등 일련의 정통주의화가 여기에 해당된다.) 그리고 위와 같은 '이구동성화'의 이면에는 "사회주의 국가들에서의 중대한 부정(不正)을 말하는 그런 정보는 무엇이든 믿기를 거부하고, 그와 같은 정보는 중상(中傷)이라 생각"(데니스, 앞의 논문)한다는 식인데, 이 또한 공통된 경향으로 나타난다.

스탈린을 서기장에 앉히기를 경계했던 레닌의 유명한 「유서」(遺書)도, 강제수용소의 존재도 대숙청이 스탈린헌법이 규정하고 있는 법절차까지 무시하여 이루어졌던 것도——한마디로 말하면 『프라우다』나 흐루시초프 비밀보고가 이번에 밝힌 태반의 사정은 '부르주아세계'에서는 거의 대부분 알고 있던 것으로서 '비밀'이라 할 정도의 것은 아니었다. 다만 그것이 소비에트의 최고책임자에 의해서 확인되었을 때, 비로소 전세계의 공산당 역시 그것을 확인했다는 것이다. 그것은 저널리즘의 정보만은 아니다. 적에게서도 배우라는 말이 되풀이되고 있음에도 불구하고 경식된 마르크스주의자는 일반적으로 비(非)마르크스주의의 입장으로부터의 학문적 업적에 대해서는, 자신의 견해를 확증하기 위해서라든가 반박을 위해서 그러는 것 이외에는 달리 '배우려고' 하지 않는 경향이——마찬가지로 국제적으로——현저하다. 그것은 소련이나 인민민주주의국가의 체제에 관한 것이 가장 심하며, 또 마르크스-레닌주의에서 이미 이론이 '완성되어 있는' 영역 내지는 고전적 정의가 내려져 있는 문제일수록 그런 경향이 강하다. 그것도 특히 마르크스주의가 성격적으로 도량이 좁기 때문도 아니며, 선천적으로 자유로운 사고가 결여되어 있는 탓도 아니다. 마르크스주의가 봉쇄적 체계로서 나타나는 논리적 필연성은 반드시 없다고 하더라도, 양극화의 정신적 충격이 계속되는 한, 학문적 논쟁의 차원과 이데올로기 투쟁의 차원은 실질적으로 교착되기 때문에 그만큼 마르크스주의는 좋든 싫든 간에 현실적으로는 전일체(全一體, totality)로서의 심볼 가치에서 기능하는 측면이 크다. 따라서 자연히 비마르크스주의적 업적의 대담한 섭취보다도 '수정주의'(revisionism)로의 타락에 대한 경계 쪽이 언제나 선행하는 결과로 되는 것이다.

이렇게 볼 때, 위와 같은 일련의 행동양식의 유형성(stereotype)은 어느 쪽이나 다소간 현대의 정치상황과 함수관계에 있으며, 따라서 공산주의자의 '참회'에 의해서 소멸되는 것도 아니며, 또 비공산주의자가 흔히 자기기만에 의해 상정하고 있는 만큼 자기의 진영에 '인연이 없는 것'도 아니다. (현실적으로 마르크스주의자의 학문적 폐쇄성을 비웃은 서유럽 측의 비마르크스주의 학자가 예를 들어 독점자본과 같은 용어 자체에 심리적으로 반발하여, '공식'(公式, formal)의 타당성을 충분히 음미하지도 않고서 공식=오류라는 그들 나름대로의 '공식주의'에 안주하고 있는 예는 얼마든지 있다.) 그렇지만 그런 심리적 경향성이 깊은 상황적 근원을 가지고 있기 때문에, 의식면에서 그것을 끊임없이 '격리'시켜 인식하는 것이 점점 더 필요하게 된다. 공산당이나 소비에트제도에 관한 '부르주아학자'의 연구나 매스컴의 보도가 얼마나 편견에 사로잡혀 있었으며, 또 얼마나 중상(中傷)이나 선전을 해왔는가를 말한다고 해서 그런 테마의 인식과 판단에서 오로지 자기 진영의 연구나 보도에만 의존하고 있으면, 이번의 경우에 현저하게 드러나듯이, "모르는 것은 남편뿐이다"는 결과를 초래하기도 하고, 돌연 불리한 사실에 직면하여 급격한 충격을 받게 되기도 한다. 무엇보다도 그런 태도에서는 이데올로기적 후각만이 날카롭게 된다 해도 모든 연구나 자료 속에서 적극적으로 진위를 분별해내는 능력은 조금도 단련되지 않는다. 생생한 문제에 대한 다양한 견해의 제출이나 이론 해석의 다의성이 단결을 이완시키거나 혹은 이적(利敵) 행위가 된다——그 가능성은 다소라도 언제나 존재하고 있다——는 점에 대한 경계심이 일방적으로 높아지게 되면, 선천적으로는 권위주의자가 아닌 코뮤니스트도 점차로 동조화가 습성으로 변하게 되고 점점 더 권위주의로 변해간다.

위에서 말한 것과 같은 정치상황과 인간관계의 상호연관이나 거기서 나오게 되는 행동양식은 결코 숙명적인 필연성을 가지고 일어나는 것은 아니다. 그러나 그런 차원의 문제를 일단 특수적·개별적 조건으로부터 분리시켜 '법칙화'하지 않으면, 객관정세론은 "그것은 한때의 일이었다"는 식으로 되고, 또 개인적 자질론은 "그러니 모두 훌륭한 사람이 됩시다"라는 식으로 끝나버리고 만다. 그것으로는 위에서 본 것과 같은 마이너스 효과를 대중적 규모에서 제어하는 방향은 도저히 기대할 수 없을 것이다.

따라서 앞에서 말한 스탈린의 결함이나 숙청 문제로 되돌아가보면, 당면한 문제는 좋은 마음씨를 구별하는 것도 아니며, '주의'(主義)나 '세계관'의 선천적 정당성이나 완결성에서 구원을 찾는 것도 아니다. 혁명적 경계심은 괜찮지만 시의심은 안된다는 것만으로는, 실은 아무것도 말하지 않은 것과 같은 것이다. 어떤 상황 하에서 전자가 후자로 전화(轉化)되는가, 그런 세세한 이행 지점을 구체적인 정치과정에 입각하여 규명함으로써 비로소 사안은 앞으로의 교훈으로 축적될 수 있다. 지도자의 유형이나 소질의 우열은 조직의 성격에 따라 다르며, 또 조직화의 단계 ── 권력획득의 단계와 안정화의 단계, 공세의 단계와 수세의 단계, 위기적 상황과 평시적 상황이라는 ── 에 따라서 그 정치적 기능은 변하는 것이므로, 그것 자체로서는 선량한 것도 아니며 '질이 나쁜' 것도 아니다.

그런데 뛰어난 마르크스주의자는 실천의 장에서는 지금까지도 그런 정치적 인격의 동태나 조직화 과정이 거시적인 '객관정세' 내지 경제과정과 구체적인 정치행동을 연결시키는 매개체로서 중요한 의미를 가진다는 것을 깨닫고 있었음에도 불구하고, 그런 차원의 문제는 오로지 개별적·구체적인 전술로서 처리되어왔으므로 복잡한 정치적 상황은 일반적인 전형으로까지 충분히 추상화되지 않았다. 즉 본래 가장 고도로 정치적이어야 할 마르크스주의가 아이러니컬하게도 정치적 차원의 중요한 문제를 '경험주의'에 방치해왔다고 해도 지나친 말은 아닐 것이다. 특히 퍼서낼리티나 행동양식의 상호작용 관계를 파악하려는 노력은 유물론 입장에서는 타기해야 할 '심리주의'로 배척받기 쉽다. 그 결과는 흔히 구체적인 인간행동의 이유에 관해서 이상할 정도로 소박하고 비현실적인 '설명'이 되어 나타난다.

　문제는 결코 스탈린성격론만은 아니다. 예를 들면 베리야나 이토오 리쯔(伊藤律)[역주2]와 같은 이른바 '배신자'에 대한 공식발표에는 거의 반어(反語)로 일관했던 것처럼, 그들이 애초의 출발점부터 사악한 소질과 의도를 가지고 운동에 들어섰으며, 조직 속에서 착착 그 목적을 실현해 마침내 당이나 국가의 최고간부에까지 올라갔다는 그런 '소급법'(遡及法)적인 논리가 사용되고 있다. 그들이 정말로 배신자였는지 아닌지는 차치해두고서 그런 '논리'가 거의 설득력을 가지지 못한다는 것만은 확실하다. 그래서 문제를 여기까지 밀고나가게 되면, 아무래도 오늘날까지 마르크스주의자를——의식하건 하지 않건 간에——현실적으로 규정해온 사고방식을 보다 일반적인 구조 연관 하에서 다루지 않으면 안된다.

4.

　위에서 말한 것과 같은 소급론이 발효하는 원천을 파내려가게 되면, 반드시 부딪히게 되는 것이 '본질은 드러난다'는 사고양식이다. 쉽게 말해서 "마침내 그 정체를 폭로했다"는 그런 사고방식이다. 그것은 나쁜 측면의 경우이지만, 거꾸로 대중의 정치의식이나 사회주의체제의 역사 과정에 적용되면 "점점 더 그 본래의 성격이——외부로부터의 검은 구름을 물리치고——

[역주2] 이토오 리쯔는 일본의 사회운동가로 고등학교 때부터 사회주의 운동에 가담했다. 1945년 이후 일본농민조합 결성에 참여, 공산당 재건에 종사하기도 했다. 또한 농민부장으로 극좌적인 농업강령을 작성했다. 1950년 코민포름을 비판했으며, 55년 스파이활동을 했다는 이유로 제명되었다.

드러나게 된다"는 것으로 된다. 선천적·내재적인 것의 현재화(顯在化)라는 논리는, 발전의 논리로서는 유기체의 논리이며, 규범논리로서는 자연법적 사고이며, 바깥(상황)으로부터의 충격에 의해 안(주체) 그 자체가 변동하고, 또 '안'의 운동과 작용에 의해서 '바깥' 자체도 바뀌어간다는 모멘트가 없으면 변증법적인 사고라고는 할 수 없다.

예를 들어 제2차대전 이후 미국의 일본 점령정책에 관한 코뮤니스트의 규정방식은 당초의 '해방군'적인 견지에서 급격하게 '독점자본의 세계지배'라는 견지로 변했으며, 더구나 예의 그 소급론으로 마치 전후의 '민주화정책' 전체가 미국 지배층의 '본질목적'으로부터 유출(流出)된 것처럼 설명되었다(요즘은 크게 바뀌었지만). 물론 거기에는 학문의 문제를 넘어선 '정치의 필요'가 작용하고 있었던 것이지만, 마르크스주의자의 분석방식에 그런 경향성이 있다는 것은 부정할 수 없다. 또 '정치의 필요'라 하더라도 미국 지배층의 정책결정이 흔히 상황변화에 대한 기회주의적인 대응에 지나지 않는 경우까지, 그것을 마치 바둑의 명인(名人)처럼 계획적 포석의 결과로 간주하고, 그런 전망을 너무 과대평가하는 결과가 되고 있다.

대중의 정치의식에서도, 본질이 드러나게 된다는 논리로부터 오는 '점차로 혁명화한다'는 장기적 관측 때문에, 경제상황이나 정치상황의 변화에 따라 대중의 의식과 행동이 그려내는 **고조**와 **침체**의 파동이 충분히 추적되지 않는다. 프롤레타리아트가 '본질적으로' 혁명적이며, 더구나 공산당이 언제나 혁명의 전위라고 한다면, 구체적인 혁명의 실패는 공산당 이외의 사회민주주의 지도자의 배반에 의해서밖에 설명할 수 없게 되는 것도 당연한 것이다. 대중에 갑자기 고도의 프로그램을 들이대서는 안된다는 것이 예로부터 되풀이해서 지적되면서도, 실제적으로는 들이댄 것은 어째서인가. 누가 스스로 들이댄다고 생각하고 들이대겠는가. 들이대는 당사자는 대중 속에 선험적으로 내재되어 있는 혁명적인 것을 현재화(顯在化)하고 있다고 생각했을 것이다. 나는 코뮤니스트 전체가 그렇다든가, 그것이 전체의 모든 것이라는 식으로 말하고 있는 것은 아니다. 적어도 경험적으로 보아서,

그런 사고 경향이 집요하게 얽혀 있으며, 더구나—정도의 차이는 있을지라도—거기에는 단순히 일본의 코뮤니스트의 유치함이라는 것으로밖에 돌릴 수 없는 문제가 있다고 생각하는 것이다.

정치의식이나 인격구조의 역동성을 추적하는 것에 대한 마르크스주의자의 '경계'는 바로 다음과 같은 점으로부터 유래하고 있다. (그런 접근방식이 퇴폐한 제국주의 과학에 대한 항복이라는 그런 식의 정치적인 이유를 대는 것은 논외로 한다). 첫째로 그것이 아무래도 인간의 심층의식과 행동의 비합리적인 측면을 부각시키는 결과가 되기 때문에 마르크스주의 속에 있는 합리주의에 걸린다는 것. 둘째로 이른바 '기저체제환원주의'(基底體制還元主義)라 이름붙일 수 있는 사고의 경향이다. 두번째 문제는 뒤에서 조직론 문제와 관련하여 다루기로 하고, 첫번째 관점에 대해서 간단하게 언급해두기로 하자.

일반적으로 마르크스주의에 의거하는 사회주의국가 및 정당은 언제나 사상적 원칙을 존중하고 이론과 테제 위에 정책과 실천을 수립한다. 그것은 확실히 자본주의국가 내지 부르주아정당에서 볼 수 없는 커다란 특색이며, 또 장점이기도 하다. 자본주의국가의 대다수 정치가나 저널리즘은 이른바 공산권 국가들이나 자국의 공산당에서 일어나는 일들을 관찰하는 데 허무주의적인 권력에 대한 야망이라든가 지도권의 쟁탈·대중조종과 같은 수중의 도구에만 의존해서 판단하고 있기 때문에—그들에게 역사적인 시각과 전망이 결여되어 있는 것과 한데 어울려서—뒤집어놓은 공식주의 (reverse formalism)에 빠져버리게 되고, 그같은 세계의 큰 흐름을 발전적으로 파악할 수가 없다. 그렇지만 다른 한편으로 코뮤니스트, 특히 그들 중의 인텔리는 그런 원칙이나 테제가 현실의 정치과정에서 갖는 의미를 자칫하면 과대평가하고, "우리에게 정치는 과학을 현실에 적용시키는 것이다"라는 낙관주의에 의존하기 때문에, 현실에서 범한 오류나 어리석은 짓은 궁극적으로는 사상이나 원칙에 대한 무지 혹은 그 잘못된 적용으로 귀착된다. 그래서 그 자체는 옳은 사상이나 이론에 의거하면서 현실의 행동이 그것을 배반해가게 된다는 문제가 정면으로 다루어지지 않거나, 아니면 문학의 영역으로 밀려나버리고 만다.

스탈린은 집단지도의 원칙을 멸시했다고 하지만 "단일 인물의 결정은 언제나 거의 언제나 일면적이다. 집단적으로 검증되거나 시정되지 않고 단일 개인에 의해 이루어진 결의 100건 중 90건은 일면적이다. 소비에트 및 당 조직 일체를 지도하는 지도체제인 당중앙위원회에는 70명의 중앙위원이 있으며, 그들은 각자 자신의 경험을 토대로 기여할 수 있다. 만약 그렇지 않다면, 그리고 결정이 개인에 의해 이루어진다면, 우리는 매우 큰 오류를 범하게 될 것이다"(E. Snow, *The Pattern of Soviet Power*. 일어번역본, 247쪽)라는 것은, 다름아닌 그가 언제나 힘주어 말했던 것이었다. 스탈린은 서로 다른 의견의 표명에 대해서 언제나 불신했다고 비난받지만, "철의 규율은 당내의 비판과 의견의 투쟁을 배제하지 않으며 오히려 그것을 전제로 한다"(*The Foundations of Leninism*)고 한 것도, "의견의 투쟁없이, 그리고 비판의 자유없이는 어떠한 과학도 발전하거나 진전할 수 없다는 것은 일반적으로 받아들여지고 있는 부분이다"("On Marxism in Linguistics")고 한 것도 원칙으로서는 그는 승인하고 있었다. 설득하고 교육한다는 레닌의 방법을 스탈린은 '무시'했다고 하지만, 『레닌주의의 제문제』(*Problems of Leninism*)를 읽어보면 스탈린은, 먼저 설득, 어쩔 수 없을 때에만 강세라는 방법을 뇌풀이해서 주장하고 있었다는 것, 적어도 그런 방식이 스탈린에게 '전혀 관계가 없었다'(흐루시초프 비밀보고)고는 할 수 없다는 것을 알 수 있을 것이다.

스탈린 정도의 볼셰비키가 마르크스 · 레닌주의의 제 원칙과 전혀 '인연이 없는' 갖가지 지도나 실천을 수행했다고 한다면, 그것은 거꾸로 말하면 틀림이 없는 원칙이나 이론으로의 귀의라는 것이, 그것만으로는 올바른 행동의 보증으로서 얼마나 신뢰할 수 없는가 하는 것을 말해주고 있지 않은가. 잘못된 실천이나 지도에는 반드시 잘못된 이론이나 테제가 조응(照應)한다는 원칙론에 따라 소련을 비롯한 각국 공산당 지도자들이 스탈린에 의

한 대량숙청과 법절차 침해의 기초로 들고나온 것이 "사회주의 건설이 진행됨에 따라서 계급투쟁은 격화된다"는 스탈린의 테제였다. 확실히 그것은 스탈린이 트로츠키의 국제적인 영구혁명론을 구축(驅逐)한 대신 국내를 이른바 영구혁명화한 것의 근거는 되었을 것이다. 그러나 그런 장기간에 걸친 참담한 숙청과 테러가 그같은 테제로부터 필연적으로 '유출'되었다고는 도저히 생각되지 않는다. 나 자신은 그 테제 속에도 어떤 의미에서 진리가 존재한다고 생각하고 있다. 오히려 두려워해야 할 것은 정치과정을 구석구석까지 과학이나 원칙이 지배한다는 상정(想定)과 정치적 신조의 유착인 것이다.

사르트르(Sartre)의 희곡 『더렵혀진 손』(*Les mains sales*) 가운데 인텔리 당원인 위고(Hugo)와 그의 처 제시카(Jessica)가 다음과 같은 대화를 나누고 있는 부분이 있다.

위고 : '객관적으로' 그자는 사회의 배반자로 행동하고 있어.
제시카 : (잘 모르겠다는 표정으로) 객관적으로요?
위고 : 그래.
제시카 : 아아! (잠깐 쉬었다가) 그런데 그 사람이, 당신이 뭘 하려 하고 있는지를 안다면, 당신을 사회적 배반자라고 생각하지 않겠어요?
위고 : 모르지 뭐.
제시카 : 그렇지만 그렇게 생각하지 않겠어요?
위고 : 그게 뭐 어쨌다는 거야? 아마 그렇게 생각하겠지, 뭐.
제시카 : 그러면 대체 어느 쪽이 옳은 거에요?
위고 : 내가 옳지.
제시카 : 어떻게 그것을 알 수 있어요?
위고 : 정치는 과학이야, 당신은 당신이 옳고 다른 사람이 틀렸다는 것을 보여줄 수 있지.

(*No Exit and Three Other Plays.* 일어번역본, 99쪽. 강조는

마루야마)

  당 집행부의 다수에 의해 배반자로 단정되고, 마지막으로 위고의 권총에 의해 쓰러진 전(前) 당수 웨데레르(Hoederer)는 (그의 노선이 옳았다는 것은 나중에 증명되었지만) 한때 위고에게 "저런 여자들(올가(Olga)라는 여자 당원을 가리킴)은 완전히 기성품 같은 사상을 받아들여서 신을 믿듯이 믿고 있어. 우리는 원칙론만으로 방아쇠 당기기를 주저하고 있어. 왜냐하면 사상을 만드는 것은 우리이며, 그 제작소를 알고 있기 때문이지. 우리는 우리 자신이 이치에 맞다는 데에 완전히 절대적인 확신을 가지고 있지 않지"라고 말하고, 위고를 "자네는 인간을 사랑하지 않아, 원칙밖에 사랑하고 있지 않아"(111쪽)라고 비판하고 있다. 물론 웨데레르는 원칙이 없는 기회주의자가 아니라 다만 현실의 비합리적인 측면을 있는 그대로 볼 수 있는 눈과 '있는 그대로의 인간을 사랑하는' 마음을 갖춘 혁명가인 것이다. 도스토예프스키(Dostoevski)가 『악령』(The Possessed)에서 희화화한 쉬가이로프(Shigailov)적 사회주의는 바로 위고의 정신적 조상에 다름아니다. 그것이 코뮤니즘의 모든 것이라고 단정할 수 없는 것은, 중국 공산당의 사고방식과 실천이 비교적 웨데레르적인 것에 가깝다는 것에서도 알 수 있지만, 여기에 숨어 있는 문제, 이른바 교조주의가 언제나 배격되면서 어떻게 교조주의직 실천이 이루어져왔는가 하는 의문과 관련하여 보다 심증적인 고찰이 필요하다고 하겠다.

5.

  '개인숭배'와 그것과 관련하여 분명하게 드러난 스탈린 독재의 제 측면은 정치심리의 차원에서 중요한 문제를 제기하고 있을 뿐만 아니라, 그와 더불어 혹은 그것을 넘어서 **조직**의 문제를 등장시키지 않을 수 없다. 루카치

(Georg Lukács)는 이미 1920년대의 저서에서, 지도의 오류와 결함에 관한 비판과 자기비판의 존재양태에 대해서 다음과 같이 주장하고 있다 ("Methodisches zur Organizationsfrage" in *Geschichte und Klassenbewusstsein*, S.303).

첫째로, 일어난 사건의 추상적 '필연성'이라는 시각은 숙명론으로 흐르고 만다. 둘째로, 개개의 인간의 오류나 교묘함이 성공과 실패의 원인이라는 우연론은, 다만 그 인간이 그 지위에 적임이 아니라는 것으로 끝나버리며, 미래의 행동에서 교훈이 되지 않는다. 셋째로, "그 행동의 객관적 가능성 및 정말로 그러한 인물이 그 자리에 앉아 있다는 사실의 객관적 가능성은 과연 무엇이었는가 하는 원인을 탐구하게 된다면 문제는 이미 조직론으로 제시되어 있는 것이다." 그것은 거의 그대로 '스탈린 비판'의 과제로서도 들어맞을 것이다. 즉 루카치가 말하듯이, 이론은 조직론을 매개로 해서만 실천으로 전환되므로, 어떤 이론을 조직적 효과로부터 단절시켜서 과연 옳았는가의 여부를 논의한다 하더라도, 이론 자체는 추상적이고 애매하므로 어떤 실천에 의해서도 정당화될 수 있기 때문이다.

스탈린 독재라는 문제를 조직문제까지 파고 들어가 극히 신중한 방식으로, 그러나 예리하게 제기한 사람은 톨리아티(Togliatti)였다. 물론 그는 깊이 파고드는 분석을 제창하고 있지만 회답을 내놓고 있는 것은 아니다. 그럼에도 불구하고 톨리아티가 개인숭배에 모든 원인을 돌리는 견해를 비마르크스주의적이라 비판하면서, 소비에트의 경제적·정치적 생활에서의 관료기구 비중의 비정상적인 증대에 대해서 "민주적 제도에 대한 유해한 모든 제한이나 관료적 조직형태가 점차로 우위를 차지한 것은 당에 그 맹아가 있다"고 지적하고, 해악이 제도 전체에 영향을 미친 것으로 단정한 사실은 앞에서 말한 비판의 국제적인 파문의 증대에 경계심을 키워온 소련수뇌부에 민감한 반응을 불러일으켰다. 소련공산당 중앙위원회 결의는 "소비에트 사회가 '약간의 개혁'에 직면해 있지 않은가 하는 문제를 제기한 톨리아티에 대해서도 동의할 수 없다"고 하여, 개인숭배의 해악들이 사회제도의 본질과 '관계가 없다'는 것을 강조하고, 그 근거로서 사회제도의 본질을 결정하는 것은 생산양식의 존재양태, 생산수단의 소재라는 마르크스주의의 기초를 강의하고 있다. 그것은 톨리아티의 문제제기를 발전시키기는커녕 완전히 거꾸로 돌리는 것이다.

만약 개인숭배를 집단숭배로 대체한 곳에서 집단지도 자체의 조직론이 구체적으로 제기되지 않으면, 그것은 반공적 입장에서 일제히 제기되고 있는 "한 사람의 지도가 백 사람의 지도로 늘어났다고 해서 그것이 어떻게 폐해를 줄여줄 것이라 보장해줄 수 있는가" 하는 의문에 답하는 것은 어려울 것이다. 목적의식성(goal consciousness)과 자연성장성(natural growth)의 결합이라는 레닌의 훌륭한 정치적 리얼리즘도 만약 그것이 일방적으로 목적의식성=당, 자연성장성=프롤레타리아트라는 식으로 고정화될 때에는, 이미 지도자주의(指導者主義, Führerprinzip)로 전락하는 첫걸음이 된다. "처음에 당이 있는 것"이 아니며, 또 당은 그 자체 어떤 상황에서도 전위인 것은 아니며 당이 프롤레타리아트를 지도하는 과정에서 그 조직활동을 통해서 전위당이라는 것을 끊임없이 증명해간다는 것이 레닌의 변증법이었다.

중국공산당이 이미 1943년에 결정한 '대중노선'의 인식론에는 그런 사고방식이 근사하게 관철되고 있다. 따라서 앞에서 말한 『인민일보』(人民日報)의 논문에서도 그런 결정을 인용하여, 대중노선의 지도방법을 바르게 실행하기 위해서 "하나의 제도를 만들어, 대중노선과 집단지도의 철저한 실시를 보장"해줄 필요성을 강조했던 것이다. 그런 사고방식은 "개인숭배의 제도적 보장 같은 것은 없다. 소비에트 인민의 해이하지 않은 노력이 그 최대의 보장이다"라고 하는 그런 졸병의 도덕주의(moralism)에 문제를 해소시키는 사고(예를 들면 『세계』(世界) 10월호의 앙케이트에 대한 카와자키 미사브로오(川崎巳三郎)의 회답)와 날카로운 대조를 보여주고 있다.

톨리아티를 반박한 위의 소련공산당 결의에서도 개인숭배가 "사회주의적 민주주의의 발전"을 저해했다는 것, 그리고 복잡한 안팎의 정세 때문에 "철의 규율, 흔들리지 않는 경계심의 강화와 준엄하기 짝이 없는 지도(指導)의 중앙집권화를 필요로 한 결과, 약간의 민주주의적 형식의 발전에 나쁜 영향을 미쳤다"는 것은 인정하고 있다. '민주주의적 형식'의 발전이나 '사회주의적 민주주의'의 발전의 저해가 당·노동조합·국가기관 등의 조직활동과 관계가 없는 진공 속에서 이루어지는 것은 아닐 것이다. 지도의 과도한 '중앙집권화'가 기계화를 수반하지 않고서도 가능하겠는가. 그럼에도 불구하고 제도나 조직을 문제삼으면, 곧바로 기본적 사회주의의 '본질'을 의심받지 않겠는가 하여 거의 생리적인 반응을 드러내는 것은 그야말로 '외곬'적인 관념의 전형적인 표현이다.

게다가 거기에는 이런 경우만이 아니라 마르크스주의자의 사고를 깊이 규정하는 데서도, 모든 문제를 기본체제로 환원——관련이 아니라——시켜 일원화하는 경향이 흐르고 있다. 개별적인 조직체 차원의 문제는 '궁극적'으로는 정치적 상부구조 전체의 문제가 되고, 다시 '본질적'으로는 하부구조의 문제로 귀착하게 만든다. 그런 확대주의가 학문적 입장을 다루는 데 적용되면, 예를 들어 개별과학의 제 학파 → 프래그머티즘 → 제국주의 단계의 철학 → 제국주의의 철학이라는 환원법으로 된다. 기본체제로의 환원은 이데올로기성으로의 환원과 서로 융합되어 있으므로, 그런 과정을 거꾸로 하게 되면, 앞에서 말한 본질이 드러나는 사고로 되기 마련인 것이다. 그것은 변증법적이 아닐는지도 모르지만 '외곬적인 사고'라는 것은 확실하다. 더욱이 그런 사고방식은 흔히 역사과정을 보는 시각 속으로 흘러들어가 이른바 역사적 단선주의로 나타난다. 역사관찰에서 복선(複線) 혹은 복복선(複複線)의 가설은 어쩔 수 없는 곳 이외에 용인되지 않으며, 가능한 한 본질로서의 단선(생산양식·생산관계·계급이라는 계열)으로 흘러들어가게 하려 한다. 그리고 거기에는 복선 혹은 복복선으로 포착가능한 그런 대상은 궁극적 혹은 본질적으로는 단선으로부터 '파생'된 현상이며 또한 그 영역에 등장하는 범주나 개념은 기초범주와 비교해서 2차적인 의미 혹은 보다 저차원의 과학성밖에 갖지 못한다는 상정(想定)이 잠재되어 있다. 계급을 세로로 자르는 사회집단이나 기독교 문명이라든가 회교권이라든가 하는 몇 가지의 생산양식에 걸쳐서 존속하는 문제 혹은 카테고리에 대한 취급 방식에서 그것을 볼 수 있다.

그런 사고방식이 '이론'의 물신숭배(fetishism)에 의해 고취되면, 기초 과정의 과학으로서의 경제학과 경제사가 가장 중요한 본질규명의 학문이며, 상부구조에 관한 이론은 현상을 가지고 놀 뿐이라는 식으로 학문의 장르 자체에──마치 중세에 여왕으로서의 신학과 노예로서의 제 과학이라는 관계와 비슷한──가치의 스케일이 설정되기에 이르는 것이다. 그래서 역사적 단선주의가 진보의 이데아와 결부될 때, 동시적·다층적으로 존재하며 상호간에 서로를 규정하고 있는 문제는 본질규정에 기초한 역사적 단계에 따라 배열되고, 나중 단계에 귀속되는 이데올로기는 본래적으로 앞 단계의 그것을 흡수·통과하고 있다고 생각하는 경향이 자연히 배태된다. 예를 들면 현대의 학문적 입장은 흔히 마르크스주의자에 의해 근대주의 (Modernism)와 마르크스주의(Marxism)로 양분되는데, 그때 근대주의 → 마르크스주의라는 진화가 자본주의 → 사회주의라는 기본체제의 대립과 진화에 대응하여 규정되고 있는 것이다. 그 경우 프래그머티즘을 근대주의에 넣는 것은 좋다고 하더라도, 현대의 커다란 흐름이며 학문적으로도 강대한 세력을 가진 카톨리시즘을 근대주의라 부르는 것은 대체 어떻게 된 것인가, 실존주의만 해도 사상사적으로는 분명히 반(反)근대주의로 생겨난 것이다. 문제가 지나치게 확대된 것 같지만, 이는 결코 '스탈린 비판'과 아무런 관계가 없는 것은 아니다.

현재 당 내지 국가기구의 자의적(恣意的)인 권력 행사를 입헌적 절차에 의해서 보장해야 할 필요에 대해서 코뮤니스트들이 다년간 보여온 경시(輕視)의 사상적 기본원인은, 단순히 혁명적 혹은 비상사태적 상황으로부터의 직접적인 요청만은 아니며, 입헌주의 → 부르주아민주주의 → 프롤레타리아민주주의라는 단선적 진화의 사고방식에서 오는 낙관주의 역시 작용하고 있었던 것이 아닐까. 그것과 관련하여 중국공산당이 개인숭배의 연원을 "수

백수천만 사람들의 일종의 습관의 힘"에서 찾고 있는 것은, 앞에서도 말한 것처럼 소련지도자의 설명에 비해서 훨씬 더 리얼한 인식이며, 한걸음 더 나아가 그 '습관'의 근거라는 것을 보게 되면 역시 위와 같은 사고방식으로 부터 벗어나 있지 않다.

『인민일보』(人民日報)(1956년 4월 5일자)는 "개인숭배는 지금까지 오랜 기간에 걸친 인류의 역사가 남긴, 완전히 썩은 유물이다. 개인숭배는 착취계급 속에 그 기반이 있을 뿐만 아니라 소(小)생산자들 속에도 그 기초가 있다. 주지하듯이, 가부장제는 소생산경제의 산물이다. 프롤레타리아트독재가 수립된 이후, 설령 착취계급이 절멸되고, 소생산경제가 집단경제로 대체되어 사회주의가 건설된 이후에도 낡은 사회의 썩어빠진 독소를 지닌 그런 식의 사상의 잔재는, 여전히 사람들의 머릿속에 아주 오랫동안 살아남는다"고 하고 있는데, 이에 따르면 개인숭배는 '소생산경제'에 입각한 소부르주아 이데올로기라는 것으로 된다. 그러나 소생산자가 숫적으로도 많으며, 전형적인 소부르주아 근성이 만연되어 있는 프랑스 같은 곳에서는 개인숭배가 유행할 것 같지만, 오히려 거기서는 '개인주의'는 만연해도, 아니 개인주의가 만연해 있기 때문에 개인숭배에 대한 심리적 저항은 매우 치열하다. 개인숭배가 '뒤떨어진' 의식이라는 것은 확실하지만, 프롤레타리아독재를 가장 일찍이 수립한 소련에서조차도, 아니 바로 그 소련에서 부르주아 혹은 소부르주아 의식이 골수까지 스며든 서구사회에서는 도저히 생각할 수 없을 정도의 규모로 개인숭배가 번성하게 된 까닭은, 그런 생산양식의 역사적 단계로의 환원으로는 설명되지 않을 것이다.

국제정치에서의 국가이성(raison d'état)의 역할이라든가 테크놀러지와 관료화의 관계와 같은 서로 다른 체제에 공통된 차원의 문제를 제기하는 데에 대한 뿌리깊은 저항감도, 위와 같은 사유양식과 관련되어 있는 것이다. 예를 들면 국가기관의 집권과 분권의 문제나 '견제와 균형'의 문제 같은 것은 오로지 부르주아민주주의국가만의 문제이며, 사회주의체제는 본래 인민의 국가이므로 그런 보장은 필요없다는 식으로 주장되어왔다. 그렇다

면 최근 소련에서 한창 이루어지고 있는 중앙기관이 가진 제 권한의 지방
기관으로의 이양이나 중국공산당에서 제창하고 있는 제 정당의 장기적인
병존과 상호감시는 어째서 필요하게 된 것일까. 물론 그런 문제가 자본주의
국가와 같은 의미내용을 가지고 있다는 것은 아니며, 권력의 집중 그 자체
가 유해한 것도 아니지만, 국가권력이 '본래적으로' 인민의 것이며, 공산당
이 '본래적'으로 인민을 위한 정당이라면 오히려 벤담(Bentham)주의자처
럼 "권력이 좋은 목적을 위해 행사되는 것이라면 왜 그것을 분할하는가. 권
력이 나쁜 목적을 위해 사용되고 있다면, 어째서 그것을 존속시키는가"(C.
Friedrich, *Der Verfassungsstaat der Neuzeit*, 1953, S.197) 하
고 되물어보면 될 것으로 보인다. 입법부나 재판소 등의 국가기관이나 매
스 커뮤니케이션의 기구를 부르주아지가 계급지배의 목적을 위해서 소유하
고 운용하는 도구로 보는 것은 말할 것도 없이 마르크스주의의 기본 명제
의 하나이다. 그런 견해가 체제환원(내지는 본질현현)적 사고방식과 결부
되면, 지배계급과 그들 기관의 관계는 실체−속성 관계로 고정화되기 때문
에 구체적 상황 하에서 그런 도구의 주인에 대한 반역의 객관적 가능성을
넓혀나가는 인식태도는 나오기 어렵게 되거나, 혹은 이른바 목적의 타생
(他生, Heterogonie der Zwecke)──원래 A라는 목적으로 발생한 것
이 거듭 발전하여 B,C……와 같은 다른 목적에 봉사하게 되는 현상──을
충분하게 장악하기 어렵게 된다.

그 결과 한편에서는 "어차피 본질적으로는 적의 것이다"라는 규정과 다
른 한편에서는 완전히 그때그때의 기회주의적 이용이라는 두 방향이 아무
관련없이 병존하게 된다. 의회처럼 발생적으로도 지배기구와 대표기관이라
는 이중성을 지니고 있는 제도에 대해서는 '실체'로의 일방적인 귀속은 비
교적 억제되어왔으며, 의회를 통한 사회주의혁명의 가능성이라는 문제가
제20차 당대회에서의 제기와 그것을 전후한 시기에 각국, 특히 서구의 공
산당에서 떠들썩하게 논의된 이후부터는, 사실상으로는 그림자가 아주 흐
려졌지만, 인식론의 문제로서는, 예를 들면 영국공산당의 '사회주의로의 영

국의 길'에서 말하고 있는 "영국의 역사적 투쟁의 산물인 의회"라는 관점과 지배계급의 소유물이라는 관점이 어떻게 조합되었는가 하는 것이 반드시 언제나 자각되고 있었다고는 할 수 없다. 그것은 기본적으로는 앞에서 말한 미국의 점령정책에서의 유출론적 관점과 역학관계의 반영이라는 관점과의 관계와도 이어지는 문제이다.

그런 점에서 스탈린 비판은 마르크스주의국가에서 지금까지 간과되었거나 혹은 의식적으로 숨겨지고 있던 제도의 다양한 여러 측면을 스스로 분명하게 밝히는 기회가 되었는데, 그것은 특히 폭력기구나 첩보기관과 같은 정치수단의 경우에 귀중한 실천적 교훈을 남겼다. 예를 들면 유진 데니스 (Eugene Dennis)는 국가보안국의 권력 비대와 권한 남용에 대해서 "독재적 전권을 장악하고, 헌법을 침해하며, 의회에 대해서조차 책임을 지지 않는 연방검찰국, 중앙정보부라는 미국의 첩보기관과 마찬가지로, 베리야와 그 일파는 분명히 '국가의 안전'에 대한 배려라는 구실 하에 국민에 대한 범죄를 자행할 수 있었던 것이다. 이런 모든 것은 '사회주의의 산물'이 아니라 사회주의와 무관한, 그리고 사회주의사회가 허용할 수 없는 모순과 악용의 산물이었다"(앞의 글)고 말하고 있다. 여기서 체제의 여하에 관계없이 정치경찰기관이 갖는 공통된 위험성을 확인할 수 있다.

그러나 데니스의 말 가운데 후반부는 반은 옳고 반은 충분치 못한 것으로 생각된다. 첩보기관이 국가구조와 전혀 아무런 관계없이 존재하며, 그 활동이 이른바 갈기갈기 찢어진 도마뱀의 꼬리처럼 몸체의 기능에 영향을 미치지 않는다고 상정하는 것은 그야말로 비(非)변증법적인 것이리라. 그런 모순과 악용은 본래부터 사회주의체제에만 내재하는 것도 아니며, 그로부터 선천적인 필연성을 가지고 발생하는 것도 아니다. 그러나 첫째로, 그것은 사회주의건설의 어떤 단계의 상부구조로서의 정치제도에는 일어나기 쉬운 모순이며, 둘째로 어떠한 체제에서도 일정한 정치적 상황 하에서는 거의 확실하게 발생하는 모순이다. OGPU의 기구와 권한은, 농업집단화 과정에서 부농의 반항과 반혁명 기도——현실적으로 존재하는 위험성——를 억압하는 과정에서 급격하게 증대되었다. 더구나 "소비에트사회가 안정되어도 보안기관의 제 활동은 그것에 비례하여 축소되지 않았다. 특히 전쟁 이후에는, 조금이라도 변한 측면을 보여주거나 혹은 상당한 정도로 사상의 독립을 보여주기도 하는 무고한 시민을 점차 그 활동대상으로 삼게 되었다"(Bob Davis, "The new stage in soviet democracy," *Marxist Quarterly*, July, 1956). 정치경찰기관은 고도의 비밀성과 기동성이 요구되기 때문에 일단 만들어져서 팽창하게 되면 일종의 자기운동을 시작하게 되어 그 수축·폐지는 매우 어렵게 된다. 그것이야말로 모든 정치경찰이 기본적인 인권에서 최대의 위험성을 가지는 까닭이며, 거의 같은 사실이 군대에 대해서도 그대로 들어맞는 것이다.

"사회주의사회에서 개인과 집단 사이에 모순된 현상이 있다는 것이 어떤 불가사의한 것은 아니다"(『인민일보』, 1956년 4월 5일자)라고 하면, 톨리아티가 말하고 있듯이, "사회주의제도는 그것 자체로 오류나 위험으로부터 안전한 것은 결코 아니다. 그렇게 생각하는 사람은 천진난만한 소아병에 빠지게 될 것이다." 따라서 이미 "사회주의사회에서는 국가가 근로자의 이익, 사회의 보다 나은 발전과 번영의 이익을 구현하고 있는 이상, 국가 자체가 최고의 도덕원리를 반영하고 있다"(P. A. Charrier, *Communist, Communist Morals*. 일역판, p.5)고 한 체제에 대한 '천진난만한' 낙관주의는 허용될 수 없게 되었다. 그것은 사회주의에서 치욕이 아니라 오히려 커다란 전진인 것이다. 인간에게서도 제도에서도, 언제나 예리하게 의식하고 있는 위험보다도, 의식하지 않는 혹은 충분히 의식하지 않을 위험 쪽이 실은 보다 더 위험하다. 미국에서는 공산주의의 위험보다는 자신의 '자유민주주의 정치'의 타성화(惰性化)·형해화(形骸化)의 위험 쪽이 보다 더 크며, 러시아는 부르주아적 이데올로기의 나쁜 영향에 의한 위험보다도, 사회주의 체제의 역사적 진보성에 눌러앉을 위험을 보다 더 경계하지 않으면 안될 것이다.

'스탈린시대'의 역사적 족적을 어떤 편견없이 음미해보는 것은 거기에 위대한 것과 부끄럽게 여겨야 할 것, 거대한 것과 작고 비천한 것, 옳음과 오류가 공존하며, 더구나 그것들이 같은 뿌리에서 나왔다는 것을 인식하는 것임에 분명하다. 스탈린은 1931년 2월에 경영관리자의 집회 연설에서 이렇게 말했다. "우리는 선진 국가들보다 50년 내지 100년 뒤떨어져 있다. 우리는 10년 동안에 그 간격을 메우지 않으면 안된다. 그렇지 않으면 그들(제국주의자)은 우리를 압살시킬 것이다." 그리하여 그가 이끈 소련은 상상을 초월하는 그런 어려운 환경과 싸우면서 어떤 도움없이 아주 고독하게 그 '간격을 메우는' 사업을 완수했다. 그렇지 않았다면 어떻게 압도적인 나치 독일의 공세를 저지시켰을 것이며, 또 그것을 뒤집어 제2차대전의 승패의 전기를 만들어내는 에너지를 가졌을 것인가. 그것은 청사진도 선례도 없는 세계사에서 최초의 사회주의건설의 실험이었다. 그 과정에서 혁명적 독재는 스탈린 독재로 이행했지만, '스탈린 비판'의 국내적인 기본원인을 이룬 소비에트 사회의 변화——생산력의 급속한 향상과 근대적 숙련노동자 및 기술인텔리겐치아의 대규모 배출——는 그야말로 '스탈린시대'의 산물이었다. 스탈린은 음모주의와 야만과 태만과 비능률로 잠식된 러시아의 후진성을, 후진성에 걸맞는 수단으로 타파함으로써 자신의 절대권위의 '묘지를 파는 사람'이 되었던 것이다. 그와 동시에 그런 '수단'——스탈린의 적수(敵手)와도 결코 무관하지 않았다——의 자기운동과 더불어 거기에 따르는 무도함과 잔학과 만행 역시 잇달아 연쇄반응을 일으키게 되었다.

'스탈린 비판'에서 그런 일련의 과정을 검토한 『프라우다』도 『위마니테』(L'Humanité)도, 톨리아티도 데니스도 하나같이 그 플러스와 마이너스의 역사적인 얽힘에 직면하여 그것을 '비극'이라는 단어로 표현하고 있다. 그런 '비극'은 ①러시아의 비극, ②혁명의 비극, ③'정치적인 것'의 비극이라는 세 가지의 복합물이며, 따라서 그것은 한 번에 한정된 것도 아니며, 또 그들만의 것도 아니다. 문제는 그런 사태를 '비판'하는 데 비극의 '비극성'(悲劇性)이 어디까지 사상적으로 자각되어 있는가 하는 점이다. 변증법이라는 단어와 마찬가지로 '비극'이라는 표현도 쉽게 사용되면 내면적인 긴장을 잃어버리고 한 마디의 표현으로 전락하게 된다.

그후에 걷게 되는 길은 한편에서는 도덕적 감상주의로, 다른 한편에서는 단어의 통속적 의미에서의 마키아벨리즘으로 통하게 된다. 도덕적 감상주의는 일어난 사태에 대해서, 추상적으로 혹은 자기책임의 의식 없이 도덕적 비난을 퍼부을 뿐이므로 쉽게 위선을 낳을 뿐만 아니라 정치적 행동의 내면에 침투해가는 힘을 갖지 못한다. 거꾸로 이른바 마키아벨리즘적 사고는 모든 것을 '어쩔 수 없다'든가 '달리 방법이 없다'면서 직접적으로 합리화하려는 태도이다. '정치적인 것'에 따르는 악(惡)은 어디까지나 악이며, 그것을 그 시점과 상황에서 정당화할 수는 없다. 그러나 다른 한편으로 그것은 선천적인 숙명은 아니며, 어떤 시점에서 어떤 범위로 존재하는 악을 피할 수 있는 가능성은, 정치적 지도의 착오와 정책의 실패에 의해 다음 시점에서는 이미 피할 수 없게 된다. 거꾸로 어떤 상황에서 피할 수 없었던 나쁜 정치행동도, 거기서 장래를 향하여 좋은 결과를 도출해냄으로써 상대적으로 보상받게 된다. 또 하나의 문맥과 차원에서의 악은 보다 넓은 문맥에서는 다른 악을 방지하는 의미를 가질 수 있다. 그런 경우에서도 전자의 차원에서는 어디까지나 악이라는 것에는 변함이 없다. 그런 의미에서 정치는 후쿠자와 유키찌(福澤諭吉)의 말을 빌려 말하면 언제나 '나쁜 것을 조절하는 것'의 선택이라는 운명을 벗어날 수 없을 것이다. 그 선택의 범위와 결과가 크면 클수록 정지행동——특히 정치적 시도——에 내재하는 위와 같은 이율배반(antinomy)은 커지게 된다.

공산주의의 지도자들은 스탈린 숭배의 역사적 조건을 설명할 때 그러했던 것처럼 "위에서 말한 것은 스탈린 개인숭배와 그 결과들을 단순히 설명했을 뿐이지 결코 그것을 정당화하려는 것은 아니다"라고 덧붙여서, 역사적 설명과 윤리적 합리화의 혼동을 경계하고 있다. 그것은 건강한 징후이다. 파시스트는 어떤 경우에도 자기 진영이 범한 행위에 대해서 "법의 침범과 도덕적으로 타기해야 할 위법(違法)의 예심(豫審) 방법의 적용"(톨리아티) 같은 것은 말하지 않을 것이며, "진리를 발견하기 위해서 빼놓을 수 없는,

관용의 기준을 위한 재교육"(위와 같음)을 당원들에게 제창하지도 않을 것이다. 왜냐하면 거기서는 '정치의 필요'에 입각하여, 그것을 조절하는 어떠한 이론도 규범도 존재하지 않기 때문에……. 마르크스주의의 기존 이론에서 도덕이 차지하고 있는 지위에 대해서 어떤 의문이 제기된다 하더라도, 코뮤니스트들 사이에 그런 긴장감각이 살아 있는 한, 그 요소가 실천적으로 조장되고 그것이 '사상'으로 되살아나는 것을 기뻐하지 않을 사람이 있을까. 혁명의 진전이 혁명세력도 끌어들이고, 혁명가 자신이 그 과정에서 혁명되어가는 것이 '세계' 혁명의 성격이며, 또 그것이야말로 현대에서 정말로 진보(progress)라는 이름에 값할 만한 혁명인 것이다.

●1956년 초고, 1957년 개고

제1장
과학으로서의 정치학
회고와 전망

1.

제2차대전의 종전을 계기로 하여 일본에서는 다양한 자유와 더불어 학문의 자유도 비로소 공공연하게 인정받아, 오랫동안 '시국'(時局)의 무거운 압력에 짓눌려온 학문적 정신은 일제히 되살아나서 물질적 조건의 모든 장애를 계속 뛰어넘으면서 각 분야에서 활발하게 움직이기 시작했다. 특히 이른바 사회과학의 부활은 눈부셔서 마치 그 진전을 강력하게 가로막고 있던 수많은 터부가 일거에 제거되었기 때문에, 쌓였던 에너지가 한꺼번에 폭발한 깃과도 같은 장관을 드러냈다. 그런데 그와 같은 사회과학의 의욕적인 재출발의 한가운데에서 홀로 무엇을 해야 할 것인가를 생각하다 지친 나머지 어떤 결단을 내리지 못하고 있는 학문이 다름아닌 정치학이라고 한다면, 그것은 과연 지나친 말일까. 정치학의 이같은 후진성은 현재 '정치적인 것'이 국제적으로도 국내적으로도 일찍이 없던 정도의 폭과 깊이를 가지고 사람들의 생활을 휘어잡고 있는 만큼, 점점 더 숨길 수 없는 사실로 되었다. 그런데 '정치학이라는 학문은 일본에서는 제일 별볼일없다'든가 '도대체 정치학자라 할 수 있는 사람이 일본에 과연 몇 사람이나 있는가' 하는 말을 종전 후 어디서나 들을 수 있었다.

나는 이런 종류의 다분히 비웃음을 담은 비판을 접할 때마다 일단은 본능적인 반발감을 느껴서 이것저것 변명하긴 하지만, 결국 그런 비판 속에 내포된 반박하기 어려운 진실 앞에서 입을 다물어버리는 것이다. 8·15에서 시작되었으며, 또 우리 눈앞에 계속 진행되고 있는, 유사 이래의 변혁——이른바 민주혁명으로 총칭되고 있는 것——은 물론 좁은 의미의 정치적 변혁으로 끝나는 것이 아니라 사회·경제·문화 등 우리의 모든 생활 영역에 걸친 근본적인 변혁을 포함하고 있는 것이다. 이런 거대한 변혁이 무엇보다 정치적 변혁을 기점으로 하며, 그것을 밀고 나가는 주체가 바로 '정치적'인 힘이라는 것은 그 누구에게나 명백한 것이다. 지금처럼 국민 한 사람 한 사람이 '정치'가 휘두르는 거대한 힘을, '정치'가 토해내는 몹시 거친 숨결을 자신의 신변 가까이에서 느낀 적이 일찍이 있었을까. 오늘날 어떤 가정 주부도 바다 저 건너 트루먼 대통령의 연설이 그녀 가정에서 내일 저녁 식탁과 관련되어 있다는 사실을 모르지 않는다. 어떠한 궁벽진 촌의 농민도 법령 하나가 자신이 일생토록 열심히 모았던 돈을, 허무하게도 '미다스 (Midas)[역주1]의 황금'으로 만들어버릴 수 있다는 사실을 체험을 통해서 배우게 되었다(1946년 2월 17일 금융긴급조치령 공포로 화폐교환이 이루어졌다-옮긴이). 모든 것을 삼켜버릴 것처럼 보이는 오늘날의 정치적 격동 속에서 사람들은 불안을 머금은 눈초리로 질문을 던지고 있다. 도대체 거대한 힘을 휘두르는 정치의 정체는 무엇인가. 그것은 어디서 와서 어디로 가려고 하는가 하고.

그리하여 사람들의 기대와 관심은 자연히 다름아닌 '정치'를 대상으로 하는 학문 쪽으로 기울어지게 된다. 그런데 그 영역이라 생각되는 곳으로부터는 어떤 해답 같은 것은 들을 수 없을 뿐만 아니라, 다시금 자세히 보게 되면 거기에는 아직 학문으로서의 이목구비도 분명하지 않은 것이 꿈틀거

[역주1] 미다스는 그리스 신화 중의 프리기아 왕으로서 세일레노스의 마력에 의해, 만지는 것마다 모두 금으로 변한다는 소원이 이루어졌으나, 먹으려는 음식과 사랑하는 딸마저 금으로 변하여 슬퍼했다고 한다. 또한 디오니소스에 의하여 마력을 얻었다는 설도 있다.

리고 있는 데 지나지 않는다. 우리의 현실 생활에서의 정치의 압도적인 지배력과 그것을 대상으로 하는 학문의 심각할 정도의 발육 불량——그 대비가 오늘날만큼 날카롭게 세상사람들의 눈에 드러난 시대는 없었다.

확실히 다른 사회과학의 화려한 부활에 대해서, 일본의 정치학은 극단적으로 말한다면 '부활'해야 할 정도의 전통을 가지고 있지 못하다. 모든 것은 앞으로의 발전에 달려 있다고 할 수 있을 것이다. 물론 다른 사회과학 부문에서도 종전 후 1년 반이 지나서야 비로소 당초의 다소 흥분해 있던 상태가 가라앉음과 더불어, 단순히 옛날의 문제제기 방식을 그대로 이어받은 채 지금까지의 범주에 무비판적으로 의존하는 그런 방식으로, 과연 오늘날의 현실에 대한 지도적인 힘이 될 수 있는가 하는 반성이 널리 일어났던 것 같다. 그 십 몇 년의 반동기(反動期)를 이른바 역사적인 공백으로 여기며, 단순히 '지난날의 좋았던 시절'로 되돌아가는 것만으로는 문제가 조금도 해결되지 않는다는 것을 각 분야에서 주의하기 시작했다. 그러나 다른 분야, 예를 들면 법률학이나 경제학에서는 어쨌든 일단은 낡은 도구 그대로도 현실의 소재(素材)를 다루는 것이 가능하다. 낡은 부대라고 해서 새로운 술을 담을 수 없는 것은 아니다. 그런데 정치학의 경우에는 오늘날의 정치적 현실에 대해서 일본의 지금까지의 정치학의 체계나 문제설정은 방향을 제시해줄 수 있는 능력을 거의 가지고 있지 못한 것이다. 예를 들면 과거의 징치학계를 오랫동안 풍미했던 테마인 정치 개념과 국가 개념 중 어느 쪽이 선행되어야 하는가 하는 것과 같은 논의에서, 과연 현대의 정치에 대해서 어떠한 실질적인 기여를 끌어낼 수 있을 것인가.

애초에 정치학의 무력함이 오늘에 시작된 것은 아니었다. 여타의 법률학이나 경제학에서는 일찍이 일정한 역사적 단계에 적응되고 있던 개념구성 내지 방법론이 오늘날의 격동기에 그대로 통용될 수 없게 되었다는 점에 문제가 있는 것인데, 이에 반해서 정치학의 경우에는 적어도 일본에 관한 한, 처음부터 '정치학'과 현실 정치가 상호교섭하면서 발전했다고 할 수 있는 예가 없는 것이다.[원주1]

자체의 기반과 환경으로부터 문제를 끄집어내는 대신에 유럽 학계에서의 그때그때의 주제나 방법을 끊임없이 뒤쫓아가고 있다는 것이 일본 학계 일반의 공통된 경향이다. 거기서 학문의 관념적 유희도 배태되기 마련인데, 이같은 일본의 학문이 지니고 있는 이른바 숙명적인 취약함을 집중적으로 표현해주고 있는 것이 바로 정치학이다. 학문과 그 현실적 대상과의 분열이 여기서는 구제받을 수 없을 정도로 심각한 것이다.

2.

본래 이같은 일본 정치학계의 불임성(不姙性)은 단순히 그 책임을 정치학자들의 태만이나 무능함으로 돌려야 할 문제가 아니라, 오히려 보다 근본적으로는 일본의 메이지(明治) 이후의 정치구조에 규정된 결과에 다름아니다.

일반적으로 시민적 자유의 지반이 결여된 곳에서 참된 사회과학이 생장할 리는 없는 것인데, 그것은 특히 정치학에서 더욱 두드러진다. 이 학문의 원조인 플라톤과 아리스토텔레스의 정치학 배경에는 그리스 민주정의 현란한 전개가 있고, 그것이 그들의 이론에 마르지 않는 풍부한 소재를 제공해주었다는 것은 새삼스레 말할 것까지도 없다. 플라톤과 같은 이른바 반민주적 사상가라 하더라도, 그 사색을 내면으로부터 떠받쳐주고 있던 것은 결국 그리스의 정치적 자유였다. 그것은 마케도니아의 패권에 의해서 폴리

[원주1] 과거 일본의 정치학자로서, 그 학설로써 시대에 가장 큰 영향을 미친 사람은 말할 것도 없이 요시노 사쿠조오(吉野作造)이다. 다이쇼오(大正) 시대의 데모크라시 운동은 요시노 박사의 이름을 빼고서는 생각할 수가 없다. 그러나 요시노의 민본주의(民本主義)에 관한 제 논문은 이론적이라기보다는 오히려 다분히 계몽적인 것이며, 그의 학문적 업적으로서는 정치사 특히 일본정치사 쪽이 중요하다. 어쨌거나 그는 이런 점에서 독특한 존재라는 점은 부정할 수 없다.

스의 자유가 상실되자마자, 이론적 관심은 급속하게 정치적 현실로부터 사라지고 스토아나 에피쿠로스에서 볼 수 있는 것처럼 개인적 안심입명(安心立命)의 문제에 주력하게 되었으며, 이미 『국가론』(Politeia)이나 『정치학』(Politika)의 계승도 발전도 나타나지 않게 되었다는 사실에서도 분명하게 드러난다.

그리고 또 오랜 중세의 장막을 찢고 이탈리아에서 르네상스의 꽃이 피어 번져나갈 때, 그 첫머리를 이룬 피렌체 자유도시의 그 발랄한 분위기 속에서, 마키아벨리의 『군주론』(Prince)이나 『디스코스』(Discourses)가 나타나 근대적 정치학의 기초를 쌓게 되었다. 그런데 그의 업적도 이탈리아가 근대적 발전으로의 길을 차단당함으로써 역시 그 땅에서 계승자를 배출해낼 수 없었던 것이다.

그리고 그 이후 경험과학으로서의 정치학은 주로 영국과 미국(political science로서) 및 프랑스(sciences morales et politiques로서)[원주2]와 같은 이른바 서구 민주주의국가에서 발전했으며, 거기서 가장 실속있는 성과를 거두어 오늘에 이르고 있다. 이에 반해서 독일에서는 뒤에서 지적하듯이, 정치학은 거의 대부분 오로지 국가학(Staatslehre)으로서 전개되었으며, 그것도 특히 국법학(Staatsrechtslehre) 내지는 행정학의 거대한 성장 속에 파묻혀버리고 말았다. 그것 역시 프러시아 왕국 내지 독일제국에서의 시민적 자유의 허약함과 그것에 대한 관료기구의 반석과도 같은 지배력을 반영한 결과에 다름아니다.[원주3]

그리하여 일반적으로 '정치'가 어떤 정도까지 자유로운 과학적 관심의 대

[원주2] political science나 sciences morales et politiques라는 말은 주지하듯이 매우 광범한 의미를 가지고 있으며, 반드시 좁은 의미의 정치학에 한정되지 않는 것이지만, 여기서는 그런 자세한 천착은 하지 않으며, 요컨대 실질적으로 그런 이름 하에 본래의 정치학상의 훌륭한 노작이 나왔다는 점이 중요한 것이다.

[원주3] 그간의 사정, 특히 정치적인 것에 대한 관료들의 사고방식에 대해서는 Karl Mannheim, *Ideologie und Utopie*(1929). S.77f를 참조.

상이 될 수 있을까 하는 것이 그 나라에 있어 학문적 자유 일반을 측정하는
가장 정확한 바로미터라 할 수 있다. 왜냐하면 정치권력에 있어 어떤 것이
바람직하지 않다고 하면서 자기 자신의 벌거벗은 모습을 객관적으로 묘사
하는 것만큼 혐오스럽고 또 두려운 일은 없을 것이다. 거꾸로 만약 그것을
내버려둘 수 있을 정도의 여유를 가진 정치권력이라면, 아마도 다른 어떠
한 대상에 대한 과학적 분석도 허용할 것임에 틀림없을 것이다. 따라서 정
치에 관한 고찰의 가능성은 그 시대와 장소에서의 학문적 사유 일반에 대
해서 언제나 한계상황을 드러내게 된다. 이른바 정치학은 정치와 학문 일
반, 아니 넓게 정치와 문화라는 인간 영역의 두 형태가 최대한의 긴장을 품
고서 서로 대치하는, 바로 그 접점에 서 있는 것이다. 이렇게 본다면 8·
15 이전의 일본에 정치학과 같은 학문이 성장할 수 있는 지반이 과연 존재
했는가 아닌가 하는 것은 묻지 않아도 분명할 것이다.

　메이지유신이라는 혁명이 주지하듯이 시간이 흐름에 따라 절대주의적
세력의 헤게모니를 잡게 되고, 메이지 10년대의 자유민권운동이 위로부터
의 강력한 억압과 내부적인 취약성에 따라 무너져버렸을 때, 이미 일본의
정치적 근대화의 궤도는 정해졌다고 할 수 있을 것이다. 메이지 헌법이 '닳
지 않는 것'으로 내놓은 국가체제는 이미 자유로운 논의의 대상이 될 수 없
었다. 정치권력의 궁극적 원천을 '묻는다'는 것은 터부 중의 터부가 되고 말
았다. 국가권력의 정통성의 유일한 근거는 통치권의 보유자로서의 천황에
있으며, 입법권도 사법권도 행정권도 통수권도 모두 유일 절대의 '대권'에
서 흘러나오는 것으로 이해되었다. 따라서 그 '대권'과 같은 평면에서 인정
되는 어떠한 정치적 권리도 있을 수 없었다. 그러므로 근대국가에서와 같이
그것 자체 중성적인 국가권력의 장악을 추구하여, 다양한 사회집단이 공적
으로 투쟁한다는 의미에서의 '정치'는 거기서는 본래 존재할 수 있는 여지가
없었다고 할 수 있을 것이다.

　의회는 서구의 그것처럼, 그런 투쟁을 통해서 통일적 국가의지를 낳는
기관은 아니었다. 의회에는 그런 정치적 통합(Integration)의 역할을 수

행할 수 있을 정도로 강력한 지위는 처음부터 부여되어 있지 않았던 것이다. 그 결과 국가의지의 중대한 결정은 의회 바깥에서, 법적 혹은 초(超)법적인 정치세력들 사이에서의, 무대 바깥에서의 타협이나 흥정을 통해서 이루어지게 되었다. 의회에서의 '정쟁'(政爭)은 이리하여 정치적인 것이 갖는 모든 진지함을 잃어버리고 말았다. 특히 정당과 출신파벌의 급속한 타협과 유착 후에는 이미 유럽과 같은 명확한 국민적 계층분화에 기초한 투쟁 내지는 근본적인 세계관적 가치에 관한 투쟁은 찾아볼 수 없었으며, 거기서 점점 번져나가는 것은 정권에 수반되는 각종 이권의 할당을 둘러싼 사적인 ──격렬한 만큼 점점 더 추악해지는── 분쟁밖에 없었다. 이같은 '정쟁'이 성실한 학문적 고찰에 자극을 주지 못하는 것은 너무나도 당연한 것이다.

이리하여 한편에서는 국권의 유일한 정통적인 주체로서의 천황 및 그를 둘러싼 실질적인 정치권력이 모든 과학적 분석의 저 너머에 있었으며, 다른 한편으로는 의회에서의 정쟁이 희화화했다고 한다면, 도대체 일본의 정치적 현실에서 정치학적인 파악의 대상이 될 만한 것으로 무엇이 남을 것인가. 유럽의 정치학이나 국가학의 내용을 이루고 있는 정치권력의 발생, 구조, 타당근거와 같은 근본문제는 적어도 구체적인 일본의 국가를 대상으로 해서는 무엇 하나 진지하게 과학적으로 다룰 수가 없었던 것이다. 그리하여 국체(國體)의 신비화를 바라지 않는 다소라도 양심적인 정치학자들은, 오로지 방법론──그것도 다분히 방법론을 위한 방법론──적 논의로 시종일관하거나 정치 개념의 정의에 절치부심하거나 혹은 국가 내지 정치현상에 대해서 유럽의 정치학 교과서를 흉내내어 추상적인 해명을 가하는 일에 만족하고, 그것을 구체적인 일본의 정치에 관련시키는 일은 피하고 있었던 것이다.[원주4]

[원주4] 일본에서 과학으로서의 정치학을 수립한 사람이라 할 수 있는 오노쯔카 키헤이지(小野塚 喜平次) 박사의 『정치학대강』(政治學大綱, 1903)의 서문 마지막 구절에서 다음과 같이 말하고 있는 것은, 어쩐지 그후 일본정치학의 일관된 성격을 예언적으로 요약하고 있는 것 같다.

유럽 정치학의 개론이 얼핏보기에 추상적인 서술을 하고 있는 것 같지만, 그 배후에는 이른바 수백 년에 걸친 유럽 정치의 역사적 전개가 걸쳐져 있다. 단 하나의 명제라도 그러한 현실의 파동 속에서 거듭 단련되면서 형성되지 않은 것이 없다. 그러므로 그런 범주든 명제든 풀어나가면, 결국 유럽이 낳은 정치적 현실에까지 구체화되는 것이다.

그런데 일본의 정치가 되면, 근본적인 국가구조와 역사가 이미 같지 않다는 것 외에 입헌제와 같이 어느 정도까지는 서로 공통되어 있는 정치제도도 그것을 현실적으로 움직이는 정신이 전혀 다르기 때문에, 그런 추상적인 개론은 현실 정치의 움직임을 이해하고 분석하는 데는 거의 도움이 되지 않는다. 그러므로 현재 그런 개론이나 방법적 논의에 뛰어난 정치학자가 한 번 매일매일의 현실 정치문제를 논하게 되면, 그런 '정치학'적 교양을 조금도 가지지 않은 정치부 기자와 거의 다를 바 없는 상식적 견해를 제시하는 데 그치고 만다. 그것은 그 학자의 능력 문제라기보다는 오히려 근본

"안팎의 시사적인 일들에 대해서 많은 의견과 느낌이 없는 것은 결코 아니지만, 학식이 아직 얕고 견문 역시 아직 넓지 못하여서 스스로 가볍게 정론단상(政論壇上)에 나서서는 안된다는 것을 믿고 오히려 사상의 자유세계에서 소요(逍遙)하고 수많은 책 속에 앉아서 고금(古今)의 제현(諸賢)과 접하고자 한다. 이 책과 같은 것도 오로지 학술적인 그것이며 현실정치에 대해서 말하고 있는 것은 아니다."

또 일본 국가학에서 획기적인 명저인 오타카 토모오(尾高朝雄)의 『국가구조론』(國家構造論, 1936)이 현대 국가에서의 "행동과 사상의…… 파행"을 개탄하고, "실재(實在) 국가의 생명을 파악하기" 위해 "과학자의 제일선적 활동에 한 사람의 병졸로서 참가하자"는 열렬한 열의 하에 씌어졌음에도 불구하고, 역시 거기에서 "우리 대일본제국의 특수국가구조를, 그 실천적 의의에서 현창하려는 입장은, 이 책의 논구와는 직접적인 관계를 가지지 않는다"(序, 2쪽)고 덧붙이고 있는 것은, 그 책이 씌어진 시기와 같이 생각해볼 때, 구체제 하에서 국가학, 정치학의 학문성을 보존·유지하기 위하여 얼마나 학자들이 고투했었는가 하는 것을 알 수 있어서 감개무량하지 않을 수 없다.

그러나 일본의 이같은 제약 하에서조차 정치학의 발전이 정치적 자유와 어떤 관련이 있는가 하는 것은, 일본에서 정치학의 저서가 가장 많이 나온 시대가 다이쇼(大正) 7년(1918) 경부터 쇼와(昭和) 초기까지, 즉 제1차대전 이후의 데모크라시 운동 발흥기에 해당된다는 사실에도 잘 나타나고 있다. 현재 활약하고 있는 정치학자들은 거의 대부분 그 시대에 학문적인 출발을 한 사람들이다.

적으로는 일본 정치가 움직이는 방식 그 자체의 비합리성에 귀착되는 것이다. 즉 앞에서 말한 것처럼 정치적 통합이 선거라든가 일반투표라든가 공개토의에 의한 결정과 같은 합리적인, 바꾸어 말하면 예측가능한 (berechenbar) 과정을 통해서가 아니라 보다 본원적인 원리, 예를 들면 원로(元老) · 중신(重臣) 등 '측근자'의 위압이나 파벌 간의 세력관계의 변동이라든가 '흑막'이나 '카오야쿠'[역주2] 사이의 거래(요정 정치!)와 같은 완전히 우연적인 인간관계를 통해서 이루어지는 일이 많기 때문에, 통상적인 목적합리적인 조직화과정을 전제로 한 정치학적 인식은 그 경우 거의 쓸모가 없기 마련이다. 따라서 일본의 현실정치를 이해하는 데는 백 권의 정치학 개론을 읽기보다도 정치적 지배층 내부의 인적 연계망에 정통하는 것이 더 중요하다고 생각되며, 또 사실이 그러했다. 넘쳐흐르는 정치학적 교양이 몸에 밴 대학교수보다도 신문기자의 예측이 흔히 적중했던 까닭이 바로 그것이다. (물론 다른 학문 영역, 예를 들면 경제에 대해서도 어느 정도까지 같은 이야기를 할 수 있겠지만, 이론과 실제의 괴리는 정치의 경우만큼 그렇게 심하지는 않다.)

중일전쟁 이후 일본의 국가적 위기에 즈음하여, 몇 사람의 정치학자가 자신의 학문과 그 현실적 대상 사이의 너무나 큰 갭을 견뎌내지 못하고 서재를 뛰쳐나와 생생한 정치의 한가운데로 뛰어들었지만, 결국 그들이 특정한 유력한 정치가 내지 군인과 개인적 관계를 맺고, 어디까지나 그런 개인적 관계를 통해 정치를 자기가 바라는 방향으로 움직여가기 위해 노심초사하고 있는 것을 보았을 때, 나는 일본 정치학의 비극적 운명을 생각하지 않을 수 없었던 것이다.

[역주2] 그 지방 · 사회에서 세력이나 명성을 가지고 있는 사람. 유력자.

3.

이상에서 서술한 것이 일본 정치학 연구에 대한 지금까지의 상황판단이다. 짧은 글로 거시적으로 논했기 때문에 나의 말은 너무나도 정치학계의 병리만을 일방적으로 지적하고 있는 느낌을 주었는지도 모르겠다. 원래 나는 지금까지의 정치학계로부터는 배울 만한 것이라고는 아무것도 없다는 식의 무모한 말을 하고 있는 것도 아니며, 또 정치학에서 존경받을 만한 많은 업적들을 무시하고자 하는 것도 아니다. 하물며 자기 한 사람만 잘났다고 하면서 그 분야의 다른 선배들을 깎아내린다거나 하는 것은 무엇보다도 나의 의도와는 거리가 먼 것이다. 다만 과거의 정치학이 예를 들면 인접 법률학이나 경제학에 비해서 한층 더 무력하며, 현실에 대한 지도성을 가지지 못했던 것은, 아무리 해도 부정할 수 없는 사실이다. 나는 정치학계의 저 끝에 앉아 있는 한 사람으로서 이런 현상을 정말 유감으로 생각하며, 동시에 자신의 학문의 존재양식에 대한 철저한 반성으로부터 출발하기 위해 그 실마리로서 종래 정치학의 불임성(不姙性)의 유래를 생각해보게 된 것이다.

일본의 국가구조는 8·15를 계기로 하여 역사적인 전환을 이루어가고 있다. 신비의 장막에 가려져 있던 국가의 중핵(中核)은 이제 처음으로 합리적 비판의 대상이 될 수 있게 되었다. 앙시앵 레짐(ancient régime)의 각종 정치세력은 해체되었으며, 암흑 속에서 이루어진 착잡한 국가의사의 형성과정은 바야흐로 국회가 '국권(國權)의 최고기관'이 되고, 의원내각제가 채택됨으로써 현저하게 투명해졌다. 그리고 천황이 실체적인 가치의 원천이라는 지위를 떠나서 '상징'이 됨으로써 국가권력의 중성적·형식적 성격이 처음으로 공공연하게 표명되었으며, 그 실질적인 장악을 목표로 하여 국민의 눈앞에서 벌이는 본래의 정치투쟁이 점차 나타나게 되었다.

지금이야말로 정치적 현실은 과학적 비판 앞에 자신을 남김없이 드러내게 된 것이다. 본래의 정치학이 발전하기 위한 실질적 기반이 이제 이렇게 갖추어졌다. 오늘 이후로 정치학자는 그 분야의 부진함을 부질없이 객관적 제약으로 귀착시키는 것은 허용될 수 없다. 정치학은 모든 힘을 다해서 눈앞에 가로놓여 있는 이 방대한 살아 있는 소재와 맞붙어, 일찍이 아리스토텔레스가 고대 폴리스에 대해서 한 것처럼, 홉스와 로크가 17세기 영국에 대해서 한 것처럼, 마르크스가 2월혁명과 파리 코뮌(Paris Commune)에 대해서 한 것처럼, 브라이스(Bryce)가 각국의 민주정에 대해서 한 것처럼, 그리고 현재 비어드(Beard) · 메리엄(Merriam) · 래스키(Laski) · 지그프리트(Siegfried)가 해나가고 있는 것처럼, 일본의 현실정치의 복잡한 동향을 통해서 정치의 다양한 운동법칙을 읽어내고, 또 그렇게 해서 얻어낸 명제나 범주를 끊임없이 현실에 의해 검증하고 발전시켜가지 않으면 안된다. 물론 방법론이나 개념 규정의 추적도 '과학으로서의 정치학'에서 불가결한 작업일 것이다. 그러나 치글러(Ziegler)가 말하고 있듯이, 정치 개념의 논리적 분석은 뢴트겐 사진과 같은 것으로서, "겨우 골조(骨組)는 알 수 있다 하더라도, 살아 있는 피가 통하는 따뜻한 체구는 이해할 수 없다. 우리들 속에 정치의 정신이 살아 있지 않으면 아무리 정치(精緻)한 개념적 분석도 소용없게 된다."[원주5] 뿐만 아니라 뒤에서 보듯이 방법의 문제가 대상의 문제와 떼놓을 수 없게 얽혀 있는 것이 정치적 사유의 특질이어서 순수한, 대상으로부터 선험적으로 초월한 방법이라는 것은 이 세계에서는 의미가 없다고 생각된다. 또 다른 한편으로 각국 정치조직의 비교정치학적인 연구도 중요한 것임에 분명하다. 그러나 그런 연구가 궁극으로는, 우리나라의, 우리의 정치를 어떻게 할 것인가 하는 문제와 연결되지 않게 되면 결국 한가한 사람들의 도락(道樂)과 다를 바 없을 것이다.

요컨대 우리의 정치학 이론은 일본과 세계의 정치현실에 대해 올바른 분석을 제시하고 그 동향에 대한 과학적인 예측을 제공해줄 수 있을 정도의 구체성을 몸에 갖추는 것이며, 그것을 완수함으로써 비로소 일찍이 없던

[원주5] W.Z. Ziegler, *Einführung in die Politik*, S.1.

정치적 격동의 한가운데서 방황하고 있는 국민 대중에 대해서 정치의 과학으로서의 존재이유를 실증했다고 할 수 있을 것이다. 정치학은 오늘날 무엇보다도 먼저 '현실과학'일 것을 요구받고 있는 것이다.

그렇지만 여기서 잊어서는 안되는 것이 하나 있다. 정치학은 정치의 과학으로서, 그처럼 구체적인 정치적 현실에 의해서 매개되지 않으면 안된다는 것은, 그것이 무언가 구체적인 정치세력에 직접 결부되어 정치적 투쟁의 수단이 된다는 것은 아니다. 현대에서의 정치투쟁은 주지하듯이 사상투쟁의 성격을 강하게 띠고 있다. 국제적인 전쟁에서도 국내 정당간의 투쟁에서도 이데올로기적 무장이 중요한 역할을 하고 있다. 그럴 경우 학자들의 정치이론이 서로 경쟁하는 어느 당파의 무기로 동원되고 이용되는 것은 피하기 어려운 경향이다. 어떤 의미에서는 그와 같은 이용가치를 전혀 가지지 못한 그런 이론은, 실질적으로 공허한, 이론으로서도 가치가 낮은 것이라고 할 수조차 있다. 그러나 학자가 현실의 정치적 사상(事象)이나 현존하는 다양한 정치적 이데올로기를 고찰의 소재로 삼을 경우에도, 그를 내면적으로 이끄는 것은 언제나 진리가치가 아니면 안된다. 이에 대해서 정치가는 이론의 가치를 통상 그 대중동원의 효과로 생각한다. 그의 판단을 이끄는 것은 이른바 선전 가치 혹은 선동 가치이다. 마찬가지로 정치적 현실에 관여하면서, 거기서 양자를 궁극적으로 갈라주는 입장(Stellung-nahme)의 차이가 있는 것이다.

물론 학자는 다른 한편으로는 시민으로서, 자신의 학설이 어떠한 정치세력에 의해 이용될 것인가 하는 것에 무관심해서는 안될 것이다. 자신의 이론의 사회적 파급의 행방을 알아내는 것은 시민으로서의 의무이기도 하다. 그렇지만 그것은 그의 사색의 내면적 원동력과는 별개 문제이다. 설령 그가 서로 경쟁하는 당파의 어느 한쪽에 속하고, 그 당파가 추구하는 정치이념을 위해서 밤낮없이 싸우고 있다는 그런 경우에 있다 하더라도, 일단 정치적 현실의 과학적인 분석의 입장에 설 때에는 그의 모든 정치적 의욕, 희망, 호오(好惡)를 오로지 인식의 요구에 종속시키지 않으면 안되는 것이다.

그리고 그런 '금욕'의 정신으로 일관하지 않는 한, 그가 쓴 '이론적' 대저작과 정당의 팸플릿 사이에는 단순히 부피의 차이밖에 없는 것이다. 정치학이 정치의 과학으로서 현실적이려고 하는 데 급급한 나머지, 다른 한편으로 정치의 과학인 까닭을 간과하여 현실의 정당 세력의 노예가 되는 것은, 그 앞에 가로놓여 있는 제2의 함정이라고 하지 않으면 안된다.

그러나 이처럼 정치학을 특정 정당세력에 대한 직접적인 예속으로부터 지켜내는 것만이라면 문제는 비교적 간단하겠지만, 정치적 사상(事象)을 인식함에 있어서 언제나 모든 주관적인 가치판단의 개입을 배제한다는 것은 말하기보다 실천이 훨씬 더 어려운 것이다. 왜냐하면 정치가 원래 인간의 격정이나 본능을 깊은 곳으로부터 움직이게 하는 힘을 가지고 있어서, 정치적 현실을 인식할 때에는 자기의 비합리적인 호의에 뿌리를 둔 억지견해가 아무래도 무의식적으로 끼여들어 오기 때문이다. 그러나 단순히 그것만이 아니라 한 걸음 더 나아가서 생각해보면, 정치적인 사유에서는 오히려 그런 가치지움으로부터 자유로운 인식이라는 것은 있을 수 없는 것이 아닌가 하고 생각하게 된다. 여기서 정치적 사유의 특질, 정치에서 이론과 실천이라는 문제에 어쩔 수 없이 직면하지 않으면 안된다. 현실과학으로서의 정치학을 과학으로 확립하기 위해서는, 이런 어려움(aporia)을 피할 수 없는 것이다.

4.

비스마르크(Bismarck)는 일찍이 정치를 '가능한 것에 대한 기술'(Kunst des Möglichen)이라 불렀다. 정치적 사유의 특질은, 그것이 이미 고정되어 있는 형상이 아니라 무언가 끊임없이 새롭게 형성되어가는 것, 그런 의미에서 미지(未知)를 포함한 동적이고 가변적인 것을 대상으로 하고 있는 데서부터 생겨나는 것이 아닌가 하는 것은 이미 많은 학자들에 의해서 감지되어왔다. 19세기 독일국가학의 발전은 정치적인 것을 국가이론에서 점차로 배제하고, 오로지 **국법학**으로 완성되어가는 과정(이 전통을 끝까지 지켜나간 것이 켈젠의 순수법학이다)에 다름아니라는 것은 앞에서도 말했지만, 여기서 정치학적 고찰을 법학적인 그것과 구별할 때 공통적으로 볼 수 있는 경향은 역시 정치를 국가의 '동태'와 관련시켜 파악하고 있는 점이다.[원주6]

셰플레(Schäffle)가 일상적 국가생활(Laufen des Staatsleben)과 정치를 구별하여 기존의 법규에 따라 끊임없이 재생산되는 국가행위로서의 '행정'(Verwaltung)을 전자의 전형으로 삼고, 거기에 대해서 개별적 결단을 통해서 새로운 것이 형성되는 경우를 '정치'라고 부른 것도, 그리고 블룬칠리(Bluntschli)가 이론적 국가학은 정지되어 있는 국가질서(ruhende Staatsordnung)를 다루는 데 대해서 정치학의 임무는 '국가생활의 제 조류 내지 제 경향'의 파악에 있다고 한 것도, 나아가 엘리네크(Jellinek)가 국가현상의 과거와 현재에 대상을 한정시키는 순수 국가학에 대해서 응용적・실천적 국가학으로서의 정치학을 본질적으로 미래를 지향하고 있는 기술적인 학문(Kunstlehre)이라 생각한 것도, 각각 생각하는 방식은 다소 다르지만 정치를 무언가를 할 수 있는 미래성으로 특징짓고 있다는 점에는 차이가 없다. 그것은 또 엘리네크처럼, 정치학을 순수하게 있는 것 그대로(Das seiende)에 대한 학문이 아니라 본질적으로 가치판단을 포함한, 있어야 할 것(Das Seinsollende)에 관한 학문이라는 생각과 이어지고 있다.[원주7] 독일국가학의 이같은 두 개의 분류 자체 속에 포함되어 있는 이데올로기적 의미 내지는 독일관료국가와의 관련성에 대해서는 여기서 논할 여유는 없다. 거기에 틀림없이 잠재되어 있는 정치적인 것에 대한 혐오 내지 회피의 감정을 도외시한다면, 정치적 사유의 특질에 대

[원주6] 마찬가지로 예를 들면 법철학자의 견해로서 尾高朝雄, 『國家構造論』, 75쪽, 532쪽 참조.
[원주7] G. Jellinek, *Allgemeine Staatslehre*, dritte Aufl. S.13f.

한 그들의 직관은 결코 잘못되지 않았던 것이다.

그리하여 정치학은 란츠후트(Landshut)의 말을 빌려서 말한다면 정치적 현실을 '그 가능적인 가변성의 견지 하에서'(Unter dem Aspekt ihrer möglichen Veränderbarkeit)[원주8] 인식해야 한다는 숙명을 짊어지고 있다. 따라서 여기서는 주체의 인식작용에 앞서 대상이 미리 응고된 형상으로서 존재하고 있는 것이 아니라, 인식작용 그 자체를 통해서 객관적 현실이 일정한 방향지움을 부여받게 되는 것이다. 주체와 대상 사이에는 부단한 교류작용이 있으며, 연구자는 정치적 현실에 "실존적으로, 모든 사고와 모든 감정을 지닌 채 소속되어 있다."[원주9] 물론 이런 사실은 좁은 의미의 정치적 사유에 한정되지 않고, 사회적·경제적 현실을 대상으로 하는 학문 일반에 타당하다는 이른바 사회과학 일반의 숙명이라고 생각할 수도 있지만, 미래를 형성하기 위해 행동하고 투쟁하는 인간 내지 인간집단을 직접적 대상으로 하는 정치적 사유에서, 인식 주체와 인식 객체의 상호이입이 최고도로 뜨거워진다는 사실로부터 어느 누구도 눈을 돌릴 수 없다. 이 세계에서는 하나의 문제를 설정하는 방식 내지 하나의 범주를 제안하는 것 자체가 이미 객관적 현실 속에 움직이고 있는 다양한 힘에 대한 어떤 평가를 포함하고 있는 것이다.

이것을 의심하는 사람은, 예를 들면 현재 일본이 직면하고 있는 정치적·경제적·사회적 위기에 대해서 문제의 소재의 인식 자체가 얼마나 갈라져 있는가를 생각해보는 것이 좋을 것이다. 어떤 사람은 자본주의냐 사회주의냐 하는 문제로부터 출발하고 있다. 다른 사람은 통제냐 자유냐 하는 식으로 문제를 내놓는다. 어떤 사람들에게는 의회주의냐 직접행동이냐 하는 것이 최대의 이슈이지만, 다른 사람들은 어떻게 해서 민주전선을 결성할 것인가 하는 것에서 핵심적인 문제를 찾아내고 있다.

[원주8] Landshut, *Kritik der Soziologie*, S.67.
[원주9] H. Heller, *Staatslehre*, herausge. v. G. Niemeyer, S.53.

게다가 이들 문제의 제기는 자의적으로 머릿속에서 생각해낸 것인 만큼 다른 데서 임의로 무한하게 늘어놓을 수 있는 그런 것은 아니다. 그런 분기는 현실의 일본사회의 역사적인 다이내믹스와 그것에 대한 제 사회계층의 적응방식으로부터 필연적으로 생겨나는 것이며, 각각의 사회계층의 근본적인 이해와 연결되어 있다.

따라서 통제냐 자유냐 하는 문제를 내놓는 사람에게는 자본주의냐 사회주의냐 하는 문제는 현실에 존재하지 않는 것이며, 그런 의미에서 단순한 '이데올로기'라 생각하며, 후자 역시 전자의 문제 제기를 거세게 부인한다. 그것은 문제를 인정한다는 것 자체가 정치적·사회적 변혁의 일정한 방향의 필연성을 승인하는 것으로 되기 때문이다. 현재 사용되고 있는 여러 가지 정치적 개념에 대해서도 그렇다고 할 수 있다.

민주주의적이라든가 반동적이라든가 하는 단어의 사용이 이미 그 사람의 세계관적 결정에 의존하고 있는 것은 물론이고, '질서와 도의' '소수의 독재 배제' '민족의 독립' 등등 어느 것이나 그 자체 가장 잘 어울리는 단어는, 일정한 극히 구체적인 정치적 상황으로부터 발생한 용어들이다. 그것들은 어느 것이나 현실을 일정한 정치세력을 위해서 혹은 일정한 정치세력에 대해서 방향지우려고 하는 노력과 연결되어 있다. 따라서 연구자가 그런 범주를 사용하여 정치적 현실을 인식하려 할 때, 이미 그는 스스로 의식하건 하지 않건 간에 현존하는 정치적 제 동향에 평가적인 선택을 내리고 있는 것이다.

정치학자는 자신의 학문에서 이같은 인식과 대상의 상호규정 관계의 존재를 먼저 솔직하게 인정하는 것으로부터 출발하지 않으면 안된다. 그것은 바꾸어 말하면 자신을 포함하여 모든 정치적 사유의 존재구속성[원주10]을 인

[원주10] 일반적으로 사회적 사유의 존재구속성(Seinsgebundenheit)에 대해서 가장 깊이 파고든 연구가 만하임의 지식사회학이라는 것은 말할 것까지도 없다. 나는 만하임에게서 배운 부분이 적지 않지만, 다만 그의 이른바 상관주의(相關主義, Relationismus)의 개념과 그 실체적 담당자를 사회적으로 자유롭게 떠다니는 지식층(Die sozial-freischwebende

정하는 것이다. 정치적 세계에서는 배우가 아닌 관객은 있을 수 없다. 여기서는 '엄정중립' 역시 하나의 정치적 입장인 것이다. 그런 의미에서는 학자가 정치적 현실에 대해서 어떤 이론을 구성한다는 것 자체가 하나의 정치적 실천에 다름아닌 것이다.

이같은 의미에서의 실천을 통해서 학자도 역시 정치적 현실에 주체적으로 참여한다. 이런 불가피적인 사실에 눈을 감고서 드라마의 유일한 관객과도 같은 자세를 취하는 것은 자기기만일 뿐만 아니라 유해하기조차 하다. 왜냐하면 그것은 흔히 '이기면 충신'이라는 식의 기회주의를 '객관적' 태도라는 이름으로 마구 퍼뜨리는 역할을 하기 때문이다. 모든 세계관적인 정치적 투쟁에 대해서는 단순한 방관자로 자처하는 자는 그것만으로 이미 정치의 과학자로서 자격없음을 드러내고 있는 것이다.^[원주11]

나는 앞에서 정치학자는 다른 학자들과 마찬가지로 자기의 사색을 다만 진리가치에 따라서 진전시켜야 하며, 그런 의미에서 '금욕'적 태도가 필요하다는 취지를 말했다. 그러나 애초에 금욕은 욕망의 존재를 전제로 하여 비로소 의미를 가진다. 욕망과의 내면적 격투가 심각한 만큼 '금욕'은 윤리적 가치를 증대시킨다. 처음부터 욕망이 결여되어 있는 것은 생리적 불구

Intelligenz)에서 찾고 있는 점에는 의문을 품고 있다. 그러나 그 점은 다른 기회에 논하기로 하고 여기서 다루지 않기로 한다.

[원주11] 일본에서는 막스 베버의 가치판단 배제론이 자칫 방관적 실증주의자의 방패막이 되고 있지만, 베버 자신은 이론적인 가치 관계 설정과 실증적 가치판단의 분리는 하나의 '연구자의 이상'이며, 그것을 완전하게 실현하는 것은 오히려 인격의 통일성과 모순하는 것이라 생각하고 있었다(Marianne Weber, *Max Weber. Ein Lebensbild*, S.330). 그는 『사회과학적 인식의 객관성』(*Die Objektivität der Sozialwissenschaftlichen Erkenntnissen*)에서도 『직업으로서의 학문』(*Die Wissenschaft als Beruf*)에서도 그의 주장이 세계관적 가치판단에 대한 방관적 태도 내지는 좌우 양편에 대한 '중간파'의 입장과 혼동되는 것을 예리하게 배척하고, 오히려 학자가 각자의 세계관 내지 정치적 입장을 분명하게 표명하는 것을 시민으로서의 의무로 요청하고 있다. 베버가 무엇보다도 타오르는 듯한 행동적·실천적 성격의 소유자였다는 것은 마리안네 베버나 야스퍼스(Jaspers)가 모두 한결같이 인정하고 있는 바이며, 바로 그렇기 때문에 그의 가치판단 배제론이 한층 더 살아 있는 것이다.

자이며, 윤리의 경우와 마찬가지로 정치에서도 논할 필요가 없는 것이다.

정치학이 특정한 정치세력의 노예가 되어서는 안된다는 것은, 명확한 정치적 결정을 회피하는 '무욕'의 '객관'주의자에 대한 헌사는 아닌 것이다. 정치적 사유가 그 대상에 규정되고 또 거꾸로 대상을 규정하는 결과, 정치이론에 현저한 주관성이 붙게 되고 많든 적든 이데올로기적 성격을 띠고 있는 것은, 정치이론의 이른바 '숙업'(宿業)이다. 업(業)인 한에서 그것은 틀림없이 진리가치에서 마이너스이며, 따라서 적어도 학문의 자주성을 믿는 한 우리는 어디까지나 객관성을 추구하여 이데올로기에 의한 왜곡을 가능한 한 배제해가지 않으면 안된다. 그러나 사유의 존재구속성이라는 엄숙한 사실을 머릿속에서 무시하는 것과 타인뿐만 아니라 자기자신의 존재제약을 겸허하게 인정하는 것 가운데 어느 것이 과연 그 목적을 보다 잘 달성할 수 있을 것인가. 가치결정을 싫어하고, '객관적' 입장을 표방하는 오만한 실증주의자는 가치에 대한 무욕을 자랑하면서 실은 자신의 '실증적' 인식 가운데 조금씩 가치판단을 잠입시키는 결과에 빠져버리기 쉽다. 이에 대해서 일정한 세계관적 이념으로부터 현실의 정치적 제 동향에 대해서 치열한 관심과 의욕을 가진 사람은 정치적 사유의 존재구속성이라는 사실을 자기 자신의 반성을 통해 비교적 용이하게 인정할 수 있으므로, 정치현실의 인식에서 희망과 의욕 때문에 생기는 인식의 어둠을 끊임없이 경계하고, 그 때문에 도리어 사상(事象)의 깊은 곳에까지 다가가는 결과가 된다.[원주12] 나쁜 사람 쪽이 착한 사람보다도 더 아미타불의 구원에 가까이 가 있다는 신란(親鸞)[역주3]의 패러독스와 비슷한 관계가 여기서도 성립되는 것이다.

〔원주12〕 물론 이것은 학문적 의욕을 지니고 있는 사람들 사이에서만의 일이며, 오로지 마차를 끄는 말과도 같이 억지로 밀고 나가기만 하는 '정치적 야수'(슈펭글러)는 여기서는 문제가 되지 않는다.

〔역주3〕 신란(親鸞, 1173~1262)은 카마쿠라(鎌倉) 시대의 승려이자 정토진종(淨土眞宗)의 개조(開祖)이다. 그는 절대타력(絶對他力)·악인정기설(惡人正機說) 등을 주창해 일본 불교에 큰 영향을 미쳤다.

어쨌거나 이같은 객관성으로의 길은, 현실과학을 지향하는 정치학자에게는 결코 쉬운 일은 아니다. 그는 자신의 내심에서 이념으로서의 객관성과 사실로서의 존재제약성이라는 두 차원 사이의 투쟁을 끊임없이 극복해가지 않으면 안된다. 그런 긴장은 그의 학문이 정치현실의 한가운데에 뿌리를 내리면 내리는 만큼 점점 더 심해질 것이다. 그런 긴장을 견디지 못하고, 그가 현실의 정치적 격류에 몸을 맡기고 자신의 학문을 특정 정치세력의 수단으로서의 순수한 '이데올로기'로까지 타락시키고 말든가 아니면 거꾸로 모든 구체적인 정치상황에 대해 눈을 감아버리고서 일찍이 추상적인 서재정치학으로 되돌아가든가, 둘 중의 하나를 걷게 될 때에는 일본의 정치학은 여전히 여러 사회과학 가운데 떳떳하지 못한 자의 지위를 감수하지 않으면 안될 것이다. 그러나 만약 그가 이런 아포리아와 어디까지라도 맞붙어서 고난의 정진 가운데서 새로운 해결의 빛을 찾아낼 수 있게 된다면, 그때 비로소 일본은 어떤 나라로부터 빌려온 것이 아니라 자체의 지반에 뿌리를 내린 정치학을 갖게 될 것이다.

● 1946년

제2장

인간과 정치

1.

정치를 정면으로 문제삼아온 사상가들은 예로부터 반드시 인간론 (Anthropologic)을 다루었다. 플라톤, 아리스토텔레스, 마키아벨리, 홉스, 벤담, 루소, 헤겔, 마르크스, 니체—이들은 모두 인간 또는 인간성의 문제를 정치적 고찰의 전제로 삼았다. 그리고 거기에는 깊은 이유가 있다.

정치의 본질적인 계기는 인간의 인간에 대한 통제를 조직화하는 것이다. 통제든 조직화든 어느 것이나 인간을 현실적으로 움직이는 것이며, 인간이 외부적으로 실현시킨 행위를 매개로 하여 비로소 정치가 성립하게 된다. 따라서 정치는 어떻든 간에 인간 존재의 메커니즘을 전체적으로 알고 있지 않으면 안된다. 예를 들면 도덕이나 종교는 오로지 인간의 내면에서만 작용한다. 따라서 그런 작용의 결과가 외부적으로 실현되는가 어떤가 하는 것은 물론 무관심하다고는 할 수 없지만, 종교나 도덕의 본질상 결정적인 중요성은 가지지 않는다. 내면성 혹은 동기성(動機性)이 그 생명이기 때문에, 설령 사람이 외부적으로 바람직한 행위를 했다고 하더라도 위선이나 혹은 받들어모셔야 한다는 공포심에서 했다면 그것은 아무것도 아니다. 그러나 정치에서의 작동은 반드시 현실적으로 대상이 되는 인간이 정치 주체의 목적 그대로 움직이는가 하는 것이 생명이다. 예를 들면 공산주의의 선전·선동(propaganda)에서는 많은 사람들이 내심으로 공산주의를 진리라고 생각하게 되었다는 것만으로는 아무것도 아닌 것이다. 그들이 공산주의의 진영으로 실제로 움직여 올 때 비로소 그 선전·선동은 정치적으로 성공했다고 할 수 있을 것이다. 현실적으로 인간을 움직이고 거기에 따라 기존의 인간관계 또는 사회관계를 바라는 방향으로 변화시키는 것이 정치운동의 키 포인트이다.

현실적으로 움직이게 한다는 지상목표를 달성하기 위해서 정치는 자연히 인간성의 모든 측면을 접하게 되는 것이다. 예를 들면 인간에 대한 학문의 영향력은 오로지 인간의 이성적 부분을 대상으로 하고 있다. 따라서 학문적 설득은 어디까지나 이성에 의한 이성에 대한 설득이며, 상대가 설득자의 변설에 감동하거나 교묘하게 설득당하거나 혹은 설득자의 인간적 매력에 끌려서 그의 말을 승인했다 하더라도, 그것은 학문적 설득이라고 할 수는 없다. 연애를 거는 것도 오로지—라고 하면 지나친 말이 되겠지만 대부분—인간의 감정(emotion)에 호소하려고 한다. 또한 상품거래와 같은 경제행위의 작동은 주로 인간의 물질적 욕망에 호소한다. 이들에 대해서 정치의 작동은 이성이건, 정서건, 욕망이건 인간성의 어떠한 영역이건 간에 필요에 따라 동원하게 된다. 요컨대 현실적으로 움직이게 하는 것이 목적이기 때문에 정치에서는 작동의 고유한 통로가 없다. 종교도, 학문도, 경제도, 그것이 정치 대상을 움직이게 하는 데 도움이 된다면 언제나 자기 목적을 위해서 사용한다. 그러므로 거꾸로 말하면 종교나 학문이나 연애 등의 작동이 수단과 목적 사이에 일의적(一義的)인 연관성을 잃고서 요컨대 상대로 하여금 자신을 따르게 하는 것 자체가 지상목표로 될 때에는, 그것은 이미 그 자체를 정치적인 작동으로까지 변모시키고 있는 것이다.

정치에서 정치목적 그대로 현실이 움직인다고 하는 것이 생명이므로, 실제 정치가의 말과 행동은 끊임없이 '효과'에 의해서 규정된다. 진리에 충실하다든가 자신의 양심에 충실하다든가 하는 것보다도 일정한 말과 행동이나 사건이 '우리 편'에 어떤 영향을 미치는가, '적'에 어떻게 이롭게 하는가 하는 것이 언제나 그의 나침반이 되어 있다. (그런 의미에서 매주 라디오에서 하고 있는 각 당 대표의 좌담회는 거기에 '정치적인 것의 특질'이 전형적으로 나타나 있다는 생각을 가지고 들어보면 무척 재미있다.)

따라서 또 정치가의 공과(功過)에 대한 비판도 어디까지나 그의 정책이 현실에 가져다준 결과에 의해서 판단되어야 하며, 그 동기의 선악은 적어도 일차적인 문제가 되지는 않는다. 정치가의 책임은 철두철미하게 결과 책임이다. 예를 들면 일본 국민들 일부에는 아직도 이찌가야(市ヶ谷)의 법정에 늘어서 있던 전범(戰犯) 피고들을 "저 사람들도 나라를 위한다는 생각으로 한 짓이기 때문에"라고 하는 등의 동정적인 태도를 취하는 사람들이 있다. 정치가에 대한 판단 방법을 알지 못하고 있는 것이다.

어쨌든 정치가가 오로지 현실의 효과를 행위의 규준으로 하기 때문에 어떤 의미에서 배우와 비슷한 측면이 있다. 예를 들어 선동(agitation) 연설에 능란한 정치가는 그의 포즈나 발성법의 효과에 끊임없이 마음을 쓴다. 배후의 진실된 자기와 효과를 생각해서 하는 '연기'는 유리되기 쉽상이다. 거기서 정치적인 추잡함이 발생하게 된다. "정치를 하는 것은 악마와 손잡지 않으면 안된다"(베버)든가 "정치는 인간을 타락시킨다"(비스마르크)든가 하는데, 어쨌든 정치는 무언가 불결한 것과 본래적으로 연결되어 있는 것처럼 보인다. 하지만 그 근본적인 원인은 결국 정치가 인간을 현실적으로 움직이게 해서 어떤 결과를 확보한다는 것을 본질적인 요인으로 하고 있기 때문이며, 실은 정치가 더러운 것이라기보다 현실의 인간 그 자체가 공교롭게도 천사로 태어나지 않은 것이다.

2.

정치가 예상하는 인간상이라는 것은 예로부터 그다지 아름답지 못하다

는 것이 통념처럼 되어 있다. 카를 슈미트(Carl Schmitt) 같은 사람은
'참된 정치이론은 반드시 성악설을 취한다'고조차 말하고 있다. 확실히 정
치적인 것과 정면으로 맞서서 씨름한 사상가는 이른바 성악론자였다. 동양
에서도 정치(治國平天下)를 개인도덕(修身)에 귀속시킨 유가(儒家)가 성
선설을 택한 데 반해서, 법과 정치의 고유한 의의를 강조한 순자(荀子)나
한비자(韓非子) 계통은 많건 적건 간에 성악론자였다. 유럽에서 마키아벨
리나 홉스와 같은 근대정치학의 건설자들이 모두 철저한 비관적 인간론자
였다는 것은 널리 알려져 있다. 마키아벨리는 유명한 『군주론』에서 이렇게
말하고 있다.

  인간이라는 것은 은혜를 모르며, 변덕스럽고, 음험하고, 위험을 만나
  면 도망하고, 그러면서도 넘어지면 혼자서는 일어나지 않는다. 이익을
  주면 친구처럼 지내지만, 정작 희생을 바쳐야 할 단계가 되면 갑자기 돌
  아서서 도망가는 것이다.

  홉스가 "인간은 인간에 대한 늑대"라고 하고, 인간은 본래 이기적인 존재
이기 때문에, 정치사회 아닌 인간의 상태(자연상태)는 필연적으로 만인의
만인에 대한 투쟁을 드러낸다고 하고, 거기서부터 강력한 전제권력의 기초
를 만들어갔다는 것은 너무나도 유명하다.
  이런 성악설은 예로부터 그다지 평판이 좋지는 않았다. 그래서 도학(道
學)선생들에게는 눈엣가시처럼 되어버렸다. 그러나 그것은 우선 마키아벨
리나 홉스 쪽이 도학선생보다도 인간의 현실, 따라서 정치의 현실을 얼버
무리거나 베일로 가리거나 하지 않고서 직시할 수 있는 용기를 가지고 있
었다는 것을 말해주는 것이며, 또 한 가지는 성악설의 의미를 오해하고 있
기 때문이다. 홉스는 성악이라고 해서 격분하는 상대에게 이렇게 답하고
있다.

자기 자신의 경우를 한 번 생각해보는 것이 좋다. 여행을 떠날 때에는 무기를 가지고 가고, 가능하면 길동무와 같이 떠나고 싶어하지만, 잘 때에는 문에 열쇠를 채우고, 자신의 집에서조차 금고에 자물쇠를 채우지 않는가. 더구나 법률이 확립되어 있고 자신에게 가해지는 모든 침해에 대해 처벌해주는 무장한 관리가 있다는 것을 알고 있으면서도 그러는 것이다(*Leviathan*, chap.XIII).

더욱이 소박한 성선설이나 휴머니즘의 입장은, 인간관계 속에서 현실적으로 행동하는 단계가 되면, 모든 사람에게 내재되어 있다고 믿는 '선'(善)을 강요함으로써 도리어 객관적으로는 아주 잔혹하고 비인간적인 결과를 초래하는 경우가 적지 않다. 소렐(Sorel)은 『폭력론』에서 예리하게 그런 역설을 지적하고 있다.

그러나 그런 점은 별도로 해두더라도 정치가 전제로 하는 성악이라는 의미를 보다 바르게 이해하지 않으면 안된다. 성악이라는 것은 엄밀하게 말하자면 정확한 표현이 아니기 때문이며, 실은 슈미트 자신도 말하고 있듯이, 인간이 '문제가 있는'(problematisch) 존재라는 것을 말하고 있는 것에 다름아니다. 앞에서도 말했듯이 효과적으로 인간을 지배하고 조직화한다는 것, 그것을 어디까지나 외부적 결과로서 확보해가는 것에 정치의 생명이 있다고 한다면, 정치는 일단 그 대상으로 삼고 있는 인간을 '취급주의' 품목으로 여기고 거기에 접근해가는 것은 당연한 일이다. 성악이라는 것은 이런 취급주의의 꼬리표이다. 만약 인간이 어떠한 상황에서도 반드시 '악한' 행동을 취하는 것으로 고정되어 있다면, 오히려 간단하고 본래의 정치가 개입할 여지는 없다. 선한 쪽으로도 악한 쪽으로도 바뀌며 상황에 따라서 천사가 되기도 하고 악마가 되기도 하는 데에 기술(art)로서의 정치가 발생할 수 있는 지반이 있는 것이다.

홉스의 만인의 만인에 대한 투쟁이라는 관념에서도, 인간이 욕망의 충족을 위해서 현실적으로 끊임없이 싸우고 있다는 의미는 아니다. 그 스스로도

"전쟁이란 격투나 투쟁 행위만을 의미하는 것은 아니며, 투쟁에 호소해서까지 싸울 의사가 있음이 충분히 알려져 있는 기간을 의미한다……. 마치 나쁜 기후라는 것의 본질은 집중호우가 한 번이나 두 번 있는 것이 아니고 며칠이고 몇날이고 계속해서 비가 내릴 것 같은 모습을 가리키는 것과 마찬가지로, 전쟁의 본질도 현실의 투쟁은 아니며 평화의 확실성이 존재하지 않는 기간 전체를 통해서 분명하게 존재하는 투쟁으로의 경향 속에 있는 것이다"(*op. cit.*)라고 말하고 있다.

정치가 전제로 하고 있는 인간은 이처럼 '수수께끼'적인 인간이다. 신학에서 인간의 원죄성이 구제의 전제로 되어 있는 것처럼, 인간의 이같은 '위험성'이라는 것은 인간을 전체적으로 파악하지 않으면 안되는 정치가 필연적으로 예상해야 하는 계기에 다름아닌 것이다.

3.

정치가 인간의 조직화 행위인 한, 정치가 대상으로 하는 것은 개인이 아니라 거의 대부분 인간집단이다. 그리고 개개인이 아니라 집단으로서의 인간을 일정한 기간 동안에 일정한 목적으로 움직여가지 않으면 안되는 경우에는, 개인의 경우보다 '취급주의'적인 성격이 더 커진다. 일반적으로 집단을 움직여갈 경우, 정치가는 어떻게 해서든지 그 집단 내부의 여러 가지 지적·정신적 레벨의 최대공약수 정도까지 일단 내려가지 않으면 안된다. 그럴 경우 그의 지도성이 지나치게 강하면 그는 자신이 이끄는 집단에서 유리된다. 반면 그의 지도력이 약하게 되면 그는 갑작스레 소용돌이 속에 휘말려들어가는 나뭇잎처럼 집단의 하층부로 가라앉는 경향성에 이끌리게 되고, 대중행동의 반쯤은 맹목적인 자기법칙성의 포로가 되고 만다. 이른바 미라를 만드는 사람이 미라가 된다. 정치가 인간을 타락시킨다는 비스마르크의 한탄은, 이같은 정치의 집단성으로부터 기인되는 것이기도 하다.

그런데 지도나 지배에서 필요로 하는 정치권력의 강도는 말할 것도 없이 그 대상이 되는 집단의 자발적・능동적 복종의 정도와 반비례한다. 자발적 복종의 계기가 적으면 적을수록, 즉 그 정치단체의 구성원에 원심적 경향이 강하면 강할수록, 그것은 조직화하는 데 점점 더 큰 권력을 필요로 하게 된다. 그런데 여기에 많은 경우 상호작용이 일어나 구성원에 대한 조직화 작용이 강제력에 의존하는 정도가 크면 클수록 구성원의 자발적・능동적 계기는 엷어지고 원심적 경향이 강해진다. 그래서 극히 역설적인 현상이지만, 극단적인 무정부상태와 극단적인 전제는 종이 한 장 차이라는 것이다. 바꾸어 말하면 극단적인 무정부상태는 필연적으로 자신의 부정으로서의 강력한 전제를 부르고, 거꾸로 전제정치가 극점에 이르게 될수록 그것은 필연적으로 자신의 부정으로서의 무정부상태를 내포하게 된다. 메레슈코프스키(Merezhkovskii)는 러시아혁명을 예로 이같은 변증법을 날카롭게 지적하고 있다.

혁명은 전제의 다른 측면에 지나지 않는다. 전제는 혁명의 뒷면에 지나지 않는다. 무정부상태와 군주정체는 동일한 제1질료(prima materia)의 (중략) 두 개의 서로 다른 상태이다. 만인에 대한 한 사람의 강제 ── 그것이 군주정체이며, 한 사람에 대한 만인의 강제 ── 그것이 무정부상태이다. (중략) 동결된 무정부상태 ── 그것이 군주정체이며, 용해된 군주정체 ── 그것이 무정부상태이다(『러시아혁명의 예언자』 문예론집).

물론 메레슈코프스키는 러시아혁명과 차르의 전제에 모두 반대하는 입장에서 그렇게 말한 것으로, 그런 정치적 함축성을 지니고 언급하고 있다는 점은 주의하지 않으면 안된다. 여기서 말한 무한한 권력과 무한한 방자(放恣)의 변증법적인 부정적 통일관계는 일찍이 홉스가 지적했던 바이기도 한데, 거기에는 거역하기 어려운 진리가 포함되어 있다. 기존의 권위가 붕괴되고 각자 행동의 예측가측성이 완전히 상실되면, 이른바 만인에 대해서 만인이 자신을 '배반할' 가능성이 있는 '위험'한 존재가 되기 때문에 상호간의 공포감은 절정에 달한다. 그렇게 되면 어떠한 나쁜 질서도 무질서보다 낫다는 심리가 생기게 되고, 마침내 강력한 권력적 통일을 부르게 된다. 프랑스혁명의 공포정치 시대로부터 나폴레옹 독재가 탄생한 것은 물론 여러 가지 역사적 조건에 의해서 이루어진 것이겠지만, 정치적 상황의 전형으로서는 위에서 본 법칙의 두드러진 예인 것이다.

위에서 본 것과는 거꾸로 정치단체 내부의 조직화에서 구성원의 자발적 협력의 요소가 극대화되면, 권력의 행사는 완전히 사용하지 않게 된다. 그래서 그것이 행사되지 않는 상태가 항구화되면, 마침내 퇴화의 법칙에 의해 권력 그 자체가 쇠멸해버리고 만다. 무정부주의나 사회주의가 최종적으로 바라고 있는 것이 바로 이런 상태인 것이다. 다만 무정부주의는 국가권력 그 자체가 사회의 자발적 협동화를 방해하는 최대의 원인이라 보고 일거에 국가권력의 폐지를 주장하는 데 대해서, 마르크스적 사회주의는 최후 상태에 이르는 과정에서는 도리어 집중적 권력을 필요로 한다. 따라서 인간관에 대해서 말한다면 무정부주의는 철저한 성선설이며, 사회주의는 보다 비관적인 입장이라 할 수 있을 것이다.

4.

정치는 물리적 강제력을 최후적인 보증으로 삼고 있는데, 물리적 강제는 이른바 정치의 마지막 카드이며 마지막 카드를 번번히 내놓게 되면 그 정치는 이미 끝장난 것이나 다름없다. 왜냐하면 정치가 그 카드로 인간집단을 움직이지 못하게 할 때는, 그것이 인간의 자발성과 능동성에 의거해온 자신의 존립근거를 단념했다는 것을 스스로 고백하는 것이기 때문이다. 물리적 강제는 손쉽고 빠른 길이지만 그 대상자의 자발적 충성을 확보하는 것이 불가능하기 때문에 의외로 지속성이 없다. 그래서 정치권력을 장악한 사람은 예로부터 피지배자들에 대해서 오히려 권력의 강제적 성격을 노골적으로 드러내는 것을 피하고, 정치적 지배에 대해서 다양하게 치장함으로써 피지배자들의 내면적 심리의 가능한 한 깊은 곳까지 들어가려고 했다. 강권으로 지배하고 있다는 계기는 가능한 한 내놓지 않고, 그 구성원들로부터 가능한 한 많은 자발적인 찬동을 얻어내려고 하는 것이다.

미국의 정치학자 메리엄(Merriam)은 피지배자의 심성에 대해 공감을 불러일으키기 위한 수단을 미란다(Miranda)로 부르고 있다(*Political power*, p.102 f.). 미란다란 일반적으로 피지배자에게 지배자 혹은 지도자에 대한 숭배·동경을 불러일으키는 것이다. 즉 군주가 신으로부터 유래한다든가 가뭄 때 하늘에 기도하여 비를 오게 하는 힘을 가지고 있다든가 하는 신화 혹은 군주의 권위를 치장하기 위한 다양한 의식(儀式) 같은 것은 모두 미란다이다. 사람의 지혜가 진보됨에 따라 일반 민중들이 과학적·합리적으로 사고하게 되자 마술적인 요소는 점점 더 없어지고 옛날의 미란다는 점차 통용되지 않게 되지만, 그럼에도 불구하고 새로운 옷을 걸치고 계속 나타난다. 국가가 하는 여러 가지 의식 혹은 축제일이라든가 국기(國旗)와 같은 요소는 오늘날에도 여전히 정치적 지배자에게 중요한 미란다를 형성하고 있다.

그러나 근대국가를 이념적인 순수 형태로 파악해보면, 거기서는 통치자가 특별한 권위를 장식할 도구를 전혀 사용하지 않으며 오직 법의 집행자로서 실질적 가치와 일단은 무관하게, 법의 형식적 타당성의 기초 위에 정치적 지배가 이루어지고 있는 것을 원칙으로 한다. 거기서는 권력이 오직 법적 권력으로 나타나며, 따라서 처음부터 내면성에 속하는 영역에의 침입은 단념하고 있다. 여기서는 사상, 학문, 종교의 자유라는 이른바 '사적 자치의 원리'가 승인된다. 무엇이 진리인가, 무엇이 정의인가 하는 것은 이런 사적 자치의 영역에 속하는 제 문제이며, 국가권력이 결정해야 할 것은 아니라고 한다. 그리하여 법이라든가 정치는 오로지 외부적인 것과 관련되어

있고, 종교라든가 사상은 오로지 내부적인 것과 관련되어 있다고 하는 것
이 적어도 근대국가의 본래의 원칙인 것이다.

5.

그러나 이같은 근대국가의 원칙은 이른바 입헌국가 단계에서는 타당하
지만 19세기 중엽 이후 매스 데모크라시(mass democracy)가 등장하자
다시 변모하기 시작했다. '대중'이라는 것이 모든 영역에서 등장하게 되었
다. 18세기에 에드먼드 버크(Edmund Burke)에 의해서 '돼지와도 같은
다수'라고 불렸던 대중이, 돼지와 같은 존재가 결코 아니라는 아주 유력한
발언권을 가지고 나타나게 되었다. 그것은 말할 것도 없이 산업혁명에서
시작되는 현상이지만, 특히 19세기 이후에 통신기관·교통기관이 매우 발
달하고, 그로 인해 보도기관이라든가 영화라든가 하나의 관념 혹은 사상을
전달하는 수단이 방대해지고, 그런 통신·교통기관의 발달과 대중의 대규
모적인 등장이라는 조건이 다시 현대에서의 새로운 미란다를 다시 생성시
키게 되었다.

수만 명이 모일 수 있는 그런 거대한 광장에서의 인민 집회 혹은 데모행
진은 최근의 미란다라고 할 수가 있다. 그것은 본래 대중적인 민주주의의
등장과 더불어 생겨났다는 것은 말할 것도 없지만, 근대적인 독재자는 자
신의 지배의 민주적인 기초를 과시하기 위해서, 혹은 국내외의 정치적 반
대자들에게 자신의 위력을 보여주어 압도하기 위해서, 그런 새로운 수단을
미란다로서 널리 이용하게 되었다. 뉴스 영화에 자주 나오는 장면으로, 나
치스 독일에서 청년들이나 어린이들이 열을 지어 행진하면서 히틀러에게
일제히 거수 경례를 한다. 그런 광경을 보고 있노라면, 히틀러의 권력은 아
주 뿌리깊게 대중들 속에 퍼져 있는 것처럼 느껴진다. 메리엄은 "자신의 정
치적 입장과 반대의 입장에 있는 데모행진을 만나게 되면, 아무리 기가 센

사람이라 하더라도 자신이 아주 고립된 존재라는 의식을 강하게 느끼게 된다"(*op. cit.*, p.109)고 하고 있다. 그러므로 정치적 권력을 과시하는 데 데모는 가장 좋은 수단인 것이다.

이렇듯이 근대국가에 의해 일단 분리된, 외면과 내면, 공적인 것과 사적인 것, 법적·정치적인 것과 문화적인 것이 다시 구별할 수 없게 되었다. 정치권력이 라디오라든가 영화와 같은 고도의 근대적 기술을 구사하여 자신의 이데올로기를 밤낮없이 인민들에게 주입시킨다. 그러자 다른 한편에서는 현재 지배적인 정치세력에 대항하는 진영에서도 가능한 한 모든 선전의 수단을 사용하여 자신의 이데올로기를 퍼붓는다. 여기서 선전전(宣傳戰)이 현대의 커다란 특징으로 되었다.

특히 제1차대전에 의해 생겨난 소비에트연방과 자본주의 국가의 대립관계에 의해, 그것도 제2차대전 이후 사회주의권이 확대되어 자본주의권과 거의 맞설 만한 세력이 됨으로써, 정치세력의 이데올로기에 의한 국내전쟁이 동시에 국제적 대립으로 되어 나타나게 되었다. 바야흐로 개인의 외부적·물질적인 생활만이 아니라 내면적·정신적 영역의 구석구석까지 정치가 스며들게 되었다. 라디오를 틀게 되면 라디오에 하나의 정치적 이데올로기가 들어 있다. 신문을 보면 신문 역시 그런 정치적 이데올로기에 따라 기사를 쓰고 있다. 정치는 오늘날 이렇듯 모든 수단을 구사하여 인간을 정치의 주형(鑄型)에 구겨넣으려고 한다. 게다가 그것은 이른바 전체주의 국가만의 현상은 결코 아니다. 민주주의 국가에서도 매일매일 그렇게 진행되고 있다. 다만 이른바 전체주의는 그런 경향을 공공연하게 밀고 나가는 데 지나지 않는다. 그리하여 고전적 의미에서의 사상·신앙의 자유는 나날이 좁아지고 있다고 해도 좋을 것이다. 현대의 자유주의라는 것은 신문·라디오·영화 등의 선전기관을 종횡으로 구사함으로써, 그 탄생기(誕生期)인 로크의 시대와 그 모습을 완전히 달리하고 있는 것이다. 옛날의 자유주의는 사적인 자유를 확보하기 위해서, 어쨌거나 필요한 한도내에서 정치적인 것을 최소한으로 허용했다. 그런데 그것은 오늘날에는 훨씬 더 적극적인 의미를 가지고 서구 문명 전체의 옹호자로서 나타나고 있다. 게다가 그것 자체 거대한 정치적인 힘으로서, 자신에게 적대한 원리에 대해서 세계적인 규모에서 자신을 조직화하고 있는 것이다. 따라서 거기에서의 피지배자도 옛날처럼 '자연'적인 자유라는 것을 누리고 있지 않다. 역시 거대한 이데올로기 투쟁에 모든 생활을 다 바쳐 휩쓸려들어가 있다고 해도 좋을 것이다.

여기에 근대국가에서의 인격적인 내면성이라 일컫는 것의 위기를 외쳐대는 까닭이 있다. 인격적 내면성을 그 본래의 거처로 삼고 있는 것은 말할 것도 없이 종교이다. 특히 서유럽에서 종교와 정치라는 문제가 현재 모든 내면생활을 포함시키려고 하는 '정치화(政治化)로의 경향'의 집중적인 표현으로서 등장하고 있다. 예를 들어 영국의 카톨릭 사상가 도슨 (Christopher Dawson)은 『종교와 근대국가』라는 저서에서 다음과 같이 말하고 있다.

우리가 만나지 않을 수 없는 큰 위기는 폭력에 의한 박해가 아니라 오히려 국가에 의해 고취된 공론(公論)의 중압 때문에, 또한 순수한 세속적 기초 위에 사회를 대량조직함으로써 종교가 눌러 찌부러져서 근대의 생활로부터 모습을 감추는 것이다. 이같은 사태는 일찍이 한 번도 볼 수 없었던 것이다. 왜냐하면 국가는 한 번도 사회생활의 모든 부문을 통제할 수 있을 만큼 강력하지 못했기 때문이다.

즉 도슨은 현대 정치가 그 본래 영역으로 생각되는 것을 넘어서, 개인적 내면성을 침해해왔다는 것을 격렬하게 공격하고 있는 것이다. 이런 경향이 그 절정에 달한 것이 바로 공산주의이다. 도슨은 "신흥국가와 기독교 사이에 잠재되어 있는 대립이 현대의 사회의식 속에서 충분히 실현되는 것은 공산주의에서이다. 세계사에서 처음으로 기독교에 적대하는 자들의 왕국이 정치의 형태를 취하여⋯⋯ 기독교 교회를 마주보고 돌아서서 일종의 대항교회로 출현하여 스스로 별개의 도그마를 가졌으며, 스스로의 도덕적 표준을 정했으며, 중앙집권적 계층조직을 통해 지배했으며, 강렬한 세계정복 의지를 원동력으로 하여 나타났다"고 하면서, 공산주의와 기독교의 대결이 야말로 오늘날 인류가 직면한 최대의 문제라고 말하고 있다. 그러나 실은 그 점에서는, 지난 수백 년에 걸쳐서 인간의 정신과 생활을 정연한 교권(敎權) 조직을 통해 구석구석까지 관리한 역사를 지닌 카톨릭은 그렇게 대단한 것이라 할 수는 없는 것이다. 중세 교황제가 종교의 정치화인 데 대해서 현대의 이데올로기국가는 정치(국가)의 종교화, 교회화에 다름아니다. 그러므로 사회주의를 '선'(善)에의 강제적 조직화라는 의미에서 카톨릭주의의 직계로 본 도스토예프스키(작가의 일기) 쪽이 오히려 역설적으로 어떤 진실을 말해주고 있다. 아마도 인격적 내면성의 입장으로부터 가장 철저한 항의를 제기할 수 있는 것은 래디컬한 프로테스탄트, 예를 들면 무교회주의일 것이다.

도슨은 이데올로기에 의한 조직화의 위험성을 거의 대부분 그가 말하는 전체주의국가의 문제로서 다루고 있다. 일반적으로 전통적이라든가 이미 오랫동안 지배권을 획득하고 있는 정치 양식이 행하고 있는 선전·선동은 선전으로서는 의외로 사람들의 의식에 오르지 못하고, 그것에 대해서 도전하는 측의 선전은 매우 두드러진다. 그래서 얼핏 보기에 아무래도 인간의 내면성을 위협하고 있는 것이 신흥세력 측에만 있는 것처럼 생각되지만, 그렇게 보는 것은 일방적인 것이다. 앞에서 말한 바와 같이 전형적인 민주주의 국가에서도 대중은 거대한 선전 및 보도기관의 범람에 의해 무의식 속에 어떤 일정한 사고방식의 규제를 받고 있는 것이다. 홍수와도 같은 선전망 속에 있으면서 정말로 자유롭고 자주적으로 생각한다는 것은 말보다 훨씬 어려운 것이며, 우리가 자주적으로 판단하고 있다고 생각하더라도 실은 자기기만인 경우가 적지 않다.

우리는 표면적으로 전해지는 선전에는 민감하지만, 가장 교묘한 선전은 결코 정면에서 선전하지 않는다. 예를 들면 신문 같은 것은 어떤 종류의 사건은 크게 쓰고, 어떤 종류의 사건은 작게 쓰고, 혹은 그것을 전적으로 말살하는 그런 조작에 의해 가장 효과적으로 이데올로기적 선전을 할 수 있는 것이다. 그것은 읽는 사람에 따라서는 거의 선전이라고 의식하지 못한다. 어떤 지방에서 같은 종류의 사건이 빈번하게 일어나도 보도하지 않고 묵살함으로써 그 사건이 인민들에게 미칠 영향을 최소한도로 막을 수가 있다. 그런 방식으로 우리의 '여론'이 매일매일 신문·라디오에 의해 만들어진다. 이처럼 무의식적으로 잠재되어 있는 심리적 경향을 이용하는 선전으로부터 우리의 자주적 판단을 지켜낸다는 것은 매우 어려운 일이다. "일찍이 사람은 자유롭게 사고하는 것이 허용되어 있지 않았다. 바야흐로 이제 그것이 허용되었다. 그러나 허용되었을 때에는 이미 자유롭게 사고할 수 없게 되었다"(O.Spengler, *Der Staat*, S.176).

6.

어쨌든 현대의 이같은 압도적인 정치화와 집단적 조직화 경향에 대해서, 인간의 내면성에 자리를 차지하고 있는 학문이나 예술이나 종교의 입장이 거의 반사적으로 경계와 반발의 태도를 보여주는 것을 이해할 수 없는 것은 아니다. 그런 태도를 단순히 인텔리겐치아의 특권의식이라든가 몸 보신 본능으로 귀착시키는 것은, 아직 문제의 존재를 바로 짚었다고 할 수 없는 것이다. 어떠한 정치권력이라 하더라도 그것이 정치권력인 한 인간의 양심의 자유로운 판단을 짓밟고 가치의 다원성을 평준화시키고, 게다가 강제적인 편성을 들이댈 위험성으로부터 완전히 면제되어 있는 것은 아니다. 권력이 구사하는 기술적 수단이 크면 클수록 그것이 인격적 통일성을 해체해서 그것을 단순히 메커니즘의 기능화로 만들어버릴 위험성 역시 커진다. 권력에 대한 낙관주의는 인간에 대한 그것보다도 몇 배나 위험하다. 그러나 동시에 우리는 고전적인 근대국가에서처럼 사적·내면적인 것과 공적·외부적인 것을 확연하게 나눌 수 있는 시대에는 이미 살고 있지 않다는 현실을 외면해서는 안된다. 정치화의 경향은 단순히 공산주의와 같은 하나의 이데올로기만의 문제는 아니라는 것, 그것은 위에서 말한 것과 같다. 따라서 오늘날은 내면성에 의거하는 입장 자체가 바람직하지 않은 정치적 조직화에 대항하여 자주성을 지켜내기 위해서는 필연적으로 또 자신을 정치적으로 조직화하지 않으면 안된다는 패러독스에 직면해 있다. 그때 정치적인 것의 전형적인 틀——효과 본위라든가 대립의 단순화(적과 친구의 이분법)라든가 하는——에 어느 정도까지는 어떻게든 내 몸을 끼워넣지 않을 수 없다. 만약 그런 연옥(煉獄)을 두려워하여 모든 정치적 동향으로부터 무차별적으로 도망가려고 하면, 도리어 최악의 정치적 지배를 자신의 머리 위에 불러오는 결과가 될 것이다. 은나라의 교훈은 멀리 있지 않은 것이다.

모든 사물의 풍부한 뉘앙스가 조야(粗野)한 정치적 대립에 좋건 싫건 간에 배분될 수 있는 시대——그와 유사한 시대가 과거에도 없었던 것은 아니었다. 예를 들면 슈테판 츠바이크(Stefan Zweig)는 에라스무스(Erasmus)와 루터(Luther)의 대립을 흥미롭게 서술한 책에서 다음과 같이 말하고 있다.

흔히 한 세기 동안 일어나는 우발적인 사건으로는 극히 드물지만, 전 세계가 한 장의 손수건처럼 딱 둘로 나누어질 정도로 비난이 거센 알력·상극이 생기는 경우가 있다. 그 폭풍우는 시골이라는 시골, 도회지라는 도회지, 집이라는 집, 가정이라는 가정, 마음이라는 마음을 둘로 가르는 것이다. 그때 대중의 우세가 사방팔방으로부터 오는 거대한 압력을 통해 개인의 머리 위를 덮쳐 누른다. 그래서 개인은 집단적 망상으로부터 자기를 방어할 수 없으며, 자신을 구제할 수도 없다. 이처럼 용솟음치는 소용돌이의 노한 파도는 어떠한 안전하고 확고한, 또 어떠한 방관적인 입장도 허용하지 않는 것이다(『에라스무스의 승리와 비극』).

종교개혁의 시대와 마찬가지로 현대 역시 세계사에서 흔치 않는 큰 변혁의 시대인 것이다. 그래서 여기에 언급된 내용은 기계·기술문명의 놀랄 만한 발달에 의해서 몇 배로 확대되어 우리 시대의 현실이 되어 있다. 이런 정치화의 연옥을 완전히 빠져나온 후, 과연 권력적 강제가 인간사회로부터 폐기되어 모든 사람이 자신의 내면적 개성을 거리낌없이 신장시킬 수 있는 그런 세계가 올 것인가, 아니면 베르댜에프(Nikolai Berdyaev)가 두려워했고, 헉슬리(Aldous Huxley)가 『멋진 신세계』(*Brave New World*)에서 빈정거리는 투로 유토피아화한 그런 세계──권력에 의한 인간의 과학적 조직화가 극점에 달하고, 인간 자신이 완전히 기계화된 사회의 부분품이 되는 그런 세계가 찾아올 것인가, 그것은 오직 신만이 알고 있는 일이다. 다만 만일 후자 쪽이 실현되는 그런 일이 있어도, 그럴 경우 학문이나 종교는 정치에 대해서 약속 위반을 질책할 수 없고, 오히려 학문과 종교는 인간에게서 '취급주의'라는 빨간 꼬리표를 끝내 인간에게 불필요한 것으로 만들 수 없었던 자신의 무력감만을 한탄할 수밖에 없는 것이다.

● 1946년

제3장

육체문학에서 육체정치까지

A : 야, 여기는 정말 조용하구먼 그래, 일이 저절로 되겠어.

B : 그렇군, 그런데 난 여기온 지 얼마 되지 않아서, 마치 막 기름을 넣은 기계처럼 그렇게 능률이 오르지는 않지만 말야, 그래도 토오쿄오(東京)처럼 언제 어느 때고 방문객이 찾아와 시간이 끊겨버리지나 않을까 하고 움찔움찔하지 않고 지내는 것만으로도 고마운 일이지.

A : 겨우 한숨 내려놓고 있는데 내가 불쑥 찾아왔다는 그런 말인가.

B : 아니, 인간이란 원래 제멋대로인 동물이라서 아무도 오지 않는다는 것을 알고 있으니까 도리어 누군가 불시에 찾아와주기를 은근히 바라는 그런 기분마저 들더구먼.

A : 이 집은 때때로 작가 같은 사람들이 뭔가 중요한 것을 쓰기 위해 찾아오는 것 같더군.

B : 응, 얼마 전에도 왜 있잖아, 그 상해(傷害)사건을 일으킨 T씨, 그 사람이 묵고 간 것 같아. 그런데 여기서 또 아도름(Adorm)인가 뭔가를 대량 먹고 큰 소동을 빚었던 것 같아. 같이 왔던 S씨가 토오쿄오까지 데리고 갔는데, 도중에 기차에서도 한바탕 낭자한 소동을 빚어 무척이나 고생한 것 같더구먼.

A : 와아, 이런 산 속에까지 와서 난폭하게 군 것은 정말 대단하군. 이제

아주 중독이 되어버렸군, 그래.

B : 약이 효력을 미치고 있으면 환시나 환청으로 인해, 다자이 오사무(太宰治)[역주1]부터 전기요금 받으러오는 사람까지 등장해서 서로 대화를 나누는 것 같으니까, 어쨌거나 정말 심하다고 봐야겠지.

A : 요즈음 문학하는 사람들 중에 히로뽕 환자와 아도름 환자가 속출하고 있어. 일반적으로 나처럼 아무런 맛도 멋도 없는 밋밋한 그런 생활을 하는 사람들에게는 전혀 이해되지 않는 일이지만, 그처럼 제멋대로인 생활을 하지 않으면 문학 같은 것을 쓸 수 없는 것인지 말야. 인간의 정상적인 생리적 기능을 그렇게까지 파괴하지 않으면 안되는 그런 일은, 그 자체의 존재이유를 한 번 심각하게 문제삼지 않으면 안된다고 생각해. 자네 같은 사람은, 그래도 우리가 보기에는 대체로 그런 부류에 가까우니까, 좀더 동정적으로 볼 수 있을는지도 모르겠군, 그래.

B : 아니, 내 전공이라는 것도, 대체로 살풍경한 점에서는 자네가 하는 일에 비해서 그렇게 못하지 않다구. 오히려 나는 자네가 가진 그런 의문이 일반 사회인들로부터 점점 더 많이 문학하는 사람들에 대해서 던져지는 쪽이 좋다고 생각해. 왠지 사회에서는 처음부터 문학하는 사람들을 일종의 특별한 인종쯤으로 여기고 있는 그런 부분이 있어서, 그것이 한편으로는 문학하는 사람들에게 역작용을 해서 그처럼 비정상적인(abnormal) 생활 태도를 취하곤 하는 측면도 있는 것 같은 기분이 들곤 해. 물론 문학하는 사람들이라 해도 천차만별이어서, 모두 히로뽕 환자로 같은 식으로 취급해 버린다면 그것은 정말 너무 심한 일이겠지. 그러나 적어도 일본의 경우, 보통의 시민적인 생활 환경 속에서는 창작이 이루어지기 어려운 그런 사정은 있는 것 같아.

A : 그런 외적인 조건이라는 문제도 물론 있겠지. 그러나 그런 반면에

[역주1] 다자이 오사무(太宰治, 1909~48)는 근대 일본의 소설가이다. 한때 좌익운동에 가담하기도 했으나 전향한 후 소설에 전념했다. 『太宰治全集』 12권이 있다.

우리의 보통의 사회생활, 이른바 상식적인 시민생활 자체 속에서 소재를 찾으려 하지 않고, 기꺼이 특수한 환경이나 이상한 케이스를 깊이 파고드는 그런 마음가짐이 이른바 선험적으로(a priori) 생겨나 있기 때문에, 아무래도 자신의 생활 자체 속에서 비정상적인 '실험'을 끌어들이지 않을 수 없게 되어버리지는 않았는지 몰라.

나는 얼마 전에도 어떤 잡지의 소설 특집을 다 읽고서 무척이나 놀랐는데, 그것은 7편인가 8편인가의 작품 전체에 여자와 자는 장면이 나오고 있었기 때문이야. 이렇게 되면 이른바 육체문학 같은 카테고리는 더 이상 필요없게 되어버리지 않겠어. 물론 나 자신 그런 장면을 우연히 맞닥뜨리게 되는 것만으로 속이 언짢아지는 그런 청교도는 결코 아니며, 또 같이 자는 장면을 묘사했다고 해서 비정상적이라는 것도 물론 아니야. 그러나 그들 누구나 다 당당한 순수문학 작가로 불리는 사람들이 모두 한결같이 일사불란하게 남녀가 동침하고 있는 장면을 그리고 있다는 데는 정말이지 깜짝 놀랐네. 이렇게 말하면 흔히, 그것은 전후(戰後)의 성(性)생활의 현실 자체가 제멋대로여서 문학은 다만 그것을 반영하고 있을 뿐이라는 식으로 반박할는지도 모르겠네만, 과연 현재 사회의 한 국면만을 취하면 그럴는지도 모르겠지만, 국민이 전체적으로 그처럼 성적으로 흐리멍덩해졌다고는 도저히 생각할 수 없어. 하물며 육체문학이라 이름붙여져 있는 것에 그려지고 있는 그런 방자하고 엉망진창인 **행동거지**가 대체, 국민의 일상생활과 어느 정도의 관계를 가지고 있는 것일까.

그런데 후세의 역사가들이 혹시 그런 소설을 보고 그것을 전후 일본의 상당히 일반적인 현실이라 간주하지 않는다고 장담할 수 없지는 않은가. 그렇고 그런 잡지만의 일이 아니니까. 적어도 앞에서 말한 그 소설 특집호를 몇 십 년이나 몇 백 년 후에 읽는 사람들이 1949년경의 일본인은 언제나 성교(coitus)로 머릿속을 가득 채우고 있었다고 생각해도 그렇게 큰 무리는 아닐 것 같더구먼.

B : 설마 그러기까지야 하겠어. 대체로 육체문학이나 치정(癡情)문학이

라는 것은, 쓰는 사람도 그것이 보통의 시민생활의 일상적인 현실에 뿌리
내리고 있지 않다는 것은 충분히 알고 쓰고, 또 읽는 사람 쪽에서도 오히려
거기에 묘사되어 있는 환경이 자신의 현실 생활과 동떨어져 있기 때문에 도
리어 그렇게 끌리는 것이 아닐까. 역시 일종의 '동경'(憧憬) 같은 것이겠지.

A : 조금 더 생각해보면, 우리의 일상적인 현실이라는 것이, 너무 메말
라 있어서 시(詩)도 꿈도 없으니까, 그것으로는 소재가 되지 않는 것이겠
지. 그러니까 물질적인 여유가 너무 없는 거지.

B : 그것은 물론 사회적인 문제로서 작가의 지향이나 능력만으로 치부해
버릴 것은 아닐세. 그러나 그렇다고 해서 물질적인 조건이 갖추어지면 자
동적으로 우리의 생활이 정신적으로 풍요로워지는 것이 아니라는 것은 우
리 근처에 실제 사례들이 얼마든지 널려 있어. 생활 속에서 '시'(詩)를 만들
어가기 위한 정신의 주체적인 작용이 없다면, 아무리 시간이 흘러도 마찬
가지일걸세. 흔히 일본인은 사교를 모른다는 식으로 외국인들이 비평을 하
곤 하는데, 사교적 정신이라는 것은 모여서 맛있는 음식을 먹거나 춤을 추
거나 하는 것이 아니라, 우리들 상호간의 대화(conversations)를 가능한
보편성이 있고, 나아가 풍요로운 것으로 만들기 위한 마음가짐을 각자가
끊임없이 지니고 있는 것이라 생각해. 그런 의미에서는 유럽의 소설이나
영화 같은 것을 보면 아무리 하층사회라 하더라도 '사교'가 있어. 얼마 전에
장 콕토(Jean Cocteau)의 영화 「무서운 부모」(Les Parents
Terribles)라는 영화를 보았는데, 아버지와 자식 그리고 형제들 사이에서
주고받는 말들이 실로 사소한 문답까지 하나하나 팔팔한 생기를 띠고 있는
것에 완전히 압도되어버렸어. 프랑스어를 조금 더 이해할 수 있었다면, 한
층 더 멋있었을 것임에 틀림없어. 영화의 대사니까 실제와는 다르다고 할
는지 모르지만, 그렇다면 일본의 극이나 영화에 나오는 가정에서의 대화에
그 정도의 정신의 치열함을 어디 느낄 수 있느냐 말이야. 결국 유감스럽기
는 하지만, 그들과 우리 사이의 정신생활의 격차로 귀착된다고밖에 생각할
수 없어. 극단적으로 말한다면 거기서는 일상적인 시민생활 그 자체가 이

미 어느 정도 '작품'이며, 소재 자체가 이미 형상화되어 있지 않은가. 바로 그것이 없기 때문에, 일본의 작가는 자연히 보통의 시민생활과 유리된 특수한 환경이나 이상한 사건 속에서 소재를 구한다는 식으로 되겠지.

A : 그러면 무엇보다도 일본의 전통적인, 이른바 사소설(私小說)이라는 것은 어떻게 이해해야 좋겠나. 자네가 지금 말한 것과도 연결될 것처럼 생각되기도 하고, 또 그런 반면에 소시민적 생활의 일상적 경험에 고착되어 있다는 의미에서는 '노가미(野上)문학'[역주2]이나 전쟁문학과 같은 비정상적인 환경을 뒤쫓아가는 경향과는 그야말로 정반대로 받아들여야 하는 것인지.

B : 나는 사상적 지반에서 본 한도 내에서 그런 두 경향이 그렇게 근본적으로 다른 범주에 들어간다고는 생각하지 않아. 우선, 우리가 비정상이라든가 정상이라든가 하는 식으로 말하고 있지만, 일본의 경우에는 기껏해야 소재의 '장'(場)과 테크닉이 다소 다를 뿐이고, 감광판(感光板)으로서의 작가의 정신구조 자체는 대체로 비슷비슷하다고 한다면 조금 지나친 말일까. 육체문학이나 전쟁문학이 일상적인 시민적 환경과 유리되어 있는 곳에서는, 특별히 그것은 사소설적인 일상성과 차원이 다르지 않으며, 다만 우리의 감각경험 속의 가장 저열한 계기를 양적으로 턱없이 확대했을 뿐이라구. 그런 상상력은 자유분방한 것처럼 보이지만 실은 무릇 평범한 세계를 굴러다니고 있을 뿐이야. 같은 이상스러움에 대한 관심이라 하더라도 유럽문학이나 러시아문학의 경우에는 그야말로 일상적 경험성과는 완전히 차원을 달리하는 악마적인(dämonisch) 것이 있지 않은가. 그리고 육체적인 욕망이라면 육체적 욕망을 다루더라도 읽은 인상이 일본의 소설과 전혀 다른 것은 단순히 소재를 처리하는 테크닉만의 문제가 아니라고 생각해. 들은 바에 의하면 그쪽에서는 포르노그라피(pornography)라는 종류의 그

[역주2] 노가미문학이란 두서가 없이 혼란만 가중시키거나 가치가 전도된 문학을 일컫는다(the topsy-turvy literature).

것은 작자도 문학자와는 완전히 구별된 그 분야의 '전문가'가 있으며, 사회적 상식으로도 예술작품과는 별개의 것으로 되어 있는 것 같은데, 일본에서는 멀리 타메나가 슌스이(爲永春水)[역주3]에서 나가이 카후우(永井荷風)[역주4] 선생에 이르기까지 그 언저리의 한계가 애매모호하게 되어 있지 않은가. 그래서 뒤집어서 말하면 포르노그라피에 관한 한, 일본 쪽이 훨씬 더 '예술적'이라는 식으로 되겠지. 우키요에(浮世繪)[역주5] 같은 것이 그렇다고 할 수 있겠지. 그러니 문제는 테크닉의 한층 더 배후에 있는 그 무언가의 차이에 있는 것이지.

그런 의미에서, 사소설이 지금까지 도달한 예술성의 정도를 무시하고, 오늘날의 '육체문학'과 일률적으로 논하는 것은 얼핏보면 난폭한 것 같지만 감성적·자연적 소여(所與)에 작가의 정신이 마치 거머리처럼 찰싹 달라붙어서 상상력의 참으로 자유로운 비상(飛翔)이 결여되어 있다는 점에서는, 어떤 의미에서 모두 '육체'문학이지.

A : 이거 참 큰일 났군 그래. 그렇게 말하면 나 같은 사람은 예를 들면 시가 나오야(志賀直哉)[역주6]처럼 최고봉으로 일컬어지는 사소설 같은 것도, 소설로서는 그렇게 재미있지는 않지만, 누구나 대단하다 굉장하다는 식으로 말하고 있어서, 자네만큼 심장이 강하지 않은 관계상, 그런 말을 듣게 되면 그저 웃기지 않은가 하고 생각하면서도 정직한 인상을 그저 안으로 갈무리하곤 할 뿐이지. 그렇지만 그런 묘사가 바로 리얼리즘(realism)이라고 할 수 있지 않을는지. 자네는 뭐랄까 정신의 차원이라든가 상상력 같은 관념적인 것을 말하고 있지만 말야……

[역주3] 타메나가 슌스이(爲永春水, 1790~1843)는 에도 시대 후기의 희곡작가이다.

[역주4] 나가이 카후우(永井荷風, 1879~1959)는 근대 일본의 소설가이다.

[역주5] 우키요에(浮世繪)는 에도 시대에 성행한 유녀(遊女)나 연극을 다룬 풍속화이다.

[역주6] 시가 나오야(志賀直哉, 1883~1971)는 현대 일본의 소설가로 독자적인 사소설 작가로 인정받고 있다. 단편소설의 일본적 완성자로 불리며, 많은 영향을 미쳤다. 『志賀直哉全集』 전14권, 별권1이 있음.

B : 물론 상상력이라는 것도 존재적 기반(existential basis)이 있지. 즉물성(卽物性)을 무시하고 마치 날개를 달고 신선처럼 노니는 것만이 상상력이라면, 정신병원에 가면 무엇보다도 고도의 예술이나 학문이 이리저리 굴러다니고 있지. 그러나 지금 새삼스레 그런 것을 말하는 것도 이상하지만, 리얼리즘이라는 것도 어디까지나 하나의 창작 방법일 뿐, 감성적 대상을 그대로 모사(模寫)하는 것을 그대로 리얼리즘이라고 할 수는 없겠지. 인간정신의 적극적인 참여에 의해서, 현실이 직접적으로가 아니라 매개된 현실(mediated reality)로서 나타날 때 비로소 그것을 '작품'(fiction)이라고 하지. 그러므로 역시 결정적인 것은 정신의 통합력에 있어. 그런데 일본처럼 정신이 감성적 자연——자연이라는 것은 물론 인간의 신체도 포함해서 말하는 것이지만——으로부터 분화·독립되어 있지 않은 곳에서는 그만큼 정신의 매개하는 힘이 약하기 때문에 픽션 그 자체의 내면적 통일성을 가지지 못하고, 개개의 산발적인 감각적 경험에 끌려들어가게 되는 결과가 되지. 독자는 또 독자대로 픽션을 픽션으로 즐길 수 없기 때문에 배후의 모델 탐색이 언제나 떠들썩한 문제가 되곤 하지. 만들어낸 것에 어쩐지 불안함을 느끼는 기분이 결국 범람하는 '실화'(實話) 저널리즘을 지탱해주고 있지 않은가. 그것이야말로 일본적 리얼리즘의 극치일세.

A : 이거 자네가 떠들어대는 것은 마치 지난날 공습 때에 종종 보곤했던 그 소이탄(燒夷彈)처럼, 떨어진 곳에서 갑자기 엉뚱한 곳으로 마구 튀어가곤 해서 갈피를 못잡겠어. 대략 무슨 말을 하려는지는 알겠지만, 그런데, 자네가 지금 말한 정신의 자연으로부터의 분리 같은 것은 납득할 수가 없어. 자연으로부터 분리된 정신 같은 것이 과연 현실에는 없을까.

B : 내가 정신적 차원의 독립이라든가 감성적 자연으로부터의 분리를 열심히 떠들어대는 것은 어디까지나 기능적인 독립성을 문제삼고 있는 것이지, 무슨 정신이 실체로서 자연계로부터 독립적으로 존재하고 있는가 어떤가 하는 형이상학을 논하고 있는 것은 아닐세. 오히려 이 나라에서는 정신이나 가치라고 하면, 곧 실체적으로 생각하기 때문에, 한편으로는 정신의

독립과 같은 말을 듣는 것만으로 어깨를 으쓱 치켜대는 '유물론자'가 있는가 하면, 다른 한편으로는 허무나 절망과 같은 것을 말하면서 '정신'을 '사물'(thing)처럼 가지고 노는 '실존주의자'가 배출되는 거겠지.

A : 자네 오늘 또 정신없이 좌충우돌하고 있구먼. 그래, 혹시 무슨 일이라도 있었던 것 아냐. 하여간 다시 우리 얘기로 돌아가서 픽션 속에 있는 것을 불안해 하면서, 그것을 직접적인 감각적 현실 쪽으로 밀고나가려는 일본인의 태도말인데, 혹은 그것을 다시 자네의 말로 일반화시켜서 정신이 자연으로부터 기능적으로 독립하지 못하고 있는 상태라고 해도 좋네, 그것은 역시 흔히 그렇듯이, 일본사회의 봉건적 성격이라는 것과 관계가 있겠지.

B : 솔직히 봉건적이라는 말은 요즈음 '일본'에서 습관처럼 쓰이는 말이 되어버려서, 마치 그렇게 말하는 것만으로 이미 실체가 해명되어버리는 것처럼 여기는 경향이 있는데, 적어도 그런 정신을 길러낸 사회적 기반이 근대 이전의 것이라는 점만은 확실한 것 같아.

A : 그럼 그 점을 조금 더 구체적으로 말해주지 그래.

B : 글쎄, 뭐라고 해야 할지. 그것은 그야말로 거대한 문제지. 조금 본격적으로 말하자면, 먼저 근대시민사회의 형성과정을 일반적으로 서술하고, 이어서 일본의 특수한 역사적 기반으로서의 천황제와 가족제도에 대해서 언급해야 하는 거대한 작업이 되어버리기 때문에 아무래도 내가 감당할 수가 없을 것 같군. 그리고 설령 그럴 수 있다고 하더라도, 그런 것을 여기서 간단하게 요약하게 되면, 그야말로 기껏해야 이미 그렇게 결정되어 있는 공식론(公式論)이 튀어나오기 쉽상이지.

A : 나 역시도 둘이서 얘기하다가 갑자기 그런 거창한 이야기를 듣고 싶다는 것이 아닐세. 다만 자네가 전공이 아닌 문학론에 대해서도 그냥 용감해져서는 닥치는 대로 휘둘러댔던 탓에, 더구나 문제가 조금은 전공에 가까이 가길래, 또다시 억병(臆病)이 도져버리는 것은 아닌가 하고 생각했네. 흔히 자신의 전공에 대해서는 무엇보다도 자신감을 가지고 말하지만, 전공

이외의 것에 대해서는 입을 열지 않는다는 것이 학자라는 식으로 말하곤
하지. 나는 다만, 위에서 말한 것 같은 일본인의 정신구조가 오늘날 일본의
정치가 움직여가는 방식과 무슨 관련성이 있을 것 같은 기분이 들었기 때
문에 그런 질문을 한 것뿐일세.

   B : 이거 참 다시 한 번 역습을 당했구면 그래. 그러면 그런 정치의 문제
를 논하는 최소한의 전제로서라는 조건을 붙여서, 그것도 사상사에만 한정
시켜 초특급으로 이야기를 진행시켜가기로 하지. 우선, 어째서 비근대적
사회의식이 '픽션' 위에서 불안을 느끼는가, 거꾸로 말하면 어째서 근대정
신이란 '픽션'의 가치와 효용을 믿고, 그것을 끊임없이 재생산하는 정신으
로 나타나는가 하는 것일세. 그것도 풀어놓기 시작하면 끝이 없으니까 도
식적으로 말하지. 픽션이라는 것은 사전을 한 번 찾아봐, 라틴어의 fictio
에서 나왔으며, 원래 형태를 만든다(to fashion)든가, 발명해낸다(to
invent)는 그런 의미인데, 그것이 바뀌어서 상상한다(to imagine)든가
겉을 꾸민다(to pretend)든가 하는 의미가 되었다고 씌어져 있어. 즉 본
래는 널리 인간이 어떤 목적이나 아이디어 위에 무언가를 만들어내는 것을
말했던 것이지. 그래서 '픽션'을 믿는 정신의 근저에 있는 것은, 무엇보다도
인간의 지성적인 제작 활동에, 따라서 또 그 결과로서의 제작물에 대해서
자연적 실재보다도 높은 가치평가를 해가는 태도라고 할 수 있겠지. 제작
이라는 것은 소재를 어떤 아이디어에 따라서 가공해가는 것이므로, 제작
과정을 소재측에서 본다면 '질량'(matter)이 '형상'(form)으로 되는 과정
이며, 제작 주체 측에서 말한다면 '질량'을 '형상'으로 만드는 과정이지. 그
러므로 같은 제작물이라도 질량성이 짙을수록 '픽션'으로서의 성격은 옅어
지고, 형상성이 짙어짐에 따라서 '픽션'으로서의 성격도 강해지게 되지. 자
연적·감각적 실재성을 완전히 가지지 못하고 오로지 인간이 어떤 목적의
식에 쫓아서 순관념적으로 고안해낸 것이 가장 픽션다운 픽션이며, 거기서
부터 의제(擬制) 자본(fictious capital)이라고 할 경우의 '의제'나 '허구'
라는 의미가 나오게 되는 것이지. '만들어낸 것'이라는 것은 '현실에 없는

것'이라는 것이므로 마침내는 픽션에는 허위(falsehood)라는 나쁜 의미조차 띠게 되었는데, 허위라든가 현실(fact)이라든가 하는 것이 자연적·직접적 소여(所與)로부터의 거리의 정도를 의미한다고 한다면, 오히려 근대정신은 허위를 현실보다 더 존중하는 정신이라고 해도 좋겠지. 실은 그것이 바로 매개된 현실을 직접성에서의 현실보다 더 고도의 것이라 보는 정신인데……

A : 그러니까 허위의 철학(a 'false' philosophy)을 내게 말해주고 있는 것 같은데, 그것과 우리의 관심사인 근대사회의 형성과는 무슨 관련성이 있는 것이지.

B : 자아 아무 말 말고 좀더 들어봐. 그런 대로 이 정도로도 픽션의 의미를 말해두면 앞으로 이야기하는 것을 그리 어렵지 않게 이해할 수 있을 것이네. 그러면 시작해볼까. 근대사회의 형성이라는 것은 당연히 중세적인 질서를 무너뜨려가는 측면과, 그 폐허 속에서 새로운 시민사회를 건설해가는 측면, 두 측면을 가지고 있지. 그런데 그 양면이라는 것은 그것이 수행되기 위한 사상적 전제로서, 무릇 사회의 질서나 제도 그리고 관습, 요컨대 인간을 둘러싸고 있는 사회적 환경이 모두 인간의 산물이며, 인간의 지성의 힘으로 바꾸어갈 수 있는 것이라는 자각이 생겨나는 것이 제일 먼저겠지.

A : 그거야 당연한 것 아닌가.

B : 그런데 그게 그렇게 당연한 것이 아닐세. 거기에 포인트가 있어. 중세처럼 인간이 출생이나 신분에 의해서 위계적으로 위치지어져서 사회관계가 고정되어 있는 곳에서는, 그런 인간의 사회적 환경이 마치 산이나 해나 별이나 달과 같은 자연적 실재성을 띠고서 인간을 둘러싸고 있었지. 본래 일정한 목적을 가진 제도에서도, 그것이 환경 속에 가라앉게 될수록, 주어진 것으로서, 즉 만든 것이 아니라 자연히 생겨난 것으로서밖에 의식할 수 없으며, 따라서 어떤 목적에서 그런 제도가 있는가 하는 것도 문제가 되지 않아. 대체로 그런 사회에서는 분명한 '제도'를 만들 필요도 그다지 없을거야—이것은 곧이어 말하겠지만…… 그러므로 그런 사회의 이데올로기에

는 당연히 픽션이라는 생각은 나오지 않으며, 나오더라도 지배적으로는 되지 않지.

A : 사상사로 본다면 언제쯤부터 그런 생각이 분명한 형태로 나타나게 되었는데…….

B : 글쎄다. 대체적으로 후기 스콜라철학으로 불리는 둔스 스코투스 (John Duns Scotus)나 윌리엄 오캄(William of Occam)의 시대부터 라고 생각해. 유명론(唯名論, nominalism)이라는 것을 들어본 적이 있겠지. 보편개념은 실재한다는 성(聖) 토마스 등의 정통적 입장에 대해서, 유명론자들은 보편개념은 모두 인간이 편의상 만들어낸 것이며, 실재하는 것은 개체(個物, individual things)뿐이라고 주장했던 거야. 사회의 규범이나 질서의 선천적인 구속력을 부정하고, 그것을 인간의 '픽션'으로 파악하는 생각은 이미 그리스의 소피스트들에서 찾아볼 수 있으며, 유명론과 실재론의 투쟁도 중세 초기부터 있긴 했지만, 중세적 질서의 해체라는 역사적·사회적인 기반과의 관련성을 문제삼을 때에는, 역시 후기 스콜라학파의 등장이 커다란 의미를 갖는다고 생각해.

A : 르네상스 이후가 되면 그것이 어떤 형태로 발전하게 되지.

B : 그것도 자세한 것을 말하게 되면 끝이 없지만, 그 왜 17, 8세기를 지배했던 사회계약설 있잖아, 그것이 말하자면 유명론의 적자(嫡子)지. 사회계약이라는 생각에도 실제로 다양성이 있지만, 어쨌거나 중세나 동양의 옛날 사상에도 있는 (군주와 백성 사이의) 군민(君民)계약설 같은 것으로부터, 근세의 **사회계약설**이 결정적으로 구별되는 점은, 개인을 유일한 자연적 실재로 보고, 사회관계를 모두 개인의 목적의식적인 산물로서 이해해간 것이지. 원자론적인 사유방법은 비역사적이라든가 기계적이라든가 하여 후세에 자못 평판이 좋지 않지만, 거기서 철저하게 인간을 환경으로부터 분리시켜서 생각했기 때문에, 뿌리깊게 얽혀 있던 인습이나 역사적 관행을 단절하는 주체적인 에너지도 생겨났던 것이지. 물론 거꾸로 그런 생각이 나온다는 것 자체가 봉건적인 사회관계의 해체의 징표이며, 자연과학적 방

법의 영향이나 다양한 계기를 같이 생각하지 않으면 안되겠지만 말야. 다만 사회계약설의 '계약'이라는 것이 애초에 고도의 픽션이라는 것은 루소나 칸트의 계약설까지는 분명하게 자각되지 않았으며, 그때까지는 원시계약을 과거의 역사적 사실로서 근거짓는 경향이 강했다는 것은 그만큼 아직 제작의 입장으로서는 불철저했던 것이지.

A : 잠깐 거기에 의문이 있어. 이전에 무슨 동양사상에 관해서 쓴 책을 읽었더니, 유럽의 정치사상이 생각했던 것은 사람보다도 제도라는 것이며, 거기에 대해서 동양의 사고방식은 제도나 기구보다도 우선 인간이라는 의미의 말이 있었던 것으로 기억하는데, 그것과 자네가 말한 유럽의 근대정신은, 어쩐지 얼핏보기에 서로 모순되는 것처럼 들리는데. 자네의 규정에 의하면, 제도의 자연적 소여성(所與性)을 부정하고 그것을 만드는 주체로서의 인간을 강조하는 것이 근대정신이라는 식으로 되는데……

B : 실은 말야, 바로 지금 그 문제에 대해서 말하려고 생각하던 참이라구. 확실히 자네가 말한 대로, 동양의 옛날로부터의 사상에는 일종의 인간주의(humanism)가 있어. '요컨대 조직이나 이데올로기가 아니라 인물의 문제'라는 말은 오늘날의 일본에서도 이따금 들을 수 있는 말이지. 무엇보다도 동양의 정치사상을 보면 금방 알 수 있듯이, 거기에는 유럽의 그것에 있는 그런 조직론이라든가 기구론과 같은 유(類)의 그것은 거의 없다시피해. 대부분이 정치적 지배자의 '인격'을 연마하는 논의거나 아니면 통치의 술수(knack)에 관한 논의지. 고전으로 말하면 사서오경은 전자의 전형이고, 『한비자』(韓非子)나 『전국책』(戰國策)은 후자의 좋은 예가 되겠지. 어느 쪽이나 거기서는 인간과 인간의 직접적·감각적 관계밖에 문제가 되고 있지 않아. 조직이나 기구와 같은 것은 본래 사회관계를 감성적인 인간의 직접적인 관계로 방임하지 않는 곳에서 비로소 등장하게 되는 것이지. 그런 의미에서는, 유럽에서 그런 '조직'이나 '제도'가 진정으로 발달한 것은 근대 이후이며, 따라서 중세의 정치사상을 보더라도 동양만큼은 아니라 하더라도 역시 조직론은 빈곤해.

그러면 이같은 전근대적인 인격주의(personalism)와 근대사회의 '인간의 발견'(discovery of man)이 어떻게 다른가 하면, 전자에서 존중되는 '인간'이란 실은 처음부터 관계(relationships)를 내포하고 있는 인간, 그 인간의 구체적인 환경까지 합쳐서 생각되는 그런 인간이라구. 그래서 도덕이나 사회규범 같은 것이 이미 알고 있는 관계에서만 통용된다는 것, 이미 알고 있는 관계에서의 의리깊음과 알지 못하는 관계에서의 파렴치한 행동거지가 공존한다는 것, 어떤 인간의 다른 인간에 대한 지배력이나 영향력이 지위나 신분 그리고 가문이나 '얼굴'과 같은, 요컨대 전통에 의해 신성화된 권위에 의존하고 있다는 것 ―이같은 것들이 그런 '인간'주의의 구체적인 표현이 되지. 거기서 실제로 지배하는 것은 군주도 영주도 가장(家長)도 아니며, 실은 전통이라구. 그같은 사회의 각각의 서클에서의 지배자가 한 사람의 인간으로서 얼마나 부자유스러우며, 행동거지 하나하나가 모두 의례(儀禮)와 관습에 얽매여 있는지는 달리 예를 들지 않더라도 충분하겠지. 그런데 인간이 그야말로 처음부터 '관계를 내포한 인간'으로서밖에 존재할 수 없기 때문에, 그 '관계'는 관계로서 객관적 표현을 취하지 않아. 그리고 법과 관습이 분화되지 않아서 관습법이 실정법보다 우월하지. 그러므로 거기서는 인간과 인간이 마치 어떤 규범도 매개로 하지 않으며, 또 어떤 번거로운 규칙이나 조직도 매개로 하지 않고서 '직접'적으로 한 집안같이 지내는 것처럼 보여. 실은 억압과 폭력이 전통화되어 있기 때문에 의식되지 않을 뿐이지만……

근대사회처럼 인간이 고정적 환경으로부터 분리되고, 알지 못하는 인간 상호간의 수많은 커뮤니케이션이 이루어지게 되면, 이미 알고 있는 관계를 전제로 한 전통이나 '얼굴'은 점점 쓸모가 없어지게 되지. 그러므로 객관적인 조직이나 규칙이 '얼굴'을 대신하게 되고, 인간상호간의 직접적·감성적 관계가 점점 더 매개되는 관계로 바뀌게 된다는 측면을 보게 되면, 근대화라는 것은 인격관계의 비(非)인격화 과정이라고도 할 수 있겠지만, 다른 한편으로는 인습에서 깨어나 그런 규칙이나 조직을 고안해내고 만들어가는 주체로서 자신을 자각하는 측면으로 본다면, 그것은 거꾸로 비인격관계의 인격화라는 것으로 되어버리지. 그런데 그 두 측면이 서로 본래적으로 모순하는 것은 아니야.

A : 그러나 전통이나 관습이라는 것도 원래는 인간이 만든 것임에 틀림없지 않은가. 그렇다면 이른바 근대적인 제도나 규칙도 얼마 후에는 그 자체가 전통처럼 거꾸로 인간을 절대적으로 구속하게 되지 않는다고는 말할 수 없지 않은가.

B : 그래, 그렇다구. 앞에서도 잠깐 말한 것처럼 인간이 만드는 것은 만들어지게 되면 곧바로 그것은 이미 만들어진 것으로 인간의 환경 속에 편입되어가지. 그리고 그것이 환경으로 고정되면 될수록, 그만큼 질료성(質料性)이 늘어나서 자연적 실재에 가까운 위치를 차지하게 되지. 이른바 전통적인 풍습이나 관행 같은 것은 처음으로 거슬러 올라가게 되면 아마도 '픽션'으로 출발했던 것이지만, 자연적 실재에 가장 근접해서 픽션으로서의 의미를 잃어버린 것이라 할 수 있을거야. 픽션의 본질은 그것이 스스로 선천적 가치를 내재한 절대적인 존재가 아니라, 어디까지나 어떤 편의를 위해서 무언가의 기능을 수행하도록 하기 위해서 만든 상대적 존재라는 점에 있지. 그러므로 만약에 제도나 기구가 그것이 쓰여야 할 목적에 비추어 끊임없이 재음미되지 않는다면, 그것은 이른바 굳어져서 관습처럼 되어버리고 말아. 픽션의 의미를 믿는 정신이라는 것은 일단 만들어진 픽션을 절대화하는 정신과는 그야말로 정반대이며, 오히려 본래 픽션의 **자기목적화**를 끊임없이 방지하고, 그것을 상대화하는 것이지. '허위'는 '허위'라는 것에 의미가 있는 것이므로, 그것을 '사실'로 잘못 받아들이게 되면 이미 '허위'로서의 기능은 다할 수 없게 되지. 정말 끊임없이 깨어 있지 않으면 어느 틈인가 '허위'는 '사실'로 되어버리고 말아.

A : 언젠가 자네가 말한 일본인의 실체화적인 사유 경향이라는 것이 어쩐지 지금 말한 것과 관계가 있는 것처럼 느껴지는데 그래.

B : 그래, 아주 밀접한 관계가 있지. 인간이 사회적 환경을 자연적 소여

(所與)로서 받아들이는 경향이 강한 곳에서는, 그만큼 픽션도 굳어지기 쉬우며, 따라서 본래 어떤 편의를 위해서 마련된 제도나 조직이 효용을 벗어나 실체화한다구. 목적과 수단 사이의 끊임없는 매개를 행하지 않기 때문에, 수단은 곧바로 자기목적화해버리는 것이지. 오랜 전통을 등에 업고 있으며, 게다가 그 존재이유를 '묻는 것' 자체가 터부시되던 천황제가 모든 사회적 가치의 근원으로서 가장 강고한 실체성을 가지고 있었다는 것은 지금 새삼스레 말할 것까지도 없지만, 본래 근대적인 제도까지 여기서는, 옥신각신하면서 형성된 것이 아니라 이른바 이미 만들어진 것으로 위로부터 이식되었기 때문에 국민에게는 픽션으로서의 의미를 가지지 못하고, 전통적인 지배관계와 같은 평면에서 실체화하는 경향이 있어. 예를 들면 의회제도 같은 것이 그 좋은 예인데, 의회제야말로 다양한 국민적 이익을 조직화해서 국가 의사(意思)에 매개한다는 기능의 가치를 떠나서는 애초부터 존재할 수 없는 제도인데, 종래 일본의 정당이나 의회는 반드시 그렇지 않았으며, 군부나 관료나 중신 등과 나란히 서는 그 자체 하나의 실체적인 정치력 같은 것이었지. 그렇지 않았더라면 대정익찬회(大正翼贊會)와 같은 보잘것없는 조직이 국민재조직이라는 식의 염치없는 깃발을 들고 등장했을 리가 없지. 제국의회는 처음부터 메이지(明治) 헌법의 대권주의에 의해 지위가 약화되어 있었다는 핸디캡이 있었던 것인데, 새 헌법처럼 의원내각제의 원칙이 지켜지고 게다가 거기서 사회적 이해의 통합기능이 충분히 행해지지 않게 되면, 국회 그 자체가 거대한 권력체로 변해버릴 위험이 없는 것도 아니지.

A : 그와 동시에, 끌어당기는 펌프가 위쪽에서 관이 막혀버리게 되면, 물의 기세가 격하면 격할수록 관을 깨부수고 범람하게 되어 수습할 수 없게 됨과 동시에, 의회로 통합되지 않는 에너지가 비합리적으로 폭발할 수 있는 위험성도 있겠지.

B : 그것은 의회만의 문제가 아니라, 다른 민주적인 조직, 예를 들면 노동조합도 그렇다고 할 수 있어. 대체로 근대국가 내부에서 사회적 분화가

진행됨에 따라서, 앞에서도 말한 것처럼 점점 인간 상호간의 관계가 직접성을 잃고 조직이 끼어들어 각종의 이익단체, 결사(結社), 압력단체가 복잡하게 경합하여 각각 개별 의사(意思)의 조직화 활동을 활발하게 행하고, 동시에 각 그룹 내부의 기능적인 분업——서기국이나 섭외부와 같은 부서의 형성——도 진행되어가는 것인데, 그럴 경우에 제도의 외면적인 합리화와 의식구조의 능동화 사이에 틈새가 있게 되면, 하나하나의 조직이나 부처가 가장 중요한 사회적 분업으로 기능하지 않고 곧바로 실체화해버리지. 그렇게 되면 분업은 할거가 되고 전문(專門)은 자기구역이 되어버려. 그렇게 되면 사회의 모든 영역에서 기술적 관료화가 실질적 관료화로 변용해버리고 말아. 그런 나라가 어쨌든 간에 근대국가로서 외면적으로 정리되면 될수록, 그 내부에는 아무리 해도 움직이지 않는 무정부상태(anarchy)가 뿌리를 내리게 되지. 그렇지 않아도 현대처럼 다양한 조직이 방대해지게 되면, 그것이 모두 인간의 통제를 미끄러지듯 빠져나가서 리바이어던(Leviathan)으로 변해버리기 때문에……

A : 얘기가 어쩐지 점점 더 무서워지고 있구먼 그래. 바이마르시대의 독일에도 역시 그와 비슷한 현상이 일어나지 않았던가.

B : 그래, 비슷하다고 생각해. 어느 학자가, 복수정당 국가(Parteien-staat)로서 출발한 바이마르공화국은, 하나하나의 정당이 그 자체가 국가로 되어버려, 국가 속의 국가가 몇 개나 형성되어 정치적 통일을 상실했다고 말하고 있는데, 정당만이 아니라, 사회의 모든 면에서의 동맥경화가 나치즘의 제패를 준비한 중요한 조건이었음에 틀림없어. 나치즘은 권력을 장악하자마자 곧바로 이른바 획일화(Gleichschaltung)로, 민주적인 통합 대신에 위로부터의 권력적 균일화를 실시했어. 물론 그 성공에는 복잡한 요인이 있지만, 만약 그런 정당이나 노동조합 등의 조직이 순조롭게 자주적인 매개작용을 하고 있었더라면 아마도 그런 사태는 일어나지 않았을 것이야.

A : 그러면 파시즘이란 것은 근대사회가 막다른 골목에 부딪혀서, 사람

들이 근대적인 픽션의 의미를 믿을 수 없게 된 그런 시대의 산물이라는 것
인가.

B : 그렇지. 그것도 심한 기형아지. 즉 근대사회의 조직적 분화로 인해
생긴 병리현상을, 이른바 문화 이전의 직접적 자연성으로의 복귀—피와
흙—에 의해 극복하려고 했던 것이지. 나치의 어용학자는 근대데모크라
시의 핵심을 이루는 '대표'와 '다수결' 이론을 맹렬하게 공격하고, 그런 것은
모두 픽션이며 진실된 민의의 표현이 아니다, 그런 기만적인 제도와는 달
리, 지도자 히틀러야말로 참된 독일 국민의사의 표현자다, 히틀러와 국민
의 관계는 선거에서 머릿수를 헤아린다는 '기계적'인 방법을 매개로 하는
차가운 관계가 아니라 좀더 유기적이고 정서적인 결합이며, 그것은 선거
같은 것보다도 대중의 갈채 속에 훨씬 더 잘 표현되어 있다, 뭐 이런 식으
로 열심히 떠들어대고 있었지. 실제로, 경제적 위기에 쫓겨서 격화하는 사
회불안에 정신적 안정을 잃어버리고, 의회정치의 무능함에 절망한 대중—
특히 조직되지 않은 대중이 정상적인 민주적 통합과정을 믿을 수 없게 되
어서, 자신의 바람이나 욕구불만의 직접적인 판로를 절대적 권위와의 비합
리적인 합일 속에서 찾아가는 것이지. 지멜(Georg Simmel)이 제1차세
계대전 직후에 『근대문화의 갈등』(*The Conflict of Modern Culture*)
이라는 작은 팸플릿 속에서, 역사의 과도기에는 언제나 삶(Leben)이 자신
을 담을 수 없게 된 형식을 버리고 보다 적합한 형식을 만들어가게 되는데,
현대는 '삶'이 낡은 형식에 만족할 수 없게 되었을 뿐만 아니라 무릇 형식
일반에 반역하여 자신을 직접 무매개적으로 표출하려고 하는 시대이며, 바
로 거기에 현대의 가장 심각한 위기가 있다는 의미의 말을 한 것으로 기억
하는데, 그 말을 들으면 어쩐지 자꾸 위에서 본 나치 학자의 주장과 비교해
서 생각하게 되지. 그런 식으로 말하니 누군가 히틀러에게는 '형식에 대한
증오'가 있었다고 하더군. 나치발흥의 정신사적 배경이라는 것은 정말 뿌리
가 깊어.

A : 그러나 나치가 근대의 사회적 분화에 기초한 기능적 통합에 반역했

다고 자네는 말했지만, 나치만큼 방대한 조직망을 펼쳐서 근대과학과 기술을 대중의 조직화를 위해서 동원한 체제도 역사적으로 드물지 않은가.

B : 바로 그 점이 아이러니컬한 점이야. 아무리 나치가 게르만 숲의 생활을 동경하고 피와 흙에 의한 원시적 통일을 주창하더라도, 그런 것은 현실의 정치적 지배기구를 만든다고 할 때 통용될 리가 없는 것이지. 특히 나치국가라는 것은 머리 꼭대기에서 발끝까지 무장한 국가이므로⋯⋯. 그래서 현실적으로 나치가 한 것은 그때까지의, 자발적인 조직이나 그룹을 해체하고, 방대한 공권적인 지도자조직 하에 대중을 재편성했을 뿐이지. 그런 모순을 은폐하기 위해서 내놓은 것이 바로 신화라구. 근대적인 픽션을 깨부순 후에 나타난 것이 바로 뮈토스(Mythos)였어. 게다가 그런 '20세기의' 신화라는 것은 원시 신화와는 달라서 오로지 정치적 선전 목적을 위해서 만들어졌기 때문에 아마 그 이상으로 열악한 '작품'은 없을거야.

A : 그런데 왠지 남의 일 같지가 않아. 매개된 현실에 만족하지 않고서 직접 생생한 그대로의 감각을 파고들려는 '실화'(實話) 정신이 횡행하고 있는 국가는 방심해서는 안되겠구먼.

B : 일본의 경우는 독일보다 한층 더 복잡해. 어째서 그런가 하면 나치즘은 어쨌거나 근대의 사회적 분화가 이미 상당한 수준에까지 진행된 기반 위에서 출현했던 것이지만, 일본에서는 아직 전근대적인 사회관계가 뿌리 깊게 남아 있어. 그러므로 원래 근대적인 조직이나 제도가 그저 본래의 기능을 하지 않기 때문에 경화할 위험성만이 아니라, 애초에 처음부터 그런 조직매개를 거치지 않고서 사회적 조정이 이루어지는 '장'(場)이 매우 넓은 것이지. 적나라한 폭력, 테러, 협박으로부터 시작해서, 보스・오오미도코로(大御所)・오야분(親分)・카오야쿠(顔役) 등이 행사하는 은연한 강제력에 이르기까지 모두 그것은 직접적인 인간관계를 지반으로 하는 문제처리 방법이지. 그런 힘이 사회적・조직적 분화를 아직 강인하게 저지하고 있어. 그러므로 만약 장래의 파쇼적 권력이 그런 지반을 조금이라도 동원하는 데 성공하게 되면, 정당이나 조합이나 각종의 결사 등의 ―그렇지 않아

도 미약한——자주적 조직 같은 것은 아무렇지도 않게 분쇄되어버리고 말 거야. 어쨌거나 그런 단체의 구성원 자체에서 번거로운 조직을 통한 절충보다도 손쉽게 '직접' 행동에 호소하자고 속삭여대는 '사자 마음 속의 벌레'라는 것이 그렇게 드물지는 않으니까. 그런 나라에서는 노동조합과 같은 조직체는, 전근대적 사회관계의 진흙밭을 겨우 통과하는 하나의 길을 걷고 있다는 자각을 잠시라도 잊어서는 안된다고 생각해. 그 길이 좀 멀고 빙 돈다고 하면서, 진흙밭은 계속 그대로 통과하려고 한다면 결국에는, 거기에 빠져서 꼼짝도 할 수 없게 될거야.

A : 자네의 이른바 정신이 감성적 자연으로부터 분리되지 않은 곳에서는 정치적 정신 역시 폭력이나 '얼굴'이나 '배' 같은 **정치적 육체**에의 직접적 의존을 벗어나지 못하겠지. 자네가 앞에서 일본인의 생활에 '사교'가 없다는 문제를 내놓았지만, 사생활에서의 '사교' 정신은 공적인 생활에서의 '회의'(會議)정신에 해당되지 않는가. 제1국회라 하지만 역시 여기저기서 금세 후끈 달아오르니까 정말 기가 막히지 뭐.

B : 후끈 달아오르는 것은 정치적 육체라기보다는 단지 육체일 뿐이지. 예를 들어 국회의원이 선거민을 향해서 개별적·사적 이익을 **직접적**으로 만족시키는 그런 호소를 하기도 하고, 또 어떤 기업이나 토지유력자의 이해를 **직접적**으로 대표하여 행동하기도 하는 것은 바로 정치적 정신의 차원이 독립되어 있지 않은 증거라 할 수 있지. 정당은 계급적 이익을 대표한다고 하지만, 일본의 이른바 '부르주아'정당 등의 내부 사정을 듣게 되면, 정당의 **구성원**이 각각 특수한 인적 관계나 배후의 재정지원자 등에 이끌려서 마음대로 움직이고 있어서 그야말로 정당으로서의 통일이 없어. 리더십이 결여되어 있다는 점에서 부르주아정당 이전에 머물러 있어.

A : 마치 일본의 사소설이 개개의 감각적 경험을 다발로 묶어놓았을 뿐이며, 픽션으로서의 내면적 통일성이 없는 것에 조응하는 그런 현상이로구먼.

B : 자네도 내게서 감염되어 그야말로 소이탄(燒夷彈) 같은 비약을 하는

군, 그래.

A : 자네가 원한다면 조금 더할까. 일본의 대표적인 전근대적 정치가들은 유형별로 보스형과 협객(俠客) 내지 테키야형(テキャ型)^[역주7]으로 나눌 수가 있어. 양쪽 모두 정치적 정신의 차원이 독립하지 못하고 특수한 이익에 직접적으로 얽매여 있다는 점에서는 근본적인 차이가 없지만, 보스형은 오히려 비교적 정상적인 소시민생활 위에 지반을 두고 오로지 일상적 경험을 통해서 '은근하게' 행동하는 데 대해서, 후자의 유형은 이른바 반(反)사회적 집단이라는 이상한 생활환경을 지반으로 하여 마치 곁에 사람이 없는 것처럼 행동한다는 점에서 구별되지. 그렇다면 그야말로 보스형은 이른바 사소설가고, 협객형은 육체문학파라는 식으로 되지 않을는지. 게다가 육체문학의 '이상함'이 결국 사소설적인 일상성과 같은 차원 위에 입각해 있으며, 다만 그 '치부'(恥部)를 불균형적으로 확대한 데 지나지 않은 것과 마찬가지로, 협객형의 지반인 반(反)사회적 집단이라는 것도 결코 우리의 생활적 기반과 질적으로 다른 원천에서 생겨난 것이 아니라 오히려 일본사회 자체의 치부인 가족제도의 희극화가 아닐까.

B : 대충 그 정도로 해두게나. 계속 떠들어대서 국회의원과 유행작가들이 같이 화를 내면서 한꺼번에 몰려오면 그것 참 곤란하지 않겠나. 그러나 어쨌거나 '육체'문학과 '육체'정치 그 모두를 어떻게 해서든 통제하지 않으면, 민주주의도 문화국가도 말할 수 없게 될거야.

A : 어떻게 해서든 통제해야 한다고 했는데 대체 구체적으로 어떻게 해야 그렇게 되겠어. 육체문학은 그렇다손 치더라도, 육체정치 쪽은 자네 자신의 문제가 아닌가. 실컷 떠들어놓고서 이런 이야기를 하는 것은 좀 뭣하네만, 자네도 시골에서 나 같은 사람을 상대로 열심히 떠들 여가가 있다면, 조금 더 넓게 천하를 향해서, 그리고 애오라지 요즘 같은 때에 인텔리겐치아들을 결집시키는 데 노력해보는 것이 어떤가. 자네가 그렇게 득의만만해

[역주7] 데키야형(racketeer-type)은 잘만 되면 한밑천 잡는 사람이라는 의미이다.

하는 근대정신적 주체성을 크게 발휘해서 말야.

B : 마침내 최후의 역습으로 치명적인 타격을 입고 말았군, 그래. 정말 그렇게 말하면 뭐라고 한 마디도 할 수가 없네 그려. 다만 그 인텔리겐치아의 결집이라는 것, 그것을 열심히 떠들어대서 다양한 모임 같은 것도 해보지만, 역시 그렇게 효과가 오르지 않아. 어째서 오르지 않을까, 물론 인텔리 자신의 겁많고 나약함이나 무관심 같은 것도 작용했겠지. 그렇지만 단순히 그것만은 아닌 것 같아, 그것이 말야, 오늘 이야기한, 정신의 차원의 독립성이 있는가 어떤가 하는 것에 달려 있는 것으로 생각되거든. 그렇지만 그 문제에 들어가게 되면 또 길어지니까 다시 짬을 봐서 내 나름대로의 의견을 말하기로 하지 뭐.

● 1949년

제4장

권력과 도덕
근대 국가에서의 사상사적 전제

머리말

권력과 도덕이라는 문제는 형식적으로 말하면, 먼저 권력이란 무엇인가, 이어 도덕이란 무엇인가 하는 필자의 정의를 내리고 난 이후에야 비로소 양자 관계의 고찰로 들어가야 할 것이다. 그러나 그런 방법은 문제의 구체적인 해명을 위해서 반드시 효과가 있다고는 생각할 수 없으며, 자칫 잘못하면 입구에 들어선 후 다시 입구에 들어서는 식으로 되어버려 끝없이 답보하는 것으로 끝나버릴 것이다. 그래서 이하에서는 먼저 일단의 상식적인 개념을 전제로 하고, 권력과 도덕의 이데올로기적 관계에 대해서 개략적인 역사적 조감도를 그리고, 그 다음에 문제의 이론적인 초점을 드러내고자 한다. 다만 이것만큼은 첫머리에서 양해를 구해두기로 하자. 여기서 말하는 권력이란 공권력, 즉 보통의 의미에서의 정치권력으로 이해한다. 베버에 따라서 권력을 "어떤 사회관계의 내부에서 자신의 의사를 저항을 배제하고 관철시킬 수 있는 모든 기회"(*Wirtschaft und Gesellschaft*, I Teil. S.28)라는 식으로 넓게 생각하고 이 문제를 고찰하는 것도 물론 가능하고 또 필요하지만, 그렇게 되면 주제가 지나치게 복잡하고 방대해져서 필자의 능력으로는 도저히 감당할 수 없으며, 무엇보다도 이런 작은 논문으로 다

루기에는 걸맞지 않기 때문이다. 그래서 당면한 문제는 오히려 이른바 정치
와 윤리라는 예로부터 가장 흔히 논의되어온 테마에 가깝다고 해도 좋을 것
이다. 다만 여기서는 어디까지나 일반적인 권력현상의 집중적인 표현인 한
에서 '정치'가 문제인 것이며, 정치권력의 악마적인 성격과 도덕적 규범과
의 합일·분리·배반 등 제 관계가 기본적인 관점이 될 것이다.

1.

도덕과 종교, 법과 습속, 정치와 경제와 같은 인간의 주요한 문화활동이
대체로 그러하듯이 권력과 도덕의 관계 역시 역사를 거슬러 올라가게 되면
마침내 양자의 구별이 어려운 시점에 이르게 된다. 거기서는 정치권력은
외부적인 강제력으로서보다도 오히려 어떤 정신적인 구속으로서 의식되고,
거꾸로 도덕은 순수하게 내면적인 규범이 아니라 매우 구체적인 감각적 실
재성을 가진 규범으로 받아들여진다. 그것을 도덕과 권력의 **직접적 통일**의
상태라 부를 수도 있을 것이다. 그 의미는 정치권력을 도덕적 가치판단에
비추어서 언제나 '선한' 권력이었다는 것은 아니다. 오히려 그런 이른바 추
상적인 가치판단의 형성이라는 것 자체가 이루어질 수 없고, 도덕이 권력
의 강제 속에서 실체화된 형태로만 존재하며, 따라서 역시 권력도 하나의
도덕적 권위체계로서 자신을 드러내는 것과 같은 사회를 말한다. 그러나
동시에 그것은 아무리 문화활동이 미분화라고는 하지만 지배 형상(形象)
그 자체가 아직 성립되어 있지 않은 그런 씨족공동체 내부에 노동의 사회
적 분업이 진전되고, 씨족의 공동사무 처리가 씨족의 수장(首長)에게 점차
집중됨으로써 통치 기능이 그에게 전문적으로 귀속되게 된 그런 단계——
물론 그런 단계는 말로 표현할 수 있을 정도로 실제로는 확정이 어렵지만
——가 적어도 우리의 고찰에서의 출발점이며, 권력과 도덕이 얽히는 방식
에 관한 모든 역사적 양식이 그것으로부터의 거리에서 측정되는 그런 기본

형태이다.

이같은 초기에서의 정치권력은 어디까지나 제정(祭政) 혹은 신정적(神政的)인 권력으로 나타났다. 권력과 도덕의 직접적 통일을 배후에서 지탱해주고 있던 것은 항상 어떤 종교적 권위였던 것이다.

원래 원시사회에서의 집단적 통제는 주지하듯이 그 구성원들 사이에 전해진 토템신앙과 같은 종교적 강제력에 압도적으로 의존하고 있었지만, 그럴 경우 처음부터 '승려'적인 신분이 분명하게 분화되어 있던 것은 아니었으며, 어느 정도 의식(儀式)이나 예배의 집행자가 전문적으로 분화된 경우에도, 반드시 그에게 곧바로 집단의 권력적 통제기능이 귀속되었던 것은 아니었다. 다만 그런 고대인들의 생활과 의식에서 주술(呪術)이 차지하는 지위가 아주 크며, 특히 그것이 경제적 생산과 결부되어 있는 결과는, 스스로 초자연적인 힘과의 통로 내지 매개자로서의 사제자(司祭者)의 권위를 증대시키게 되고, 마침내 그런 사제자의 권위가 집단 내부의 계급적 분화와 함께 지속적인 권력체로까지 발전되는 것이 통상적인 방향이었다. 정치단체의 기원은 대체로, 한편으로는 그런 사제자적 권력, 다른 한편으로는 다른 부족과 치르는 전쟁 동안에 확립된 군사적 권력 양자가 합류하는 곳에서 성립되었던 것으로, 정치권력이라는 것은 이미 그 단초에 에토스(ethos)와 파토스(pathos)의 통일이라는 성격을 운명적으로 타고나게 되었던 것이다.

물론 그런 합류 방식에는 다양한 역사적 형태가 있으며, 사제자 계급이 세속적 권력을 파고들어가 그것을 지배하는 경우도 있으며, 거꾸로 군사적인 권력이 예배에 대한 지배를 획득하여 사제자 집단을 행정조직 속에 편입시켜 나간 경우도 있고, 혹은 회교(回敎)의 경우처럼 순수한 예언자가 그대로 자신을 정치적 지배자로까지 높여간 사례도 있다. 어느 것이든 간에 고대 국가에서는 대체적으로 최고의 행정 수장(首長)과 최고의 사제자(혹은 예언자)는 같은 인격 속에 통일되어 있었다. 그런 곳에서는 권력의 계서제와 도덕규범의 그것은 대체로 서로 대응하며, 병행하고 있다. 사회의 구성원은 그 모든 존재, 모든 인격을 빠짐없이 정치적 질서의 가치체계 속에 편입시키게 된다. 그런 가치체계에 대한 반역은 따라서 오직 **자연적** 사실로서만 일어날 뿐이며, 반역 그 자체에 윤리적 의미가 인정되지는 않는 것이다.

이같은 신정(神政) 정치체제가 가장 대규모적으로 실현된 곳은 바빌론·아시리아·이집트·페르시아·중국의 고대 제국이며, 그곳의 황제 내지 국왕은 누구든지 간에 예배의 최고집행자에 그치지 않고 그 자신의 신성(神性)을 나누어가져서 살아 있는 신, 혹은 지상에서의 신성(神性)의 대표자가 되었다. 따라서 권력의 황제에게로의 집중은 동시에 모든 윤리적 가치가 그에게로 집중되는 것을 의미하고, 지방적인 습속·도덕은 그런 집중적 통치조직 속에 편입되든가 아니면 소멸되어 그 독자적인 규범력을 잃어버리게 되었다. 그러나 정치적 사회의 조직화가 이처럼 고도화되어간 과정은, 다른 측면에서는 또 권력과 도덕의 직접적인 통일이 점차로 이데올로기적 성격을 드러내는 과정이기도 했다. 즉 씨족적 수장(首長)에게는 아직 상당한 정도로 실재적인 기초를 가지고 있던 권력의 도덕성이 권력의 집중과 더불어 점점 더 '허위의식'으로서의 성격을 짙게 지니게 되었던 것이다. 통치영역이 광대해지고 권력의 하부 행정기구가 법적으로 정비될수록, 이데올로기와 실재의 거리는 커지게 된다. 그런 의미에서 권력과 도덕의 원시적인 통일에 **현실적으로 쐐기**를 박게 된 커다란 계기는 어디에서도 정치권력에서의 **법체계의 형성**이라고 해도 좋을 것이다. 물론 법 역시 습속으로부터 생겨난 것임에는 틀림없지만, 그것이 법인 한, 그것은 역시 최소한도로 목적의식적인 산물인 데(관습법도 역시 관습과는 다르게 만들어지는 것이다) 대해서, 도덕은 어디까지나 인위적인 형성이 아니라는 데에 그 규범력의 기초가 있기 때문이다.

이런 모순이 가장 잘 나타난 곳이 로마 제국이었다. 로마 제국에서의 황제의 신격화, 모든 공적 규범의 최고권력(Imperator)으로의 통합은 구체적으로는 로마법의 장대한 형식적 지배로 나타났으며, 그것은 민중의 사생활로부터 완전히 추상화된 목적합리적 산물이었다. 권력과 인류의 직접적 통일이 가장 공허한 허위의식으로 화(化)할 때, 그 태내에서 가장 순수한 내면적 심정의 윤리를 가진 기독교가 성장했다는 사실은 우연이라고 하기에는 너무나도 깊은 세계사적 의미를 지니고 있다.

그러나 권력과 도덕의 직접적 통일의 현실적 해체는, 반드시 곧바로 양자의 원리적인 독립을 의미하는 것은 아니었다. 또한 고대 제국과 같이 정치권력이 신정적(神政的) 군주의 손에 집중되지 않고, '과두정' 혹은 '민주정'으로 분할되어 있는 경우에도, 그 정치적 사회에서의 도덕이 본질적으로 집합적 도덕(Kollektivmoral)으로서의 성격을 가지고 있는 한, 설령 정치권력에 대한 충성과 도덕적 의무의 상극이 일어난다 하더라도 그 상극은 이른바 같은 사회적 평면에서의 상극이므로, 양자 사이의 긴장관계는 어디까지나 예외적 사태이며, 따라서 곧 새로운 평형이 이루어진다. 정치적 가치의 계서제와 도덕적인 그것 사이의 원리적인 상호의존관계가 사라져버리지 않은 것이다.

이것은 동방제국과 같은 강력한 군주의 단독지배 대신에 민주정을 고전적으로 완성시킨 그리스 도시국가에서 분명하게 드러난다. 주지하듯이 그리스 시민에게 자유라는 것은 폴리스에의 참여를 의미하며, 그것이 모든 것이었다. 그의 생명과 신체는 모두 폴리스에 속하고 있으며, 도덕의 체계는 폴리스에 대한 충성으로 통일되며, 신앙은 폴리스의 종교에 대한 신앙이며, 교육은 폴리스의 공민에 대한 교육에 다름아니었다. 소크라테스의 비극에도 불구하고, 아니 그야말로 그 비극이 확증해주고 있듯이 합법성(Legalität)과 정당성(Legitimität)은 아직 완전히 분열을 모르고 있었다. 그리스에서의 개체성은 헤겔이 지적하고 있듯이(*Philosophie der Geschichte*, Lasson Ausg. S.599 f.), 근본적으로 미적(美的) 공동체였으며 윤리적인 그것은 아니었다.

물론 그리스인들에게도 개인도덕이 없었던 것은 아니었다. 그러나 그것은 도덕의 계서제의 최하위에 자리잡고 있었던 것이며, 그것이 폴리스의 덕(德)보다 우위를 차지하게 된 것은, 그리스의 정치적 통일 자체가 붕괴하고 사람들이 현세로부터의 이탈 때문에 그런 덕을 추구하게 된 시대였다. 그리고 마침내 마케도니아 군주 단독지배가 그 위에 구축되었을 때, 거기에는 알렉산드로스 대왕의 한 몸에 동방제국에서 본 것과 같은 지상에서의 신(神)이 출현했다. 정치권력과의 합일화를 원리적으로 거부할 수 있는 도덕은 집합도덕과도 개인도덕(Privatmoral)과도 구별되는 인격성(人格性)의 도덕(Persönlichkeitsmoral)으로서만 가능하며, 그것이야말로 모든 고대 세계에 결여되어 있는 것이었다. 세계종교로서의 기독교는 바로 그런 인격의 궁극적 가치의 신앙에 입각하여, 로마황제 숭배에 정면으로 도전한 것이었다. 권력과 도덕의 문제는 여기서 완전히 새로운 전망이 열리게 되었다.

2.

기독교적 윤리가 정치권력과의 합일을 원리적으로 거부하는 윤리로서 등장했다는 것은, 그것이 언제나 정치권력에 대한 비판적인 혹은 나아가서 혁명적인 계기로서 작용했다는 의미는 아니다. 오히려 그런 관점에서 본다면 역사적으로 기독교회는 구교든 신교든 간에 정치권력에 대한 절대복종을 가르치거나, 그렇지 않으면 적극적으로 그것을 정당화하는 역할을 수행한 경우가 훨씬 더 많았다는 것은 역사에 분명하게 나타나는 것이다. 그럼에도 불구하고 기독교의 출현이 당면 문제에서도 세계사적인 의미를 가지는 까닭은 그것이 사회적 내지 정치적 평면에 끝내 해소될 수 없는 인격의 차원을 인간에게 열어보여줌으로써, 한편으로는 '카이저(Kaiser)의 것'의 절대화를 영원히 거부함과 동시에, 다른 한편으로 단순한 현세로부터의 도피가 아니라 오히려 이 세상의 활동의, 따라서 또 정치사회 형성의 내면적인 에너지로서 작용함으로써 권력과 도덕 사이의 긴장이 어느 정도 언제나 재생산되는 결과가 되었기 때문이다. 이런 평범한 사실의 인식없이는 서구 세계와 다른 세계의 역사적 발전 방식에서의 근본적인 차이를 놓쳐버리고 마는 것이다.

물론 헤브라이의 예언자로부터 로마 교황까지의 거리는 아주 멀고, 기독교 역사는 자체 내에 종교의 사회적인 존재양태의 모든 유형을 다 포함하고 있다. 오히려 종교적 권위가 방대하게 조직화되고 세속적 지배를 확립했다는 점에서, 그리고 규모의 크기에서 중세 카톨릭교회에 견줄 만한 것은 역사상 그렇게 많지는 않을 것이다. 그럼에도 불구하고 그것은 어디까지나 교회라는 본래 영적인, 따라서 초현세적인 사명을 갖는 결합체의 독자적인 조직화라는 점이 역시 중요하다. 또 그렇기 때문에 그것은 고대의 사제적 권력처럼 세속적 지배권으로 완전히 전환되거나 합일되지 않고, 오히려 국가와 교회라는 그 이후에도 유럽사를 관통하는 이원적인 관계를 만들어내게 되었던 것이다. 그래서 종교개혁은 실로 교황권이 세속지배로 타락하는 것에 대한 저항으로 발생했던 것이다. 윤리적으로 말하면, 그것은 중세의 계층적 사회질서의 지주(支柱)로서 너무나 객관화되고 집합도덕화한 기독교 윤리를 다시금 인격의 내면성으로 되돌리는 운동이었다. 역설적인 말이지만 종교개혁을 자신의 태내에서 낳았다는 것은 로마 교회가 정치화한 결과임과 동시에, 또 그 정치화에 본질적인 한계가 있다는 것을 보여주는 증거이기도 하다.

게다가 중세 카톨리시즘은 정치권력의 도덕적 제약에 관해서 후세에 거대한 족적을 남긴 사상을 발전시켰다. 말할 것도 없이 자연법 사상이 그것이다. 스토아에서 출발하는 자연법 사상이 어떻게 중세 세계에 수용되었고, 어떻게 체계화되었으며, 또 어떠한 기능을 했는가 하는 것은 법사상사의 서술에 맡겨야 하겠지만, 그것이 현실적으로는 교권(敎權)——교권 역시 하나의 권력이었다——의 속권(俗權)에 대한 우월과 통제를 합리화하는 역할을 했으며, 전체로서 중세적 정치체계의 이데올로기적 지주가 되었다는 것은 부정할 수 없다고 하더라도, 동시에 그것은 법적·정치적 질서에 대한 복종이 결코 무제한의 그것이 아니라 오히려 어떤 경우에는 그것에 대한 저항이야말로 윤리적 의무라는 명제(토마스 아퀴나스는 그 경우의 결정을 개인적 판단이 아니라 공적인 권위에 맡겼던 것이지만)를 포함시킴으로써 근세의 혁명권 내지 저항권 사상에 큰 영향을 미쳤다. 더욱이 중세 정치권력은 그 대내적 지배에서 자연법적 제약 하에 있을 뿐만 아니라, 그 대외적인 권력 행사에서도 보편적인(Catholic) 세계질서라는 이데올로기에 의해 강하게 제한받고 있었다. 그런 기독교적 공동체(Corpus Christianum)의 이념도, 그 이후 그것을 실체화한 두 개의 권위——로마교회와 신성로마제국——의 쇠퇴 내지 소멸에도 불구하고, 유럽국가의 국제관계를 암암리에 지배하는 규범적 이념으로 존속하고 있다.

3.

어쨌든 기독교의 인격윤리와 현세적 정치권력 사이에 본래 내재하는 긴장관계는 중세에서는 한편으로는 카톨릭교회의 세속성과 다른 한편으로는 정치권력의 종교성에 의해 조화를 이루고 있었던 것인데, 그런 유착 관계는 르네상스와 종교개혁에 의해 해체되었다. 교황과 신성로마 황제의 이중적인 신정(神政) 정치체제의 붕괴 가운데서 근세국민국가가 탄생했으며, 그것을 담당한 절대군주들은 바깥으로는 교황 내지 황제에 대해서, 안으로는 봉건제후·길드·자치도시 등의 세력에 대해서 주권의 유일하며 나눌 수 없는 절대성을 강조하면서 권력적 통일을 완성시켜갔다. 그런 근세국가의 권력집중을 가능하게 해준 것은 말할 것도 없이 간접적으로는 봉건적 생산양식의 붕괴에 의해 해방된 생산 및 교통기술 등의 발전이며, 직접적으로는 그런 지반 위에 형성된 행정기구 및 상비군 조직이었다. 어느 쪽이건 간에 그 정치적 통일은 이미 고대제국이나 중세왕국처럼 종교적 권위를 필요로 하지 않으며, 도리어 그런 구속에 반발하면서 관철시켰던 것이다.

물론 근세 초기에는 왕권신수설 같은 것이 절대군주의 정통성을 옹호하는 이론으로 이용되었지만, 그것은 과도적인 현상이었으며, 게다가 신권설(神權說) 그 자체도 점차로 내적인 변질을 겪게 되었다. 한 마디로 말하면 왕은 신성하기 때문에 최고권력을 가진 것이 아니라 거꾸로 최고권력을 가지고 있기 때문에 신성한 것으로 되었다. (이런 전환은 사상사적으로는 홉스에 와서야 이루어졌다). 루이 14세가 '짐은 곧 국가다'라고 했을 때, 그것은 동시에 그가 '신의 아들'도 아니며 '조국의 아버지'(Pater Patriae)도 아니라는 것을 의미하고 있었던 것이다(W. Wundt, 『민족심리로 본 정치적 사회』 일어판, 372쪽). 그리고 국가권력은 종교적·도덕적·습속적 제약 ─한마디로 말하면 **정치외적 제약**으로부터 독립하여 자신의 **고유한 존재근거와 행동원리**를 자각했다. 그것이 곧 근세에서의 국가이성(國家理性, raison d'état)의 이데올로기였다. 종교개혁이 교권의 세속적 지배에 저항하여 기독교적 신앙의 피안성(彼岸性)과 내면성을 강조한 당시의 결과는 세속권력의 공공연한 자기주장으로 나타났던 것이다.

그러면 근세의 국가권력은 이미 모든 윤리적 규범과 무관하게 되었는가 하면, 그것은 두 가지 의미에서 그렇지 않았다. 첫째로 국가이성의 이데올로기는 흔히 무제한적이고 맹목적인 권력 확장의 긍정과 동일시되지만, 그런 이해는 그 최초의 대담한 발언자인 마키아벨리에게서 이미 완전히 달라져 있었다. 그것은 구체적으로는 교황의 세속적 지배권의 무기로서 기능하고 있었던 기독교 윤리에 대한 안티테제이며, 그는 그런 비판을 통해서 정치권력에 **특유한 행동규범**을 찾아내려고 했던 것이다. 이른바 정치에 대한 외부로부터의 제약 대신에 그것을 안에서부터 규율하는 윤리를 내놓으려고 한 것이 그의 참된 의도였다. 물론 그는 안티테제를 주장하는 점에서 너무나도 래디컬했지만, 그런 반면 적극적인 체계 수립에는 반드시 성공하지 못하고 있으며, 이른바 마키아벨리즘이 무릇 그의 본질로부터 멀다는 것은 분명하다. 그 점에 대해 카를 슈미트가 "만약 마키아벨리가 마키아벨리스트였다면, 그는 자신의 악명높은 『군주론』 같은 것 대신에 오히려 일반적으로는 인간의, 특수적으로는 군주들의 선량함에 대해서, 사람을 감동시키는 그런 문장들로 가득찬 책을 썼을 것이다"(Ders., *Der Begriff des Politischen*, 1936, S.47)라고 한 것은, 문제의 초점을 적확하게 지적한 말이다. 정치에 내재적인 행동규범이란 어떤 것인가 하는 것은 별개의 것으로 논하기로 하고, 여기서는 다만 근세의 국가이성의 이데올로기가 단순한 권력충동에 대한 긍정은 아니라는 점만을 지적해두기로 하자.

그리고 둘째로, 근세에 와서 눈뜨게 된 국가이성은 종교개혁을 통해서 내면화된 기독교 윤리와는 완전히 새로운 국면에서 대결하지 않으면 안되었다. 세속적 지배권의 독자적인 의미가 인정되고, 그것을 직접 구속하는 보다 상급의 종교적·도덕적 권위체가 이미 없어짐에 따라 오히려 기독교 윤리와 정치권력 사이의 내면적인 상극은 한층 더 심각한 양상을 띠게 된다. 종교개혁은 은총의 법률에 대한 우위를 강조하고, 개인의 양심의 도덕적 우월을 강조하기 때문에, 그것은 최초의 주장자의 의도에 관계없이 전통적인 정치적 질서에 대한 비판적 정신을 환기시키는 결과가 되었다. 프로테스탄티즘이 젊은 산업 부르주아지에 업혀서 사상·신앙·언론의 자유 등 기본적 인권획득을 위한 피비린내나는 투쟁을 도처에서 야기시켰다는 것은 새삼스레 말하지 않아도 될 것이다.

그리고 중세의 자연법론은 군주제를 거쳐 인민주권론에 기초한 계몽적 자연법으로 전개되어갔다. 그것은 18세기 이후, 특히 대륙에서는 기독교적인 색채를 점차 씻어내면서 이른바 세속적 자연법(Das profane Naturrecht)으로 발전했지만, 로크(Locke)를 통해서 미국독립선언으로 흘러들어간 계약설이 청교도적 신앙에 깊이 뿌리내리고 있다는 것은 주지의 사실이며, 혁명은 지상에서 호소할 수 있는 수단을 빼앗긴 식민지 인민들의 신에 대한 호소로서 긍정되었던 것이다. 그리고 평등한 구성원들의 자발적인 결사(voluntary association)로서의 교회와 권력과 복종의 강제조직(compulsory organization)으로서의 국가를 예리하게 구별하고, 후자를 어쩔 수 없는 해악(害惡)으로 본 로저 윌리엄스(Roger

Williams) 등의 사상이야말로 국가와 사회의 이원론에 기초하여 권력을
부단히 통제할 필요성을 주장한 자유주의 국가관의 원형이 되었던 것이다
(A.Lindsay, *Religion, science and society in the modern
world*, p.16).

근세에 들어서 해방된 두 개의 요소, 즉 한편으로는 절대적인 국가주권
과 다른 한편으로는 마찬가지로 빼앗을 수 없는 개인의 기본적인 인권, 이
두 가지의 대립적 통일은 무릇 근대국가의 숙명인 것처럼 보인다. 그것은
이데올로기적으로는 국가이성의 사상과 근세 자연법 사상의 상극으로 나타
나게 된다. 그 상극은 근본적으로는 전(全) 유럽적인 현상이었지만, 서구
에서는 자연법 사상이 우위를 차지하고, 이에 반해서 독일에서는 19세기
이후 국가이성의 사상이 급속하게 성숙되었다. 그 결과 영국과 미국에서는
국가권력은 국내적으로도 국제적으로도 결코 무제한이 아니라 그것이 일정
한 법적 제한을 가지지 않으면 안된다는 것, 그 법의 구속력은 궁극적으로
보편적인 윤리적·종교적 가치에 기초하고 있다는 것—그런 이데올로기
가 지배적으로 되었다. 이에 비해 독일에서는 국가는 최고의 가치이며, 그
존립의 필요를 위해서는 국제법이나 개인도덕적 규준도 그것을 무시해서는
안된다는 사상이 헤겔로부터 비스마르크, 트라이치케(H. Treitschke)로
계속 이어지고 있다. 흔히 독일이 악명높은 군국주의적·권력국가적 전통
의 사상적 반영으로 지적되는 까닭이 바로 그것이다.

그러나 거기에는 양자의 근대국가 형성과정의 거대한 역사적 차이가 가
로놓여져 있다는 사실을 잊어서는 안된다. 그 차이는 이미 널리 알려져 있
는 것으로 지금 여기서 새삼스레 말할 필요는 없을 것이다. 서구 국가들 역
시 가혹한 국제적 권력정치 한가운데서 행동했을 경우, 결코 객관적으로 국
가이성을 따르지 않았다고 말할 수는 없다. 오히려 그 점에서는 독일보다
도 훨씬 더 선배격이었다. 영국 자유당의 유명한 지도자 로이드 조지
(Lloyd George)는 1911년의 유명한 아가디르(Agadir) 사건 문제가 절
박했을 때, 연설에서 다음과 같이 말했다. "만약 영국이 몇 세기에 걸친 영

웅주의와 공적(功績)으로 싸워서 승리한 위대하고 유리한 지위를 방기(放棄)하거나 혹은 우리나라의 이익이 치명적으로 위협받고 있는 경우에, 마치 우리나라가 국제회의에서 일고의 가치도 없는 것처럼 취급당하는 것을 감수하는 길 이외에 달리 평화를 유지할 수 있는 길이 없는 상황에 몰리게 된다면, 그때야말로 나는 단호하게 말할 것이다──그처럼 희생을 치르고 얻을 수 있는 평화는 우리나라처럼 위대한 국가가 도저히 참을 수 없는 굴욕이라고"(R.Niebuhr, *Moral man and the immoral society*, pp.92~93).

이것은 곧 국가이성의 단적인 표현이 아니고 무엇이겠는가. 다만 영국처럼 아주 일찍이 중앙집권적 통일을 완성했으며, 부르주아 혁명도 산업혁명도 제일 먼저 경험했으며, 강대한 해군력의 후원을 받아 국민적 독립에 대해서 비교적 가장 우려할 필요가 없으며 정치적·경제적으로 국제사회에 우월한 지위를 유지할 수 있었던 국가에서는, 근대국가의 구심적·원심적 두 요소 중에서 원심적인 측면이 이데올로기적으로 강조되는 것은 당연했다. 거기서의 국가의 권력성은 현실에서 위협을 받은 경험이 적은 만큼 그것이 의식에까지 이르렀던 경우는 자연히 적었던 것이다. 어느 정도의 차이는 있지만 그것은 미국이나 프랑스에서도 그렇다고 할 수 있다.

그런데 독일은 19세기 초에는 아직 부르주아 혁명은커녕 국민적 통일도 이루어지지 않았으며, 점차로 성장하기 시작한 부르주아지가 안으로는 강대한 봉건적 융커(Junker)에 맞서고, 밖으로는 이미 강대한 선진자본주의국가의 압력에 직면하면서 국민적 통일과 자유주의혁명이라는 이중적 과제를 짊어진 채 비틀거리고 있었다. 더구나 국민적 통일은 자유주의혁명을 희생시키고 융커 출신인 비스마르크의 철혈(鐵血)정책에 의해 조금씩 이루어졌다. 상황은 마키아벨리가 살아 있던 르네상스 이탈리아와 아주 비슷했다. 피히테(Fichte)와 헤겔이 나폴레옹의 말발굽에 유린된 잿더미 속에서 처음으로 마키아벨리의 적극적 의미를 강조하고 '권력 이면에 있는 진리'(Die Wahrheit, die in der Macht liegt──Hegel, *Die*

Verfassung Deutschlands, 1802)를 설파한 이후, 권력국가의 사상은 망령처럼 독일지식인에 달라붙어서 떨어지지 않았다. 독일의 중산계급과 지식인들에게는 원래 국가사상이 매우 희박했으며, 주지하듯이 레싱 (Lessing)이나 괴테(Goethe)는 애국심을 비웃으면서 세계시민이라는 것을 자랑으로 여기고 있었던 것이다. 국가이성의 사상은 프랑스로부터 배운 것이었다.

그런데 일단 그것에 눈뜬 독일은 권력의 문제를 철저하게 추구했다. 그것은 현실 세계 이상으로 관념의 세계에서 격렬했다. 그러나 프리드리히 (Friedrich) 대왕으로부터 트라이치케에 이르는 국가이성의 사상을 상세히 음미한 마이네케(Meinecke)가 말하고 있듯이, 거기에는 시종일관 기독교적인 보편적 인류의 이념과 심한 내면적인 격투가 계속되고 있었던 것이다. 특히 제1차대전 당시, 독일군국주의의 사상적 책임자로서 연합국 진영으로부터 가장 격렬한 공격을 당한 트라이치케를 보아도 결코 '강자의 정의'를 주장한 것이 아니라, 오히려 문화적으로 내용이 없는 권력국가를 그가 극력 배척했던 것이었다(Meinecke, *Die Idee der Staatsräson in der neueren Geschichte*, S.498 f). 자신이 시인할 수 없는 전쟁을 조국이 일으킬 경우 어떻게 행동할 것인가 하는 문제에 대해서 그는 다음과 같이 답하고 있다. "내가 인격적으로 시인하지 않는 전쟁에 대해서는 내가 책임을 질 수 없다. 그러나 그와 같은 경우에도 나는 조국에 대해서 나의 임무를 수행해야 할 의무가 있다……. 개인은 그가 속하는 국가의 한 구성원이며, 따라서 국가의 오류도 자신의 몸으로 받아들이는 용기를 가지지 않으면 안된다"(O. Baumgarten, *Politik und Moral*, 1916, S.169).

이런 결론은 물론 문제가 있다. 그럼에도 불구하고 거기서 내면적 인격의 이념과 정치적 의무의 비극적인 갈등을 읽을 수 있지 않은가. 그것은 또한 막스 베버와 같은 자유주의자(물론 독일적인)도 마찬가지로 괴롭혔던 이율배반이었다. 헤겔은 물론이고 트라이치케 역시 기독교적 공동체 (Corpus Christianum)의 보편적인 이념을 전제로 하고 있었다는 점에, 훗날의 나치의 도덕적 니힐리즘과는 확연히 구별되는 일면이 있다. "정의를 행하라, 설령 세계가 멸망한다 할지라도"(Fiat iustitia, pereat mundus)라는 도덕률의 절대명령(kategorischer Imperativ)으로부터 국가와 도덕의 통일(단 이미 고대와 같은 직접적 통일은 아니다)을 거쳐서, 마침내 아리아 인종의 절대화에 이르는 근대독일사상사는 권력과 도덕의 긴장에 견뎌낼 수 없어서 한 끝에서 다른 쪽 끝으로 결사적 도약을 시도한 국민의 가슴아픈 자취를 말해주고 있다.

따라서 근대 독일의 문제 속에는 종교개혁과 르네상스로 인해 개방된 두 개의 계기, 즉 국가권력의 자주성과 도덕의 내면성이라는 이원적 상극이 압축적으로 나타나 있는데, 그것은 실은 근대 유럽에 공통적으로 부과되었던 문제인 것이다. 독일의 비극은 너무나도 결벽한 윤리적 요청과 너무나도 지나친 권력의 긍정 사이에 시종일관 균형이 잡히지 않았다는 점에 있다. 그 결과 독일국가사상에는 끊임없이 일말의 냉소주의가 감돌고 있다.

니체는 이같은 독일적 냉소주의를 대규모로 전개한 '불행한' 철학자였다. 그는 '객관성' '비판적 정신' '헌신' '사랑' '인류성'과 같은 유럽정신의 핵심을 이루는 덕목들을 '권력에의 불능(不能)'의 표현이라 하면서, 그 위선과 교활함을 끝까지 비웃었던 것이다. 그러나 다른 한편으로 니체의 냉소주의는 비스마르크의 권력국가에 대해서도 가차없는 비판이 되어 나타났다. 그는 국가를 '조직된 비도덕성'(Die organisierte Unmoralität)이라 부르고, "국가라는 것이 개인이 도저히 납득할 수 없는 그런 일을 엄청나게 많이 해치우는 것은 어떤 방법에 의해서인가"라고 자문하고서는 다음과 같이 답하고 있다. "책임, 명령, 실행의 분할에 의해 복종, 의무, 조국애, 군주애와 같은 덕목들의 중개에 의해서 긍지, 엄격함, 강인함, 증오, 복수 등 요컨대 영웅형(英雄型)과 **모순되는** 모든 전형적인 특질을 보존함으로써이다"(Material zum "Willen zur Macht," S.717. 강조는 원문). 그런 한에서 그의 냉소주의는 모든 정치권력이 걸치는 도덕적 치장에 대한 강렬한 표백작용일 수 있었다.

그러나 일단 그것이 니체와 같은 '계절을 빗나간 관찰자'가 아니라 현실의 권력 담당자에 감염되는 경우에는 홀연 정치권력의 무궤도적인 발동, 이른바 국가의 '신성한 이기주의'(sacro egoismo)의 대적할 수 없는 긍정으로 전화되기 쉽다. "만약에 위대한 국민이 자국의 존립과 조약 준수 중 어느 쪽인가를 택하지 않으면 안되는 갈림길에 이르렀을 때, 전자를 후자의 제단에 희생물로 바치기 위해 그 나라 국민을 동원할 수는 없을 것이다" 라는 비스마르크의 기본적 입장(Otto Baumgarten, *Politik und Moral*, 1916, S.131)은 마침내 제1차세계대전에서의 유명한 '조약은 한 조각의 종이'일 뿐이라는 대담한 선언에 이어 벨기에 중립의 침략으로 구체화되었다. 영국의 학자가 대전을 법의 지배(rule of law)라는 원리와 국가이성(raison d'état) 사상의 투쟁으로 특징지웠을 때, 독일측은 "영국인에게 법의 지배가 바로 그들의 최대 이익인 것이다"라고 응수했다. 리에주의 한 수도사가 독일병사의 폭행을 호소했을 때, 골츠(Baron Colmar von der Goltz) 원수는 이렇게 대답했다. "우리는 정복할 것이오, 그리고 영광은 모든 것을 절멸시켜버릴 것이오"(Léon Duguit, 『법과 국가』, 일어번역본, 岩波文庫, 156쪽).

이렇게 해서 독일의 냉소주의는 권력 미화에 대한 하나의 해독제 역할을 넘어서 점차 국가의 중추신경을 범하게 되었다. 나치스가 로젠베르크(Alfred Rosenberg)의 이른바 '본능의 혁명'에 성공한 것은 그 과정의 마지막 완성에 다름아니었다. 히틀러가 폴란드 진격에 즈음하여 "나는 선전가를 위해서 전투개시의 이유를 말해주겠다——그 진위(眞僞)는 문제가 아니다. 승리자는 훗날 진실을 말했는가 아닌가를 추궁받지 않을 것이다. 전쟁을 시작하고 수행하는 데 중요한 것은 정의가 아니라 승리이다"라고 분명하게 말했으며, 친위대장 히믈러(Himmler)가 "나는 한 사람의 러시아인, 한 사람의 체코인에게 어떤 사태가 일어났는가 하는 문제에는 전혀 흥미가 없다……. 모든 민족들이 번영하든가 혹은 굶어죽든가 할 때 그것이 나의 관심을 끄는 것은 오로지 우리가 그런 민족을, 독일 문화에 대한 노예로서

필요로 하는 한에서이다"(뉘른베르크 국제재판 판결기록에 의함)라고 마음
대로 말했을 때, 거기서의 냉소주의는 이미 가장 파렴치한 권력행사 위에
버티고 앉아 있던 무법자의 자포자기적인 넋두리에 지나지 않았다.

그러나 '산 위에서 설한 가르침'의 윤리와 권력의 필연성 사이의 격렬한
긴장 의식으로부터 냉소주의가 나오듯이, 다른 한편으로 양자의 조화 의식
에도 역시 다른 퇴폐가 따르는 것을 면할 수 없다. 위선 내지는 자기기만으
로의 타락이 그것이다. 독일이 비교적 전자의 예를 풍부하게 보여주고 있
다고 한다면, 후자는 오히려 영국·미국·프랑스 등 자연법 사상이 우위를
차지하고 있던 국가에서 보다 많이 나타난다. 맹렬한 권력추구와 인도주의
적인 요청 사이에 교묘하게 균형을 취하는 기술을 전통적으로 알고 있던
앵글로색슨 민족에 대한 독일인의——그것 역시 전통적인——위선자라는
호칭에는, 독일인의 정치적 미숙함으로부터 오는 열등심리가 작용하고 있
다는 것은 부정할 수 없지만, 그 비판의 초점이 항상 초점을 벗어나 있는
것이라고 하기는 어렵다.

그것은, 예를 들어 국제관계에 대해서 말한다면, 일찍이 아시아 및 아프
리카로의 제국주의적 진출의 시대에는 서구 문명의 보급, 이른바 '백인의
짐'(white man's burden)이라는 이데올로기로 나타났으며, 그리하여
세계적으로 우월한 지위를 확보한 후에는 '국제질서의 존중'이라는 그것(이
데올로기)으로 나타났다. 또한 국내적으로는 부르주아 데모크라시를 초역
사적으로 절대화함으로써 그 해방의 한계에 대한 맹목성을 드러내는 결과
가 되었다. 그곳에는 흔히 명명백백한 권력이해에 기초한 행동에 대해서
도, 베버의 이른바 '구역질이 나올 것 같은(ekelhaft) 도덕화'(Marianne
Weber, *Max Weber. Ein Lebensbild*, S.615)가 없지는 않았다. 이
처럼 서구 국가에서의 정치권력의 위선 내지는 자기기만성은, 가까운 예를
든다면 '길들여진 냉소주의자'를 자임하는 미국의 예리한 신학자 니부어
(Reinhold Niebuhr)에 의해 집요하게 추구되고 있다는 것은 널리 알려
져 있는 그대로이다(*Moral man and the immoral society*, chap.

Ⅳ).

　지금까지 우리는 유럽에서 고대사회에 공통되게 보이는 권력과 도덕의 즉자적 통일이 분화된 이후 그 양자의 상극이 근대국가사상을 꿰뚫어 흘러내려온 유래를 극히 개략적으로 살펴보았다. 요컨대 유럽 세계를 특색있게 만드는 것은 정치권력의 고유한 존재근거와 기독교의 인격윤리라는 이원적인 가치의 갈등이며, 그 양자는 아무리 여러 가지 뉘앙스가 서로 얽혀 있다 하더라도 궁극적으로는 합일되지 못한 채 그 사이에는 끊임없이 일정한 거리가 유지되며, 그로부터 새로운 긴장이 생성되어왔다. 냉소주의로의 전락 혹은 위선으로의 타락 역시 근본적으로는 내면적 도덕성의 눈에 보이지 않는, 그러나 그만큼 강렬한 규제력을 전제로 한 전락이요 타락이었다. 근세 국가이성이 형극(荊棘)으로 가득찬 발전을 끝냄에 있어서 마이네케(Meinecke)가 "국가는 끊임없이 반복하여 죄를 범하지 않을 수 없다"(a. a. O. S.538)고 했을 때, 그는 그것으로 무릇 유럽 근대국가의 공통된 숙명적인 이율배반을 너무나도 잘 표현하고 있는 것이다.

●1950년

제5장

지배와 복종

1.

갑(甲)이라는 인간 혹은 인간집단이 을(乙)이라는 인간 혹은 인간집단에 대해서 다소라도 계속적으로 우월적 지위에 있으며, 그것에 의해 을의 행동양식(pattern of conduct)을 계속적으로 규정할 경우, 갑과 을 사이에 객관적으로 인지할 수 있는 정도의 종속관계가 발생하게 된다. 지배·복종관계라는 것은 그런 일반적 종속관계의 특수한 태도에 다름아니다. 거기까지는 명백하지만, 그러면 지배관계를 그것 이외의 일반적 종속관계로부터 구별해주는 기준은 무엇인가 하는 식으로 되면, 쉽게 어떤 분명한 해답을 내놓을 수 없게 된다. 결국 모든 사회적 결합양식은 미묘한 상호이행의 가능성을 가지고 있으며, 그들 사이의 한계는 흐릿하게 가려져 있는 것이 보통이다. 그래서 지배·복종 관계에 대해서도 처음부터 그것에 관한 절대적인 결의론(決疑論, casuistic)을 만들려고 하기보다는 오히려 현실의 광범한 종속관계 속에서, 농후하게 지배관계라 할 수 있는 성격을 띠는 것과 거꾸로 아무리 보더라도 그렇지 않은 관계를 추출해나감으로써, 그 사이에서 지배관계의 상대적인 위치를 찾아내는 것이 보다 타당한 방법인 것처럼 생각된다.

먼저 여기서 교사와 학생의 관계를 생각해보기로 하자. 학생은 교사에게 복종한다고 해도 그렇게 이상하지 않지만 거꾸로 교사가 학생을 지배한다고 말하는 것은 극히 부자연스럽게 들릴 것이다. 학생은 많든 적든 교사의 영향력(influence) 하에 있으며, 교사는 학생에 대해서 일정한 권위(authority)를 가지고 있다. 학생이 교사의 정신적 가치(지식, 인격 등)의 우월성을 인정함으로써 비로소 교육기능은 성립하기 때문이다. 뿐만 아니라 통상 거기에는 권력관계(power relation)조차 존재하지 않는 것은 아니다. 교사는 학생에 대해서 일정한 의무(학습의무)의 이행을 명하거나 혹은 일정한 행위를 금지시키며 그와 같은 의무의 태만 혹은 금지의 위반에 대해서 일정한 제재(진급의 정지, 퇴학, 복도에 세워놓기, 어떤 경우에는 ―그것이 효과적인가 아닌가는 별도로 하더라도― 체벌)를 부과한다. 그런 제재의 행사가 교육의 일반적인 모습으로 되는 것은 교육의 자살에 다름 아니지만, 그와 같은 권력관계의 존재 자체가 선험적으로(a priori) 교육목적에 모순되는 것은 아니다. 그럼에도 불구하고 일반적으로 교사와 학생들 사이에 지배관계가 존재한다고는 생각하지 않는 것이다.

이번에는 그것과는 대척적인 종속관계로서 노예와 노예 소유자(우선 주인이라 불러두기로 하자)라는 관계를 살펴보기로 하자. 누구라도 여기서 가장 지배라고 할 수 있는 그런 관계를 찾아내는 데 주저하지 않을 것이다. (노예는 엄밀하게 말하면 '물건'(物)으로 주인의 소유권의 대상에 지나지 않기 때문에 양자 사이에 인간관계는 발생하지 않는다는 사고방식도 있을 수 있지만 여기서는 일단 도외시하기로 한다.) 아리스토텔레스가 "어떤 종류의 사물은 마치 발생의 순간부터 한 쪽은 지배당하도록, 다른 한쪽은 지배하도록 나누어져 있다"(*Politika*, Chap.1)고 했을 때, 그야말로 그가 의미했던 것은 아테네의 노예관계였다. 주인은 노예에 대해서 단순히 권력관계에 있는 것만이 아니다. 주인은 노예의 모든 인격을 자신에게 예속시키고, 가능한 모든 물리적 강제력을 사용하여 그를 사역시킨다. 노예가 주인에 대해서 제공하는 노동량에는 본래 한계가 없다. 다만 그의 육체의 재생산을 불가능하게 할 정도의 착취가 결국 착취의 계속 그 자체의 불가능을 초래한다는 주인의 이해타산만이, 착취에 사실상의 한계를 설정해줄 뿐이다. 따라서 거꾸로 말하면 인간노동력이 자신의 육체의 재생산에 필요한 한도 이상의 생활자료를 생산하기 시작한 순간부터 노예관계는 가능하게 되는 것이다. 그것이 인간의 역사에서 대규모적인 계급대립이 우선 노예제라는 형태로 출현했던 까닭이며, 지배 형상(形象)은 그런 노예관계에서 이른바 그 원형(Urtypus)을 찾을 수 있다고 할 수 있을 것이다.

주인-노예관계를 앞에서 본 교사-학생관계에 비교할 때, 가장 현저한 대척점은 어디에 있는가 하면, 금세 분명하게 알 수 있는 것은 이익지향의 동일성과 대립성이라는 것이다. 교사는 학생과 같은 방향을 향하고 있다. 교사는 인간적 완성을 추구하며, 학생도 역시 그것을 원한다. (물론 여기서 말하고 있는 것은 사회결합의 형태의 문제이므로, 개개 현실의 경우의 편차는 묻지 않기로 한다). 학생의 성적 향상은 동시에 교사의 성공을 의미하며, 학생의 실패는 또 교사의 실패인 것이다. 학생에게 교사는 많건 적건 간에 모범(Vorbild)이라는 의미를 가진다. 교사에게는 학생이 모든 정신적 수준에서 자신에 가까이오고, 마침내 자신을 넘어서는 것이 교육의 이상이다. 교사의 제재는 그런 방향을 추구하는 한에서만, 교사의 제재일 수 있다. 주인과 노예는 그야말로 모든 점에서 반대 관계에 서게 된다. 양자의 이해는 정면으로 부딪히고 있다. 주인은 본래 가능한 만큼 노예를 사역시키려고 하고, 노예는 본래 가능한 한 그 사역으로부터 도망가려고 한다. 주인은 노예와 공동의 목표를 가지지 않으며, 공동의 운명에 서지 않는다. 노예가 주인에 가까이가기는커녕, 노예와 주인의 거리를 고정화시키는 것이 바로 주인의 관심사이다. 노예에게 주인은 어떠한 의미에서도 모범이 아니며, 증오·공포, 기껏해야 선망의 대상에 지나지 않는다. 노예가 조금이라도 인간적인 자유와 행복을 얻으려고 한다면 그에게 남은 길은 도망 혹은 반란밖에 없다. 적나라한 물리적 강제(채찍·쇠사슬)만이 그와 주인을 이어주는 끈인 것이다.

현실의 사회적 종속관계는 이런 양극 사이의 광대한 영역에 존재하고 있으며, 그것이 두번째 유형에 가까이 가면 갈수록 지배관계로서의 성격을 짙게 지니게 되며, 첫번째 유형에 가까이 가면 갈수록 지배관계와 대립되는 의미에서의 (정신적) 권위관계라는 양상을 띠게 된다.

만약 일정한 지역에서 거기에 생활하는 인간이 물리적 강제력을 배경으로 하여 일반적이고 또 계속적인 종속관계로 조직화되었을 경우, 그런 사회를 가장 넓은 의미에서 정치적 사회라 부른다면, 고대에서 그런 정치적 사회가 서서히 혹은 급격하게 출현해가는 과정은 바로 위에서 말한 한 쪽 극에서 다른 한 쪽 극을 향한 진행의 모든 변형(variety)을 우리에게 보여주고 있다. 씨족공동체에서 아직 그 내부의 사회적 분업이 계급대립을 발생시키는 데 이르지 못하고, 또 다른 집단의 정복도 이루어지지 않은 경우에서의 족장 혹은 추장과 씨족구성원의 관계는 위에서 본 의미에서의 권위관계를 거의 순수하게 표현하고 있는 것으로 생각된다.

프라이어(Hans Freyer)는 그런 족장의 성격을 다음과 같이 표현하고 있다. "그는 다른 사람이 불완전하게 소유하고 있는 것을 남김없이 소유하고 있으며, 다른 사람의 표현에 결함이 있는 것을 완전히 표현하고 있다. 이런 개성화 형식을 우리는 권위라 이름한다……. 때문에 권위란 그것을 담당한 사람을 공동사회로부터 격리시켜 공동사회에 대립시키고 대항하게 만드는 것이 아니라 오히려 그 중앙에 들어앉히는 것이다. 그리하여 다른 사람들은 권위를 가진 사람 쪽으로 향하게 만들며 그를 모범 혹은 기준으로 삼는다"(『현실과학으로서의 사회학』, 일어번역본, 298쪽). 여기서의 족장은 그야말로 완전한 의미에서의 '교육자'이다. 플라톤의 '이상국가'(理想國家) 이래, 최고의 교육자라는 것은 모든 시대를 통하여 정치적 지도자의 아련한 향수(nostalgia)였다.

그와 동시에 오늘날까지 인민을 '노예적' 지경으로 억압하고 있다는 비난·공격으로부터 완전히 자유로운 정치권력은 존재하지 않았다. 왜냐하면 그런 씨족공동체의 붕괴 이래 이미 정치적 사회가 그런 순수한 권위관계로서는 존재할 수 없다는 것, 바꾸어 말하면 거기에 지배 형상이 결정적으로 개입했다는 것을 말해주고 있다. 그런 개입을 애덤 스미스처럼 목축(牧畜)의 사유(私有)로부터 생겨났다고 볼 것인가(*Lectures on justice, police, revenue, and arms*, ed. by Cannan, 1896), 굼플로비치·오펜하이머 등 오스트리아 사회과학자들과 같이 종족간의 투쟁·정복을 중시할 것인가(전자의 *Rassenkampf* 혹은 *Die soziologische Staatsidee*, 후자의 *Der Staat* 등), 아니면 엥겔스처럼 양자를 서로 관계있는 현상으로 파악할 것인가(*Die Ursprung der Familie, des Privateigentums, und des Staates* 및 *Anti-Dühring*), 아니면 많은 학자들처럼 가부장적 권력의 성장에서 결정적인 요인을 찾을 것인가 하는 것은 여기서 언급할 성질의 것이 아니다. 그리고 또 그런 정치적 지배의 구조가 서양 및 일본의 봉건제도처럼 행정직(行政職, Verwaltungsstab)이 행정수단(行政手段, Verwaltungsmittel)을 사유(私有)한다는 원칙에 의해 관철되고, 따라서 지배·복종의 신분적 계층제를 취하든가 아니면 고대 아시아 제국(帝國)이나 근대국가처럼 행정수단의 최고주권자로의 집중, 따라서 관료기구의 형성이라는 형태로 편성되는가 하는 문제는 막스 베버의 치밀한 분석에 맡겨두기로 하자(*Gesammelte politische Schriften* 내지 *Wirtschaft und Gesellschaft* 1. u. 3. Teil. 참조).

여기서는 다만 지배자와 피지배자의 이해대립에 기초한 긴장관계가 모든 지배 형태의 결정적인 계기이며, 게다가 그것은 오늘날까지 존재한 모든 정치적 사회에 많건 적건 간에 내포되어 있다는 점을 주의하는 것만으로도 충분하다.

따라서 지배관계에는 그 사회에서의 물질적·정신적 가치를 지배자가 점유하고, 피지배자의 그것에 대한 참여를 가능한 한 배제한다는 요소가 필연적으로 수반된다. 그 배제를 효과적으로 수행하기 위해서 지배자는 물리적 강제수단(군대·경찰)을 조직화하는 것이다. 그러나 그와 동시에 지배자는 그런 가치로부터 피지배자를 격리시키기 위해서 다양한 방법을 발명해왔다. 피지배자와의 사이에 문자 그대로 공간적 거리(양자의 거주지의 격리로부터 시작하여 식탁의 구별──식탁에서 계급이 나누어진다(Am Tisch scheiden sich die Klassen)는 속담이 독일에는 있다──에까지 이르고 있다)를 설정하고, 서로 다른 신분 사이의 교통을 금지하는 것은 가장 흔히 행해지고 있는 것이다. 그리고 양자의 '교통'을 차단시키기 위하여 신앙·의례를 구별하고, 도덕·명예 관념을 지배자가 독점하며("사무라이는 의(義)에 따르며, 농민, 직공, 상인은 이익(利)을 따른다"-야마가 소코오[역주1]), 심한 데에 이르게 되면 언어를 완전히 다르게 만든다. 그런 격리에 기초하여 지배의 폐쇄성을 유지하는 가장 전형적인 예는 주지하듯이 인도의 카스트제도에서 찾아볼 수 있다.

2.

그렇지만 지배형태는 실로 이처럼 "피지배자를 중대한 시점에서 지배 신분의 정신적 세계로부터 배제한다"(프라이어, 앞의 책, 299쪽)는 점에 그 본질이 있음에도 불구하고, 아니 오히려 그것 때문에 현실의 정치적 지배는 순수한 지배관계(위에서 말한 주인-노예관계)만으로는 성립되지 않는다는 귀결을 낳게 된다. 노예의 주인에 대한 복종에서는, 복종의 자발성이 제로 혹은 제로에 가까운 정도를 벗어나지 않기 때문에, 거기에는 본래 복종행위(Unterwerfungsakt)가 있다기보다도 복종이라는 사실상태(Unterworfenheit)가 있는 데 그칠 뿐이다. 주인의 채찍이 둔해지거나 혹은 쇠사슬이 풀리는 정도에 따라서, 노예의 사보타주(sabotage) 정도는 이른바 물리적 필연으로 커지는 것이다. 따라서 노동의 생산성이라는

[역주1] 야마가 소코오(山鹿素行, 1622~85)는 에도 시대 전기의 유학자로 하야시 라잔(林羅山)의 문하에서 주자학을 배웠다. 그리고 다시 병학(兵學)을 배워 山鹿流軍學을 창시했다. 고학파(古學派)의 한 사람으로 꼽히고 있다.

점에서는 노예 노동만큼 비능률적인 것은 없다. 생산력의 발전이 어느 단계에 이르게 되면, 대부분의 경우 노예제가 그 사회의 지배적인 생산양식이 되지 못하고 부역지대(賦役地代)의 형태로 하거나 현물지대(現物地代)의 형태로 하건, 어쨌든 필요노동 부분과 잉여노동 부분의 귀속관계가 보다 객관화되는 그런 형태로 이행하게 되는 것은 바로 그 때문이다. 하물며 정치적 사회에서 지배자와 피지배자 사이에 그와 같은 긴장관계밖에 존재하지 않는 경우에는, 피지배자를 억압하기 위해서 지배자가 유지하지 않으면 안되는 권력기구는 쓸데없이 거대하기만 할 뿐 아니라 대내관계와 더불어 모든 정치적 사회의 존재근거인 대외적 방어라는 면에서 현저한 취약성과 위험성을 배태하게 된다. 그래서 오늘날까지 모든 통치관계는 한편으로는 권력·부·명예·지식·기술 등의 가치를 다양한 정도와 양식으로 피지배자들에게 분배해줌으로써 본래의 지배관계를 中和시키도록 하는 물적 기구와 동시에 다른 한편으로는 통치를 피지배자의 심정 속에 내면화함으로써 복종의 자발성을 불러일으키려는 정신적인 장치도 발전시켜온 것이다.

만약 그런 사회적 가치에 대한 피지배자들의 참여와 정치적 복종의 정신적 자발성을 데모크라시의 결정적인 특징이라 한다면——기묘한 표현으로 들릴지 모르지만——모든 정치적 사회는 제도적으로도 정신구조로서도 그런 최소한도의 '데모크라시' 없이는 존속할 수 없는 것이다. "정부는 다만 의견 위에서만 기초지워질 수 있다. 그런 준칙은 가장 자유롭고 민주주의적인 정부에 타당함과 동시에 가장 전제적이고 군사적인 정부에도 적용된다. 이집트의 술탄(Sultan)이나 로마의 황제는 그 무고한 신하들을 그들의 호오에 관계없이 마치 짐승처럼 취급하고 몰아댔을는지도 모른다. 그러나 그는 적어도 자신의 기병대나 근위군단에 대해서는 인간답게 그들의 의견에 따라 지휘하지 않으면 안되었을 것이다"(*Essays, moral and political*, 1753)라는 흄(David Hume)의 말은 정확히 위에서 본 통치관계에서의 후자, 즉 심리적 측면을 지적한 것에 다름아니다. 막스 베버가 피지배자가 지배자를 용인하는 정당성의 근거(Legitimitätsgründe)에 기초하여 지배형식을 전통적·카리스마적·합법적이라는 세 가지 유형으로 만든 것(앞의 책), 메리엄이 정치권력의 크레덴다(credenda)라는 이름으로 권력의 심리적인 합리화(rationalization) 양식을 고찰하고 있는 것(*Political Power*; *Systematic politics* 등)도 결국 그런 문제와 관련되어 있다.

물론 이와 같은 정치적 사회의 중핵을 이루는 지배관계를 중화시키고, 피지배자의 자발적 복종을 불러일으키는 물적·정신적 장치는 반드시 이런 것이라는 식으로 이성적으로 자각되고 있는 것은 아니다. 오히려 그것은 현실에서는 압도적으로 비합리적인 '심층의식'(subconscious) 차원에서 이루어지는 것이었다. 더구나 피지배자에서와 마찬가지로 지배자에서도 그러했다. 현실의 역사는 그야말로 이런 비합리적인 '데모크라시'가 지배자와 피지배자 쌍방의 입장에서, 점차로 이성적으로 자각되고 의식적으로 형성되어간 과정이라 할 수 있을 것이다. 그 결과 어떠한 사태가 일어났는가. 일찍이 대다수의 인민은, 흄의 말에도 불구하고, 모든 정치적 지배가 궁극적으로 인민의 '의견'(opinion)에 기초하고 있다는 자각은 물론 가지고 있지 않았다. 그러나 동시에 지배자 측에서도, 예를 들어 통치가 신(神)에서 유래하고 있다는 것과 같은 크레덴다를 오늘날 상상하는 것만큼 목적의식적으로 통치수단으로 이용한다는 의식도 없었으며, 또 그 기술적 수단도 가지지 못했다. 통치자는 명확한 법적 형식을 통해서 피지배자의 '의견'에 통제받는 것도 없는 대신에, 피지배자의 모호하고 파악하기 어려운 분위기(민심의 귀추)나 전통적 구속에 의해 눈에 보이지 않는 통제를 받았다. 그들은 그런 실제 느낌을 '천도'(天道)라든가 자연법이라는 말로 표현했다.

오늘날에는 피지배자는 헌법에 명기된 제도적 보장에 의해서 지배자의 권력에 참여하며, 그 '의견'은 수치로 측정되어 정부의 교체를 가능하게 할 정도에까지 이르렀다. 그러나 동시에 지배자는 만약 통신·교통·정보 수단의 광범한 이용에 의해, 피지배자의 '의견'을 미리 좌우할 수 있다면, 투표라는 '객관적' 형태로 확보된 피지배자의 '동의' 위에 아무것도 꺼리지 않고 권력을 휘두를 수 있게 된 것이다. 민의(民意)가 흘러나오는 명확한 도

랑이 만들어졌다는 것은 거꾸로 지배자에 의한 민의의 조종도 용이하게 되었다는 것이다. 피지배자가 사회적 가치에 대한 참여와 정치적 복종의 자발성을 자각적으로 조직화해 나가는 과정은 한편으로는 확실히 문자 그대로 민중의 정치적·사회적·시민적 권리의 획득과 그 주체적 의식의 향상의 역사였다. 그러나 그것은 다른 측면에서 말하면, 그런 물적·정신적 장치가 수행하는 이데올로기적 역할, 즉 현실의 정치사회에 분명히 존재하는 지배관계를 정련하고, 추상화하고, 그 실태를 피지배자의 눈으로부터 가린다는 역할을 지배자가 점점 분명하게 의식하고, 그런 목적의식에 기초하여 대규모로 그 장치를 구사하게 된 역사라고 할 수도 있을 것이다. 베버나 메리엄이 든 정당성의 근거나 크레덴다는 모두 이같은 양면의 의미에서 합리화의 과정을 걸었던 것이다. 그 점에서 『20세기의 신화』(Alfred Rosenberg)에 의거하는 카리스마적 지배가 실로 '인민의 동의'에 기초하여 나타날 수 있다는 사실처럼, 위에서 본 양면적인 합리화에 내재하는 거대한 모순과 애처로운 비극을 말해주는 것은 없을 것이다.

3.

이런 모순이 존재하는 한 현대의 다양한 '크레덴다'는 다소나마 '허위의식'의 성격을 띠게 되는 운명에 처해 있다. 그것은 (A)현실에 존재하고 있는 지배관계를 무언가 특별한 관계로 드러나게 하거나, 또는 (B)지배의 주체를 누군가 다른 사람에게——역시 관념의 세계에서——이양하게 한다. 예를 들면 지배관계를 오로지 지도관계(指導關係, Führerprinzip)로 그리는 것은 전자의 카테고리이다. 지배와 구별되는 의미에서의 지도란 리하르트 슈미트(Richard Schmidt)에 의하면 "무엇인가 공동이익 위에 구축된 개인과 그룹의 관계"이며, 그때 ① 사람이 자유의지로 따르며, 명령이나 강제에 의하지 않는 것, ② 맹목적 추진력에 대한 반응으로서가 아니라 적극적인, 다소라도 합리적인 근거에 기초하여 따르는 것이 특징이다 ("Leadership" in *Encyclopaedia of the Social Sciences*). 지도자에 대응하는 것은 추수자(追隨者, follower)이지 복종자나 신하는 아니다. 그런 지도자와 추수자의 관계를 현재의 정치적 사회의 구조에 적용시키는 것이, 강렬한 이데올로기적 기능을 갖는다는 것은 여러 말이 필요없을 것이다. 나치스 독일에서 우리는 이미 그 전형적인 예증을 알고 있다. 그러나 지배자를 예를 들어 매니저로 혹은 악단의 지휘자(conductor)로 묘사하는 것은 널리 현대국가에서 볼 수 있는 현상이다.

(B)의 범주에는 여러 가지 다양성(variety)이 있다. 그렇지만 대략적으로 말하면 그것을 초(超)인격화 방향과 비(非)인격화 방향으로 나눌 수 있을 것이다. 초인격화라는 것은 인간의 지배를 신의 지배라는 위쪽으로 이양하든가 아니면 인민의 지배라는 아래쪽으로 이양하는 픽션(fiction)이다. 특히 현대에서 모든 정치적 이데올로기가 즐겨 쓰는 것은 집합개념으로서의 '인민'에게 지배의 주체를 이양함으로써 소수의 다수에 대한 지배라는 모든 지배에 공통된 본질을 은폐시키는 방식이다. 지배의 비인격화 이데올로기의 가장 큰 그것은 '법의 지배'라는 것이다. "인간이 지배하지 않고 법이 지배하는 곳에 자유가 있다"는 칸트의 명제가 근대 자유주의의 대원칙이라는 것은 말할 것까지도 없다. 물론 그 이념이 수행한 역사적 역할은 크고, 또 오늘에도 그것이 상실되지 않았지만 그 이념은 현실적으로 법을 해석·적용하는 것이 언제나 인간이며 추상적인 법규범으로부터 자동적으로 일정한 구체적 판결이 나올 리도 없다는 자명한 이치를 의식적·무의식적으로 간과했으며, 국가권력의 현실의 행사가 지배관계의 기초를, 그것에 대한 도전으로부터 방위한다는 지상목표에 의해서 제약받고 있음에도 불구하고, 국가 및 법의 중립적 성격을 참칭(僭稱)함으로써 흔히 반동적 역할을 수행하는 것은, 예를 들어 래스키가 미국 대심원(大審院)의 역사 등에 대해서 예리하게 지적한 바였다(*Reflexions on the Revolution of Our Time* ; *American Democracy*). 더욱이 **국민공동체**의 이념이나

이른바 **국가법인설**과 같은 것도, 역시 지배의 비인격화 카테고리에 포함시킬 수 있을 것이다.

이같은 현대사회의 제반 '크레덴다'가 단순한 '허위의식'에 머물지 않고서 현실의 정치적 사회에 뿌리내려 은폐가 아니라 표현이라는 의미를 보다 확실하게 가지기 위해서는 어떤 조건이 필요한가. 앞에서도 말했듯이 지배형태가 지배형태인 까닭은 사회의 이질적인 집단 사이에서의 이익지향의 대립관계라는 것에서 배태되고 있다. 그렇다면 사회가 일반적으로 동질적인 계급 기반 위에 서는 것, 즉 물질적·정신적 가치의 일부 소수자에 의한 독점이 배제되고 헬러(Heller)의 이른바 의사(意思) 및 가치공동체로서 갱신(更新)되는 것(Staatslehre)이 적어도 그 전제가 되지 않으면 안된다. 그러나 그런 사회적 갱신은 물적 장치의 문제임과 **동시에** 정신적 차원에서의 문제이다. 홉스는 앞에서 말한 선천적 지배자와 선천적 피지배자를 구별하는 아리스토텔레스의 말을 반박하여 "그것은 이성에 반할 뿐만 아니라 경험에도 반하는 것이다. 왜냐하면 스스로 통치하기보다는 타인의 통치를 받고 싶다고 하는 어리석은 자는 극히 드물기……때문이다"(Leviathan, chap.15)라고 했다. 홉스의 단언이 어디까지 타당한가, 또 그것을 타당하게 만들기 위해서는 어떻게 하는 것이 좋은가——거기에 현대의 가장 큰 과제 하나가 가로놓여 있다.

•1950년

제6장

정치권력의 제 문제

권력은 정치학에서 유일한 것은 아니라 하더라도 가장 기본적인 범주의 하나이다. 따라서 정치권력이 내포하고 있는 문제를 추적해가게 되면, 그것은 정치학의 거의 모든 영역과 모든 과제를 다루게 되는 결과가 되지 않을 수 없다. 그런 포괄적인 권력론은 물론 이 짧은 글이 의도하는 바는 아니다. 여기서는 다만 현대 정치학에서 주요 쟁점이 되고 있는 그런 문제를 중심으로 정치권력에 대한 다양한 파악에 대해 하나의 교통정리를 시도하고, 그것을 통해서 나 자신의 권력론의 기본적 시각을 개괄적으로 제시해보는 정도에서 머물고자 한다. 조명의 각도를 분명하게 하는 데 중점을 두었으므로, 분석의 일면성이나 추상성을 면할 수는 없겠지만, 전문가 이외의 독자들이 문제의 소재를 이해하는 데 다소라도 도움이 될 수 있다면 정말 다행이겠다.

1. 사회권력과 물리법칙

정치권력은 말할 것도 없이 사회권력의 일종이며, 사회권력은 인간 행동 사이에서 성립되는 관계라는 점에서 물리적 세계에 작용하는 맹목적인 힘

(physical power)과는 구별되지 않으면 안된다. 그러나 우리가 '대량관찰'적으로 인간행동 속에 작용하는 힘의 관계를 고찰할 경우, 물리적 세계에서의 역학적인 법칙을——물론 개연성(蓋然性)으로서——적용하는 것이 전혀 무의미하지는 않다. 러시 아워에 마루(丸)빌딩으로부터 쏟아져 나오는 거대한 사람들의 흐름이 토오쿄오(東京) 역의 몇 개의 개찰구로 나뉘어 빨려 들어가는 과정은 무수한 빠찐코 구슬을 이용하여 '실험'할 수 있을 것이다. 따라서 물리적인 힘의 함수관계는 사회적인 힘을 고찰하는 데서도 흔히 많은 시사(示唆)를 안겨준다. 힘은 관성의 법칙을 무시할 수 없다. 사회적인 힘 역시 사회적인 질량과 가속도를 곱한 것이라는 의미를 가지며, 그 정식에 따라서, 예를 들어 어떤 대상에 대한 급격한 힘의 작용을 피하기 위해서 다양한 완충 스프링과 쿠션을 사용하는 것의 유효성은, 고래의 정치적 지도자들이 본능적으로 터득해온 것이다.

힘의 균형 내지 힘의 평행사변형의 제 변칙도 대체적으로 사회의 그것에 적용될 수 있을 것이다. 힘이 양극화(polarize)하면 할수록 평형을 유지하기 어려우므로 충돌의 위험성이 높아지지만 일단 균형을 취하게 되면 안정도는 높아진다. 이에 반해서 힘이 다원적으로 교착되어 있으면 서로 상쇄되어 용이하게 평형이 이루어지지만, 그런 반면 미묘한 힘 관계의 변화로 갑자기 다시 평형이 무너진다. 즉 안정도는 낮다는 것으로 된다. 이런 '법칙'이 국제정치처럼 권력주체가 같은 평면에서 서로 관계를 맺고 있는 상황에서 특히 타당하는 것은 잘 알려져 있다. 지난 세기 중반 자연과학의 급속한 발전과 프랑스혁명 이후의 사회적 격변의 경험을 기반으로 하여 일어난 사회물리학은 그런 자연과 사회의 일원적인 법칙화를 극단적으로 밀고 나갔다. 그러나 오늘날에는 그런 일원화에 본질적인 한계가 있다는 것은 거의 모든 사회과학자들의 공통된 상식이 되어 있으므로 그런 '힘의 법칙'을 사회현상에 비견할 경우, 특히 사회권력과 물리력의 차이점을 다시 요란하게 부각시킬 필요는 이미 없어졌다고 할 수 있을 것이다. 예를 들어 '물리적 강제수단'이라 할 경우에도, 그것이 (자연과 구별되는) 사회관계에 의해서 매개된 개념이라는 것은 당연히 전제되어 있는 것이다.

2. 권력의 실체 개념과 기능 개념

　권력을 인간 또는 인간집단이 '소유'하는 것(사물)으로 보는 입장, 즉 구체적인 권력행사의 제 양태 배후에 이른바 일정불변의 권력 그 자체라는 실체가 있다는 사고방식을 실체개념으로서의 권력이라 부른다면, 그것에 대해서 권력을 구체적인 상황에서의 인간(혹은 집단)의 상호작용 관계에서 파악하는 사고방식을 관계 개념 혹은 함수 개념으로서의 권력이라 부를 수 있다. 지금까지 권력에 대한 사상가들과 학자들의 정의는 이 가운데 어느한 쪽으로 기울어져왔다는 것은 확실하지만, 그것을 단순히 위와 같은 두 가지 키테고리로 分類하는 것은 곤란하다. 예를 들면 카를 프리드리히(C. Friedrich)는 마르크스주의의 권력 개념을 실체 개념의 한 전형으로 삼고 있다(*Der Verfassungsstaat der Neuzeit*, S.24). 그렇지만 마르크스주의자의 용법이 실체적 파악으로 기울어 있는 것은 뒤에서 보듯이 사실이라 하더라도, 마르크스 · 레닌 · 모택동 등의 구체적인 정치분석 속에는 권력에 대한 관계 개념을 전제로 하여 논의를 진행시키고 있는 경우도 적지 않다.

　오히려 우리에게 중요한 것은 추상적으로 그 두 가지 사고방식의 시비를 따져서 어느 한 쪽에 '가담'하는 것이 아니라 실체 개념이든 관계 개념이든 나름대로의 관점에서 권력현상을 파악함에 있어서 각기 어떠한 사고 방법상의 특색 내지는 경향성이 발생하는가, 그리고 역사적으로 어떠한 정치적 이데올로기와 연결되어왔는가 하는 것을 실제 사례에 기초하여 조사하는 것이리라. 그렇게 하면 각각의 파악의 장점과 결점이 분명하게 드러나게 되고, 구체적인 상황에 따라 상대적으로 분석에 유효한 방법을 구사하면서 거기서 생기기 쉬운 이데올로기적 귀결에 대해서도 인식의 눈을 뜨게 되어 적절하게 대처할 수 있게 된다.

예를 들어 역사적으로 보면 일반적으로 체제가 고정적이고 계급적이거나 혹은 사회적 유동성(mobility)을 결여한 국가 내지 시대에는 실체적인 권력개념이 지배적이고, 또 이데올로기로서는 정치권력의 전제성(專制性)이나 폭력성(暴力性)을——옹호하는 의미에서도 부정하는 의미에서도——강조하는 사고방식이 실체 개념과 연결되어왔다. 이에 대해서 정치권력에 의한 사회적 가치의 독점성이 상대적으로 낮고, 커뮤니케이션의 제 형태가 발전해 있으며, 사회집단의 자발적 형성과 그들 사이(또 국가와 제 사회집단 사이)의 복잡한 상호견제작용이 활발하게 이루어지고 있는 그런 국가 내지 시대에는 관계적·함수적인 권력 개념이 발흥하게 된다. 관계 개념은 권력관계에서, 복종의 심리적 계기나 복종자의 행동양식의 지도자(혹은 지배자)에 대한 역작용을 중시하므로 일반적으로 입헌주의나 자유민주주의의 이데올로기와 연결되며, 또 그런 사상적 전통이 강한 서구 국가에서 발달했다. 인식론적으로 '힘'의 관계 개념을 제시한 획기적인 저작이 존 로크(John Locke)의 『인간오성론』(人間悟性論, *An Essay Concerning Human Understanding,* 제2권, 제21장)이었다는 것은 우연이 아니다.

실체적 권력 개념의 강점은, 인간의 행동양식이 사회화됨으로써 단순한 개인적인 상호작용 관계로부터 분리되어 일정한 객관적 형태로까지 연결되는 필연성을 가지고 있다는 점에 있다. 인간관계의 통제는 사회적 분업이 일정한 발전단계로 진전되면 필연적으로 조직화되고, 조직화가 진행되는 만큼 또한 그런 통제는 개별적인 사회과정으로부터 추상된 '제도'를 매개로 하여 이루어지게 된다. 사회적인 권력의 발생은 이와 같은 인격적 통제의 추상화·제도화와 언제나 동시적이며, 그것은 바로 인간의 자기소외의 가장 기본적인 형태에 다름아닙니다. 원시적인 공동체적 권위가 지배관계로 전화(轉化)되고, 공권력이 발생하는 역사적 과정에 대한 엥겔스의 고전적 서술이——개별적·구체적인 실증이라는 점에서 적지 않은 수정을 요한다 하더라도——오늘날 여전히 학문적 생명을 지니고 있는 까닭은 이같은 권력에서의 소외적 계기를 역사적으로 정식화한 점에 있다.

조직화된 권력의 징표는 ① 권력 행사의 양태 및 피행사자의 행동양식의 범위를 다소라도 명시적으로 규정하는 법칙(rule)의 존재, ② 권력의 다양한 기능을 분담하는 기관(organ) 내지 장치(apparatus)의 정비 등을 들 수 있는데, 그런 법칙(법)이나 장치라는 것은 장기화될수록 그리고 규모가 커질수록 物神化(물신화)하는 경향을 띠게 되므로, 그런 의미에서도 권력은 '실체'로서의 성격을 짙게 지니게 된다. 권력의 제도화의 전형으로서의 국가는 물론이고, 기타 다른 경제·종교·공보(公報) 등의 분야에서의 사회적 조직체도 오늘날에는 점점 더 비대화(매머드화)되어 가고 있으므로, 그들 기구가 아무리 민주화되고 또 아무리 사회적 가치가 다양화되어도 거기서의 권력관계는 개별적인 상호작용 관계로부터 추상되고 응고화되는 끊임없는 경향성을 가지고 있다. 그런 측면을 무시한 관계 개념은 그만큼 허위의식으로 전환되며, (현실을 은폐한다는 의미에서의) 이데올로기성을 띠게 되는 것이다.

그렇지만 다른 한편으로는 권력을 권력주체의 '소유' 혹은 본질적인 '속성'으로 파악하는 사고방식은 권력의 동태를 구체적으로 추적하는 데 많은 어려움을 내장하고 있다. 권력은 그것이 행사되는 상대가 누구인가, 그리고 또 상대의 태도가 어떻게 나오는가에 따라 역시 서로 다른 에너지로 작용하게 되는 것이다. 그것은 국제정치의 경우나 좁은 서클의 권력관계에 대해서는 비교적 쉽게 인정할 수 있지만, 정부(government)나 거대한 사회집단 내부의 권력을 논하는 경우에는 흔히 망각된다. 지도나 지배도 복종을 조달하지 않고서는 존재할 수 없으며, 더구나 복종자가 적극적으로 협력하는가 소극적인 반항 태도를 취하는가 아니면 묵묵히 따르는가 하는 행동양식은 권력관계에서 '외재'적인 계기가 아니라 오히려 그 본질을 좌우하는 의미를 가지고 있다. 무력을 숭배하는 상대와 무력보다도 돈의 힘(혹은 지식의 힘)을 중시하는 상대에 따라서, 권력행사에서의 조직적 폭력이 갖는 유효성의 비중은 서로 다르지 않을 수 없을 것이다. 즉 권력은 상대(복종자 혹은 다른 권력주체)가 지니고 있는 가치의 스케일과 상관성이 있으며, 후자의 변동과 더불어 전자도 변동하게 된다.

그리고 또 예를 들어 국제정치에서도 그리고 국내정치에서도 상대의 눈에 비친 권력의 이미지는 설령 그것이 현실의 권력을 정확하게 반영하고 있지 않은 경우에도, 그것 자체 권력관계를 결정하는 요인이 된다 (H.Morgenthau, *Politics among Nations*, pp.50~51). 권력의 경제적 기초나 군사력 자체가 변하지 않더라도 위신(prestige)의 훼손이 권력에 흔히 치명적으로 작용하는 것은 바로 여기서 유래하고 있다. 구체적인 권력관계를 미시적으로 본다면, 그것은 인간 내지 인간집단 상호간에서의 자기 평가와 타자 평가의 무한한 왕복과정을 내포하고 있으며, 더구나 거기에 영향을 미치는 사회적 제 요인은 커뮤니케이션의 발달과 사회집단 사이의 상호연관성의 증대와 더불어 다양하고 복잡하게 되므로, 그만큼 권력주체는 제도나 조직의 자기동일성에 가만히 책상다리하고 앉아있을 수 없게 된다. 이런 것은 정부와 같은 제1차적인 정치권력만이 아니라 정당 · 노동조합 · 기업체 등의 내부 권력관계 및 대외적인 힘에도 타당한 것이다. 널리 사회적인 지배나 지도면에서의 공적인 관계(public relations)나 인간 관계(human relations) 등의 사회적 의의가 증대되는 것이 이와 관련되어 있음은 두말할 것까지도 없다.

데이비드 리스먼(David Riesman)은 현대 미국에서의 권력의 무정형적인(amorphous) 모습을 전자(電子)의 위치와 속도를 동시에 확정할 수 없는 성질에 관한 유명한 하이젠베르크(Heisenberg)의 원리에서, 예를 들어 "여기서 문제는 권력이라는 것이 자물쇠로 잠가놓는 물건이 아니라 현재 널리 인격 상호간의 기대와 태도에 의존하고 있다는 것이다. 경영자가 (예를 들면 조합에 대해서―마루야마) 스스로 약점과 의존성을 느끼고 있다면, 설령 아무리 경제적 능력을 갖추고 있다고 하더라도 그들은 (조합에 대해서) 현실적으로 약하며, 또 의존하고 있는 것이다"(*The Lonely Crowd*, Y.U.P., p.247)라고 말하고 있다. 권력의 함수적 인식을 여기까지 밀고나간 것의 타당성에 대해서는 의문이 없다고 할 수는 없지만, 어 쨌든 간에 정치·실업(實業)·군사 등 각 영역의 실태조사에 기초한 리스 먼의 이같은 관찰 속에는 고도의 대중사회에서의 권력의 어떤 양상이 예리 하게 드러나고 있다는 것은 부정할 수 없을 것이다. 오히려 문제는 그런 실 태로부터 어떤 의미를 끌어낼 것인가, 예를 들어 대중의 사회적 권력관계에 대한 광범한 참여라는 측면에 착안할 것인가, 아니면 밀스(C.Wright Mills)처럼 권력귀속이 불명확한 데에 따른 '조직화된 무책임'의 경향을 강 조할 것인가(*The Power Elite*, p.342)에 있으며, 거기에 이르게 되면 아무래도 이데올로기 혹은 당파성이 개입하게 된다.

방법론과 관련해서는 권력의 실체적 파악은 기구론이나 제도론의 발상 에 정착되기 쉬우며, 기능적 파악은 리더십의 정치과정, 조직은 전략, 성격 과 행동양식에 대한 착안과 결부되기 쉽다. 전통적인 국가론은 법적 제도를 중심으로 하며, 그 기능활동도 법학적 용어에 의해 서술되므로 사연히 실 체론적인 방법이 우선하며, 따라서 정부활동 이외의 정치과정을 고찰할 때 에도 정당이라든가 노동조합이라든가 하는 공식적으로 조직된 사회집단에 중점을 두고 있다. 게다가 후자 역시 거기서는 스스로 '작은 국가'로 파악되 며, 법칙(rule)의 정립과 집행이라는 법적 관점이 유추되는 것이다. 그런 데 마르크스주의 국가론은 생산관계와 정치제도 사이의 동태적인 관련성이 나 계급 구조와 계급 투쟁의 통일적인 파악을 지향하는 한에서는, 앞에서도 말한 것처럼 단순한 실체론적 입장을 넘어서 있지만, 정치제도 그 자체의 이해방식이 되면──적어도 종래의 마르크스주의적 저작에 나타나 있는 한 은──두드러지게 전통적인 공식(formal) 제도 중심의 접근에 가깝다.

왜 이런 결과가 되는가 하는 것은 간단하게 답할 수 있는 문제는 아니지 만, ① 마르크스주의가 형성된 19세기 중엽의 유럽과 그것이 레닌주의로까 지 발전한 20세기 초엽의 러시아는 마치 귀족정(aristocracy)의 해체에 따른 '계급의 분출' 시대였으므로, 아직 무정형적인 대중사회적 상황을 경 험하지 못했다는 것이 사고(思考) 범주에서도 일정한 각인을 남겼다는 것,

② 국가기능이 조직적 폭력을 중핵으로 하는 치안유지와 대외방위(경찰과 군대)에 거의 한정되어 다른 사회집단 기능과의 상호연관성과 이행성(移行性)이 희박했다는 것, ③ 국가권력의 타도 혹은 정치권력의 탈취라는 혁명 목표를 가시적으로 분명하게 한다는 이데올로기적 요청으로부터도, 권력을 모두 일괄하여 적의 '소유'로 귀속시키는 사고(思考) 상의 원칙을 들고 나왔다는 점, ④ 혁명정당의 정권획득으로 마르크스주의가 체제화된 곳에서는 그 국가구조의 내부적인 갈등이 없다는 점이 전제되어 있기 때문에 권력 과정의 역학적인 고찰은 배제되고, 그 결과 자연히 법적 제도를 중심으로 하는 서술이 중심이 되었다는 것(비신스키(Vyshinski)의 국가론이 그 전형이다)과 같은 제반 사정이 고려되지 않으면 안될 것이다.

그렇지만 다른 한편으로는 혁명적 실천에서의 조직론의 과제는 어쨌든 간에 지도와 피지도의 기능 관련성과 상호 제약성에 착안하고, 또 체제의 방향으로 구조화(canalize)되어 있는 대중의 행동양식을 반체제 방향으로 전환시키는 문제를 제기하지 않을 수 없다. 현재 이런 측면에서 레닌 · 스탈린 · 모택동의 여러 저작에서는 권력과정의 동태에 대한 예리한 통찰을 도처에서 찾아볼 수 있다. 다만 그들은 오로지 전략전술론으로서 어디까지나 개별적 상황에 밀착하여 논의되고 있는 것이다. 즉 전통적 마르크스주의에서 국가론과 정치과정론이 아직 이론적으로 종합되어 있지 않기 때문에, 권력론에서도 자연히, 역사적 단계에 기초하여 정치제도를 거시적으로 파악하는 방향과 이론에까지 추상화되지 못한 정치 기술적인 관점이 충분히 매개되지 않은 채 그대로 병존하고 있는 것이다.

앞에서 말한 것처럼 이른바 제도나 기구라는 것도 인격 상호관계의 무수한 연쇄와 반응으로 성립되어 있으며, 그것이 하나의 순환과정으로 형태화된 것에 다름아니다. 그러나 그것이 곧바로 개인만이 구체적인 실재이며, 제도나 기구는 추상이라는 극단적인 유명론(唯名論) 내지는 '국가 대(對) 개인'이라는 도식의 정당화를 의미하는 것은 아니다. 인격 상호작용이 조직화되고, 거기에 권력관계가 개재하게 되는 과정은 어디까지나 다층적이며,

각각의 조직화 레벨에 따라서 그 의미나 역할에 질적인 차이가 생기게 된다. 작은 서클 내의 권력관계와 대집단의 그것, 부락의 권력관계와 국가의 그것이, 그 추구하는 가치(뒤에서 말하는)의 차이를 사상(捨象)시킨다 하더라도 구조적으로 다른 것은 그런 조직화 레벨의 차이에서 유래하고 있다. 다만 공식적으로 형태화된 제도나 기구에 인식을 고착시키게 되면, 자칫 잘못하면 그 제도의 '안'과 '밖'을 준별하기 위해서, 안과 밖의 양측에 그리고 상호간에 끊임없이 행해지고 있는 교통관계(communication)와 그것에 기초를 둔 비공식적인 조직화 과정을 놓쳐버리기 쉬우며, 그것은 현대와 같은 복잡하게 계층화된 권력관계의 리얼한 파악에서 흔히 치명적인 착오를 범하게 된다. 그것을 피하기 위해서는 권력구조를 권력 과정으로까지 부단히 동태화(動態化)시키고, 후자를 또 조직 연관성에서의 인격 상호작용의 동학(dynamism)으로까지 일단은 파헤쳐서 고찰하는 조작이 아무래도 필요하고 또 유효하게 되므로, 그것과 권력의 전체구조를 인격 상호작용의 양적인 총화로 보는 것은 명확하게 구별되지 않으면 안된다. 조직에서의 전체와 개체 사이의 기능관계에 대해서는, 헬러(H. Heller)도 말하고 있듯이(*Staatslehre*. S.63), 게슈탈트(Gestalt)이론이 적지 않은 시사를 던져줄 것이다.

3. 권력상황의 여건

권력을 인격 상호작용이라는 관점에서 분석하는 이점의 하나는, 널리 인간관계가 권력관계로 이행하는 다이내믹스를 분명하게 해줄 수 있다는 점에 있다. 이것은 이른바 인류사회에서 권력의 역사적 기원과 발생이라는 문제와 무관하지는 않지만, 그렇다고 해서 동일하지도 않다. 왜냐하면 전자는 현대에서의 공식·비공식의 모든 집단관계의 권력과정과 그 상호연관의 해명을 직접적인 목적으로 하고 있기 때문이다. 그런 해명은 정치적 통제와 비정치적(경제적·종교적 등) 통제의 한계가 미묘하고, 비정치적 행동의 정치적 기능이 현저해진 오늘날과 같은 상황에서 특히 중요한 의미를 가지고 있다. 그런데 그런 일반적인 권력관계의 개입과 그 상호연관성의 전제가 되고 있는 기본적 사실——이론에서는 가설——은 인간이 추구하는 사회적 가치가 다양하며, 게다가 그 양이 일정한 시간과 공간에서의 인간의 욕구에 대해서 상대적으로 희소하다는 것에 다름아니다.

이런 기본적인 사실을 전제로 하고, 가치의 추구·획득·증대·배분을 목적으로 하여 인간관계를 통제하고, 게다가 그런 통제가 상대가 소유 혹은 추구하는 기본적인 가치의 박탈을 최후수단으로 행사할 수 있도록 되어 있을 때에, 권력관계가 결정적으로 개입하게 되는 것이다. 권력관계가 앞에서 말한 것처럼 상대의 가치의 스케일과 상관성을 가지고 있다는 것은 여기에 기초하고 있다. 옛날 사람들은 '생사여탈권'(生死與奪權)이라는 간략하게 명쾌한 말로 그런 이치를 표현하고 있다. 육체적 생명의 안전성은 말할 것도 없이 모든 시대를 통해서 인간이 소유하는 가장 기본적인 가치이며, 따라서 인간행동에 대한 효과적인 통제는 최종적으로는 그런 기본적 가치의(전부 혹은 일부의) 박탈——살해·체형(體刑)·추방·투옥·숙청(purge)——을 무기로 하여 이루어진다. 물리적 강제수단(폭력)의 조직화가 모든 권력의 잠재적인 경향을 이루는 까닭이다.

그러나 그럴 경우에도 "우리에게 자유를 달라, 그렇지 않으면 죽음을!"이라는 확고한 신조에 입각한 사람에 대해서는, 조직적인 것과 비조직적인 것을 불문하고서, 모든 폭력은 침묵하지 않을 수 없다. 마찬가지로 최소한도의 부(富)는 육체적 생명의 유지를 위해서도, 그리고 기타 다른 사회적 가치의 유지·획득을 위해서도 필요한 기본적인 가치이므로, 경제적 가치의 '여탈'(與奪) 역시 예로부터 권력통제의 목적 및 수단으로 가장 중요한 지위를 차지해왔으며, 경제적 가치의 생산이 '공기'처럼 풍부하지 않는 한 앞으로도 여전히 그러할 것이다. 그렇지만 물질적 보상이나 박탈이 인간의 행동양식을 효과적으로 통제할 수 있는 정도는, 말할 것도 없이 육체적 생명의 경우보다도 한층 더 개인적·민족적·시대적 편차가 크다. 카톨릭 교도들에게는 로마 교황에 의한 파문이, 그리고 공산당원에게는 중앙지도부에 의한 제명이, 각각 존경·애정·명예·세력 등의 제 가치의 중대한 박탈을 의미하므로, 그런 가치를 통제할 수 있는 인간(혹은 그룹) 쪽이, 그들의 부(富)나 경우에 따라서는 생명을 통제할 수 있는 인간보다도, 그들에 대해서 권력상황을 성립시키는 데 보다 유리한 지위에 서 있는 것이다.

그런 가치의 다양성을 전제로 하여, 라스웰(H. Lasswell)은 가치 종류의 조합을 통해서 권력 형태를 상세하게 분류하고 있다(『권력과 인간』, 일어번역본, 287쪽 참조). 그 가운데에는 단순한 지적 유희로밖에 생각되지 않는 것도 있지만, 거기에는 역시 사회적 분화와 커뮤니케이션의 고도화에 기초한 인간들의 가치관심의 다양화가 반영되어 있다는 것도 부정할 수 없다. 예를 들어 그가 권력의 기저가치(base value)와 권력 자체의 가치를 구별하고 있는 것은, 강대한 노동조합이 스스로 '부'(富)를 소유하지 않고서 부에 대한(특히 배분에 대한) 권력을 가지며, 스폰서나 연출자가 스스로 명성을 지니지 않고서도 타인의 명성을 통제하는 힘을 가지고 있는 것과 같은 현상—혹은 같은 인간 A에 대해서 지식정보라는 점에서는 B가, 부에 대해서는 C가, 존경에 대해서는 D가 각각 권력을 잡고 있는 것과 같은 중첩관계의 광범한 존재—등 어느 것이나 현대의 복잡다기한 사회적 권력상황을 눈앞에 두고 있는 것이다. 정부 권력(governmental power)의 행사에 대한 이른바 입헌제 제한의 강화가 곧바로 인간의 자유 일반의 확대를 의미하지 않으며, 오히려 도리어 '부'에 기초한 권력관계를 표면화하는 결과가 된 것은, 역사적으로 잘 알려진 사실이다. 그 점에 관한 자유주의자의 낙관이 파탄된 것도, 위에서 본 것과 같은 관점에서 본다면 권력의 복수적인 중첩관계를 오해한 현저한 사례로 들 수 있을 것이다.

가치의 획득이나 증대는 집단협력에 의하는 쪽이 개인적으로 하는 것보다도 일반적으로 유효하다는 것은 많은 말이 필요치 않다. 그래서 가치를 둘러싼 분쟁은 그 가치가 회소하며, 그것에 대한 사람들의 욕구가 강할수록 강한 집단응집력을 갖는다. 그런데 권력 자체도 역시 가치이며, 게다가 그것은 타인(집단)의 제 가치의 박탈을 포함하는 인간관계의 통제이므로, 권력은 다른 어떠한 가치를 추구하는 기반(base)으로서도 유효도(有效度)가 높다. 그래서 관계자에 있어서 중대한 가치를 둘러싼 분쟁은 집단 상호간에서도, 그리고 집단 내부에서도 그만큼 빨리 권력관계로 이행하기 쉬운 것이다. 또한 그로부터 권력적 통제에 의한 인간관계의 조직화는 끊임없이 규모를 확대하고 권력관계의 피라미드를 점차로 자체 내에 포섭해나가려는 내재적 경향을 띠고 있다. 그것은 반드시 지도자 내지 지배자의 사악한 성질 때문도 아니며, 또 홉스가 이미 예리하게 통찰했던 것처럼 "꼭 알맞은 권력에 인간이 만족하지 못하는 것은 보다 많은 권력을 얻지 않으면 현재 가지고 있는 권력도 확보할 수 없다"(*Leviathan* 1. chap.XI)는 권력 특유의 다이내미즘에 기초하고 있는 것이다.

그리하여 본래 다른 가치의 추구를 위해서 생겨난 권력관계가 자기목적으로 전화(轉化)되어간다. 물론 그런 경향은 어떤 상황인가, 어떤 문화양식(culture)인가, 어떤 성질의 권력인가, 어떤 종류의 집단인가에 따라서 발현의 템포나 형태를 달리한다. 긴장된 국제관계나 장기적인 내란 상태 등에서 특히 그같은 권력확대의 자기목적화가 강하게 나타나는 것은 말할 것까지도 없다. 그런 긴장과 불안한 상황에서는 중대한 가치(생명의 안전이나 국민의 기본적인 권익)가 위협받게 되고, 사람들의 가치관심이 단순화되어 모두 그 한 점에 집중되므로, 그것을 통제할 수 있는 사람의 손에 쉽사리 권력이 응집하게 된다. 그와 동시에 문자 그대로 사악한 세력 혹은 지도자가 그런 다이내믹스를 거꾸로 이용하여, 대외적 긴장을 인위적으로 선동하거나 혹은 집단의 구성원의 중대한 가치를 끊임없이 위험 상태로 빠트림으로써 자신의 권력을 유지·확대해가나는 것도 역사상 흔히 볼 수 있는 일이다.

권력상황의 동태를 파악하기 위해서는 사회적 제 가치의 제도화된 배분 형태에만 착안하지 말고, 가치관심의 방향과 강도에 기초한 잠재력을 고찰

에 넣을 필요가 있는 것도, 위에서 본 것과 같은 권력의 다이내미즘과 관련
되어 있다. '현상'(現狀)에서의 권력 기반에 만족하고 안주하는 사람은 흔
히 그 배양에 대해 배려해야 한다는 점을 망각하고, 다른 가치에 관심을 돌
리기 때문에 권력적 지위를 상실하는 일이 드물지 않다(이른바 삼대째의
비극). 이에 반해서 잃어버릴 것은 쇠사슬뿐이라는 상태에 놓여 있는 인간
·계급 혹은 민족은 권력과정으로부터 완전히 도피하든가 아니면 '획득해
야 할 전세계'를 추구하여 가공할 만한 에너지를 가지고 일어설 가능성을
갖는다. "세상 사람들이 헛되이 부(富)가 세력이라는 것을 알지만, 부를 얻
으려고 하는 것이 세력임을 돌아보지 않으며, 권력이 세력임은 알지만, 권
력을 장악하려 하는 것이 세력임을 돌아보지 않는다……. 지위는 세력이
다. 그러나 지위가 없는 것도 세력이다. 왜냐하면 가령 실패하더라도 스스
로 손해볼 것이 없으니, 그가 어찌 용감하게 나아가지 않을 수 있겠는가.
나는 정치에서 부와 힘과 학문과 권위가 중요한 자본임을 아는 동시에 그
런 자본이 없는 것 역시 자본임을 인정하지 않을 수 없다. 이른바 가진 것
이 하나도 없지만 마치 모든 것을 가진 것처럼 여길 수 있는 것은, 오직 청
년 서생(書生)뿐이다"(『國民之友』 第6號)고 청년시대의 토쿠토미 소호오
(德富蘇峰)[역주1]가 한 말은 그런 권력과정의 법칙을 적확하게 표현하고
있다.

  그런데 지금까지는 권력과정에서의 특수·정치적인 것을 추출하지 않고
서 일반적인 인간통제 관계에서의 권력의 다이내믹스를 논의해왔는데, 그
것은 한편으로는 정치단체·경제단체·문화단체와 같은 고정적인 구별이
현실 정치과정의 고찰에서 흔히 마이너스로 작용하는 예가 있기 때문이다.

[역주1] 토쿠토미 소호오(德富蘇峰, 1863~1957)는 근대일본의 평론가로 『國民之友』 『國民新
聞』 등을 창간하여 진보적 평민주의 저널리즘을 주도하기도 했다. 그러나 그후 내무성 참사
관이 되어 변절자라 비난받기도 했다. 정계에서 활약하기도 했으나 1913년 은퇴 이후 평론
가로 활약했다. 그의 황실 중심의 국가주의 사상은 제2차세계대전 중의 일본에 큰 영향을 미
쳤다.

그러면 비정치적인 권력과정이 정치화하는 조건은 무엇인가.

여기서 비로소 정책이라는 계기가 등장하게 된다. 정책이라는 것은 가치의 생산·획득·배분에 관한 목표와 그 실현을 위한 방도이다. 그 가치가 '부'에 관련될 때에는 경제 정책, '지식'과 관련될 때에는 교육·문화 정책, 그리고 권력가치를 목표로 하는 정책은 정치 정책 혹은 권력 정책으로 부를 수 있을 것이다. 정치과정이라는 것은 넓은 의미에서는 그런 정책 일반이, 좁은 의미에서는 정치 정책이, 권력과정 ——가치박탈을 수단으로 하는 인간관계의 통제——을 통해서 형성되고 실현되는 과정에 다름아니다. 정치권력은 공권력이므로, 설령 가치추구를 목적으로 하여 권력을 조직화하더라도, 그것이 (개인 또는 자신이 소속된 제1차 집단의) 개별적인 이해에 **직접적으로 봉사하고 있는 경우**에는 그것은 공권력이라 할 수가 없다. 그런 의미에서 정책은 개인 또는 직접적 집단을 넘어선 전체성의 이미지라고 할 수 있을 것이다. 그 의미는 정치권력이 객관적으로 '전체'의 이익에 봉사하고 있다는 것은 물론 아니다. 설령 경제적 착취 기능을 위해 권력이 조직화되더라도, 그같은 지도자에게는 개인적·파벌적 이해를 넘어선 역할이 부과되고, 그런 역할에 기초를 두지 않은 권력행사는 견제를 당한다. 그렇지 않으면 계급적 지배 기능조차 완수할 수 없는 것이다. 정치적 권력인 한, 자신이 통솔하는 부하만이 아니라 피지배계급 혹은 다른 사회집단에 어떠한 가치를 어떤 정도로 할당할 것인가 하는 배려가 그 정책 속에 필연적으로 포함되어 있다.

전체성이라는 것은 애초부터 상대적인 범주이므로 역사적 단계, 커뮤니케이션의 발전정도에 따라 서로 다른 것은 당연하며, 예를 들어 중세에서 공권력이었던 봉건영주의 권력관계는 근세의 통일국가의 성립과 발전에 따라서 공적 성격을 잃어버리게 되었다. 다른 공권력과의 사이에 가치배분의 조정(외교)으로의 지향도, 전체성의 이미지의 유무(有無)를 판별해주는 유력한 규준이다. 그런데 말할 것도 없이 국가는 오늘날 여전히 최고의 조직된 권력기관이며, 일정한 영역에서 정통적·합법적 폭력을 독점하며, 그

행사에 의한 가치박탈을 최후수단(ultima ratio)으로서 부차적인 권력관계를 통제하고 있다. 그래서 국가권력의 제어에 성공하면 할수록 그 영토 내에서의 가치배분의 결정에 가장 유리한 입장에 서게 되는 것이다. 그것이 현대에서의 국제적·국내적인 정치투쟁이 결국은 국가권력의 획득·유지·배분·변혁을 둘러싸고 전개되는 까닭이다. 전체성의 이미지는 오늘날 커뮤니케이션과 기술의 세계화, 국가적 에고이즘(egoism)이나 전쟁의 재해에 대한 인식의 일반화, 경제적 상호의존성의 증대 등에 의해서 점차로 국제관계적인 표상을 넘어서 인류적 차원으로 확대되는 움직임을 보여주고 있는데, 국제사회의 조직화가 한층 더 진전되지 않는 한 용이하게 네이션 (nation)에 대한 정착성(定着性)을 쉽게 벗어나지 못할 것이다. 따라서 정치적인 권력과정은 거의 대부분 압도적으로 국가와의 관련 하에서 진행된다.

그렇지만 이른바 정부의 활동이 모두 정치 과정을 구성하는 것은 아니며 거기에 포함되는 것은 권력가치의 증대나 배분을 자주적으로 결정하는 의회나 행정수뇌부의 행동에 한정된다. "집행하는(ausführend) 권력이 아니라 지도하는(führend) 권력만이 정치권력이다"(H.Heller, *Staats-lehre*, S.204). 다만 상황에 따라서는 군인이나 행정부 관리가 단순히 법규에 근거한 권한의 수행을 넘어서 권력, 기타 다른 가치배분의 결정에 유력하게 참여하게 되면, 군벌정치나 관료정치가 출현하게 된다. 노동조합은 그 내부에 권력관계를 내포하고 있더라도, 주요한 행동양식이 노동조건의 유지·향상에 집중되어 있는 동안은 직접 정치과정에 포함되지 않는다. 노동조합이 선거 때에 특정한 정당을 지지하는 것은 정치정책이며, 그런 한에서 정치과정에 경제단체로서 관여하고 있다. 그러나 한 걸음 더 나아가 노조가 총파업에 호소하여 정부를 넘어뜨리려고 하면 그것은 이미 정치과정에 모든 활동을 투입하고 있는 것이므로, 정치단체로 이행했다고 하지 않으면 안된다. 경영자 단체에서도 그런 이행이 일어날 수 있는데, 일반적으로 자본측은 본래의 기능 수행을 통해서 정부의 정책결정에 큰 영향력을 미치고 있으므로, 극히 특수한 상황 이외에는 직접 정치단체로 이행할 필요없이 국가의 권력상황을 움직일 수 있는 입장에 있다.

이런 예에서도 분명하게 드러나듯이, 정치단체라든가 종교단체라든가 하는 상식적인 구별은 현실의 정치과정에서는 상대적인 의미밖에 가지지 않는다. 오히려 각각의 사회집단이 권력상황에서 수행하는 역할과 지위를 그 시점시점에서 추구하는 가치에 관련시키면서 관찰하는 것이 중요하다. 일정한 정치상황에서 어떠한 기관 혹은 집단이 국가권력관계를 가장 기본적으로 좌우하는가를 확인하는 것은 반드시 쉽지는 않으며, 헌법의 주권 규정이나 기관 권한에 대한 조문으로부터는 알 수가 없다. 평소에는 애매하게 되어 있던 최고권력의 소재가 긴급사태(숙청·쿠데타·내란 등)가 돌발했을 때 전광석화처럼 투영되어 나오는 일이 있다. 주권이란 예외상태에서의 결단이라는 카를 슈미트(Carl Schmitt)의 명제는 이런 한도내에서 옳은 것이다(F.Neumann, "An approach to the study of political power," *Political Science Quarterly*, June 1950).

4. 정치권력의 구성과 제 수단

정치권력을 둘러싼 **투쟁**에 일상적이고 주체적으로 참여하는 **주요한** 조직 집단을 그 권력상황 속에서의 권력단위(power unit)라 부를 수 있다. 국가를 비롯하여 초국가조직(예를 들면 예전의 코민테른)·정당·정치적 비밀결사 등이 전형적인 권력단위이다. 이하에서는 그런 권력단위의 내부구성, 조직화의 수단을 극히 일반적으로 살펴보기로 하자. (정치단체라든가 경제단체라든가 하는 경우에는 사회에서의 기능의 구별이지만, 권력단위라고 할 경우에는 정치투쟁의 무대를 중심으로 하여 그 주역에 초점을 맞추고 있다. 따라서 앞에서 말한 것과 같은 비정치집단의 정치화 가능성은 여기서는 일단 고려하지 않기로 한다.)

조직된 권력단위는 일반적으로 그 내부에 계층화된 권력관계를 포함하고 있으므로, 예외없이 피라미드적인 구성을 취하게 된다. 그것은 권력참여에 대한 관심 및 정도에 따라서 크게 나누면, ① 중추적인 지도부(이른바 권력핵(權力核, Machtkern)), ② 지도부를 둘러싸고 그것을 직접 보좌하는 엘리트 혹은 '전위'(前衛), ③ 엘리트에 따라서 일상적으로 종사하는 '행동주의자'(activists) 혹은 그라치아(Alfred de Grazia)가 말하는 폴리티스트(politists), ④ 비일상적으로만──예를 들어 1년에 1회의 총회 출석이라든가 이따금 있는 선거에서 투표할 때──권력에 참여하는 일반 성원 등으로 단계가 나누어진다. 물론 이 구별은 고정적인 것이 아니며, 오히려 그것이 화석처럼 될수록 조직능률은 악화된다. 권력장치의 내부에서 또한 장치 밖으로부터 '인재'(人材)──정치적 관점으로부터의──를 끊임없이 흡수하고 승진시키는 것은 비민주적 집단과 민주적 집단을 불문하고, 권력관계를 지속적으로 재생산하기 위한 중요한 조건의 하나이다.

정치권력의 구성은 또 기능적 분업이라는 면에서 여러 가지로 분류된다. 입법부, 사법부, 행정부라는 법규를 중심으로 한 전통적인 분류방식은 정치적 동태 분석에서 그다지 유효하지 않다. 오히려 뒤에서 말하는 바와 같은 권력의 통제수단에 입각해서 본다면, ① 상징·신화·이데올로기·정책의 제작이나 입안(立案)에 해당되는 것, ② 구체적 정세에서의 전략·전술의 수립자, ③ 정보·선전·선동의 전문가, ④ 자금조달 및 재원발굴 담당자, ⑤ 섭외관계의 담당자, ⑥ 폭력의 전문가 등의 종류가 있다. 물론 이런 구별도 유동적이며, 또 권력핵심에 가까이 갈수록 그런 제 기능은 통합된다. 이와 같은 제 기능의 활동이 원활하게 이루어지는 동안의 균형이 적당하게 유지될수록, 권력 전체의 에너지는 높아진다. 게다가 그들 기능의 수행은 광범하게 사회적·경제적·문화적·자연적인 제 조건에 의존하지 않을 수 없다. 정치권력의 강력함과 크기를 바르게 측정하는 것의 어려움은 여기에서도 기인한다. 권력기반의 복합성은 국가권력에 특히 두드러진다. 권력의 복합성을 간과하고, 권력의 우열을 그 하나의 계기──예를 들면 물

리적 폭력(군비나 경찰력)이라든가 재정상태라든가——만에 의해서 비교하
고 판단하는 것 역시, 앞에서 말한 권력의 실체화적 사유와 더불어 나란히
정치적 지도자가 가장 빠지기 쉬운 오류이며, 국제적·국내적 권력투쟁으
로 질주하는 유력한 원인이 된다.

정치권력이 그 대상으로서의 인간이나 다른 권력단위를 통제하기 위해
서 쓰는 방법은, 넓게는 사회적 통제의 일반적 제 수단과 중복되고 있다.
앞에서 말한 대로 정치권력에 특유한 수단은 폭력조직을 구사하는 것인데,
경찰력이나 군사력의 발동은 정치적인 권력행사의 극한상황이지 그 일상적
인 형태는 아니다. "사람은 총검을 가지고 무슨 일이든지 다 할 수 있지만,
다만 그 위에 앉아 있을 수는 없다"(Talleyrand). 그런 의미에서 투옥이
나 전쟁은 오히려 정치권력의 수(手)가 다 되었다는 것을 드러내주는 것에
다름아니다. '권력의 경제'라는 관점에서는 폭력의 **현실적인** 행사보다는 행
사의 위협(예를 들어 국제정치로 말하면 병력의 동원이나 일정한 지역에
집결하는 것) 쪽이 더 나으며, 직접적 폭력에 의한 위협보다는 경제 봉쇄라
든가 명예의 박탈과 같은 간접적인 강제 쪽이 더 나으며, 더구나 강제보다
는 설득(persuasion)과 합의(consent)가 보다 효과적이다. 권력복종의
동기가 오직 가치박탈에 대한 **공포**에 있는 그런 경우를 단순한 물리적 폭력
과 구별하여 벌거벗은 권력(naked power)이라 부른다면, 벌거벗은 권력
에 최저한의 자발성이 시작되고(그러나 여기서는 아직 베버가 말하는 정당
성 근거의 문제는 등장하지 않는다), 이성적인 합의에서 자발성은 최정점
에 달한다.

그러나 다른 한편으로는 권력적 통제의 비(非)권력적인 그것에 대한 특
질은 무언가의 가치의 박탈을 배경으로 하고 있다는 점에 있으므로 순수한
설득이나 합의는 권력관계에는 존재할 수 없는 것이며, 정치권력에 의한
설득이라든가 '합의에 의한 정치'라는 말에는 많건 적건 간에 신화가 포함
되어 있다. 보상·발탁·경제원조 등 물질적·정신적 이익의 제공도 앞에
서 말한 것처럼 정치권력의 중요한 통제수단이지만, 그럴 경우에도 '만약

응하지 않으면' 하는 위협이 뒷받침되고 있다. 순수한 '채찍'에 의거하는 정치권력은 없지만, 마찬가지로 완전히 '사탕과자'만을 사용하는 권력도 없다.

일반적으로 인간행동의 통제양식에는 **직접적으로** 일정한 행동양식을 지시·명령하는 경우와 그것을 직접 명시하지 않고서 결과적으로 그런 행동을 하게 만드는 경우——그것을 조종(manipulation)이라 한다——가 있는데, 대중 데모크라시의 시대에 현저하게 발전한 것은 후자의 테크닉이다. 권력은 그 정치적 목적의 달성을 위해서 수많은 대중들에게 충성의 관념과 정감(emotion)을 환기시킬 필요에 몰려서 전통적 상징을 이용하거나 혹은 새로운 상징을 만들어낸다. 깃발·제복·노래·의식(儀式)·제사·대집회·시위행진·신화·이데올로기 등은 어느 것이나 모두 그런 상징으로 작용하며, 그 보급력은 매스 커뮤니케이션에 의해 현저하게 고양된다. 그런 수단의 사용이 극단적으로 되면 "영혼에 대해서 행사하는 폭력"(Pierre Janet)과 비슷하게 되고, 설득과 합의는 완전히 형해화되기에 이른다.

그러나 정치권력의 이같은 통제수단에는 하나의 딜레마가 있다. 즉 그것이 성공하면 할수록 대중의 복종은 '자동적'으로 되어 스테레오타입화하지만, 동시에 복종의 타성화(惰性化)에 의해서 그 자발성·능동성은 점차로 감퇴하게 되며, 공공적 관심은 사적인 배려, 특히 소비생활의 향수로 대체된다. 그리고 또 현대의 기술적 제 조건 하에서는 커뮤니케이션을 권력측으로부터의 일방적인 교통에 한정시키는 것은, 전쟁 등의 비상 기간 이외에는 아무리 독재권력이라도 불가능하므로, 대중의 면전에서 전개되는 대항상징 간의 노골적인 경매는 상호간에 그 효과를 상쇄하여 무관심(apathy)을 촉진시키는 경향이 있다. 정치권력에도 역시 '수확(收穫) 체감의 법칙'이 들어맞는 것이다.

5. 정치권력의 발전 경향

1)정치권력과 기타 다른 사회세력과의 관계. 근대 사회를 그 이전의 사회로부터 구별해주는 특징의 하나는, 근대사회의 정치권력이 특히 정치권력으로서 다른 제 종류의 사회권력으로부터 분화하고 독립했다는 점에 있다. 예를 들어 봉건사회에서는 영주와 농민 사이의 경제적 수취(收取) 관계는 그대로 직접적으로 정치적 권력관계이며, 대토지영유자는 바로 그 지위에 근거하여 당연히 정치적인 권력주체였다. 그런데 근대국가의 발전과 더불어 정치적 지배는 경제적 생산으로부터 추상(抽象)·분리되고, 정치권력은 그 독자적인 조직과 구성을 갖게 되었다. 그러나 그렇게 됨으로써 전근대사회에서는 극히 명료하고 투명했던 지배관계, 특히 정치권력과 경제적 지배 사이의 관계는 은폐되고 말았다. 근대 부르주아지의 표상에서는 정치권력은 국가권력으로서 물신화(物神化)되고, 다른 사회적 세력 배치는 거꾸로 시민사회의 '사적'(private)인 상호작용(자유시장에서의 교환관계) 가운데에 해소되고 있다. 그리하여 지배 형태는 정치의 영역에서만 남아 있고 다른 영역에서는 소멸했다는 생각이 근대 자유주의의 신화가 되고, 그로부터 정치권력에 대한 법적 억제와 선거권의 확대가 민주화의 알파이며 오메가로 되었던 것이다.

그런데 현실적으로는 19세기 말 이후 정치권력의 이같은 의미에서의 민주화가 어쨌든 진전되었음에도 불구하고, 여전히 사적 이윤 원리에 입각한 자본의 사회적 압력은 커졌으며, 더구나 독점의 시대에 들어섬과 동시에 생산관계의 기본적 구성은 점점 더 과두화되었다. 이런 두 방향의 긴장과 모순이 금세기 정치가 당면하고 있는 중대한 과제가 되었던 것이다. 그런 분열을 구제하는 근본적인 길은 결국 민주화를 생산관계의 내부로까지 확대하든가, 아니면 경제적 과두지배에 적합하도록 정치권력을 재편성하든가 하는 길밖에 없다. 단적으로 말해서 전자의 방향의 해결을 추구한 것이 다양한 형태의 사회주의이며, 후자의 궁극적인 귀결이 파시즘이다.

그런데 이런 사태는 2) 정치권력의 집중과 집적(集積) 경향에 의해서 한 층 더 복잡해지게 된다. 정치권력에 대한 대중참여의 점차적 확대에도 불구하고, 마치 그것을 비웃기나 하듯이 테크놀러지의 발전과 사회기능의 다양화는, 각각의 권력단위의 기구를 거대화·관료화하고, 정점과 저변의 격차를 심화시키고 말았다. "선거권이 확대되면 될수록 선거인 한 사람의 힘은 그만큼 작아진다"는 슈펭글러(Oswald Spengler)의 아이러니컬한 공식(Der Staat, S.116)이 들어맞게 된 것이다. 권력이 포함하고 있는 인원이라는 점에서도, 권력적 통제가 미치는 가치범위(경제·교육 등등)라는 점에서도, 그리고 기동력이라는 점에서도 거대화했으며, 더구나 기본적인 정책의 결정과 집행이 핵심부에 집중되는 경향은 국가권력에서 한층 더 두드러지며, 특히 대통령이나 수상의 리더십의 확대로 나타나고 있다. 다른 권력 단위, 예를 들면 정당에도, 코커스(caucus) 지배라는 형태로 나타나고 있다.

게다가 현대에서의 민주화의 첨병으로서, 대중조직에 의거하는 사회주의 정당이나 노동조합에서도, 도리어 그런 집행부에 대한 권력집중이 고도화된다는 것은 로버트 미헬스(Robert Michels)가 '과두지배의 철칙'이라는 약간은 과장된 표현으로 검증했던 것이기도 하다. 그리고 그와 같은 집중 경향은 ① 현대 문명의 제 조건(특히 매스 미디어)에 의해서 촉진된 조직 저변의 무관심(apathy) 현상과의 사이에 악순환을 불러일으키기 쉽다. ② 정점의 권력핵심은, 비교적 고도의 정치적 관심을 가진 소수의 '활동분자'(activists)를 뛰어넘거나 배제하고, 수동적인 졸병으로 무리지어 있는 대중에 직접 호소함으로써, 그 정서적인 지지 위에 권력을 강화한다(인민투표와 같은 독재 경향). ③ 권력 단위 상호간의 경쟁과 투쟁이 심해질수록 정책이나 전술 면에서 기밀성을 유지해야 할 필요성도 커지게 되고, 그런 측면에서 '소수가 유리하다는 원칙'이 작용한다——는 등의 제 요인들에 의해서, 그 생리와 병리의 차이는 종이 한 장이 되었다.

그런데도 여전히 어려운 문제가 있다. 그것은 일찍이 서구 민주제에서 그 내재적 위기로서 리얼하게 인식되어 여러 가지 적극적인 타개책을 모색하게 했던, 그같은 제 문제가 오늘날에 와서 오히려 얼버무려진 채 진정한 쟁점이 되지 못하는 결과를 초래하고 있다는 점이다. 앞에서 말한 현대에서의 권력상황의 무정형화라는 사태가 바로 그것이다.

예를 들어 현대 미국에서는 재커라이어스(E. M. Zacharias) 해군 대장이 말하고 있는 바와 같이, "우리 국민의 장래에 영향을 미치는 중대한 결정이 외교용의 응접실이나 육해군사령부의 군게 닫힌 문 안쪽에서 한정된 책임밖에 지지 않는 사람들에 의해서 결정된다"(H. H. Wilson, "The problem of power," *Monthly Review*, June 1953). 뿐만 아니라 권력핵심을 구성하고 있는, 혹은 그것을 기본적으로 좌우하는 지위가 점점 더 밀스의 이른바 '정치적 아웃사이더'(특히 군·재계의 수뇌부)에 의해 점유되어, 본래의 의회정치가, 아니 의회 그 자체의 실효성있는 결정 참여가 이미 최고 수준의 권력관계가 아니라 중간수준으로까지 저하되고 있는데도 불구하고, 아니 실로 그것 때문에 '견제와 균형'(check and balance)의 관념은 지배층으로부터 일반 국민에 이르기까지 넓고 깊게 뿌리를 내리고 있다. 그것은 체제의 전체 구조와 기능으로 본다면 하나의 '신화'인, 국민의 일상생활에서는 체제의 중간 및 저변에서의 다양한 거부권집단(veto group-Riesman)의 상호견제와 그것에 대한 국민의 동등하고 다양한 '참여'에 의해서, 어김없이 실감할 수 있는 것이다. 즉 그런 대중사회적 상황에서는 니체의 용어를 빌려 말한다면 큰 정치와 작은 정치가 예리하게 분화되어, 큰 정치는 점점 더 정점에 집중되는 반면, 작은 정치는 점점 더 광범하게 분산됨으로써 권력가치의 사회적 배분이라는 이미지를 끊임없이 재생산하고 있는 것이다.

그것은 거의 그대로 경제적 가치와 세력의 배치 상황과 들어맞는다. 프롤레타리아트의 생활 수준의 향상, 특히 소비생활의 다양화가 체제에 대한 관심을 저하시키고, 정치적 관심이 중·하층의 부차적 권력상황에 정착하기 때문에 전체적 권력 상황의 리얼한 인식이, 아니 인식이라기보다는 인식에 대한 의욕이 감퇴한다는 현상은 서유럽의 '복지국가'에도 정도의 차는 있을 지언정 대체적으로 공통된 경향이다. 게다가 정치·경제·군사 각 영역의 거대화와 상층부의 인적 상호 교류성의 증대에 의해서 최고 지도층(top lebel)에 대한 권력집중은 점점 더 공식적인 제도의 배후에서 진행되며, 법적으로 일정한 지위에 있는 인간의 권력 감각과의 차이가 커지며, 그 위에 지배층의 행동양식도 대중(mass)화하기 때문에 권력의 과두화는 권력자 자체에 의해서도 과두화로 자각되지 못한다. 제1부에서 말한 군국주의 일본의 '무책임의 체계'는 그런 선진국에 공통된 대중사회적 상황과 특수 일본적인 권력구조가 서로 얽혀서 나타난 결과라고 볼 수도 있을 것이다.

현대에서의 정치권력의 집중과 집적의 사회적 필연성을 정면으로부터 적극적으로 긍정하고, 한편으로는 그것을 전위정당의 목적의식에 결합시킴과 동시에 다른 한편으로는 그것을 이른바 '대중정당' 내지는 민주집중제 원리에 의해서 통제하려는 것이 레닌에서 출발한 코뮤니즘의 사고방식이다. 그것이 체제화된 소련에서는 큰 정치와 작은 정치의 분화는 현실적으로는, 협동조합·노동조합·지방소비에트 등 국민의 일상생활과 밀접한 측면에서 광범한 참여와 최고 지도층에서의 공산당의 권력독점이라는 형태로 나타나고 있다. 여기서는 경제구조를 비롯해 각 사회영역이 정연하게 계획화되어 일관된 목적의식성에 의해 지도되고 있으므로, 자본주의 국가의 경우와 같은 권력자의 자기기만이나 '조직된 무책임성'의 위험으로부터 벗어나 있다. 최고 지도층은 대중화보다는 철인(哲人, 종합적 인식력을 소지한 사람)화하는 경향성을 갖는다. 그러나 반면에 그런 '전위'의 목적의식적 지도가 타락하는 경우에는 권력핵은 카스트(caste)화하고, 거대한 관료화와 전제화를 초래한다는 것은 이미 최근의 공산국가의 사태에 의해서 분명하게 밝혀졌다. 게다가 테크놀러지의 사회과정에 대한 반영은 그런 사회주의 체제의 권력상황에도 대중사회 일반에 공통된 다이내믹스를 발현시킨다는 것은 다른 곳에서 논한 그대로이다.

"모든 권력은 부패하는 경향을 가지고 있다. 절대적인 권력은 절대적으로 부패한다"는 것은 유명한 액튼 경(Lord Acton)의 말이다. 만약 절대 권력이라는 의미가 권력의 집중 자체를 가리킨다면, 그 말은 역사상의 부패하지 않은 집중권력의 실제 사례에 의해 얼마든지 반박당할 것이다(F. Neumann, *op. cit.*). 무엇보다도 현대의 복잡한 과제가 단순히 권력을 분산시켜 서로 길항(拮抗)하는 방식만으로는 해결될 수 없는 것은 마치 기업의 집중 배제에 의해서는 독점자본주의의 모순을 해결할 수 없는 것과 마찬가지이다. 오히려 근대사회의 기술적 합리화에 기초한 사회적 필연으로 생겨난 집중권력을, 어떻게 대중의 복지와 자발적 참여와 결합시켜 관료화에 의한 사회적 파이프가 막히는 것을 방지할 것인가 하는 것에 앞으로의 문제가 있다. 그럼에도 불구하고 현대의 권력집중으로 인해 위에서 본 것처럼 여러 가지 형태의 병리현상이 발생하고, 더구나 그 병리에는 사회체제의 상이함을 넘어서 공통되는 위험성도 적지 않은 이상, 액튼 경의 말에는 자유주의(liberalism)의 역사적 요청에 그치지 않는 진리가 포함되어 있다. 권력의 실태를 속속들이 알기 위해서는 어느 시대에나 벌거벗은 임금님을 벌거숭이라고 인식하는 맑은 눈과 냉정한 용기가 필요하다. 그리고 그것은 '정치적인 것'으로부터의 도피에 의해서도, 그리고 거꾸로 그것으로의 즉자적인 밀착에 의해서도 생겨날 수 없는 것이다.

● 1957년

제7장

현대에서의 태도결정

1. 우리는 결단을 회피할 수 없다

　최근 제가 소속되어 있는 어떤 단체에서 새로운 안보조약의 비준에 반대하는 서명을 받았던 적이 있습니다. 미리 말해두지만, 그 단체라는 것은 물론 헌법문제연구회(憲法問題研究會)는 아닙니다. 그 서명을 받는 과정에서 저는 여러 가지 도움이 되는 것들을 보고 들었습니다만, 그 중의 하나로 어떤 사람이 다음과 같은 의견을 내놓았습니다. 자신은 개인으로서는 새로운 안보조약의 비준에 대해서 반대한다, 그렇지만 그런 문제에 대해서 좁은 서클에서 서명을 받는다거나 하는 것은 일종의 사상(思想)을 조사하는 것이 된다, 그런 의미에서 찬성할 수 없다는 것이었습니다.

　그것은 나에게는 무척이나 많은 것을 생각하게 해주는 문제를 포함하고 있는 의견으로 여겨졌습니다. 물론 구체적인 운동에 대해서 말씀드린다면, 그 운동을 돕는 사람들도, 또 서명을 받는 범위도 각각 전문적인 지식을 가진 연구자들이었으므로, 예를 들어 발기인을 부탁드릴 때에도 한 사람 한 사람의 자발적인 의사를 존중한다는 것은 당연한 일이었습니다. 그리고 그것에 가담하지 않거나 혹은 서명을 하지 않는다 하더라도, 그것은 그 사람의 의견으로 존중했던 것입니다. 흔히 볼 수 있듯이 이미 그 사람의 경향에 대해서 보수적이라든가 반동이라든가 하는 딱지를 붙이는 그런 분위기는 그 단체의 경우에는 없었다고 생각합니다. 그러나 그럼에도 불구하고, 공정하게 생각해서, 그런 서명운동 자체가 아무래도 어느 정도 결과적으로 사상을 조사하는 듯한 의미를 띠고 있다는 것을, 저는 부정할 수 없었던 것입니다. 안보문제처럼 현재 첨예한 정치적 대립의 와중에 있는 이슈에 대해서, 그것이 어떤 어조(語調), 어떤 내용의 그것이건 간에, 어쨌거나 하나의 결론을 내놓고, 그것에 대해서 예스 혹은 노로 답하게 한다는 것은, 설령 상대의 자발성을 아무리 존중한다 하더라도, 또한 아무리 억지를 피한다 하더라도, 역시 결과적으로는 답하는 사람의 실제적인 정치문제에 대한 일정한 태도의 표명으로 받아들여지지 않을 수 없는 것입니다.

원칙적으로 말씀드린다면, 어떤 구체적인 문제에 대해서 찬성이나 반대를 말하는 것은 물론이고, 무릇 답할 것인가 답하지 않을 것인가 하는 것 자체를, 누구라도 자신의 자유의사로 결정할 수 있습니다. 답하지 않으면 안된다는 것을, 그 누구도 말할 권리는 없는 것입니다. 그런데 그런 일이 이루어질 경우, 그것이 작은 단체일수록, 하는 사람이 아무리 선의라 하더라도, 거기에 일종의 심리적인 강제가 작용하고 있다는 것을 피할 수 없습니다. 그런 한에서 그런 운동에는 아무래도 양심과 사상의 자유를 침해할 위험이라는 것이 따라다니고 있다는 것을 솔직하게 인식하지 않으면 안된다고 생각합니다.

그렇지만 거기서 한 걸음 더 문제를 진척시켜, 그렇다면 앞에서 말한 것과 같은 의견이라는 것은, 전면적으로 옳은가 하는 것을 생각해보게 되면, 저는 반드시 그렇게 생각하지는 않습니다. 적어도 문제의 커다란 측면을 벗어나 있는 사고방식이 아닌가 하고 생각하는 것입니다.

그것을 조금 더 밀고 나가면, 애초부터 현대라는 것이 과연 어떤 시대인가 하는 근본적인 문제에 부딪히지 않을 수 없다고 생각합니다. 결론적으로 말씀드리자면, 우리는 우리의 매일매일의 말과 행동을 통해서 직장에서 혹은 지역에서, 사방팔방으로부터 끊임없이 이루어지고 있는 사상 조사의 네트워크 속에 있다는 것이 오늘날의 상황입니다. 우리의 내면의 세계, 양심의 세계가 평온무사한 환경 속에서 안락함을 제공받고 있으며, 그 속에서 이른바 서명운동과 같은 것만이 거친 파도를 일으키고 있는 것은 결코 아닙니다.

사상 조사라는 말이 너무나도 구(舊)제국의 치안유지법적인 냄새가 난다고 한다면, 그것을 충성조사, 로열티 테스트(royalty test)라 바꾸어 말해도 좋다고 생각합니다. 로열티 테스트라는 것은 미국에서 예의 그 매카시즘 선풍이 휩쓸었을 때에 너무나도 유명해졌습니다만, 서구의 데모크라시에서도, 특히 제2차대전 이후 다양한 형태로 제도화되어 있었습니다. 다른 한편으로 중국 같은 곳에서도 세뇌라든가 사상개조라는 것을 어지간히 떠들어댔습니다만, 거기에는 역시 양심에 대한 심리적 강제라는 문제가 포함되어 있는 것입니다. 현재의 일본에서는, 다행스럽게도 아직 충성심사법과 같은 특별법은 없습니다만, 공안조사청이 실질적으로 사상조사를 하고 있는 것은 사실이며, 또 기업체 같은 곳에서도 입사시험이나 노동조합 대책 등에서, 흔히 경찰을 통해서 사상조사를 하고 있습니다. 다만 그런 경우는 어쨌거나 행하는 주체도, 좋건 나쁘건 간에, 행하는 목적도 분명하게 하고 있습니다.

그런데 문제는 그런 식으로, 공식적인(formal) 제도에 입각한 형태로 우리의 사상이 심사되고 있다는 것만은 아닙니다. 모든 직장에서, 모든 모임에서, 명확한 절차도 거치지 않고, 또 누가 하고 있는가 하는 주체도 분명하지 않은 형태로 우리는 사방팔방으로부터 끊임없이 사상조사나 충성심사를 받고 있다는 것이 현대의 상황이 아니겠습니까. 그것은 무척이나 불유쾌한 것이긴 합니다만, 우리는 그런 현실을 부정할 수 없다고 생각합니다. 그것은 주로 우리에 대해서 이미지의 형성을 통해서 이루어집니다. 우리의 일상생활에서, 느닷없이 천하국가의 문제에 대해서가 아니더라도, 어느 직장에서나 그 직장에서 발생한 문제에 대해서 발언하기도 하고, 다양한 의견을 말하기도 하고, 하나의 행동을 취하거나 할 때마다, 그것은 역시 주위의 사람들에게 자신이 생각하는 경향성에 대해서 어떤 이미지라는 것을 아무래도 불가피하게 던져주게 됩니다. 서로 서로의 말과 행동을 둘러싸고 무수한 이미지의 왕래가 있습니다만, 그 중에서 역시 비교적 유력한 이미지가 침전하고, 두께를 더하게 되고, 고정되어 갑니다. 그런 이미지의 형성에 무엇보다도 유력하게 작용하는 계기는, 그 집단을 그때까지 지배해 온 생각하는 방법이나 느끼는 방식 ── 가치체계라고 해도 좋다고 생각합니다만 ── 그런 것에 어느 정도 동조하는가 하는 것입니다.

예를 들어 일본에서 지역이건 직장이건 간에 전통적인 분위기가 지배적인 곳, 그런 곳일수록 그런 정신적 풍토와 다른 의견이나 행동을 하게 되면, 주지하듯이 흔히 빨갱이로 불리게 됩니다. 빨갱이라는 이미지가 반드시 코뮤니즘이라든가 하는 그런 어려운 이데올로기 문제이기보다도, 오히려 반항적이고 동조성(同調性)을 결여하고 있다는 것을 실질적으로 의미하는 경우가 적지 않습니다. 또 다른 예를 들어보면, 예컨대 표면상 혁명적인 이데올로기를 내세우고 있는 집단에서는, 역시 주위의 지배적인 동향이나 사고방식에 동조하지 않는 경향은 이번에는 다른 이름으로 불리게 됩니다. 우익 기회주의라든가 트로츠키주의라든가……. 물론 이 경우에는 일단, 이론적 혹은 사상적인 규준에 의거하고 있다는 점에서, 앞에서 말한 '빨갱이'의 경우처럼 막연한 비합리적인 이미지와는 다릅니다만, 그러나 실상을 잘 보게 되면, 이데올로그가 스스로 생각하고 있는 정도로 그렇게 합리적인 사람은 아닙니다. 어쨌거나 그리하여 우리는 다양한 이미지의 와중에서 보이지 않는 익명의 힘에 의해서 매일매일 충성을 심사당하고, 사상을 조사당하고 있다는 것이 좋고 싫고에 관계없이 현대의 상황인 것입니다.

이런 사태라는 것을, 여기서는 사상을 조사당한다거나 충성심사가 이루어진다거나 하는 식으로 수동형으로 말씀드렸습니다만, 꼭같은 것을 뒤집어서 말하게 되면 어떻게 되겠습니까. 우리는 하나하나의 사회적인 행동이 일정한 경향성에 참여한다는 의미를, 어쩔 수 없이 갖게 된다는 것입니다. 그런 경우의 행동이라는 것에는, 조용히 지켜본다는 것, 즉 부작위라는 것도 포함됩니다. 예를 들어 어떤 집단 혹은 지역사회에서 무릇 사회적으로 시끄러운 문제가 되고 있는 그런 사안에 대해서는, 적극적인 의견의 표명이라든가 행동을 하지 않는 것이 습관이 되어 있는 그런 곳에서는, 그런 적극적인 태도표명을 하는 것이, 특히 첨예하게, 정치적인 개입 (commitment)으로서의 의미를 갖습니다. 거꾸로 또 정치적인 문제에 대해서 어떤 방향에서 행동하는 것이 당연한 것으로 되고 있는 그런 지역 혹은 집단에서는 그런 분위기가 지배적인 가운데에서는, 침묵하고 있는 것, 움직이지 않는 것, 그것 자체가 이번에는 첨예하게 어떤 하나의 정치적인 커미트먼트로서 두드러지게 됩니다.

그렇지만 그 집단이나 특수한 지역을 넘어선, 더 넓은 사회적 문맥 속으로 내려가보게 되면, 그 경우 하는 것도 개입이지만 하지 않는 것도 개입이어서, 어느 한쪽만이 개입이라는 것은 있을 수 없습니다. 다만 그런 경우는, 그 집단의 일반 경향에 대해서 동조적인 행동은 본인에 의해서도, 타인으로부터도 개입으로서 그렇게 첨예하게 의식되지 않을 뿐인 것입니다. 게다가 현대의 사회에서는 우리가 속하는 집단이 다층적이므로, 점점 더 문제가 간단해집니다. 예를 들면 인텔리의 극히 일부 서클 안에서, 그런 동조성에 반발하여 우리야말로 자주독립적으로 사고하고 행동하고 있다고 생각하는 사람이, 또다른 사회적 문맥 속에서 보게 되면 훨씬 더 광대한 범위의 사회적인 동조성에 기울어 있는 그런 경우도 적지 않습니다. 그런 예를 우리는 많이 보고 있습니다. 눈앞에 보이는 충성심사적인 경향을 경계하고, 그것으로부터 피하려는 행동 자체가 의외로, 배후에서 더 큰 충성심사적인 경향 속으로 끌려들어가게 하고, 더구나 당사자가 그것을 눈치채지 못하고 있는 그런 일이 일어나기도 하는 것입니다.

반대자(dissenter)인가 순응하는 자(conformist)인가 하는 것은, 어떤 문제에 대해서, 어떠한 세력 또는 경향에 대해서라는 것을 떠나서 일반적으로는 결정할 수 없게 되어 있습니다. 그런 상황 속에서 우리는 매일매일, 아니 시시각각으로 많은 행동 또는 행동하지 않음의 방향성 속에서 하나를 과감하게 선택하지 않으면 안되는 것입니다. 그러므로 조금 지루한 것 같습니다만 앞에서 말한 서명 문제로 되돌아가서 말씀드린다면, 그런 종류의 '경향성'에만 민감하게 반발했다고 한다면, 그 사람은 그 사람 나름대로, 이번에는 다른 흐름에 대해서 개입하고 있다는 얘기를 듣더라도 어쩔 수 없지 않은가 하고 생각합니다. 게다가 무릇 정치적 쟁점이 되고 있는 그런 문제에 대해서 선택과 결단을 회피한다는 태도는 그야말로 일본의 정신적 풍토에서는, 전통적인 행동양식이며, 그것에 대한 동조의 정도가 높은 행동입니다.

2. 불편부당(不偏不黨)이란 어떤 것인가

현대에는 좋든 싫든 간에 우리에게 태도 결정을 요구해오는 그런 문제는 산처럼 많이 있습니다. 게다가 그런 문제는 옛날과는 달라서, 매우 거대함과 동시에 복잡한 양상으로 구성되어 있으며, 그 문제의 전체 모습을 인식한다는 것은 쉬운 일은 아닙니다. 우리는 어디까지나 객관적인 인식을 추구하는 연구자로서, 구체적인 문제에 대해서 가능한 한 다면적인, 그리고 풍부한 인식에 이르는 것을 추구하는 것은 당연한 일입니다. 게다가 다른 한편에서 우리는, 시시각각으로 이들 문제에 대해서 좋건 싫건 간에 결단을 내리지 않으면 안됩니다. 그것에 의해 좋건 싫건 간에 일정한 동향에 개입하게 되는 것입니다. 사물을 인식한다는 것은 무한한 과정입니다. 얼핏 보기에 지극히 간단한 사안처럼 보이는 사회사상(事象)이나 정치문제를 보더라도, 그 모든 구성요소를 끄집어내어 사면팔방으로 조명하고 분석하며, 나아가 그 동태의 모든 가능성을 다 궁구한다는 것은 거의 영원(永遠)의 과제가 됩니다. 그것만 생각해보아도 아무리 완벽하게 보이는 이론이나 학설이라 하더라도, 그것 자체 완결적인 것은 아니라는 점을 알 수 있습니다. 그러므로 학문적인 분석이 무의미한 것이 아니라, 오히려 완결적이지 않은 것에 학문의 진보라는 것이 있는 것입니다. 인식이 그야말로 가설과 검증의 무한한 되풀이의 과정이기 때문에, 의심한다는 것, 자신의 사고방식, 자신의 학설, 자신의 이론에 대한 부단한 회의(懷疑)의 정신이라는 것이, 학문에는 불가결합니다. 학문적인 태도를 도그매틱한 태도로부터 구별해주는 것은, 무엇보다도 그런 의문의 정신, 자신 속에 깃들어 있는 선입견을 끊임없이 음미하고 자신의 이론에 언제나 보류를 가하는 태도입니다.

그러나 다른 한편으로 결단을 내린다는 것은, 그런 무한한 인식과정을 어느 시점에서 문자그대로 단절하는 것입니다. 단절함으로써만이 결단이, 따라서 행동이라는 것이 나오게 되는 것입니다. 물론 결단하고 선택한 결과 그 자체는 다시 인식과정 속에 되돌아가고, 그리하여 한층 더 인식이 풍부해지는 것입니다만, 결단의 그 시점시점에서는, 보다 완전한 보다 풍부한 인식을 단념하지 않을 수 없습니다. 다시 말해서 여기에는 영원히 모순 혹은 배반이 있습니다. 인식이라는 것은 가능한 한 다면적이지 않으면 안됩니다만, 결단은 이른바 그것을 일면적으로 잘라서 취하는 것입니다. 게다가 예를 들면 정치적 쟁점이 되고 있는 그런 문제에 대한 결단은, 단순히 불완전한 인식에 근거하고 있다는 의미에서 일면적일 뿐만 아니라, 가치판단으로서 일방적이지 않을 수 없습니다. 도둑에게도 최소한의 논리가 있다고 합니다만, 인식의 차원에서 한편으로 최소한의 논리를 인정하면서 결단으로서는 역시 다른 쪽으로 가담하지 않을 수 없습니다. 그렇지 않으면 결단은 나오지 않는 것입니다.

괴테는 "행동하는 사람은 언제나 비양심적이다"(Der Handelnde ist immer gewissenlos)라고 말했습니다만, 우리가 관조자(觀照者), 테오리아(관찰하다)의 입장에 서는 한, 그 말에는 영원한 진실이 담겨 있다고 생각합니다. 즉 완전히 알고 있지 않은 것을 아는 것처럼 행동한다는 의미에서도, 또 대립하는 입장의 쌍방에 얻는 것과 잃는 것이 모두 있는데, 결단을 내려 어느 한 쪽에 가담한다는 의미에서도, 비양심적입니다. 그럼에도 불구하고 우리가 살아가는 한에서, 매일매일 수없이 많은 문제에 대해서 실제로 결단을 내리고 있으며, 또 내리지 않을 수 없습니다. 순수하게 관조자의 입장, 순수하게 테오리아의 입장에 설 수 있는 것은 신뿐입니다. 그런 의미에서는 오직 신만이 완전히 양심적입니다.

우리의 사회라는 것은, 우리의 수없이 많은 행동의 그물망이라고 합니다만, 행동의 조합으로 성립되어 있습니다. 사회가 그리하여 우리의 관련된 행동으로 성립되는 한에서, 우리는 행동 혹은 비행동을 통해서 다른 사람에게, 즉 사회에 책임을 지고 있습니다. 그런 의미에서는 순수하게 '관찰한다'는 입장, 괴테가 말하는 의미에서 완전히 양심적인 입장이라는 것은, 완전히 무책임한 입장이라는 것으로 됩니다. 따라서 그런 점에서도 신만이, 완전히 무책임할 수 있는 것입니다. 인식한다는 것과 결단한다는 것의 모순 속에 살아가는 것이, 우리 신이 아닌 인간의 숙명입니다. 우리가 인간답게 산다는 것은 그런 숙명을 적극적으로 받아들이고, 그 결과의 책임을 지는 것이라 생각합니다. 그런 숙명을 자각할 필요성은 관련된 행동이 비정상으로 복잡하게 된 현대에 점점 더 통절한 것으로 되고 있습니다.

세상에는 한편으로 인식 과정의 무한함에 눈을 감아버리고 이론의 가설성(假設性)을 망각하는 독단주의자도 있지만, 또 애초부터 인식의 의미 자체를 머릿속에서부터 멸시하는 육체적 행동주의자도 있습니다. 그러나 다른 한편으로 그 반면에서는 사물은 그렇게 간단하게 예스냐 노냐는 식으로 결정되지 않는 것이다, 좀더 깊이 연구한 후에야 뭐라고 할 수 있다는 명목하에, 언제나 결단을 회피하는 것이 학자다운 태도라는 사고방식이 상당히 강합니다. 혹은 서로 대립하는 정치적 쟁점에 대해서 이래도 좋고 저래도 좋고, 거꾸로 그것을 뒤집어서 저것도 안되고 이것도 안된다는 것으로, 결국 구체적인 쟁점에 대해서 명확한 방향성을 내놓은 것을 피하는 태도를 가리켜, 양심적이라든가 불편부당하다든가 식으로 생각하는 평론가나 저널리스트도 상당히 있는 것 같습니다. 번번이 괴테의 말을 인용해서 죄송스럽습니다만, 괴테는 그것을 이렇게 말하고 있습니다. "나는 공정하다는 것을 약속할 수 있지만 불편부당하다는 것은 약속할 수 없다". 지금 말씀드린

것과 같은 세상의 이른바 양식있는 사람은 대립하는 사람에 대해서 공정
(fair)하다는 것을, 이도저도 아닌 엉거주춤하다는 것과 혼동하고 있는 것
이 아닐는지요.

너무 이야기가 추상적이고 굳어져서, 조금 여담을 하려고 생각합니다.
『전 세계의 정치 편람』(*Political Handbook of the World*)이라는 정
치연감이 있습니다. 편리한 연감으로 저도 가끔 신세를 집니다만, 그것을
보면, 원수(元首)의 이름, 정치제도의 개요, 내각의 각료, 정당의 종류 및
세력, 의회의 구성이나 세력분포와 같은 것을 한눈에 알 수 있도록 국가별
로 정리해놓고 있습니다. 또 거기에는 그 국가의 주요한 신문의 이름도 실
려 있으며, 그 옆에 발행부수 그리고 폴리티컬 어필리에이션(political
affiliation)이라는 항목이 있습니다. 뭐라고 번역해야 할지, 정치적인 색
채 뭐 그런 의미입니다. 즉 이 신문은 보수계라든가, 리버럴(liberal)이라
든가, 프로 레이버(pro-labor)라는 식으로 적혀 있습니다. 일본의 경우
어떻게 씌어져 있는가 하면, 매년 언제나 결정되어 있습니다. 즉 아사히(朝
日) 인디펜던트(independent), 마이니찌(每日) 인디펜던트, 요미우리
(讀賣) 인디펜던트, 산케이 인디펜던트 등등, 이하 주요한 지방지(地方紙)
까지 이름이 적혀 있습니다만, 전부 모조리 인디펜던트 일색입니다. 그런
식으로 모든 신문의 경향이 근사하게 갖추어져 있는 예는 보기드뭅니다.
그런 만큼 인디펜던트한 신문이 갖추어져 있다고 한다면, 그야말로 조금
더 일본의 외교정책에 인디펜던트한 방향을 내놓을 수 있지 않을까 하고,
저는 기묘하게 생각하는 것입니다. 어떻습니까, 일본 신문의 인디펜던트라
는 성격이 앞에서 말한 이것도 좋고 저것도 좋다는 식의, 즉 결단을 회피하
고, 개입을 가능한 피해서 사회적·정치적 책임을 애매하게 만드는 것과
같은 결과가 되지 않기를 진심으로 바라는 바입니다.

우리의 인식은 무(無)로부터의 인식은 아닙니다. 대상을 정리하는 서랍
이라 할까, 상자라고 할까, 뭐 그런 것이 미리 우리 쪽에 준비되어 있어서,
그것을 사용하면서 인식하는 것입니다. 개념이나 정의는 그런 서랍의 일종

입니다. 게다가 그 서랍은 반드시 합리적으로 반성되고 음미된 것이 아니라 사회에 축적된 다양한 이미지가 거의 무자각적으로 우리의 내부에 들어와 있습니다. 흔히 현실을 직시하라고 하지만, 현실이라는 것은 우리가 의식하건 하지 않건 간에 그런 이미지의 두터운 필터를 통해서 정리되고, 이미 선택된 형태로 우리의 인식이 되는 것이며, 문제는 그런 자신의 필터를 음미하는가 아닌가 하는 것입니다. 자신만은 '직접적으로' 서랍을 사용하지 않고서 사물을 보고 있다고 생각하고 있는 사람은 이따금, 그 사회에 통용되고 있는 이미지에 무반성적으로 의존하고 있는 데 지나지 않습니다. 게다가 우리는 관련된 행동의 그물망 속에 있기 때문에, 우리는 대상을 높은 하늘에서 이른바 지도처럼 보고 있는 것은 아니며, 또 객석에서 무대를 보고 있는 것도 아니며, 무대에서 연기하면서 자신이 발딛고 서 있는 장소에서 원근법(遠近法)적으로 보고 있습니다. 그리하여 우리의 인식은 언제나 일정한 편향을 수반한 인식입니다. 오히려 편향을 통하지 않고서는 모든 사회사상(事象)은 인식할 수 없습니다. 여기서도 문제는 편향을 갖는가 갖지 않는가가 아니라, 자신의 편향을 어디까지 자각하고, 그것을 이성적으로 통제하는가 하는 것일 뿐입니다.

저는 정치사상사를 공부하고 있습니다만, 서구의 훌륭한 정치사상사 연구를 보게 되면, 처음에 저자가 대상을 분석하고 비판할 경우 자신의 편견(bias)은 이러저러한 것이다, 예를 들어 자신의 편견은 리버럴리즘(liberalism)이라든가, 흄(Hume)의 경험론이라든가 하는 식으로 밝히고 있습니다. 즉 그것은 자신은 이런 편향을 통해서, 혹은 좋아하는 선택을 통해서 사물을 인식하고 있다, 인식의 결과나 비판의 방식은 그것의 영향을 받고 있으니, 독자들은 주의해주었으면 좋겠다, 자신도 그것을 자각하면서 가능한 한 객관성에 도달하기 위해 노력하고 있다는 식으로 말하는 것입니다. 저는 그것이 오히려 사회사상(事象)에 대한 정말 공정한(fair) 그리고 성실한 태도가 아닌가 하고 생각합니다. 그 점에서도 이른바 "좌우의 편향을 배제하고 공정한 입장을 취한다"는 사고방식이 현실적으로는 흔히 도리어 자신의 편향을 은폐하거나 혹은 사회적 책임을 회피하는 구실이 된다는 것을 주의하지 않으면 안됩니다.

3. 부작위(不作爲)의 책임

얼마 전에 저는 「로베레 장군」이라는 이탈리아 영화를 보았습니다. 보신 분도 많이 있으리라 생각합니다만, 제2차대전 중의 독일군 점령 하의 이탈리아를 배경으로 하여 저항운동의 어떤 에피소드를 다룬 것입니다. 물론 여기서 스토리를 자세하게 말씀드릴 수는 없습니다만, 제가 거기서 특히 인상적이었던 장면의 하나로, 형무소 안의 장면이 있습니다. 거기서는 전쟁중에 암거래를 하고 있던 남자가 레지스탕스 및 유태인과 함께 붙잡혀서, 바야흐로 형을 언도받으려 하고 있었습니다. 사형이 될 것인가 강제노동이 될 것인가, 아니면 독일로 보내질 것인가 하는 갈림길에 서 있었습니다. 그 암거래를 하고 있던 남자는 원망스러운 듯이, 같은 방의 죄수들에 대해서, 열심히 이렇게 말하는 것입니다. 자신은 아무것도 하지 않았는데 이렇게 되어버렸다, 유태인도 아니다, 저항운동도 한 적이 없다, 그런데 이렇게 심하게 당할 이유가 없다, 나는 아무것도 하지 않았다고 히스테릭하게 외칩니다. 그것에 대해 이전에 은행원이었던 레지스탕스의 지도자가 조용히 이렇게 말합니다. "나는 당신이 말하는 것을 믿어. 그러나 바로 아무것도 하지 않았다는 것이 당신의 죄라구. 어째서 당신은 아무것도 하지 않았는가. 5년여 전부터 전쟁이 치러지고 있어. 그런 와중에서 당신은 아무것도 하지 않았던 것이지." 이에 대해 그 남자가 "그러면 당신은 무엇을 했소"라고 묻자, 그 파브리치오라는 레지스탕스는 "나는 보잘것없는 일을 했지요. 다만 의무를 다하려고 생각했을 뿐이요. 만약 모든 사람이 각각 의무를 다하고 있었다면, 아마 우리는 이런 상황에 처하게 되지는 않았을 것이요"라고 말합니다.

여기서 제가 앞에서부터 말하고 있던 문제의 핵심이, 아주 짧지만 첨예한 형태로 나타나 있다고 생각합니다. 즉 그것은 부작위의 책임이라는 문제입니다. 하지 않는다는 것 역시 현실을 일정한 방향으로 움직이는 의미를 갖습니다. 부작위에 의해서 그 남자는 어떤 방향을 배제하고 다른 방향을 선택한 것입니다. 그리고 제가 그 장면에서 감명을 받은 것은, 은행원 출신의 저항자가 자신의 목숨을 걸고 한 행동에 대해서 무슨 영웅적인 도취에 빠져 있는 것이 아니라, 자신은 실로 보잘것없는 일을 했을 뿐이다, 평범한 사람이 평범한 사회적 의무를 수행한 데 지나지 않는다고 말한 것입니다.

오늘날은 물론 그 영화의 배경이 되어 있는 그런 시대는 아니며, 또 우리가 처해 있는 환경도 그 어려움에서 도저히 그런 비정상적인 상황과 비할 바는 아닙니다. 그러나 지금 제가 간단하게 말씀드린 그런 테마는 현대를 살고 있는 사람들 모두가 많건 적건 간에 부딪히고 있는 그런 문제라고 생각합니다. 그처럼 문자 그대로 매일매일 죽음에 직면하고 있는 저항운동에서조차 평범한 사회적 의무의 수행이라고 한다면, 우리가 다양한 현대의 문제에 대해서 매일매일 내리고 있는 결단이나 행동 등은 그 몇 만분의 일도 안되는 정말 보잘것없는 것입니다. 게다가 그런 몇 만분의 일도 안되는 정말 보잘것없는 사회적 의무라는 것을, 만약 우리가 하지 않는다면, 그 부작위의 결과가 쌓이고 또 쌓인 곳에서는 역시 그 영화에 못지 않은 그런 비극이 초래되지 않는다고 반드시 그렇게는 말할 수 없을 것이라 생각합니다.

예를 들어 최근의 청원(請願)이라는 것을 보더라도, 한 사람 한 사람의 청원과 같은 것은 아무것도 안되며, 그런 것으로는 현대의 거대한 정치는 움직이지 않는다는 그런 이야기를 듣게 됩니다. 과연 청원을 한 사람이 한다는, 그것 자체의 비중은 매우 가벼울는지 모르겠습니다. 그러나 그런 것을 하더라도 보잘것없다고 생각하여 결국 모두가 아무것도 하지 않았다면, 거꾸로 아무것도 하지 않는다는 그런 현실이 점차 쌓이게 되고, 그것 자체 사회를 일정한 방향으로 밀고나가게 됩니다. 중요한 것, 보잘것없는 것이라 하더라도 우리 개인 개인의 행동 같은 것은, 터무니없이 거대한, 국제적 규모에 걸친 오늘날의 정치적 현실에 대해서는 어느 쪽이든 커다란 차이는 없습니다. 그러나 아무리 미세하고 보잘것없는 것으로 보이는 일이라도 가능한 한 많은 사람들이 그것을 하는가 하지 않는가 하는 것은 그대로 아주 큰 차이를 가져다줍니다. 습관의 힘이라는 것은 바로 그런 것입니다.

정치행동이라는 것을 생각하는 방식을, 무언가 보통사람들의 손이 닿지 않는 구름 위의 특수한 서클에서, 보통과 다른 인간에 의해 이루어지는 일이라 생각하지 않고서, 또 우리의 평범한 일상생활을 단념해버린 별세계에 뛰어드는 것처럼 생각하지 않고서, 우리의 극히 평범한 매일매일의 일 속에 아주 적은 일부라도 **지속적으로** 자리를 차지하고 있는 일로서, 극히 평범한 작은 사회적 의무의 이행의 일부로 생각하는 습관──그것이 어떤 장대한 이데올로기, 어떤 형식적으로 정비된 제도보다도 더 데모크라시의 참된 기초입니다.

그리스 도시국가의 직접민주정의 전통이라는 것은, 어쩌면 우리 일본에 결여되어 있는지도 모릅니다. 그러나 우리의 사상적 전통에는 '재가불교'(在家佛敎)라는 훌륭한 사고방식이 있습니다. 그것을 번안하면 그대로, 비(非)직업정치가의 정치활동이라는 사고방식으로 됩니다. 정치행동이라는 것은 정치의 세계에 '출가'하지 않으면 할 수 없는 그런 것은 아닙니다. 만약 정치활동을 정치가나 국회의원처럼 직접 정치를 목적으로 하는 인간 혹은 정당처럼 직접 정치를 목적으로 하는 단체만에 한정시킨다면, 그 순간부터 데모크라시라는 것은 죽어버립니다. 마치 종교가 스님들만의 일이라는 식으로 되어버린다면, 종교의 생명력을 잃어버리는 것과 같습니다. 데모크라시의 발전이라는 것은, 그런 관점에서 본다면 그것이 곧 직업정치가에 의해 구성되어 있는 특수한 세계, 흔히 말하는 정계에 의해 정치가 독점되어 있는 상태로부터, 그것이 점차로 해방되어온 과정입니다. 즉 본래 정치를 직업으로 하지 않는, 그리고 정치를 목적으로 하지 않는 인간의 정치활동에 의해서 데모크라시는 언제나 생생한 생명을 지니게 된다는 것입니다.

의회정치 역시 결코 예외는 아닙니다. 의회정치란 결코 의원(議員) 정치라는 의미가 아니며, 하물며 국회의 훌륭한 건물이 우뚝 솟아 있다는 것이 의회정치를 증명해주는 것도 아닙니다. 데모크라시가 없었던 전쟁중에도, 국회 안에서 어용 의회는 매번 열리고 있었습니다.

에드먼드 버크(Edmund Burke)라는 사상가를 알고 계시리라 생각합니다만, 그는 영국에서 보수주의의 전형적인 사상가이자 정치가입니다. 제가 잘못 알고 있는 것은 아닙니다. 보수주의의 철학자이며, 정치가입니다. 그런데 그가 이렇게 말하고 있습니다.

만약 그들 국회의원들이 어느 한도를 넘어서는 악명높은 법령이라든가 중대한 개혁에 의해서 법의 울타리를 유린하고, 마음대로 권력을 행사하는 것처럼 보일 때는, 언제 어느 때라 하더라도 인민이라는 단체 자체가 개입하지 않으면 안된다. 그것 이외에 국회의원들에게, 언제나 공공의 이익에 대해서 거기에 상응하는 고려를 유지하게 하는 방법이라는 것을 나는 찾아낼 수가 없다. 그같은 인민의 직접개입이라는 것은, 실은 가장 유쾌하지 못한 구제책이다. 그렇지만 그것 이외의 방법으로는 헌법의 참된 원칙을 보존·유지할 수 없다는 것이 분명한 그런 경우에는, 그것은 허용되어야 할 것이다.

영국 의회정치의 기초를 놓은 보수주의 사상가가 바로 이런 말을 하고 있는 것입니다. 그것이 곧 의회정치의 일반 상식입니다. 인민이 '언제라도' 그런 행동을 한다는 것은 돌연히 할 수 있는 것이 아니라, 인민이 매일매일 짧은 시간을 쪼개서라도, 자신들의 대표자의 행동을 감시하고 있다는 전제가 있을 때 비로소 가능한 것입니다. 다시 비유해서 말한다면 장례식 때만 생각나는 그런 종교는 죽은 종교이며, 그런 사찰은 민중의 일상생활과 멀리 떨어져 있는 특수지대에 지나지 않는 것입니다.

오늘은 헌법기념일입니다. 헌법용호라는 말이 들려옵니다만, 헌법용호라는 것은 씌어진 헌법의 문자를 숭배한다는 것은 아닙니다. 헌법옹호라는 것이 정치적 이슈가 되어 있는 것은 어째서입니까. 그런 상황 하에서, 우리는 어떤 태도결정이라는 것을 강요당하고 있습니까. 헌법옹호라는 것이 씌어진 헌법이라는 것을 단순히 고마워하지 않고서 그것을 살아 있는 것으로 만드는 것이라고 한다면, 그것을 뒤집어서 말하면, 헌법개정이라는 것 ── 흔히 개악(改惡)이라 합니다만 법률적으로는 별도로 정(正)이라는 것이 좋다는 의미는 아니므로 그대로 개정이라 해둡니다 ──은 정부가 정식으로 헌법개정안을 발표하거나 혹은 그것을 국회에 상정하는 그날부터 시작되는 것은 아닙니다. 마치 일본국헌법이 성립된 순간에, 그 헌법이 현실적으로 작동하고 있는 것이 아닌 것과 마찬가지로, 헌법개정도 이미 매일매일 시작되고 있는 과정입니다. 매일매일 이미 진행되고 있는 과정 속에서, 우리가 헌법에 의해서 규정된 우리의 권리라는 것을, 현실에 살아 있는 것으로 만들어가기 위해서 매일매일 행동하는가 아닌가, 바로 그것이 바로 헌법옹호의 이슈입니다.

우리는 어디에 개입해야 할 것인가. 헌법 97조는 주지하듯이 "이 헌법이 일본국민에게 보장하는 기본적 인권은 인류의 오랜 기간에 걸친 자유를 회득하려는 노력의 성과이며 그 권리는 과거 많은 시련을 견뎌냈으며, 현재와 장래의 국민에 대해서, 침해할 수 없는 영구적인 권리로서 신탁(信託)된 것이다"라고 규정하고 있습니다. 오늘날 아무것도 아닌 것처럼 보이는 헌법의 규정 배후에는, 표면의 역사에는 등장하지 않는 이름없는 사람들에 의해서, 무수한 보이지 않는 장소에서 축적되어온 노력의 흔적이 구불구불 아스라히 이어지고 있습니다. 우리는 바로 그 길을 지금부터라도 곧바로 당당하게 걸어가야 하는 것입니다. 짧은 시간이라 제 뜻을 다 전하지 못했습니다만, 이것으로 제 이야기를 마치겠습니다.

● 1960년

제8장
현대에서의 인간과 정치

1.

찰리 채플린의 영화 「독재자」(The Dictator)에는 "What time is it?"이라는 대사가 나오는 장면이 두 군데 있다. 첫번째는 슐츠라는 부상당한 장교가 포병인 채플린의 도움을 받아 비행기로 탈출하는 도중에서 그렇게 묻는다. 그때 비행기는 거꾸로 날고 있지만, 두 사람 모두 구름 속에 있어서 그것을 알지 못한다. 채플린이 품 속에서 시계를 꺼내자마자, 시계는 그 줄이 펴지면서 눈앞에 우뚝 솟아올라 그를 깜짝 놀라게 한다. 두번째는 유태인 거리(게토)에서 난폭하게 굴다가 안나에게 프라이팬으로 맞아 뻗어버린 돌격대원 한 사람이 의식을 되찾아 일어나서, 제일 먼저 한 말 역시 그것이다. 나는 처음에는 그저 껄껄하고 웃었을 뿐이었지만, 재차 같은 대사가 나왔을 때에는 '으음, 이런' 하고 생각했다.

'지금 몇 시지'와 같은 물음은 너무나도 일상적인 어디서나 들을 수 있는 말이므로, 설령 같은 영화에 두 번 나온다 하더라도 부자연스러운 일은 아니라고 할 수 있겠지만, 그것이 사용된 장면과의 관련성을 생각하고, 나아가서는 이발사의 시간 감각의 상실이라는 것이, 그 영화의 개그(gag) 전체를 흐르는 줄거리가 되어 있다는 것 등을 같이 생각하면, 아무래도 단순한 대사가 아닌 것 같은 느낌이 든다. 그후 「독재자」에 대해서 그 분야 전문가들의 비평도 두세 번 읽어보았지만, 특별히 그 대사를 문제삼고 있지는 않았던 것 같다. 이렇게 본다면 내가 '으음, 이런' 하고 생각했던 것 자체가 인텔리의 의식 과잉 따위로 불리고 있는 증후군에 속하는 것을 그대로 보여준 것일는지도 모르겠다. 그렇지만 여기서는 영화 「독재자」에 대한 책임 있는 소개나 논평을 하는 자리는 아니므로, 나는 내 나름대로 그 경우의 '타임'을 몇 시 몇 분이 아니라 훨씬 더 큰 단위로까지 마음대로 부풀려서 생각해보는 것도 가능할 것이다. 즉 거기서 묻고 있는 것은 「모던 타임즈」(Modern Times)나 조금 더 거슬러 올라가면 「골드 러시」(Gold Rush)에 직접 이어지고 있는 그런 '시대'가 아닐까 하는 것이다.

그런 눈으로 보면, 채플린은 현대란 어떠한 시대인가를 집요하게 물으면서, 반복해서 같은 규정으로 답하고 있는 것처럼 보인다. 그것은 '거꾸로 선 시대'라는 것이다. 무엇으로 '거꾸로 선 시대'라고 하는가. 그것은 일상적인 형태와는 전도된 사건이 여기저기 보인다든가 사람들의 인식이나 평가가 이따금 이상해진다거나 하는 개별적인 사상(事象)을 넘어서, 인간과 사회의 관계 그 자체가 근본적으로 도착(倒錯)되어 있는 시대, 그런 의미에서 도착이 사회관계 속에 이른바 구조화되어 있는 그런 시대라는 것이다.

「모던 타임즈」 첫머리의 유명한 장면——울타리 속에 몰려 있는 양떼에, 공장으로 빨려 들어가듯이 출근하고 있는 노동자들을 겹쳐놓은 장면——이이미 그런 구조적 도착을 암시하는 것이었다. 게다가 채플린이 거기서 희화화(戲畵化)한 것은, 마르크스가 백 년이나 이전에 고전적 정식을 부여한, 노동과정에서의 기계와 인간의 도착만이 아니라 19세기에서의 예언자들의 상상을 이미 훨씬 더 넘어선 규모와 깊이에서——예를 들어 테크놀러지에 의한 심층심리의 개발과 조작이란 문제 하나를 보더라도 충분할 것이다——현대 생활에 침투해 있는 '인간의 자기소외'의 다양한 국면인 것이다. 식사라는 인간의 가장 원초적인 '자연'스러운 욕구구조차도, 능률을 위한 능률의 숭배에 의해서 자유로운 선택을 박탈당하고 있다(「모던 타임즈」). 아

니, 자유로운 선택을 '박탈당하는' 단계조차도 넘어서서, 바야흐로 상품의
구매로부터 지도자의 선출까지, '자유로운 선택' 그 자체가 선전과 광고에
의해 만들어지는 것이다. 어쨌거나 예전에는 '재창조'(recreation)라는 의
미가 부여되어 있던 오락이나 스포츠까지 거대한 장치가 되어 대중을 빨아
들여서 규격화한다. '힌켈'(Hynkel)의 사자후(獅子吼) 앞에 일제히 오른
손을 올리는 군중들(「독재자」)과 와이드 스크린 앞에 일제히 목을 좌우로
흔드는 관객(「뉴욕의 왕자님」(The Emperor of New York))은 결코
별개의 종족이 아닌 것이다. 성(性) 역시 도착되어, 남자가 여자 소리를 내
고, 여자가 저음으로 대응한다(위와 같음). '프로듀스'(produce)란 현대에
서는 가치의 생산이 아니라 무엇보다도 가치의 연출인 것이다.

그리고 신화와 과학을 온몸에 아로새긴 20세기의 독재자야말로 현대 세
계의 가장 큰 '연출'자이며, 거기서의 정치권력의 자기목적화는 현대 문명
에서의 수단과 목적이 전도된 그 클라이맥스에 다름아니다. 눈에는 눈을,
연출에는 연출을. 그리하여 서민 이발사 채플린은 정연하게 잘 짜여진 오
스트릿지 침공의 정치적 연출을 그대로 역용함으로써 독재자에게 근사하게
복수하는 것이다!

그러나 "What time is it?" 하는 물음의 상징적인 의미는, 단순히 현
대가 거꾸로 선 세계라는 사실 명제의 제시만은 아니다. 특히 그 비행기 장
면에서의 중요한 암시는 '거꾸로 선 세계'에 살고 있는 사람들에게는 거꾸로
선 세계가 거꾸로 선 것으로 의식되지 않는다는 점이다. 도착된 세계에 지
성과 감각을 봉쇄당하고, 거꾸로 선 이미지가 일상화된 인간에게는, 정상적
인 이미지가 도리어 도착된 것으로 비친다. 거기서는 비상식이 상식으로
통용되고, 제 정신이 있는 것은 반대로 광기로 취급된다. 그야말로 시계는
시곗줄로부터 거꾸로 올라오고, 물은 수통으로부터 분출하는 것이다. 그것
이 의식을 상실하고 있는 동안에 세계가 일변했다는 것을 알지 못하고서
자신의 집으로 되돌아온 이발사를 기다리고 있는 운명이었다. 그는 아무것
도 알지 못하므로, 매우 일반적인 상식에 따라서 일반적인 행동을 한다. 유

태인 가게의 유리창에 마음대로 '유태인'이라 페인트로 낙서하는 것은, 더할 나위없는 무례함이므로 그는 아주 아무렇지도 않게 돌격대원이 보는 앞에서 그것을 지운다. 아무런 죄도 없는 시민이나 부녀를 집단적으로 못살게 구는 것은 거리의 갱들이나 하는 짓이므로, 그는 분노를 느끼고 제지하려고 한다. 급히 달려온 돌격대원을 그는 복장으로 보아 경찰관이라 생각하고, 난폭자들을 진압해줄 것을 호소한다. 그의 판단이나 행동은 어느 것이나 아주 자연스러운 것이지만, 그것은 하나 하나가, 이 세계에서는 터무니없는 막무가내이거나 혹은 정상이 아닌 용기를 필요로 하는 것——그 어느 쪽이라 하더라도 그야말로 부자연스러운 것이다.

그런 뒤죽박죽이 우리의 골계감(滑稽感)을 자아내게 한다. 그런 골계감은 베르그송식으로 말하면, 이발사의 세계——게토——의 사건에 우리가 정서적으로 공감하는 것이 아니라, 나와는 관계가 없는 방관자로서 '순수이지'(純粹理知, pure intellect)로써 대하고 있기 때문이다. 일상성의 도착은 자연의 흐름에 대한 멈춤(굳어짐)을 보여주는 것이기 때문에 흔히 희극의 소재로 다루어진다. 역할의 교환도 어떤 것이 어떤 것으로 대체되었는지 관객들에게는 자명한 것이기 때문에 웃음거리가 된다.

그렇지만 「독재자」에서의 도착은 얼핏보기와는 달리 훨씬 더 복잡하다. 어떤 시대의 어떤 세계에서의 일상성을 주어진 것이라 한다면, 이발사의 행동은 그야말로 전도되어 있지만, 실은 그 일상성 자체가 '거꾸로 선 세계'에서의 일상성이라고 한다면, 전도되어 있는 것은 토메니야국 전체인 것이며, 제대로 서 있는 것은 이발사와 그 주위의 겨우 한 줌 정도의 인간에 지나지 않는다. 우리는 대체 어느 쪽의 일상성 쪽에서, 어느 쪽의 도착을 웃고 있는 것일까. 「독재자」에서도 그리고 「모던 타임즈」에서도, 그같은 현대에서의 일상 감각의 분열이라는 문제를 생생하게 제시하고 있기 때문에, 거기서 느끼게 되는 골계감은 거의 고통감과 표리관계를 이루면서 우리에게 다가오는 것이다.

무엇보다도 60년대의 '풍요로운 사회'와 여가를 누리고 있는 시대의 실감으로 본다면, 그처럼 분명한 제 정신과 광기의 전도는 토메니야국——아니 이제 채플린으로부터 떠나기로 하자——추축(樞軸) 파시즘이 극성을 부렸을 무렵의 한 편의 악몽처럼 보이기도 한다. 우리가 살고 있는 시대는 이미 그런 시대와는 다르며, 모든 사건들에 대한 반응이 1930년대의 어두운 연상과 결부시키는 사고방식으로부터 이미 결별하고 있지 않은가——하는 그런 목소리도 여기저기서 나오고 있다. 일본만이 아니다. 서구의 지식사회에는 이미 몇 년 전부터 '이데올로기의 종언'이라는 합창이 울려퍼지고 있다. 그것에 대해서는 뒤에서 다시 언급하기로 하자.

어쨌든 과연 우리의 60년대에는 정치적 양식(良識)은 그 정도로 자명함을 되찾고 있는가 어떤가. 양식의 '본고장'으로 통하고 있는 영국에서조차도 과연 제 정신과 광기의 구분이 그렇게 확고한 기반을 가지고 있는가. 이미 몇 차례에 걸친 신문보도가 말해주고 있듯이, 영국의 CND를 중심으로 하는 핵무장의 일방적인 폐기운동은 1961년 2월에 이르러, 미국의 폴라리스 잠수함 기지(基地) 대여 협정에 대한 일찍이 없던 규모의 항의 집회로까지 발전했으며, 데모대는 집회장소인 트라팔가 광장으로부터 행진하여 국방성 앞에서 연좌데모를 벌여, 수백 명의 체포자를 냈다. 시종일관 그 운동의 선두에 서 있던 버트런드 러셀은, 이번에도 88세의 노구를 이끌고 차가운 길바닥 위에 앉아 있는 '이상'(異常, abnormal)한 행동을 했는데, 그 저명한 철학자가 말하는 바에 의하면, "예를 들어 일간신문 중에서 가장 공평한 것으로 생각되고 있는 어떤 신문의 노동당 관계 통신원은 일방적 핵폐기론에 대한 반대야말로 「제 정신의 소리」(the voice of sanity)라는 내용의 기사를 썼다. 나는 거기에 답하는 편지를 썼으며, 오히려 거꾸로 제 정신은 일방적 핵폐기론자 측에 있으며, 폐기론을 반대하는 측이야말로 히스테리에 빠져 있다고 논했던 것인데, 그 신문은 그것을 인쇄하기를 거부했던 것이다. 나 이외의 일방적 핵폐기론자들 역시 비슷한 경험을 가지고 있다." 다시 말해서 언론의 자유의 조국에서도, 일방적 핵폐기론은 미친 짓거리라는 이미지를 통해서밖에 대다수 국민의 눈과 귀에 들어가지 않으며, 또 그런 식으로밖에 허용할 수 없다는 것이다.

미국에서도 히로시마(廣島)의 원폭 투하에 관여했던 클로드 이덜리 (Claude Eatherly)가 죄책감으로 인해 시작했던 핵무기반대를 위한 행동이 '당국'에 의해서 미친 사람 취급을 당해, 정신의학자의 '증명'에 의해, 마침내 정신병원에 들어가게 되었다. 이것 역시 러셀 경(卿)에 의하면, 클로드 이덜리가 자신의 동기를 설명한 몇 번인가의 성명은 완전히 제 정신이며, 적어도 원자폭탄 투하의 정당성을 어디까지나 변호하고 있는 전체 책임자 트루먼(Trumann)보다는 훨씬 더 제 정신인 것이다. 그리하여 러셀은 끓어오르는 분노를 그 자신의 독특한 논조(sophistication)를 구사하여 마구 쏘아붙이고 있다. "오늘날의 거꾸로 서 있는 세계에서는, 인류 전체에 대해서 생사여탈권을 장악하고 있는 사람들은 명목상으로는 출판이나 선전의 자유를 누리고 있는 국가들 거의 대부분의 주민들에게, 그 누구건 간에 인류의 생활을 지키는 것을 가치있는 일로 생각하는 사람은 미친 사람이 아니면 안된다는 것을, 설득할 수 있을 정도의 힘을 가지고 있는 것이다. 나는 나의 만년을 정신병원에서 보내게 된다고 할지라도 결코 놀라지 않을 것이다. 거기서 나는 인간으로서의 감정을 가질 수 있는 모든 사람들과의 교제를 즐기게 될 것이다"(*New Statesman*. Feb. 17. 1961. 『世界』 4월호 번역 게재).

이같은 목소리에도 불구하고 다른 한편에서는 여전히 "CBR(일종의 대량살인 무기)의 큰 이점은 주민들을 찾아내어 죽여버리면서도, 그와 동시에 대도시나 공업시설을 파괴하지 않는다는 점이다"(*Saturday Review*, July 23. 1960)라고 말한 것이 정말 진지하게 '현실적인' 논의로 '식자'들 사이에 오가고 있다. 이발사와 장교를 태우고서 거꾸로 날았던 비행기는 어쩌면 오늘도 여전히 구름 속을 날아다니고 있는 것 같다.

2.

우리는 나치의 '글라이히샬퉁'(Gleichschaltung)으로 불리는 철저한 권력통제, 가혹하기 짝이 없는 탄압과 폭행, 그물망처럼 펼쳐져 있는 비밀 경찰망과 숨막힐 듯한 시민 상호간의 감시 조직, 나아가서는 강제수용소에서의 거의 믿기 어려운 잔학 행위 등에 관해서는, 이미 지긋지긋할 정도로 잘 알고 있다. 그렇지만 그것들 모두를 책이나 보고나 필름을 통해서 보고 들은 후에, 아무리 해도 용솟음치게 되는 의문은 독일 국민은——적어도 열광적인 당원 이외의, 많은 일반 독일 국민들은 나치의 12년의 지배를 어떤 기분으로 지내왔을까, 그 치하에서 잇달아 일어난 도를 벗어난 일들을 어떻게 받아들여왔을까 하는 것이다. 무엇보다도 예를 들어 아우슈비츠 (Auschwitz)나 벨젠(Belsen)에서 어떤 일이 현실적으로 저질러지고 있었는가 하는 것은 전혀 모르고 있었다. 전쟁 이후에 우리의 동포들이 그렇게 했다는 것을 알았을 때의 충격은 헤아리기 어려운 것이었다는 말을 이미 많은 독일인들로부터 들었다. 그것이 반드시 그들의 꾸며대는 말이나 변명만은 아닐 것이다. 사실, 그들에게 전쟁 이후 처음으로 알려진 나치 치하의 일들도 적지 않았던 것임에 틀림없을 것이다. 마치 많은 일본 국민들이 '황군'(皇軍)이 점령지에서 한 짓거리를——적어도 그 정도와 규모의 개략을——전쟁 이후 비로소 알게 된 것처럼.

그렇지만 그와 동시에, 다름아닌 독일 국내에서 독일의 보통 시민들이 가두에서 목격했거나 혹은 보도를 통해서 알고 있었을 그런 사건들도 역시 상당히 많은 것이다. '글라이히샬퉁'을 추진하는 과정에서 부딪히게 된 장애와 저항의 크기는 일본의 우익체제에 비할 바가 아니었다. 정치·경제·교육·문화 모든 영역에서 유태인이 차지하고 있던 지위와 역할, 마르크스주의적인 사회주의와 노동운동의 오랜 전통과 광범한 사회적 기반, 기독교 교회, 특히 '문화투쟁'의 경험을 가진 카톨릭 교회세력, 뿌리깊은 란트 (Land)의 할거와 지방적 자주성의 의식——이들 하나하나를 생각해보는 것만으로도, 괴벨스(Goebbels)의 '선전' 조직과 히믈러(Himmler)나 헤스(Hess)의 '폭력' 조직이 잇달아서 직면했을 과제가 얼마나 거대한 것이었는지는 어렵지 않게 상상할 수 있다. 그런 만큼 그런 '조직'의 강압적인 수단이 전국의 도처에서 발했을 무시무시한 소음, 거기서 벗어나려는 사람들의 비명과 짓이겨지는 사람들의 신음소리가 어떤 기회를 통해서 일반 국민들의 귀에 들리지 않았을 리가 없는 것이다.

그럼에도 불구하고 그들은 아무 말 하지 않고 지냈다. 공포의 지배에 그만 기가 질려버렸던 것일까. 그러나 어떤 인간도 1개월이나 2개월이라면 모르지만 10년 이상씩이나 계속 부들부들 떠는 생활을 지속할 수는 없을 것이다. 선전의 효과? 물론 컸을 것이다. 그러나 모든 생활을 '정치화'하자는 나치의 요구가 아무리 성공했다 하더라도, 일반적인 일을 가진 보통 시민들의 생활과 감각이 제복을 입은 SS대원의 그것과 완전히 같아진다는 것은 있을 수 없다. 확실히 그들 한 사람 한 사람이 모두 나치 당원과 사상이나 성격이 같아졌던 것은 아니었다. 다만 그들이 사는 세계가 나치로 되어버린 것이었다. 게다가 그 세계의 변화에 대해서, 이른바 끝없이 순응했던 것이다.

나치 '혁명'의 급격성을, 다른 나라—예를 들면 일본만이 아니라 '원조' 이탈리아의 파쇼화 과정의 점진성과 대비시키는 것은 우리의 통념이 되어 있다. 그렇지만 그런 대비를 강조하는 나머지, 나치의 세계가 히틀러의 권력 장악 후에 일거에 완성된 것처럼 생각한다면, 그것은 나치즘의 전제조건이 바이마르 시대에 이미 성숙되어 있었다는 것을 이유로 들어 1933년에 일어난 사태의 질적 전환을 부정하는 것과는 거꾸로의 의미에서, 역시 역사를 단순화시키는 것으로 될 것이다. 바깥에서 보아 무섭고 과격한 타격의 연속이었던 것은, 그 안쪽의 세계에 사는 사람들에게는 의외로 눈에 띄지 않는, 점진적인 광경의 변화로 받아들여지고 있었다는 점을, 예를 들어 밀튼 메이어(Milton Mayer)의 『그들은 자유롭다고 생각하고 있었다』 (*They thought they were free*, 1955)는 수많은 예증에 의해서 드러내고 있다. 어째서 독일인들은 그런 광기의 지배를 묵묵히 보고 지나쳤던 것일까, 어째서 그 정도로 노골적인 도착된 세계의 주민으로서 '아무렇지도 않을 수' 있었던 것일까 하는 앞에서 말한 의문을 푸는 하나의 실마리가 여기에 있는 것처럼 생각되므로, 메이어가 면접한 독일인들 중에서 한 사람의 언어학자의 '고백'을 골라, 그 일부를 소개해보기로 하자.

그는 당시에 있어서 나치 '혁명'의 전(全) 과정의 의미를 통찰하기에는 일상적인 일에 쫓기고 있던 시민들에게는, 거의 기대할 수 없을 정도의 고도의 정치적 자각을 필요로 했다는 점을 끊임없이 말하고 있다. 그런 식으로 말하는 것 자체가 듣고 있는 메이어에게는 자기변명으로 들렸을 뿐이며, 도저히 쉽사리 이해가 되지 않는다는 식의 감정을 안겨주었지만……

조치(措置) 하나하나가 매우 작으며, 또 매우 잘 설명되고, '때때로 유감스럽게 생각한다'는 뜻이 표명되는 식으로, 전체 과정을 처음부터 멀리서 보고 있지 않는 한은──이런 모든 '작은' 조치가 원리적으로 무엇을 의미하는가 하는 것을 이해하지 않는 한은──사람들이 보고 있는 것은, 마치 농부가 자신의 밭에서 농작물이 자라고 있는 것을 보고 있는 것과도 같은 것입니다. 어느날 문득 정신을 차리고 보면, 농작물이 키보다 더 커져 있는 것입니다.

제발 저를 믿어주십시오. 이것은 정말 사실입니다. 어딘가를 향해서, 어떻게 움직여가는지 알 수가 없는 것입니다. 하나하나의 행위, 하나하나의 사건은 확실히 그 앞의 행위나 사건보다도 더 나빠지고 있었습니다. 그러나 그것은 그야말로 아주 조금 더 나빠졌을 뿐입니다. 그래서 다음 기회를 기다린다는 식으로 되어버립니다. 무언가 커다란 쇼킹한 사건이 일어날 것이다, 그렇게 되면 다른 사람들도 나와 한덩어리가 되어 어떤 식으로건 저항하게 될 것이라 생각했던 것입니다.

그런데,

　문밖을 나가보아도, 거리에서도, 사람들의 모임에서도 모두 행복한 것처럼 보였습니다. 어떠한 항의도 들리지 않았으며, 아무것도 보이지 않았습니다……. 대학에서, 아마도 나와 같은 느낌을 가지고 있을 것으로 생각되는 동료들에게 속마음을 얘기해보았습니다. 그런데 그들이 뭐라고 했는지 아십니까. '그렇게까지 지독한 세상은 아니지 않은가' 혹은 '자네는 정말 쓸데없는 걱정을 하는 군' 뭐 이런 식이었습니다.

　그렇습니다. 확실히 저는 쓸데없는 걱정을 하는 사람이었습니다. 어찌하여 이런저런 일들이 필연적으로 그런 결과를 초래하게 되었는지, 그것을 증명해보일 수가 없었습니다. 확실히 그것은 사건의 시작이었습니다. 그렇지만 그 끝이 어딘지 모르고 있었으니, 어떻게 확실하게 알고 있었다고 할 수 있겠습니까.

그리하여 쓸데없는 걱정을 하는 사람이라든가 트러블 메이커(trouble maker)로 지목당하는 것을 피하기 위해서, 이럴 경우에는 잠시 사태를 지켜보기로 하자는 식으로 된다.

　그렇지만 수십 명, 수백 명, 수천 명이라는 사람이 나 자신과 더불어 같이 들고 일어난다는 식의 그런 쇼킹한 사건은 결코 일어나지 않았습니다. 바로 그 점이 어려운 것입니다. 만약 나치 전체 체제의 최후의 최악의 행위가, 제일 처음의 가장 작은 행위가 있는 **바로 직후**에 일어났다고 한다면──그렇습니다, 그랬을 때에는 수백만이라는 사람들이 참을 수 없을 정도로 충격을 받았을 것임에 틀림없습니다. 33년에 유태인 이외의 (사람들의) 가게에 「독일의 상점」이라는 게시가 붙은 직후에, 44년의 유태인에 대한 가스 살인이 잇달아 일어났더라면……. 그러나 물론 사태는 그런 식으로 전개되지 않았습니다.

그런데 어느 날, 너무나도 늦게, 그가 말하는 '제 원리'가 자신에게도 쇄도하게 되었던 것이다.

제정신을 차리고 보니, 내가 살고 있는 세계는——나의 국가와 나의 국민들은——일찍이 내가 태어난 세계와 비슷하면서도 비슷하지 않은 그런 것으로 되어버렸습니다. 여러 가지 것들이 완전히 그대로였습니다. 집들도, 가게도, 일도, 식사 시간도, 방문객도, 음악회도, 영화도, 휴일도……. 그렇지만 정신은 완전히 변해 있었습니다. 그럼에도 불구하고 정신을 형식과 같은 것으로 보는 잘못을 일생 동안 저질러오고 있었으므로, 그것을 알 수 없었습니다. 바야흐로 내가 살고 있는 것은 증오와 공포의 세계였습니다. 게다가 증오하고 두려워하는 국민은, 자신이 증오하고 두려워하고 있다는 것조차 모르고 있었습니다. 누구나 자신이 변해가는 경우에는 그 누구도 변하지 않은 것입니다"(강조는 마루야마).

이런 말들은 나치 세계의 안쪽에서 본 시민의 이미지를 상당한 정도로 충실하게 그리고 있는 것처럼 생각된다. 이 언어학자의 '원리적인 것'에 대한 '의식의 낮음'이 비난받아야 할 것인가, 아니면 그것을 현대 정치에서의 순응주의(conformism)가 시민의 어떤 실제 느낌 위를 타고서 진행해가는지를 보여주는 전형적인 예증으로 받아들여야 할 것인가. 세상 사람들로부터 '쓸데없는 걱정을 하는 사람'으로 치부되고 싶지 않다고 생각하여 주위에 적응해가고 있는 사이에, 예전이었다면 위화감을 느꼈을 광경에 대해 어느 틈인가 익숙해졌다가 문득 정신을 차리게 되었을 때에는 처음에 서 있던 지점에서 멀리 떨어져 있다는 것이, 독일이기 때문에 일어난 일일까, 아니면 문제는 나치와 같은 과감한 과정에서조차, 시민의 실제 느낌에 그렇게 비쳤다는 점에 있을까. 적어도 듣고 있던 메이어는 그 긴 고백에 대해서 "한 마디도 할 수 없었으며, 뭐라고 해야 할 말을 떠올리지 못했다"고 할 정도의 충격을 받았던 것이다.

3.

나치의 '전체주의 혁명'은 지금까지 말한 것과 같은 '시간'의 문제, 즉 그 과정의 급속함이라는 점만이 아니라 그것이 시민생활에 침투한 정도의 철저함——생활과 문화의 정점에서 말단에 이르는 조직화——이라는 점에서도 너무나도 유명하다. 그렇지만 이런 두번째 문제에서도, 우리는 한층 더 깊이 들어가서 그 안에서 살았던 사람의 경험을 들어볼 필요가 있을 것이다. 그것은 과연 외국으로부터 또는 그 이후의 시대로부터 왕왕 억측되고 있듯이, 사생활의 입 안에 '정치'라는 거스러미가 이는 이물질이 들어와서 부드러운 점막을 마구 할키어대는 그런 감각이었을까. 반드시 그렇지는 않았던 것 같다. 앞에서 본 언어학자의 말에서도 그것은 암시되고 있지만, 그것을 거꾸로의 관점에서 보여주는 사례로서 카를 슈미트의 회상이 있다.

슈미트(Carl Schmitt)는 널리 알려진 나치 법학계의 거물이며, 그 때문에 전쟁 직후 곧바로 연합국의 재판에 회부되어 투옥되었다. 그런 그가 출옥한 후에 제일 먼저 쓴 『항복한 이후』(*Ex Captivitate Salus*, 1950)에서 나치 지배층 하에서의 지식층의 태도나 지적인 분위기에 대해서 말하고 있는 것은, 그의 근황을 아는 데서도 매우 흥미롭다. 요컨대 슈미트에 의하면, 구르는 돌과도 같았던 '글라이히샬퉁'(Gleichschaltung)도 결국 끝까지 독일의 정신상황의 이른바 이중구조를 타파할 수 없었다는 것이다. 표면적으로는 밤낮 가릴 것 없이, 라디오·신문·거리의 확성기로부터 흘러나오는 '세계관'의 홍수가 있었으며, 비오듯이 쏟아지는 포고나 법령의 범람이 있었으며, 그리고 그것에 마치 앵무새처럼 정해진 문구로 호응하는 인민들의 제창이 있었다. 그러나 그처럼 놀랄 정도로 단조롭고 무미건조한 소음과 규율의 세계 하에서는, 자신들의 전통적인 긍지와 자신들의 양보할 수 없는 자유와, 자신들의 '수호천사'조차 가진, 교양과 내면성의 영역이 완강하게 보호되고 있었다. 그야말로 권력과 보조를 맞추면서 큰 북을 울리고 있었던 것은, 적어도 학자·예술가·문필가 중에서는 삼류·

사류의 인물이었으며, 아무래도 더 나은 인텔리들은 모두 표면과 내면이라는 이중생활을 하고 있었다. 그러므로 나치의 12년 지배는, 그야말로 공포스러운 테러와 거대한 기술적 수단을 구가한 완벽한 조직적 통제 때문에 "사실상 어떠한 자유로운 사상도, 어떠한 보류도 이미 남아 있지 않는 그런 정도로까지 국민 전체의 정신적 생산성을 자신들의 손아귀에 넣는 것이, 애초에 정치권력을 장악한 사람에게 어디까지 가능한가" 하는 거대한 물음에 대한 더할 나위 없는 실험이었던 것이다. 또한 그 때문에 독일의 지식층은 바깥에서 보고 있는 사람에게는 도저히 헤아릴 수 없는 그런 체험을 하지 않으면 안되었는데, 결과적으로는 도리어 거기서 정신적 자유와 창조성에 대한 정치권력의 본질적인 한계가 실증되었다는 것이다.

앞에서 말한 언어학자의 침울한 고백과는 반대로, 여기에 나타나 있는 태도는 굳이 말한다면 넉살좋고 대담한 그런 것이다(무엇보다도 슈미트 역시 나치 시대에 SS의 기관지나 보다 어용적인 학자들로부터 격렬하게 공격당한 경험을 가지고 있으며, 해외에서 생각되고 있던 만큼 그의 이론은 시종일관 나치의 정통적 지위를 차지하고 있던 것은 아니었다). 그렇지만 그런 자세를 별도로 한다면, 슈미트에 의한 독일의 정신상황의 묘사는 다른 문헌에 비추어 보더라도 심각한 왜곡이라고는 생각되지 않는다. 문제는 오히려 거기서 어떠한 의미와 교훈을 끌어낼 것인가 하는 데에 있다. 슈미트는 서유럽의 합리주의의 오랜 전통에다가 독일인의 '뿌리뽑기 어려운' 개인주의는 십 몇 년의 탄압으로 없어질 수 있는 그런 손쉬운 것은 아니라고 큰소리로 말한다. 그렇지만 독일 지식층의 매일매일의 정신생활이 표면의 미친듯이 날뛰는 파도 밑에서, 정밀(靜謐)한 자유를 지닐 수 있었다는 것은 거꾸로 말하면 현대에서 그런 '사적인 내면성'이 우리가 살고 있는 세계를 평가하는 기축으로서는 얼마나 기대할 수 없는 것인가를 말해주고 있는 것이다. 그러므로 슈미트도 이어 이렇게 말하고 있다.

독일인이 놀랄 만한 정도로 조직되기 쉽다는 것은, 실은 독일인의 놀랄 만한 정도의 자아무장을 보여준 것에 지나지 않는다. 그때그때의 합법적인 정부에 의해서 명령받은 그대로 모두 기꺼이 협력한다는 태도가 최대한으로 발휘된 것과 같은 경우에서조차도, 사적 내면성에의 인퇴(引退)라는 예로부터 지켜져온 조용한 전통은 그대로 남아 있었다⋯⋯. 그 외의 어떠한 세계에서도, 독일만큼 내적인 것과 외적인 것의 구별이 철저하게 이루어지고, 마침내는 양자의 무관함에까지 이를 수 있는 그런 곳은 없었다. 그런 교양 계층의 외면적인 글라이히살퉁이 원활하고 단순하게 진행되었던 만큼 실은 그들을 내면으로부터 완전히 균일화하는 것은 어려웠던 것이다(a. a. O., SS.18~19).

다시 말해서 전체주의의 '한계'라 할 수 있는 것이, 뒤집어놓으면 그대로 '내면적 자유의 세계'의 '한계'인 것이며, 양자가 이른바 상호불가침의 사실상의 승인 위에 서서 같은 사회에서 공존할 수 있다는 증명에 지나지 않는다. 그가 말하는 '뿌리뽑기 어려운 개인주의'는 내면성이라는 이름 하에 '외부'를, 즉 인간 관계(사회)를 전체적으로 정치의 세계로 내줌으로써, 외부 세계의 선택을 자신의 책임으로부터 해제해버리고 말았다. 그것은 '정신'의 광영(光榮)인가 아니면 비참함인가.

한마디로 경험을 통해서 배운다고는 하지만, 배우는 방법은 다양한 것이다. 예를 들어 저명한 루터교회 목사인 마르틴 니뫼러(Martin Niemöller)는 마찬가지로 나치 시대에, 자신의 생활 느낌이나 사적 내면성에 의거한 경험의 반성으로, 앞에서 본 언어학자보다도 한층 더 적극적인, 그리고 카를 슈미트와는 그야말로 정반대의 교훈을 끄집어내고 있다. 그럴 경우 저항자로서의 니뫼러와 (편승자는 아니지만) 동반자로서의 슈미트라는 두 사람의 경력을 생각해보면, 그 대비는 너무나도 당연해서 적절치 못한 것처럼 보일는지도 모르겠다. 사실 니뫼러가 나치의 강제수용소로부터 오랜만에 해방되었을 때에, 카를 슈미트의 옥중 생활이 시작될 정도로 두 사람은 현실 정치의 차원에서는 양극에 서 있었으므로⋯⋯. 그러나 그런 결과로부터 소급하는 것은 반드시 사태를 안쪽에서 비추어주는 것으로 되지는 않는다. 적어도 나치 초기의 정신상황에서 니뫼러와 슈미트의 거리는 1945년에 양자가 서로를 발견한 지점의 아득함으로는 상상하기 어려울 정도로 의외로 가까웠던 것이다(물론 직업과 전문 영역으로 인해, 두 사람 본래의 관심대상이 매우 멀리 있다는 점은 여기서는 도외시하고 있다). 슈미트와 니뫼러조차 그렇다고 한다면, 하물며 앞에서 말한 언어학자와 같은 부작위(不作爲)의 묵종자와 니뫼러의 거리는 거의 한 걸음 정도일 뿐이다. 니뫼러의 다음과 같은 고백을 보라.

> 나치가 공산주의자를 습격했을 때, 나는 다소 불안해졌다. 그렇지만 결국 나는 공산주의자는 아니었으므로 아무것도 하지 않았다. 이어 나치는 사회주의를 공격했다. 나의 불안은 조금 더 커졌다. 그렇지만 여전히 나는 사회주의자는 아니었다. 그래서 역시 아무것도 하지 않았다. 이어 학교가, 신문이, 유태인이, 이런 식으로 잇달아 공격대상이 늘어났으며, 그때마다 나의 불안은 커졌지만, 여전히 아무것도 하지 않았다. 그런데 이어 나치는 교회를 공격했다. 그런데 나는 그야말로 교회의 사람이었다. 그래서 나는 무언가를 했다. 그러나 이미 때는 늦었다(Mayer, *op. cit.*, pp.168~169).

그와 같은 고통의 체험을 바탕으로 니뫼러는 '처음에 저항하라'(Principiis obsta) 그리고 '결말을 생각하라'(Finem respice)라는 두 개의 원칙을 내놓았던 것이다. 그가 말하고 있는 것과 같은 히틀러의 공격순서는 오늘날 널리 알려진 사실이며, 두 개의 원칙 역시 카를 슈미트의 아이러니를 띤 '한계'설에 비하면 **말로서는** 이미 몇 번이나 들었던 것으로, 조금은 진부하게 들린다. 그렇지만 여기서 문제는 그런 과감한 저항자로 알려진 니뫼러조차 직접 자신의 밭에 불이 붙기까지는 역시 '그 안에 사는 사람'이었다는 것이며, 더구나 그 언어학자가 말했던 것처럼, 모든 것이 조금씩 변하고 있을 때에는 그 누구도 변하지 않는다고 한다면, 저항해야 할 '처음'의 결단도, 역사적 연쇄의 '결말'의 예상도, 처음부터 '바깥'에 몸을 두지 않는 한 실은 무척이나 어렵다는 것이다. 게다가 처음부터 바깥에 있는 사람은, 그야말로 바깥에 있다는 점으로 인해서 그 안의 압도적인 다수를 차지하고 있는 인간들의 실제 느낌과는 서로 다르지 않을 수 없는 것이다.

4.

여기서 세번째의 문제, 같은 세계 속의 이단자라는 문제가 등장하게 된다. 지금까지는 정치적 동질화와 획일화가 진행되는 상황을 그 안에 사는 사람, 하지만 지도자나 그 부관들이 아니라, 전적으로 일반 국민의 일상적인 감각에 초점을 맞추어 서술해왔다. 물론 나치의 세계에서 그것을 전체로서 '원리적'으로 비판하고 있던 사람, 혹은 유태인처럼 처음부터 권력에 의해서 법의 보호 밖으로 밀려나는 개연성을 지닌 그룹, 나아가서는 또 글라이히샬퉁의 진행과정에서, 안으로부터 바깥으로 뛰쳐나간 사람, 요컨대 나치 박해의 직접적인 목표가 되었던 사람에게는, 같은 세계가 지금까지 묘사해온 것과는 완전히 다른 광경으로 나타나게 된다.

그것은 '모두 행복한 것처럼 보이기'는커녕, 이르는 곳마다 증오와 공포로 가득차고, 시의(猜疑)와 불신의 폭풍이 거칠게 몰아치는 황량한 세계인 것이다. 하나하나의 '임시조치'가 중대한 변화가 아니기는커녕, 그들의 동료들에게는 그야말로 미세한 변화가 곧바로 거대한 파문이 되어 퍼져가며, 한 사람 한 사람의 모든 신경이 어떤 사건, 어떤 견문, 어떤 소문에 따라서, 그때그때마다 마치 전류와도 같은 충격을 받는다. 매일매일의 생활은 긴장과 불안의 끊임없는 연속이며, 이웃사람이 언제 밀고자가 될는지, 친구가 고발자가 될는지, 동지가 배신자로 바뀔는지 헤아리기 어렵다. 번쩍이는 듯한 한낮의 햇빛 속에서 한치 앞을 내다볼 수 없다고 생각되는 한편, 그 반면에 어떠한 밀실의 벽을 통해서 덤덤하게 빛나는 눈이 자신의 행동을, 아니 미세한 마음의 움직임마저도 응시하고 있는 것과도 같다.

그것이 자주적이건 피동적이건 간에 권력이 노리는 입장에 처해 있는 사람들에게 다소간 **공통된** 이미지이며, 그리고 나치 독일에 대해서 우리에게 상식처럼 되어 있는 것은 오히려 이런 쪽의 이미지에 가깝다. 나치 독일만이 아니라, 스탈린주의 하의 러시아 내지 동유럽의 일련의 국가들, '어두운 골짜기'의 일본제국 등 예는 얼마든지 들 수 있는데, 이른바 '전체주의'의 지배에 대해서 바깥의 세계로부터의 보고나 혹은 후세 역사의 '객관적인' 관찰이 독자들에게 안겨주는 인상은 대체로 이런 것이다. 그것은 그런 관찰의 정보원(情報源)이 대략 체제의 피해자—망명자나 이단자—로부터 나오고 있는 사실과 전혀 관계가 없지는 않을 것이다. 그런 피해자 혹은 저항자에게는 그야말로 위와 같은 풍경이 '진실'인 것이다. 앞에서 본 것과 같은 체제의 동조자와 소극적인 추종자에게서의 그것과 너무나도 다른 풍경이 '진실'이었던 것처럼…….

요컨대 나치 독일에는 이처럼 완전히 둘로 분열된 두 개의 '진실'의 이미지가 있었다. 그러므로 어느 한 쪽의 '진실'에서 본다면, 인간이나 사물의 모습은 어제도 오늘도 그 나름대로의 조화를 유지하고 있으므로, 자신들의 사회에 대한 안팎의 '원리'적 비판자가 말하는 것은 한갓 헛되이 일을 좋아하는 '쓸데없는 걱정을 하는 사람'이든가 악의 혹은 과대망상적인 허구로밖에 보이지 않으며, 다른 쪽의 '진실'에서 본다면 어째서 그와 같은 황량한 세계에 아무렇지도 않게 살고 있을 수 있는가 하고 그 도덕적 불감증을 의아해하지 않을 수 없는 것이다. 만약 이 두 개의 '진실'이 사람들의 이미지 속에서 서로 **교통할 수 있는** 기회를 가졌다면, 니뫼러의 쓰라린 경험을 기다리지 않더라도 '처음에 저항'하는 것은—적어도 적절한 시기에 행동을 일으키는 것이 더 많은 사람들에게서 가능했을 것이며, 또 보다 수월하기도 했을 것이다. 사실은 바로 그런 교통이 결여되어 있었으며, 점점 더 그것이 불가능하게 되었다는 것이다.

글라이히샬퉁이란 정통의 집중임과 동시에 이단의 강제적 집중을 의미한다(Konzentrationslager라는 수용소의 명칭은 얼마나 상징적인 것인가). 그것이 성공하는 정도에 따라서, 위에서 본 두 개의 이미지의 교통은 어렵게 된다. 그럴 경우 처음부터의 정통의 세계와 처음부터의 이단의 세계, 즉 두 개의 세계 중심부일수록 각각의 이미지의 자기 누적에 의한 고정화가 심하며, 거꾸로 두 개의 세계가 서로 접촉하는 경계 지역일수록 상황은 유동적이다. 그래서 지배자에게서 문제는 어떻게 해서 그처럼 서로 다른 이미지의 교착에 노출된 변경지대의 주민들을 권력의 경제의 원칙에 따라 나누어가서, 양자의 경계에 물적으로도 정신적으로도 높고 두터운 벽을 구축할 것인가 하는 것에 있으며, 글라이히샬퉁의 성패는 바로 거기에 달려 있는 것이다.

그리하여 권력이 한 쪽에 높은 벽을 세워서 이단을 봉쇄시키고, 다른 한 쪽에서 경계에 가까운 영역의 주민들은 안쪽으로 '서서히' 이동시켜, 벽과의 거리를 멀게 할수록, 두 세계의 커뮤니케이션의 가능성은 점점 더 차단된다. 그렇게 되면 벽의 다른 쪽에서 일어나는 일은, 이쪽의 세계에 거의 충격으로 전해지지 않는다. 이단자는 설령, 문자 그대로 강제수용소에 집중되지 않는다 하더라도, '스스로' 사회의 한 쪽 구석에 몸을 웅크리고 모여들게 되며, 그로 인해서 그들은 또 전체적인 세계상만이 아니라 일상적인 생활양식이나 감수성에 이르기까지 대다수 국민과의 거리가 점점 더 커지게 되어 고립화가 촉진된다. 나치화란 직접적인 '폭압'의 확대라기보다는, 그런 사이클의 확대에 다름아니었다. 그렇기 때문에 이단자나 망명자의 정보원(情報源)에 주로 의존하는 외국으로부터의 대(對)나치 선전은, 그 전제가 되어 있는 이미지, 즉 폭압 하에 허덕이고 있는 독일 국민이라는 이미지 그 자체가 독일 국민의 자기 이미지와는 심하게 유리되어 있으며, 그 때문에 흔히 도리어 독재자의 선전을 뒷받침해주는 효과조차 낳고 있는 것이다. 파시스트 치하의 이탈리아에서 지하운동 경험이 있는 이그나치오 실로네(Ignacio Silone)가 그 소설의 주인공으로 하여금 다음과 같은 탄성을 발하게 하고 있는 것도, 기본적으로는 공통된 문제상황을 말해주고 있다.

　외국의 여권을 주머니에 넣고서, 쇠창살문 너머로 엿보고 있는 사람이 프로파간다(propaganda)를 만드는 것이지⋯⋯, 그 영광은 단순히 저항할 수 없는 최면의 힘에 의해서 가난한 민중의 눈이 감겨져 있다는 것에 기초하고 있는 것이라 생각하려고 하지만, 그러나 가난한 민중은 거기까지 올라가서 쇠창살문의 그늘에 숨어 있는 것이 아니라, 그야말로 아래쪽의 거리에 있는 것이다. 그리고 아래쪽의 거리에서는, 사물은 그야말로 다른 양상을 드러내고 있는 것이다. 만약 한 사람이 외친다면, 다른 사람들도 모두 외쳐댄다. 만약 한 사람이 한 손을 들어 로마식 경례를 하면, 그의 이웃 사람들은 한 발자국 더 그를 능가하기 위해서 두 손을 들어올리는 것이다. 프로파간다 그물망 속에 있는 사람들은 각각 자신을 위해서 약간의 안정성을 추구한다. 모두가 추천장을 구하며, 또 후원자를 구한다. 그리고 그것만이 문제인 것이다. 프로파간다가 외치고 있는 바의 그것은 단순히 부차적인 의의를 갖는 것에 지나지 않는다. 그러므로 그것을 반박하더라도 아무런 소용이 없다(I. 실로네, 『빵과 포도주』, 일어번역본. 강조는 마루야마).

　그런데 이같은 실로네의 말은 이중적인 의미에서 시사적이다. 한 가지는 지금 말한 정통의 세계에 살고 있는 사람들의 이미지와 이단 혹은 정신적인 '바깥'에 있는 사람들의 이미지의 예리한 분열, 양자의 언어가 서로 통하지 않는다는 문제이다. 또 한 가지는 앞에서 본 슈미트의 인용과도 관계가 있는 것인데, 표층의 프로파간다의 세계와 심층에서 '자신의 안정성을 위해서' 그것에 적응하는 민중의 생활 차원이 여기서도 변별되어 있다는 점이다. 전자가 전체주의 하의 정신상황의 횡단면을 보여주는 것이라면, 후자는 이른바 그 종단도(縱斷圖)이다. 지금 그 양면의 관계를, 나치즘으로 말할 것 같으면 나치즘이라는 이데올로기의 분포로 볼 경우, 정신적 '바깥'에서 볼수록 이데올로기적 의미에서의 반(反)나치즘이며, 또 '안쪽'의 중심부에 가까울수록 이데올로기적 의미에서의 친(親)나치이다.

그리고 또 표층의 프로파간다의 세계일수록 이데올로기 색채가 강렬하다는 것은 말할 것까지도 없다. 즉 그런 의미에서는 이단자나 외국으로부터의 비판은 표층 프로파간다의 세계와 같은 차원에 속하며, 다만 벡터의 방향이 거꾸로 되어 있는 것이다. 슈미트가 전체주의의 일상생활에 대한 침투의 '한계'를 보았던 곳에서, 지하운동자는 쇠창살문 그늘로부터의 호소 (appeal)의 무력함을 느꼈다. 안쪽에서 사는 대부분의 사람들은 '위'의 프로파간다에 행동적으로 적응했지만, 그것은 반드시 이데올로기적으로 나치나 파시스트가 되었던 것이 아니라 '자신의 안전성'을 위해서 그렇게 한 것이며, 지식층이 '사적인 내면성'에 틀어박혔던 것과 마찬가지로, 대중은 그들 나름대로의 매일매일의 생활과 생활감각을 지녔던 것이다. 그것이 보존·유지되고 있다는 실감이 있기 때문에, 이단자 혹은 외부로부터의 '이데올로기'적 비판이 그들의 귀에 들린다 하더라도, 그것은 평지(!)에 파란을 일으키는 것으로, 헛되이 일을 좋아하는 그런 위화감을 낳았던 것이다.

이데올로기와 이미지의 관계를 이렇게 관찰해본다면, 우리는 나치에서의 정통과 이단의 집중과 격리에서도, 그리고 글라이히샬퉁의 철저함에서도, 통념화되어 있는 해석이 왕왕 이데올로기와 선전 차원에 상당한 비중을 실어서 그 세계의 양상을 응시하고 있다는 것을 알아차리게 된다. 그렇기 때문에 정말 가공할 만한 문제는 그냥 지나치면서, 오히려 현실에는 '한계'가 있다는 것을 지나치게 과대평가해온 혐의가 전혀 없다고는 할 수 없을 것이다. 그렇게 되면 나치나 파시즘의 '전체주의'의 문제성은 도리어 특정 국가의 특수한 역사적 상황에만 한정되어, 현대의 인간에게 제기되고 있는 보편적 도전이라는 의미를 잃어버리게 된다.

따라서 앞에서 인용한『그들은 자유롭다고 생각하고 있었다』의 저자 메이어가

　나치가 행복이었다는 진실과 반(反)나치가 불행이었다는 진실, 이 두 진실이 서로 모순되는 것은 아니었다. (중략) 감히 이의(異議)를 제기하지 않는 사람들 또는 견해를 달리하는 사람들과 어울리지 않는 사람들은, 견해를 달리하는 사람들에 대해서 거대한 사회가 품고 있는 불신과 의혹 외에는, 어떤 불신이나 시의(猜疑)를 (주위에서) 보지 못했으며, 다른 한편으로 견해를 달리하는 사람 혹은 견해를 달리할 수 있는 권리를 믿는 사람들은, 거기서 불신과 시의 외에 아무것도 보지 않았던 것이다(*op. cit.*, p.53).

라는 결론을 많은 면접을 통해서 도출해냈을 때, '나치가' '반(反)나치가' 하는 표현을 오로지 일정한 이데올로기적 신봉의 분포로 파악한다면, 오히려 메어어의 진의로부터 벗어나게 될 것이다. 그 뒤를 이어 "마치 1950년의 미국에 두 개의 미국이 있었던 것과 마찬가지로, 그보다 훨씬 더 심각하게 나누어진 두 개의 독일이 있었다"고 하듯이, 그때 저자의 뇌리에는 마치 매카시 선풍이 휘몰아치고 있던 그의 조국이 이중으로 겹쳐지고 있었던 것이다. 위의 문장의 클라이맥스는 오히려 "견해를 달리하는 사람들에 대해서 거대한 사회가 품고 있는 불신과 의혹 외에는"이라는 한정 속에 있다.

　독일과 미국――그것은 문화적·사상적 배경으로 보더라도, 정치적 전통으로 보더라도, 거의 대극적으로조차 생각되는 사회이며, 30~40년대의 독일과 50년대의 미국을 비교하는 데서도 유사성을 지적하기보다는 차이점을 지적하는 쪽이 훨씬 더 쉬울 것이다. 그런 점을 이른바 충분히 인정하면서도, 메이어는 마찬가지로 거기서, 같은 세계에 대한 이미지가 예리하게 분열되어 격리되는 모습을 보았다. 그리고 그 경우, 이단의 이미지를 공유하기 위해서 사람들은 반드시 마르크스주의나 공산주의의 파시즘론에 의거할 필요는 없었다. 채플린은 그리하여 미국을 떠났으며, 다름아닌 나치의 세계로부터 도망쳐온 토마스 만(Thomas Mann)도 전쟁 후 다시 스위스로 옮아갔던 것이다. 얼마 후 거기서 생애를 마감한 만의 회상 한 구절은,

앞에서 논의한 문제의 또 하나의 예증으로 삼기에는 너무나도 마음아프게 들린다.

나는 돌아왔다. 78세라는 나이에 다시 한 번 나의 생활의 근거지를 바꾼 것이다. 그것은 이 나이에는 결코 사소한 일이 아니다. 그점에 대해서 나는 인정하지 않을 수 없는 것이다—너무나도 1933년을 닮았다. 그리고 그런 결단에는 정치적인 것이 관련되어 있다는 점을. 불행한 세계 정세로 인해 그렇게도 혜택받은 나라, 거대한 강대국으로 떠오른 국가의 분위기에도 마음을 조여대고, 우려를 하게 만드는 그런 변화가 닥쳐왔다. 충성이라 칭하는 순응주의(conformism)에 대한 강제, 양심에 대한 스파이·불신·심한 매도로의 교육, 훌륭하지만 (자신들의) 맘에 들지 않는 학자에 대한 여권 교부의 거부……. 이단자를 냉혹하고 무참하게 경제적 파탄으로 몰아넣는 방식—유감스럽게도 이 모든 것들이 일상적인 다반사로 되고 말았다. 요컨대 자유를 어떻게 지킬 것인가 하고 고뇌하고 있으며, 적지 않은 사람들이 자유의 멸망을 두려워하고 있다 (*Comprendre*, 1953).

그렇지만 세상의 분위기에 "마음을 단단히 먹게 하고, 또 우려하게 만드는 변화"를 느낄 수 있었던 것은, 여기서도 역시 소수였으며, 만의 경고도, 채플린의 풍자도 그 속에 사는 많은 사람들에게는 기껏해야 '쓸데없는 걱정을 하는 사람'의, 더 나쁜 경우에는 '빨갱이' 일당의 중상모략 정도로 받아들여졌던 것이다. 공포 속에서 태어난 나치즘의 지배에서조차 민중의 일상적인 생활 실감으로는 어제와 오늘의 광경이 그렇게 변한 것처럼 보이지 않았다고 한다면, 번영하고 있는 시대의 매카시즘 선풍은 더욱 그럴 것이다. 그렇다고 해서 거기서의 현재적(顯在的)·잠재적 이단자들에게, 그것이 나치보다 살기좋은 세계라는 식으로 일괄적으로 말할 수는 없으며, 그들이 증오와 불신, 공포와 시의(猜疑)에 둘러싸여 있는 정도가 그보다 적은 것도 아니다. "자유라고 생각하고 있는" 압도적인 다수의 ──따라서 동조의 자각조차 없는 동조자의 이미지가 넓고 깊게 퍼져가는 가운데에서 이단자들이 느끼는 고립감과 압박감은 오히려 더 커다고 할 수도 있을 것이다.

5.

"어떠한 국민공동체에서도 바깥세계의 사상(事象)에 대한 여론을 구성하고 있는 것은 주로 소수의 스테레오타입화된 이미지"라는 것, 그리고 "스테레오타입의 체계가 확고하게 되어 있는 경우, 우리의 주의(注意)는 스테레오타입을 지지하는 그런 사실 쪽으로 향하게 되며, 그것과 모순되는 그런 사실로부터는 멀어지는" 경향이 있으므로, 스테레오타입은 사실에 의해 입증된다는 **바로** 그런 행위를 통해서 이미 '사실'에 자신의 각인을 누르는 것이라는 점을 많은 예증으로 분석하고, 오늘날의 정보 이론의 길을 개척한 것은 월터 리프먼(Walter Lippmann)의 『여론』(*Public Opinion*, 초판 1921년)이었다.

오늘날 이미 고전이 되어 있는 제1차대전 직후의 연구가, 그야말로 커뮤니케이션망이 세계에서 가장 발달하고, 사회적 유동성이 전통적으로 높은 국가에서 나타났다는 것은 바로 현대의 역설을 상징적으로 나타내주고 있다. 안쪽에서 살고 있는 사람(정통의 세계)과 바깥의 세계 각각에서 '세상'의 이미지에 대한 자기 누적 작용이 일어나고, 그것에 의해서 양자 사이의 벽이 점점 더 두터워진다는 악순환도, 결국 그같은 일반적인 경향성 속에 발생한 문제이며, 나치 권력도──물론 놀랄 만한 정도로 교묘한 것이기는 했지만──그것을 이용했던 것이지, 만들어낸 것은 아니었다.

현대의 정치권력이 거대한 매스 미디어를 구사하여 '민의'를 획일화하는 경향은 이미 누차 지적되고 있지만, 권력의 이데올로기적 선전은 사람들의 이미지의 **적극적인** 형성력으로서는 '한계'가 있는 것이며, 그 의도도 효과도 오히려 대항선전의 봉쇄, 혹은 바람직하지 않은 방향으로부터의 통신, 즉 '잡음'의 차단이라는 점에 있다. '전체주의'처럼 정치권력이 매스 미디어를 직접적으로 장악하는 형태를 취하고 있지 않은 곳에서도, 결국 '안'과 '바깥'의 이미지의 구분이 고양될 수 있다는 것은 앞에서 본 그대로이다. 더구나 그런 경우의 이유에 대해서 흔히 말하곤 하는 매스 미디어와 지배층의 이해동맹설(利害同盟說), 혹은 전자의 '독자'(獨自)권력설도 스테레오타입의 형성에 관한 그 모든 것을 다 말해주고 있다고 할 수는 없다. '세상'의 이미지는 매스 미디어도 포함한 의미에서의 '위로부터의' 이른바 목적의식적인 방향지움과 사람들의 '자아'가 이른바 자주적으로 만들어내는 '의사(擬似)환경'(리프먼)의 복잡한 상호작용에 의한 화합물에 다름아니다. 그리고 주위의 '세상'의 변화에 대해서, 그것이 일찍이 있던 모습에서 완전히 뒤바뀔 정도에 이르러도 알아차리지 못한다는 비극 또는 희극의 진행에는, 그런 '자아' 따라서 또 '자기의 이해'(self interest)의 현대적 구조가 무시할 수 없는 역할을 수행하고 있는 것이다.

정치적 이데올로기의 '허구성'을 꿰뚫어보며, 자아의 실감이나 이해의 명증성을 의심하지 않는 사람도, 거꾸로 이데올로기의 '객관적' 정당성에 의거하여 안쪽에 살고 있는 사람들의 이미지의 '허위의식'을 적발하는 사람도, 위에서 말한 것과 같은 스테레오타입 형성 과정에 있어서 자아측으로부터의 관여를 단순화하고 있는 점에서, 기묘한 양극의 일치를 보여주고 있다.

전자 그룹의 합창은 특히 전쟁 이후의 번영의 시대에 서구 세계 혹은 서구적 세계에 고조되었다. 그 노래의 주제는 '이데올로기의 종언'이며, 전쟁 이전의 진보파의 '악몽에서 깨어난' 전향자(轉向者)들이 누차 박자를 맞추고, 거기에 전쟁 이후의 소비문화를 누리는 '새로운' 세대가 화음을 넣는다는 풍경도 국제적인 것이다. '이데올로기의 종언(end)'의 합창이 과연 밀스가 말하고 있듯이 '막다른 곳(end)의 이데올로기'인지 아닌지는 잠시 제쳐두더라도, 그런 합창에서 속죄양이 된 '이데올로기적 지식인'에 대한 비판이나 비웃음의 가락까지가 얼마나 국제적으로 유형화되어 있는가를 보는 것은, 우리가 당면하고 있는 테마에서도 흥미로운 일이다.

예를 들면 시인 에이미스(K. Amis)의 『사회주의와 지식인』(*Socialism and the Intellectuals*, 1957)에 의하면, 이데올로기적 지식인이란 "자신 이외의, 자신의 바깥에 있는 이해나 대의명분에 있어 꿈꾸고 있는 비합리적인 능력"의 소유자이다. 또 영국의 '신좌익'의 가장 주목할 만한 저작의 하나인 레이먼드 윌리엄스(Raymond Williams)의 『문화와 사회』(*Culture and Society*, 1959)에 대한 『맨체스터 가디언』(*Manchester Guardian*)의 서평에서는, "윌리엄스씨나 다른 사람들, 조금 거칠게 말해서 사상(思想)을 직업으로 삼고 있는 사람들은, 무엇보다도 밤에 잠도 자지 않고서 자신들의 일, 사회의 일, 데모크라시 같은 것을 열심히 걱정하는 것을 그만두고서, 자신의 일에 조금 더 신경을 쓰는 것이 좋을 것이다"라는 충고를 하고 있다(이상은 E. P. Thompson(ed.), *Out of Apathy*, 1960의 인용에 의거했다. 강조는 마루야마).

일본에서 그런 것과 마찬가지로, 여기서는 자아가 '대의명분'인가 '자신의 일'인가 이데올로기인가라는 이것이냐 저것이냐라는 형태로 문제가 제기되고 고발이 행해지고 있다. 확실히 1930~40년의 격렬한 이데올로기적인 대립은 서구세계에 관한 한, 더구나 그 '안'에 관한 한, 복지국가와 레저 무드(leisure mood)에 의해 대체되었다. 따라서 '이데올로기의 종언'이라는 '세상' 이미지가 퍼져나갈 수 있는 조건은 그런대로 늘어난 셈이다. 그러나 그런 부류에 속하는 사람들의 사고방식에서는 '이데올로기'는 허구라 하더라도, '이데올로기의 종언' 쪽은 어디까지나 이미지가 아니라 '현실'인 것이다. 마치 그들이 말하는 자아나 자신의 이해가, 자아나 자신의 이해에 대한 이미지가 아니라, '바깥'의 환경과 분명하게 영역적으로 구별되는 '안'이라는 실체로 상정되어 있는 것처럼……. 그야말로 그것이 당연시되어 문제 삼지 않는다는 데에 문제가 있다.

정치적 사건에 '얼이 빠져'서 열광하는 자아와 이데올로기의 '과잉'에 진절머리가 나서 '자신의 일'에 틀어박히는 자아는, 과연 그렇게 성격과 구조를 달리하는 것일까. 카를 슈미트가 말하는 '사적인 내면성으로의 물러섬이 독일의 사상적 전통에 속하는 것은 의심의 여지가 없다. 그렇지만 우리는 그것을 '세로로'만이 아니라, 그와 동시에 '가로로', 즉 국제적으로 공통된 어떤 정신상황의 독일적인 변형(variation)으로 보는 눈도 가지지 않으면 안된다. 이미 토크빌(Alexis de Tocqueville)이 백여 년 전의 미국사회를 관찰하고서 '민주사회'(그리고 그가 말하는 la société démocratique 라는 범주는 일반적으로 '민주주의' 사회로 불리고 있는 것보다 더 넓지만, 여기서는 다루지 않기로 한다)에서의 평준화의 진전이, 한편에서의 국가권력의 집중과 다른 한편에서의 '좁은 개인주의'(narrow individualism)의 만연이라는 이중으로 진행되는 형태를 취하고 있다는 것, 중간 단체라는 요새를 잃어버리고 다이내믹한 사회로 방출된 개인은, 도리어 공적인 일에 관여하려는 지향으로부터 벗어나서, 일상 신변의 영리활동이나 오락에 자신의 생활영역을 국한시키는 경향이 있다는 것을 예리하게 지적했다.

이같은 너무나도 조숙한 통찰의 의미는, 인간관계와 교통수단이 그의 시대와 비교도 안될 정도로 확대되고 복잡화된 현대에서, 특히 제2차대전 후에서 점차로 재평가되려 하고 있다. 그리고 그런 '좁은 개인주의'의 개인은 동시에 리스먼(Riesman)이 말하는 타자지향형(other directed)의 개인인 것이다. 그러므로 현대에서 사람들은 세상에서 일어나는 일에 매우 민감하며, 거기에 '정신을 빼앗기'면서 동시에 그것은 어디까지나 '남의 일'인 것이다. 따라서 그것은 열광하기도 하고, 분개하기도 하고, 적당히 분위기를 맞추기도 하는 대상이기는 하지만, 자신의 책임 하에 처리해야 할 대상으로 보이지는 않는다.

나치 치하에서 지식층의 내면과 외면의 이중생활이라는 것도, 일면으로는 그러한 이른바 '타자지향형의 에고이즘'이 지식층에 적절하게 합리화된 형태는 아니었을까. 그같은 자아의 정치적 '관심'은 '자신의 일'로서의 정치에 대한 관여가 아니라, 흔히 '토픽'(topic)에 대한 관심이다. 그러나 그것은 반드시 관심의 열기가 낮다는 것을 의미하지는 않는다. 오히려 현대의 '정치적' 열광은 스포츠나 연극 관중의 '열광'과 미묘하게 서로 통하고 있으며, 실제로도 서로 이행할 수 있는 성격을 지니고 있다. 거꾸로 무관심이라는 것도, '자신의 일'에 대한 집중으로서 다른 일이 '눈에 들어오지 않는' 그런—천체망원경을 들여다보고 있다가 러일전쟁이 터진 것도 몰랐다는 '학자'의 일화로 상징되는 그런—무관심이 아니라, 흔히 타자를 의식한 무관심의 자세이며, 따라서 표면의 냉담함의 그늘에는 초조와 분노를 감추고 있다. 현대형 정치적 관심이 자아로부터의 선택보다도 자아의 투사(投射)인 것처럼, 현대형 '무관심'(apathy)도 그 자체 정치에 대한 무관심이라기보다는 자기의 정치적 이미지에 대한 대응에 지나지 않는다. 정치적 관심인가 무관심인가 하는 것이 문제가 아니라, 정치적 관심의 구조가 문제인 것이다.

'이데올로기의 종언'의 합창은 '전체주의'의 경험에서 배운다고 하면서 실은 겨우 그 반쪽밖에 배우고 있지 않는 것은, 글라이히살퉁의 진전을 세로로의 침투과정이라는 점에서도, '안'의 세계의 **가로로의 확대과정**이라는 점에서도, 오로지 권력과 이데올로기의 합작이라는 관점에서 보는 데 머물러 있으며, 주민들의 일상적 감각이라는 측면으로부터의 문제에 적어도 깊이 들어가지 않았기 때문이다. 이데올로기의 선전전(宣傳戰)은 옛날이나 지금이나 결코 '만능'은 아니다. 오히려 그것은 이데올로기의 선전 경쟁에 대한 반발—'판매 저항의 증대'로 불리는 그런 경향—을 민중 측에서 불러일으킨다는 의미에서 양면성을 가지고 있으며, '이데올로기의 종언' 그 자체가 그 한쪽 면의 발현 형태인 것이다.

그렇지만 설령 우리가 '바깥으로부터' 오는 것으로 의식하는 이데올로기의 홍수에 질린 나머지 불감증이 되어버린 곳에서, 그것만이 우리가 '허구'에의 주술으로부터 벗어나, 자기 자신을 되찾는 것은 아닌 것이다. 대립하는 다양한 이데올로기가 판매저항의 증대에 직면하여 선전효과를 상쇄시켰다 하더라도, 그 공간을 메우는 것은 우리의 '의사(擬似)환경'(pseudo-environment)으로 이미 정착되었으며, 자아의 떼놓기 어려운 일부가 있는 그런 이미지이다. 새로운 상품의 과대 광고에 반발하는 구매자는 구매 일반을 그만두는 것이 아니라, 익숙해져 있는 상품에 거의 선택한다는 의식조차도 없이 손을 내밀게 된다.

현대에서의 선택은 '허구의' 환경과 '진실의' 환경 사이에 있는 것은 아니다. 다양한 '허구' 다양한 '의장'(意匠) 속에서 살 수밖에 없는 것이 우리의 숙명이다. 그런 숙명에 대한 자각이 없으면, 우리는 '허구' 속의 선택력을 키워갈 수 있는 길을 잃어버리게 되며, 그 결과는 도리어 "모든 것이 변화고 있는 세상에서는 그 누구도 변하지 않는다"는 이미지의 '법칙'에 휩쓸려서, 자신의 입지를 알지도 못하는 사이에 이동시켜버린다가, 그렇지 않으면 자신의 내부에 스며들게 된 제도·관습·인간관계의 노예가 되든가 하는 그런 방향밖에 남아 있지 않은 것이다.

여기서 다시 한 번 글라이히살통의 완성기가 아니라 그 성장기의 과제를 생각해보기로 하자. 나치의 경우에서도 이데올로기적인 분포는, 같은 안쪽(정통) 세계에서도 중심부와 주변이 균등하지 않으며, 이단과의 (정신적) 경계 영역의 상황은 상당히 유동적이었다. 바꾸어 말하면, 처음부터의 명확한 이데올로기적인 나치파는 그렇게 많지 않았다. 중심부로부터 먼 곳일수록 서로 다른 이미지의 교착(交錯)에 노출되고, 그런 만큼 이미지의 자기누적 작용은 저지되고 있었던 것이다. 글라이히살통의 과제는 그런 경계에 이르는 곳마다 높은 벽을 세워서 이단을 몰아넣고, 그 근처에 사는 사람들을 신중하게 서서히 안쪽의 중심부에 가까운 곳으로 이동시키고, 이단과의 교통을 차단시키는 데에 있었다.

그런데 앞에서 말한 언어학자 니뫼러도, 그리고 다른 많은 지식인들도 정통·이단의 각각의 중심부가 아니라 오히려 위와 같은 경계——라기 보다 상당히 넓은 중간——영역에 있던 사람들이었다. 어떤 사회에서나 많은 지식인들은 바로 그런 영역에 살고 있다. 지식인들이 일반적으로 '리버럴'한 경향을 갖는다고 하는 까닭이 거기에 있다. 그러나 리버럴이라는 것이, 단순히 자기 바깥의 세계로부터의 다양한 다른 통신(communications :

여기서 말하는 통신이란 매스 미디어만이 아니라 널리 바깥세계에서 일어나는 일들이 자신의 감각에 도달하는 프로세스를 가리킨다)을 수용하는 마음가짐을 가지며, 그런 의미에서 '관용'(tolerant)적이라 한다면 그것은 그런 경계 영역에 사는 대다수 주민들의 자연적인 심리상태에 지나지 않는다. 그러나 일단 그런 영역에 있다는 것의 의미를 적극적으로 자각하고, 이미지의 교환을 저지하는 장벽의 구축에 대해서 적극적으로 항의하는 그런 '리버럴'은, 위에서 말한 권력의 의도라는 측면에서 본다면, 오히려 처음부터의 이단보다는 더 위험한 존재로 간주된다. 그것은 나치의 경우만은 아니다. '자유주의적 경향'에 대해서 모든 정통적 세계가——자유주의를 '정통화'하는 세계도 포함하여——품게 되는 시의심(猜疑心)의 원천은 여기서 시작된다. 사실 또 권력의 혹은 정통 이데올로그들의 캠페인의 주요한 방향이 흔히 여기로 향해지게 되는 것이다. 그리하여 리버럴이라는 것의 '애매'한 의미를 그때 비로소 묻게 된다. 만약 앞에서의 의미로 모든 통신에 개방적이라는 것에만 멈추게 된다면, 무엇보다도 강력한 전파로 보내지는 통신이 그의 이미지의 형성에 결정적인 영향을 가질지도 모른다. 혹은 어떤 종류의 통신이 끊기기도 하고, 또는 얼핏보기에 다양한 통신이 실질적으로 획일화되더라도, 그때그때의 통신에 대해서 개방적이라는 것으로부터 자신은 여전히 리버럴하다고 생각하며, 따라서 그의 '세상'의 이미지도 이전과 전혀 달라지지 않을는지도 모른다. 그럴 경우, 앞에서 말한 스테레오타입이 무의식적으로 자신의 마음에 드는 통신을 선택하고 있으면서, 자신은 공평하게 판단하고 있다고 믿고 있을지도 모른다. 그렇게 해서 권력의 탄압의 공포 없이도 그는 중심부로 이동해가게 된다.

중심부로 이동하더라도 중심부의 '대의명분'에 전면적으로 공감해도 좋지 않은가, 그것이 진리와 정의를 대표하고 있다면——하는 사고방식은, 특히 이데올로기의 객관적 정당성에 의거하여 다양한 '허위의식'을 재단하는 입장으로부터 나오게 될 것이다. 그런 입장에서 본다면, 앞의 '이데올로기의 종언'의 합창 같은 것도 반동 진영이 의도적으로 행하는 선전, 또는 겨우 생각해낸 '대항이데올로기'의 문제로 처리되고 말 것이다.

물론 '이데올로기의 종언'론에 대해서 말한다면, 그것의 등장에는 제2차 대전 이후의 서구자본주의의 내부 변용만이 아니라 문자 그대로의 바깥으로서의 소련권에 대한 냉전의 반(半)영구화라는 배경이 있기 때문에, 위와 같은 측면은 부정할 수 없다. 그렇지만 첫째로, 서구 세계의 일상적인 생활 감각 속에 이데올로기 시대는 끝났다는 이미지가 퍼져가는 사회적 조건이 있는 한, 모든 것을 '대항이데올로기'로 보는 바깥으로부터의 비판은 안쪽에 있는 많은 사람들로부터의 격렬한 위화감에 부딪히게 될 것이라는 점은, 앞의 서술로부터 한층 더 쉽게 추론될 수 있다. 그것만이 아니다. 애초에 올바른 이데올로기에 입각한 체제나 조직에서는 중심부와 변경의 문제성(問題性, Problematik)은 존재하지 않는다는 사고방식이야말로 스탈린주의에서 볼 수 있는 그런 자가중독의 하나의 유력한 배양균(培養菌)은 아닌가. 사회주의 체제나 정당의 내부에서의 변경 문제에 관해서 논하는 것은, 물론 이 글의 범위를 넘어서는 것이지만, 첫머리에서 말한 것과 같은 '거꾸로 선 시대'에 사는 사람들의 문제의 현대적 보편성을 재확인하는 의미에서 다음과 같은 점만을 지적해두고자 한다.

마르크스가 소외로부터의 인간회복이라는 과제를 프롤레타리아트에 맡겼을 때, 프롤레타리아트는 전체적으로 자본주의 사회의 주민일 뿐만 아니라, 인간성의 고귀함과 존엄성을 대표하기는커녕 도리어 거기서의 비(非)인간적인 양상을 한 몸에 지닌 계급으로 간주되었다. 자신의 계급적 이익을 위한 투쟁이 모든 인류를 해방으로 이끌 것이라는 논리를, 개인의 악덕은 모든 사람의 복지라는 부르주아지의 '예정조화'적 논리와 구별해주는 것은, 오로지 도착(倒錯)된 생활형태와 가치감에 의해서 골수까지 모욕당하고 있다는 프롤레타리아트의 자기인식이며, 세계의 전체적인 변혁의 파토스는 바로 거기에 뿌리를 두고 있었던 것이다.

만약 '거꾸로 선 세계'는 적(敵) 계급만의, 그 지배 지역만의 문제로 되어, 세계의 전체적인 변혁이란 인간성의 고귀함과 존엄성을——완전히는

아니라 하더라도——이미 대표하고 있는 자신의 세계가, 타자로서의 '거꾸로
선 세계'를 오로지 압도해가는 일방적인 과정으로만 파악된다면, 그것은 마
르크스의 문제 제기의 근저에 있던 논리나 세계상(世界像)과는 현저하게
어긋나게 된다는 것은 분명하다. 타자를 변혁하는 과정을 통해서 자신 역
시 변혁되는 것이며, 또 변혁되지 않으면 안된다는 뼈아픈 자각 대신에, 거
기에 있는 것은 현실 정치에서 예로부터의 통념이 되어 있는 단순 흑백논
리와 안이한 자기정의감에 지나지 않는다. 사회주의의 사상과 운동이 오늘
날처럼 발전한 것을 인류를 위한 축복으로 생각하는 사람은, 그야말로 그
렇기 때문에 자본주의 세계 내부에서의 운동으로 출발했던 것이 그 외부에
거대한 권력을 구축한 데서부터 비롯되는 문제상황의 복잡화에 대해서, 아
무리 예리한 주의와 주도면밀한 관찰을 한다 하더라도 그것은 결코 지나친
일은 아닐 것이다.

경계에 있다는 것의 의미는 안쪽에 사는 사람과 '실감'을 서로 나누어가
지면서, 나아가서는 부단히 '바깥'과 교통하면서, 안쪽의 이미지의 자기누
적에 의한 고정화를 끊임없이 적극적으로 무너뜨리는 데에 있다. 중심부와
변경 지역이라는 문제의 현대적인 보편성을 강조하는 것은, 결코 사상이나
신조에 대한 무차별적인 회의론(懷疑論)을 옹호하려는 것은 결코 아니다.
만약 회의라고 한다면, 그것은 현대에서의 정치적 판단을 당면하고 있는
사안에 대한 우리의 매일매일의 새로운 선택과 결단의 문제로 삼는 대신에,
이데올로기의 '대의명분'이나 자아의 '상식'에 미리 일괄하여 맡겨버리는 그
런 나태한 사고(思考)에 대한 회의이다. 만약 신조라고 한다면, 그것은 모
든 체제, 모든 조직은 변경으로부터 중심부로의, 반대 통신에 의한 피드백
(feedback)이 없으면 부패한다는 신조이다.

그리하여 우리가 사는 세계가 질적으로도 규모로서도 단일이 아니라 다
층적인 이상, 그런 회의와 신조는 다양한 레벨에서 적용되며, 또 적용되지
않으면 안된다. '반주류'(反主流)나 '반체제'의 집단도 그 나름대로 중심부와
변경을 가지며, 거기서 발하는 문제를 떠안고 있다. 그럴 경우 일반적으로,

경계로부터 발하는 말과 행동은 중심부로부터는 '무책임한 비판'으로 간주
되고, 완전히 '바깥'에 있는 사람들로부터는 거꾸로 안쪽에 공감하고 있다
는 비난을 받기 쉽다.

그러나 비판이 '무책임'인지 아닌지는, 과연 무엇에 대한 책임인지 묻지
않으면 의미를 갖지 못한다. 중심부의 그런 이미지에는 흔히 안쪽의 구조
와 세력배치를 기본적으로 유지하려는 의식적·무의식적인 욕구가 잠재되
어 있기 때문이다. 개입에 대해서 말하면, 무릇 벽의 안쪽에 머무는 한, 어
떠한 변경에서도 그 활동은, 어떤 의미에서 안쪽의 규칙이나 제 관계에 개
입하는 것을 피할 수 없다. 그것은 앞에서 본 것처럼, 바깥으로부터의 이데
올로기적 비판이 설령 아무리 들어맞는다 하더라도, 그야말로 바깥으로부
터의 목소리이기 때문에 안쪽에 사는 사람들의 실감으로부터 유리되어 있
으며, 따라서 그 이미지를 바꾸는 힘이 결여되어 있다는 현대의 경험으로
부터 배우기 위해 치러야 할 대가이다. 더구나 자칭 이단까지 포함한 현실
의 어떠한 세계의 주민도 안과 바깥의 문제성으로부터 벗어나 있지 않다는
것 역시 앞에서 말한 그대로이다. 말할 것도 없이 여기에는 딜레마가 있다.
그러나 지식인의 어려운, 그러나 영광스러운 현대적인 과제는 그런 딜레마
를 회피하지 않고, 완전히 개입하는 것과 전혀 '무책임'한 것의 틈새에 서면
서, 안을 통해서 안을 넘어서는 전망을 추구하는 그런 곳에 존재하고 있을
따름이다. 그리고 그것은 '리버럴리즘'(liberal*ism*)이라는 특정의 역사적
이데올로기 문제가 아니라, 무릇 어떠한 신조에 입각해서 그것을 위해서 싸
운다 하더라도, '지성'으로 그것에 봉사한다는 그런 의미인 것이다. 왜냐하
면 지성의 기능이란 요컨대 타자를 어디까지나 타자로서 생각하면서도, 그
타자를 다른 곳에서 이해하는 것에 다름아니기 때문이다.

●1961년

추기 및 보주

●제1부 추기 및 보주

제1장 「초국가주의의 논리와 심리」는 1945년, 즉 일본이 패전한 다음해 3월에 집필하여, 그해부터 발간된 잡지 『세계』(世界) 5월호에 게재되었다. 이 책에 수록된 논문 중에서 시기적으로도 가장 빠른 것이다. 표기법을 새로운 일본어 표기법으로 고쳤지만, 문장이나 스타일이 아무래도 낡고, 게다가 극도로 문제를 압축하여 제시하고 있으므로 아무리 보아도 이해하기 쉬운 논문은 아니다. 그럼에도 불구하고 그것이 발표되자마자 당시 아직은 반(半)삐라였던 『아사히신문』(朝日新聞)에 비평이 실리고, 그것이 계기가 되어 나 자신도 어이없을 정도로 넓은 반향을 불러일으켰다. 그것은 아마 당시의 긴장된 정신적 분위기나 독자들의 이른바 적극적인 정신적 자세와 관련되어 있을 것이다. 그와 더불어, 또 하나는 종전 직후에 배출된 일본의 천황제 국가구조의 비판은 거의 모두 코뮤니즘이든가 적어도 마르크스주의 입장에서 이루어졌으므로 자연히 경제적 기반 문제에 집중되든가, 그렇지 않으면 '정치적인' 폭로에 한정되어 있었다. 그것이 범람하여 천편일률적인 느낌을 드러내고 있던 때였기 때문에, 그런 정신구조로부터의 접근방식이 무척이나 신선한 것으로 비쳤던 것이다. 그런 각도에서 분석을 시도하는 데 있어서, 나는 '교과서'가 없었으므로(미국의 사회심리학이나 정치학의 상징론이나 커뮤니케이션론은 당시의 나에게 거의 미지의 것이었다) 이리

저리 고민해서 그다지 튀지 않는 표현이나 범주를 '주조'(鑄造)하지 않으면 안되었다. 그런 시각이나 또 거기서 사용한 자료는 오늘날에는 전혀 진기하지 않은 것으로 되어버렸지만, 나 개인에게는 역시 이 논문은 아련히 기억에 남아 있다.

물론 여기에 그려진 일본 국가주의 이데올로기 구조는 태평양전쟁에서 극한으로까지 발현된 형태에 착안하여, 그 계기들을 메이지(明治) 이후의 국가체제 속에 가능한 한 통일적으로 위치지워보려는 의도에서 나온 하나의 역사적 추상에 지나지 않는다. 따라서 거기서는 일본의 천황제 이데올로기의 발전단계의 구분이나, 입헌주의적 요소와 절대주의적 요소의 관련이라는 문제는 처음부터 사상(捨象)되어 있다. 나의 도식이 자의적인 구상인지 어떤지는 독자들의 비판을 기다리는 수밖에 없지만, 그런 '추상' 자체는 그후의 논문에서 말하는 전후의 천황제 이데올로기의 세분화(atomization) 현상을 측정하는 데에도 결코 무의미하지는 않을 것이다.

그리고 1933년에 아사히신문사가 육군성과 협력하여 제작한 영화 「비상시일본」 전12권 중에서는, 아라키(荒木) 육군상의 연설을 배경으로 하여 다음과 같은 그림으로 황도(皇道)의 구조를 나타내고 있는데, 그것이 마치 본론의 끝부분에 말한 '논리'와 완전히 일치하고 있다는 것을 나중에 발견했으므로 참고로 실어둔다(극동국제군사재판공판기록 제41호에 의함).

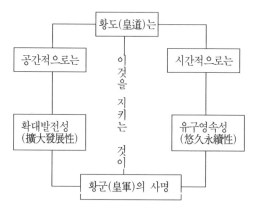

그런데 독자들은 모쪼록 이 논문만을 보고서, 내가 메이지 이후의 일본 국가의 발전 내지는 이데올로기로서의 내셔널리즘 사상에서의 진보적인 계기(moment)나 세계적인 공통성을 무시하고, '전근대성'이나 '특수성'으로 모든 것을 칠해버리는 논자라고 단정하지 않았으면 좋겠다. 1946년 10월 역사연구회가 주최한 강습회에서 내가 한 「메이지 국가의 사상」(明治國家の思想)이라는 제목의 강연(『日本社會の史的究明』, 岩波書店에 실림)이나 1947년 2월호『중앙공론』(中央公論)에 실린 「쿠가 카쯔난──사람과 사상」(陸羯南──人と思想)에서는, 불충분하지만 그런 전향적인 요소나 적극적인 측면을 언급하고 있다.

이 논문의 '추상'이 일면적이라는 비판은 달게 받겠지만, 다른 한편으로 여기서 말한 것과 같은 천황제적 정신구조의 병리가 '비상시'(非常時)의 광란이 가져다준 예외 현상에 지나지 않는다는 견해(예를 들면 쯔다 소오키찌(津田左右吉) 박사에 의해 전형적으로 주장되고 있다)에 대해서는, 나는 당시에도 그리고 지금도 도저히 찬성할 수 없다. 그런 거대한 문제에 들어서는 대신에, 여기서는 우선 헤겔의 역사철학에서 다음과 같은 말을 들어 나의 답변에 대신하고자 한다.

이같은 (중세교회의) 부패와 타락을 우연적인 것이라 불러서는 안될 것이다. 그것은 필연적인 것이며, 어떤 기존의 원리의 수미일관된 발전에 다름아니다. 사람들은 단순히 교회에서의 다양한 남용 운운하지만, 그것은 옳지 않다. 그처럼 말하는 방식은, 마치 그것 자체로서는 선한 것인데 주관적 목적을 위해서 타락했을 뿐이며, 그 좋은 본질을 구제하기 위해서는 그런 주관적 왜곡을 배제하기만 하면 마치 모든 것이 다 해결되는 것처럼 여기는 생각을 다시 떠올리게 한다⋯⋯. (그런 생각에서는) 기초는 옳으며, 본질 자체는 결함이 없는데, 정념이나 주관적 이해, 기타 인간의 우연적인 의지 같은 것이 그 본래 선한 것을 자신을 위한 수단으로 이용했다는 것이 전제되어 있다. 그렇게 되면 문제는 그런 다양한 우연성을 격리시키는 것으로 되어버릴 뿐이다. 그렇지만 어떤 사물의 남용은 언제나 개개의 현상으로서만 나타나는 것임에 반해서, 교회에서는 모든 맥락을 관통하는 부패의 원리가 등장했던 것이다(*Philosophie der Weltgeschichte*, Lasson Ausg., 2 Band, S.871~872).

제2장 「일본파시즘의 사상과 운동」은 동양문화연구소(東洋文化硏究所)가 중심이 되어 이이쯔카 히로지(飯塚浩二) 교수를 중심으로 계획한 연속강좌의 하나로서, 1947년 6월 토오쿄오(東京) 대학에서 행한 강연이 모체가 되었으며, 그것이 동양문화강좌 제2권『존양사상과 절대주의』(尊攘思想と絶對主義) 속에 수록된 것이다. 그후 일본학술회의 제2부가, 일본 학자의 업적을 해외에 소개할 목적으로 발간한, 『일본법정학보』(*The Japan Annual of Law and Politics*)의 제1호에 "The Ideology and Movement of Japanese Fascism"으로 발췌 · 번역되었다. 일본 파시즘의 연구는 주지하듯이 그후 10년 동안 놀라운 발전을 했으며, 자료도 현저하게 풍부해졌다. 나 자신에 대해서 말한다면, 이 글과 제3장 「군국지배자의 정신형태」에서 시작한 이후, 일본 파시즘의 해명은 계속해서 가장 큰 연구 관심의 하나이지만, 오랫동안 병상에 누워 있는 몸이 되어 자료수집이나 청취(聽取) 등을 위해서 최저한으로 필요한 육체적 조건을 결여하고 있기 때문에, 그 이후 이렇다할 만한 업적을 발표하지 못하고 있는 것은 유감스럽기 짝이 없다. 이 글을 다시 싣는 것은, 앞에서 말한 동양문화강좌가 절판되었기 때문에 입수 혹은 참조하기가 아주 어렵다는 소리를 가끔 듣고 있어서, 오로지 그런 연구의 편의를 제공해주기 위해서이다. 그렇다하더라도 애초에 강연이라는 형식에 제약을 받고 있었기 때문에 전체적으로 완만함을 면치 못하고 있으며, 표현이나 인용도 적절치 못한 부분이 적지 않아서 본문에 약간의 삭제 · 수정을 가하고 두드러지게 불충분한 곳에는 보주(補註)로 정정(訂正) · 추가하여 조금이라도 체재를 정돈하려고 했다. 그러나 원형을 깨트리지 않는 한 도저히 현재의 나에게 만족스러운 것

이 될 수 없어서 결국 중도에서 그만두고 말았다. 본래 미래사(未來社)에서의 출판예정은 일본 파시즘론을 중심으로 묶기로 했는데, 이 점 특히 독자들의 양해를 구하는 바이다.

● 제2장 보주

〔보주1〕 일본 파시즘 문헌에 대해서는 잡지 『사상』(思想) 1953년 8월호와 9월호의 「우리말 일본 파시즘문헌목록」(邦語日本ファシズム文獻目錄)이 현재로서는 가장 상세하다.

〔보주2〕 1930년(昭和 5)의 참모본부 정세판단에서 시작하여, 좁은 의미의 작전만이 아니라, 국가개조의 문제가 덧붙여진 것도 주목하는 것이 좋을 것이다. 그것은 제2부에 있던 하시모토 킨고로오(橋本欣五郎)・네모토 히로시(根本博) 등의 사쿠라카이(櫻會)의 유력한 구성원들의 뜻에 따른 것이었다(「田中淸少佐手記」).

〔보주3〕 여기서의 시대구분은 파시즘 운동의 형태에 착안했기 때문에 2・26을 기점으로 하여 그 전후를 구별한 것인데, 일본 파시즘의 전체구조에 착안한다면 더 상세한 단계로 나눌 필요가 있다. 특히 '위로부터의 파시즘'에서는, 이 책 제2부의 파시즘론에서 말하고 있듯이 파쇼화(fascization)의 구체적인 진전을 하나하나 더듬어서 언제 파시즘이 체제적으로 제패했는지를 확정하지 않으면 안되므로, 여기서 말하는 제3기의 미시적인 관찰이 중요하다. 특히 1940년 7월의 제2차 코노에내각 성립을 전후한 시기에서의 각 정당 및 노동조합의 해방과 대정익찬회(大正翼贊會:10.12)와 대일본산업보국회(大日本産業報國會:11.23)의 성립은, 소극적으로는 체제에 대한 반대가 발효하는 통로의 소멸이라는 점에서, 적극적으로는 익찬(翼贊)체제로의 동질화라는 점에서 획기적이 의미를 가지고 있다. 그 과정은 토오죠오내각이 성립된 후의 언론・출판・결사 임시취체령 공포(1941.12.19)에 뒤이은 익찬선거(1942.4)에서 '완성'된다. 그리고 제2차 코노에내각에서의 일본・독일・이탈리아 군사동맹의 체결도 그때까지는 어쨌거나 가능긴 하지만 그래도 계속 존재해온 대외정책의 선택을 둘러싼 논의에 마침표를 찍음으로써, 국내의 시멘트(획일화)화에 수행한 역할은 컸다.

〔보주4〕 군부나 우익의 운동이 이같은 '국체'(國體)사상을 문자그대로 비단깃발(錦御旗:官軍의 표시였는데 의미가 전화되어 가치판단의 기준이나 그럴듯한 명분을 뜻함-옮긴이)로 삼음으로써 얼마 되지 않는 코뮤니스트 이외의 모든 세력, 모든 계층은 그 운동에 정면으로 칼을 들이댈 수 있는 정통성의 근거를 빼앗긴 형태가 되었다. 그렇지만 그 이데올로기가 그야말로 체제 그 자체에 내재하는 논리였다(첫번째 논문 참조)는 것이 아이러니컬하게도 일본의 우익운동의 발전을 일정한 한도내에 제약하는 중대한 사상적 원인이 되기도 했던 것이다. '국체'의 주술(呪術)은 이데올로기로서도 그리고 조직원리로서도 바로 그 초(超)정치적 정치력이라는 점에 있었으므로, 그런 국체의 이른바 기체적 성격을 억지로 고체화시키려고 한 데에 우익의 비극과 희극이 있었다. 파시즘의 발전과정이라는 관점에서 그런 역설(paradox)을 보면, 마치 '반공'(反共)을 간판으로 내걸고 냉전 분위기 하에서 맹렬하게 진출했던 미국의 매카시적인 세력이, 반공이 체제 자신의 논리로서 일반화됨에 따라서 고유한 세력으로서는 도리

어 조락(凋落)의 방향을 걷고 있는 과정과 비교될 수 있을는지 모르겠다.

〔보주5〕 콘도오(權藤) 계열의 농민운동가나 이데올로그에 의해 이루어진 「콘도오학설비판의 비판」(權藤學說批判の批判)의 좌담회에서, 좌익측으로부터의 비판에 대해서 "도대체 저 사람들이 농촌문제를 지주와 소작의 문제로 설정하는 것이 우스운데, 그야 마르크스시대의 영국의 지주와 소작이라면 그것이 당연하겠지만, 오늘날 우리나라의 지주의 위치라는 것은 완전히 다르기 때문이지요……. 오늘날 우리나라에서는 지주라고 해도 정말로 법조문 상의 소유권 문제뿐이며, 그 실제의 경제적 지위는 이미 일반 빈농과 크게 다를 바가 없다고 해도 좋을 정도이며, 따라서 무턱대고 계급투쟁적 운동으로 그것을 해결하려고 해도 농촌문제는 어떻게 되지 않아요. 거기에는 더 근본적인 큰 문제가 있어요. 그것은 전체로서의 농촌이라는 문제이죠"(강조는 원문)라고 한 것은, 농촌자구운동의 이데올로기적 성격을 잘 말해주고 있다.

그런 시각의 반면(反面)은 당연히 "우리는 결코 오늘의 도시가 갖는 문명을 부정하려는 것은 아닙니다……. 그러나 우리는 오늘날과 같은 지배계급의 사회적 존재를 위한 기구에 다름 아닌……그런 도시의 양식(樣式)은 절대적으로 부정·배격하지 않으면 안됩니다. 그리고 우리는 그런 배격운동에, 도시프롤레타리아트 등이 경제적 이유로 인해 지배계급에 가담하는 요소를 충분히 가지고 있다는 것을 알고 있습니다. 그것이 바로 우리가 단순히 계급투쟁주의에 의해서만 도시프롤레타리아와 손잡을 수 없는 까닭입니다"(伊福部隆輝, 「山川均氏の新農村運動に對する認識とその誤謬」——위의 좌담회와 같이 權藤成卿, 『君民共治論』 附錄에 수록되어 있음)라는 대(對)노동자관으로 되어 나타나고 있는 것이다.

〔보주6〕 이 점, 그루(J.C. Grew)가 1941년 2월경의 일본에 대해서 "오락 아니 실제문제로서 인생의 즐거움 모두를 극도로 제한당한 결과, 일본인은 황폐해지게 되었다. 예로 든 독일의 슬로건은 일본에서는 '고통을 통한 힘'(Kraft durch Unfreude)으로 바뀌지 않으면 안된다"(『滯日十年』 下卷)고 한 것은 반드시 노동자에게만 해당되는 것은 아니지만, 참고가 될 것이다.

〔보주7〕 이른바 근대 일본의 '발흥'과 아시아 내셔널리즘과의 관련, 그 특수적인 표현으로서의 현양사(玄洋社)-흑룡회(黑龍會) 계통의 대륙 낭인과 중국혁명과의 관계, 나아가 '대동아'(大東亞)전쟁이 동남아시아민족운동에 미친 영향이라는 문제는 역사적으로도, 그리고 오늘날의 의미로 보더라도 매우 중대하고 흥미있는 테마라는 것은 말할 것까지도 없다. 일본 파시즘의 이데올로기에서의 세번째 특질을 여기서 그저 암시하는 데 머문 것은 문제가 너무나 거대하기 때문이기도 하지만, 한편으로는 당시(1947년)에는 그런 문제에 대해서는 점령정책에 의한 현저한 언론의 제약이 있었으며, 또 사실 중도적인 입장을 주장하는 것은 도리어 오해를 낳을 것이라 생각했기 때문이다. 특히 동남아시아민족운동에서의 일본의 역할에 대해서는 구체적 자료에 기초한 분석이 앞으로 필요할 것이다. 우선은, 예를 들면 W.H. Elsbree, *Japan's Role in Southeast Asian Nationalist Movements, 1945~50*(Harvard University Press, 1953) 등이 비교적 자료가 풍부하다. 전후(戰後) 일본의 우익운동은 바로 그런 전통적인 아시아연대의식과 '반공'의 요청에서 오는 서구의존 사이에 끼여 혼미를 거듭하고 있다.

〔보주8〕 물론 2·26사건에서의 반란장교들의 행동의 객관적 의미는 그들의 주관과는 반대로 무장병력을 배경으로 하여 '대권'(大權)을 움직여 일본의 국내·국제정치의 방향을 그들이 바라는 방향으로 '혁신'하려는 데 있었으므로, 그것을 정치적 변혁이 아니라고 하는 것은 심한 자

기기만인 것이다. 하지만 적어도 앞에서 말한 것과 같은 그들의 '논리'는 일이 있은 후의(ex post facto) 정당화는 아니었다. '황군(皇軍)의 사병화(私兵化)'를 개탄한 그들이 스스로 명령을 기다리지 않고서 병력을 동원한 데에 대해서는 육군의 『작전요무령』(作戰要務令)에서의 '독단전횡'이 근거를 마련해준다는 점을 항상 염두에 두고 있었다. 따라서 그들은 자신들이 그 점으로 처벌당한다면, 만주사변 때 혼죠오(本庄) 군사령관의 조치도 대권을 침범한 것(大權干犯)으로 되지 않는가 하고──주관적인 수미일관성으로──항의할 수 있었던 것이다.

[보주9] 이상 인텔리층이 수행한 역할에 대한 서술은 파쇼운동에 대한 정신적 자세에 지나치게 치우쳐 이해함으로써, 이른바 '소극적 저항'(negative resistance)의 과대평가로 나아가기 쉽다. 오히려 오늘날의 과제로서는 당시의 인텔리의 행동양식이 다양한 유형을 가지면서 다같이 체제에 대한 묵종으로 휩쓸려 들어간 과정을 보다 미시적으로 추적할 필요가 있을 것이다. 다만 나치형의 파시즘과 대비하는 한에서는, 본문의 분석은 반드시 잘못되지 않았다고 믿는다. 2·26사건의 피고 야스다 마사루(安田優)의 옥중수기 가운데 일본의 현상분석을 말한 부분에서 "중간계급의 사상적 퇴패(退敗)를 논한다"고 하여, "지식계급은 헛되이 비굴한 공리주의로 도피하고 자신의 신념을 관철시키려는 용기도 없으며, 더구나 주로 마르크스의 복음으로 시종일관하고, 또한 이른바 프티부르주아는 향락적·도색적(桃色的)으로 시종일관하는데, 그것이 나라를 그르치는 것이라 생각해야 한다"고 한 것은, 급진 파시즘에 많건 적건 간에 공통된 인텔리관으로 볼 수 있다.

1943년에 '동경도사상대책연구회'(東京都思想對策研究會)에 의해 실시된 앙케이트 「토오쿄오에서의 교원 및 중등학생사상조사연구개황」에 의하면, 결전하에서의 학교교육 체제에 대한 교원의 태도는 대체적으로 현상태를 긍정하는 태도와 현상태에 대해서 비판적인 태도로 대별되며, 후자는 다시 교육자의 시국인식이 불철저하다든가 전시교육체제를 더 적극적으로 밀고나가자는 사고방식(그 조사는 그것을 '급진적 태도'라 부르고 있다)과, 다른 한편으로 거꾸로 현재의 훈련이 통제과잉이라든가 형식주의에 빠져 있다든가, 잡무가 너무 많아서 연구를 할 수 없다든가 하는 전체로서의 '지나침'에 반발하는 태도(이 조사는 이것을 '보수적 태도'라 부르고 있다)로 양분된다. 그럴 경우 일단 현상긍정파, 즉 대세순응파(조사인원의 약 절반)를 제외하면, 비판적 태도 중의 '급진파'가 비교적 많은 것은 사범학교 교사, 그것도 젊은 층이며(55퍼센트 이상), '보수파'는 중학교 교사, 그것도 역시 젊은 층에 가장 많으며(37퍼센트 이상), 청년학교 교사에 가장 적다.

그리고 조사 결과는 일반적으로 '급진파'는 비판의 사항을 구체적으로 든 것이 적으며, 예를 들면 '자유주의를 말살하라'든가 '결전의 다짐이 불철저하다'든가 하는 관념적·일반적인 사항을 들고 있는 사람도 많은데, 그것에 대해 '보수파'의 비판은 경험적·구체적인 관찰에 기초한 지나침이나 결함을 지적하고 있는 사람이 비교적 많은 것은 주목할 만하다. 그것은 대체적으로 본문에 지적한 첫번째와 두번째 중간층 그룹의 행동양식에 각각 상응하고 있는 것으로 생각된다. 같은 교사라도 청년학교나 사범학교 교사는 급진 파시즘 내지 '익장'(翼壯)적 이데올로기에의 수렴성이 강하고 구제(舊制) 중학교 교사는 오히려 인텔리·샐러리맨적인 의식에의 수렴성이 강한 셈이다.

[보주10] 이런 사정은 전쟁 이전 고유한 '층'을 형성한 인텔리의 전후에서의 변질과 해체에 의해 현저하게 바뀌었으며, 적어도 큰 신문은 모두 미국과 같은 '균형잡힌' 대중사회의 매스 커뮤니케이션 형태에 현저하게 접근했다. 전쟁 이전의 『아사히신문』(朝日新聞)이 다른 큰 신문

에 대해서 가지고 있던 특이함의 상대적 감소는 그 단적인 표시이다.

〔보주11〕이 점도 앞의 주와 관련하여 전후 두드러지게 유동화해서 두 그룹의 문화적 심층은 상당히 연속적으로 되었다. 그보다는 대학출신 샐러리맨층=인텔리라는 등식이 무너지고, 한편으로는 샐러리맨이 대중화함과 동시에, 다른 한편으로 학력이 없는 근로자층으로부터 조합활동 등을 통해서 실질적 인텔리가 성장했다. 또 전쟁 이전까지의 지식인 저널리스트는 '문화인'이라는 보다 광범한 카테고리에 흡수되어, 한편으로는 '예능인'의 문화인으로의 '승격'과, 다른 한편으로는 문화인의 예능인화(매스 미디어에 대한 의존성의 증대)를 초래하고 있다. 『문예춘추』(文藝春秋)의 '국민잡지'화나 주간지의 범람은 그런 새로운 유동화 경향을 상징해 준다고 할 수 있을 것이다. 흔히 큰 신문의 보수성에 대비되는 종합잡지의 진보적 색채는 얼핏 보기에 전쟁 이전의 전통이 계속되는 현상으로 보이지만—물론 그런 측면도 없다고 할수는 없겠지만—그런 독자층의 추이와 관련시켜 볼 때는 역시 사회적 의미가 같지 않다고 생각된다.

〔보주12〕군부 내의 파벌에서는 이같은 두 파의 명칭이 가장 유명하게 되었기 때문에 자칫 잘못하면 모든 대립은 황도파와 통제파(혹은 이에 덧붙여서 청군파(淸軍派)라는 도식으로 분류되는데, 현실은 좀더 복잡하고 애매하다. 비교적 양자의 대립이 현저하게 된 것은 이누가이(犬養) 내각의 육군상에 아라키(荒木)가 취임한 후부터 2·26까지이며, 2·26 이후 군수뇌부를 형성한 세력은 반드시 그 이전의 '통제파'의 연장은 아니었다(그래서 신통제파 등으로 불린다). 다만 황도파 쪽에는 일관된 응집력이 있었다. 그런 유보 위에서 편의상 그 용어를 2·26 이후의 시기에도 사용하기로 한다.

〔보주13〕통제파의 지장(智將)으로 불리던 나가타 테쯔잔(永田鐵山)은 전체 육군을 '흠집 없는 상태 그대로' 국가개조의 추진력으로 삼아야 한다는 것을 누차 주장하고 있었다. 중신(重臣)이나 신관료들에 대한 접근은 그같은 그의 거대한 구상에서 나오고 있었다. 황도파 이데올로기는 지극히 관념적이지만, 그 안에서 단 하나 구체적인 것은 대외정책에 관한 대(對)소전쟁 제일주의였는데, 그것은 단순히 전략상의 선택이 아니라 그들의 국체지상주의의 '논리적' 반사이기도 했다. 그 점에서 2·26 직전에 결정된, 궐기 후의 육군상에 대한 요망사항 속에 "소련을 위압하기 위해서, 아라키(荒木) 대장을 관동군 사령관으로 임명할 것"이라 한 것은 간과할 수 없다. "일본과 소련이 전쟁을 할 경우 과연 승산이 있는가, 안팎으로 적을 맞아서 어떻게 할 것인가. 우익을 철저하게 청산하면 남는 것은 중립(이른바 무능력자)과 좌익뿐 아닌가, 유감천만인 것을 어떻게 다 말하랴"(나카하시 모토아키(中橋基明)의 유언) 하는 위기감은 많건 적건 간에 그들에게 공통되고 있었다. 따라서 황도파 청년장교의 수단에서의 급진성도 그런 소련과의 전쟁의 절박한 의식을 전제로 할 때 비로소 이해할 수 있을 것이다.

게다가 청년장교들이 아무리 현실적으로는 사회조직의 모순에 의해 촉발되었다 하더라도 그 근본적인 발상이 '국체 체현'적인 낙관주의에 있는 한, '군주 측근의 간신'이라는 사적인 (personal) 발상이 체제나 조직의 문제를 그것 자체로서 제기하는 사고방식을 집요하게 밀어내게 된다. 그것이 한 걸음 더 나아가게 되면, 천황의 주도권(initiative) 하에 나오지 않은 모든 체제개혁의 지향 속에서 반(反)국체적인 측면을 찾아내기 때문에(막료 파쇼에 대한 청년장교의 공격의 근거는 여기에 있었다), '승조필근'(承詔必謹)의 논리는 현실의 정치과정 속에서는 쉽게 절대적 보수주의로서 기능하는 것이다. 그 후 야나가와(柳川)·오바타(小畑) 등 황도파 계열의 장군들이 경제계의 베테랑과 보조를 맞추어 관료통제경제 속에서 가는 곳마다 '붉은 마수'를 찾아내고, '신체제'의 무력화(이른바 精動化)에 공헌한 것은 황도파적인 이데올로기의 당연한 귀결이며, 그 논리는 청년장교의 3월·10월사건 및 '막료 파쇼'에 대한 격렬한 공격의 그것과 완전히 공통되고 있었다. 그런 급진성과 보수성의 역설적인 결합을 간과하고, 청년장교 이데올로기를 '국체 플러스 사회주의' 혹은 국가사회주의라는 규정으로 덧칠해버릴 수는 없다. 그것은 이른바 주관과 객관적 역할의 배반이라는 것만이 아니라, 이데올로기 자체 속에(그 급진성이 기껏해야 비합법적인 행동이라는 형식성에 한정되어 있기 때문에) 체제 내용의 문제를 적극적·구체적으로 제기할 수 없는 한계가 있었다는 점이 중요한 것이다.

[보주14] 파시즘 진행과정에서의 '위로부터'와 '아래로부터'의 유형을 결정하는 요인이 이것만은 아니다. 제2부 제3장 「파시즘의 제 문제」를 참조.

[보주15] 이른바 '적화'(赤化) 문제가 일본제국에서 심각한 위협으로 지배층에 의식되고 있었던 것은 사실이며, 다만 그것과 프롤레타리아혁명이 일정에 오르는 주체적·객관적 조건이 존재했는지 어떤지는 별개의 문제이다. '적화'에 대한 과민한 반응은 첫째로 그것이 이웃나라 러시아 세력의 침윤이라는 표상과 결부되었기 때문이다.(그런 의미에서 '간접침략'의 상징을 덜레스(Dulles) 국무장관보다 훨씬 앞서 구사했다는 명예는 일본 지배층에 돌아간다. 청년장교들이 그 정도의 반(反)재벌 의식에도 불구하고, 보다 근저에서 반공적이었던 것도 앞에서 말한 국체 관념과 더불어, 그들의 본능적 직업의식으로 인해 코뮤니즘 문제를 러시아에 대한 군사적·전략적 관점과 분리시켜 생각할 수 없었기 때문이다). 그리고 둘째로는 '적화'가 그야말로 명사(名士)들의 자식이나 인텔리겐치아·학생 등, 본래 일본제국의 엘리트를 구성하거나 혹은 장래 구성하게 될 계층을 침식하고 있는 것으로 판단되었기 때문이다.

우익테러의 원인을 논한 내무성 경보국(警保局) 조서(調書) 『제사건개요』(諸事件概要)는 이렇게 적고 있다. "러시아혁명의 영향을 받아 사회주의·공산주의 사상의 수입을 보게 되면, ……관동대진재(關東大震災) 이후에 이르러서는 고등전문학교 이상을 졸업하는 이른바 유식자 계층은 무엇보다도 그런 적화사상의 세례를 받았으며, 마침내 심지어 빛나는 우리 국체의 변혁조차 주장하는 일본 공산당원이 속출하게 되었으며, 황군(皇軍) 내부에서조차 그런 사실을 발견하게 되었다." 노동자·농민의 조직화는 거의 문제가 되지 않을 정도로 낮고, '유식자층'이 '적화'한다는 사태는 마르크스주의의 정석에서 보면 완전히 변태지만, 바로 그런 변태야말로 일본의 지배층에서 두려워할 만한 위협으로 비쳤다는 것은 아이러니이다. 유명한 「코노에상주문」(近衛上奏文)이 보여주고 있듯이, 일본제국의 지배자들을 끝까지 악몽처럼 떨게 했던 것은 '아래로부터'의 혁명보다도 국가기구의 안으로부터의 자기붕괴였다. 게다가 이른바 '유식자층' 내지 '양가의 자제'의 적화라는 것도 전체적으로 보면 결코 요란한 것은 아니었다. 그렇다면 문제는 나아가 이데올로기적 이질화 현상에 즉각적인 알레르기 반응을 일으키는 일본제국의 정신과 구조에 이르지 않을 수 없다. 이 점은 첫번째 논문 및 [보주16]을 참조.

[보주16] 여기서의 설명은 말할 것도 없이 매우 불충분하며, 핫토리 유키후사(服部之總)가 일찌감치 비판한 것처럼(그의 『일본형 파시즘의 특질 문제』(日本型ファシズムの特質の問題) 후에 저작집 7에 수록) 너무나도 경제주의적이다. 이 문제의 해명을 위해서는 천황제 정치구조의 특질, 그 강력한 동질화·비(非)정치화 작용에 의한 충량(忠良)한 제국신민의 산출과정의 메커니즘이 밝혀지지 않으면 안된다. 최근의 연구로서는 예를 들면 이시다 타케시(石田

雄)의 『근대일본정치구조의 연구』(近代日本政治構造の研究)를 참조할 수 있다. 사회적 저변에서의 비정치화('미풍양속'의) 본원지로서의 명망가질서와 그것을 보증해주는 지방자치제) 및 정점(頂点)의 초(超)정치화(모든 정치적 대립으로부터의 천황 및 천황의 관리의 초월)를 체제적 안정의 지주로 삼아온 일본제국에서는, 무릇 즉자적인 조화(和)의 정신)를 파괴하는 정치적・이데올로기적 분화 자체가 위험시되는 경향이 강하다. 그런 경향은 체제 위기의식의 고양과 정비례한다. 그런 의미에서 '자유주의는 공산주의의 온상이다'는 파시스트나 국체주의자의 입버릇처럼 되어 있던 명제는, 일본에서는 특수한 타당성을 지니고 있었다. 파시즘이 언제나 그때그때의 상황에서의 한계적 이데올로기에 공격을 집중시키는 것은 일반적인 것이지만, 통상 파시즘 운동의 제1의 과제인 혁명전위조직의 파괴는 일본의 경우에는 이미 대체로 정당 내각 하에서 실행되고 있었으므로, 일본의 우익운동이나 국체명징운동(國體明徵運動)은 매우 이른 시기에 그 주요한 공격목표를 코뮤니즘이나 사회주의 자체로부터 그 '온상'으로서의 자유주의로 이행시키고 있었던 것이다. 그런 특이함은 1932, 33년 이후의 일본의 정치・사회과정을 더듬어보는 데 매우 중요한 의미를 지니고 있다.

제3장 「군국지배자의 정신형태」는 앞에서 말한 것처럼 1949년 잡지 『조류』(潮流) 5월호에, 그 잡지에 연재된 '일본파시즘공동연구'의 일환으로 게재되었다. 5월호는 주로 일본 파시즘의 정치과정의 해명으로 채워졌는데, 나카무라 테쯔(中村哲)가 기성정당의 붕괴과정을, 쯔지 키요아키(辻淸明)가 관료제를 중심으로 하는 통치기구의 문제를, 필자가 지배층의 인격구조 내지 행동양식을 각각 맡았다. 그 '공동연구'에서는 일반적인 문제에 대한 공동토의나 청취는 겹쳐졌지만, 반드시 시각이나 해석에 대한 통일적인 견해를 추구하지 않았으며, 따라서 실질적으로는 각각의 항목은 각 집필자에 의해 씌어진 단독 논문이었다.

● 제3장 보주

[보주1] 내가 이 논문에서 군국지배층의 의식형태와 행동양식의 특질을 추출하는 데, 자료의 많은 부분을 극동재판의 공판(公判)에서의 진술서나 진술에 의존한 것의 타당성에 대해서는 아마도 오늘날 적지않은 의문이 제기될 것이다. 특히 두 가지 의문이 중요한 것으로 생각된다. 첫째로는 극동군사재판 그 자체의 정치적 성격에 대한 검토를 빼놓고서, 거기에 제출된 자료나 공판기록을 어디까지 신뢰할 수 있는가 하는 문제이다. 그리고 둘째로는 사형(死刑)의 가능성을 많이 함장하고 있는 재판에서의 피고의 진술이나 답변은 너무나도 특수한 상황 하에서의 말과 행동이어서, 거기서 피고의 일상적인 행동양식은 추출해내기 어렵다는 점이다.

일반적으로는 그런 두 가지 의문은 타당하다고 할 수 있다. 그러나 이 논문이 씌어진 당시에서, 극동군사재판기록은 1930년 이후의 일본의 정치경제 및 사회과정에 대해서, 지금까지 우리의 눈에서 차단되어 있던 방대한 자료를 일거에 분명하게 드러내준 점에서 획기적인 의미를 가지고 있었으므로(오늘날—1956년—에도 그 정도로 포괄적으로 집대성된 것은 없다), 그것을 전면적으로 이용하고 싶은 충동은 나에게 매우 큰 것이었다. 게다가 기록의 신빙성이라는 것도, 역시 정치구조나 경제과정의 전반적 파악을 위해서라든가, 혹은 매우 미세한 사실을 확증하기 위해서는 거기에 무비판적으로 의지하는 것은 위험하지만, 당면한 나의 문제시각인 지배층의 정신구조나 행동양식을 찾아내기 위해서는 그 재판의 정치적 성격에서 오는 '증거'의 편향이 그렇게 장해가 된다고는 생각하지 않는다. 그리고 두번째 문제인 피고의 입장이라는 특수 상황에 의한 제약도 그런 관점에서 본다면 반드시 결정적인 것이라 할 수는 없을 것이다. 문제는 내가 추출해낸 그런 행동양식의 특질이, 오로지 극동재판의 피고로 섰기 때문에 특수한 일회적인 현상으로 생겨난 것인가 어떤가 하는 점에 달려 있다. 나는 오히려 그 재판의 강렬한 조명을 받아서 평소에는 너무나 보편화되어 있기 때문에 주목을 끌지 않는 일상적인 행동양식의 정치적 기능이 부조(浮彫)처럼 드러나게 되었다고 해석하는 것이다.

〔보주2〕 그들이 어떤 방법으로 어떤 루트를 통해서 어느 정도의 생활비를 얻고 있었는가 하는 것은 개인차도 있어서 구체적으로는 밝혀낼 수는 없지만, 어떤 낭인(浪人)이 직접 말한 표현을 빌리면 "우익의 말과 행동은 대부분 먹고 사는 것과 직결되어 있었다"는 것은 부정할 수 없다. 2·26사건의 취조에 대해서 미쯔이(三井)의 상무이사 이케다 세이힌(池田成彬)이 수시로 금전을 제공하고 있던 자로 거명한 사람들 중에는 키타 잇키(北一輝)를 비롯하여, 나카노 세이코오(中野正剛)·마쯔이 쿠우카(松井空化)·이와다 후미오(岩田富美夫)·아키야마 테이쯔케(秋山定輔)·아카마쯔 카쯔마로·쯔쿠이 타쯔오(津久井龍雄)·하시모토 테쯔마(橋本徹馬) 등의 이름이 보인다. 육군 기밀비(機密費)에 대한 기생(寄生)은 말할 것도 없이 대규모였기 때문에 그런 '수혈'(輸血)의 증감과 그들의 활동의 앙양·침체는 거의 정확하게 비례하고 있다.

〔보주3〕 이 점 이 책의 제1장 54쪽 이하 참조. 그것은 정신구조의 일반적 경향성의 비교이며, 개개의 인간을 비교해보면 서로간에 반대인 경우도 물론 있다. 일본에서도 이른바 무법자 유형에서는 비교적 그런 냉소적인 리얼리즘이 보이기도 하며, 특히 '알려지지 않은 이야기'에서는 제법 대의명분과는 다른 냉소주의가 발휘된다. 육군성 경리국에 있던 어떤 대좌(大佐)의 말로는, 프랑스령 인도차이나 진주(進駐) 문제가 있었을 때 참모본부 측의 무력진주론에 대해서 군무국은 '평화' 진주를 주장했는데, 그 경우 군무국원은 "강도는 형량이 무거우니까 이번 한 번은 사기범으로 가야 하지 않을까"라고 했다고 한다. 그러나 그런 '실은'이라는 말은 사적인 회화에 한정되며, 공식적인 회의나 '외부'에 대한 설명에서는 갑자기 '격식을 차리는 말'로 일변한다.

〔보주4〕 그렇다고 하더라도 그런 '하부' 혹은 '외곽부대'에서 만들어진 기정사실이 상부 지배층의 가치감정이나 이해, 내지는 일본제국주의 발전의 기본적 방향과 상반되고 있었다면 그것은 결코 국가정책으로까지 상승하지 않았을 것이다. 그런 의미에서 국내정치의 '익찬화'(翼贊化)와 대외적인 전쟁돌입을 독점자본의 계획(plot)이 착착 실현된 것으로 보는 시각이 비역사적인 것과 마찬가지로 '쇼오와(昭和)의 정신사(精神史)'를 군부나 우익 등의 전체주의가 중

신(重臣)이나 부르주아지의 '자유주의'를 배제해간 과정으로 보는 것은 뒤집어놓은 공식주의
며, 오히려 그런 '자유주의'라는 것의 내실과 역사적 맥락이 문제인 것이다. 여기서 그 문제
를 상세히 논할 여유는 없지만 하나의 참고로서, 재계(財界)의 중진으로 훗날 추밀원 고문관
이 되어 상층부의 가장 신뢰할 수 있는 자유주의자로 간주되었던 후카이 에이고(深井英五)
가 스스로 '일생 동안 국가를 세우는 원칙으로 간직해온 바'라고 칭하는 3개조를 들어두기로
하자.

　① 개인은 자신이 속하는 국가를 지극한 존재로 삼아 그것에 봉사할 것.

　② 정치적・사회적 기구 및 그것에 대한 개인의 마음가짐은 때에 따라서 변해야 하며, 일
정한 형태를 묵수해서는 안된다는 것.

　③ 대외적으로는 우리 국운(國運)의 신장을 목표로 하여 끊임없이 획책하고 기(機)에 편
승하여 용감하게 매진해야 하며, 경우에 따라 무력으로써 우리의 주장을 관철시킬 것(『樞密
院重要議事覺書』, 13쪽).

　특히 ①과 ③을 보면, 그 국가관이 본래의 자유주의의 신조와 얼마나 거리가 멀며, 다른 한
편으로 국체주의자의 그것과는 얼마나 근본적인 차이가 없는지를 알 수 있다.

[보주5] 동시에 키도(木戶)가 3월사건 이후에 코노에(近衛)・하라다(原田)・시라토리(白鳥) 등
과 정보를 교환했을 때 "1927년경부터의 계획으로, 정당을 타파하고 일종의 '독재정권'에 의
해 국정을 처리하려는 계획처럼 실로 용이하지 않은 문제이며…… 어쨌거나 이 계획이 실현
될 수 있다면 국가의 근간을 해치지 않고 또 불필요한 헛수고도 할 필요 없이, 선도할 필요가 있다
고 생각한다. 참으로 어려운 일이다"(『木戶日記』, 강조는 마루야마)라고 적고 있는 것은, 그
런 군부 내의 혁신적 동향에 대해 훗날의 중신층의 대처방식을 거의 표준적으로 보여주고 있
는 점에서 중요하다. 한편에서 이같은 급진 파시즘을 기존의 천황제 질서의 틀로 '선도'한다
는 방향과, 다른 한편에서 두번째 논문에서 말한 것과 같은 '급진성'의 한계─즉 '선도'될 수
있는 바탕─가 한데 어울려서, 키도가 예측한 것 같은 '곤란'한 도정(道程)을 걸으면서도
점차 일본 파시즘 체제의 기본형이 형성되어갔던 것이다.

[보주6] 이것도 한 예를 든다면, 1939년 5월, 일본・독일・이탈리아 방공(防共)협정 강화문제에
대해서 고이소(小磯) 척식상은 하라다 쿠마오(原田熊雄)에게 "전쟁을 빨리 종국으로 이끌기
위해서는 일본・독일・이탈리아의 동맹이 이루어지지 않으면 안된다. 전선은 장교・병사들
이 영국・프랑스의 장개석 원조에 대단한 불만을 품고 있으므로, 적어도 독일・이탈리아와
함께 하나가 됨으로써 다소 그 기분을 완화시키고, 그런 후에 영국・프랑스로 하여금 중국
문제를 해결한다면 좋을텐데. 만약 그렇지 않으면 전선의 장교・병사들이 좀체로 들어주지 않
을 것이다"라고 했으며, 하라다는 "그것은 육군의 상투적인 말이다"라고 논평하고 있다(『西園
寺公と政局』第7卷, 364~365쪽. 강조는 마루야마).

[보주7] 그러나 그루의 조국에서도 전후의 국제적인 냉전의 격화와 국내적인 '빨갱이 사냥'・충성
조사에 의한 공포 분위기의 만연과 더불어 루스벨트 시대와 같은 강력한 리더십은 감퇴되고
있다는 것을 고려하면, 그 문제는 보다 넓게 대중사회에서의 리더십의 기능, 나아가서는 정
치적 상황과 정책결정과정을 관련시켜 검토하지 않으면 안될 것이다. 그러나 적어도 여기서
대상으로 하고 있는 시대에서는 일본・미국 두 나라의 대비는 너무나도 선명했으며, 일반적
으로 대중사회의 진전과 민주주의의 발전 사이의 낙차가 커진가 아니면 후자가 형해화되어
있다는 점에서, 본문에서 말하는 그런 병리 현상이 생겨나기 쉽다고 할 수 있을 것이다.

〔보주8〕 국무대신과 행정대신의 역할분담에 의한 책임회피의 전형으로서 1939년 8월 5상회의에
서의 이타가키(板垣) 육군상의 태도를 들기로 하자. 『하라다일기』(原田日記)는 다음과 같이
말하고 있다. "결국 육군상의 주장은, 정세의 변화는 (일본·독일·이탈리아) 공수(攻守)동
맹을 필요로 한다. 그러나 제1단계로 기존방침에 따라 해나가고, 그것이 불가능할 경우에는
제2단계로 나간다. 즉 공수동맹을 체결하게 되는 것이다. 총리(히라누마)가 육군대신에 대
해서 '대체 육군대신 당신은 어떻게 생각하는가' 하고 물었을 때, 육군대신은 '저는 한편으로
는 국무대신인 동시에 다른 한편으로는 육군대신입니다. 기존방침으로 해나가는 데 대해서
저는 국무대신으로서 물론 찬성입니다만, 다른 한편으로 육군의 전체 의사를 대표하는 의미
에서, 제2단계로 나가는 것에도 저는 찬성입니다'라고 대답했다"(『西園寺公と政局』 第8巻,
42~43쪽).
〔보주9〕 오카다 케이스케(岡田啓介)는 전후의 회상에서 이렇게 말하고 있다. "그것을(2·26사건
이후 일본이 전쟁으로 돌입해간 과정을 가리킨다―마루야마) 중지시킬 수 없었던 것은 중신
으로 일컬어지고 있던 우리로서는 크게 부끄러워하는 바이지만, 그것은 간단하게 말할 수 없
는 것입니다……. 중지시키는 것은 힘으로 하는 수밖에 없습니다. 그렇게 되면 내란입니다.
만약 내란이 되면, 국가의 기초, 적어도 메이지유신 이래의 일본을 만들어낸 근본에 금이 가게 됩
니다. 저만이 아니라 당시 책임있는 지위에 있던 사람들이 가장 걱정했던 것은 아마도 그 점
이었다고 생각합니다……. 같은 패전이라도, 일본이 둘로 나뉘지 않고서 역시 하나의 일본으
로서, 그런 불행과 어려움을 함께할 수 있는 것이 그래도 다행이 아닌가 하고 생각합니다.
저는 그것을 생각하면, 역시 내란에 이르지 않았으며, 또 그렇게 만들지 않았다는 것이 정말 잘
했다고 생각합니다"(「二・二六のその日」, 『中央公論』 1949년 2월호. 강조는 마루야마).
　　　설령 전쟁에 의한 파멸을 걸고서도 '내란'의 위험(국체를 손상시킬 수 있는 위험)만은 회피
한다는 생각이야말로, 위에서 말한 기정사실에 대한 잇따른 추수(追隨)를 내면적으로 지탱해
준 유력한 도덕률이며, 그것은 국체 보호·유지를 포츠담선언 수락의 빠듯한 조건으로 연합
국에 제시한 그때까지 하나의 붉은 실처럼 일본 지배층의 도정을 꿰뚫고 있는 것이다.
〔보주10〕 예를 들면 이노우에 닛쇼오(井上日召)와 코노에(近衛), 혹은 하시모토 테쯔마(橋本徹馬
: 紫雲莊首領)나 마쯔이 쿠우카(松井空華) 등과 키도 사이의 '기묘한 관계' 같은 것. 궁중의
어떤 중대 사건 등에서 중신을 떨게 하는 것을 일삼고 있던 타케야 덴푸(宅野田夫 : 政教社同
人)가 검거되었을 때, 키도의 일기는 '발바닥에 붙어 있는 밥알과도 같은 존재'가 떨어진 느
낌이 든다고 적고 있는 것(1933년 3월 3일)은 하부의 '무법자'에 대한 지배층의 관계와 감정
을 잘 표현하고 있다.
〔보주11〕 위의 세 유형과 그 구조 연관은 각각 파시즘 시기만이 아니고, 일본제국의 정치적 세계
의 분자식이기도 했다. 따라서 예를 들면 기성 정당의 내부구조에 대해서 말한다면, 총재는
'신을 모시는 가마' 같은 존재이며, 총무나 간사장은 당 관료로서 실권을 장악하고, 원외단
(院外團)이 무법자 역할을 맡았다. 우익운동은 전체구조 속에서는 무법자적 지위를 차지하지
만, 그 내부에서는 또 그 삼자의 계서제(Hierarchie)가 있어서, 예를 들면 토오야마 미즈루
(頭山満) 같은 사람은 말할 것도 없이 신을 모시는 가마와 같은 존재이다. 기성 정당이 이런
세 유형과는 별도의 독자적인 정치적 인간상을 제시할 수 없었던 점에도, 그 민주주의적 성
격의 희박함을 엿볼 수 있다. 모리카쿠(森恪) 같은 사람은 당에서의 지위는 최고 관료이지
만, 그 정치적 족적과 기능이라는 점에서는 오히려 무법자의 그것에 가깝다고 할 수 있을 것

이다. 그가 죽기 직전에 "일생 동안 세계를 양분하는 것에 공헌할 수 있었던 것은 만족스럽다"
고 한 것은, 무법자적인 사고양식을 잘 보여주고 있다(『森恪』, 846쪽).

'무법자'는 특정한 사회의 반역자임과 동시에 기생자라는 이중성격을 가지고 있으며, 한편
으로는 그가 자라난 환경이나 문화의 차이 ― 국민들 사이의 차이만이 아니라 같은 국가 내
에서도 도시와 농촌, '상류'의 자제인가 하층 출신인가 하는 것과 같은 차이 ― 에 따라서 그
생활태도나 행동양식에는 각각 다른 특성이 있지만, 다른 한편으로는 또 그것을 넘어서는 두
드러진 공통성을 볼 수 있다. 그런 무법자의 '이념형'을 정의하는 것은 매우 어렵지만, 일단
은 다음과 같은 징표(merkmal)를 들 수 있을 것이다.

① 일정한 직업에 지속적으로 종사할 의사와 능력의 결여, 즉 시민생활의 일상성
(routine)을 견뎌낼 수 있는 힘의 현저한 부족.

② 사물(Sache)에 대한 몰입보다도 인적인 관계에 대한 관심. 그런 의미에서 무법자는 원
칙으로 전문가를 지향하지 않는다. 지향한다 하더라도 대부분은 라스웰이 말하는 '폭력의 전
문가'이다.

③ 위의 두 가지 점의 배후에는 끊임없이 비(非)일상적인 모험, 깜짝 놀랄 만한 '일'을 추구
한다.

④ 더구나 이 '일'의 목적이나 의미보다도 그 과정에서 야기되는 분쟁이나 파란 그 자체에
흥분과 흥미를 느낀다.

⑤ 사적인 생활과 공적인 생활의 구별이 없다. 특히 공적인 책임의식이 없으며, 그 대신에
(!) 사적인, 혹은 특정한 인간관계에 대한 의무감이 이상할 정도로 발달되어 있다.

⑥ 규칙적인 노동에 의해 정기적인 수입을 얻는 것에 대한 무관심 혹은 경멸. 그런 반면 생
계를 헌금, 금품갈취, 자리몫 등 경제외적인 통로로부터의 부정기적인 수입 혹은 마약밀수 등
의 정상이 아닌 경제적 거래에 의해 유지하는 습관.

⑦ 비상시 혹은 최악의 상태에서의 사고양식이나 도덕률이, 사물을 판단하는 일상적인 규
준이 되어 있다. 거기서 선과 악, 올바름과 사악함의 순간적인 판단이나 '결정타를 날리는'
표현법에 대한 기호가 생겨난다.

⑧ 성생활의 방종.

물론 이들 요소들이 화합하는 비율과 정도에는 무한한 뉘앙스가 있으므로, 현실의 인간에
대한 절대적인 변별은 불가능하며, 기껏해야 보다 많은, 또는 보다 적은 무법자적 성격을 지
적할 수 있을 뿐이다. 그러나 그런 이념형을 추출해내려는 시도는, 제2부에서 말한 것과 같
은 파시즘의 일반적인 다이내믹스를 특정한 국가의 특정한 정치적 상황에 적용하는 데 유효
하다. 예를 들면 공산당의 당원구성에서 룸펜 프롤레타리아트나 각 사회층의 탈락분자가 차
지하는 비율이 조직노동자나 전문지식층에 비해서 많아지면 많아질수록 일반적으로 무법자
적 요소가 농후해지고, 현실의 정치적 행동양식은 파시스트의 그것과 구별하기 어렵게 되는
경향이 있다.

이상의 세 논문은 모두 전쟁까지의 일본제국의 정치적 이데올로기와 행
동양식을 분석의 대상으로 삼고 있지만, 네번째 논문 이하는 전후의 문제

혹은 전쟁 이전과 이후의 관련을 다루고 있다. 따라서 네번째 논문부터는 전반부의 논고와 시각이라는 점에서 관련되어 있으면서도, 당면하고 있는 현실정치의 문제를 대상으로 하고 있으므로, 집필 당시의 정치적 정세나 사회적 분위기를 전제로 한 상황적 발언이라는 요소가 적지 않다.

예를 들면 **제4장 「어느 자유주의자에게 보내는 편지」**(『世界』 1950년 9월호)는, 그해 5월 30일 황궁 앞 광장에서의 노동자들과 점령군의 충돌사건을 계기로 하는 6월 2일의 집회·데모금지명령, 6월 3일의 5·30사건에 대한 군사재판(중노동 10년 내지 5년), 6월 6일의 공산당 중앙위원 24명의 추방 등 점령군에 의한 일련의 '좌익'에 대한 탄압과, 이어서 한국전쟁 발발(6·25) 이후의 국내의 정치적·사상적 공포(맥아더 지령에 의한 7만 5천 명의 경찰예비대의 발족·공산당 간부에 대한 체포장·7월 28일 신문 방송관계를 시작으로 하는 관청·민간산업·교육기관 등에 대한 대규모 적색분자 숙청 선풍의 개시)라는 정세를 배경으로 하고 있으며, 그것이 그 글의 논조를 결정하고 있다.

그러나 나로서는 이른바 시사논문이라기보다도 시사문제를 통해서 현대 일본정치에 대한, 보다 넓게는 정치과정 일반에 대한 기본적인 접근의 문제를 제시할 요량이었다. 다만 유감스러운 것은 그것에 대응하여 **국제정치** 상황에 대한 기본적인 생각의 발표를 네번째 논문 끝부분에서 약속해놓고서 지키지 못했다는 점이다. 그것은 마침 한국전쟁 발발 이후의 정세에 대처하기 위해서 내가 소속하고 있는 '평화문제담화회'(平和問題談話會)가 그해 후반에 몇 차례에 걸친 공동연구회를 열고, 그 성과를 「또다시 평화에 대하여」라는 제목으로 『세계』(世界) 12월호에 발표했는데, 거기서 국제정치에 관한 부분의 원안(原案)을 기초하는 데 정력을 쏟았다는 것, 게다가 얼마 후 1951년 초반부터 나는 폐병에 걸려 장기적인 요양을 해야만 했다는 사정에 기인한다. (관심이 있으신 분들은, 위에서 말한 보고의 제1장 「평화문제에 대한 우리의 기본적인 생각」 및 제2장 「이른바 두 세계의 대립과 조정 문제」를 참조하기 바란다).

제5장 「일본에서의 내셔널리즘」은 『중앙공론』(中央公論)이 1951년 신년
호에서 일본의 내셔널리즘에 관한 특집을 꾸몄을 때(그 특집은 전후에 대
표적인 저널리즘이 비교적 정리된 형태로 그 문제를 다룬 가장 빠른 시도
의 하나가 아닐까 하고 생각한다) 기고했던 것인데, 그 유래는 '태평양문제
조사회'(Institute of Pacific Relations)가 1950년 인도의 러크나우에
서 '아시아에서의 내셔널리즘'을 테마로 하여 개최한 국제회의에 제출한 논
문으로 거슬러 올라간다. 그 논문은 네루나 맥마흔 볼, 기타 다른 사람의
연설이나 보고와 더불어 『아시아에서의 민족주의』(アジアにおける民族主
義, 岩波書店 刊行)에 수록되어 있다. 그것은 일본의 조사회의 연구회에서
몇 차례의 토론을 거쳐서 내가 집필한 것으로, 특히 전후(戰後) 부분에 관
해서는 연구회의 키노시타 한지(木下半治)를 비롯해 다른 위원들이 제공해
준 자료를 토대로 한 서술이 포함되어 있다. 그래서 그런 서술적 부분을 잘
라버리고 전체를 나의 관점에서 분석한 것을 중심으로 다시 쓴 것이 바로
이 글이다.

제6장 「현실주의의 함정」(『世界』 1952년 5월호)에 대해서는 병상에서
집필한 것이라는 점만을 말해두기로 한다. (그리고 이 책의 구판(舊版)에
서는 거의 같은 시기에 쓴 것으로서 「공포의 시대」와 「강화문제에 붙여서」
라는 짧은 글이 제1부에 있었지만, 증보판에서는 이 책의 논문을 취사선택
하는 기준과 전체의 균형을 고려하여 생략하기로 했다.)

이들 논문 중에서, 특히 「어느 자유주의자에게 보내는 편지」는 발표 직
후에 다양한 반향을 불러일으켰다. 하야시 겐타로오(林健太郞)가 「비비판
적비판」(『世界』 같은 해 10월호)을 쓴 것을 시작으로, 마쯔무라 하지메(松
村一)는 「자유주의자의 태도」(『人間』 1950년 11월호)라는 제목으로, 또
타카쿠와 스미오(高桑純夫)는 「한 귀퉁이의 자유는 패배로 이어진다」(『人
間』 1950년 12월호)라는 제목으로, 각각 나와 하야시의 견해에 대해서 평
가와 비판을 표명했다. 그들의 비평에는 각각 귀중한 교시가 담겨 있으며,

한참 늦긴 했지만 그들에 대해서 두터운 감사의 뜻을 표시하고 싶다. 다만 비판당한 점들 중에는 나의 표현 부족에서 오는 오해나 행동양식으로 인한 접근법의 의미가 충분히 이해되지 않았음으로 해서, (적어도 내게는) 과녁을 벗어난 것으로 생각되는 해석이 있었던 것 같다. 그렇다고 해서 지금 다시 논쟁점(polemic)을 되풀이하는 것은 그들에게도 당혹스러울 것이며, 또 그렇게 하면 내가 요즈음 가지고 있는 견해를 부당하게 당시의 나의 견해에 귀속시키는 결과가 되기 쉬울 것이다. 그래서 논쟁점이라는 의미가 아니라, 한편으로는 독자들이 위의 논문들을 가능한 한 내가 다른 기회에 표명한 생각과 관련시켜서 문맥적으로 이해할 수 있는 편의를 도모하기 위해서, 또 한편으로는 제1부의 전후(戰後) 부분의 양적인 빈곤함을 조금이라도 메우기 위해서, 그들의 주장에 중요한 관련성을 갖는 몇 가지 문제를, 내가 과거의 거의 같은 시기에 참석했던 좌담회에서 한 발언을 옮겨서 덧붙이기로 한다.

첫째로, 내가 네번째 논문에서 공산주의와 (영국·미국적) 민주주의의 대항이라는 도식으로 현대 일본의 정치상황을 이해하는 것의 공식성(公式性)을 지적하고, 행동양식과 인간관계의 민주화를 밀고 나가거나 혹은 체크하는 정치적 역동성을 분석의 중심과제로 삼았다는 것, 특히 대중적 규모에서의 자주적 인간의 확립이 서구사회에 비해서 상대적으로 '좌'(左)의 집단의 추진력을 통해서 진행된다는 역설을 제시한 것은 많은 논의를 불러일으켰다. 여기서 민주화라는 것은 서구적·시민적 의미에서 말하는 것이므로 소련적인 그것을 가리키는 것이 아니라고 하는 것은, 어디까지나 행동양식이나 모랄(인간관계)에서의 공동체적(픽션으로서의 가족주의적 혹은 동족단적인 결합도 포함한다) 규제로부터의 해방이 과제라는 의미이지 민주주의의 서구적 제도나 기구를 문제삼고 있는 것은 아니며, 역사적 단계로서의 서구의 근대를 모두 거치지 않으면 안된다는 식의 주장을 하고 있는 것은 아니다. 같은 해(1950년) 11월호의 『기독교문화』에서 「니부어의 문제점과 일본의 현실」(ニ-バ-の問題点と日本の現實)이라는 좌담회에서도 나는 이렇게 말하고 있다.

"서구적 자유라는 하나의 아이디어라는 것이 서구사회에 체현되어 있으며, 그것과 완전히 대립되는 아이디어가 코뮤니즘의 세계에 체현되어 있습니다. 그런 식으로 관념적으로 보아도 좋은가 어떤가. …… 아시아사회, 예를 들면 중국에서는 매우 역설적인 어법이지만, 코뮤니즘이라는 것이 역사적으로는 부르주아지가 서구적 자유를 구축해간 그것과 같은 역동성을 동양의 현실 속에서 실현하고 있다고 할 수도 있지 않겠습니까. 물론 서구적 자유와 같은 것을 만들어냈다든가, 그 단계를 거치지 않으면 다음 단계로 갈 수 없다는 도식적인 그것을 말하고 있는 것은 아닙니다. 나는 러시아형의 공산주의가, 모스크바로부터 원심적으로 세계적으로 보편화해간다는 것은 결코 믿지 않습니다. 그러나 동양과 같은 이른바 후진 지역에서는 서구민주주의가 그대로 이식되는 것은 아니며, 서구적 자유에 의해서 인격이 해방되어간 그 역사적 과정이라는 것이, 여기서는 유럽에서 그것을 담당했던 힘보다도 훨씬 더 '좌'(左)쪽의 힘에 의해서 이루어지고 있으며, 또 이루어지지 않을 수 없다는 역사적 상황에 있습니다."

어소시에이션(association, 근대적 결사)의 힘이 커뮤니티(community, 전통적 공동체)에 대한 긴박(緊縛)으로부터 해방된 자주적인 인격을 창출한다는 과정은 동양과 서양에 모두 기본적으로 공통되지만, 어소시에이션의 역사적·구체적 내용이나 그 계급적 기반은 동양과 서양이 완전히 다르다는 것이 나의 생각인 것이다. 물론 동양이라고 해도 일본과 중국은 같은 차원에서 논할 수 없다. 같은 좌담회에서 나는 "중공(中共)이 정권장악에 성공하자 무엇이든지 중공 중공 하고 있을 뿐이지, 일본과 중국의 사회진화의 차이라든가 계급구성 등과 같은 점에서, 중국의 (혁명의) 유형을 어느 정도 일본에 유추할 수 있는가 하는 점에 대해서 심도있는 반성이 거의 이루어지지 않고 있습니다."

"중국의 경우는 비교적 간단해서, 현실문제로서 중공 이외에 중국을 근대화할 주체적인 힘은 없으며, 또 중공에는 그럴 정도의 실력이 있다고 생

각합니다. 그렇지만 일본은 중국과 역사적 조건이 다릅니다. 자본주의의
발전에서도 중국과는 다르며, 특히 일단 세계적 수준에까지 이른 독점자본
이 있으며, 기술적인 레벨도 훨씬 더 앞서 있습니다. 그와 동시에 다른 한
편에서는 농업처럼 매우 원시적인 생산양식이 남아 있습니다. 일본은 중국
과는 다르며 거의 유럽에 비슷한 봉건제를 가지고 있다는 점, 역사적 발전
단계로 보더라도 유럽 사회에 더 가깝습니다. 그런 만큼 문제는 복잡합니
다."

　따라서 "동양사회에서는 코뮤니즘의 힘에 의해서 도리어 근대화가 수행
되고 있다고 내가 말한 의미는 코뮤니즘이, 혹은 공산당이 반드시 헤게모
니를 잡고서, 공산당 독재정권으로 하여금 억지로 그것이 주체가 되어 근
대화한다는 식의 그런 의미로 반드시 말하고 있는 것은 아니며, 다시 말해
서 공산당이라는 것이 추진력이 된다는 의미로 말하고 있는 것입니다. 그런
추진력의 정도가 어느 정도인가 하는 것은 동양사회의 각 민족에 따라 매
우 다르며, 그리고 중국과 일본은 바로 그 점에서 다르지 않은가, 중국과
러시아가 다른 것처럼. 중국의 경우에도 현재의 정치형태는 연립정권입니
다만, 상당히 광범한 사회적 그룹의 참가를 얻지 못했다면 혁명은 불가능
했을 것입니다. 일본의 경우 뭐랄까 중국의 경우보다 더 그렇다고 할 수 있
지 않을까 하고 생각합니다. 그런 의미에서 공산당이 근대화의 하나의 요소
(factor)가 되며, 그런 요소로서 빼놓을 수 없는 것이며, 일본 등지에서
그런 요소가 없어진다면, 예를 들면 노동운동이건 사회주의운동이건 간에
그야말로 니부어가 말한 의미에서의 그 끝을 알 수 없는 기회주의와 타협
에 빠지게 된다고 생각합니다. 그것을 끊임없이 지도편달하고 비판해가는
힘으로서의 코뮤니즘이라는 것은 역시 빼놓을 수 없는 힘이 아닌가 하는
식으로 생각하는 것입니다"라고 했다. 그리고 중국 혁명이 향신(鄕紳)지배
와 종족주의를 뒤엎음으로써 '원자핵을 파괴하듯이' 수백 년 동안 갇혀 있
던 거대한 사회적 에너지를 처음으로 해방시켰다는 점에 대해서는 그 무렵
하버드 대학의 존 페어뱅크(John Fairbank)로부터, 그리고 중국과 일본

의 근대화의 차이에 대해서는 타케우찌 요시미(竹內好)로부터 각각 시사받
은 바가 많다는 점을 적어두고자 한다.

이같은 일본의 특수한 세계적 위치라는 것이 「일본에서의 내셔널리즘」
에서도 제기한 일본의 역사적 진화의 패턴이라는 것과 연결되어 있는 것이
다. 역시 1950년 8월 『전망』(展望)의 「점령당한 사람들의 심리」라는 좌담
회에서는, 일본의 역사적 위상에 대해서 "정치적으로 말하더라도, 미국이라
는 나라는 봉건사회 없이 갑작스레 근대사회로부터 출발했습니다. 그런데
소련은 거칠게 말하자면, 서구 시민사회를 거치지 않고서 봉건사회로부터
한 단계 뛰어넘어 사회주의사회가 되어버렸습니다. (봉건사회라는 것은 물
론 엄밀한 사회구성체로서 말하고 있는 것은 아니고 시민사회적인 정치관
행과 문화양식을 거의 경험하고 있지 않다는 의미이다——잡지 후기). 그런
의미에서 미국에서는 자칫하면 근대사회를 절대화하고 영원화할 수 있는
경향이 있어서 근대사회가 가지고 있는 위기나 모순 같은 것에 대해서 맹
목적으로 되기 쉽습니다. 이에 비해 소비에트는 대체로 시민사회적인 것을
서구적이나 부르주아적이라 하여 처음부터 배척해버리는 경향이 있습니다.
그러므로 그 두 강대국이 정면으로 대치하게 되면 일종의 사상적인 절대주
의와 절대주의의 충돌이 될 위험이 매우 많습니다. 그래서 이들 두 나라 사
이에 끼어 있으면서 근대화와 현대화라는 문제 모두를 해결할 것을 강요당
하고 있는 일본의 경우라는 것은, 세계사적으로 보면 매우 중요한 의미를
지니고 있지 않은가 하고 생각합니다"라고 말하고 있다.

물론 위와 같은 견해에도 다양한 의문이 있겠지만 또 거기까지 문제를
넓히면 지나치게 거대해져서 이것만으로는 조금도 구체적인 답이 되지 않
을 것이다. 그러나 적어도 내가 '전근대성'이나 '봉건성'이라는 것을 일본사
회 해명(解明)의 기계신(deus ex machina : 고대의 연극에서 급할 때
나와서 도와주는 신—옮긴이)으로 삼고 있었던 것이 아니라는 점은 이상의
발언을 통해서도 이해할 수 있을 것이다.

네번째 논문에서 말한 것과 같은 전통적인 행동양식도 전후(戰後)의 거

대한 대중화의 충격과 지방정치구조의 변모에 의해서 이전과 같은 지배관
계와의 대응성을 잃어버리고 있으며, 그런 정치적 기능 역시 다양화하고 있
다. 그 과정을 추적하지 않은 것이 그 논문의 결점인데, 전통적인 유형의
분해가 곧바로 새로운 유형의 행동양식으로의 전화를 의미하지 않는다는
(얼핏보아 새로운 자아의식으로 비치는 것도 실은 부락의 공동체적 행동양
식의 한 측면을 이루고 있던 에고이즘의 비대 현상인 경우가 적지 않다) 데
에 여전히 큰 문제가 남아 있으므로, 그것을 체제론이나 기구론의 규정에
서 내리는 근대인가 전근대인가(혹은 독점자본인가 봉건유제인가) 하는 그
런 물음과 혼동해서는 안될 것이다.

그 다음 문제는 「일본에서의 내셔널리즘」의 끝부분에서 논한 전후(戰後)
내셔널리즘의 문제, 특히 전쟁 이전과 같은 구조와 기능을 가진 내셔널리
즘이 일본의 지배층에 의해서 대규모로 부활될 수 있는 조건 및 가능성이
어느 정도 있는가 하는 것이다. 그것에 대해서 나는 1953년 10월의 『세
계』(世界)에서 「민주주의라는 이름에서의 파시즘」이라는 토론에서 비교적
상세하게 나의 견해와 전망을 말하고 있다.

"파시즘이나 파쇼화와 관련하여 언제나 문제가 되는 것도 앞으로의 내셔
널리즘의 동향에 대해서인데, 다시 말해서 지금 쯔루(都留) 씨는 국가사회
주의라는 이데올로기나 힘이, 일본의 대미종속성(對美從屬性)으로 말한다
면, 그런 종속에 의해서 이익을 얻지 않는 자본의 요구나 불만을 반영해서
나오고 있는 것이 아닌가 하는 문제를 내놓았습니다. 일본 전체의 정세로
보면 내셔널리즘이, 그것도 반동적 내셔널리즘이 앞으로 확실히 대두할 것
이라 생각합니다. 그러나 그 구조는 전쟁 이전과 상당히 다를 것이라고 저
는 판단하고 있습니다. 첫째는,─결론적으로 말하면─앞으로의 반동적
내셔널리즘은 국내소비(home consumption)를 제1목적으로 하는 것이
며, 전쟁 이전과 같은 대외수출이라는 측면은 후퇴한다는 것입니다. 그 정
점은 아무래도 인터내셔널한 힘과 이어지지 않을 수 없습니다. 그런 의미
에서는 예전의 일본제국주의와는 달리, 일본이 독자적인 경제력이나 군사

력으로, 따라서 그것에 의해 뒷받침된 이데올로기를 내세우며 바깥을 향해
팽창·발전해갈 수 있는 지반이 없다고 생각합니다. 팔굉일우(八紘一宇)적
인 내셔널리즘은 한계점에 이르지 않을 수 없습니다. 그것은 대미종속(對
美從屬)이라는 엄숙한 사실에 한정되지 않을 수 없기 때문입니다. 게다가
미국이, 그 정책적인 필요성으로 인해 앞으로 일본을 반공방위체제에 편입
시켜가는 과정에서는, 뉴질랜드·호주·필리핀·남한, 기타 아직 뿌리깊
은, 일본의 전쟁 이전의 내셔널리즘이나 군국주의의 부활에 대한 공포와
경계심의 균형을 생각하지 않으면 안됩니다. 그런 의미에서 말하더라도 대
외적인 내셔널리즘의 부활에는 커다란 틀이 짜이게 된다고 생각합니다.

따라서 앞으로의 일본에서의 반동적인 내셔널리즘의 구조로서, 정점은
인터내셔널한 것이며, 저변은 내셔널리즘이라는 형태를 취하게 되지 않겠
습니까. 저변의 내셔널리즘은 말할 것도 없이 근대적인 내셔널리즘이 아니
라 가부장적 혹은 장로적 지배를 국민적 규모로 확대한 전쟁 이전의 내셔
널리즘의 변형이며, 그것으로 국민의 막연한 아직 조직화되지 않은 내셔널
한 감정을 빨아들일 것입니다. 게다가 그것이 위험한 반미(反美)라는 방향
으로 가지 않도록 하는 것이 필요합니다. 그러기 위해서는 어떤 수단이 보
수세력에 의해 채택될 것인가 하면,──이것은 예측(豫測)의 문제입니다만
──예를 들면 현재 어느 정도 나타나 있는 낡은 내셔널리즘의 다양한 상징
(symbol) 중에서 직접적·적극적으로는 정치적 의미를 지니지 않는 심볼
을 대대적으로 부활시키는 것입니다. 예를 들면 마을의 제사라든가, 신사
(神社) 신앙의 부활. 그런 신사도 국가 신토오(神道)라는 형태라면 직접
정치적으로 되지만, 그렇지 않고서 단지 마을이나 촌락의 신사나 오미코시
(御神輿)를 다시 세우거나, 제례나 의식을 성행하게 한다거나, 그런 형태
를 취하는 것입니다. 수신(修身), 도덕교육의 부활 역시 그런 것들의 하나
라고 생각합니다. 그럴 경우에도 노골적인 국체 사상이나 신권(神權) 사상
은 잘라내고, 보다 일상적인 덕목과 같은 형태로 일본 고래의 미풍양속으
로 불리는 가족도덕이나 상하복종의 윤리가 고취될 것입니다. 이어서 예술

·오락 측면에서의 복고풍, 예를 들면 꽃꽂이·다도부터 시작하여 카부키(歌舞伎)·나니와부시(浪花節 : 샤미센(三味線)을 반주로 하여 주로 의리나 인정과 같은 서민적 주제를 엮은 창(唱) – 옮긴이)에 이르기까지 다양하게 있습니다.

그들 현상은 어느 것이나 직접적으로는 정치적인 의미를 갖지 않습니다. 그러나 그것들은 일정한 상황 하에서는 간접적·소극적으로 대단한 정치적 효과를 발휘하게 됩니다. 그것들은 전쟁 이전의 일본에 대한 향수(nostalgia)를 불러일으킬 것이며, 그런 반면 전쟁 이후의 민주주의운동, 대중을 정치적으로 아래로부터 조직화해가는 운동에 대한 진정제·수면제로서 무척이나 유용하다는 것입니다. 바꾸어 말하면, 대중의 관심을 좁은 사적인 서클 속에 가두어버리고 비정치적인 것으로 만듦으로써 역설적으로 정치적 효과를 갖습니다. 그럴 경우 하나하나를 분리시켜서 거론하게 되면, 눈에 쌍심지를 돋우고서 문제삼는다고 할 정도로 중대한 문제는 아니며, 또 그 모든 것들이 전부 그 자체가 본질적으로 반동적이라고 할 수는 없습니다. 그러나 더 큰 문맥과 관련해서는 그 한 발 한 발이 민주화에 대한 제동(check)으로 작용할 가능성을 가지고 있습니다. 그것이 또 노리는 것으로, 제사를 성행하게 하는 것이 뭐가 나쁜가, 윗사람을 공경하라고 하는 것은 훌륭한 도덕이 아닌가 하는 식으로, 전체나 주위의 관련성을 분리시켜서 하나하나 침투시켜갑니다. 결국 제사에 대한 기부(寄附)라는 과정을 통해서 유력자의 조직이 굳어지고, 조상숭배라는 형태로 본가(本家) 지배나 가장(家長)의 통제가 강화되고, 꽃꽂이 등 '아녀자의 길'(婦道)의 습득이라는 과정에서 방적(紡績) 여공(女工)의 조직화에 제동이 걸리게 됩니다.

대체로 그런 식으로 주로 국내소비에 할당되며, 게다가 직접적·적극적으로 정치적 의미를 갖지 않는 상징으로서 아슬아슬한 한계점에 서 있는 것이 황태자(皇太子)의 오히로메(お披露目)라고 생각합니다. 황태자이기 때문에 아무리 떠받들어도 천황 숭배로 되지는 않습니다. 또 일단 마음 속

에 떳떳하지 못한 것이 없는 만큼 대외적으로도 충격적이지 않습니다. 천황을 떠받드는 대신에 황태자를 떠받든다는 방식은, 정치성과 비정치성의 한계점에 서 있는 만큼 미묘하지만 성공하면 최대한의 효과가 있습니다. 게다가 국내소비용이라는 한계 내에서는, 반미감정도 어느 정도 이용하게 되겠지요. 특히 그것은 점령정책의 지나친 부분을 시정한다는 형태를 취합니다. 미국이 일본의 풍습에 맞지 않는 제도·문물을 밀어붙였다는 것에 대한 비난도 국내소비용이라는 한에서는 공공연하게 허용됩니다.

다만 문제는 반소·반중공 감정을 부채질한다는 점에서 역시 앞으로의 반동적 내셔널리즘은 대외수출이라는 측면을 갖지 않는가 하는 것입니다. 그런 측면은 물론 있다고 생각합니다. 그렇지만 그렇게 되면 아무래도 국제적인 제 문제를 대중들에게 설명하지 않으면 안되며, 내셔널리즘 감정을 국제적인 시야로 넓히는 결과가 됩니다. 그렇게 되면 과연 그것이 지배층이 희망하는 대로 반소·반중공 감정에서 멈추어설 것인지 아닌지. 되돌아오는 칼날처럼 반미감정이 될 수 있는 위험성이 강하지 않겠습니까. 그래서 반소·반중공 감정을 부채질하는 것도 물론 하게 되겠지만, 오히려 그것은 직접적으로 반소·반중국이라기보다 역시 국내의 반공 내지 반노동운동이 제1의 목표로서, 이른바 간접 침략의 '논리'를 매개로 한 간접적인 것이 아니겠습니까. 아주 직접적이고 노골적인 형태로 반소·반중공 감정을 부추기는 방식은 지배층에 한계가 있다고 생각합니다. 미군기지가 국내에 7백 개나 있으며, 그 주변에 주지하듯이 많은 문제들이 빈번하게 일어나고 있는 현상태 하에서는 내셔널한 감정을 국제적인 시야로 넓히고, 더구나 그것을 일방적으로 반소·반중공 방향으로 못박는다는 것은 무척이나 어렵다고 생각합니다. 즉 정치적 지배세력의 국제적 조건에 대한 의존성이 전쟁 이전보다 훨씬 더 강해졌기 때문에, 국내의 정치경제 동향은 대수롭지 않은 국제적 사건에 의해 민감하게 충격을 받지 않을 수 없습니다. 한국전쟁이 시작되기 이전과 이후가 어떻게 변했는가, 휴전 보도의 충격이 얼마나 컸는가 하는 것을 보더라도 분명하게 드러납니다. 그것과 일본의 지배체제 자체의 전쟁 이후의 변동 때문에, 지배층 내지 반동세력이 사용하는 정치적 상징은 이전과 같은 전일성(全一性)을 상실해버리고 말았습니다.

전쟁 이전에는 공적인 천황제 이데올로기와 사적인 가족제도의 이데올로기가 만세일계(萬世一系)와 충효일치의 신화에 직결되어 있었습니다. 게다가 국내적인 계서제를 국제적으로 널리 퍼뜨린다는 형태로 국내통치와 세계정책이 직결되어 있었습니다. 내셔널리즘의 의식이라는 면에서 가장 근간이 되는 사명관을 보더라도, 전쟁 이전에는 동양의 정신문명과 서양의 물질문명을 일본의 국체에서 종합한다는 전체적인 구조를 가지고 있었습니다. 물론 미리 말해둡니다만, 그것은 전쟁 이전의 황국(皇國) 이데올로기가 논리적 통일성을 가지고 있었다고 하는 것은 아닙니다만, 이른바 정서적인 통일성이 있었습니다.

그런데 그런 형태의 전일성(integrity)은 전쟁 이후에는 찾아볼 수 없습니다. 때문에 지배층이나 그 이데올로그가 사용하는 정치적 상징이 극도로 단편화되고, 산산조각이 났습니다. 오카자키(岡崎)의 외교는 '쯔도'(都度 : 그때마다 거기에 맞춘다는 의미—옮긴이) 외교라 불립니다만, 그런 의미에서는, 쯔도 심볼이며, 따라서 쯔도 내셔널리즘으로 되지 않을 수 없습니다. 즉 어떤 구체적인 문제가 일어나면 그것에 대응하는 데 우선 필요한 심볼을 낡은 것이건 새로운 것이건 아무렇게나 동원합니다. 그러므로 서로의 모순·당착이 이르는 곳마다 일어나게 됩니다. '민주주의'도 일본 고래의 미풍양속도, 영국의 신사도도 아메리카의 개척자 정신도, 사정에 따라서 떠받듭니다. 마치 무도(武道)의 달인에 의해 통솔되는 '신국군(新國軍)의 기초'인 보안대(保安隊)가 GI와 꼭같은 복장과 장비를 갖추고, 간부가 아메리카까지 가서 훈련을 받는다는 사태에 상징적으로 나타나는 그런 아이러니가 이데올로기 측면에서도 여기저기 나타나고 있습니다. 그러므로 예를 들면 가족제도의 부활을 서슴지 않고 주장하는 보수 국회의원도 '다만 개인의 존엄과 남녀의 평등에 모순되지 않도록'이라는 주석을 달지 않을 수 없습니다. 그런 의미에서, 앞에서 저변이 낡은 내셔널리즘이라 했지만, 그

저변의 내셔널리즘도 옛날에는 옛날 나름대로 지니고 있던 통일성이 없어져서 매우 기묘하고 복잡한 형태를 취하고 있습니다.

그러면 다음으로 '제1차 세계대전 후의 나치 운동처럼, 일단 새로운 형태의, 대중을 아래로부터 조직화하는 파시즘이 등장할 가능성은 어떤가' 하는 점에 대해서는, '예를 들면 현재에도 우익운동 속에 반미 · 반소의 양 측면을 가지고 있으며, 사회주의적인 프로그램을 내건 내셔널리즘의 동향이 있습니다. 게다가 노동운동 속에 반미 · 반소의 사회파시즘적인 움직임도 있습니다. (이른바 제3세력론 속에는 두 체제공존의 입장에 서는 것과 두 체제의 **충돌**을 전제로 하고, 그것에 대한 제3세력의 결집을 주장하는 것이 혼재되어 있습니다. 여기서 말하는 것은 후자입니다.) 그러나 먼 장래는 글쎄 어떨는지 모르겠지만, 현재의 전망으로는 그런 운동의 성장에는 일정한 한계가 있으며, 어느 정도 크게 되면 조만간 분해될 것입니다. 그리고 국제적으로는 대미(對美)의존적, 국내적으로는 반공(反共) 일색이어서, 현실적으로는 노동전선 잘라내기에 힘쓰는 하청(下請)파시즘으로 되든가, 아니면 아시아의 내셔널리즘과 공통된 그런 것으로 되든가, 아니면 분명하게 공산주의운동에 합류하든가, 그 어느 쪽이건 간에 조만간 분해될 운명에 처해 있습니다. 반미 · 반소라는 형태 그대로, 신흥 정치단체가 급속하게 발흥해서 나치스의 경우처럼 기존의 정치세력을 뒤엎고 권력을 장악하는 그런 상황은 당분간 없을 것이라 생각합니다. 그런 의미에서는 일본의 파쇼화는 기본적으로는 위로부터, 자유당(自由黨)이건 개진당(改進黨)이건 간에 기존의 정치권력을 주요한 담당자로 하여 진행되는 그런 형태를 취할 것으로 예측됩니다.'

여기서 위로부터 부채질당한 반동적 내셔널리즘이 주로 국내소비용이라 규정한 점에 대해서, 그 토론에서도 쯔루(都留) · 쯔지(辻) 두 사람의 문제제기와 질의가 집중되었다. 물론 국내소비용이라는 것은 어디까지나 반동 내셔널리즘의 용도와 목적에 관해서 말한 것이며, 국제문제가 그 내용에 포함되지 않는다는 의미는 아니다. 일본을 둘러싼 국제정치의 상황을 반동적 내셔널리즘의 슬로건으로 이용하는 경우에도, 국내의 **교육정책**이나 **노동정책**에서의 빨갱이의 봉쇄나 체제로의 통합 자체가 당장의 주요한 목적으로 되었던(전쟁 이전까지는 어느 쪽이었는가 하면 거꾸로 그런 국내통합은 대외침략을 위한 전제였던) 것이다.

쯔루가 내놓은 전쟁에 의한 '잃어버린 땅'의 회복이라는 슬로건이 반공과 결부되어 소련 내지 중공에 빼앗긴 영토를 되찾자는 움직임으로 되어 나타나지 않는가 하는 문제에 대해서 나는 대략 다음과 같이 답했다. "그것은 어느 정도 있다고 생각합니다. 그것을 결코 경시하는 것은 아닙니다만, 앞에서도 말한 것처럼, 그처럼 분명하게 국제정치적 의미를 갖는 내셔널리즘 운동의 대두는 현실정치에서도, 이데올로기라는 면에서도 한계점에 달하지 않을 수 없습니다. 예를 들면 센지마(千島)·카라후토(樺太) 문제를 내놓게 되면, 그와 더불어 오키나와(沖繩) 문제가 나오게 됩니다. 더 거슬러올라가 청일전쟁은 제국주의전쟁이 아니었는가 하는 식으로 되면, 대만의 영토권 문제라는 것이 나오게 될는지도 모릅니다. 그 부분은 아주 민감하다고 생각합니다.

첫째, 다른 영토에 눈을 돌리기 전에 일본의 무수한 치외법권 지역은 어떻게 할 것인가를 생각해보면, 그런 슬로건만으로는 설득력이 약하지 않겠습니까. 예전과 같은 식민지를 가진 거대한 제국이라면 모르지만, 그렇지 않은 한 기본적으로는 정치적·경제적으로 미국에 종속되어 있는 것이므로 대외적으로는 어느 한 쪽에만 내셔널리즘을 적용시키고, 다른 쪽에는 적용시키지 않는다는 형태가 되지 않을 수 없습니다. 그런 형태로는 어느 정도 발전할 수는 있겠지만, 그것은 불완전한 내셔널리즘이므로 역시 불완전한 내셔널리즘으로서의 한계가 있다고 생각합니다……

MSA 문제도, NHK의 가두(街頭) 녹음에서 개진당(改進黨)의 국회의원이 말하는 것을 들어보게 되면, MSA를 미국의 점령정책, 더 거슬러올라가게 되면 히로시마(廣島)·나가사키(長崎)에 대한 원자폭탄 투하 등 일본의 국민에 대해서 저지른 갖은 죄과의 배상으로 받아들이면 되지 않겠는

가 하고 말하고 있습니다. 그것은 어느 정도 받아들일 수 있습니다. MSA
'원조'를 어떻게 사용할 것인가 하는 것을 일본이 자유롭게 할 수 있는 것도
아니므로, 그것으로 생기게 될 약간의 군비(軍備)라 하더라도, 기본적으로
미국의 전략목적에 종속당하게 된다는 것은 쯔루 씨 같은 분들이 이미 지
적하고 있는 그대로입니다. 그런데 국내선전용에는, 미국으로부터 많은 돈
을 받아서 일본이 강대해지면 좋지 않은가 하는 식으로 선전하는 것입니
다. 그런 의미에서는 역시 주로 국내소비용입니다. 국제적 규모에서 생각
해보면, 그런 자주성은 전혀 있을 수 없습니다. 이승만라인 문제도, 한국인
들에게 경멸당하는 것도 군비가 없기 때문이라는 식으로 재군비를 부추기기
위해서 여기저기서 이용당하고 있습니다만, 한일관계가 어느 정도를 넘어
서 긴장하게 되면 미국이 나서서 조정하지 않을 수 없습니다. 그러므로 아
무래도 대외적인 내셔널리즘이나 쇼비니즘을 발양(發揚)시키는 방식은 어
느 정도에서 곧 한계에 이르게 됩니다."

그러나 이데올로기로서 그리고 운동으로서는 한계에 이르게 될지라도
국내 경제상의 어려움, 인구문제의 압력 등으로 인해 일본이 미국으로부터
의 다양한 원조에 이끌려서 해외(주로 아시아대륙)로 출동하게 될 위험성
은 없는가 하는 현실적인 문제는 남게 되는 것이다. 그 점에 대해서 내가
대답한 것은,

"설령 지금 말한 것과 같은 사태가 일어나더라도 배후에서 미국이 밀어
주고 있는 출병(出兵)이라는 것은 누가 보더라도 분명하기 때문에, 내셔널
리즘의 논리(logic)로 국민의 정신동원을 하는 것은 어렵습니다. 하청내셔
널리즘이라는 것은 말 자체의 모순이기 때문에 오히려 넓게 국민이 반동체
제 속에 편입될 가능성에 대해서는 현실적으로 일본 경제의 군사적 편성이
진행되어, 점점 더 많은 국민이 군수생산이나 보안대의 물적·인적 자원
수요나, 혹은 기지 주변의 서비스로 살아간다는 어쩔 도리가 없는 사태에
빠져든다는 것이 가장 중대한 점이라고 생각합니다. 즉 반동적 내셔널리즘
이나 군국주의 이데올로기 측면에는 앞에서 말씀드린 것과 같은 다양한 취

약성이 있어서 아무리 교육이나 매스 커뮤니케이션으로 주입하더라도 도저히 예전의 일본제국의 교화(教化)와 같은 성공은 거둘 수 없습니다. 그러므로 국민을 자발적·능동적인 협력으로 동원하는 것은 예전보다 한층 더 어렵습니다. 다만, 얼마 전의 경제학자들의 좌담회에서도 문제가 되었듯이, 처음에는 일본 경제의 위급함에 활기를 불어넣는 수단으로 시작된 무기생산이 점점 기득권익으로 되고, 거꾸로 국민경제가 무기에 의존하게 됩니다. 보안대가 확대되면 그만큼 농촌의 상대적 과잉인구의 배출구로서의 의미가 강해집니다. 기지에서 떨어지는 돈으로 먹고살아가는 사람도 늘어난다는 식으로 되면, 그 기정사실의 무게가 결국 많은 국민들을 끌고가게 됩니다. 그럴 경우 상징이나 이데올로기의 침투력은 저하되어 있으므로, 용기를 내어 따라가는 것이 아니라 어쨌거나 현실에는 달리 방도가 없다는 그런 기분이 되겠지요. 그러므로 거기에는 아무래도 허무와 퇴폐가 농후하게 퍼지게 됩니다."

결국 전후의 일본정치의 정신상황을 지배층의 체제장악력이라는 점에서 파악하여 내가 그 토론에서 내놓은 일반적인 도식은 "한편에서는 권력이 전쟁 이전과 같은 다원성에서 통합화로 나아가며, 게다가 다른 한편에서는 이데올로기는 전쟁 이전과 같은 통합성을 잃어버리고, 점점 더 파편화하고 있습니다. 권력과 상징이 이른바 일종의 대각선을 그리고 있습니다"라고 한 점에 있었다. 그로 인해 지배층의 반동화 방향으로 당시 내가 지적했던 것은, ① 국민의 일상적 정치활동의 봉쇄 내지 선거법의 인위적 개정에 의한 의회정치의 형식화, ② '민주적 자유'의 개념의 재정의를 통한 획일화, ③ 경찰 및 '군대'의 허무주의적 폭력기구화라는 것이다. 그리고 ①에 대해서는 특히 의회주의냐 폭력혁명이냐 하는 양자택일적 문제제기가 현실의 인식으로서도 그리고 처방전으로서도 타당하지 않다는 점을 다음과 같이 말했다.

"의회의 경시라는 것은 매우 위험한 생각입니다. 그와 동시에 의회주의냐 폭력혁명이냐 하는 문제의 제기방식도 관념적이라 생각합니다. 의회정치는 민주적인 과정(process)을 통한 결정이라는 원칙이 사회적 기반으로 존재하고, 그 상부구조로서 비로소 의미가 있습니다. 다만 제도로서만의 의회는 그것 자체, 실질적으로는 민주적 자유를 억압하는 역할을 하는 것으로 존재할 수 있습니다. 예를 들면 본래의 의미에서 멀리 떨어져 있는 다수결주의, 즉 다수결 만능에 의해서 의회·정당이라는 제도의 존재를 전제로 하면서, 실질적으로 획일화·익찬화(翼贊化)가 진행되어갈 가능성도 있습니다. '자유세계'의 간판으로 보더라도 몇 년 만에 한 번 하는 선거의 투표권리를 박탈한다는 것은 의회정치의 원칙상 당연히 그럴 수 없다고 한다면, 반동세력은 바로 루소의 유명한 말을 거꾸로 이용하여, 국민의 정치적 권리의 행사는 투표일에 가서 투표하는 권리뿐이며 그것 이외의 정치행동은 의회정치 하에서는 있어서는 안되는 '폭력'이다——이런 생각으로 국민의 일상적인 정치활동을 봉쇄해갈 것입니다. 형식적인 선거의 메커니즘이라는 것은 보존하면서, 그 결과를 '국민의 의사'와 등치시킨다는 픽션(fiction)으로 체제에 대한 묵종(默從)을 밀고나갈 것입니다. 그럼에도 불구하고 현재의 체제에 반대하는 정치세력이 강력해져서 상당수 의회에 진출하게 되는 그런 위험이 있을 경우, 게다가 그것이 단순히 반대하는 것만이 아니라 현재의 체제를 변혁시킬 위험성이 있을 때는 프랑스나 이탈리아에서 이미 그랬던 것처럼, 선거법을 인위적으로 조작하는 방식을 취할 것입니다.

그러므로 중요한 것은 어떻게 하면 의회가 가능한 한 국민의 다양한 요구나 의견을 수렴하는 기능을 수행할 수 있을까, 그리고 그래도 충분히 의회에 반영되지 않는 에너지를 어떻게 하면 합리적으로 조직화할 수 있을까 하는 것을 진지하게 생각하는 것이며, 그것이 의회정치를 국민으로부터 유리시키지 않는 방도가 아니겠습니까. 그렇지 않으면, 표면만을 보고서 마치 자유로운 토론과 설득이라는 원칙이 중앙에서 말단까지의 현실 정치과정 속에서 행해지고 있다는 식의 착각과 환상에 빠지게 됩니다. 국회는 어쨌거나 국민생활과 밀착된 아래로 내려가면 갈수록 실제는 폭력과 협박과 사기에 의한 결정이 대중의 무관심과 결합하여 '합의에 의한 정치'와 같은 체재(體裁)로 통하고 있는 것이 현재의 실상입니다. 그것을 어떻게 깨부수어, 대중의 아래로부터의 자발적인 행동과 능동적인 비평의 통로를 막히지 않도록 할 것인가가 문제이며, 의회주의냐 아니냐 하는 양자택일이 현실의 일본에 존재하고 있는 것처럼 말하는 것은 정말 잘못된 것입니다."

거기서 예측했던 '선거법의 조작'은 그로부터 채 몇 년이 지나지 않아 소선거구제에 의한 게리맨더링(gerrymandering)의 시도로 현실화되었다.

②의 자유의 재정의에 대해서는, "지배층의 앞으로의 동향을 점치는 데 있어서 아직 한 가지 주의해야 할 점이 있는 것으로 생각됩니다. 일반대중에 대해서는 사생활의 봉쇄와 파편화된 낡은 상징으로 끌어당기는 것이 가능하겠지만, 어느 정도 이상의 정치의식을 가진 계층에 대해서는 역시 '민주주의'의 상징으로 밀고나가지 않을 수 없습니다. 그래서 그런 심볼을 특정한 의미에 한정시켜가는 방향을 취하게 됩니다. 그것은 현재, 미국에서 진행되고 있는 과정입니다만, 일본에서도 앞으로 점점 그렇게 되겠지요. 그것은 '민주주의적 자유'라는 생각을 점차로 한정시켜가서 국민의 의식과 사상을 규격화하고 획일화해가는 것입니다. 원래 영국·미국식의 민주주의는 그런 사상이나 언론이라는 측면에서의 다양성의 존중, 다양성을 통한 통일이라는 것이 전제되어 있습니다. 그런데 '민주주의'가 자신을 적극적으로 실현해가는 방향이 아니라, '민주주의'라는 이름 하에 그 '민주주의'의 적(敵)을 배제해가는 것이 제1의 주요한 과제로 되어갑니다. 이단의 배제가 곧 그대로 민주주의적 자유로 생각하게 되는 것입니다. 이질적인 것을 배제한다는 과정을 통해서——예를 들면 좌우 독재를 배제한다는 명목 하에 실질적으로는 다양성(variation)을 없애고 정통화된 사상으로 획일화해가는 것입니다. 개개인의 정치가나 정당에 대한 비판은 허용되지만, 체제 자체에 대한 비판은 터부가 됩니다. 현재의 레짐(regime)에 대해서는 찬미의 자유밖에 없는 '자유', 동질화된, 같은 생각을 가진 사람에게만 언론의 자유를 허용한다는 자유의 동어반복입니다. 그런 식으로 자유를 '재정의'해

가는 방식은 매카시즘에 가장 노골적으로 드러나고 있습니다만, 그렇게 노골적이지 않더라도, 미국도 일본도 다소간 그런 방향으로 나아가고 있습니다."

다시 말해서 한편으로는 자유로운 사생활에 틀어박힘과 동시에, 다른 한편으로는 "정치적 자유 그 자체를 정통화한다는 문제가 있는 것입니다. 본래 정통(orthodoxy)이라는 생각은 자유주의의 원칙에 반하는 것입니다. 그런데 충성심사라는 것은 정통적인 것을 미리 결정해두는 생각에 입각하고 있습니다. 언론의 자유, 사상의 자유라는 것은 이른바 형식적인 자유이며, 무엇이 옳은가 하는 것은 언론·사상의 시장에서의 공평한 자유경쟁을 통해서 결정된다고 생각하는 것입니다. 그런데 예를 들면 자유의 내용은 '자유기업'이다, 자유기업이 민주주의의 정수라는 식으로 자유의 내용이 한정당하게 됩니다. 거기에 반대하는 것은 자유 일반에 반대하는 것이라는 형태로, 이단을 배제해갑니다. 그리고 대중에게는 비정치적인 자유——매우 좁은 사생활의 향수라는 것에 자유를 한정시키는 방식입니다."

그리고 일반적으로 현대 자유주의의 '정통주의화'라는 문제에 관해서는, 1948년 9월 잡지 『사상』(思想)에 쓴 「사상의 언어」에서 이미 다룬 바 있다. 그리고 '사생활에 틀어박히는 것'이 현대적 유형의 무관심(apathy)과 조응하는 점에 대해서는, 이 책 제3부 제6장 「정치권력의 제 문제」를 참조할 것.

분명하게 짚어두기 위해 덧붙인다면, 자유의 사화(私化, privatization)라는 것은 제1부 제1장 「초국가주의의 논리와 심리」에서 말한, 근대국가에서의 사적인 자치(Privatautonomie)의 원칙과 혼동되어서는 안된다. 사상·신앙·언론 등의 자유가 '사사로운 일'로서, 그 불가침이 국가권력에 의해서 승인된 것은, 근대국가에서의 시민의 공적인 일(public affairs)에 대한 참여의 전제조건을 이루는 것이다. 그리고 공권력의 구체적인 행사가 사적 자치를 신장시키는가 억압시키는가 하는 것이 시민의 권력에 대한 감시의 기본관점으로 되어 있는 것이, 바로 정상적인 시민적 데모크라시의 존재양태인 것이다. (그런 의미에서 그같은 '사적'인 관심을 기반으로 하지 않는 멸사봉공(滅私奉公)적인 정치 '익찬'(翼贊)은 본래의 민주주의적인 공적인 일에의 참여가 전혀 아니다.) 거기에 대해서, 여기서 말하는 자유의 '사화'(私化)는 좁은 일상생활, 특히 그 소비측면에 대한 배려와 향수(享受)에 시민의 관심이 집중되며, 그런 사생활의 향수가 사회적·정치적 관심으로까지 고양되어 있지 않은 상태, 또는 그런 상승을 제한하려는 움직임을 가리키는 것이다. 시민의 이같은 '좁은 개인주의'의 경향이 정치권력의 전제화와 모순되지 않으며, 오히려 흔히 서로 보충해줄 수 있는 관계에 있다는 것은 이미 토크빌의 고전적인 저작 『미국의 민주주의』와 『앙시앵 레짐과 혁명』에서 예리하게 지적되고 있다.

③의 경찰·군사기구의 '순수폭력'화 경향에 대해서는, 보안대(현재의 자위대(自衛隊)의 전신)의 정신적 지주 문제와 관련하여 그 토론에서 나는 다음과 같이 말했다.

"앞으로의 전쟁은 한편으로는 고도의 기계전(機械戰)임과 동시에, 다른 한편으로는 점점 더 심리전 요소가 강해질 것이므로 반드시 이데올로기나 상징의 역할이 저하된다고는 생각할 수 없습니다. 한국전쟁을 보더라도, 어느 정도 그렇다고 할 수 있지 않겠는가 하는 생각이 듭니다. 순수한 기계적 힘의 한계, 순수한 물질적 힘의 한계라는 것입니다. 한국전쟁을 끌어들이는 것은 지리적 환경과 관련하여, 문제가 있을지도 모르겠습니다만, 군대에서 이데올로기가 중요한 요소라는 점에는 변함이 없다고 생각합니다. 그것은 임시변통으로는 안되는 것입니다. 미국에서도 현재 아무리 변질되었다고는 하지만, 역시 오랜 전통을 배경으로 한 '민주주의'라는 이데올로기가 있습니다. 현재 보안대는 어떻습니까. 어느 퇴역 군인의 얘기에 의하면 아무래도 '민주주의'로는 약하기 때문에 역시 '향토를 지키자'라는 향토애에 호소하고 있다는 것입니다. 그런데 향토애라는 것으로 되면, 전국 구석구석까지 아로새겨놓은 미군 기지의 존재와 직접 부딪혀서, 그 상징은 약해집니다. 자국민의 기지반대운동에 총구를 돌리지 않으면 안된다는 딜

레마에 빠지게 됩니다. 그런 딜레마가 극도에 이르게 되면 고도로 기계화
된 기구 속에 있는 정신적 지주를 잃어버린 인간의 집단이라는 식으로 되
어버려서, 허무주의적 폭력기구가 될 우려마저 있습니다. 보안대 문제만이
아니라 일반적으로 말해서, 앞으로의 파시즘은 예전처럼 비합리적으로 통
일된 심볼조차도 없어지기 때문에, 그런 취약성을 보강하기 위해서, 직접
적으로 폭력적인 요소가 이전보다 더 강해지게 된다고 생각합니다. 그런
만큼 피지배자의 내면적 · 정신적 요소에 호소해간다는 요소가 옅어지게 됩
니다. 국민의 저항을 약화시키기 위해서는 대중을 사생활의 덧없는 향수로
몰아넣고, 무관심과 도피로 몰아가는 수밖에 없게 됩니다. 그러므로 국민
의식의 비정치화와 직접적인 탄압의 강화가, 전쟁 이전과 비교할 경우, 앞
으로의 파시즘화의 하나의 특징으로 되지 않겠는가 하는 생각이 듭니다.
표면은 매우 강화되어가지만 그런 반면, 내부적으로는 매우 약합니다."

물론 위의 논의는 내셔널리즘이 반동화할 경우 내지는 일본지배층이 파
쇼화해갈 경우의 정치적 제 조건을 통합수단이나 상징조작에서의 전쟁 이
전과의 차이라는 관점에서 일반적으로 문제삼은 것이지, 결코 일본의 정치
가 오로지 그런 방향으로 나아갈 것이라 말하고 있는 것은 아니다. 그리고
내셔널리즘의 개념이나 '파쇼화'의 의미에 대해서는 제2부의 네번째 논문을
참조해주었으면 좋겠다.

*　　*　　*

이 책의 구판(舊版)을 내놓을 무렵부터 나는 일본의 사상사 관계 작업에
다시 정력을 쏟게 되었으므로, 제1부의 후속이 되는 최근의 일본의 정치적
상황을 대상으로 한 분석으로부터는 멀어져버리고 말았다. 그런 의미에서
는, 안보투쟁의 고조기에 시사적인 문제에 대해서 집중적으로 쓰기도 하고
떠들어대기도 했던 것은, (제3부의 추기에서도 말하고 있듯이) 나의 학문
적인 관심방향의 '자연스러운 발로'는 아니었으며, 오히려 심리적으로는 그
것을 거스르고——평판이 좋지 않은 말을 감히 쏟다면,——한 사람의 시민으

로서 가만있을 수 없다고 '생각'해서 한 행동의 일부였다. (따라서 무언가 나의 정치학의 이론을──그런 것이 있는지 어떤지는 별도로 해두고──지금이야말로 적용하고 '실천에 옮길 수 있는' 절호의 기회로서 '마치 물고기가 물을 만난 것처럼' 활약했다는 그런 이미지로 당시의 나의 말과 행동을 비판당하거나, 아니면 추켜세워지거나 할 때만큼, 이런 이런 하는 기묘한 느낌이 드는 일이 없다.) 그런 연유로 인해 다루어진 소재라는 점에서도, 집필시기라는 점에서도, 현대 일본을 주대상으로 한 제1부는 이 책에서도 특히 옛날의 것으로 되어버렸다. 구판의 추기에서 시도했던 것처럼, 그리고 그 후의 강연이나 좌담회에서의 발언 등을 여기에 적절하게 집어넣었지만, 그 정도로는 눈부신 일본의 분위기의 변화를 서술하는 데 있어서조차 그다지 도움이 되지 않는다. 다만 현대 일본의 정치문화에 관해서 구판 이후 나의 생각을 말한 것을 굳이 보여달라고 한다면, 「패전 십오 년을 맞으며」(쯔루 시게히토(都留重人)·카토오 슈우이찌(加藤周一)와의 좌담회, 『아사히저널』(朝日ジャ-ナル), 1959년 8월 9일) 및 「비서구세계의 근대화」(카이코오 타케시(開高健)와의 대담, 같은 잡지, 1961년 6월 11일) 두 편을 참고로 들어두기로 한다. 전후의 '제3의 개국'을 제약한 제 조건, 천하태평의 저류(底流)에서의 정신적 공허함의 확산, 비무장국가의 의미라는 문제에 대해서 거기서 말한 의견은 지금까지 변하지 않고 있다.(증보판 덧붙임)

제7장 「전전(戰前)에 있어서의 일본의 우익운동」은 증보판에 덧붙인 글의 하나이다. 원래 Ivan Morris의 *Nationalism and the Right Wing in Japan──A Study of Post-War Trends*(Oxford University Press, 1959)에, 저자의 의뢰를 받아 쓴 서문이며, 저자와 출판사의 양해를 얻어 여기에 실었다. 다만 영문에서는 첫머리에 헌법문제연구회가 성립될 당시의 에피소드에 대해서 말한 부분(이 책의 503쪽에서 508쪽)은, 지면이 제한되어 있어서 잘렸지만, 이번에 일본어로 발표하면서 그 부분을 다시 살렸다. 모리스 박사의 저술이 오로지 전후(戰後) 상황을 대상으로

하고 있으므로, 독자의 이해의 편의를 돕기 위해서 전쟁 이전의 우익 내셔널리즘에 대해 짧막한 개괄을 첫머리에 붙이고 싶다는 저자와 출판사의 바람이 있어서 거기에 기초하여 집필했다는 것, 그리고 무엇보다도 서구의 독자를 안중에 두었다는 것, 이같은 두 가지 사정이 이 글의 기술이나 구성을 제약하고 있다. 따라서 그 내용, 특히 사실의 서술에는, 일본의 독자들에게는 당연한 지식으로 생략해도 좋을 부분이 포함되어 있다. 그러나 테마가 제1부 전반부의 여러 논문과 밀접하게 관련되어 있으며, 게다가 최근의 젊은 세대에게는 체험이나 관심이라는 측면만이 아니라 지식이라는 측면에서도 여기에 다루어지고 있는 시대와 사건이 (서구의 독자층만큼은 아니라고 할지라도!) 점점 인연이 멀어지고 있다는 것을 고려한다면, 그같은 개괄도 약간의 의미가 있을는지도 모르겠다. 물론 개괄이라고는 하지만 보시는 바와 같이 분석 시각이나 평가는 앞에서 말한 제 논문과 공통되어 있으며, 따라서 그 책임도 어디까지나 나 개인의 그것이며, 반드시 전전파(戰前派) 견해의 최대공약수라는 것은 아니다.

*　　　*　　　*

마지막으로 제1부 전체에 대해서 한마디 해두고자 한다. 제1부는 '현대 일본정치의 정신상황'이라는 제목을 달고 있지만, 물론 그것은 거기서 주로 다루고 있는 주제와 접근하는 시각의 공통성으로 인해 다른 부와 구별하기 위해 그렇게 붙인 표제이므로 망라적인 것이 아니라 한정적인 의미로 이해해주었으면 좋겠다. 제1부의 초점은 이른바 '쇼오와(昭和)의 동란기(動亂期)'에 맞춰져 있으며, 그 시기에 점점 강해져서 절정에 이른 후, 급속하게 분산음(分散音, arpeggio)으로 붕괴해가는 일본제국의 정신구조의 궤적이 일관된 관심사가 되어 있다. 일본정치 문제에 대한 이같은 초점의 맞춤과 관심방향의 집중이 분석 결과를 시종일관 제약하고 있다는 것은 누구보다도 나 자신이 먼저 의식하고 있다. 특히 그것에 '현대'라는 형용사를 붙이는 것은, 어제의 떠올리고 싶지 않은 기억을 영원한 망각 속에 집어넣어버리려는 구세대의 입장만이 아니라, 눈부시게 변화해가는 오늘의 세계를 살아가는 사람들의 감각에서 보더라도, 필시 이의가 제기될 것이다. 다만 나에게서는 좋건 싫건 간에 그와 같은 초점과 시각은 자유로운 선택이라기보다도 오히려 자신이 자라난 시대와 겪어온 경험으로 인해, 거의 생리적이라 할 수 있을 그런 내적인 요구에 의해 결정되었던 것이다. 그리고 나의 체내에 무겁게 가라앉아 있는 감각으로 본다면, '현대 일본'이 이것만은 아니라는 것이 확실한 것과 마찬가지로, 그것이 바로 현대 일본의 문제이며, 결코 역사적 과거가 아니며, 하물며 한 편의 악몽은 더욱 아니다. 개개의 논문에 대해서는 물론 불만투성이이며, 당시에는 새롭다고 생각한 구상도 지금 다시 읽어보니 진절머리가 날 정도로 진부한 느낌이 들지만, 기본적인 방향과 시각에 관한 한 나는 이른바 나의 업(業)으로서 앞으로도 계속해서 그 길을 걸어가는 수밖에 없다고 생각하고 있다.

게다가 일반적으로 말해서 '현대 일본'이라고 할 때의 현대의 폭도 정치·법제·경제·문화 등 각 장르에 따라 서로 다를 것이며, 정치의 영역에 문제를 한정시키더라도 기계론적인 접근과 '정신' 차원에서의 포착이 반드시 일치하지는 않을 것이다. 아니, 정신구조나 행동양식을 다루더라도 그속에 몇 겹의 층이 있으며, 그 가장 깊은 곳은 거의 완전히 심층의식의 영역에 속해서 사람들이 '세계'에 대해서 품는 표상(表象)·인식·평가와 그것에 기초한 행동에 의해서 이른바 선험적인 좌표축을 이루고 있다. 따라서 거기에는 가장 강인한 역사적 타성이 작용하며, 환경이나 제도의 변혁의 충격이 거기에 이르는 것은 매우 느리다. (소련에서의 개인숭배 문제도 일면으로는 그것과 관련되어 있다.) 거기에 비해서 보다 표면의 정치의식은 변화하는 정치적 상황을 비교적 민감하게 반영하며, 그것에 적응해가면서 변용해간다. 따라서 전후 일본의 의식이나 행동양식이 변했는가 아닌가를 논하는 부분에서 어느 차원의, 어느 성층(成層)에서 문제가 되고 있는가 하는 것을 빼놓고서는 아무런 의미가 없는 것이다.

한 예를 들어보면 최근 『군상』(群像)에 연재되고 있는 키다 미노루(きだ

・みのる)의 「일본문화의 근저에 숨겨져 있는 것」은, 그가 오랫동안 살고 있는 토요쿄오(東京)의 한 부락의 사례를 통해 일본의 전통적 행동양식을 해명한 역작인데, 거기서는 부락공동체의 정신구조가 거의 초역사적인 정도의 강인함을 가지고 일본 문화의 모든 면에 특수한 각인을 남기고 있는 모습이 흥미진진한 필치로 그려지고 있다. 물론 그의 논리의 진행방식이나 귀결에는 사회과학자들이 보면 다양한 이론(異論)이 제기되겠지만, 어쨌거나 일본인의 사고나 행동양식을 가장 깊은 층에서(라고 해도 반드시 프로이트적인 심층심리를 의미하는 것은 아니다) 포착하려는 그의 방향에는, 일본정치의 진짜 동기를 알려고 하는 사람에게도 그냥 그대로 지나칠 수 없는 의미를 지니고 있다. 그와 같은 심층으로부터 끊임없이 변화하고 있는 정치의식의 상층까지를 시야에 넣어, 성층 간의 상호작용을 찾아볼 때 비로소 오늘의 시점에서의 일본정치의 정신상황은 전면적·입체적으로 해명될 수 있을 것이다. 제1부의 시기적으로 한정된 고찰도, 앞에서 말한 정치행동의 좌표축에 착안하고 있는 한에서는, 반드시 현대성을 잃어버린 것은 아니지 않은가 하는 생각이 든다.

물론 여기서 다루어지지 않은 최근의 일본과 세계의 사회적·정치적 상황변화는, 오늘의 정치의식에 다양한 충격을 미치고 있으며, 또 전후의 농지개혁이나 다양한 '법률혁명'의 영향이 10년이라는 세월 동안에 국민생활의 저변에 점차 정착되어갔으며, 그것이 바야흐로 오늘날, 국민의 정치의식에 현저한 전환을 가져다주고 있다. 그것도 한 예를 든다면, 1955년의 중의원(衆議院) 선거와 56년의 참의원(參議院) 선거 결과가 여실히 말해주고 있듯이, '새 헌법'은 오늘날 상당히 넓은 국민층에서 일종의 보수적인 감각으로 전화하고 있으며, 그런 미묘한 변화를 잘못 보고서 오로지 '강요한 헌법'이라는 슬로건에 의거하고 있다는 데 보수정당의 치명적인 착오가 있었다. 그런 변화는 뭐라고 해도 최근의 현상이다. 즉 '기정사실'의 누적은 지금까지 주로 지배층의 정치적 수단이며, 혁신파는 그 이름처럼 많건 적건 간에 추상적인 상징에 호소하고 있던 것이, 점차로 사태는 변해서 헌법

옹호의 기치가 (광범한 부인층이나 조직노동자는 물론이고 '태양족'(太陽族)에 이르기까지) 일상적인 생활감각 내지는 혜택을 받는다는 느낌에 뿌리를 내리게 되었다. 그것은 다양한 여론조사에 의해서도 뒷받침되고 있다.

기지반대투쟁의 경우를 보더라도, 이제는 쌍방에서 모두 기정사실을 만들어내는 경쟁을 하려 하고 있다. 게다가 기지 문제의 경우 특징적인 것은, 향토에 대한 애착이나 공동체감정과 같은 예전의 내셔널리즘의 구조적 저변을 이루고 있는 것이 정점(天皇制)과의 대응관계를 잃어버리고, 오로지 사적·비정치적인 이해관계(interest)로서 저변에 고착되고, 게다가 거대한 국제적 정치력이 그런 사생활의 최저변까지 하강하게 되어, 앞으로는 일상적인 이해관계를 기반으로 하는 저항이 거꾸로 아래로부터, 원자·수소폭탄 반대와 같은 국민적 규모에서의 상징으로까지 승화되어가는 경향을 보여주고 있는 것이다. 그리고 향토감정을 보수적 심볼로 다년간 동원해온 권력 측은 오히려 거꾸로 일단 외국과 결정한 것이므로라는 식의 추상적 입장(그 추상성은 행정협정 자체의 백지위임장적 성격에 의해 배가되었다) 이외에, 어떤 구체적인 설득의 논리를 사용할 수 없는 그런 곳으로 빠져들고 있다. 물론 다른 한편에서, 혁신진영 역시 내셔널리즘의 적극적인 심볼의 창출에 성공하고 있는 것은 결코 아니다. 내셔널리즘·이해관계의 명확한 이미지와 거기서 생겨나는 프로그램을 보수·혁신 쌍방 모두 가지고 있지 못하다는 점에 현재 일본의 정치적 진공상태가 상징적으로 나타나고 있다. 그것을 단적으로 보여주는 것으로, 국제정치의 수준과 일본의 '정계'의 수준의 낙차가 오늘날만큼 국민들의 눈에 크게 비쳤던 적은 없다. 그것도 국제정치와 국내정치가 이렇듯이 떼놓을 수 없게 된 오늘날에!

매일 아침 나오는 신문에는 이집트·근동(近東)·동유럽 국가들에서의, 거의 대부분 제2차대전에 필적할 수 있는 그런 세계사적인 사건과 그것을 둘러싼 각국의 지도적인 정치가의 분주한 동향이 보도되고 있는 바로 같은 지면에, 총재후계자를 둘러싼 보수당 내부의──당사자 이외에는 이해할 수 없는 복잡하고 기괴한──파벌간의 투쟁과 거래가 지겹게 '해설'되고 있다.

그런 지면 자체가 말해주고 있는 아이러니보다 더 현대일본의 정치적 상황을 부각시켜주고 있는 것은 없을 것이다. 게다가 그런 낙차는 정도의 차이는 있을지언정 혁신정당에도 공통되고 있다. 사회당은 여전해서, 역(逆)피라미드형의 조직형태(국회에서 가장 우세하며 국민의 저변으로 내려감에 따라 미세해지는)를 벗어나지 못하고 있으며, 공산당은——본래 초(超)근대정당인 공산당이 상대적으로 가장 근대정당에 가까운 조직형태를 갖추고 있다는 것 역시 일본정치의 패러독스의 하나이지만——계속된 내부투쟁과 지도의 착오로 인해 간부와 하부당원, 나아가서는 당과 대중단체의 갭이 벌어지게 되어, 오늘날에는 그것 자체가 하나의 작은 '역(逆) 정계'를 구성하고 있을 뿐이다. 정당이 본래의 정치적 기능을 수행하고 있지 못하기 때문에, 노동조합 등 원래 경제투쟁을 원칙으로 하고 있는 단체나 신흥종교 단체가 그 진공을 메우고, 나아가 '어린아이를 지키는 모임'이라든가, 결손가정 조직과 같은, 사회의 최저변에서 조직된 응급조치적인 집단이 압력단체 역할을 한다는 식으로, 한 단씩 기능집단의 역할이 어긋나 있는 것이 현대일본의 상황이다.

따라서 다시 신문 지면을 예로 든다면, 정당이 이처럼 좌우 모두 유리(遊離)되어 있으며, 특히 체제정당에 의해서 구성된 '정계'의 관심사가 본질적으로 사적·비정치적인 사안에 의해 점유되는 결과,——그리고 일본의 신문사의 '정치부'는 정확하게는 '정계부'(政界部)라 부르는 것이 적합한 그런 전통을 가지고 있기 때문에——진실로 정치적 의의를 가진 사건이나 문제는 외신난은 당연하다 하더라도, 경제면이나 학예면, 아니 오히려 애초에 3면 기사로 불리며 사사로운 일을 다루어온 사회면이나 가정면의 기사 속에서, 오히려 이른바 정치면보다도 더 많이 찾아볼 수 있다는 도착적 현상이 점점 더 심해지고 있다. 이같은 정치적 진공상태는 앞으로 국민의 정치의식을 어떻게 규정하고, 또 어떤 방향으로 움직여갈 것인가. 어쨌거나 그런 상황을 생각하는 것만으로도 일본 정치의 정신적 분위기를 측정하기 위해서는, 이른바 '정계'(政界) 및 '역정계'(逆政界)와 같은 상식적으로 결

정된 정치의 영역에 시야를 한정시키지 않고, 또 국민의 목적의식적인 정
치적 의견이나 행동에만 주목하는 것이 아니라, 오히려 비정치적인 생활영
역에서의 사고·행동양식을 널리 관찰의 대상으로 삼아야 할 필요성을 이
해할 수 있을 것이다.

●제2부 추기

　제1장과 제2장은 래스키연구임과 동시에, 다섯번째 논문과도 관련성을 가지면서 소비에트공산주의 문제를 다루고 있다. **제1장 「서구 문화와 공산주의의 대결」**은 1946년 8월에, 그해 창간된 『사상의 과학』(思想の科學)제2호에 래스키의 『신앙, 이성 그리고 문명』에 대한 서평으로 게재되었던 것이며, 집필시기상으로는 제1부의 「초국가주의의 논리와 심리」 다음에 쓴 것이다. 당시는 서양책의 입수가 매우 어려운 시대였는데, 마침 쯔루 시게히토(都留重人)가 그 책을 가지고 있어서, 그가 흔쾌히 빌려주었다. 또 **제2장 「래스키의 러시아혁명관과 그 추이」**는 『세계의 사회과학』(世界の社會科學, 폐간되었음)의 1949년 2월호에 실렸다. 『신앙, 이성 그리고 문명』도 『현대 혁명의 고찰』도 그 후에 각각 나카노 카즈오(中野好夫)와 카사하라 비코(笠原美子)에 의해서 번역·출간되었으므로, 이 두 논문의 원서 소개에 해당하는 부분은 오늘날은 그다지 의미가 없어졌지만, 문제가 '스탈린비판' 이후 새삼 절실한 의의를 갖게 되었다는 것, 특히 두번째 논문은 반드시 소개에 머물고 있지는 않아서 다시 수록한 것이다. (인용 페이지는 일일이 번역문과 대조하는 번거로움을 덜기 위해서, 원저의 그것을 적었다는 점을 미리 말해둔다.)

　해럴드 래스키는 나의 학창시절에, 정치학에 대한 흥미를 환기시켜주었던 가장 영향력 있던 학자들 중의 한 사람이었다. 내가 대학에 들어갔을 무렵에는 이미 독일에서는 나치정권이 성립했으며, 일본에서는 천황기관설(天皇機關說) 문제, 아이자와(相澤) 중좌(中佐)사건, 2·26사건 등이 잇달아 일어나서 급격한 파쇼화의 바람이 동서에서 세계를 석권하다시피 하고 있었다. 마침 정치학계에서는, 한편에서는 카를 슈미트가 정치적 다원론이라는 본래 리버럴리즘(Liberalism)의 무기를 역용(逆用)하여, 바이마르공화국에서의 정치적 통일의 붕괴를 논증하고 있을 때, 래스키는 바로다원론에서 계급국가론으로의 발전 속에, 반(反)파시즘전쟁의 이론적 과제를 추구해갔던 것이다. 마르크스주의로부터의 전향(轉向)이 일본 사상계의유행이 되어 있던 참이라, 골수 서구민주주의자의 마르크스주의로의 두드러진 접근은 나에게 강렬한 인상을 심어주지 않을 수 없었다. 대학 3학년여름방학 때, 찌는 듯한 연구실 학생열람실에서 『위기의 민주주의』(*Democracy in Crisis*)와 『국가론 : 이론과 실제』(*The State in Theory and Practice*)를 읽었을 때의 감명을 나는 잊을 수가 없다. 전쟁이 끝나고 학교로 돌아온 지 얼마 되지 않아서, 연구실에서 같이 공부하는 사람들과 독서회를 시작했을 때, 텍스트로 택한 것은 역시 래스키의『정치의 문법』(*A Grammar of Politics*)이었다.

정치학의 방법론에서 나는 오늘날 래스키에 그렇게 빚지고 있다고 생각하지는 않지만, 그럼에도 불구하고 돌이켜보면 그 사람만큼 불가사의한 매력으로 나를 이끌고 온 정치학자는 없었다. 본문에서도 말한 것처럼, 아카데미즘의 일각에서는 래스키의 학문적 걸작은 오로지 초기 혹은 기껏해야『정치의 문법』(1925년 초판)까지이며, 30년대 이후는 점차로 계몽적인 시론(時論)의 색채가 짙어지고, 만년에 이를수록 '선동적인' 냄새가 과학성을압도해버리고 말았다는 것이 정평으로 되어 있다. 그런 정평은 완전히 틀렸다고는 생각되지 않지만 어쩐지 내게는 저항감을 불러일으킨다. 래스키자신, 후기의 작품이 그런 비평을 받게 될 것이라는 점을 충분히 알고 있었음에 틀림없다. 그리고 채 35년이 되지 않는 기간 동안에 30권의 저작과 수백 편의 논문을 내놓을 정도로 많이 집필했던 래스키——마치 샘처럼 솟구치는 변설(辯舌)이 그대로 책이 되었다고 말해지는 래스키에게, 졸작이나 장황한 반복이 있다는 점은 어쩌면 당연한 일이리라.

그렇지만 나의 정직한 인상으로는 래스키를 유니크하게 만들어주고 있는 것은 오히려 '학문적'으로 평판이 좋지 않은 후기인 것이다. 다원적 국가론으로는 래스키보다도 예를 들면 M. P. 포렛트의『신국가론』같은 책이 훨씬 더 독창성이 풍부하다. 래스키는 법학적 국가론을 처음부터 비판의 표적으로 삼고 있었지만, 그의 제도론은 포렛트 등에 비하면 아직 전통적인 접근법을 벗어나지 못하고 있다. 거기에 반해서『위기의 민주주의』에서 유작(遺作)『우리 시대의 딜레마』(Dilemma of Our Time)까지를 꿰뚫고 있는 그의 문제제기——결론이 아니라——와 사색 태도는 오늘날 여전히 생생한 신선함을 지니고 있다. 사실, 그의 저작이나 논설이 영국만이 아니라 세계의 젊은 세대에 무엇보다도 큰 영향을 미쳤던 것이 바로 30년대부터 40년대 초에 걸친 시대였다——막스 베로프는 심지어 그것을 '래스키의 시대'라고조차 부르고 있다("The Age of Laski," Fortnightly, June, 1950)——는 것은, 단순히 래스키의 현란한 레토릭 덕분이나 영국노동당원으로서의 전 방위에 걸친 활동 때문만은 아니다. 보다 근본적인 원인은 세계정세에서 가장 위기가 심화된 시기를 당하여 '위험'한 테마와 정치적으로 미묘한 문제를 피해서 안전지대에서 '엄밀'한 이론을 구성하는 학자나 언제나 기존체제나 당파의 선천적인 정당성에 기대어서 주어진 현실을 주석(注釋)하고 합리화하는 학자들이 범람하는 가운데, 그야말로 래스키는 학문적 탐구와 실천적 과제, 과학과 이데올로기, 지적 수준의 유지와 대중설득이라는 이율배반——그것이 어떻게 쉽게 '지양'(止揚)될 수 있겠는가——에 이끌리면서도 시대의 근본문제에 쩔쩔매지 않고서 정면으로 부딪혀간 소수의 사상가 중의 한 사람이었다는 점이다.

따라서 예를 들면 최근의 래스키 연구서인 딘(H. A. Deane)의『래스키의 정치적 사유』(The Political Idea of H. J. Laski, 1955)처럼,

자유나 정치권력, 그리고 국가의 본질이나 의회정치에 대한 래스키의 정의를 '추출'하고, 그 사이의 '논리적' 모순이나 불명확함을 지적해가는 방식을 취한다면, 래스키를 '비판'하는 것은 무척이나 쉽지만, 동시에 그런 방식을 적용하는 데 래스키만큼 적절치 못한 학자는 없을 것이다. (마치 형식논리학의 교과서와 같은 래스키 연구가 컬럼비아 대학에서 어쨌거나 무슨 상을 받았다는 것 자체가 현재의 미국 정치학계의 지적 분위기를 상징적으로 말해주고 있는 것처럼 보인다.) 킹즐리 마틴이 쓴 평전 『해럴드 래스키 : 삶과 사상』(*Harold Laski : A Biographical Memoir*, 1953)도 철저하게 파헤친다는 점에서 어쩐지 개운치 않지만, 래스키 '정신'의 전체적 파악에서는 역시 전자와는 비교가 되지 않을 정도이다.

래스키는 확실히 이른바 학자라기보다는 사상가였다. 그러므로 그의 아카데믹한 연구에서는 역시 사상사와 관련된 저작들이 가장 뛰어난 것이다. 사상가로서의 그를 천박하다고 말하는 사람도 있다. 과연 신이나 죽음이나 실존 같은 것을 많이 말하지 않는 사상가가 천박하다면, 그도 그런 평가를 감수해야 할 것이다. 그러나 이른바 '깊고 먼' 사색에는 뛰어났지만, 제2차 대전의 의미나 자신의 나라가 걷게 될 몇 년 앞도 내다보지 못하는 그런 '사상가'나 '철학자'에 비해서 래스키의 사상성(思想性)을 낮게 자리매김하기란 어려운 일이다. 래스키가 만년에 힘주어 말한 '동의(同意)에 의한 혁명'(revolution by consent)에 대해서, 『현대의 혁명에 관한 고찰』의 서평을 『요미우리신문』(讀賣新聞, 1950년 10월 18일)에 기고했을 때, 나는 그가 사고하는 태도에 대해 다음과 같이 말했다.

이 책에서 래스키는 그의 근본이념을 다양한 언어로 표현하고 있다……. 그러나 그런 언어나 그 추상적 정의 자체가 각별히 신기한 것은 아니다……. 나는 래스키의 특색은 오히려 그 목표를 단순히 교과서처럼 말하거나 하늘에서 내려오는 식으로 들이밀지 않고서, 언제나 현대 정치의 움직임과 반동(反動)의 생생한 역학 속에서 내재적으로 추구해가려는 태도에 있다고 생각한다. 그런 태도 덕분에 그의 사고는 언제나 이른바 한계상황에서 전개되지 않을 수 없다. 그로 인해 그의 입장에는 어딘지 모르게 불안정한 것이 느껴지고, 그것이 어떤 사람들에게는 매우 모험적인 것으로 비치며, 다른 사람들에게는 오히려 기회주의적인 것으로 비치는 것이다.

……이같은 래스키의 '동요'를 사람들은 어떻게든 자기 식으로 비판하고 싶어한다. 그러나 문제는 그가 '정통' 자유주의자와 '정통' 공산주의자 양측으로부터 비난을 받으면서 어째서 끝까지 위험한 다리를 건너는 것을 멈추지 않았는가 하는 점에 있다. 나는 거기서 도리어 현대문명의 고뇌를 온몸으로 살아내려고 했던 래스키의 처절하기까지 한 의욕을 느끼지 않을 수 없다.

래스키는 종교개혁 이후의 근대세계가 오늘날 이미 도저히 고식(姑息)적인 해결을 허용하지 않을 정도로 깊은 병에 걸려 있다는 현실을 조금의 망설임도 없이 인식하고 있다. 게다가 공산주의자의 길을 걷기에는 그의 서구민주주의의 전통에 대한 애착이 너무나도 깊었다. 러시아혁명의 세계사적인 의의를 편견없이 인정하면서도, 그와 같은 유형의 혁명이 치러야 했던 희생의 거대함은 도저히 그 목적을 보상해줄 수 없는 것이라 생각했다. 그리하여 이 책에서 말하는 '동의에 의한 혁명'이 그런 딜레마로부터의 유일한 활로로 남겨졌던 것이다. 종래의 사회민주주의가 현실에서 걸었던 '동의에 의한 개량'에 머물지 않고서, 그렇다고 해서 '폭력에 의한 혁명'이라는 길을 택하지 않고서, 혁명이라는 사회의 거대한 질적 전환을 민주주의적인 방식을 유지하면서 어떻게 달성할 것인가. 그 과제가 얼마나 거대한 어려움을 내포하고 있는지를 너무나도 잘 알고 있으면서도 래스키는 과감하게 그런 방향으로 온힘을 다한 모색을 계속했던 것이다.

거기에 걸려 있는 것은 결코 단순히 좁은 의미의 국내의 사회체제 문제는 아니다. 왜냐하면 만약 '동의에 의한 혁명'이 불가능하다면, 그것을

어쩔 수 없이 대신하게 되는 것은 전세계를 휩쓸 가공할 만한 대규모의
살육 투쟁에 다름아니기 때문이다. 적어도 그런 거대한 양자택일의 의미
를 진지하게 생각해볼 정도의 사람이라면, 서구민주주의와 공산주의 사
이를 어떻게 해서든 다리놓으려고 하는 만년의 래스키의 힘을 다한 노력
에 비웃음을 던질 수는 없을 것이다.

여기서 말한 서구민주주의와 공산주의의 '가교'(架橋)라는 것은 종종 오
해되듯이 양자의 안이한 절충도 아니며, 양자를 미리 고정적인 것으로 상정
해놓고서 스스로 '제3'의 입장에 서서 그것을 조정하려고 하는 것도 아니
다. 오히려 어디까지나 서구민주주의의 자기비판을 통해서 공산주의를 비판
하고, 전자의 전환을 통해서 후자도 전환시키려고 한 데에 그의 본령이 있
었던 것이 아닐까.

그 점에서 래스키와 마찬가지로 서구가 자신의 내부로부터 파시즘을 성
숙시켰던 것에 충격을 받아, 코뮤니즘 진영으로 옮아간 30년대의 지식인
─예를 들면 크로스먼이 편집하고 있는 『실패한 신』(*The God that
Failed*)에 집필하고 있는 지드・실로네・케스틀러・스펜더와 같은 사람
들─과, 래스키의 '전향'(轉向)은 한편으로는 본문에서 말한 것처럼 주도
동기(主導動機)의 공통성이 있음과 동시에, 다른 한편으로는 확연하게 구
별되는 것이 있었다. 전자가 내면적으로 경험한 것과 같은 서구적 가치에
대한 '절망'이나 '무시무시한 고독'(terrible loneliness, *op. cit.*, p.5)
은 아마도 래스키를 사로잡지 못했을 것이다. 따라서 또 전자와 같은 재
(再)전향도, "참된 전(前)공산주의는 다시금 모든 인격을 회복할 수 없
다"(p. 11)고 말해지는 그런 비극도, 래스키에게는 일어나지 않았다.

물론 래스키의 만년의 주장에는 상당히 비관적인 어조가 흐르고 있다.
그는, 다른 방식에 의한 혁명은 혁명목적 그 자체도 배반하여 독재권력을
항구화할 위험성이 강하다는 점과 국제전쟁으로 전화할 우려가 농후하다는
점으로 인해, '동의에 의한 혁명'을 세계적 파멸에 대한 유일한 대안이라 확

신하고 있었지만, 그와 동시에 지배계급이 기꺼이 대규모의 양보를 하는 것은, 역사적으로 보더라도 매우 드물다는 것을 충분히 알고 있었다. 그렇기 때문에 래스키는 대(對)파시즘전쟁이 낳은 긴장감에 의해 변혁을 받아들일 수 있는 정신적 준비가 사회 전반으로 퍼져가고 있을 때——애틀리의 말을 빌려 말한다면, "생명조차 징용되지 않으면 안된다고 한다면, 재산의 징용 정도는 당연한 것이다"라는 기분이 지배층까지도 사로잡고 있을 때야말로 평화적 수단에 의한 사회주의로의 이행의 다시없는 기회이며, 그런 긴장감은 '평상시'로의 복귀와 더불어 타성과 고식(姑息)의 지배에 자리를 내주게 될 것이라 예언하면서 경고했던 것이다. 전쟁 직후의 노동당 내각의 출현과 일련의 국유화정책——그것은 래스키에게서도 사회주의는 아니었으며, 다만 그것으로의 첫걸음에 지나지 않았다——은 역시 정체되었으며, 오히려 소련과의 대립의 격화는 국내로 비화되어, 다양한 측면에서의 반동화 조짐이 나타나게 되었다. 그러나 래스키는 혁명에도 평화에도 끝까지 절망하지 않았다. 1950년에 버트런드 러셀이 「크렘린과의 참된 양해는 믿을 수 없다」는 논문을 썼을 때, 래스키는 곧바로 러시아와의 양해의 구체적인 기초에 대한 글을 써서 "러셀 경은 절망 위에 자신의 정책을 수립한다. 나는 희망 위에 나의 정책을 수립한다"고 했는데, 그것이 발표되었을 때 래스키는 이미 세상을 떠나고 없었다. 그런 의미에서 그는 '낙천적'이라는 소리를 듣는 것을 굳이 두려워하지 않았던 사상가라 할 수 있을 것이다.

래스키가 눈으로 지켜보지 못했던 거대한 변화가 둘씩이나 그 후의 세계에서 일어나고 있다. 하나는 아시아·아랍 국가들의 국제적 발언권의 현저한 증대이며, 다른 하나는 '스탈린 비판'으로 시작되는 공산권 내부의 움직임이다. 그것은 거대한 흐름으로 본다면 어느 것이나 그의 '희망'의 방향으로의 변화라는 것은 의심의 여지가 없다. 그의 유저(遺著) 『우리 시대의 딜레마』(Dilemma of Our Time)의 맨 뒤 후기(後記)에는, "헝가리에서 라이크는 교수형에 처해졌지만, 그때 그의 죽음은 아마도 모스크바와 베오그라드 사이의 냉전에서의 전술적 움직임의 한 표현이라는 것을 시사해주는

목소리는 거기서 하나도 나오지 않았다"고 한 말이 보인다. 그는 거기서 공
산권에서의 숙청의 현실과 서구세계, 예를 들면 미국에서의 앨저 히스사건
의 처리방식을 비교하고, 그 관용스럽지 못함을 나란히 탄핵하면서도 전자
에서의 입헌적 절차의 무시를 더 엄격하게 비판하고 있는 것이다. 그야말
로 상징적인 '미완'(未完)이 아닐까.

그리고 아시아·아랍의 내셔널리즘 운동의 흥기에 대해서 래스키의 학
문과 사상이 미친 영향에 대해서는, 예를 들어 에드워드 실스(E. Shils)
의 다음과 같은 말을 들어보기로 하자. "(식민지 지역에서) 내셔널리즘의
감정을 환기시키는 데는 전 세계의 다른 어떤 교육기관보다 런던정치경제
학교(L. S. E.)가 기여한 공헌은 크다. 그 학교에서 고(故) 해럴드 래스키
교수는 식민지에서 온 학생들을 고무시켰으며, 서구의 리버럴한 학계에서
큰 비중을 차지하고 있던 사람이 자신들의 정치적 정열을 지지하고 있다는
느낌을 학생들에게 품게 하는 데, 다른 어떤 사람보다도 더 큰 역할을 수행
했다"(Edward Shils, "The Intellectuals in Political Develop-
ment"). 그리고 벤더(H. J. Benda)도 이렇게 말하고 있다. "만약 마르
크스·엥겔스의 동상이 세워진 곳이 (서구가 아니라) 러시아 땅이었다는
것이 상징적이라 한다면, 예를 들어 해럴드 래스키의 동상이 뉴 델리, 콜롬
보, 랑군, 아크라, 아니 바그다드에서조차 큰 광장에 광채(光彩)를 드리우
고 있는 것 역시 마찬가지로 어울리는 광경이다"(Harry J. Benda,
"Non-Western Intelligentsias as Political Elites"──두 글 모두
Political Change in Underdeveloped Countries, ed. by John
H. Kautsky, 1962에 수록).

서구 정치학계에서 래스키가 거의 잊혀지거나 혹은 마치 한 물 간 것처
럼 한 켠으로 밀려나려고 하고 있는 바로 같은 시기에, 중근동에서 동남아
시아에 이르는 비서구세계의 엘리트들의 가슴 속 깊은 곳에 이처럼 여전히
살아 있다는 것에는 한 편의 아이러니 이상의 의미가 있을 것이다(이 한 구
절은 증보판에 덧붙인 것임).

제3장 「파시즘의 제 문제」는 『사상』(思想)의 '파시즘' 특집호(1952년 10월)에 기고한 것이다. '그 정치적 동학(動學)에 관한 고찰'이라는 부제는 새롭게 붙였다. 이 글은 특집호의 다른 필자와의 분업을 고려하여 몇 가지 중요한 측면을 의식적으로 생략했으므로, 네번째 논문의 파시즘 부분과 같이 읽어주었으면 좋겠다. 그렇지만 두 논문을 통해서 관심의 중심이 되고 있는 것은, 파시즘의 경제적 기초라든가 정치구조라든가 사회심리와 같은 것은 아니었으며, 또한 특정한 국가에서의 파시즘의 역사적 발전도 아니었다. 그런 문제에 대해서는 이미 안팎으로 훌륭한 연구가 나와 있다.

오히려 내가 심혈을 기울였던 것은 전쟁 이전과 이후를 통해서, 그리고 동양과 서양에 걸쳐서 모든 변형(variation) 형태로 나타나고 있는 반동적 정치현상 속에서, 가능한 한 일반적인 형태로 '파시즘적인 것'을 추출해내고, 그 정치적 발전법칙을 규명해보려는 데 있었다. 20세기의 요괴라 부를 수 있는 파시즘은 물론 하나의 문명현상으로서 다양한 측면을 가지고 있지만, 그것이 무엇보다도 정치의 영역에서 집중적으로 발현된다는 것은 말할 것까지도 없다. 그런데 파시즘의 정치적 역동성에 대한 이론적 고찰은 역사적 연구나 개별적인 기구 연구에 비해서 한참 뒤떨어져 있다. 물론 나치즘이나 파시즘의 역사나 기구의 연구 역시 중요하기는 하지만, 정치적 기동성이 풍부하고 게다가 원리적인 문제에 대한 기회주의를 특질로 하는 파시즘에 관해서는, 특히 그 고정적인 발현형태에 현혹될 수 있는 위험(및 그것의 뒤집음으로써 보수나 반동 일반에 파시즘의 딱지를 붙이는 경향)을 벗어나기 위해서는 구체적인 정치상황 속에서 파시즘적인 것을 식별할 수 있는 표식은 무엇인가 하는 것에 대해서, 그리고 파쇼화의 진전 정도를 어떤 규준으로 측정할 것인가 하는 것에 대해서, 좀더 적극적인 검토와 활발한 제언이 이루어져야 하지 않을까.

서구의 정치학계에서는 파시즘의 이론적인 분석은 대체로 '전체주의' 연구 속에 흡수되어버리고 말았다. 전체주의라는 차원의 설정은 어떤 범위에서는 유효하며 반드시 선전용어로 끝나는 것은 아니지만, 역시 그런 접근법에서는 '자유세계'에서의 파쇼화 문제가 누락되는 경향이 있다는 점을 부정할 수 없다. 다른 한편으로 마르크스주의자의 분석은 보편적 현상으로 파시즘을 파악하고 있기는 하지만, 다른 정치사상(事象)의 경우와 마찬가지로 실체론적 파악——독점자본이나 지배기구와 같은——이 중심이 되어 있으므로, 파시즘의 조직화 방법이나 단계, 혹은 전(前)파시즘적인 것에서 파시즘으로 이행하는 역학의 규명 등이 반드시 충분하다고 할 수는 없다. 문제는 단순히 역사적으로 명확한 형태를 취하며 나타난 파시즘에 대해서 정확한 서술이나 정의를 내리는 것만이 아니라, 혼돈된 무정형적인 상황으로 인해 파시즘이 응고되어가는 과정을 가능한 한 법칙화하는 것이 중요하다. 그렇지 않으면 모처럼의 이론도 오늘날의 구체적인 지점에서의 상황판단의 지침으로서는 도움이 되지 않을 것이다.

물론 이런 방향에서의 연구는 매우 어려우며 나의 시도도 아직은 그저 입구 근처에서 머물러 있을 뿐이다. 특히 세번째 논문에서 말하고 있는 '강제적 동질화'나 '시멘트화'의 문제를 보다 더 깊이 들어가 해명하지 않으면 안된다. 두루 같이 공부하는 분들의 비판적인 검토를 기대하고 싶다. 그리고 세번째 논문의 속편이라고 할 수 있을 정도로 거창한 것은 아니지만『복음과 세계』(福音と世界)(1953년 4월)에 「파시즘의 현대적 상황」(ファシズムの現代的狀況)이라는 제목으로 실은 강연 속기(速記)는, 현대 미국을 주요 소재로 하여 동질화 문제를 약간 구체적으로 언급해두었다.

제4장 「내셔널리즘·군국주의·파시즘」에 대해서는 대체로 본문의 머리말에서 말한 것으로 충분할 것이다. 나는 이들을 고찰하는 데 주로 상부구조로부터 출발했으며, 게다가 정치제도 그 자체보다도 정신적인 경향이나 운동에 중점을 두었다. 그 근거는 파시즘의 경우에는 앞에서 약간 말해두었는데, 예를 들어 군국주의(militarism)와 같은 개념을 순수한 이데올로기 혹은 사고방식으로 특징짓는 것에는 당연히 이론(異論)이 예상된다. 물론 군국주의를 어떤 사회의 사고 및 행동양식의 특성이라 규정하는 것은 그것이 제도적 표현을 취하지 않는다든가 하부구조와 관계가 없다는 것이

아니라, 다만 하부구조와 일의적인 대응관계를 가지지 않는다는 의미이다.

　일반적으로 하부구조의 역사적 제 단계는 전면적으로 어떤 단계에 들어선 후에, 다시 선행단계로 되돌아가는 그런 가역성(可逆性)은 존재하지 않는다. 예를 들면 독점단계에 들어선 자본주의가 산업자본의 자유경쟁단계의 체제로 되돌아간다는 것은 생각할 수 없을 것이다. 거기서 만약 군국주의가 독점자본주의의 어떤 단계에 필연적으로 조응하는 정치제도를 의미한다고 한다면, 그런 정치제도 역시 가역적이지 않다는 것으로 된다. 파시즘에 대해서도 그렇다고 할 수 있을 것이다. (사실 예전에는 파시즘을 하나의 역사적 체제로 보고, 부르주아민주주의 → 파시즘이라는 이행은 역사적으로 보다 고도의 단계로의 이행이며, 따라서 그 후에 오는 것은 프롤레타리아혁명 이외에는 없다는 식의 사고방식이 존재했다.) 현실적으로는 파쇼화도 군국주의화도 자본주의체제의 기반 위에서 충분히 가역적일 수 있다는 것은 역사에 의해 증명되고 있다.

　게다가 파시즘보다도 한층 더 역사적 규정이 애매한 군국주의를 하부구조에서 규정하려고 하면, 결국 독점자본주의 하에서의 국민경제의 군사화를 무차별적으로 군국주의라는 이름 하에 포괄하는 결과가 되기 쉽다. 예를 들어 제2차대전 중에 영국·미국 등의 국방체제를 군국주의라 규정할 수 있을까. 군국주의는 수단의 목적화라는 본질로 인해서 군사체제를 정상적인(normal) 사태로 간주하는 것이 특징이며, 따라서 전쟁에 의한 총동원체제를 어디까지나 임시적인 비정상적(abnormal) 상태로 보는 의식이 사회적으로 뿌리깊은 경우에는 아무리 군부의 발언권이 커지고, 또 아무리 국민생활의 군사화가 이루어지더라도 그것을 군국주의라 부를 수 없다는 것이 나의 견해이다. 군국주의라는 카테고리 자체를 부정한다면 특히, 그리고 만약 그것을 학문적인 개념으로 살리려고 생각한다면, 유사한 다른 개념—예를 들면 제국주의나 총동원체제와 같은—으로 쉽게 대체시키는 그런 방식을 취하는 것은 극력 피해야 할 것이다.

제5장 「'스탈린 비판'에서의 정치의 논리」는 『세계』(世界)(1956년 11월)

에 「스탈린 비판의 비판——정치의 인식론을 둘러싼 약간의 문제」(スタリ
ン批判の批判——政治の認識論をめぐる若干の問題)로 게재되었던 논문이
원형인데, 그 글은 마감 날짜에 쫓겨서 논지를 충분히 다듬을 여유가 없었
기 때문에 이번에 수록하면서 대폭적으로 손을 대서, 전체 길이도 거의 배
가까이 늘어났다. 그러나 어디까지나 집필시기와 그 당시의 의도를 존중한
다는 이 책 전체의 취지에 따라서 덧붙인 부분은 모두 당시의 메모에 따르
고 있으며, 원래 논문의 논지를 보다 상세하게 부연하거나 아니면 거기서
내재적으로 연역되는 논점에 한정시키고 있다.

따라서 ① '스탈린 비판'을 정치의 인식방법의 관점에서 재비판하는 것이
여기서의 일관된 문제의식이며, 제20회 당대회를 둘러싸고서 논의에 오르
게 된 사회주의로의 평화적 이행의 문제라든가, 다수중심제라든가, 집단지
도의 제도론과 같은 개개의 테마의 검토에는 들어가지 않았다. 앞 부분의
문제에 관한 한 이번의 증보(增補)에서 일단 논점이 완결되었다고 나는 생
각하고 있지만, 오로지 뒷부분의 테마에만 관심이 있는 분들에게는, 이 논
문은 여전히 꼬리를 감추고 있는 것처럼 보일는지도 모르겠다. ②『세계』
(世界)에 실은 논문을 집필한 직후에 헝가리동란이 일어나서, 소련과 동유
럽에서의 '탈스탈린화'는 완전히 새로운 국면을 맞게 되었다. 그러나 그런
새로운 중대한 사태로 인해서 앞의 논문의 기본적인 관점이나 전망을 달리
수정하지는 않았다. 오히려 헝가리사건과 수에즈운하 문제가 빚어낸 국제
적 파문과 그것이 공산권의 '자유화'에 미친, 그리고 미치게 될 반응에 대한
일단의 예측은 이 논문 속에 암시되어 있다고 생각한다. 헝가리동란을 둘
러싸고 재연된 '스탈린 비판'에 관한 티토·프라우다논쟁 및 극히 최근의
『인민일보』(人民日報)의 「다시금 프롤레타리아독재의 역사적 경험에 대하
여」 등을 자료로 이용한다면, 이 논문의 취지 역시 한층 더 구체적으로 될
는지도 모르지만, 위에서 말한 것과 같은 취지로 인해 굳이 인용하는 것을
피했다. 여기에 나타나 있는 사고방식의 문제가 독자들이 스스로 '헝가리사
건에서의 정치의 논리'를 고찰하는 데 조금이라도 시사(示唆)가 된다면 정

말 다행이겠다.

다만 이 논문에서 유보한 '자유화'의 실질적인 과제, 특히 마르크스·레닌주의의 원리적인 문제에 대해서 내가 어떻게 생각하는지를 말해두는 것은 역시 저자로서의 최소한의 의무라고 생각할 수도 있으므로, 이하 극히 기본적인 전망을 덧붙여두기로 하자.

소련이나 인민민주주의국가들에서의 '자유화'의 발표를 고찰하는 데는 각국의 국내문제와 국제관계를 일단 구별할 필요가 있으며, 또 정치와 경제와 문화라는 영역에 따라서 그 과제와 진행의 템포 역시 반드시 같지는 않을 것이다. 예를 들면 소련과 다른 인민민주주의국가의 관계라든가 국제적인 혁명운동에서의 분권화(decentralization)——톨리아티의 이른바 다수중심체제(polycentrism)——라는 과제는 극도로 민감하게 세계정치의 상황을 반영하여 그 자리에 눌러앉거나 혹은 진척되거나 하는 것은 본문에서 말한 데서도 쉽게 이해할 수 있다.

폴란드에서의 고무우카 부활에 즈음하여 일찌감치 그것을 지지·격려하여, 대국주의를 경계한 중국——『새로운 정치가와 민족』(*New States-man and Nation*) 1월 19일자에 의하면, 바로 가장 위기적인 시기에 소련의 무력간섭에 반대한 모택동(毛澤東)의 전보 사본이 현재 바르샤바에서 비밀리에 회람되고 있다고 한다——이, 헝가리동란에 대해서 철두철미하게 소련의 입장을 옹호하고, 유고공산당의 견해를 단결을 해치는 것으로 신랄하게 배척하고 있다는 것, 그리고 1956년 말부터 57년에 걸쳐 이루어진 주은래(周恩來)의 소련·동유럽 방문에 즈음하여 발표한 메시지나 공동성명에서도, 소련을 중심적인 지도력으로 한 국제제국주의에 대한 투쟁이라는 점에 오로지 역점이 주어져 있다는 것, 이탈리아공산당도 얼마 전에 치른 대회에서 다수중심제 문제를 조금도 적극적으로 전개하지 않았다는 것——이같은 미묘한 변화는, 폴란드 10월정변 당시부터 지금까지의 세계정세의 추이와 함수적으로 대응하고 있다는 것은 말할 것까지도 없을 것이다. 『선데이 타임스』(*Sunday Times*)의 바르샤바 특파원 니콜라스 캐롤

이 1월 13일자 통신에 "철의 장막 안쪽(동유럽측)에서 수에즈 간섭과 새로운 아이젠하워 독트린이 미친 충격을 보게 되면 정말 놀랄 만한 것이 있다. 모든 국가의 공산당 중앙위원회의 내부에서 스탈린주의적 반동파를 억박지르고 최근의 중국과 러시아의 강경노선을 초래한 책임은 바로 그 두 사건에 있었다"라고 쓰고 있는 것은, 위와 같은 냉엄한 국제정치의 논리가 현지에 있는 서방측 기자에 의해서도 곧바로 인식되고 있다는 것을 보여주고 있다.

이같은 차원에서의 '자유화'는, 지금처럼 공산권 내에서의 모든 미세한 움직임을 반공캠페인으로 동원하기 위해서 서방측이 기다리면서 모든 신경을 곤두세워 주시하고 있는 동안에는 결코 본격적으로 진전되지 않을 것이다. 그러나 거꾸로 동유럽 국가들의 동요의 정도와 범위가 어느 정도 예측할 수 있는 것으로 되고 '냉전'의 영향이 다시금 퇴조기에 들어서게 된다면, 사회주의국가와 혁명정당이 구조라는 점에서도 그리고 기능이라는 면에서도 다원화하고 독자화하는 경향은 어떠한 힘으로도 억누를 수 없을 것이다. 전후(戰後)의 동유럽 국가들에서 중공업의 무리한 건설이 적지 않게 소련의 국가이성(raison d'état)에 기초한 요구로부터 나오고 있으며, 그 주도력이 각국의 '소련보다 더한 친소파'로 불리는 스탈린주의자들에게 있는 것은 사실이지만, 그런 공업화가 낳은 (물적·인적인) 사회적 변화를 소련이 현재 이미 완전하게는 통제할 수 없다는 것은 폴란드나 헝가리에서 실증되고 있다. 여기에도 역사의 아이러니가 있다.

당분간은, 특히 나토(NATO)가 엄존하는 한 동유럽 국가들의 '자유화'는 ① 바르샤바조약에 기초한 소련과의 군사동맹관계의 유지, ② 현재의 (대(對)서구 및 동구 국가들 상호간의) 국경선의 유지, ③ 공산당을 주도력으로 하는 사회주의체제의 유지라는 대략 세 개의 틀 내에서 진행될 것이다. 국제적인 재긴장에 의해서 다수중심체제로의 발전이 중단되더라도 국내적인 측면에서의 '신노선'은 소련을 포함하여 지금도 착착 진행되고 있다. 그런 국내적인 측면에서의 '자유화'에 대한 요구는 사회주의건설의 일정한 단계에서 내재적으로 생겨난 것이며, 반드시 '스탈린' 비판으로부터 돌연변이적으로 국면이 변한 것도 아니며, 하물며 어느 한 시기의 국제적인 체스처는 더욱 아니기 때문이다.

예를 들어 소련에 대해서 말한다면, 제20회 당대회에서 강조된 신노선의 중요한 측면은 거의 모두 그 '전사'(前史)를 가지고 있다. 소련의 역사에서 가장 어두운 인상을 심어온 사법절차를 예로 든다면, 이미 1951년 7월에 생산에서의 태업이나 지연에 관한 형벌은 대부분 폐지되었으며, 1952년 베리야사건 이후 M. V. D.에 대한 당의 통제 강화가 결정되어, 정치범을 일상적인 재판절차 없이 유형(流刑)에 처하는 권한을 가진 M. V. D. 특별회의도 폐지되었다. "어떠한 형사재판에서도 재판관의 판결에 대해서 명령을 내리는 권한은 그 누구에게도 없다. 정부의 행정기관의 관리도 사법성의 직원도, 사회의 어떠한 조직도 개개의 케이스의 결정에 간섭해서는 안된다. 재판소의 판결에 대한 지방의 당기관의 간섭은 소련헌법에서 확립된 재판관의 독립의 원칙을 침범하는 것이다"라는 것이 1955년 『코뮤니스트』(Communist) 제2호에서 강조되고 있다. 이같은 일련의 과정이 제20회 당대회 이후에서의 혁명재판적 법규의 대폭적인 폐지와 동맹 사법권의 일부의 각 공화국으로의 위임으로 이어지고 있는 것이다. 말렌코프 시대에서의 소비재 생산의 강조는 그의 사직으로, '역전'된 것처럼 전해졌으며 구체적인 비율이나 템포에 대해서는 논쟁이 있긴 했지만, 51년 이후 경공업과 식량공업의 생산증가율은 중공업의 그것을 거의 따라가게 되었으며, 농민들의 구매력도 그 몇 년 사이에 급격하게 향상되었다는 것은 서방측에서도 인정하고 있다. 노동조합의 보다 적극적인 임무라는 점에 대해서도 제20회 대회 이전부터, "프롤레타리아트독재 하에서도 행정기구에 의한 관료주의적 왜곡과의 투쟁은 필요하다"는 레닌의 말이 빈번하게 인용되고, 경영과 노동조합 사이에는 "때로 열심히 싸우는 것이 필요하다"(『코뮤니스트』 55년 제11호)는 것이 주창되고 있었다.

그런 한에서 제20회 당대회는 스탈린의 죽음을 전후하여 서서히 그리고 단편적으로 진행되고 있던 '해빙'(解氷)도 아니며, 일시적인 국제정세의 악화로 쉽게 '역전'되는 그런 성질의 그것으로 생각되지도 않는다. 저명한 소련연구가 아이작 도이처는 "보통이라면 반세기 동안에 국민생활에 일어날 변화보다도 훨씬 더 철저하고 심각한 변화가 러시아의 국민생활에 최근 10년마다 일어나고 있다"고 말하고 있지만(『러시아 ── 말렌코프 이후』, 일본어역, 64쪽), 예를 들면 과거 5년 간에 도시인구가 1,700만이나 증가했을 정도의 급격한 도시화와 '산업혁명'의 진행이 아무래도 정치과정에 반영되고 있지 않는 것 같다. 러시아에서는 "프롤레타리아혁명 이후에 부르주아혁명이 온다는 아이러니"를 볼 수 있다는 미국의 한 평론가의 말도 (Marshall Schulman, "The Meaning of 'Change,'" *New Republic*, June. 11., 1956) 한갓 터무니없는 표현으로 치부해버릴 수 없는 의미를 내포하고 있다. 즉 '스탈린 비판'을 아래로부터 지탱해주고 있는 기본요인은 바로 소비에트체제의 새로운 수익자층이며 또 내일의 엘리트를 낳는 기반이기도 한 기술인텔리겐치아·학생·숙련노동자·공장 내지 콜호스 지도자 등에 의한 국가기구와 통치과정의 합리성과 가측성(可測性)에 대한 요구이며, 그것은 바로 역사적으로는 선진자본주의국에서의 원시자본축적기를 통과하여 태어난 중간계급(middle class : 산업자본과 지식층)의 요청에 비견되는 성질의 것이기 때문이다. 그리고 소련과 마찬가지로 사회주의의 과제와 산업혁명의 과제를 동시에 수행하지 않으면 안되는 입장에 있는 대다수의 인민민주주의국가가 앞으로 걷게 될 과정도, 다양한 시기적인 어긋남이나 지그재그의 과정은 있어도 기본적으로는 그것과 다르지 않을 것이다.

이렇게 생각한다면, 이들 국가들의 정치·경제·문화의 영역에서의 '신노선'의 구체적·개별적인 내용은 어쨌든 간에 거기서의 '자유'의 발전과 범위는 혁명과정 일반의 정치적 역동성에 의해서 규정된다는 것도 자연히 분명해지게 된다.

말할 것도 없이 모든 혁명정권이 권력을 장악하고 제일 먼저 직면하게 되는 정치적 과제는 구체제의 사회적 지주(支柱)를 이루어온 전통적 통합 양식을 파괴하고, 반혁명의 거점이 되는 그런 사회집단——공동체·지방조직·반동적 결사——등을 해체하고 사회적 저변에 새로운 국민적 동질성을 창출해내는 것이다. 그것은 동시에 새로운 가치체계와 그것을 적극적으로 담당할 전형적인 인간의 모습(예를 들면 프랑스혁명에서의 '시민'(citoyen), 인민민주주의에서의 '인민')에 대한 사회적인 합의(consent)를 얻어내는 과정이기도 하다. 그 과정이 어느 정도 원활하게 이루어지는가, 그리고 어느 정도 기간 동안 계속되는가 하는 것은 혁명의 역사적·사회적 조건, 국제관계, 구지배층의 대응방식 등에 의해서 다양한데, 어쨌거나 그 단계에서는 형식적 민주주의의 어느 정도의 제한을 적어도 역사적으로 피할 수 없었다. (예를 들어 민주주의의 전제조건을 만들어내는 과정을 순수한 민주적 절차 하에서 행하는 것이 일정한 사회적 조건 하에서는 사실상 불가능하다는 것은, 전후 일본의 농지개혁을 비롯한 일련의 민주화 조치가 예측했던 대로 손을 놓고 있는——즉 옛 권력관계에 대해 예전에 지니고 있던 초법적(超法的)인 타격없이——자유선거로 어디까지 갈 수 있었는가 하는 문제를 생각해보면 될 것이다.) 민주주의적 제 양식은 그런 국민적·사회적 동질성의 기반 위에서 비로소 원활하게 기능하며, 후자의 확대와 더불어 전자의 확대도 가능해지게 된다. 루소의 사회계약설에서의 원초적 계약이 '전원일치'를 조건으로 하며, 그런 기초 위에 다수결원칙을 정당화한 것의 의미는 여기에 있으며, 그것은 바로 장차 오게 될 부르주아 혁명의 논리화였다.

그리고 그런 논리는 중국의 '백가쟁명'이나 제 정당의 공존의 전제에도 그대로 계승되고 있다. 거기서는 먼저 "정치에서는 적과 동지를 분명하게 구별하지 않으면 안된다"는 원칙이 세워지며, 복수정당의 허용이나 백가쟁명은 혁명적 동질성의 내부에서만 타당하다. "반혁명은 진압하고 타도되어야" 하지만 "사회주의건설에 반하는 유해한 사상을 지니고 있는 사람도 단지 반동적 정치행동만 하지 않으면, 단순히 생존의 자유를 가질 뿐만 아니라

토론의 자유도 부여된다"(6·15 郭沫若報告書). 그리고 "우리는 인민정권의 강화와 더불어 그런 종류의 자유를 확대해갈 것을 주장한다"(陸定一). 따라서 여기서 적과 동지를 구별하여 이질적인 '적'에게 자유를 부정한다고 할 경우에도, '적'은 상대적이며 그 구체적 상황에 부응하는 이행이 전제되어 있는 것이다. 그런 생각이 현실정치의 장에서 경직되기도 하고, 혹은 거꾸로 무규정적으로 범람하게 되면 얼마나 무서운 결과를 부르게 되는지는 소련의 '숙청' 문제로 이미 시험이 끝났는데, 그 기저에 있는 논리는 부르주아민주주의 속에도 내재하고 있는 역동성이며, 한계상황에서는 언제나 발동된다는 점을 간과해서는 안될 것이다.

어니스트 바커(Ernest Barker)도 데모크라시——물론 그가 의미하는 것은 서구민주주의이다——의 전제조건으로서 물적·사회적 조건에서의 국민적 동질성과 일정한 '공리'(公理)의 승인 및 준수를 들고, 후자에서의 '의견을 달리하는 자유에 대한 승인'은 근본적인 쟁점에 관한 전원일치가 기초가 되며, "일치가 그야말로 공기처럼 존재하고, 달리 반성할 것까지도 없이 당연하다고 받아들여지는 곳에서는 다양한 차이가 관용되고, 다양한 당파가 출현하며, 기호(嗜好)나 의견의 개인적 다양성이 승인되고, 기대되기조차 하는 것이다"(Reflexions on Government, p.63f.)라고 말하고 있다.

이미 서구에서 오랜 역사를 가지며 그 전통과 관행이 국민들 속에 널리 뿌리를 내리고 있는 서구국가체제에서도 그 법칙이 타당하다고 한다면, 사회주의적 생활양식에 대해서 "일치가 그야말로 공기처럼 존재하고, 달리 반성할 것까지도 없이 당연하다고 받아들여지는" 단계를 급속하게 기대할 수 없다는 것은 분명하다. 그런 '일치'의 사회적·정치적 기반이 확대되는 단계와 범위에 따라 '자유화' 역시 그 구체적인 모습이 바뀌게 될 것이다. 따라서 오늘날의 형태에서의 '자유화'의 한계를 본질적인 한계로 끌어대거나 혹은 거꾸로 그것을 모두 사회주의 그 자체에 귀속시켜서 합리화하는 것은 경솔함을 벗어날 수 없을 것이다. 프롤레타리아트독재라는 마르크스·레닌주의의 핵심적인 명제부터가 이미 오늘날의 중국공산당의 정의에서는 레닌이나 스탈린의 그것으로부터 현저하게 확장되고 있다. '사회주의로의 다양한 길'이 현실의 일정에 오르게 됨에 따라, 거꾸로 말하면 '모스크바노선'의 정통성의 독점이 이완됨에 따라 '프롤레타리아트독재'의 구체적인 정치형태도——좀더 사실적으로 말한다면, 프롤레타리아트의 독재라는 개념에 귀속되는 사회주의의 정치형태도——역시 다양해지지 않을 수 없을 것이다. 생산수단의 사회적 소유란 구체적으로 어떤 형태인가 하는 문제에 대해서도 그렇다고 말할 수 있다. 일찍이 베른슈타인은, 자본주의는 마르크스주의가 예상했던 것 이상으로, 현실에 대한 적응가능성(Anpassungsmöglichkeit)을 갖는다고 말해 논란을 불러일으켰다. 바야흐로 코뮤니즘이 세계적 규모에서 그 적응가능성을 실증하지 않으면 안되는 시대가 오려하고 있다.

역설적으로 들릴는지도 모르지만, 공산권에서의 '자유화'의 가장 어렵고 또 핵심적인 문제는 경제나 정치의 영역보다도 오히려 최상부구조의 차원——이데올로기 측면에 있다고 나는 생각한다. 그것은 결국에는 마르크스·레닌주의라는 세계관으로부터의 자유와 사회주의로부터의 자유를 분명하게 구별하고, "사회주의는 어느 특정한 세계관과 결부되는 것은 아니다. 그것은 복잡하고 다양한 세계관으로부터의 동질적인 결론이다"(라트부르흐, 『사회주의의 문화이론』, 일본어역, 131쪽)라고 한 것을, 그 말의 의미를 세계의 코뮤니스트지도자들이 본격적으로 승인하게 될 것인가 어떤가 하는 문제이다. "우리는 마르크스의 이론을 무언가 완성된 것, 침해할 수 없는 것으로 생각하지 않는다"라고 레닌은 말했다. 바로 그 말은 레닌의 이론에 대해서도 마찬가지로 타당한 것이다.

그러나 마르크스·레닌주의가 국가권력에 의해서 정통화되고 국가의 공인된 신조가 되자마자, 그것은 곧 실제로 모든 학문과 예술 위에 최고의 진리로서 군림하게 될 것이다. 마르크스주의가 재야의 반대과학(Oppositionswissenschaft)인 동안에는 설령 마르크스주의의 사상적 영향이 아무리 크다 하더라도 그것은 원리적으로는 많은 학파들 중의 하나의 학파라는 성

격을 지니며, 따라서 사상이나 학문의 자유시장에서 다른 입장과 끊임없이
그 진리성(眞理性)을 경쟁하지 않으면 안된다. 그런데 권력의 자리에 앉게
된다는 것의 사상적 의미는, 부르주아국가에서 대통령이나 수상이 이따금
카톨릭교도이거나 케인스학자이기도 한 것과는 완전히 다른 것이다. 프롤
레타리아트독재가 마르크스·레닌주의에서 유일한 사상적 근거를 찾고 있
는 한, 그것은 사상사적으로 말한다면 플라톤의 이상국가나 중세에서의 로
마 '보편'교회의 정치적 지배와 내면적으로 유사한 '진리의 독재'라는 성격
을 띠게 될 것이다.

그리고 확실히 오늘날 20세기 대중사회의 단계에서의 새로운 '철인(哲
人)정치'는——대중의 경제생활의 보장이라는 측면은 별도로 하더라도——
문화면에서도, '악화(惡貨)는 양화(良貨)를 구축한다'는 한없는 저속화로의
'자유경쟁'에 의해 나날이 침식되고 있는 자본주의사회의 대중과의 현저한
대조에서, 근로대중의 문화수준의 질적인 향상이라는 문제에 획기적인 해
결방향을 보여주었다. 그렇지만 바로 그 반면에 일찍이 빈델반트가 플라톤
국가를 비판하여, 아무리 높은 진리성을 가진 학설도 그것이 유일한 최고
의 진리로서 정치적 지배와 유착될 경우에는, 실질적으로 도그마의 지배로
전화되고, 확정된 '진리'에 대한 양심의 강제를 부르게 된다고 경고했던 문제
(Ders., *Platon*, S.177)는 원리적으로 코그니즘국가에도 타당할 것이다.

그런 위험성은 러시아정교(正敎)와 국가권력의 오랜 유착의 역사를 가
진 소련에서 가장 큰 것으로 생각된다. 그것의 의미는 그런 국가에서 비마
르크스주의자가 그 존재를 허용받지 못하고 있다는 것도 아니며, 학자나
예술가가 자유롭다는 생각을 가지지 않는다는 것도 아니다. (그런 의미에
서는 카를 베커(Carl Becker)가 "중세의 대학은 우리에게 현저한 패러독
스를 보여주고 있다. 대학은 이상하게도 구속을 받으면서, 동시에 기묘하
게 자유로웠던 것처럼 생각된다. 중세의 교회는 이단을 가차없이 탄압했으
며, 그런데도 거의 모든 위대한 학자는 아벨라르(Pierre Abélard)에서
오컴(William of Occam)에 이르기까지, 교회가 후원한 대학에 관계하

고 있었다……. 그 수수께끼의 열쇠는, 당시에 있어서 일반 사람들도, 기존
의 권위도 학자들도 모두 기독교의 신앙……을 모든 지식, 모든 질서있는
고결한 생활에 빼놓을 수 없는 기초라고 인정하고 있었다는 것이다(『자유
와 책임』, 일본어역, 83쪽)라고 한 것이 역시 시사적이다.)

오히려 문제는 그런 최고진리의 정통화가 일정한 사고의 패턴으로서 모
든 학문이나 예술의 영역에 아로새겨져서, 각각의 영역에서 어떤 하나의 이
론이나 학설이 '진리'의 구상화(具象化)로서 혹은 하나의 양식(樣式)이 '모
범'으로서 권위지워지는(왜냐하면 진리는 하나로 간주되므로) 경향성 속에
있는 것이다. 나는 오이스트라흐나 오보린을 듣고, 또 영화에서 우라노바
의 무용을 볼 때마다, 그 흠잡을 데 없는 기술과 청결하면서 휴먼적인 정신
성에 감동하면서도, 바로 그 완벽함 속에 소련문화가 당면하고 있는 최대의
문제성을 느끼지 않을 수 없었다. 마르크스・레닌주의라는 '최고의 진리'의
객관적 구상화로서의 소련국가라는 이미지와 '모범'적인 아름다움의 객관적
인 경향 사이에 과연 내면적인 관련성은 없는 것일까.

바로 이 점에서 가장 주목할 만한 가치가 있는 것은 앞에서 말한 중국공
산당이 '백가쟁명'을 제창한 것이다. 공산주의 지도자가 정치적 리얼리스트
인 한에서 사실문제로서는, 이데올로기 측면에서의 자유화는 이미 소련에서
도 '스탈린 비판' 이전부터 시작되고 있었다. 그리고 개별적 영역——예를
들면 문학——에서는 '해빙'(解氷)의 이론적 근거지움도 이루어졌다. 그러
나 '백가쟁명'의 경우처럼 최고지도부가 공식석상에서 모든 이데올로기 분
야에서의 '자유화'를 이론적으로 정식화한 적은 일찍이 없었다. 그것이 혁
명세력이 권력을 획득한 후 몇 년이 되지 않은 국가에서 시작되었다는 것
은 확실히 놀라운 일이다. 백가쟁명의 논리를 상세하게 논할 자리는 아니
지만, 위와 같은 문제와 관련하여 무엇보다도 주목해야 할 것은 학예상의
비판과 논쟁에서의 일종의 '독점금지법'을 지시한 것이다. 즉 그 영역에서
는 그 누구도 특권적 지위를 가지지 않으며, 소수는 다수에 따른다는 원칙
은 타당하지 않으며, 자기비판을 발표해야 할 의무가 없다는 것을 명확하게

했다. 또 "중국공산당 중앙은 당역사 교과서를 편찬할 뜻은 없다. 다만 당의 커다란 사건의 기록이나 문헌류를 계속 편집해서 출판하는 것밖에 생각하고 있지 않다. 그러므로 근대사 연구가는 독자적으로 근대사의 제 문제를 연구해야 할 것이다"(陸定一報告)라고 말한 것은 소련에서의 스탈린판 당역사 서술의 교훈을 배운 것인데, 권위적·정통적인 역사해석이라는 생각의 부정이 거기에 내포되어 있다고 한다면 그 의의는 크다.

그러나 정치 차원과 문화 차원의 기능적 구별이 그만큼 공공연하게 명확히 되었던 적은 공산주의국가에서는 없다고는 하지만, 위에서 말한 근본문제가 모두 원칙적으로 해결되었다고 할 수는 없다. 예를 들면 "예술을 비롯해 학술·기술의 성질에 관한 문제에 대해서도 의견의 차이가 생길 수 있지만, 그런 차이는 완전히 용인되고 있다"(위와 같음)고 말할 때, 그것은 마르크스주의의 철학이나 이론 자체에 대한 비판에도 적용될 것인가. "인민의 내부에서는 유심론을 선전할 수 있는 자유도 있다"고 해도, 같은 정부 당국자의 입에서 "인민 내부의 뒤떨어진 유심론에 대한 투쟁"이 주장되고 "유물론의 사상이 한 걸음 한 걸음 유심론의 사상을 극복할 것"이 기대될 때, 설령 그것이 행정명령의 방법이 아니라 공개투쟁을 통해서 이루어져야 한다는 점에 주의를 한다 하더라도 양자의 논쟁을 핸디캡이 없는 자유로운 논쟁이라고는 할 수는 없을 것이다. "이미 처음부터 결론이 존재하고 있는 경우에는 학문은 발전하지 않는다"는 진백달(陳伯達)의 말(오구라 히로카쯔(小椋廣勝)와의 대담, 『사상』(思想) 56년 8월호)이 만약 원리적인 의미에서 나온 것이라면, 그것은 마르크스·레닌주의의 학문적 정당성 자체에 대해서도 들어맞을 것이다.

나는 말꼬리를 붙잡고 헐뜯고 있는 것도 아니며, 현단계의 중국지도자들에게 사실상 무리한 요청을 하려는 것도 아니다. 다만 '백가쟁명'으로 권력에 의한 일정한 세계관 내지 학설의 정통화라는 문제가 그렇게 순조롭게만은 진행되지 않을 것이라고 말할 뿐이다. 그것은 앞에서 말한 혁명의 '적'에 대한 자유의 부정이라는 부르주아민주주의에도 공통된 정치의 논리를 인정한 후에 여전히 남는 문제인 것이다.

마르크스 · 레닌주의가 프롤레타리아트의 국제적 단결의 상징으로서 정치적으로 기능하고 있는 동안에는, 그 세계관적인 상대화가 곧바로 사회주의체제로의 의혹으로 받아들여지고, 정통성으로부터의 일탈이 자본주의 내지 반혁명에 대한 굴복으로 탄핵당하는 경향이 소멸하는 것은 사실상 쉽게 기대하기 어렵다. 세계관적 기초를 같이하지 않는—아니 무릇 그런 단일의 세계관적 리더십을 갖지 못한 그런 사회주의의 방향이 국제적으로 부정할 수 없는 유력한 자리를 차지한 시기에 그런 현실의 무게에 의해, 공산주의지도자도 앞에서 본 라트브루흐의 말을 마음속으로 인정하게 될 것이다.

그렇지만 그 동안에도 공산권에서의 단일한 세계관에 기초한 이데올로기적 한덩어리로부터의 분화현상은, 정치적 · 경제적 안정성의 증대라는 조건이 주어진다면 서서히 진척될 것이다. 현대의 커뮤니케이션의 제 조건하에서는 한 국민의 주위에 사상적 · 문화적인 만리장성을 쌓는 것은 도저히 불가능하다. 이미 세계의 고전문학만이 아니라 그레이엄 그린이나 헤밍웨이를 즐겨 읽으며, 거슈윈의 '포기(Porgy)와 베스(Bess)'에 열광하는 소련의 젊은 세대의 교양 재산은 굳건한 신념을 가진 옛 볼셰비키의 그것과는 두드러지게 달라지고 있다. 대중의 지적 수준의 향상이—당초 어떤 목적에서 시작하여 어떤 방식으로 시도되건 간에—그 자체의 변증법으로 전체 정치 · 사회과정에 그 파문을 넓혀가는 것은 도저히 피할 수 없다. 예를 들면 도스토예프스키가 실질적으로 '해금'되었다는 것은 오늘날 아직은 그런 정도의 단순한 사실에 머물러 있다. 그러나 도스토예프스키가 널리 읽히게 되었을 때, 그 '사실' 속에 잠재되어 있는 가능성을 오늘날 과연 몇 사람이나 예측할 수 있을는지.

공산권 국가들에서의 문화 제 영역이 '자유화'되는 구체적인 양상이나 템포는 물론 개별 국가에 따라 한결같지는 않지만, 그 기본적인 순서는 대체로 다음과 같은 세 개의 지표로 생각할 수 있다. 첫째는 인격적 내면성 속에 자리를 차지하고 있는 장르일수록 정통적 세계관으로부터 상대적으로

빨리 해방된다. 그런 의미에서 종교는 가장 빠르며 예술이 그 다음이며 학
문은 마지막으로 된다. 마르크스주의는 무엇보다도 사회체제에 대한 과학이
며, 따라서 내면성에 가까운 장르일수록 이데올로기적 지배가 사실상 어렵
기 때문이다. 소련에서도 혁명 초기의 반종교운동은 교회가 구체제의 유착
으로부터 풀려남과 더불어 뒤로 밀려났다. 동유럽 국가들에서 특히 카톨릭
과의 관계가 문제가 되는 것도, 무신론과 기독교의 세계관적 대립보다도
더 많이 카톨릭교회의 토지소유관계 내지 정치적 세력과 관련되어 있다.
예술 영역에서는 사회주의리얼리즘이라는 방법이 여전히 '정통'적 지위를
차지하고 있는데, 애초에 유물변증법으로 창작방법을 일률적으로 규정할
수는 없으므로, 사회주의리얼리즘의 구체적 규제력은 점차로 이완되고 실질
적으로는 인민들이 접할 수 있게 되어, 전진적인 방향을 취하는 문학이라
는 정도의 틀이 존재하는 데 지나지 않는다. 에렌부르크의 『작가의 일』이
작가적 내면성의 해방을 이론화해주었다는 것은 주지하는 바와 같다. 중국
에서는 "사회주의리얼리즘이야말로 무엇보다도 좋은 창작방법이라 생각한
다. 그러나 그것은 단 하나의 창작방법은 아니다. 노동자・농민・병사들을
위해서 봉사한다는 전제 하에, 어떤 작가라도 자신이 가장 좋다고 생각하
는 방법에 따라 창작할 수 있으며 서로 경쟁하는 것도 가능하다"(陸定一報
告)고 하여, 리얼리즘이 "많은 방법들 중의 하나"에 그칠 뿐이라는 점이 공
공연하게 선언되었다. 그러나 예를 들어 위의 말 속의 사회주의리얼리즘을
사적 유물론 또는 변증법적 유물론으로 대체하고, 창작방법을 학문의 방법
론으로 대체한다면 어떻게 될까. 아무래도 거기까지는 원리적으로 인정되
고 있지 않은 것 같다.

둘째로 사상성 혹은 정치적 이데올로기성이 직접적으로 나타나지 않는
영역일수록 빨리 자유화된다. 예를 들면 같은 예술 장르라도 문학의 자유
화가 늦은 것은 여기서 유래하고 있다. 자연과학이 사회과학보다도 자유로
운 것도 물론 같은 이유에서이다. 이렇게 본다면 자연히 셋째의 규준이 나
오게 된다. 즉 마르크스주의체계 속에 이미 권위적인 이론이나 업적이 존재

하고 있는 영역일수록 자유화는 늦어진다. 그런 의미에서는, 철학과 경제학과 역사학 영역에서, 마르크스주의 이외의 입장이나 접근이 대등한 시민권을 인정받는 것은 무척이나 어려울 것이다. 여기서도 문제는 단순히 연구발표의 자유가 허용되어 있다는 것이 아니라, 마르크스·레닌주의와의 사이에 평등한 조건에 기초한, 사상이나 방법의 상호관계가 있는가 어떤가 하는 것이다.

세계관적 정통성으로부터의 해방이라는 것은, 마르크스주의의 철학이나 과학에 포함된 진리성을 부정하는 것은 물론 아니다. 그런 의미에서는 역설적으로 들리지만, 마르크스주의의 위와 같은 세계관적 자기한정(自己限定)이 도리어 그야말로 그 속의 진리를 점점 더 확실하게 해가는 것이다. 밀(J. S. Mill)이 고전적으로 밝혔던 것처럼 '진리'는 '오류'를 통해서 비로소 진리가 되는 것이며, '오류'가 없는 쪽이 반드시 좋은 것은 아니며, 진리의 발견을 위해서는 적극적인 의의를 지니고 있다. 다양성은 정치의 필요로부터는 '어쩔 수 없는 악(惡)'으로 여겨지지만, 진리에서는 영원의 전제이다. 마르크스주의가 아무리 거대한 진리성과 역사적 의의를 지니고 있다고 할지라도, 그것은 인류가 도달한 최후의 세계관은 아니다. 바야흐로 그것은 사상사의 일정한 단계에서 거기에 걸맞는 자리를 차지하게 될 것이다. 그때 역사적인 마르크스주의 속에 혼재하고 있던 도그마와 진리가 분명하게 드러나고, 그 불후의 이데아(인간의 자기소외로부터의 회복과 그것을 수행하는 역사적 주체라는 과제의 제시) 및 그 속의 경험과학적 진리는 가라앉아서 인류의 공동유산으로 받아들여지게 될 것이다. 마치 모든 고전적 사상체계가 그러했듯이……

〔증보판 덧붙임〕

구판(舊版)이 출판된 이후 '스탈린 비판' 문제에 대해서는 주지하듯이 다양한 반향이 나타났다. 나는 원래 '탈스탈린화'라는 사건에는 공산주의자와 비공산주의자가 각각 씨름해야 할 공통된 학문적 문제(공통의 해답은 아니다!)가 포함되어 있으며, 그것 자체를 많은 사람들의 의식에 올려놓을 필요를 느꼈기 때문에, 이 논문을 썼던 것이다. 따라서 나의 문제제기에는 ① 비마르크스주의자로서의 나의 입장 그 자체에서 나오는 비판과, ② 종래의 변명이나 자기비판 방식은 마르크스주의 논리에서 보더라도 이상하다든가, 아니면 이러이러한 측면에 대한 마르크스주의적 방법에 선 추구가 추락 (drop)하고 있다는 비판──즉 가령 나의 입장을 마르크스주의에 놓았을 경우에, 거기서 내재적으로 도출되는 제 논점이라는 양면이 포함되어 있다.

이같은 두 차원에서의 접근을 같은 논문에서 시도한다는 것에는 무리가 있었을는지도 모르겠다. 그러나 바로 그런 무리함을 저지르지 않고서는 애초에 스탈린 비판을 다시 한 번 비판한다는 의미가 나에게서는 없어져버리고 마는 것이다. 나 자신의 '입장'의 수출이라는 점에 오로지 관심이 있다면, 혹은 근대정치학의 '입장'에 틀어박혀서 다른 진지를 공격하는 것이 문제라면, 나는 완전히 다른 서술방식을 취했을 것이다. 마르크스주의자도 아닌 내가 억지로 군이 위의 ②의 차원에서의 문제를 추구할 필요도 의리도 없는 것이다. 사실, 마르크스주의자가 자신의 카테고리나 명제의 껍질 속에 틀어박혀서 자급자족하는 대신에, 그런 카테고리를 보다 넓은 학문의 뜰에 내놓고서 음미한다는 당연한 일을 하고 있다면, 군이 ②의 작업을 해야 할 필요는 없다고 생각한다. 그런데 나의 논문에 대한 많은 마르크스주의자 측의 반응을 보면, "잘 알았다. 그러나 너도 구체적인 답을 내놓고 있는 것은 아니지 않은가" 하는 식의 것들이 적지 않다. (물론 다른 한편에서 소수의 마르크스주의자는 나의 문제제기 방식을 정확하게 받아들이고 있다는 것도 나는 알고 있다.) 나는 ①의 차원에서는 원리적인 '답'을 내놓을 책임은 있지만, ②의 차원에서, 예를 들어 소련의 사회주의건설의 혹은 '국가사멸'(死滅)으로의 과정에 입각하여 '답'이나 '해결'을 내놓으라는 말을 듣더라도, 그것은 바로 당신들이 해야 할 일이 아닌가라고 말하는 수밖에 없는 것이다. 하물며 '스탈린 비판'에 내포된 사고방식의 실천적인 의미에 대해서, 지금 언제라도 일어날 수 있는 객관적 가능성을 가진 문제로 씨름하는 대신에, 간단하게 '그래 알았다'고 하면서 '전진'해서는 안될 것 같은 그런 기분이 든다.

이 논문의 추기(追記)에서는 주로 ①의 차원, 즉 나 자신의 입장에서의 전망과 비판을 꽤나 상세하게 전개한 셈이다. 그런데 거기서의 제 논점, 특히 마르크스주의가 국가권력에 의해 '정통화'된 체제철학(및 과학)으로 된 데에 내포된 문제에 대해서, 마르크스주의자 측에서 파고들어간 해명을 시도한 것을 아직 접하지 못하고 있다. 그러나 그 문제는, 실은 현재 절정에 이른 중소논쟁에도 일관되게 흐르고 있는 핵심적인 문제처럼 생각된다. 중소논쟁은 말할 것도 없이 이 책의 구판이 출판된 이후에 일어난 '스탈린 비판'에 비견할 만한 중대 사건이며, 제2부를 현실감있게 만들기 위해서는 당연히 독립된 원고를 쓰지 않으면 안되겠지만, 앞에서 말한 것과 같은 나의 현재의 작업 사정으로 인해 그럴 수 있는 여유를 가지고 있지 못하다. 다만 중소논쟁을 지금까지 다루어온 문헌의 대부분은 국제정치의 정치적인 힘(power politics)을 중심으로 논한 것이거나, 아니면 마르크스주의의 해석학으로서 논한 것이며, 중국과 소련이 마르크스·레닌주의의 정통성을 다투는 것 자체에 내포된 사상적 의미라는 시각에는 그다지 주의를 기울이지 않고 있으므로, 그 점에 대해 한 마디 하는 것으로 멈춰서고자 한다.

종교건 무신론적 교의건 간에 그것이 정통성의 차원에서 경쟁하는 그 순간부터, 거기에는 단순히 이데올로기 내용의 정당성만이 아니라——당사자가 의식하건 하지 않건 간에——판정권과 판정절차라는 문제가 불가피하게 제기된다. 누가 '옳은' 해석에 대한 최종적인 판정권을 갖는가, 어떤 해석이 '이단'이라는 것은 어떤 절차에 의해서 판정되는가 하는 문제이다. 그 경우 '역사'가 판정자라든가 세계의 근로대중이 판정한다는 것은 구체적인 쟁점에 대해서 아무런 답을 하지 않는 것과 같다.

중국공산당이 소련공산당에 의해서 오랫동안 사실상 독점되어온 마르크스·레닌주의의 원리적 해석권에 대해서 대담한 도전을 감행한 것은, 그런 의미에서는 획기적인 사건이며, 그것은 단순히 소련 내지 소련공산당의 '권위주의'에 굴하지 않았다거나, 개개의 코민테른의 지령에 반대했다는 과거의 사례의 연장선 위에서 이해되는 것만으로는 충분치 않다. 그리고 그런 중국의 역사적 행동의 의미는, 중국과 소련의 주장 내용——제국주의, 평화공존 등에 관한 견해——에 대한 옳음의 여부와는 구별되는 다른 차원에서 인식되고 평가되지 않으면 안된다. 따라서 그것을 기독교적 진리의 판정권을 둘러싼 로마교황에 대한 루터의 도전, 혹은 좀더 거슬러 올라가서 동방 '정교'(正敎)교회와 로마 카톨릭교회의 교의(敎義)·성전(聖典)의 해석에서 비롯된 '분리'에 비교하는 사람이 있더라도, 그것을 단순한 비유라든가 저널리스틱한 생각으로 치부해버릴 수 없는 그런 문제의 공통성이 있다. 그런 역사적 사례에 대해서, 개개의 구체적인 쟁점이 바야흐로 일반적·원리적인 정통성의 쟁탈로 상승·전화되어가는 역동성이나, 교의상의 쟁점과 현실정치상의 이해(문화·전통의 차이도 포함하여)가 서로 뒤얽혀 있는 관계 등을 고찰하는 것은, 중소논쟁의 조직론적 효과를 측정하는 데——혹은 어떤 조건이 갖추어지면 '화해'로 향하고, 거꾸로 어떤 계기가 조합되면 더 '악화'되는가 하는 미묘한 분기점을 정하는 데 귀중한 실마리를 제공해줄 것이다.

중소논쟁에서 당사자가 최상급의 형용사나 언사(言辭)를 사용하면서, 모두 '최종적인 일치'의 전망을 말하고 있다는 얼핏보기에 기묘한 사태도, 국제관계의 현실정치에 대한 배려에서 나오고 있다——그것이 강하게 작용하고 있는 것은 말할 것까지도 없지만——는 것만으로 모든 것이 설명되지는 않는다. 거기에는 추기(追記)의 옛 원고에서 말한 것과 같은 진리관과 정통성의 문제가 깊이 얽혀 있다. 진리는 하나이며, 따라서 그 '옳은' 해석도 하나라는 원칙이 취해지는 한 중국과 소련이 내걸고 있는 교의는 어느 한쪽이 진리=정통이라면 다른 한쪽은 필연적으로 오류=이단이 되지 않을 수 없다. 하나의 옳은 해석을 둘러싼 투쟁은 타협의 여지가 없으므로 좋든 싫든 간에 '절대화'하며, 그와 동시에 같은 근거에 의해 그 옳은 해석으로의 '귀일'이 쌍방 모두에서 확신하게 된다. 물론 나는 그런 진리관과 정통관이 공산주의 진영 속에서 언제까지나 유지된다고 말하고 있는 것은 아니다. 현실의 무게에 의해서 정통성의 논리의 이완과 해석의 다양화는 지그재그를 그리면서 사실상 진전될 것이다. 그러나 그런 사실의 의미가 '이론'과 '세계관' 속에서 안정된 위치를 찾아내는 것은 쉽지는 않을 것이라 생각한다. 왜냐하면 해석의 다양화는 어디까지나 마르크스·레닌주의라는 교설의 틀 속에서의 다양화가 아니면 안되며, 더구나 구체적인 상황에서 어떤 해석이 틀 그 자체를 일탈했는가 아닌가를 정치적으로 결정할 필요가 남는 한, 다시금 판정권이라는 것으로 문제가 되돌아가기 때문이다.

*　　*　　*

　제2부의 표제와 관련하여 이데올로기론의 문제를 마지막으로 한 마디 해두고자 한다. 이데올로기 혹은 '이즘'에 대한 고찰은 일찍이 정치학계에서는 지나칠 정도로 성행했지만, 오늘날에는 한편으로는 의식·행동조사와 다른 한편으로는 정치과정론 및 커뮤니케이션이론에 스포트라이트를 빼앗겨서 무대 중앙에서 밀려나고 말았다. 이데올로기 문제를 정면에서 끄집어내는 것은 무언가 촌스러운 일로, 혹은 '19세기적' 학문형태로 경원(敬遠)하는 경향조차 젊은 연구자들 사이에는 나타나고 있다. 일본의 지적인 사회처럼,――실질적인 좌익세력의 약함과 대척적으로――이데올로기적 분위기가 마치 거름냄새처럼 거리낌없이 스며들고, 더구나 그 실질은 단순히 행동의 '원칙'이나 사후의 합리화로서만 사상이나 주의(主義)가 통용되어온 곳에서 실증성이나 과학성을――게다가 다름아닌 정치의 과학으로서――확보하려는 것이, 고급·저급의 모든 이데올로기의 소음에 정신을 교란당하지 않도록 경계의 자세를 취하는 것은 충분히 이유있는 것이다. 거리를 두고 보는 것(detachment)과 방관의 구별이 학문의 세계에서도 상식이 되어 있지 않으며, 완전히 도취되어버린 인식을 '실천'적 관점이라 잘못 이해하고, 당파성이 쉽게 감상화(感傷化)되는 정신적 풍토 속에서는, 이데올로기 문제를 정치학의 대상으로 삼는데 있어서 아무리 신중하더라도 지나치

지 않을 것이다.

　그러나 정치학이, 특히 일본의 정치학이 이데올로기 문제를 완전히 괄호 속에 집어넣거나 혹은 그것을 실질적 가치 혹은 역사적 의미에서 사상(捨象)시켜, 기호 혹은 상징으로까지 완전히 상대화하는 것이 가능할까. 가능하다 하더라도 그것이 학자의 지적 흥미 이상의 의미를 가질 수 있을까. 나는 의문을 느끼지 않을 수 없다. '데모크라시'나 '서구문명'의 타당성이 국민 감정으로서 옛날부터 거의 중대한 도전을 받았던 적이 없는 미국에서조차, 최근에는 예를 들면 데이비드 이스턴(David Eston)이나 보에글린(E. Voegelin)처럼 서로 방향을 달리하면서 근대정치학의 실증적 연구의 전제가 되어 있는 가치구조나 이데올로기적 배경을 파헤쳐서, 사상 원리의 역사적 평가와 현실의 경험적 고찰을 재결합하는 '새로운 정치학'의 수립을 제창하는 목소리가 나오고 있다(D. Easton, *The Political System*, 1953 ; E. Voegelin, *The New Science of Politics*, 1952).

　간단히 말하면, 정치과정으로부터 이데올로기의 역사적 의미나 실질적 가치를 모두 사상(捨象)시키고 정책에 대한 정치이념의 지도성을 완전히 부정해버린다면, 혁명의 정치과정과 반혁명의 그것을 식별하는 것은 곤란하며, 혁명과정은 '현상'(現狀)의 타도라는 형식적인 규정을 벗어날 수가 없다. 사실 역사의 발전방향에 대한 불가지론에 입각해, 정치이념을 모조리 권력이 걸치는 분장(扮裝) 내지는 상징으로 해소시키는 '실증'적 입장으로부터는 파시즘이 행하는 강제적 동질화와 혁명권력이──특히 국제적·국내적 악조건 하에서 급템포로──행하는 동질화와는 완전히 같은 것으로 간주된다. 물론 그런 공통된 차원의 설정도 위에서 말한 것처럼 일정한 한도에서 학문적으로 유효하며, 실천적으로도 의미가 있다. 혁명과 반혁명이 얼마나 미묘한 상호이행관계에 있는지는 많은 실제 사례에서 증명된다. 목적이나 이념의 정통성이나 이데올로기적 정당성으로 모든 것을 환원시키는 것의 위험성이라는 측면을 나는 본문에서 특히 힘주어 말했다. 그렇다고 해서 이데올로기나 정치이념이 같은 것은 아니며, 또 그 차이가 현실의 정치과정에 대해서 아무런 관계가 없다고 할 수도 없다. 정치원리가 갖는 중요성은, 리스먼(David Riesman)의 이른바 내면지향성의 인간유형이 지배적이었던 시대에 특수적인 그런 현상은 아니다. 도리어 대중사회에서의 '원리'의 '통신효율'(通信效率)으로의 전화(轉化)로 불리는 것이야말로, 현대의 특수적인 역사적 단면의 추상이며, 더구나 거기에 잠재하는 퇴폐성은 도그마의 위험성에 비해서 반드시 더 바람직한 것은 아닐 것이다.

특히 일본처럼 조직이나 제도가 이데올로기까지 몽땅 수입된 곳, 더구나 정치체제의 자명함이 없고 그 자동적인 복원력이 약한 곳에서는, 정치의 문제가 사상의 문제와 관련하여 등장하는 이른바 구조적인 필연성이 있다고 생각된다. 한편으로는 이데올로기론이 지나치게 많은 것처럼 보이면서도, 다른 한편으로는 '사상'(思想)의 형태를 취하지 않는 사상이 강인하게 지배하고, 사상적 불감증과 정치적 무관심을 동시에 발효시키고 있는 이 나라 일본에서 이데올로기 문제를 학문적 고찰에서 배제하는 것은 실제로는 그것이 의도하는 과학적인 시각이라는 방향으로는 기능하지 않으며, 오히려 '어디나 다 같은 가을날의 저녁'이라는 정치적 체념에 합류하는 것으로 될 것이다. 따라서 우리는 '가치로부터 자유로운' 관찰과 적극적인 가치의 선택이라는 태도를 모두 다 배우지 않으면 안된다는 어려운 과제에 직면하고 있다. 그런 의미에서 이데올로기가 정치과정 속에 개입하여 그것을 변용시켜가는 힘과 정도에 대해서 과대평가에도 과소평가에도 빠지지 않고서 올바르게 인식하기 위해서도, 그리고 진리성이나 윤리적 정당성의 견지에서 다양한 이데올로기를 변별하기 위해서도 정치사상사와 이론정치학 분야는——혼동되어서는 안됨과 동시에——완전히 서로 분리되어 '독주'할 수 없는 관계에 있는 것으로 생각된다. 이것은 오히려 제3부에서 다루어야 할 문제일는지도 모르지만 편의상 여기에 덧붙여둔다.

● 제3부 추기

　제1장 「과학으로서의 정치학──그 회고와 전망」은 1947년에 문부성(文部省) 인문과학위원회(人文科學委員會)가 편집·발행하고 있던 잡지 『인문』(人文)이 일본의 인문과학 각 분야의 현황과 동향을 개관했을 때, 내가 정치학 부분을 맡게 되어 집필한 것이다(『인문』 제2호). 거의 10년이 지나서 이 글을 다시 읽어보니 일본 정치학의 빈곤함과 후진성에 대한 나의 당시의 초조한 마음이, 전후의 해방감──이것은 물론 나 개인만이 아니라 사회과학계의 전반에 널리 퍼져 있었다──과 기묘하게 얽혀 있고, 또 거기서 흘러나오는 일종의 감정적인 어조는 솔직히 말해 지금이 되고 보니 조금 쑥스러운 생각이 들기도 한다. 그렇긴 하지만 거기서 과거 일본 정치학의 방법과 존재양태에 대해서 젊은 기분으로 시도한 '청산주의적' 비판이 선배 정치학자를 자극하여, 얼마 후에 료오야마 마사미찌(蠟山政道)의 『일본에서의 근대정치학의 발달』(日本における近代政治學の發達)이라는 훌륭한 저작을 낳게 하는 하나의 기연(機緣)이 되었던 것은, 그 논문의 완전히 뜻밖의 '공헌'이었다.

　10년이라는 세월이 그 학문의 상황을 크게 변모시켰다는 것은 말할 것까지도 없다. 사회과학 가운데 변변히 만족스러운 시민권도 인정받지 못했던 정치학은 오늘날 어쨌거나 인접분야의 연구자들로부터, 아니 마르크스

주의정당의 쟁쟁한 지도자로부터 '근대 정치학(modern politics)의 한계'
를 경고받을 정도로까지 성장했다. 사회심리학이나 문화인류학처럼 일본에
들어와서 아직 오래되지 않은 학문 분야에서 전후에 연구자들이 늘어났다
는 것은 오히려 당연하다고 할 수 있지만, 훨씬 유서깊은 정치학 분야에서
의 연구자의 급격한 증대는 전쟁 이전의 상황을 아는 사람에게는 그야말로
격세지감이 있다. 게다가 젊고 우수한 재능을 가진 연구자들이 계속 배출
되고 있으며, 각 분야에서 늠름한 에너지와 뜨거운 학문적 정열로써 광대
한 미개척 분야에 발을 들여놓고 있다. 그 테마나 방향도 아주 다양하게 나
뉘었으며, 따라서 자연히 전문적으로도 심화되어 나와 같은 일본사상사와
의 '겸업자'는, 오늘날에는 학계의 첨단적인 연구동향을 따라간다는 것이
힘들 정도가 되었다. 국제적인 교류 역시 성행하게 되었다.

그런 의미에서는 이 논문이 애초에 논의를 출발시켰던 일본 정치학계의
바탕은 하나의 '추억'이 되려하고 있다. 그렇지만 다른 한편으로는 지금도
여전히 계속되고 있는 상황도 있으며, 또 그 학문에서 새로운 어려움과 문
제성도 발생하고 있다. 예를 들면 정치학자 측에서는 이미 방법론을 위한
방법론이나 정의(定義)를 위한 정의에 시간을 허비하는 경향은 현저하게
조락했으며, 시각이나 입장은 다르면서도 일본의 현실 정치과정에 정면으
로 달려들거나 혹은 외국의 제도나 일반이론에서도 구체적인 문제의식을
가지고 연구하는 태도가 예전보다는 두드러지게 진척되었다고는 하지만,
정치적 현실과의 상호 교통이라는 측면에서는 거의 진전하지 않았으며, 오
히려 어떤 면에서는 전쟁 직후보다도 양자의 거리가 더 심해지고 있다. 또
그것은 다른 분야에 대해서도 그렇다고 할 수 있는데, 연구조건의 지역차
나 직장차가 심하고, 연구자의 분포상황도 두드러지게 치우쳐 있기 때문
에, 특히 지방의 학도들은 커뮤니케이션이 없는 그대로 고립되어 있는 데
대해서, 중앙대도시에서는 연구발표·집단조사 등에서, 공통된 '양해사항'
과 같은 것이 쉴새없이 생겨나버렸다. 거기에 잠재되어 있는 문제는 실은
모든 영역에서의 메이지(明治) 이래의 일본 근대화의 패턴 그 자체이며, 오

늘날에도 사태는 조금도 변하지 않았다. 정치학처럼 아직 외국의 연구성과를 탐욕스럽게 흡수하고 있으며, 또 그렇게 하지 않으면 안되는 학문에서는 그런 불균형적인 발전은 중앙은 중앙대로의, 지방은 지방 나름대로의 병리현상을 낳기 쉬운 것이다.

다른 학문영역, 특히 **전통있는** 인접과학(법률학·경제학·역사학 등)과의 교류도 아직은 거의 이루어지지 않고 있으며, 오히려 정치학의 학문적 발전에 따라서 도리어 의사소통이 되지 않는 현상, 즉 디스커뮤니케이션(*dis*communication)이 더 심해진다는 경향이 나타나게 되었다. 거기에는 다양한 원인이 있겠지만, 뭐라고 해도 일본의 사회과학의 역사적 사정이 크게 작용하고 있다. 정치학의 학문적 독립은 어디까지나 대체적으로 법학적 접근으로부터의 자립, 즉 국가학에서 정치학으로라는 방향으로 이루어지지만, 서구에서는 법률학으로부터의 독립은 오히려 다른 사회과학 분야와의 공통기반의 강화로 되어 나타난다. 그런데 일본에서는 경제학이건 역사학이건 간에 마르크스주의나 그렇지 않으면 역시 주로 독일계통의 학파가 전통적으로 유력하므로, 정치학이 독자적인 접근을 시도하려고 하면 아무래도 인접과학으로부터 고립되지 않을 수 없게 된다. 그것이 가장 예리하게 드러나는 것이 정치학의 용어이다. 라스웰의 용어처럼, 본토인 미국에서조차 적지 않게 당혹해하면서 받아들여진 것은 '성격이 다른 것'이라 하더라도, 구미에서는 조금도 이상하지 않은 범주나 말이 일본에서는 사회과학의 세계에서 아직 익숙해지지 않은 경우가 적지 않다. 그래서 그런 용어를 사용하여 분석하려고 하는 정치학자는 흔히 인접학문을 하는 학자로부터 난해한 한자어를 사용한다든가 외국어를 함부로 쓴다는 비난을 받는 결과가 된다. (정치학 분야에서도 비교적 전통이 있는 영역, 예를 들면 정치제도론은 아직 그 정도가 작은데, 그것은 접근방식에 따른 것이다).

물론 새로운 접근에 자칫 빠져들기 쉬운 현학(衒學)이나 지적 허영을 경계할 필요는 아무리 강조해도 지나치지 않다. 또 고립화와 말의 '은어'(隱語)화가 서로 보완관계에 있다는 것도 이미 잘 알려진 사회적 사실이다. 다만 그와 동시에 오늘날의 일본에서 마르크스주의의 상당한 특수한 범주나 용어법이 어려운 한자번역어로 당당(?)하게 통용되어 **통속화되고 있다는** 사정도 아울러 생각해주었으면 좋겠다. 그것은 특별히 정치학 용어의 강인한 침투를 주장하는 것도 아니고, 마르크스주의의 용어를 몰아내자는 의미도 아니며, 현재의 정치학자의 어려운 입장에 대한 관용에 대한 호소인 것이다.

결국에는 '시간'이 해결해주겠지만, 우선 정치학자로서는 ① '상식'적인 개념을 학문적으로 정련(精練)해간다는 '아래로부터의' 방법과 ② 아카데믹한 술어에 대해서는 구체적인 분석에서의 실효성을 언제나 문제삼으면서, 실효성이 비교적 높은 것은 보급에 힘쓴다는 '위로부터의' 방법을 병용해가는 수밖에 없다. (이와 관련하여 한 마디 해둔다면, 인접분야의 학자, 특히 마르크스주의자가 '모던 폴리틱스'라는 말을 사용할 경우에는, 흔히 근대경제학의 정치판이라는 상정(想定)이 이루어지고 있다. 물론 정치학의 다양한 흐름 속에는 의식적으로 근대경제학과 같은 수량화를 시도하는 방향도 있으며, 또 근대경제학만이 아니라 사회심리학이나 의미론까지 포함하여 그들에 공통되고 있는 일종의 인식론적 특색을 추출한다면, 오늘날의 유력한 정치학을, 마르크스주의 사회과학과의 대비에서 전자의 흐름에 넣을 수도 있을 것이다. 그렇지만 내 생각으로는, 정치학이라는 학문은 역사적으로 보더라도, 그리고 방법론적으로도 근대경제학과 같은 이른바 자기완결성을 갖춘 것은 아니며, 다른 한편으로 마르크스주의 체계 속에서는, 경제학과 같은 의미에서 '마르크스주의 정치학'이라는 것을 말하는 것은, 적어도 오늘날에는 불가능하다. 마르크스주의처럼 단일한 방법적 기초에 입각하고 있는 종합사회과학의 관점에서 볼 때, 정치학의 다양한 접근이 하나의 흐름으로 보이는 것은 어떤 의미에서는 당연하다고 할 수 있지만, 미국 정치학 속의 하나의 방법적 경향을 가지고 모든 것을 밀고나가면, 나만이 아니라 다른 많은 '부르주아'정치학자들은 당황하게 될 것이다).

그리고 '과학으로서의 정치학'의 가능성, 그 방법의 다양성의 의의, 인접

과학과의 접근방식의 차이 및 관련성, 정치학의 주요한 장르라는 문제를 깊이 들어가 논하는 것은 정치학 그 자체가 아니라 현대 정치의 문제를 대상으로 하고 있는 이 책의 성격으로 보더라도 적당하지 않으므로, 여기서는 다루지 않기로 한다. 정치학 일반에 대한 나의 대체적인 생각은, 미스즈 서방(みすず書房)에서 간행한 『사회과학입문』(舊版 1949년, 改稿新版 1956년)의 '정치학' 항목에서 밝혀두었으며, 또 무릇 정치에 대한 사고방식이 어떤 것인가 하는 것은 이 책의 각 부분에서 언급되어 있다. 그리고 본문 속에서 내가 강조한 정치학에서의 '정치주의'와 '객관주의'의 두 경향에 대한 비판이 그 당시 및 현재에서 어떤 의미와 역할을 갖는가, 그리고 과연 그 이후 나 자신이 여기서 말한 노선에 따라 나아가고 있는가, 발전했는가, 수정했는가, 퇴보했는가 하는 문제에 대해서는 이 책 전체를 읽은 독자 자신의 검토와 비판에 맡기고 싶다.

이 책의 구판(舊版)이 나온 이후, 정치학 일반에 대해서 말한 것으로 「정치학의 연구안내」(政治學の研究案内, 『經濟セミナ-』1960년 5월호)가 있다는 것을 덧붙여두기로 한다.

제2장 「인간과 정치」는 원래 1947년 말에 당시 케이카(京華)학원에 있던 친구 이노노 켄지(猪野謙二)와 타미야 토라히코(田宮虎彦) 두 사람의 주선으로 열게 된 문화강좌의 강연속기록이 바탕을 이루고 있으며, 그것이 이듬해 1948년 2월호 『아사히평론』(朝日評論, 폐간)에 게재되었다. 제1부의 두번째 논문의 경우와는 달리 일단 문장체로 되어 있기는 하지만, 역시 수록될 때에는 자구(字句)나 표현을 바로잡아서 다소 논문으로서의 체재를 갖추어 보았다. 이론적으로는 여기서 말하고 있는 대중데모크라시에서의 상징의 역할이라든가, 매스 커뮤니케이션의 정치적·사상적 기능과 같은 것은, 지금은 거의 상식처럼 통속화되고 오히려 어떤 의미에서는 그 반대되는 측면을 문제삼지 않으면 안될 정도이다. 다만 첫번째 논문이 정치학의 방법론적 반성인 데 대해서 이것은 현대정치의 제 문제를 비교적 넓은 범위에 걸쳐서 다루고 있으므로, 양자가 한데 어울려서 전쟁이 끝나고

얼마되지 않았을 무렵의 나의 '정치적인 것'에 대한 생각이 어떻든 간에 충실하게 반영되어 있다.

나는 그 무렵 한편으로는 앞에서 말한 정치학을 '현실과학'으로 만드는 방향을 생각함과 동시에, 다른 한편으로는——얼핏보면 모순되는 것 같지만——켈젠의 순수법학에 비견하여 '순수정치학'이라는 것은 과연 불가능한가 하는 것을 열심히 모색하고 있었다. 그것은 우선은 앞에서 말한 정치학의 학문적 자율성에 대한 요구와 관련되어 있지만, 그와 동시에 전후의 정치, 아니 본래의 정치만이 아니라 모든 문화영역에 마치 저수지의 문을 연 것처럼 침윤해들어간 이데올로기적 분극화가, 한편으로는——그것 자체 그야말로 모든 정치적 긴장에 수반되는 경향으로서의——격정화(激情化)에 의해서, 그리고 다른 한편으로는 특수한 일본적인(이른바 인정에 약한) 도덕주의화에 의해서 정치적 리얼리즘의 두드러진 상실로서 나타났으며, 그것이 일본 민주주의 세력의 발전에서, 이르는 곳마다 마이너스로 작용하고 있다는 내 나름대로의 현실적 관심에서 출발하고 있었던 것이다. 그래서 오히려 그럴 경우에는 '정치적인 것'에, 당파적인 입장을 넘어서 그리고 역사적 단계를 넘어서 깃들어 있는 경향성을 가능한 한 특수한 조건을 씻어내고서 추상화해두는 쪽이, 이데올로기나 당파성의 감상화(感傷化)를 방지하고 도리어 **참된 쟁점**을 분명하게 드러내게 될 것이라 생각했다. 그렇다고는 하지만 물론 이 글이 그런 '순수정치학'의 현대정치에의 적용이라는 의미는 아니다. 그런 분명한 목적의식은 없었으며, 무엇보다도 그런 체계화가 내 머릿속에 이루어져 있었던 것은 아니다. 다만 그런 주장의 배경에 위와 같은 막연한 지향이 있었다는 것을 말하고자 할 뿐이다.

그후 나는 역시 정치학이라는 것은 어떤 의미에서도 자기완결적으로 '순수화'되지 않는 본질을 지니고 있다는 생각으로 변해갔지만, 위에서 말한 것과 같은 지향에 관한 한, 그것 자체 일관되게 오늘날까지 지속되고 있다는 것은 이 책을 통독하게 되면 쉽게 알아차릴 수 있을 것이다. 그렇다 하더라도 여기에 제시되어 있는 '정치의 논리'는 결코 전부가 아니며 오히려 정치의 논리로서도 지나치게 일면적이고 도식적인데, 그것은 나의 인성(人性, personality)론에 대한 지식의 부족과 또 한 가지는 위와 같은 정신적 분위기 속에서 '정치적인 것'의 어떤 차원에 특히 강조점(악센트)을 두었기 때문이다. (과연 이 글은 발표 당시 『전위』(前衛)의 논단시평(論壇時評)에서 악질적이고 반동적인 논문으로 소개되었다). 그렇지만 메이어가 말하고 있듯이 "오늘날 우리들 사이의 경박하고 근시안적인 정치적 사고는 매일매일의 합목적성 속에 자신을 잃어버려서 정치학의 인간론적 차원을 아주 먼 옛날에 잊어버린 것처럼 보이지만, 모든 정치적 사색의 출발점은 인간의 본질에 대한 물음인 것이다"(J.P. Mayer, *Alexis de Tocqueville. Prophet des Massenzeitalters*, S.136). 게다가 인간 그 자체 속에 오랜 역사의 성상(星霜)을 거쳐서 지속해온 측면에서, 환경과의 상호작용에서 끊임없이 변용하는 측면에 이르기까지, 모든 가능성의 뉘앙스가 복합되어 있는 이상, 정치학이 인간행동을 보고 관찰하는 데 있어서 필요와 상황에 따라서 길고 짧은 다양한 척도(scale)를 사용한다는 것은 거의 숙명이라 할 수 있을 것이다. 그런 한에서 인간을 단순히 역사적·사회적 조건의 구속을 받는 존재로서밖에 보지 않는 사고방식은, 그것을 오로지 '영원의 모습 하에서' 파악하는 입장과 더불어 정치적 현실의 인식에서 멀리 떨어져 있는 것이다.

여기서 말하고 있는 여러 가지 중에서, 특히 정치책임이 결과책임이라는 점은 지난해 「사상의 언어」(思想の言葉, 『思想』 1956년 3월)에서도 전쟁책임에 관해 언급했더니 약간의 논란을 불러일으켰으므로, 이번 기회에 도덕책임과의 관련에 대해서 한 마디 해두기로 한다. 결과책임이라는 사고방식은 흔히 오해되고 있는 것처럼 '이기면 관군(官軍)'이라는 사상과 완전히 같지는 않다. 예를 들면 여기서 지적하고 있는 제1급 전범(戰犯)의 책임은 반드시 전쟁에 졌다는 것에 대한 책임을 말하고 있는 것은 아니며——물론 그런 정치책임을 문제로 삼는 것도 가능하겠지만——, 무엇보다 그들의 정치적 지도 및 그들이 결정해서 수행한 정책의 결과, 평화가 파괴되고, 나아가 방대한 민중의 생명과 재산의 상실, 국토의 황폐, 귀중한 문화의 훼손 등을 불렀다는 점이 문제인 것이다. 물론 결과라고 해도 어떤 결과를 보다 중대하다고 볼 것인가 하는 것은 그 시대와 국민들의 가치의식 내지는 세계관에 의해서 결정되므로, 그런 의미에서도 정치적인 것과 윤리적인 것은 넓은 전체적 상황에서 서로 얽혀 있다. 그럼에도 불구하고 정치적 평가를 개인도덕적인 평가로부터 분명하게 구별해서 특징짓지 않으면 안되는 것은, 전자가 권력과 관련되어 있기 때문이며, 권력은 한계상황에서 인간 생명의 집단적 말살을 포함하고 있기 때문이다. 특히 정치적 지도자에 대해서 비정할 정도의 결과책임을 추궁하는 것은 바로 그 점과 관련되어 있다.

"체사레 보르자는 잔인한 사람으로 통하고 있었다. 그럼에도 불구하고 그 잔악함으로써 로마냐를 재건하고 통일했으며, 다시 그 땅에 평화와 충성을 되살아나게 해주었다. 그런 점을 생각한다면, 그의 자비심은, 잔악하다는 악명을 싫어한 나머지 피스토이아가 파괴되는 것을 방관하고 있던 피렌체인들보다 훨씬 더 낫다는 것을 알 수 있다……. 전자의 잔학행위에 의해 위해(危害)를 입은 것은 개개인이지만, 어설픈 후자의 위선에 의해서 모든 사람이 위해의 늪에 빠지게 되었다"고 마키아벨리가 말했을 때(『군주론』 제17장), 그는 바로 정치의 세계에서의 모랄리즘(moralism)과 감상주의의 죄악을 강조함으로써 역설적으로 정치의 윤리(virtu)를 부각시켰던 것이다.

제3장「육체문학에서 육체정치까지」는 잡지 『전망』(展望, 폐간) 1949년 10월호에 실렸다. 그것은 내용적으로 말하면, 일본의 문화형태(culture, 이른바 문화는 아니다)의 한 측면을 택하여 그것이 정치의 세계에 나타나는 방식을 논한 것으로서, 오히려 제1부의 문제에 가깝지만, 제도에 대한 인간의 사고양식이라는 조금 일반적이고 추상적인 문제를 다루고 있다는 의미에서 여기에 넣었다. 처음에 문학론인 듯한 느낌이 들지만 물론 문학론이라는 식의 거창한 그 무엇은 아니며, 또 이른바 '정치와 문학'의 관계라는 것도 아니다. 다만 여기서 정신적 차원의 독립성이라는 테마가 시종일

관 저류를 이루고 있으며, 그것이 마지막에서 지식인의 단결이라는 부분에 조금 얼굴을 내미는 것으로 끝나고 있지만, 그 점을 깊이 파고들게 되면 바로 정치와 문화(이런 경우는 흔히 말하고 있는 좁은 의미)라는 문제에 부딪히게 되는 것이다. 여기서 이처럼 큰 문제를 논할 여유도 능력도 없지만, 내가 마지막 부분에서 무엇을 말하려고 했는지를 조금이라도 분명하게 하기 위해서, 거의 같은 무렵에 타카미 준(高見順)과 나눈 대담 「인텔리겐치아와 역사적 입장」(インテリゲンチャと歷史的立場, 『人間』 1949년 12월, 폐간)에서 조금 인용해두기로 한다. 거기서 나는 학문과 현실의 관계라는 문제에 대해서 다음과 같이 말하고 있다.

"상아탑이라든가 유리(遊離)된 학문은 어떻다라는 식의 말들을 많이 하지요. 그것은 그것 자체로 아무리 강조해도 좋습니다만, 저는 역시 학문이라는 것은 생활과 어떤 긴장을 유지하지 않으면 안된다. 거기에는 분리—유리가 아니라—함으로써 가장 잘 생활에 봉사한다는, 이른바 역설적인 관계가 있는 게 아닐까 하고 생각합니다. 이런 생각은 무척이나 위태롭습니다. 한 걸음 잘못 딛게 되면 고고하게 되어, 자신의 귀찮아함 내지 안이한 생활태도를 정당화하는 논거가 되기 쉬운 것입니다. 저 같은 사람이 특히 그런 경향이 있기 때문에 말할 자격이 없는지 모르겠습니다만, 제 생각은 그렇습니다. 그렇지 않으면, 특히 앞에서 말씀드린 것과 같은, 대중문명의 시대에는 일상적인 현상으로 끊임없이 학문이 끌려들어가버려서, 시사문제나 혹은 좁은 의미의 정치적 요구에 코가 꿰어 끌려다니게 되고, 결국 학문 자체의 사회적 사명을 다할 수 없게 됩니다. 학문이 아니더라도 할 수 있는 것, 혹은 학문도 할 수 있을지 모르지만 학문 이외의 것으로도 할 수 있는 그런 역할에 학문이 휘둘리게 되는 것은 역시 사회적인 낭비입니다. 학문에는 역시 각각의 학문에 고유한 문제가 있습니다. 사회의 요구라든가 혹은 그때, 오로지 그 시대시대의 요구라는 것에만 직접 답해가는 것만이 아니라, 학문 자신의 하나의 발전의 계열이 있습니다. 그 계열을 쫓아가는 것이 매우 중요한 의미를 가지고 있다고 생각합니다.

현재의 일본에서는 그런 것의 의미가 아무래도 경시되는 경향이 있습니다. 어떤 의미에서 전쟁 중의 사고방식과 마찬가지로, 현대의 이같은 변혁기에 그런 유장(悠長)한 학문을 해서 무슨 도움이 되는가 하는 외부로부터의 심리적 압력이 강합니다. 역시 학문에는 하나의 오랜 계속성, 문제의 연속성이 있으며 어떤 사람이 일정한 지점까지 연구를 진행시키면, 다음 사람은 그 앞 지점에서 다시 전진해간다는 관계를 가지고 있으며, 또 같은 시대의 같은 문제 속에도 분업이라는 것이 있습니다. 일본 학계에서는 역사학의 경우 그 연구상황을 보고 있노라면, 특히 젊은 사람들이 그렇습니다만, 메이지 유신의 혁명성이라는 것이 문제가 되는 것은 현재로서 당연합니다만, 개나 소나 모두가 그것만, 게다가 같은 대상을 연구하는 것입니다. 그것도 괜찮습니다만, 다른 측면에서 아무리 중요한 공백(blank)이 있어도 모두 같은 문제에 집중해서 와와 떠들고 있습니다. 그것을 단순히 '데모'라고 하면 너무 심하겠지만, 왠지 나는 이것을 한다는 식의 **모찌바**(持ち場 : 자신이 맡고 있는 부분—옮긴이)의 자각이 아직 충분치 않다는 느낌이 듭니다. 하긴 그런 반면(反面)에는 그저 무반성적으로 아무런 문제의식도 없이 타성적으로 공부하며 그것을 '모찌바'라고 생각하고 있는 학자도 결코 적지 않습니다만……. 그러나 역시 학문의 내부에서, 자신의 문제를 추구해가는 태도가 더 많이 필요하지 않겠습니까."

즉 학문내재적인 요구나 모찌바의 자각 없이 연구자가 정치적으로 결집하거나, 또 그것을 충분히 인식하지 못하고서 결집시키려고 하는 경향 속에 '정신적 차원의 독립'의 희박함이 나타나고 있다. 그런 경향을 없애기 위한 전제로서 나는 '한 줄로 늘어선 것과 같은 가치판단의 타파'라는 것을 말했던 것이다.

"예술품이나 학문의 가치를 평가할 경우에, 흔히 진보적이다든가 반동적이라는 식으로 말합니다. 진보·반동이라는 것은 이른바 선(線)으로 포착할 수는 있을 것입니다. 앞선 것, 뒤떨어져 있는 것이라는 하나의 선으로 모든 가치라는 것이 선 위에 배열되어버립니다. 진보·반동이라는 것은 확실히 하나의 가치규준임에는 틀림없습니다만, 그것이 다른 규준을 다 부수어버립니다. 예를 들면 원초적인(primitive) 것입니다만, 예술작품에서도 혹은 학문상의 업적을 보더라도 어느 쪽인가 하면 (정치적으로) 반동적인 경향을 가진 작품으로서 훌륭한 작품은 얼마든지 있으며, 진보적 작품이 모두 예술작품으로 매우 훌륭한가 하면 그렇지는 않습니다. 학문에서도 그렇다고 할 수 있을 것입니다."

"현재 일본의 정치적 상황으로 볼 때, 예를 들어 사상의 자유나 예술의 자유라든가 하는 것……을 옹호하기 위해서, 가능한 한 광범한 인텔리겐치아가 결속해가서, 대중운동이라는 것과 같은 거대한 것은 말하지 않더라도, 적어도 인텔리겐치아들 사이에서는 더 결속해가서, 옛날처럼 야만적인 정치적인 힘에 의해서 각개격파당하지 않도록 해가는 것이 앞으로 매우 중요한 것이 아닐까……오히려 바로 그것을 위해서 한 줄로 늘어선 것과 같은 식의 사고방식을 깨트려가지 않으면 안됩니다. 어째서 지금까지 넓은 민주전선의 필요를 그렇게 외쳐대면서도 실제로는 잘 되지 않았는가, 그 원인의 하나가 여기에 있습니다. 그놈들은 저쪽 노선이라든가, 아니 조금 더 멀다든가, 전부 그런 식의 평가들입니다. 결국 자신이 서 있는 장소 혹은 자기 진영으로부터의 거리라는 것이, 사람을 볼 경우 모든 평가의 규준으로 되어버립니다. 그러므로 평가당하는 측에서 본다면, 그 사람 자신의 개성을 파악하는 것이 아니라 다만 그 노선 위의 하나의 점으로 파악되고 있는 것입니다……. 경험적으로 존재하는 그 어떤 것으로부터의 거리의 멀고 가까움으로 사물의 가치가 생겨나는 것이 아니라ㅡ옛날에는 천황(天皇)으로부터의 거리에 의해 가치가 결정되었다면, 현재는 사령부(G. H. Q.)나 공산당으로부터의 거리에 의해서 가치가 결정되는 것이 아니라, 진리나 미(美)는 어디까지나 경험적으로 존재하는 인간이나 인간집단을 넘어선 객관적 가치라는 것, 바로 그런 전제가 있기 때문에 어떠한 입장으로부터의 비판에도 그 속에 진리가 있다면 그것을 인정해간다는 태도가 생겨납니다. 지성(intelligence)이라는 것은 입장에 구속당하면서, 입장을 넘어선 그 무엇을 가지고 있는 점에 적극적인 의미가 있습니다. 그런 지성 차원의 독자적인 의미가 인정될 때 비로소 공산주의를 포함한 사상·학문의 자유를 일치단결하여 지켜내기 위한 지식인들의 결집이 가능해집니다. 무언가 정치적으로 이용당하지는 않을까 하는 불안이 언제까지나 사라지지 않는 것은, 물론 지식인 쪽에도 문제는 있습니다만, 역시 근본은 정치적인 차원이 다른 규준을 무너뜨려버리는 그런 경향에 있다고 생각합니다."

지금은 진보진영에서는, 다행히 그런 경향성에 대한 반성이 사실상 이루어지고 있으므로 그렇게 장황하게 말할 필요는 없어졌다. 부디 그것이 일시적인 정치정세의 현상이 아니기를! 이 논문이나 위의 발언에 나타난 나의 생각에 배우라는 식으로 말하는 것이 아니라, 거기에 잠재되어 있는 문제의 사상적 의미를 보다 더 깊이 파고들어가 토론하는 것이 필요하다고 말하는 것이다.

제4장 「권력과 도덕」은 1950년 3월의 『사상』(思想) 특집호 「권력의 문제」(權力の問題)에 기고한 것이다. 이 논문은 '머리말'로 쓴 문제제기에서 말한 권력과 도덕의 이데올로기적 관계에 대한 역사적 조감도만으로 끝나며, '문제의 이론적인 초점'은 거의 언급하지 않고 있다. 그것은, 격에 어울리지도 않는 어려운 주제를 떠맡고서 이리저리 고민하다가, 역사적 배경까지 가서 그만 호흡이 끊겨버렸기 때문이다. 내용은 오해가 없도록 한정시키기 위해서 새로 부제를 달았다. 당초의 구상은 터무니없이 큰 것이어서 사상사적인 부분으로서도, 그 뒤를 이어 기독교세계에서의 국가와 교회의 이원성의 전통에 대한 거대한 예외로서의 러시아제국의 경우를 도스토예프스키의 사상을 중심으로 서술하고, 이어 유교의 유덕자(有德者) 군주 사상과 거기서 비롯되는 역성(易姓)혁명의 사상을 하나의 세계사적인 유형으로 거론한 후에, 일본의 특히 메이지 이후에서의 '국시'(國是)라는 관념을 둘러싼 국가이성(raison d'état)의 사상을 그들과 대비시킬 예정이었다. 그 첫부분은 당시 쓴 원고가 A4용지의 절반 크기의 용지로 30매 정도였기 때문에 이 책을 위해서 그 뒷부분을 다시 쓰는 것도 생각해보았지만, 그렇게

되면 너무나도 사상사에 치우친 글이 되어 이 책의 「후기」에서 말한 수록의 기준에서 크게 벗어나게 되므로, 오히려 일단 정리되어 있으며 이미 발표했던 부분에 한정시킨 것이다. 무척이나 제 마음대로의 변명이지만, 이 글을 사상사(思想史) 논문으로서가 아니라 오히려 제1부, 제2부에서 논하고 있는 일본의 내셔널리즘이나 나치즘과의 문제적인 연관성이라는 관점에서 읽어주었으면 좋겠다는 것이 나의 바람이다.

이 문제에 대한 접근방식은 다양하게 생각할 수 있다. 본론처럼 국가권력과 '윤리적인 것'의 역사적인 관련성으로부터 들어가는 방식 이외에도, 예를 들면 처음부터 도덕을 윤리성 일반이 아니라 제 덕(諸德, virtues)으로까지 구체화·개별화해서 권력유지 방향으로 움직이는 덕(예를 들면 질서의 덕 등), 권력의 방해가 되는 덕(예를 들면 이른바 송양(宋襄)의 인(仁) 등), 기존권력을 타파하는 덕(혁명적인 모랄 등)이라는 식으로 나누고, 그 상호연관성을 해명해가는 것도 가능할 것이다.

어쨌거나 그런 주제를 단순히 역사적 혹은 정치철학적 고찰에 머무르지 않고서 경험적인 정치학의 과제로서 처리하기 위해서는, 아무래도 권력과 도덕이라는 차원에서 권력의 도덕이라는 차원으로의 시각 전환이 필요하게 된다. 권력과 도덕이라는 문제에는 본론 속에 암시되어 있듯이 영원한 이율배반이 포함되어 있으며, 그런 모순(antinomy)의 자각이 상실되면, 한편으로 도덕의 내면성을 보존·유지하는 방향도, 다른 한편으로 권력의 즉자적인 윤리화의 위험을 피하는 방향도 모두 닫혀버리는 것을 피할 수 없다. 그렇지만 그것은 원래 권력과 윤리가 완전히 관련성이 없다거나 구체적인 권력의 양태가 언제나 반(反)윤리적이라는 의미는 아니다. 오히려 양자는 앞의 두번째 논문 추기(追記)에서도 말했듯이, 각각 고유한 평면을 가지면서 모두 인간과 관련됨으로써 필연적으로 교차하게 된다. 그처럼 두 평면이 교차하는 지점을 분명하게 부각시키기 위해서는 일단 철저하게 권력 주체의 시각에 서서(즉 권력에 대한 외부로부터의, 혹은 보다 상급의 규범적 제약을 모두 괄호 속에 넣고서) 권력유지에서 유해한 가능성을 가진 제 덕을 하나하나 없애가면 되는 것이다. 그렇게 하면 어떠한 권력도 그것을 보존 · 유지하지 않고서는 필연적으로 권력 그 자체도 상실하게 되는 그런 덕에 부딪히게 될 것이다.

고대 로마나 르네상스 이탈리아의 정치를 소재로 하여 그런 조작을 의식으로까지 철저하게 행한 사람이 바로 말할 것도 없이 마키아벨리인 것이다. 예를 들면 마키아벨리가 "사람들은 하나의 재앙에서 벗어나려고 생각하면, 반드시 그것과 별개의 다른 재앙에 빠지게 된다는 것이 사물의 질서이다. 그런데 현명함이란, 재앙의 질을 서로 비교해서, 보다 적은 악(惡)을 선(善)이라 파악하는 점에 있다"(『군주론』 제2장)고 했을 때, 거기서 '현명함'이란 그야말로 권력의 입장에서 제 덕의 선택을 가능하게 하는 덕으로 제시되고 있다. 숄츠도 말하고 있듯이, "현명함이야말로 수백만의 인간의 운명을 두 어깨에 짊어지고 있는 정치가에게는 단순히 지적인 덕이 아니라 윤리적인 덕"인 것이며, 모든 정치적 지도자의 기본적인 덕 (Grundtugend)에 다름아니다(*Politik und Moral*, S.146). 그리고 그런 권력과 윤리의 최소한의 매체로부터 마키아벨리나 버크가 들고 있는 있는 그런 신중함이라든가, 맹목적 지배욕의 억제라든가, 자아도취나 허영심의 배제 혹은 막스 베버가 '앞뒤 생각하지 않고 우쭐거리는 풋내기 정치가'로부터 참된 정치가를 구별하는 지표로서의 '혼(魂)의 제어' 내지는 '사물과 사람 사이에 있는 거리를 두고서 살펴보는 정신' 등(『직업으로서의 정치』 참조) 일련의 덕이 도출되는 것이다. 이들은 모두 개인윤리이면서 그와 동시에 권력의 리얼리즘에서 필수적인 윤리인 것이다. "증오를 부채질하는 자의 얼굴에는 증오가 되돌아와 그를 태운다"고 로망 롤랭이 말하고 있는 (『싸움을 넘어서』) 것도 정치과정에 결코 드물지 않은 다이내믹스이다. 정치적 리얼리즘은 이른바 '현실정치'(real politics)와 동의어가 아니며, 오히려 '현실정치'만을 추구하는 것은 흔히 결과적으로 리얼(real)하지 않다. 그런 문제를 역사적 과정으로 실증하면서 권력의 도덕을 해명해가는 것이, 제2부의 다섯번째 논문에서도 말한, 도덕적 감상주의와 이른바 마키아벨리즘의 양자택일적인 사고를 정치적 관찰과 실천으로부터 배제하는 데 중요한 과제로 되는 것이다.

제5장 「지배와 복종」은 1950년 말에 홍문당(弘文堂)이 발행한 『사회과학강좌』(社會科學講座)를 위해서 집필했으며, 그 강좌의 3권에 실렸다. 역시 수록하면서 조금 자구(字句)를 고친 곳이 있다. 이 논문에서도 그리고 다음의 여섯번째 논문에서도 볼 수 있듯이, 역사적인 복합체로서의 사회체제를 직접 대상으로 하여 거기서의 실태 분석을 의도했던 것이 아니라 일종의 범주론이며, 다만 그것을 역사적 대상과 관련시켜서 하나의 동향분석을 시도하는 데서 머물렀다. 이 책의 여기저기서 거듭해서 말하고 있듯이, 그런 범주론이나 정의론(定義論)은 "정치과정의 체계적 고찰과 해석을 위한 도구로 받아들이지 않는 한, 단순히 불모(不毛)의 언어에 천착하는 기풍을 조장한다"(H. D. Lasswell, *Power and Society*, Intro. XIX)는 것만으로 끝나버리며, 극단적인 경우에는 정의(定義)에 대해서 일치되지 않는 동안에는, 문제가 한 걸음도 앞으로 나아가지 않는 그런 사태를 초래하게 된다. 타이타스라는 학자는 '국가'에 대한 학자들의 정의를 145종이나 모았다고 한다(D. Easton, *The Political System*, p.107). 만약 그런 정의를 잠정적인(tentative) 것으로 생각하지 않고서, 거기서 유일한 정의를 '진리'라고 하고 나머지를 모두 '오류'라고 해버리면 어떻게 될 것인가. 그렇지만 다른 한편으로는, 일본의 사회과학이나 역사학에서는 권위나 권력 그리고 지배나 지도(指導)와 같은 개념이 매우 애매하게 사용되고 있는 것도 사실이며, 그것이 무반성적으로 대상분석에 적용되는 결과, 흔히 논의의 혼란을 부르고 있을 뿐만 아니라 복잡한 사회적 제 관계의 얽힘을 풀어서 그 상호이행성을 포착할 수 없는 경우도 적지 않다. 결국 그런 개념 규정에 대해서도 단순한 교조주의와 단순한 경험주의를 피하고, 이러이러한 시각에서 조명을 하게 되면 대상의 이러이러한 측면이 혹은 이러이러한 역사적 동향이 조명을 받게 되는, 범주 사용과 대상의 구체적인 연관성을 언제나 문제삼아가는 수밖에 없다.

　　제6장「**정치권력의 제 문제**」의 원형(原型)은 1953년『정치학사전』(政治學辭典, 平凡社)에 쓴「정치권력」이다. 형식적 구성은 대체로 예전과 같지만, 내용은 마음먹고 손을 대서 분량도 두 배 이상으로 늘어났으므로, 실질적으로는 새로 쓴 원고에 가깝게 되었다. 다만 양이 늘었다고는 하지만 주제가 주제인 만큼 짧은 시간 안에 쓰지 않으면 안되었으므로 충분히 논하지 못한 부분도 적지 않으며, 또 서술을 압축했기 때문에 한층 더 추상도가 높아진 것이 조금 신경쓰인다. 나로서는 이 책의 여기저기에 산재해 있는 사고방식을 나름대로 매듭짓는다는 의미도 다분히 실은 셈이다. 그리고 참고로 이 주제와 밀접하게 관련되어 있는 지금까지의 나의 논술로서는『정치의 세계』(政治の世界, お茶の水書房)와『정치학사전』의「정치」「정치적 무관심」「리더십」, 마찬가지로『사회학사전』(社會學辭典, 有斐閣)의「정치」「정치적 인식」등이 있다는 것을 덧붙여둔다. 아무쪼록 정치학이 다루는 정치권력의 문제가 여기에 망라되어 있다든가, 그것이 권력의 정치학의 전형 혹은 대표라는 식으로는 받아들이지 않았으면 좋겠다.

　　일곱번째 논문과 여덟번째 논문은 증보판에 덧붙인 원고인데, 모두 이미 발표했던 것들이다. 즉 **제7장「현대에서의 태도결정」**은 원래 내가 소속되어 있는 '헌법문제조사회'(憲法問題調査會)가 1960년 5월 3일 헌법기념강연회를 개최했을 때 강연한 것이며, 가필(加筆)해서 다른 강연과 더불어 헌법문제조사회 편의『헌법을 살리는 것』(憲法を生かすもの, 岩波新書, 1961년 간행)에 수록되었다. 또 **제8장「현대에서의 인간과 정치」**는「인간의 연구」시리즈(유비각) 중의 한 책으로서, 내가 편자(編者)가 된『인간과 정치』(人間と政治, 1961년 간행)를 위해서 쓴 것이다. 이 책에 수록하면서 조금 자구를 고쳤으며, 전재(轉載)를 흔쾌히 승낙해준 헌법문제연구회, 이와나미신서 및 유비각에 대해서 감사드리고 싶다.

　　때마침 이 두 원고를 쓰는 기간 사이에 안보투쟁이 절정에 달한 시기가 자리하고 있다. 위에서 말한 헌법기념강연회가 개최되고 보름 후에 기시(岸)내각과 여당에 의해서 중의원에서의 신안보조약 심의의 일방적인 중단과 강행채택 결의가 하룻밤 만에 이루어져서, 전국을 시끄럽게 만든 사태에 휘말리게 되었다. 안보개정 문제에 대해서는 그보다 이전에 나는 다양한 집회나 연구회에 참석했으며, 또 거주지역에서의 집회에서 못하는 연설 등도 하고는 있었지만, 강행채택 결의를 한 후에는 그야말로 자리에 앉을 틈도 없는 매일매일이 계속되었다. 물론 안보문제로 시종일관 열심히 움직이고 있던 사람들과 비교한다면, 나의 다망(多忙)함 같은 것은 대단한 것이 아니다. 그러나 천성적으로 귀찮아하고 관심이 없는데다가 거의 한 쪽 폐(肺)로 살아가는 것과 다름없는 신체적인 핸디캡을 가지고 있는 나로서는, 지금 생각해보아도 견뎌낼 수 있었던 것이 기적으로 생각될 정도의 격렬한 생활이었다. 그동안 나의 행동의 장(場)의 대부분은, 크고 작은 보도기관에서 전해주는 그런 집회·데모·잡지에서의 발언과 같은 것 이외에도 있기는 하지만, 그런 표면에 드러나는 말과 행동만을 보더라도, 직접 시사적인 문제에 대해서 짧은 기간 동안에 그만큼 집중적으로 떠들어대거나 글을 쓰거나 한 적이 없었다.

이번에 이 책의 증보판을 내는 데 상당한 분량에 달하는 이들 안보투쟁과 관련된 것들을 어떻게 처리할 것인가 하고 생각했지만, 결국 책의 두께도 생각하고, 또 이 책의 선택기준에 비추어 「현대에서의 태도결정」만을 택했다. 그것은 이른바 5·19 이전의 강연이며, 게다가 직접적으로 안보투쟁을 주제로 한 것은 아니다. 그러나 그런 만큼 도리어 그 와중에서의 나의 행동동기를 원칙적으로 게다가 사후의 합리화라는 위험을 벗어나서, 보여주고 있다고 생각했기 때문이다.

나는 5·19 직후의 격동 속에서 "앞으로의 거대한 전망으로서는……지배층 사이에 일종의 위기를 앞에 두고서 분해가 일어나고, 그것으로 사태가 진정된다는 것이 현재 가장 그럴 것으로 보이는 가능성이다. 아무리 해도 그렇게 될 것이라 생각한다."전망으로 말하자면, 나는 결국 이번의 사건도 어느 틈인가 일상사로 낙착되어버릴 것 같은 그런 느낌이 든다. 다만 그런 일상사가 되어버리더라도 역시 이번 경험은 큰 경험이다. 그것은 반

드시 자산이 될 것이다, 결코 도로아미타불은 아니다. 그러나 현실은 역시
연속성이라는 측면을 가지고 있어서……오히려 '유쾌한 혁명적 정신 뒤에
는 오랜 숙취(宿醉)가 찾아온다'는 마르크스의 말이 실감있게 들려오게 될
것이다'라고 말했다[타케우찌 요시미(竹內好)·카이코오 타케시(開高健)
와의 5월 27일 대담. 『중앙공론』(中央公論), 1960년 7월].

그런 전망을 가지면서도, 그런 단기의 격동에서 가능한 한 우리들에게
앞으로의 '자산'이 될 것을 추출해내고 싶다는 것이, 그 시기의 나의 다양한
말과 행동의 밑바닥을 흐르고 있던 바람이었다. 의회제에 대한 '원내주의'
의 비판, 또는 '건물자연주의'의 비판이라든가 '재가불교'(在家佛敎)적 정치
활동의 강조 같은 것은, 어느 것이나 그런 장기적인 자산이라는 목표에서
나온 생각이며, 그것을 조금이라도 많게 할 수 있다면, 설령 그 시점에서의
안보조약의 '자연성립'을 저지할 수 없다 하더라도 조약의 효과를 최소한으
로 만들고, 나아가서는 그것을 폐기시키는 지속적인 에너지가 될 것이라
생각했던 것이다.

그러나 '사태가 진정'되고 보니 '유쾌한 혁명적 정신'이 난무했던 만큼 그
후의 숙취의 지독함은 나의 예상을 훨씬 상회했다. 최소한의 정치적 리얼
리즘을 갖추고 있다면, 그 시점에서 어떻게 해서라도 '성공'할 리가 없다는
것이 분명한 '혁명'의 환영을 그리기도 하고, '헤게모니'에 대한 비정상적인
관심이 충족되지 않았다거나 하는 것으로부터의 좌절감을 그 투쟁 전체의
객관적 의의에까지 투영하여 '패배'를 뒤엎기라도 하듯이 되풀이했으며, 그
것이 양식(良識)을 간판으로 삼고 있는 평론가——고양되는 운동에 남아
있던 내심의 초조감을 냉소로 달래고 있던 사람들——의 견해와 '일치'된다
는 그런 기이한 광경을 도처에서 볼 수 있었다. 그 결과 전 세계에서 안보
투쟁의 평가가 가장 낮은 것이 일본의 그런 그룹이라는 진기한 현상을 낳
게 되었다. 나는 그 투쟁에 한 사람의 시민으로 참가했다는 것을 지금 새삼
스레 후회하는 것은 아니지만, 위와 같은 숙취 현상의 지독함에는 적지 않
게 실망했다. 그와 동시에 다양한 오해와 중상 속에서 감정으로 흐르지 않

고서, 두드러지지 않는 곳에서 굳세게 힘을 다해 버텨내는 그런 역할을 시종일관 성실하게 다 해준 사람들의 존재에서 훈훈한 느낌을 경험했다는 것 또한 사실이다.

그 동안의 나의 말과 행동은——이라기보다 크고 작은 '통신'을 통해서 나에게 귀속하게 된 '사상과 행동'은, 그후 좌우 양익(兩翼)으로부터 다양한 비판을 당했다. 여기서 그 하나하나에 대해서 변명을 할 생각은 없으며 그 중의 어떤 것에 대해서는 위의 제7장과 제8장의 두 논고(論稿)가 실질적인 답이 되고 있다고 생각한다. 다만 이 책 전체를 꿰뚫고 있는 정치에 대한 접근과 관련시켜서, 한두 가지 문제에 대해서 일반적인 형태로 보충해두고자 한다. (그리고『현대의 이데올로기』(現代のイデオロギ-) 제1권(三一書房 발행)에서 한 사토오 노보루(佐藤昇)와의 대담에서도, 그 당시의 비판점에 대해서 말하고 있다.)

안보투쟁에서의 나의 상황적 발언은 어떤 경우에는 그때까지 어떤 의미에서도 아직 행동으로 옮아가지 않았던 특정한 사람들에 대한 호소라는 의미에서 조직화의 논리를 기저로 한 것이기도 하며, 또 격동의 한가운데에서 희망과는 별도로 사태의 경과와 전망을 말한 것이기도 하며, 나아가 사후로부터의 사건의 의미부여 혹은 위치지움을 시도한 것이기도 하다. 그것들을 통해서 나 개인의 정치적 평가 또는 편향이 다소라도 각인되어 있다는 것을 나는 조금도 부정하지 않는다. 그러나 정치적 판단에는 몇 가지의 질서가 있는 것이며, 예를 들어 특정한 상황에서의 특정한 사람들에 대한 조직화의 논리는, 나의 생각과 전혀 다른 것은 물론 아니지만, 그것을 그대로 나의 정치사상을 토로한 것이라고 생각한다면, 그것은 조금 당혹스럽다. 예를 들면 일정한 사건이 의회제민주주의의 기능조건을 만족시키고 있는가 어떤가 하는 문제는 인식의 차원에서, 즉 의회제민주주의에 대한 '구극'(究極)의 가치판단을 떠나서 고찰할 수 있는 문제이다. 그리고 부정적 결론이 도출된다면, 그것은 적어도 그런 사건의 주동자로부터 의회주의라는 대의명분으로 자신을 합리화할 수 있는 자격을 박탈당한다는 실질적인 의미를 갖는다. 그것은 또 일정한 사람들에 대한 조직론적 효과를 수반하게 될 것이다. 그럴 경우 그런 논리를 구사하는 것과 의회제민주주의를 구극적이며 가장 좋은 정치형태라 생각하는 입장을 취하는 것은 분명히 서로 다른 사안이다.

나 자신에 대해서 말한다면, 무릇 정치제도나 정치형태에 대해서, '궁극'이나 '가장 좋은'과 같은 절대적 판단을 내리는 것에 반대하고 있다. (그 점, 이 책 제1부 제4장 「어느 자유주의자에게 보내는 편지」를 참조. 다만 거기서도 "나는 적어도 정치적 판단의 세계에서는 고도의 실용주의자이고 싶다"고 일부러 방점까지 찍었는데, 유보를 빼버린 채 '마루야마는 자신을 실용주의자라고 규정하고 있다'고 속단하는 비평이 간간히 있다. 나는 반드시 철학적인 실용주의자는 아니다. 조금 더 말한다면, 어느 쪽인가 하면 '배를 가른다'거나 '서로 간과 쓸개를 내 보인다'거나 하는 식의 발가벗는 취미와 이미 만들어져 있는 이즘(ism)에 귀의하는 것이 곧 '세계관'을 가지고 있는 것처럼 생각되는 정신적 풍토와, 그런 두 가지를 배경으로 하여 '너의 궁극적인 입장은 무엇인가' 하는 식의 그 모든 것에 대해서 신앙고백을 요구하는 경향이 '사상을 좋아하는' 사람들 사이에 있다. 그런 물음에는, 나는 아무리 오만한 것으로 생각될지라도 '저는 마루야마이즘입니다'라고 답하기로 하고 있다. 인생의 궁극의 문제에 대한 신조는 '나의 사상은 무엇무엇입니다'라는 형태로 분명하게 표현할 수 있는 것은 아니다. 어떤 인간의 사상이 어디까지 논리적으로 일관되어 있는지 아닌지는 그의 모든 노작(勞作)의 면밀한 음미를 통해서 비로소 분명하게 되는 것이며, 또 그의 행동이 그 사상에 의해서 어디까지 규율되고 있는지는 궁극적으로는 '관(棺)을 덮을 때 정해지는' 문제이다.) 나는 의회제민주주의를 이상적인 정치형태라고 결코 생각하지 않는다. 그러나 그런 반면에 실현되어야 할 제도 혹은 무제도 (無制度)를 위해서 현재의 의회제민주주의의 추상적인 '부인'을 주창하는 것에는 정치적 —의회정치만이 아니라—무능력자의 실없는 소리 이상의 의미를 인정하기 어려운 것이다.

무릇 의회제이건 헌법이건 간에 현재의 제도로부터 제공되고 있는 기회를 누리고, 그 가능성을 최대한으로 활용할 수 있는 능력이 없는 사람에게 어떻게 장래의 제도를 짊어지고 움직여갈 수 있는 능력을 기대할 수 있겠는가. 현재의 제도로부터 자신은 어떤 기회도 제공받지 못하고 있다고 투덜대는 사람은 그야말로 그런 어리석음에 의해서 자신의 **상상력의** 놀랄 만한 빈곤을 고백하고 있는 것과도 같다. 하물며 현재의 생활에서는 현재의 조직이나 제도가 부여해주는 기회를 그대로 향수하고 있으면서, 자신은 그것을 의식하지 못하고 '바깥'에 있다는 생각으로 '소외'의 마조히즘을 휘두르고 있는 사람을 보게 되면, 아무래도 전차 속에서 큰 대(大)자로 드러누워 끝도 없이 울어대어 부모를 곤혹스럽게 만들고 있는 아이를 떠올리게 된다. 어느 쪽이나 '반항'의 근저에는 '응석'이 잠재되어 있기 때문이다.

말할 것도 없이 민주주의는 의회제민주주의로 끝나는 것은 아니다. 의회제민주주의는 일정한 역사적 상황에서의 민주주의의 **제도적** 표현이다. 그러나 무릇 민주주의를 완전하게 체현한 그런 제도라는 것은 일찍이 없었으며 또 앞으로도 없을 것이어서, 사람들은 기껏해야 보다 많다거나 혹은 보다 적은 민주주의를 말할 수 있는 데 지나지 않는다. 그런 의미에서 '영구혁명'이란 그야말로 민주주의에 어울리는 그런 명사이다. 왜냐하면 민주주의는 원래 '인민의 지배'라는 역설을 본질적으로 내포하고 있는 사상이기 때문이다. 실로 "다수가 지배하고 소수가 지배당하는 것은 부자연스러운 일"(루소)이기 때문에 민주주의는 현실에서는 민주화의 과정(process)으로서만 존재하며, 어떠한 제도에도 완전히 흡수될 수 없으며 거꾸로 그것을 제어하는 **운동**으로 고대 그리스로부터 발전해온 것이다. 게다가 그 경우 '인민'은 수평면에서도 언제나 개체와 다수의 긴장을 안고 있는 집합체여서 즉자적인 일체성을 갖는 것은 아니다. 즉자적인 일체로서 표상된 '인민'은 역사가 흔히 보여주고 있듯이 쉽게 국가 혹은 지도자와 동일화될 것이다. 민주주의를 오로지 권력과 인민이라는 종적인 관계로 파악하고, 다수에 대한 개체라는 수평적 차원을 무시 혹은 경시하는 '전체주의적 민주주의'의 위험성은 바로 여기서 배태된다. 어찌하여 민주주의적인 정치체의 가설이 사회계약과 통치계약이라는 수평·수직의 이중 구조를 가지고 있는가 하는 물음을 현대에서 다시 묻지 않으면 안되는 것이다.

　이같은 기본적인 골격을 가진 민주주의는, 따라서 사상으로서도 제도로 서도 근대자본주의보다도 더 오래되었으며 또 어떠한 사회주의보다도 더 새롭다. 그것을 특정한 체제를 넘어선 '영원'한 운동으로 파악할 때 비로소 그 것은 또 현재의 매일매일의 정치적 창조의 과제가 된다. 그렇지 않고서 민 주주의를 오로지 역사적 체제의 용어(term)로 말하는 것은, 현실의 특정 한 '체제'를 민주주의의 체현으로 정적으로 미화하든가 그렇지 않으면 매일 매일의 과정의, 즉 민주적 피드백 기능의 끊임없는 행사라는 과제를 남김 없이 모두, '소외의 회복'이라는 장래의 목표 속에 떠받들게 되어 '역사적' 시각을 닮았지만 실은 비역사적인 사고로 떨어지기 쉽다.

　마찬가지로 '정치를 없애기 위한 정치'라든가 '권력의 사멸을 추구하는 권력집중'이라는 얼핏보기에 변증법적인 생각도, 목적적 사고 혹은 거대한 역사단계론(계급사회의 지양(止揚)→계급이 없는 사회라는 식의)만이 전 면에 나서서 일상적인 과정을 시시각각으로 절단하는 논리가 보이지 않는 한, 더 나쁜 해악을 구체적인 상황 하에 식별하는 규준으로서는 기능하기 어려울 것이다.

사람들이 없어서는 안되는 제도로 부르고 있는 것은, 흔히
단순히 습관화된 제도에 지나지 않는다는 것, 그리고
사회체제의 영역에서 가능한 것의 범위는, 어떤 사회집단
속에서 생활하고 있는 모든 인간이 상상할 수 있는 것보다도
훨씬 더 큰 것이라는 점을 나는 믿지 않을 수 없다.
—알렉시스 드 토크빌의 회상록에서

이 책은 생각하기에 따라서는 실로 기묘한 책이다. 첫째로, 자신의 논문에 자신이 일일이 '해설'을 덧붙인다는 것은 그다지 예가 없는 일이며, 더구나 그 주제에 관련된 과거의 좌담회에서 한 발언 같은 것을 적절하게 집어넣은 그런 편집은 누군가 다른 사람 혹은 고인(故人)의 것을 정리하는 경우라면 모르지만, 저자 스스로 한다는 것은 어떤 의미에서는 그것만큼 참람하고 오만한 태도는 없을 것이다. 마치 교주가 신도들에게 자신의 교시를, 심지어 한 마디 한 구절의 미세한 부분까지 고맙게 듣도록 만드는 것처럼……. 어째서 그렇게 되었는지 일반적으로 이해할 수 있도록 하기 위해 이 책이 세상에 나오게 된 경과를 개략적으로 적어두고 싶다. 한마디로 말해서 이 책은 다양한 동기와 사정이 얽혀서 그 모습을 갖추게 된 것으로, 반드시 저자의 하나의 목적의식에 의해 만들어진 산물은 아니라는 것이다.

제1부의 추기에도 썼듯이 이 책은 원래는 일본의 파시즘 혹은 내셔널리즘 문제를 중심으로 엮을 요량이었으며, 그것은 미래사(未來社)의 니시타니 노리오(西谷能雄)씨가 출판사를 창립했을 당시부터의 약속이었다. 그런데 바로 그 무렵부터 내가 병상에 누워버렸으며 그후 조금 나아지긴 했지만, 역시 그런 자료적인 작업은 아무래도 여기저기 돌아다니는 것이 필요하므로, 언제쯤이라야 그렇게 정리해낼 수 있을지 기약을 할 수 없게 되

어버렸다. 한편 나는 토오쿄오(東京)대학 출판회에서 『일본정치사상사연구』[역주1]를 간행했을 때, 이어서 정치학관계 논문집을 내기로 되어 있었는데 그 글들을 다시 읽어 보니 어딘가 심히 부족한 것 같아서 도무지 마음이 내키지 않았으며, 또 요양으로 인해 학계나 연구실과의 접촉이 뜨악해졌기 때문에 점점 더 자신이 없어져서 역시 그대로 내버려두고 있었다.

그처럼 꽉 막힌 상황에 처해 있던 참에, 재작년(1955) 말부터 작년(1956) 초에 걸쳐서 지식인과 전쟁책임이라는 문제가 논단에서 다시금 제기되기 시작했다. 나는 제1부의 일곱번째 논문(新版에서는 여섯번째 논문)에서도 썼듯이, 지식인만이 아니라 일본의 정계나 저널리즘, 그리고 학계에 널리 만연하고 있는 자신의 말과 행동에 대한 무책임함, 어제 말한 것을 오늘 뒤집어놓고서도 아무렇지도 않은 듯하고 있는 풍경에 대해 예전부터 불만스럽게 생각하고 있었으므로, 그 문제는 무척이나 나의 관심을 불러일으켰던 것이다. 게다가 전쟁책임 문제는 나에게는 개인의 사상적 자세의 문제만이 아니라 그야말로 나의 연구대상과도 밀접하게 관련되어 있었다. 지금에 이르러서 새삼스레 전쟁책임을 다시 문제삼는 것은…… 하는 생각에는 찬성할 수 없지만, 그와 동시에 지금 다시 되풀이하지 않으면 안되게 되었다는 것 자체에 대해서 모든 지식인이 깊은 반성을 요구당하고 있는 것이 아닌가 따라서 그런 의미에서 전쟁책임 문제는 전후 책임문제와 분리시켜 제기해서는 안된다는 것이 나의 처음부터의 느낌이었다. 작년 언제쯤인가, 그런 문제를 아주 가까이서 사는 친구 타케우찌 요시미(竹內好)와 이야기했을 때, 그가 이 기회에 우리는 부끄럽다든가 지금에 와서는 형편이 좋지 않다든가 하는 생각을 완전히 떨쳐버리고서, 전쟁 중에 그리고 전쟁 후에 썼던 글들을 일괄적으로 사회에 내보이는 것으로부터 출발해야 하지 않을까 하고 한 말은, 순간적으로 나의 가슴을 예리하게 찔렀다.

[역주1] 『日本政治思想史研究』는 1952년에 초판이 나왔으며, 1983년에 신장본(新裝本)이 나왔다. 신장본에는 그 책의 영어판 서문의 일본어원문이 실려 있다. 그리고 그 책은 우리말로 번역되었다. 마루야마 마사오 지음, 김석근 옮김, 『日本政治思想史研究』(통나무, 1995) 참조.

그런데 어떤 일이 굴러가는 인연이라는 것은 참으로 기묘한 것이어서, 때마침 여름 무렵부터 미래사(未來社)는 어떤 사정이 있어서인지 나의 약속이행에 대한 공세를 갑작스레 강하게 밀어붙였던 것이다. 이러한 사정으로 인해 토오쿄오대학출판회에 약속했던 몇 편의 논문을, 일본 파시즘에 관한 이미 발표된 연구에 덧붙여서 한 권으로 묶게 되었던 것이다. (이 점 토오쿄오대학출판회의 호의에 깊이 감사드린다.) 그렇지만 거기서부터의 길도 순탄하지는 않았다. 자신 속의 조그마한 학문적 수치심으로부터는 해방되어 마음이 가벼워졌지만, 다른 어려움이 잇달아 터져나왔다. 나는 원래 쓰는 것이 정밀하지는 않지만, 그래도 그때까지는 잡지나 대학신문·독서신문 등에 이따금 짤막한 글이나 서평을 쓰고 있었다. 그런데 그다지 주의를 기울이지 않아서 그런 것을 일일이 보존하고 있지 않았다. 게다가 좌담회에는 아프기 전에는 열심히 불려다녔지만, 그렇다고 해서 그것을 전부 수록하는 것도 아니었다. 종전이 될 때까지 썼던 미발표 논문도 약간 있었지만, 거의 대부분 일본 사상사와 관련된 것이거나 아니면 해외 정치학계의 동향이나 외국서적 소개여서 대단한 것은 없었다. 전체의 분량도 생각하지 않으면 안되었으며, 아무리 자신의 마음은 정리되었다지만, 책으로서의 통일성이 너무 결여되어 있는 것은 역시 내놓고 싶지 않았다. 그리하여 겨우 다음과 같은 대체적인 규준(規準)을 세우게 되었다. ① 일단 전후에 쓴 논문에 한정시킨다. ② 현대 정치의 문제에 비교적 관련이 깊은 논문을 중심으로 한다. (①과 ②에서 일본이나 유럽 사상사를 다룬 것은 제외시킨다.) ③ 너무 짧은 것 혹은 입문적인 것은 넣지 않는다. ④ 현대 정치의 문제로 한두 편 새로이 쓴 것을 덧붙이고, 또 추기로 보완해서, 가능한 시의 적절한 것으로 만든다.

그리고 전후(戰後)의 나의 사상이나 입장의 대체적인 흐름이 가능한 한 문맥적으로 분명하게 드러나도록 배려하면서, 그와 동시에 현대 정치의 제 문제에 대한 정치학적인 접근이란 어떤 것인가 하는 개략적인 설명을 폭넓은 독자들에게 소개하여, 제3부의 추기에서 말한 것과 같은 일본에서의 정치학의 '안'과 '밖'의 교통의 극심한 격리를 다소라도 다리놓아보자는 대단히 의욕적인 뜻이 편집 속에 담기게 되었던 것이다. 결과는 상당히 아카데믹한 것과 매우 저널적인 것이 병행하고, 본문의 주제와 관련있는 좌담회의 발언을 편집해 넣는 것도, 추기의 덧붙임이 늘어났기 때문에 반드시 잘 되지는 않아서, 마치 두 마리의 토끼──아니 몇 마리의 토끼──를 쫓는 실패를 실증주는 것처럼 되어버렸지만, 여기까지 달려온 이상 눈을 질끈 감고 많은 분들의 준엄한 비판을 기다리기로 했다. 그렇더라도 이 책의 배경이 되고 있는 나의 사상의 도정(道程), 미혹됨이나 편력을 그대로 세상에 드러내기 위해서는 오히려 전쟁까지의 궤적을 말하지 않으면 안되겠지만, 그것을 여기서 적을 여유는 도저히 없으므로 훗날을 기약하기로 한다.

이 논문집을 정리함에 있어서 전쟁 이전·이후에 걸쳐서 나의 학문과 생각에 여러 가지 귀중한 시사를 안겨주신 많은 선배들과 친구들의 얼굴이 잇달아 떠오른다. 학문적 방법이나 정치적 입장이 다른 분들로부터도 나는 한량없이 많은 가르침을 받아왔다. 일일이 이름을 적지는 않겠지만, 그런 다면적인 분야에 계신 분들로부터의 시사가 없었다면 "모든 것에 대해서 어느 정도 알며, 어떤 것에 대해서는 그 모든 것을 안다"(J. S. Mill)는 지독하게 어려운 노력을 숙명적으로 짊어지고 있는 정치학의 길을 어쨌거나 오늘까지 계속 걸어온다는 것은 도저히 불가능했을 것이다.

끝으로 이 책이 햇빛을 보게 되기까지 만 6년이나 꾹 참고 기다려주신 출판사 사장이라기보다는 오히려 친구인 니시타니 노리오(西谷能雄)씨와 마지막 급피치를 올리는 데 무척이나 번거롭게 했던 마쯔모토 쇼오지(松本昌次)씨를 비롯해 미래사 여러분들이 힘을 다해주신 것에 감사드리면서 펜을 놓는다.

1957년 3월 혼고오(本鄕)에서

마루야마 마사오

상·하 두 권으로 나누어져 있던 구판(舊版)을 한데 묶어서 내고 싶다는 희망은 이미 몇 년 전부터 출판사에서 내놓고 있었다. 그것이 나의 외국행이나 다른 연유로 인해 계속 늦어지게 되었다가, 이제서야 겨우 햇빛을 보게 된 것이다. 따라서 증보판이라 해도 구판을 전면적으로 개정해서 다시금 세상에 내놓는다는 식의 그런 뜻은 내게는 처음부터 없었다. 다만 모처럼 새롭게 꾸미게 되면, 그 기회에 기술적인 정정(訂正)을 가함과 동시에 구판 이후에 썼던 글들 중에서 이 책의 취지에 맞는 것을 두세 개 덧붙이고 싶다고 생각했을 뿐이었다. 그러나 「추기」에서도 말했듯이 나의 주요한 작업영역의 이동——이라기보다는 복귀로 인해, 논문을 덧붙이는 데 있어 선택한다고 할 정도의 여지는 없었으며, 결국 보시는 바와 같이 제1부에 하나, 제3부에 둘을 더하고, 추기의 여기저기에 약간의 손질을 가한 정도이다. 본래 내가 바랐던 것으로, 출판사 측에서는 그다지 마음내켜하지 않았던 구판의 얇은 표지가 이번에는 합본으로 인해 어쩔 수 없이 두터운 것(하드 커버)으로 바뀌었다는 것이, 어쩌면 가장 크게 '변한' 점일는지도 모르겠다.

『현대 정치의 사상과 행동』이라는 이 책의 제목에 원래 어떤 특별한 의미가 있었던 것은 아니며, 바야흐로 책으로 묶게 되었을 때 이른바 난처한

656

나머지 그렇게 붙였을 뿐인데, 어찌된 영문인지 '현대 ○○의 사상과 행동' 이라는 유사한 말이나 표제를 그후에 이따금 볼 수 있게 되어, 최근에는 자신의 책 이름에 조금은 지긋지긋하다는 생각이 든다. 그것은 표현이 진부해졌기 때문만은 결코 아니다. 지난해 언젠가, 어느 학생신문에 "무릇 현대의 정치 또는 사상을 고찰하기 위해서 운운" 하는 구절이 있는 것이 눈에 확 들어온 적이 있다. '정치 또는 사상'이란 대체 어떤 것인가. 정치는 정치, 사상은 사상이다. 정치의 사상을 말할 수는 있어도, 그것은 정치라는 복합체의 하나의 측면에 지나지 않는다. 그리고 사상의 정치적 성격이라든가 정치적 역할을 논하는 것 역시 가능하다. 어떠한 사상도 정치의 장에서 일정한 색채를 띠며, 일정한 역할을 연출하기 때문이다. 그렇다고 해서 사상의 의미가 그런 정치적 역할 속에 해소된다거나 해소되어도 좋다는 식으로는 되지 않는다. 나는 어떤 기사의 말꼬리를 잡고 늘어지고 있는 것이 아니라, 정치와 사상을 '또는'이라는 표현으로 간단하게 연결시키고 등치시키는 데에 상징적으로 드러나고 있는 그런 분위기(무드)를 문제삼고 있는 것이다. 그런 어투로 나아가게 되면, 앞에서 말한 책 표제에서 조사는 다 빠져버리고, 현대는 곧 정치, 정치는 곧 사상, 사상은 곧 행동이라는 식으로 되어버리고 말 것이다. 사실 요즈음은 이들이 모조리 마치 한 알의 경단처럼 뭉쳐지고, 거기에 '말의 영혼'이 깃들어 '황량한' 현상을 사상적 래디컬리즘으로 착각하고 있는 경향도 있는 것 같다. 내가 이 책의 제목으로 인해 조금 우울하게 된 것은 바로 그 때문이다.

그러나 제목 같은 것은 본래 아무래도 좋다. 학문적 '연구'로서는 그후 세상에 나온 정치학·사회학·역사학 분야에서 뛰어난 노작(勞作)에 의해 점점 더 고색창연한 것으로 되어버린 이 책을, 오늘의 시점에서 구판 부분에도 거의 손을 대지 않고 증보하는 데 대해서는 내 나름대로의 조그마한 기쁨과 동시에 '고집' 같은 것이 없는 것은 아니다. 보시는 바와 같이 이 책에 수록된 논문의 대부분은 전문 연구자를 위한 학술잡지에 기고한 것이 아니며, 오히려 학자 이외의 독자들을 예상하고서 쓴 것들이다. 그러나 나 자신의 마음가짐으로는 이들 논문을 저널리즘 성향의 '계몽적'인 읽을거리로 집필했던 적은 한 번도 없다. '학술적 논문'과 '계몽적 논문'을 구별해서 써내는 재주는 애초부터 가지고 있지도 못하지만, 그 이상으로 나는 이 책에 실린 논문들에 관해서는 의식적으로 그런 구분을 피해왔다. 따라서 이들 논문의 스타일이 학계의 상식으로 볼 때는 너무나도 저널리스틱하게 보이고, 저널리즘 세계로부터는 너무나 '전문적' 또는 '난해'하다는 비난을 당하는 것은 이미 각오하고 있던 터이다. 따라서 이 책이 예상 외로 넓은 독자들에게 읽혀서, 특히 학계와 '논단'에 인연이 없는 다양한 계층의 열성적인 독자들을 갖게 된 것보다 더 나의 마음을 격려해준 것은 없었다. 저자에게 그야말로 그것은 '솔직한 느낌'이었다. 나는 이 책 속에서, 시민의 일상적인 정치적 관심과 행동의 의미를 '재가불교'주의('在家佛敎主義)에 비견했는데, 같은 비유를 학문, 특히 사회과학에 대해서도 언제나 그렇게 생각하고 있다. 나를 포함하여 학문을 직업으로 하는 학자·연구자들은 이른바 학문 세계의 '승려'들이다. 학문을 고도로 발전시키기 위해서 승려는 점점 더 승려로서의 수련을 쌓아가지 않으면 안된다. 그러나 종교와 마찬가지로, 한 국가의 학문을 짊어지는 힘은, 즉 학문에 활력을 불어넣어주는 것은, 오히려 학문을 직업으로 하지 않는 '속인'의 학문 활동이 아닐까. 내가 부족하면서도, 이 책에 실린 논문에서 의도했던 것은 때때로 오해되고 있듯이 학계와 저널리즘의 '다리놓기'가 아니라, 학문적 사고를 '승려'들의 독점으로부터 조금이라도 해방시키는 데 있었던 것이다. 그런 의미에서 나로서는 앞으로도 특히 학문을 사랑하는 비직업학자들로부터의 편달과 솔직한 비판을 기대하고 또 바라 마지않는 바이다.

　이렇게 말한다고 해서 내가 동료 학자 혹은 평론가를 '상대하지 않는다'는 것은 물론 아니다. 이 책의 구판에 대해서는 정치학계만이 아니라 폭넓게 사회과학자 혹은 평론가들로부터 진솔한 평가와 비판을 받았으며, 가르침을 받은 것도 적지 않았다. 이번에 그들의 비판 중에서 특히 중요하다고 생각되는 것에 대해서 일일이 추기에서 답하는 것도 고려해보았지만, 정작 착수해놓고 보니 그런 정면으로부터의 비판은 대체로 이 책 이외의 나의 다른 노작(勞作)에도 미치고 있는데다 나의 사상이나 학문적 입장 일반을 묻고 있어서, 이 책에 실린 논문들의 범위내에서 답하는 것은 어렵다는 사실을 알게 되었다. 게다가 작년 가을에 나온 이 책의 영어판[원주1][역주1]에 대해서 해외에서 이미 4, 5편의 서평이 나와 있으며, 앞으로도 나올 조짐이 있으므로, 그런 해외의 반향(反響)도 국내에서의 비평도 한데 아울러서 적당한 기회를 보아 다시 다루기로 하자는 생각을 갖게 되었다. 그 때문에 덧붙인 추기에는 반비판(反批判) 같은 것도 부분적으로 포함되어 있지만, 전체의 방침으로서는 이 책의 원형(原型)을 제2차대전 이후의 일본의 역사(戰後史)의 하나의 자료로서 독자들에게 제공한다는 의도가 강하게 작용하고 있다. 이런 형태로 재판(再版)을 내놓는다고 해서 저자가 지금까지 나온 비평을 무시하거나 배울 가치가 없다고 생각하고 있는 것은 전혀 아니라는 점을 아무쪼록 밝혀두고 싶다.

연구자나 비평가에게는, 이 책을 '연구'로서보다는 오히려 전쟁 이후의 일본의 정치학사의, 넓게는 전후(戰後) 사상사의 하나의 자료로서 다시금 제공하고 싶다는 의미는, 구판의 후기에 "전후의 나의 사상이나 입장의 대체적인 흐름이 가능한 한 문맥적으로 분명하게 드러나도록 배려"한다고 말한 이 책의 편찬의도의 하나와 관련되어 있다. 특히 최근의 논의에서 내 마음에 걸리는 것은 의식적 왜곡으로부터와 무지로부터를 가릴 것 없이, 전

[원주1] *Thought and Behavior in Modern Japanese Politics*, Oxford University Press, 1963(ed. by Ivan Morris with Author's Introduction to the English Edition). 단 이 책은 구판(舊版)의 논문 아홉 편을 번역한 것이다.

[역주1] 영역본은 다시 1969년에 증보판을 냈다. 증보판에는 아홉 편 외에 「헌법 제9조를 둘러싼 약간의 고찰」(憲法第九條をめぐる若干の考察)과 「현대에서의 정치와 인간」(現代世界における政治と人間) 두 편이 더 덧붙여졌다. 그러나 일어판 구판(舊版)의 증보판, 그러니까 이 책의 번역 대본으로 삼은 책에는 「헌법 제9조를 둘러싼 약간의 고찰」은 실려 있지 않다. 그것은 丸山眞男, 『後衛の位置から ─ 「現代政治の思想と行動」追補』(未來社, 1982)에서 참조할 수 있다.

쟁 이후 역사과정의 복잡한 굴절이나 개개의 사람들의 다양한 궤적을 조잡한 단계구분이나 '동향'(動向)이란 이름으로 전부 일률적으로 재단해버리는 식의 '전후(戰後)사상'론으로 인해서, 어느 틈인가 전쟁 이후에 대한 충분한 음미를 결여한 이미지가 침전하여 새로운 '전후 신화'가 생겨나 있는 것이다. 정계·재계·관계로부터 논단에 이르기까지 목구멍만 넘어가면 뜨거움을 잊어버리는 사람들, 또는 잊어버리는 것으로 이익을 얻는 사람들에 의해서 방송되는 이같은 신화(예를 들면 전쟁 이후의 민주주의를 '점령 민주주의'라는 이름으로 일괄하여 '허망'(虛妄)하다고 하는 언설)는, 전쟁과 전쟁 직후의 정신적 분위기를 직접적으로 경험하지 않은 세대가 늘어남과 더불어, 의외로 무비판적으로 수용될 수 있는 가능성이 있다. 그런 과거의 망각 위에 피어나는 전후 사상사의 신화화를 막는 한 가지 방법은, 전쟁 이후에 다양한 영역에서 발언한 지식인들이 가능한 한 많이 자신의 과거의 언설을, 자료로서 사회의 눈 앞에 드러내놓는 것이리라. 그것은 구판의 후기에서 말한 전후책임이라는 도의적 문제만은 아니며, 보다 엄밀한 실증적 음미를 거친 전쟁 이후의 역사(戰後史)를 만들어간다는 우리들의 학문적 과제 때문이다. 이 책이 그런 의미에서의 자료의 하나로서 도움이 된다면 정말 다행이겠다.

물론 전쟁 이후의 민주주의를 '허망'으로 보는가 어떤가 하는 것은 결국에는 경험적으로 검증된 문제는 아니며, 논자의 가치 감각과 관련되어 있다. 그리고 정치에 대한 어떠한 과학적 인식도 검증불가능한 '공리'(公理)를 기저에 두고 있는 한 그런 '허망'한 생각 위에도 학문적 노작이 꽃필 수 있는 가능성이 있다는 것을 나는 부정하지 않는다. 내가 신화화라고 한 것은 그런 관점으로부터의 역사적 추상(抽象)이 추상성(抽象性)과 일면성(一面性)의 의식없이 그대로 현실의 역사로서 통용되는 것을 말한 것이다. 나 자신의 선택에 대해서 말한다면, 대일본제국의 '실재'(實在)보다도 전후 민주주의의 '허망' 쪽에 걸 것이다. 이 책에 실린 논문들의 집필시기는 제2차대전 이후 16년에 걸쳐 흩어져 있어서 그동안 개념·용어에는 변화가 있었지만, 위에서 말한 선택이 공리(公理) 또는 편향으로서 그 기저를 흐르고 있다는 점에는 변함이 없다. 나는 계속해서 그런 편향을 중요하게 여길 것이다. 증보판을 내는 데 있어서 나의 '고집'이라고 한 것은 바로 그것이다.

끝으로 교정의 번거로움을 기꺼이 떠맡아준 미래사의 마쯔모토 쇼오지(松本昌次)·코미노 슌스케(小箕俊介)·타구찌 에이지(田口英治) 씨의 수고에 감사드린다.

1964년 5월 초순
저자

●영어판 서문^[역주1]

이 책에 수록된 논문들은, 거의 10년 남짓 되는 기간 동안에 발표된 것들이다. 그중에서 가장 이른 시기의 논문은, 내가 복귀하여 한 사람의 병사로부터 다시 대학의 조교수로 돌아온 직후에 씌어졌다. 가장 최근의 논문이라 하더라도 발표한 지 이미 6년 이상이나 지났다.

제2차세계대전 이래 세계의 도처에서 일어나고 있는 정치적 변화의 템포와 규모를 주어진 것으로 생각한다면, 정치학의 연구자로서 10년 전에 의론이 분분했던 문제에 대해서 당시의 자신의 코멘트를, 순수한 자긍심과 평정함을 가지고서 다시 읽을 수 있는 사람은 아마 거의 없을 것이다. 이 책의 저자처럼, 이들 논문을 쓰고 있을 때에는 전혀 기대하지 못했던 독자들을 위해서, 더구나 문화적 전통이 자신의 그것과는 심하게 다른 독자 여러분들을 위해서 서문을 써야만 하는 처지에 있는 사람에게 곤혹스러움은

[역주1] 영어판 서문은 ① *Thought and Behavior in Modern Japanese Politics* (Oxford University Press, 1969)의 그것과 ② 丸山眞男, 『後衛の位置から—「現代政治の思想と行動」追補—』(未來社, 1982)에 일어로 번역된 것을 대조해가면서 우리말로 옮겼다. 그리고 ②에 덧붙인 저자 자신의 추기까지 번역해서 덧붙였다. 영어판 서문의 일본어 원문이 없는 사정, 그리고 영어판에서 자신이 잘못 생각했던 부분에 대한 교정(?)을 직접 들을 수 있기 때문이다.

한층 더 깊어갈 뿐이다.

서구의 지적 세계로부터 오랫동안 격절되어 있은 후에, 우리 일본인들이 이런 직업의 일을 시작했다—라기보다는 오히려 재(再)출발시킨 것은 어떤 사회적·지적 풍토 하에서였는가 하는 것을 독자 여러분들에게 충분히 설명하는 것은 너무나도 많은 시간이 걸리게 될 것이다. 그러므로 여기서는 이들 논문들이 씌어진 지적인 배경에 밝지 않은 독자들로부터의 의문이나 비판이라는 형태로 아마도 제기될 다양한 반응을 미리 예상하고서, 그것에 대해 약간의 설명을—그것은 또 아마도 자기방어의 말이기도 하겠지만—덧붙이는 것에, 나의 뜻을 한정시키고 싶다.

우선 첫째로, 이 책의 독자들이, 특히 전적으로 현대 일본을 다루고 있는 논문들에서, 일본의 정치와 사회에 대한 나의 비판, 심지어 일본의 학문이나 문학 세계에조차도 미치는 그런 비판에 담겨 있는 고발적인 어투에 놀란다 하더라도 그것은 무리가 아닐 것이다. 그래서 내가 자신의 사회의 병리학적 측면에만, 편집적인 관심을 가지고 있는 것처럼 보일는지도 모르겠다. 혹은 일본의 지식인에게 전통적이라 생각되고 있는 절망적인 자학의 전형적인 표현을, 여기서 확인하는 사람도 있을 것이다.

확실히 나는 이들 논문에서 일본 사회의 분석이, 생리학적인 접근이라기보다도 병리학적인 그것에 기울어져 있다는 것을 부정하지 않는다. 그러나 전쟁 직후의 상황에 비추어본다면 그것은 부자연스러운 것은 아니었다. 사회과학자의 탐구에 생기를 불어넣어준 것은, 하나의 커다란 물음이었다. 즉 일본을 그런 파멸적인 전쟁으로 몰고간 내적인 요인은 무엇이었을까. 과거 십 몇 년에 걸쳐서 서구의 학문·기술·생활양식을 흡수하고, 일본 또는 아시아의 전통보다도 서구의 전통 쪽에 밝았던—혹은 적어도 자신은 그렇다고 믿고 있었다—일본의 지식인들이, 일본의 독특한 '황도'(皇道) 신화에서의 조잡하기 짝이 없는 신조에 고무된 맹목적인 군국주의 내셔널리즘의 분류(奔流)를, 결국에는 기꺼이 받아들이게 되었거나 혹은 적어도 저지시키는 데 그토록 무력했다는 사태는 어찌하여 일어났던 것일까? 그것이 전쟁 이후에 사회과학 전 분야에서 작업을 시작한 사람들의 **학문적인 출발점**이며, 그것은 동시에 시민으로서의 사회적 책임감에 대한 실천적 응답이기도 했다. 여기에 수록된 논문에서 내가 적어도 의식적으로 의도했던 목적이 그 성과가 아무리 불충분한 것이라 할지라도 나 자신을, 그리고 내가 속하고 있는 사회의 통치체제에 엑스레이 사진을 찍어서, 거기서 발견할 수 있는 하나 하나의 질병의 징후에 대해서 무자비할 정도의 메스를 휘두르는 데 있었다는 것은 분명하다.

이 점에서는 나는 어떠한 독창성도 주장할 수 없다. 왜냐하면 그것은, 패전 직후의 시기에 지적으로 활동하고 있던 나의 동료들의 대부분이 취하고 있던 자세였기 때문이다. 만약 나 자신의 접근방법에서 어떤 특색을 찾아볼 수 있다면, 그것은 나와 같은 시대의 마르크스주의자들의 시각을 확대하려고 시도한 점에 있다. 비판적 사회분석이라는 마르크스주의의 방법은 1930년대 초기의 사회과학에서 많은 풍요로운 업적의 근본원인이 되었으며, 동시에 그 실천자들에게 무엇보다도 가혹한 탄압을 불렀는데, 전후의 새로운 자유로움 속에서 거대한 재생을 보게 되었다. 그 결과 마르크스주의의 영향 하에서 일본의 사회와 문화의 연구는, 자연히 '천황제(天皇制) 권력구조의 계급분석' 혹은 '제국주의 사회·경제적 하부구조'의 분석으로 기울었다. 그것에 대해서 나의 의도는 같은 문제에 다소 다른 시각에서 빛을 비추어보려고 했던 것이다. 즉 보다 넓은 의미에서의 일본의 문화(culture)의 성격을 검토하고, 일본인의 일상의 행동과 사고(思考) 과정——의식적으로 품고 있던 이데올로기만이 아니라 나아가 특히, 일상생활의 행위 속에서 단편적인 방식으로 나타나는 무의식적인 제 전제나 제 가치도 포함하여——을 분석하는 것이었다.

요컨대 이들 논문은 두 주제의 대위법(對位法)적인 합성을 보여주고 있는 것이다. 한편에서 나는 일본 사회의 치부를 드러내 보이려고 시도하고 있다. 1930년대와 40년대의 사건은 그것을 이전보다는 한층 더 일목요연하게 해주었지만, 그러나 그것은 봉건사회로부터 세계의 대열에 끼는 산업대국으로의 일본의 '경이적인 발전'의 전(全) 기간을 통해서, 일본의 통치 체제의 불가분의 특질을 이루고 있던 것이다. 그 점에서 나는 1930년 이후 의 파국적인 제 사건을, 단순히 외적인 국제환경에서 기인하는 것이라든가 혹은 엄격한 국내문제에 대한 임시적인 대응이라든가, 그 어느 쪽이건 간 에 일본의 정치적 발전의 '정상적인' 방향으로부터의 우연적·우발적인 일 탈로서 설명하고, 그리고 그런 것으로 완전히 잊어버리는 경향——일본에 서 한국전쟁 이래 현저해졌지만, 그러나 (일본이) 항복한 이래 끊임없이 존재하고 있던 경향——에 대항하려고 시도했던 것이다. 또 하나의 주제는, 일본의 지적인 세계를 침식하고 있던 도그매틱한 속류 마르크스주의의 범 람에 저항하고, 보다 넓게 보다 다양한 접근의 발전을 도모하려는 시도였 다. 서구의 독자들에게는, 양면작전을 수행하려는 이같은 시도는, 이데올 로기적 혼란을 기묘하게 드러내준 것으로 보일는지도 모르겠다. 그렇다 하 더라도 달리 문제는 없다. 나의 여기서의 목적은 독자들의 동의를 얻는 것 이 아니라 다만 독자의 이해를 얻는 것일 뿐이다.

그러나 일본 지식인의 유명한 '자학'(自虐)에 대해서는 한마디 하고 싶 다. 그 문제가 논의되는 것을 들을 때, 나는 전쟁 이전의 일본에서 한때 교 편을 잡았던 마르부르크(Marburg)의 철학자 카를 뢰비트(Karl Löwith)의 지적을 떠올리지 않을 수 없다. 예리하게 문화를 분석하고 있 는『유럽의 니힐리즘』(*European Nihilism*)의 후기(後記)——일본의 독 자들에게 보내는 발문(『思想』 1940년 9·10·11월호에 처음 실림)——에 서 그는 유럽의 자기비판의 정신과 일본의 '자애'(自愛)의 정신을 대비시키 고 있다. 전쟁 이전의 일본과 전쟁 이후의 일본의 대비는 일단 차치해두더 라도 1963년의 일본에 대해서는 과연 어떻는지? 확실히 나는 일본 정치사 상사에 대한 나 자신의 현재의 관심——문제의 중요성에 대한 나의 평가 및 나의 연구동기——이, 이들 논문이 씌어진 10년의 기간 이후에 약간 변했 다는 것을 부정할 수 없다. 그렇지만 다른 한편으로, 미국만이 아니라 공산 세계의 일부에도 퍼지고 있는 듯한 '일본 붐'에 대한 일본의 신문보도를 읽

을 때, 그리고 일본의 문물이 ──전쟁 이후의 눈부신 경제성장률에서 선
(禪), 유도(柔道), 꽃꽂이에 이르기까지 모든 영역에 걸쳐서──외국인의
일반적인 예찬을 얻고 있다는 일본의 관(官)·민(民) 쌍방의 확신이 증대
되어가는 것을 볼 때, 나는 모든 일이 다 잘되었다는 기분이 들지 않는 것
이다. 악보는 새로울는지 모르지만, 선율(旋律)의 음형(音型)은 여전히 낯
익은 것이다. 외국인의 눈에 비치는 일본의 평판이 제일 마음에 든다는 형
태로 나타나고 있는 그런 일본인의 '자애'는, 본래의 의미에서의 자존심이
나 자립정신과는 오히려 다른 무엇인가이다. 따라서 만약 현재 쓴다고 한
다면 나의 어투는 여기에 실린 논문만큼 억센 것은 아니라 하더라도, 내가
일본사회의 병리적 측면에 대한 관심을, 최근의 사건으로 어쩔 수 없이 방
기하는 일은 우선 있을 수 없다는 점을 정직하게 고백해둔다.

이들 논문에서 조금 이상하다고 독자들, 특히 일본에 대해서 어느 정도
알고 있는 독자들에게 느끼게 할는지도 모르는 두번째 측면은, 일본 정치
의 특이함 및 그것을 규정하고 있는 문화 패턴의 특이함에 대해서 전편에
걸쳐서 강조하고 있다는 것이다. 물론 그것은 어느 정도까지, 이미 약술(略
述)한 진단과 치료의 의도라는 목적도 있다. 좋은 의사는 각 환자의 신체의
특징에 관심을 가져야 할 것이다. "모든 인간은 때때로 열이 난다, 그리고
모든 열은 이러이러한 증후를 드러낸다"고 하는 식의 일반화는 처방전을 간
단하게 쓰는 데는 도움이 되겠지만 그것은 도저히 훌륭한 처방전이라 할
수는 없다.

그러나 여기에는 개인적인 편견이라는 또 하나의 이유가 있다. 기질적으
로 나는 인간이나 제도의 분석에서, 다양한 인간이나 제도에 공통된 특징
을 인식하는 것보다도 그것들을 서로 구별하고 있는 그런 특수한 성질에
흥미를 가지고 있다. 이마누엘 칸트(Immanuel Kant)는 일찍이 모든 자
연연구자는 두 개의 그룹으로 나눌 수 있다고 했다. 동질성(同質性,
homogeneity)의 원리에 의해 관심을 갖는 그룹과 특수화(特殊化,
specification) 쪽으로 기우는 그룹이 그것이다. 칸트에 의하면, 전자는

"거의 대부분 이질성(異質性, heterogeneousness)을 적대시하고, 언제나 속(屬, genera)의 통일을 추구"하는 것으로 생각되며, 후자는 "자연을 다양한 다양성으로 나누기 위해서 끊임없이 노력하는 나머지, 자연현상을 일반적 원리에 따라서 판정할 수 있다는 바람을 거의 잃어버리고 만다"(『순수이성비판』(*Critique of Pure Reason*, Muller의 영역본, 제2권, 561쪽 이하). 같은 분류가 사회과학자에도 적용될 수 있다고 한다면, 나는 후자의 범주에 속할 것임에 틀림없다. 그러나 칸트 자신이 이어서 말하고 있듯이, 그런 쌍방의 접근 모두 필요한 것이다. 어느 접근의 주장자도 진리의 독점을 요구할 수 없다. 그들은 서로 오만하게 배척하기보다도, 오히려 서로 보완해가야 할 것이다.

셋째로, 독자들은 이들 논문의 기저에 있는 개념틀을 조금 기묘하게, 혹은 시대에 뒤떨어진 것으로 생각할는지도 모르겠다. 부분적으로 이들 논문은, 전쟁 직후의 시기에 마르크스주의학자와 비마르크스주의학자가 공유하고 있던 인식론적 제 전제와 학문적 대화의 유통 방식을, 상당히 충실하게 반영하고 있는 것으로 내게는 생각된다. 실제로 이들 각 논문이 씌어진 시기에 유의하는 주의깊은 독자는 어조(語調)와 언어 사용에 미묘한 변화가 일어나고 있다는 것을 알아차릴는지도 모르겠다. 그리고 그런 변화는 전쟁 이래 일본과 서구 사이의 지적 교류가 급속하게 확대되었다는 것, 그것에 수반하여 마르크스주의자와 비마르크스주의자 사이에 용어나 제 전제의 분화가 증대되었다는 것을 반영하고 있는 것이다. 실체론적인 개념관에 대한 선호 및 일정한 범주를 역사적 전개의 이론적인 도식에 따라서 상당히 엄격하게 규정하는 경향이 나의 비교적 초기의 논문을 특징지워주고 있다고 한다면, 그런 선호는 후기의 논문들에서는 보다 유명론(唯名論)적인 접근에 자리를 내주고 있다.

그렇다고는 하지만, 여기에는 나 자신의 지적 배경에 의해서 좀더 잘 설명될 수 있는 그런, 나에게 특유한 개인적인 사정이 작용하고 있다. 최만년까지 19세기의 실증주의적 세대에 속하는 일본 지식인의 전형적인 대표였으며, 정치평론 기자였던 나의 아버지[역주2]의 강한 영향 하에서 나는 제일 먼저 세상을 보는 눈을 얻게 되었다. 아버지는 역사의 사건이 갖는 복잡한 디테일(detail)을, 어떤 장대한 이론적 개념이라는 구속용 의복에 꿰어맞추려는 어떠한 시도에 대해서도 천성적으로 거의 본능에 가까운 저항감을 체득하고 있었다. 정치과정이라는 것을 다양한 '이즘'(ism) 사이의 투쟁으로 보는 생각은, 그와는 거의 인연이 없었다. 실제로 행동하고 있는 개인만이 사회에서의 궁극적인 실재(實在)라는 것은 그에게는 자명한 이치처럼 생각되었다.

그리고 나는 대학에 입학하여 바야흐로 독일관념론을 처음으로 접하게 되었던 것이다. 좀더 구체적으로 말하면, 그것은 헤겔(Hegel)의 『역사에서의 이성』(*Vernunft in der Geschichte*, Lasson Ausgabe)을 텍스트로 쓴 난바라 시게루(南原繁)[역주3] 교수의 세미나에 참석했을 때였다. 헤겔은 나를 압도적으로 매혹시켰다(무엇보다도 신칸트학파로서의 난바라 교수 자신은 헤겔철학에 심히 비판적이었다), 그리고 『정신현상학』(*Phänomenologie de Geistes*)과 같은 저작에 크게 자극받으면서, 나

[역주2] 마루야마 칸지(丸山幹治, 1880~1955)는 근대 일본의 저널리스트이자 정치평론가였다. 나가노(長野)에서 태어났으며 와세다대학을 졸업했다. 『日本新聞』『京城日報』를 거쳐서 『大阪朝日新聞』에 들어갔는데, 1918년 쌀소동 때의 필화사건으로 오오야마 이쿠오(大山郁夫), 하세가와 뇨제칸(長谷川如示閑) 등과 함께 퇴사했다. 1928년 大阪毎日新聞社에 들어가, 1953년까지 단평란 「餘錄」을 계속 집필했다. 저서로 『副島種臣伯』(1936) 『硯滴余錄』(1942)이 있다.

[역주3] 1889~1974. 토오쿄오대학을 졸업한 후, 내무성에서 들어갔다. 1921년 토오쿄오대학 조교수가 되어, 해외연구를 위해 유럽으로 갔다. 귀국한 후 교수가 되어(1925년), 정치학을 가르쳤다. 우찌무라 칸죠오(內村鑑三)의 무교회파 프로테스탄트로서 자유주의적 입장을 지켰으며, 전시하에서도 군부에 영합하지 않았다. 1943년 『國家と宗敎』를 간행, 1945년 3월에는 법학부 부장, 12월에는 총장이 되어 미군 점령하에서 학문의 독립을 주장. 그의 훈시와 강연은 세상의 주목을 끌었다. 강화문제에 즈음하여 전면강화를 주장하여 요시다 수상과 대립했다. 일본의 헌법을 개정하려는 움직임이 일자 헌법문제연구회에 참여, 호헌(護憲)의 학문적 지주가 되었다. 토오쿄오대학 총장을 사임한 후에는 학술원 원장에 취임했다(1969). 또한 일본정치학회 이사장을 지내기도 했다. 『南原繁著作集』 10권이 있다.

는 토쿠가와(德川)시대의 사상사에 대한 나의 전쟁 이전의 논문들을 썼던 것이다[역주4]

　그 이후로는 이들 두 개의 서로 모순하는 사고방식의 정반대되는 매력은, 나를 어떤 때는 이리로, 어떤 때는 저리로 끌어당겨왔다. 따라서 만약 이 책의 비교적 후기의 논문에 유명론적인 접근이 보다 강하다는 분명한 증거가 실제로 있다고 한다면, 그것은 아마도 완전히 새로운 출발이라기보다도 오히려 나의 사상과 기질 속에 내가 아버지에게 빚지고 있는 그런 제 요소가 되살아난 것이리라. 그렇다고 해도 나는 그 길을 오로지 나아갈 수만은 없다. 사회적·정치적 연구의 영역에서는, 독일의 '역사주의'와 영국의 '경험론' 사이의 중간적인 입장을 취하는 사상가들——막스 베버(Max Weber), 헤르만 헬러(Hermann Heller) 및 카를 만하임(Karl Mannheim)과 같은 사람들——에게 나는 지금까지 언제나 깊은 공감을 느껴왔으며, 또 당연히 많은 자극을 받아왔던 것이다.

　결과적으로 나의 방법론적인 입각점이 아무리 유동적이고 불안정한 것처럼 보인다 할지라도, 나의 배경에 있는 이들 둘의 서로 길항(拮抗)하는 요소는, 내가 선택할 수 있는 전제에 적어도 경계를 긋는 역할을 해왔다. 예를 들면 나의 사상에 마르크스주의가 미친 영향이 아무리 컸다 하더라도, 그것을 전면적으로 받아들이는 것에 대해서는 '거대한 이론'에 대한 나의 타고난 회의와 그로 인해 인간의 역사 속에 작용하고 있는 이념의 힘에 대한 나의 신뢰라는 양자가 언제나 견제 요인이 되었다. 다른 한편으로, 유명론 쪽으로 아무리 끌려가더라도 그것이 유의미한 역사적 발전이라는 생각을 완전히 나로부터 내던지게 하는 데까지는 이르지 못했다. 나는 자신이 18세기 계몽정신의 추종자이며, 인간의 진보라는 '진부한' 관념을 여전히 고수하는 사람이라는 것을 기꺼이 자인한다. 내가 헤겔체계의 진수(眞髓)로 본 것은, 국가를 최고도덕의 구현으로 찬미한 점이 아니라, '역사는

[역주4] 전쟁 이전에 쓴 그의 대표적인 논문들은 『일본정치사상사연구』에 수록되어 있다.

자유의 의식을 향한 진보'라는 그의 생각이었다. 설령 헤겔 자신이 아무리 '계몽철학'에 비판적이었다 할지라도……

이 책의 독자들은 '진보적' '혁명적' '반혁명적' '반동적'이라는 독자들에게는 이미 익숙하지 않은 그런 단어를 쓰고 있다는 것을 알게 될 것이다. 나 자신에게도, 만약 내가 오늘날 다시 쓴다고 한다면, 그런 용어를 조금 더 적게 사용할는지도 모르겠다. 그러나 나는 역사에서 되돌리기 어려운 어떤 흐름을 식별하려는 시도를 아직은 버리지 못하고 있다. 나에게 르네상스와 종교개혁 이래의 세계는, 인간의 자연에 대한, 가난한 사람의 특권자에 대한, '저개발측'(undeveloped)의 '서방측'(West)에 대한 반항의 이야기이며, 그것들이 순차적으로 모습을 드러내고, 각각 서로 다른 것을 불러내어 현대 세계에서 최대규모로 협화음과 불협화음이 뒤섞여 있는 곡(曲)을 만들어내고 있는 한가운데 서 있는 것이다. 우리는, 이들의 혁명적 흐름을 추진하는 '진보적' 역할을, 어떤 하나의 정치적 진영에 선험적으로(a priori) 귀속시키는 경향에 대해서 경계를 게을리해서는 안된다. 우리는 또 무언가 신비한 실체적인 '힘들'의 전개로 역사를 해석하려는 시도에도 마음을 써야 할 것이다. 그렇지만 우리가 언어의 선동(propaganda)적 사용에 싫증이 난 나머지, 인간의 능력의 한층 더 높은 성장을 배태하고 있는 그런 사건과, 인간의 역사의 '시계바늘을 거꾸로 돌리는' 의미밖에 가지지 않는 사건을 분별하는 일체의 모든 시도를 체념해버린다면 그것은 정말 덧정없는 일이 아닐까.

그렇지만 여기는 원리적인 철학적 쟁점을 논하는 곳은 아니다. 따라서 독자들은 이들 논문에 나타나 있는 정치적 편향에 대해서 스스로 자유롭게 판단하더라도 전혀 지장이 없을 것이다. 이 책에 실린 논문에서 어떤 흥미를 찾아내주었으면 하고 저자가 바라는 것은, 그런 아카데믹한 가치에 대해서가 아니라——실제로 그 대부분은 학술잡지가 아니라 월간 정치평론지에 먼저 발표되었던 것들이다——오히려 전쟁과 그 이후의 여파가 빚어내는 거센 물결과 성난 파도의 시대에 그 청년시절을 살았던 한 일본인의 지적 발전의 기록으로서인 것이다.

끝으로 이 책의 영역판을 내는 이야기를 처음으로 꺼낸데다 번역·편집의 책임을 맡아준 이반 모리스(Ivan Morris) 교수, 교정을 읽고서 유익한 시사를 던져준 아리마 타쯔오(有馬龍夫), 로널드 도어(Ronald Dore), 에즈라 보겔(Ezra Vogel), 리처드 스토리(Richard Storry), 그리고 번역과정에서 모리스 교수를 도와주신 모든 분들에 대해서 심심한 감사의 뜻을 표시하고 싶다.

1962년 11월 옥스퍼드대학 성(聖) 앤서니 칼리지에서

마루야마 마사오

증보판에는 「헌법 제9조를 둘러싼 약간의 고찰」과 「현대세계에서의 정치와 인간」 두 편을 덧붙였다.

1969년 3월

M. M.

● 추기(追記)

이 영어판 서문은 이반 모리스 교수의 위촉으로 1963년에 옥스퍼드대학 출판부에서 나온 하드커버판에 썼던 것이다. (마지막의 짧은 문장은, 페이퍼백판을 위해서 덧붙였다.) 영어판의 유래는 「후기」(後記)에 간단하게 말해두었다. 이 서문은 영문으로 썼으므로, 일본어 원문은 없다. 다만 내막(內幕)이라고 한다면, 당시 런던대학 정치경제학교(London School of Economics and Political Science)에서 사회학을 가르치고 있던 로널드 도어씨가 특히 후반 부분을 다듬어주었다. 마침 도어씨의 저서의 일본어번역 교정쇄를 내가 옥스퍼드에 가지고 와서 교열한 후였으므로, 내가

옥스퍼드대학출판부로부터 서문의 독촉을 받아 난처해하고 있는 것을 알고서 '답례'라고 하면서, 나의 기존 원고를 검토해줌과 더불어 완성하지 못한 부분은, 도어씨의 연구실에서 내가 구술(口述)하는 것을 그가 정확한 영어로 닥치는 대로 고치면서 써내려가는 아슬아슬한 묘기를 부려주었던 것이다. (당시 카세트 테이프 녹음기 같은 편리한 기계는 아직 우리들의 손이 닿지 않는 곳에 있었다.)

이번의 일본어 번역에서, 일차 작업은 미래사 편집부를 번거롭게 했으며, 거기에 내가 약간 문장상의 손질을 가했다. 다만 영어판을 바꾼 곳이 한 군데 있다. 그것은 카를 뢰비트를 '하이델베르크의 철학자'라고 했는데, 그것은 내가 잘못 생각했던 것이므로, 이번에 '마르부르크'로 바꾸었다. 그 외에는 실질상의 수정은 없다. 만약 일본어 문장의 표현으로서 생경함이 남아 있다고 한다면, 그것은 원문이 영어로 씌어졌다는 성격을 가능한 한 충실하게 독자들에게 전하는 쪽이 좋다는 나의 의도에서 나온 것이다.

●마루야마 마사오 연보

1914년 3월 22일 정치평론 기자인 아버지 마루야마 칸지(丸山幹治)와 어머니 세이(セイ)의 둘째 아들로 오오사카 텐오우지에서 태어남.

1920년 효오코(兵庫)의 소학교에 입학.

1921년 동경의 소학교로 전학.

1926년 동경부립제일중학교에 입학.

1931년 제일고등학교 문과 을류(乙類)에 입학.

1934년 동경제국대학 법학부 정치학과에 입학.

1937년 동경제국대학 법학부 정치학과 졸업. 법학부의 조수(助手)가 됨.

1940년 「근세유교의 발전에서 소라이학의 특질 및 국학과의 관련」을 『국가학회잡지』에 발표(나중에 『일본정치사상사연구』에 수록). 동경제국대학 법학부 조교수가 됨.

1942년 정치학정치학사 제3강좌(동양정치사상사 강좌)를 담당함.

1944년 오야마 유카리(小山ゆか里)와 결혼. 당시 일본의 식민지였던 조선의 평양 신병훈련소에 입대.

1945년 히로시마의 육군선박사령부에 재입대. 암호교육을 받은 후 참모부 정보반에 전속. 청년문화회의에 참가.

1946년 사상의 과학연구회, 20세기연구회에 참여. 동경제국대학 헌법연구회 위원이 됨. 「초국가주의의 논리와 심리」를 『세계』 5월호에 발표(『현대 정치의 사상과 행동』에 수록).

1947년 민주주의과학자협회에 참여.

1948년 미래의 모임에 참여. 일본정치학회 설립에 참여.

1949년 후쿠자와 유키찌에 관한 연구활동으로 이시카와(石河幹明)상을 수상. 평화문제담화회에 참여.

1950년 '강화문제에 대한 평화담화회성명'에 참여. 동경대학 법학부 교수가 됨. '재삼 평화에 대하여'에 참여.

1951년 폐결핵으로 입원(54년 재차 입원).

1952년 『정치의 세계』(御茶の水書房), 『일본정치사상사연구』(동경대학출판회, 제3회 마이니찌출판문화상 수상) 출간.

1957년 『현대 정치의 사상과 행동』(未來社) 상·하권 출간.

1958년 헌법문제연구회에 참여.

1960년 '헌법문제연구회성명(안보개정에 즈음하여)'와 '헌법문제연구회(또다시 안보개정에 즈음하여)'에 참여.

1961년 하버드대학으로부터 객원교수로 초빙됨. 『일본의 사상』(岩波新書) 출간.

1962년 성 앤서니 칼리지의 교수로서 옥스퍼드대학에서 강의.

1963년 옥스퍼드대학출판부에서 *Thought and Behavior in Modern Japanese Politics*(ed. by Ivan Morris with Author's Introduction to the English Edition) 출간.

1964년 『증보판 현대 정치의 사상과 행동』(未來社) 출간.

1969년 간(肝) 기능 장해로 입원(이듬해 다시 입원).

1971년 동경대학 법학부 교수를 사직함.

1973년 프린스턴대학에서 명예문학박사 학위, 하버드대학에서 명예법학박사 학위를 수여받음.

1974년 동경대학 법학부 명예교수가 됨. 『일본정치사상사연구』 영역본

*Studies in the Intellectual History of Tokugawa Japan*을 프린스턴대학과 토요쿄오대학출판회에서 공동으로 간행함.

1975년 옥스퍼드대학 성 앤서니 칼리지에서 일본 세미나를 주재함. 프린스턴 고등학술연구소 연구원이 됨.

1976년 캘리포니아대학 버클리분교로부터 객원교수로 초빙됨(1983년에도 초빙됨). 『전중과 전후의 사이』(みすず書房, 제4회 오사라기(大佛次郎)상 수상).

1978년 일본 학술원 회원으로 선출됨.

1982년 영국 학술원 외국인회원으로 선출됨. 『후위의 위치에서――「현대정치의 사상과 행동」 추보(追補)』(未來社) 출간.

1983년 신장본(新裝本) 『일본정치사상사연구』(동경대학출판회) 출간.

1986년 소화60년도 아사히상 수상. 『'문명론의 개략'을 읽다』(岩波書店) 상・중・하 출간.

1992년 『충성과 반역――전형기 일본의 정신사적 위상』(筑摩書房) 출간.

1993년 미국아시아연구학회로부터 1993년도 아시아연구특별공로상을 수상.

1995년 이와나미서점에서 『마루야마 마사오 전집』(전16권 별권1) 간행을 시작.

1996년 8월 15일. 간장암으로 사거(死去). 향년 82세.

● 찾아보기

● 옮긴이의 말

자신의 책이 아니라 남이 쓴 책을 자신의 언어로 풀어 옮긴다는 것은 저자와의 만남을 통해서 얻게 되는 것들을 혼자서만 소유하는 것이 아니라 그와 동시에 그것들을 독자들에게 전달해준다는 이중적인 의미를 갖는다. 한편으로는 저자와 만나고, 다른 한편으로는 저자와 독자들과의 만남을 주선해주는 것이다. 아니 어쩌면 저자를 대신하여 독자와 만나는 것인지도 모르겠다. 그래서 번역은 어디까지나 번역일 뿐이지만, 그것이 지니는 의미는 번역 이상의 그 무엇을 가질 수도 있는 것이다.

옮긴이로서는 감히 외람되게도 바로 이 책이 위에서 말한 것과 같은 역할을 할 수 있었으면 하는 은근한 바람 같은 것을 문득 가져보게 된다. 이미 같은 저자의 『일본정치사상사연구』『일본의 사상』을 우리말로 옮겨낸 경험이 있는 옮긴이에게 『현대 정치의 사상과 행동』의 번역 역시 그 나름대로 충분히 의미있는 작업이었기 때문이다. 난이도와 들여야 하는 공력이라는 점에서 고전 원문의 인용이 많은 사상사와 문화비평적인 색채가 짙은 앞의 두 책과는 다소 뉘앙스를 달리하는 책이지만, 보다시피 두터운 책이었다. 무엇보다도 그리고 일차적으로 절대적인 시간을 투자해야만 했다. 그러나 단순히 시간뿐이라면 전혀 문제가 되지 않는다. 그 시간만큼 우직하게 매달리면 되니까. 허나 이 책은 성격상 시점을 달리해서 따로따로 씌어진 글들의 모음이기 때문에, 저자가 대상과 방법에 따라 거기에 맞게 구사하고 있는 화법을 충실히 따라간다는 것은 결코 쉬운 일이 아니었다. 예컨대 가장 두드러지는 것으로 제1부 제2장 「일본파시즘의 사상과 운동」은 강연투로, 제4장 「어느 자유주의자에게 보내는 편지」와 제6장 「'현실'주의의 함정」은 편지투로, 제3부 제3장 「육체문학에서 육체정치까지」는 대화투로, 제7장 「현대에서의 태도결정」은 강연투로 되어 있다. 거기서 그가 자신의 언어로 자유자재로 구사하고 있는 언어의 마술이, 그런 정서를 완전히 자기 것으로 느낄 수 없는 옮긴이에게는 자연히 일종의 암호의 마법일 수밖에 없었다. 하여 이번 작업의 승패는 바로 그런 글들이 우리말로 얼마나 매끄럽게 읽힐 수 있는가에 달려 있다는 것을 솔직하게 시인하지 않을 수 없다. 그러니 평가는 언제나 그렇지만 이번에도 읽는 분들의 몫이다.

아무래도 이번 작업의 공정에서 가장 주목해야 할 점은, 전적으로 옮긴이의 독단(?)으로, 저자 자신이 직접 영어로 쓴 「영어판 서문」을 우리말로 옮겨 뒤에 덧붙여두었다는 것이리라. 그렇게 한 이유는 저자가 전혀 다른 문화권의 독자들을 대상으로 마음속의 내밀한 이야기를 선뜻 털어놓고 있기 때문이다. 다시 말해서 그는 일본의 독자들에게는 결코 그런 친절을 베풀지 않는다. 아니 베풀 필요가 없는 것이다. 그러나 많은 것을 알고 있을 것이라는 전제 자체가 무장해제된 상태에서의 발언이라서, 역시 시공을 달리하고 있는 우리 독자들에게는 도움이 될 것으로 확신했기 때문이다.

어쨌거나 이 글을 마무리하는 것으로서, 적지 않은 시간을 투자한 우리말 옮김 작업은 마침표를 찍게 되었다. 이미 주사위는 던져진 셈이다. 그런데도 옮긴이를 찾아오는 것은 무거운 짐을 내려놓는 듯한 다소 홀가분한 기분이라기보다는 오히려 약간은 불안함에 가까운 그런 묘한 기분이다. 아마도 이는 번역의 힘과 중요성을 익히 알고 있는 나라의 출판사와 저자답게 일본에서 출판사(한길사)에다 '한글번역을 맡은 사람'에 대한 상세한 이력과 정보를 알려달라는 요청을 해왔기 때문에 더욱 그럴는지도 모르겠다. 저자 스스로 문학과 문화비평에 이르기까지 광범하게 관심을 가지고 있었던 만큼, 그는 자신의 문장 세세한 데까지, 심지어 문장 부호 하나하나까지 신경을 쓰는 사람으로 알려져 있다. 이 책의 영어판에 대해서는 그 자신이 영어번역을 일일이 체크했으며, 심지어 그 과정에서 원문까지 바꿀 정도였다. 그리고 『일본정치사상사연구』 영어번역판의 경우, 자신이 영어판 서문을 쓰는 데만 2, 3년이라는 긴 시간이 걸렸을 정도였다. 그랬으니 한글판 옮긴이로서는, 만약 그가 한국어를 해독할 수 있어서 우리말 번역원고를 직접 세밀하게 검토해줄 수 있었으면 하는 아쉬움을 실로 금할 수가 없다. 정말이지 너무나도 아쉬운 일이다. (마루야마 마사오는 1996년 8월 15일, 그러니까 옮긴이의 한글번역 작업이 거의 끝날 무렵 세상을 떴다. 그의 명복을 빈다.)

그럼에도 불구하고 이 작업에서 조금이나마 의미있는 부분을 찾아낼 수 있다면, 옮긴이로 하여금 옮긴이일 수 있게 해주신 많은 분들, 특히 '배움의 바다'에 조그만 돛단배 한 척을 띄운 후 삶의 굽이굽이에서 많은 가르침을 베풀어주신 여러 선생님들께 돌리고 싶다. (그것은 당연히 그 분들의 몫이다!) 그분들과의 관계 속에서 비로소 자신의 존재의의를 느낄 수 있다는 것을, 그리고 그분들의 꼿꼿한 삶과 학문을 그대로 자신의 것으로 만들고 싶다는 것을, 이 자리를 빌려 감히 말씀드리고 싶다.

개인적으로 훨씬 더 젊었을 때부터 사숙(私淑)해마지 않았던 마루야마 마사오! 이제 그의 『현대 정치의 사상과 행동』 한글판을 내놓는다는 작은 설레임과 기쁨을, 좋은 친구이자 동료(同學)이기도 한 희매에게 안겨주고 싶다. 때로 의무감에서 같이 놀아주려 하지만 금새 '질서의 파괴자'가 되고 마는 아빠에게, 마침내는 "가서 공부해!"라는 반가운(?) 추방령을 내려주는 미스터 뚱에게도.

1997년 1월
김석근

현대정치의 사상과 행동

지은이 마루야마 마사오
옮긴이 김석근
펴낸이 김언호

펴낸곳 (주)도서출판 한길사
등록 1976년 12월 24일
주소 10881 경기도 파주시 광인사길 37
홈페이지 www.hangilsa.co.kr
전자우편 hangilsa@hangilsa.co.kr
전화 031-955-2000~3 팩스 031-955-2005

출력 블루엔 인쇄 오색프린팅 제본 경일제책사

제1판 제1쇄 1997년 3월 15일
제1판 제9쇄 2019년 9월 16일

값 30,000원

ISBN 978-89-356-3077-6 94160

한길그레이트북스 인류의 위대한 지적 유산을 집대성한다

●한길그레이트북스는 계속 간행됩니다.